清学观澜

——庆祝陈祖武先生八秩华诞论文集

朱彤窗 编

社会科学文献出版社

SOCIAL SCIENCES ACADEMIC PRESS (CHINA)

清學觀瀾

开篇语

清代学术，博大精新。清季以来，治此一门学术者，章太炎、梁任公、钱宾四三位大师，后先继起，鼎足而立。陈祖武先生接武诸先达，沉潜其中四十余载，孜孜矻矻，不间寒暑，寝馈以之，开拓精进。

1920年代初，梁启超先生作《清代学术概论》，以高屋建瓴之势，俯瞰勾勒，发凡起例，开启了清代学术史研究的崭新天地。其尝言："有思潮之时代，必文化昂进之时代也。"一百年后的今天，洵当乎一"文化昂进之时代"。1992年，陈祖武先生推出《清初学术思辨录》一书，继往开来，发为新声。数十年来，著述斐然，迭有创获，殊多建树，不但示范了确然可循的学问门径，而且还树立了卓然可敬的学人风范。

吾等晚生后学，有幸亲炙、受教于陈先生门下，求道解惑，得以稍稍寻知有清一代学术之归趋究竟。值此恩师八十华诞之际，略举聆听教诲、拜读先生著述之所感数端，既志祝贺之忱，亦请大雅赐教。

创辟命题，奠定根基

研究清代学术史，不可避免地会碰到这样一个问题：为什么清朝初期，当政者一再崇奖宋明理学中的程朱之学，然而理学却衰微不振，倒是与性理之学异趣的考据学不胫而走，以至在乾隆、嘉庆之世风靡朝野。如何去解释这种历史现象，应该是一个很值得探讨的问题。

陈先生认为，明清之际，社会的急剧动荡及其在理论思维领域所反映出的理学瓦解，形成了清初的批判理学思潮。这是一个具有两面性的思潮：一方面它以经世致用为宗旨，是一个进步性的思潮；另一方面它又是一个具有复古倾向的思潮，正是这种复古倾向，导致清初知识界在方法上逐渐摒弃宋明理学的哲学思辨，走向朴实考经证史的途径。

清初学者难以具备比宋明理学家更高的理论思维，故而只能在纠正宋明理学偏颇的基础上向经学回归。基于此一判断，陈先生指出：客观历史条件的制约，学术演进内在逻辑的作用，两者相辅为用，从而规定了清初学术发展的基本趋势，这就是："以经世思潮为主干，从对明亡的沉痛反思入手，在广阔的学术领域去虚就实，尔后又逐渐向以经学济理学之穷的方向过渡，最终走向经学的复兴和对传统学术的全面总结和整理。"而这又和国家要维护长治久安的意志相吻合，所以形成了朴学发展这样一个局面。

正是着眼于清代学术发展本身，陈先生才将经学与理学作为有机联系的整体，从而提出了一个系统阐释清代学术演进逻辑的新命题——"以经学济理学之穷"，开辟了重新梳理清代学术本质特征的新范式。

推溯本原，笃实立论

清代学术以总结、整理中国两千多年学术为基本特征，而最能体现此一历史特色的，则是乾嘉学派与乾嘉学术。

早在20世纪80年代末，陈先生即已专心于乾嘉学派与乾嘉学术的研究。经过多年的思考，逐渐体悟到："在中国古代学术史上，乾嘉学派于乾隆初叶之登上历史舞台，并在其后的近百年间主盟学坛，实非一偶然的历史现象。它是在彼时特定的社会经济条件之下，众多历史因素交互作用的结果。"

陈先生指出，清代学术以经学为中坚，两百数十年间，最能体现这一中坚地位者，莫过于活跃在乾隆、嘉庆间学术舞台上的乾嘉学派。乾嘉学术由博而精，自成体系；乾嘉学派大师辈出，各领风骚。对此一时期的学术史，尤其是乾嘉学派进行深入研究，是一个大有作为的课题。

历史地看，乾嘉学派活跃于18～19世纪的学术舞台上，其影响所及，迄于20世纪而犹存。作为一个富有生命力且影响久远的学术流派，它如同历史上众多学派一样，有其个性鲜明的形成、发展和衰微的历史过程。这个过程错综复杂，跌宕起伏，在陈先生看来，显然不是用吴皖分野的简单归类就能反映的。

为推进乾嘉学派与乾嘉学术的研究，陈先生以坚实的学术文献梳理为基础，系统阐述了乾嘉学派以朴实考经证史为基本特征的主流学术特色，以及其得以形成的社会和学术背景；在注重揭示乾嘉时期地域学术与学术世家彼此渗透、相互影响状况的同时，还在"过程"二字上狠下功夫，力求打破按地域区分学派的窠臼，从而落实并深化了乾嘉学派是一个历史过程的新认识。

践行方法，树立风气

《清初学术思辨录》是陈先生进入学界的第一部标志性学术专著。该书从学术史与社会史相结合的角度出发，对清初80年间的学术演进趋势、主要特征和历史地位等进行了系统探讨。

杨向奎先生为是书作序，强调道："结合清初社会实际而谈学术思想，这是最正确的方法之一。我们不能脱离实际社会而谈社会思潮，'皮之不存，毛将焉附'！……继梁任公、钱宾四诸先生之后，祖武此书，将脱颖而出矣。"

陈先生没辜负恩师杨向奎先生的期望，不仅持续在清代学术园地孜孜耕耘，而且形成了一贯的主张：探讨清代学术发展的内在逻辑，必须回到有清一代学术发展的本身上来，要从学术史与社会史相结合的角度出发，对学术发展的分析，切不可脱离具体的历史条件去孤立地进行考察，亦不宜孤立地以某一方面的原因把问题简单化，必须将学术变迁与社会历史的演进作为一个整体来进行考察，开阔视野，多方联系，力求准确地把握历史合力的交汇点，揭示出历史的本质，从而发现其间秩然有序的条贯，或者说是规律。

拓荒新域，别开进境

1994年，陈先生所著《中国学案史》问世，这一"学案史"在当时中国史学界，还是一个鲜有问津的领域。从中国历史编纂学的继承发展中，探讨中国学案体史学的衍变历程，由于研究对象处于思想史、哲学史和史学史以及文献学的交汇点上，随着该书的影响渐起，此一研究领域也愈益吸引研究者的注意。

陈先生曾感慨地说:"我进入学案史这个领域,是我的恩师杨向老带我进入的。而杨向老又是继承了其老师钱宾四先生的治学传统,才有了欲修《清儒学案新编》的初衷。学案史经过三代人的努力,如今已蔚为大观,我们有责任要将这一学脉传衍下去。"

在陈先生看来,学案体史籍是我国古代史家记述学术发展历史的一种独特编纂形式,学案实际上是先哲思想的凝聚。对学案史籍展开研究,就是一个文化命题。中华优秀传统文化的传承发展,需要一代代学人接踵前人未竟之业,相承相传,开拓创新。当初做学案史研究的"初心",正是秉持着这一理念,尽力把老一辈学人的优良传统继承下来,把中华优秀学术传统传承下去,使之发扬光大,在传承中寻求创新。

董理文献,究心编年

陈先生论学,首重文献,实事求是,精益求精,始终保持作为一名史学工作者对于文献功底的厚实积淀与不懈追求。

通观有清一代学术,乾隆、嘉庆迄于道光初叶的近百年,是一个发皇时期,其间杰出学者最多,学术成就最大,传世的学术文献亦最为丰富。然而,学界对乾嘉学术文献的整理,远跟不上研究推进的需求,还有很大的努力空间。

古往今来学术前辈们的实践一再告诉我们,学术文献乃治学术史之依据,唯有把学术文献的整理和研究工作做好,学术史研究才有可能建立在坚实的基础之上。这是陈先生经常叮嘱弟子和同道的甘苦体会。

陈先生尝说,自己几十年主要做了两件事:一件是梳理清代学术源流,出版了《清初学术思辨录》《清儒学术拾零》《乾嘉学派研究》《清代学术源流》《中国学案史》等几本书,大致实现了原先的设想;另一件是整理清代学者生平资料,如《李塨年谱》《杨园先生全集》《榕村全书》《清代学者象传校补》《清史稿儒林传校读记》等。

《乾嘉学术编年》一书,是陈先生不辞辛苦,历时数载,带领学术团队推出的一项重要研究成果。全书上起乾隆元年(1736),下迄道光十九年(1839),通过对百余年间学术史资料的梳理,把乾嘉学派与乾嘉学术演进的历史过程，如实地呈现出来，有力地将乾嘉学派与乾嘉学术的整理与研究引向深入。

推举品格，彰显精神

不论为学，还是为人，陈先生皆一以贯之，浑然无间，始终秉持作为一名史学工作者的责任感与使命感，对以大儒顾炎武为代表的一代杰出学人的伟岸品格与崇实精神，尤为称许，且深自砥砺与恪守，一丝不苟。

顾炎武研究是陈先生研治清代学术的起点。在中国学术史上，明末清初是一个风起云涌、才人辈出的时代，顾炎武是生活在这一时代的卓然大儒。他一生读万卷书，行万里路，行奇学博，志在天下，被誉为一代学术的开派宗师，不惟影响一时学风甚巨，而且对整个清代学术文化的发展亦产生了深远影响。在学术思潮从宋明理学向清代朴学的转化过程中，作为一位开风气者，顾炎武先生拥有无可取代的历史地位。

陈先生概括出大儒顾炎武贡献中最为突出的一点，乃在"博学于文""行己有耻"，强调其之所以媲美前贤、岸然卓立，不惟在于深刻阐释了孔子所言二语八字，还在于前无古人地将二者合为一体，提升至"圣人之道"的高度；他大声疾呼，以言耻为先，为当时及其后的中国学人，树立了可以风范千秋的楷模。

作为一名史学工作者，陈先生主张：任何一个时代的历史学家，都有一个时代责任的问题，史学工作者一定要为国家的长治久安进行研究，这是我们应该肩负的时代责任，也是应有的立场。对国家前途、民族命运的强烈关注，是中国史学的一个具有永恒价值的可贵精神。

陈先生为学既博且精，以上所述，粗引端绪。然以管窥豹，众弟子门人即已获益无穷，想必学界同人亦颇有同感。所谓观澜识水，成章达道，吾辈还有很长的路，需要坚持不懈地努力探索下去。

敬祝恩师寿如金石、康健怡乐！

门下弟子谨识

癸卯岁季春

CONTENTS **目录**

"以经学济理学之穷"

——清代学术再论

袁立泽

对有清一代学术的系统总结，滥觞于20世纪初，此后百余年间可谓大家荟萃，时贤辈出，遂开启了一门"卓然成一潮流"的"广大"之学。

业师陈祖武先生在1992年出版的《清初学术思辨录》一书中，率先提出清初学术发展中有一"以经学济理学之穷"命题，依照70余年前梁启超先生《清代学术概论》中的说法，庶几可视为关于"清学之出发点"[①]的一大创见。推究此一命题渊源，可上溯至明清之际于此方面打出了新旗帜的代表人物顾炎武。

梳理这一门"广大"之学的最初脉络，发端于"清末学术正统派的大成者"[②]章太炎先生。这位晚清"革命的先觉"[③]，被胡适推许为"清代学术史的押阵大将"，"他的著作在内容与形式两方面都能'成一家言'"。[④]作为研究清学史的第一人，章太炎先生于1904年在日本发表的《訄书》重订本第12篇《清儒》，堪称此一领域的开山之作。20世纪50年代末，率先开设"中国经学史课程"的周予同先生对此有一很高评价，他说："要了解清朝三百年学术史，一定要读这篇《清儒》，它是清代学术的概论。"[⑤]

---

① 梁启超：《清代学术概论》，朱维铮校注《梁启超论清学史二种》，复旦大学出版社，1985，第6页。

② 郭湛波：《近五十年来中国思想史》，上海古籍出版社，2005，第46页。

③ 鲁迅：《且介亭杂文二集》，人民文学出版社，1993，第145页。

④ 胡适：《五十年来中国之文学》，《胡适全集》第2卷，安徽教育出版社，2003，第297页。

⑤ 周予同：《中国经学史讲义》，朱维铮编《周予同经学史论著选集》，上海人民出版社，1983，第836页。

继之，自称"新思想界之陈涉"、五四运动后"重新讨论清学史的第一人"①的梁启超先生，以一部名为《清代学术概论》的系统之作，不胫而走，蜚声学界，风靡一时，出人意表地获得了"雅俗共赏的悠久效应"②。数年之后，他又结撰此书的姊妹篇《中国近三百年学术史》，洋洋20余万字，欲"说明清朝一代学术变迁之大势及其在文化上所贡献的分量和价值"③。受其引领风气的影响，钱穆先生于20世纪30年代在北京大学自编讲义，开设"中国近三百年学术史"课程，④并于1937年出版了一部同名之作。

钱先生不惮珠玉在前，敢以梁氏曾经所授课程为名，别开一门选修之课，有意"引起学术界的注意"⑤，故难免惹来"北大学子的好奇和疑虑，一度听者如堵，颇受注目"⑥。于是乎，"在相当长的时间里，'清代学术史'或'近三百年学术史'领域里影响最大的是梁、钱二氏的同名著作"⑦。

如此一来，积久成习，即如罗志田先生所言：

> 正因显带倾向性的梁、钱二著长期成为清代学术史的权威参考书，对这一时段学术的一些基本的看法不仅可能有偏向，且有些偏颇的看法已渐成流行的观念，甚至接近众皆认可的程度了。⑧

因此，针对清代学术进路这一关涉清代学术总体特征的"基本的看法"问题，审慎进行若干厘清工作，显然是十分必要的。

---

① 朱维铮：《导读》，梁启超撰《清代学术概论》，上海古籍出版社，1998，第23页。
② 朱维铮：《导读》，梁启超撰《清代学术概论》，第3页。
③ 梁启超：《中国近三百年学术史》，朱维铮校注《梁启超论清学史二种》，第91页。
④ 钱穆：《八十忆双亲·师友杂忆》，生活·读书·新知三联书店，2012，第173页。
⑤ 钱穆：《讲堂遗录》，九州出版社，2011，第800页。
⑥ 孔定芳：《学术"对手方"与钱穆的清学史研究》，《社会科学战线》2021年第7期。
⑦ 罗志田：《导读》，章太炎、刘师培等撰《中国近三百年学术史论》，上海古籍出版社，2006，第7页。
⑧ 罗志田：《导读》，章太炎、刘师培等撰《中国近三百年学术史论》，第26页。

一

陈祖武先生在《清初学术思辨录》中，曾对明清之际学术发展的总体趋势做出概括，提出在这一"历史趋势"中，出现了"以经学济理学之穷"的思想：

> 明末以来，王阳明心学乃至整个宋明理学的没落，客观地提出了建立新的学术形态的课题。所以，在明清之际日趋高涨的实学思潮中，不仅出现了出于王学而非难王学，或由王学返归朱学的现象，而且也出现了对整个宋明理学进行批判的趋势。顾炎武顺应这一历史趋势，在对宋明理学的批判中，建立起他的以经学济理学之穷的思想。①

陈先生将这一思想创见，归功于明清之际一代大儒、务实学风的倡导者顾炎武。

顾炎武于清康熙十八年（1679）写给友人施闰章一封私信，尝言：

> 理学之传，自是君家弓冶。然愚独以为理学之名，自宋人始有之。古之所谓理学，经学也，非数十年不能通也。故曰："君子之于《春秋》，没身而已矣。"今之所谓理学，禅学也，不取之"五经"，而但资之语录，校诸帖括之文而尤易也。又曰："《论语》，圣人语录也。"舍圣人之语录，而从事于后儒，此之谓不知本矣。②

施闰章（1618～1683），安徽宣城人，字尚白，号愚山。祖父为明末有名的理学家，其父自幼习儒，本人亦尊尚理学，所以顾炎武开篇称"理学之传，自是君家弓冶"。信中谈及对理学的个人看法，顾炎武留下了"古之所谓理学，经学也"和"今之所谓理学，禅学也"两句著名的话。他认为，只

---

① 陈祖武：《清初学术思辨录》，中国社会科学出版社，1992，第58～59页。
② （清）顾炎武：《亭林文集》卷3《与施愚山书》，（清）顾炎武著，华忱之点校《顾亭林诗文集》，中华书局，1983，第58页。

有本之"五经"和"圣人之语录"的理学，才称得上是具备了经学资格的理学；即便"资之语录"，也应取"圣人之语录"；至于"禅学"，顾炎武则在《日知录》中对之加以贬斥：

> 孰知今日之清谈，有甚于前代者。昔之清谈，谈老庄；今之清谈，谈孔孟。未得其精，而已遗其粗；未究其本，而先辞其末。不习六艺之文，不考百王之典，不综当代之务，举夫子之论学论政之大端，一切不问，而曰一贯，曰无言。以明心见性之空言，代修己治人之实学。①

对百余年来王学末流向空蹈虚的学风，顾炎武深以为病，他感慨说：

> 窃叹夫百余年以来之为学者，往往言心言性，而茫乎不得其解也。命与仁，夫子之所罕言也；性与天道，子贡之所未得闻也。性命之理，著之《易传》，未尝数以语人。其答问士也，则曰"行己有耻"；其为学，则曰"好古敏求"；其与门弟子言，举尧、舜相传所谓"危微精一"之说，一切不道，而但曰："允执其中，四海困穷，天禄永终。"呜呼！圣人之所以为学者，何其平易而可循也！故曰："下学而上达。"……今之君子则不然，聚宾客门人之学者数十百人，"譬诸草木，区以别矣"，而一皆与之言心言性。舍多学而识，以求一贯之方，置四海之困穷不言，而终日讲"危微精一"之说，是必其道之高于夫子，而其门弟子之贤于子贡，桃东鲁而直接二帝之心传者也。我弗敢知也……呜呼！士而不先言耻，则为无本之人；非好古而多闻，则为空虚之学。以无本之人，而讲空虚之学，吾见其日从事于圣人，而去之弥远也。②

在顾炎武眼中，"百余年以来"所谓做学问者，皆属"无本之人"，其"言心言性"之所谈所讲，则无非"空虚之学"，不得要领。

---

① （清）顾炎武：《日知录》卷7《夫子之言性与天道》，（清）顾炎武著，陈垣校注《日知录校注》上册，安徽大学出版社，2007，第384页。
② （清）顾炎武：《亭林文集》卷3《与友人论学书》，（清）顾炎武著，华忱之点校《顾亭林诗文集》，第40～41页。

陈祖武先生在2013年撰写的一篇题为《高尚之人格·不朽之学术——纪念顾亭林先生四百周年冥诞》的纪念文章中说：

> 当明末季，理学盛极而衰，中国古代学术面临何去何从的抉择。历史呼唤转移风气的学术群体，历史需要承先启后的一代哲人。顾亭林先生正是挺身其间的学术巨人。先生一生为回答这一艰难的历史抉择，留下了久远而深刻的思考。①

在分析顾炎武所提出的命题时，陈先生将经学与理学的关系作为重要的评判依据，他认为：

> 顾炎武的这些主张，其立意甚为清楚，无非是要说明，古代理学的本来面目，其实就是朴实的经学，也就是尔后雍乾间学者全祖望所归纳的"经学即理学"，只是后来让释道诸学渗入而禅学化了。所以，顾炎武认为应当张扬经学，在经学中去谈义理，这才叫"务本原之学"。于是乎心学也罢，理学也罢，统统作为"不知本"的"后儒"之学而被摒弃了。②

梁启超先生在他的《中国近三百年学术史》中"清代经学之建设"一节，对顾炎武倡导经学的功绩给予了高度肯定，称：

> 清儒的学问，若在学术史上还有相当价值，那么，经学就是他们惟一的生命……但讲到"筚路蓝缕"之功，不能不推顾亭林为第一……对于晚明学风，表出堂堂正正的革命态度，影响于此后二百年思想界者极大。所以论清学开山之祖，舍亭林没有第二个人。③

---

① 陈祖武：《高尚之人格·不朽之学术——纪念顾亭林先生四百周年冥诞》，昆山市文化发展研究中心编《顾炎武研究文集——纪念顾炎武诞辰四百周年》，上海人民出版社，2014，第2~3页。
② 陈祖武：《清初学术思辨录》，第63页。
③ 梁启超：《中国近三百年学术史》，朱维铮校注《梁启超论清学史二种》，第153页。

　　明末之世，封建王朝风雨飘摇，内忧外患持续不断，在日益加剧的社会危机面前，作为统治阶级主流意识形态的理学，已然无法再显现什么"灵光"，而王学末流的大肆泛滥，更使其不复能够担负起维系人心的作用，整个社会陷入了无可救药的困绝境地，最终走向"神州荡覆，宗社丘墟"，有明一代王朝遂告土崩瓦解。

　　面对明清鼎革、王朝易代的惨痛剧变，"此时整个思想界也正经历着一场前所未有的、沉痛的反省。'王学空谈误国'，成为一时社会舆论的主流所在"①。

　　陈祖武先生认为：

　　　　晚明以降，在宋明理学向乾嘉朴学演进的历史过程中，顾亭林先生以经学济理学之穷的努力，尤其是训诂治经方法论的提出和示范，做出了无以伦比的巨大历史贡献。②

　　顾炎武首先从学术发展的源头上确立经学的学理依据，进而梳理其演进脉络，他提出：

　　　　经学自有源流，自汉而六朝而唐而宋，必一一考究，而后及于近儒之所著，然后可以知其异同离合之指。如论字者必本于《说文》，未有据隶楷而论古文者也。③

　　在训诂治经方法论的提出与示范上，顾炎武认为，自唐宋以还，经学不振，病痛乃在率意改经，究其病根则是不识古音，故而提出正本清源的治经主张，他强调说：

---

①　陈祖武：《从清初的反理学思潮看乾嘉学派的形成》，《清史论丛》第6辑，中华书局，1985。

②　陈祖武：《高尚之人格·不朽之学术——纪念顾亭林先生四百周年冥诞》，昆山市文化发展研究中心编《顾炎武研究文集——纪念顾炎武诞辰四百周年》，第4页。

③　（清）顾炎武：《亭林文集》卷4《与人书四》，（清）顾炎武著，华忱之点校《顾亭林诗文集》，第91页。

读"九经"自考文始，考文自知音始，以至诸子百家之书，亦莫不然。①

顾炎武兴复经学的努力，迅速激起共鸣，清初学术在为学方法上，逐渐走向博稽经史一路，形成了有别于宋明理学的朴实考经证史的历史特征，故而：

康熙中叶以后，一代又一代的学人沿着先生创辟的路径深入开拓，不惟使古音学研究由经学附庸而蔚为大国，而且还形成了主盟学坛的乾嘉学派，产生了全面总结、整理中国数千年学术的丰硕成果。②

明末以后，王阳明心学乃至整个宋明理学没落已是不争事实，有鉴于理学内部日益凸显的思想危机，不论是朱学阵营还是王学一派传人中，都有有识之士选择了批判、总结理学的路向。深受王朝易代刺激，从对宋明理学的批判反思中，顾炎武"一扫悬揣之空谈"③，所谓"当此反动期而从事于'黎明运动'者，则昆山顾炎武其第一人也"④。他的务实学风，在整个清代都起到了积极作用，"后世学者或是继承了他的为学方法，或是发扬了他的治学精神，沿着他所开辟的路径走去，不仅演成乾嘉学术的鼎盛局面，而且也取得了清代学术文化多方面的成果。作为一代开风气者……顾炎武的创辟之功是确然不拔的"⑤。

二

明清之际在知识界出现的这一批判、总结的趋势，首先是针对理学展开的，而经学在其中起到了至关重要的主导作用。顾炎武在《与施愚山书》中

---

① （清）顾炎武：《亭林文集》卷4《答李子德书》，（清）顾炎武著，华忱之点校《顾亭林诗文集》，第73页。

② 陈祖武：《高尚之人格·不朽之学术——纪念顾亭林先生四百周年冥诞》，昆山市文化发展研究中心编《顾炎武研究文集——纪念顾炎武诞辰四百周年》，第4页。

③ （清）纪昀等著，四库全书研究所整理《钦定四库全书总目》（整理本）卷119，中华书局，1997，第1594页。

④ 梁启超：《清代学术概论》，朱维铮校注《梁启超论清学史二种》，第7～8页。

⑤ 陈祖武：《清初学术思辨录》，第79页。

留下的两句著名的话，后来被普遍视为带有命题的性质。清雍乾年间，学者全祖望曾将这一命题归纳为"经学即理学"，语出全氏为顾炎武所作的《亭林先生神道表》。

全祖望（1705～1755），字绍衣，号谢山，浙江鄞县人。在全祖望之后一度主盟学坛的阮元（1764～1849）评价他的学问，称"经学、史才、词科，三者得一足以传，而鄞县全谢山先生兼之"①，足见其经、史造诣之一斑。

全祖望在为顾炎武撰写的《亭林先生神道表》中，对顾炎武"提倡学术经世致用，开创一代风气的作法予以高度评价"②，同时以顾氏的《与施愚山书》为依据，对其经学主张进行了有意识的归纳，称：

> （顾炎武）于书无所不窥，尤留心经世之学……晚益笃志六经，谓古、今安得别有所谓理学者，经学即理学也。自有舍经学以言理学者，而邪说以起；不知舍经学，则其所谓理学者，禅学也。故其本朱子之说，参之以慈溪黄东发《日抄》，所以归咎于上蔡、横浦、象山者甚峻。于同时诸公，虽以苦节推百泉、二曲，以经世之学推梨洲，而论学则皆不合。其书曰《下学指南》，或疑其言太过，是固非吾辈所敢遽定，然其谓经学即理学，则名言也。③

从顾炎武《与施愚山书》中"古之所谓理学，经学也"和"今之所谓理学，禅学也"两句话，到全祖望所归纳出的"经学即理学"一句话，两相比较，命题内涵还是发生了不小的变化。

由引文不难发现，全祖望对顾炎武命题中的两句话，做了一番加工处理。在顾炎武命题中，理学一分为二，从经学到理学有一个前后发展的历史过程，可分为"古之所谓理学"与"今之所谓理学"，此两种理学的实际表现则大相径庭，一个本乎"经学"，一个沦为"禅学"。而理学之名"自宋人

---

① （清）阮元：《全谢山先生经史问答序》，（清）阮元撰，邓经元点校《揅经室集》上册，中华书局，1993，第544页。

② 陈其泰：《全祖望与清代学术》，《中国社会科学院研究生院学报》1992年第2期。

③ （清）全祖望：《亭林先生神道表》，（清）全祖望撰，朱铸禹汇校集注《全祖望集汇校集注》上册，上海古籍出版社，2000，第227～228页。

始有之"，那么"古之所谓理学"，即是"自宋人始有"之前的理学，"今之所谓理学"则是"自宋始有"之后的理学，指向的是自明中叶以来由阳明一脉的"王学"发展出来的理学。以"自宋人始有之"为分界，将理学区分为古今两种不同的表现，这一从古今历史对照出发的分析取径，我们在全祖望新归纳出的命题中，已然不见踪影。

通常认为，全祖望归纳的"经学即理学"主要是截取了顾炎武命题的前一句"古之所谓理学，经学也"而加以申述的。原因是全祖望在他归纳出的命题中，有意识抽取掉"古之所谓理学，经学也"中的"古之所谓"，只留下"理学，经学也"这一直白的表述。他在前面特意增加了一设问句，即"谓古、今安得别有所谓理学者"，作为解释他抽掉"古之所谓"的理由。全祖望以顾炎武的名义提出这一设问，强调的是作为提问者的顾炎武，对"理学"持有如此一番见解，认为古、今并非"别有"所谓"理学"之名，所以古、今理学提法是没有必要的，理学本身就包括在经学之中。

参照《与施愚山书》可知，原本并没有这一设问句，之所以提出来，其实为的是对应顾炎武信中所言的前后两句话。"古之所谓理学，经学也"，意味着"古之所谓理学"，本身就包含在经学中，当时还没有"理学"之名，故经学就是理学。至于说"今之所谓理学，禅学也"，也就是说此际理学已然沦为禅学，哪里还有所谓的理学呢！既然理学本就包含在经学中，经学就是理学。因此提出"安得别有"之问后，得出"经学即理学"的结论，便顺理成章了。

然而经此一问，不仅顾炎武特意做出的"古之所谓理学"与"今之所谓理学"的区分不复存在，而且其中的关键即理学存在的根据也似乎成问题了。

如何理解经学与理学的关系，是判断上述两个命题差异的关键因素。理学在明清之际的瓦解已为不争事实，而经学"自有源流"，从学术史的发展脉络看，理学实脱胎于经学，对这一渊源的认同对于当时思想界的主流意识有着至关重要的意义。

陈祖武先生指出：

　　明朝末叶，在日益加剧的社会危机面前，理学已经无能为力。理学家尽可以把"存天理，灭人欲"的说教喊得震天价响，然而在他们的

"理"、"心"或者"良知"之中，却永远悟不出挽救社会危机的途径来。以论证封建伦理道德永恒为宗旨的宋明理学，发展到明朝末年，已经同这样的宗旨严重背离，甚至走到其反面而构成一股对封建社会的离心力。这就说明，宋明理学作为一种哲学形态，它不仅在理论上已经走到尽头，而且在实际上也丧失了生机。①

有鉴于此，一个以经世致用为宗旨的新思潮得以应运而生，陈祖武先生称之为"批判理学思潮"②，即所谓：

明清之际，封建国家在经济、政治诸方面日益深重的危机，以及这一危机在理论思维领域反映出的理学瓦解，都是客观存在的社会现实，因而试图挽救社会危机的经世致用思潮，也就必然要以批判理学的形态出现。即使是理学营垒中人，当他们投身到经世致用潮流中去的时候，也会不期而然地对既往学术进行批判和再认识。③

在这样一种时代背景下，批判理学，势所必然，而更为关键的挑战是，拿什么来作为批判理学的武器，便成为清初思想界迫在眉睫的现实问题。胡适先生对此尝有一精辟分析，称：

宋明的理学皆自托于儒家的古经典，理学都挂着经学的招牌；所以后人若想打倒宋明的理学，不能不先建立一种科学的新经学；他们若想建立新哲学，也就不能不从这种新经学下手。④

杨向奎先生在为《清初学术思辨录》一书所作的序中，亦有过类似的论断，称：

① 陈祖武：《清初学术思辨录》，第306页。
② 陈祖武：《清初学术思辨录》，第311页。
③ 陈祖武：《清初学术思辨录》，第314页。
④ 胡适：《戴东原的哲学》，上海古籍出版社，2014，第79页。

清初学术思想是对中国传统学术思想的反思及总结，在学术史上，这是一个光辉的时代，梁任公曾经把它比作西洋史上的"文艺复兴"。但是我们一直到近百年前，并没有出现一个科学复兴时代，我们始终在传统的经史上旋转，而没有走出这宏大的包围圈。①

要解决对理学的批判问题，就必寻得一可靠的理据作为凭依。基于此，我们再来看顾炎武命题，他的确可承"清学开山"之誉。

一方面，顾炎武一贯留心经世之学，诚如其所言，笃志经史，身体力行；并提出：

> 君子之为学，以明道也，以救世也。徒以诗文而已，所谓"雕虫篆刻"，亦何益哉！某自五十以后，笃志经史，其于音学深有所得，今为《五书》，以续三百篇以来久绝之传，而别著《日知录》，上篇经术，中篇治道，下篇博闻，共三十余卷。有王者起，将以见诸行事，以跻斯世于治古之隆。②

另一方面，他旗帜鲜明地亮出"理学，经学也"的自家主张，并"登高一呼，回声四起……遂成一时学术界共识"。③

在明清之际特有的时代纷纭中，顾炎武命题的提出，准确把握到了"清学之出发点"，把对理学的批判，置诸经学的视野下加以展开，对理学做出明确的古、今区分，以对"今之所谓理学"的猛烈抨击为导向，为批判理学开辟了扭转风气、回归经学的合理路径。而正是这一经学取径，使得"有清一代学术，确在此旗帜之下而获一新生命"。④

相比之下，全祖望命题所谓"经学即理学"一语，虽是依据顾炎武命题中的内容做出的归纳，表面看比"理学，经学也"更为简明，但立意上还是别有内涵的，不可不辨。

① 杨向奎：《清初学术思辨录·序言》，陈祖武著《清初学术思辨录》，第1页。
② （清）顾炎武：《亭林文集》卷四《与人书二十五》，（清）顾炎武著，华忱之点校《顾亭林诗文集》，第98页。
③ 陈祖武：《清初学术思辨录》，第65页。
④ 梁启超：《清代学术概论》，朱维铮校注《梁启超论清学史二种》，第9页。

三

乾嘉时期，著名学者章学诚在总结浙东学术发展渊源时说：

> 梨洲黄氏，出蕺山刘氏之门，而开万氏兄弟经史之学；以至全氏祖望辈，尚存其意，宗陆而不悖于朱者也……世推顾亭林氏为开国儒宗，然自是浙西之学。不知同时有黄梨洲氏，出于浙东，与顾氏并峙，而上宗王、刘，下开二万，较之顾氏，源远而流长矣。顾氏宗朱，而黄氏宗陆。盖非讲学专家，各持门户之见者，故互相推服，而不相非诋。学者不可无宗主，而必不可有门户；故浙东、浙西，道并行而不悖也。①

梁启超先生在《中国近三百年学术史》的"清初史学之建设"一节介绍说：

> 谢山是阳明、蕺山、梨洲的同乡后学，受他们的精神感化甚深。所以他的学术根柢，自然是树在阳明学派上头。但他和梨洲有两点不同：第一，梨洲虽不大作玄谈，然究未能尽免；谢山著述，却真无一字理障了。第二，梨洲门户之见颇深，谢山却一点也没有……若论他学术全体，可以说是超王学的，因为对王学以外的学问，他一样的用功，一样的得力。②

从学术渊源上讲，全祖望师承于与顾炎武并世的另一位大儒黄宗羲。尽管他生于黄宗羲故去之后，未受其业，却十分仰慕黄宗羲的学识和品行，故私淑于黄氏，尝作《梨洲先生神道碑铭》，学脉上承陆王一派。而顾炎武命题中"今之所谓理学，禅学也"，矛头所指，恰在于兹。顾炎武尝言：

① （清）章学诚：《文史通义》卷5内篇五《浙东之学》，章学诚著，叶瑛校注《文史通义校注》上册，中华书局，1985，第523页。

② 梁启超：《中国近三百年学术史》，朱维铮校注《梁启超论清学史二种》，第199页。

以一人而易天下，其流风至于百有余年之久者，古有之矣。王夷甫之清谈，王介甫之新说；其在于今，则王伯安之良知是也。①

将王阳明与西晋的王衍、北宋的王安石相提并论，以责其败坏风气，导致亡国之祸。全祖望撰写《亭林先生神道表》，对顾炎武的学术宗旨总体上是取认同的态度的，这一点无可置疑。但另一方面，直言明王朝之倾覆，王阳明的良知学首当其咎，全祖望对顾炎武批判理学的言辞，难免又有"甚峻"之虞。

全祖望私淑黄宗羲。黄氏近承刘宗周，远宗王守仁，顾炎武固然"以经世之学推梨洲"，但终究论学有"不合"之处。全祖望即使"一点也没有"门户之见，作为"同乡后学"，出于自身师承阳明学派的考虑，也不能认同顾氏对理学所作的古、今区分，尤其对"今之所谓理学"云云，"或疑其言太过"，遂表示不敢"遽定"。

理学同样有其源流。继《明儒学案》之后的《宋元学案》，即得益于全祖望不遗余力的修订，前后持续十年，终具百卷规模，理学脉络，一目了然。所以，在博通经史的全祖望看来，自宋以来始有其名的理学，首先不当作古、今之区分，基于此，更不能对"今之所谓"理学，一概以"禅学"论之。他认为，顾氏的学术宗旨从根本上讲是"本朱子之说"，顾氏命题中前一句"古之所谓理学，经学也"，对理学也是持有肯定态度的，其所"窃叹"的对象不过是"百余年以来之为学者"。而全祖望从自身师承立场而言，不可能像顾氏那样言辞激烈地对"今之所谓理学"，采取决然否定的态度，他坚持认定"今之所谓理学"，同样是沿着不舍经学的方向在发展，其称：

吾观阳明之学，足以振章句、训诂之支离，不可谓非救弊之良药也。然而渐远渐失，遂有堕于狂禅而不返，无乃徒恃其虚空知觉，而寡躬行之定力耶！夫阳明之所重者，行也，而其流弊乃相反，彼其所谓诚

---

① （清）顾炎武：《日知录》卷18《朱子晚年定论》，（清）顾炎武著，陈垣校注《日知录校注》中册，第1032页。

意者安在耶！盖其所顿悟者，原非真知，则一折而荡然矣。是阳明之救弊，即其门人所以启弊者也。①

而且，王阳明本人对经学亦予相当重视，其曾言：

世之学者，不知求"六经"之实于吾心，而徒考索于影响之间，牵制于文义之末，硁硁然以为是"六经"矣……呜呼！"六经"之学，其不明于世，非一朝一夕之故矣。尚功利，崇邪说，是谓乱经；习训诂，传记诵，没溺于浅闻小见，以涂天下之耳目，是谓侮经；侈淫辞，竞诡辩，饰奸心，盗行逐世，垄断而自以为通经，是谓贼经。若是者，是并其所谓记籍者，而割裂弃毁之矣，宁复知所以为尊经也乎！②

鉴于此，全祖望在处理顾炎武命题中后一句"今之所谓理学，禅学也"时，颇费了一番心思。如前所述，他先以顾炎武的名义提出设问，称其"谓古、今安得别有所谓理学者"，紧跟着补充了两句权当注解的话，其一谓"自有舍经学以言理学者，而邪说以起"，其二谓"不知舍经学，则其所谓理学者禅学也"。大体上是对应顾氏《与施愚山书》中的内容，即"不取之'五经'，而但资之语录，校诸帖括之文而尤易也"和"舍圣人之语录，而从事于后儒，此之谓不知本矣"。两句话的关键点都落在"舍经学"三字上。前一句"舍经学以言理学……"，是着眼于经学的内容讲的；后一句"舍经学，则其所谓理学者……"，是侧重于经学的方法讲的。

既然"安得别有"，那么就不再存在所谓"古之所谓理学"与"今之所谓理学"的区别，在全祖望归纳出的命题中，理学俨然成为一个整体，不论在内容上还是在方法上，均应取法"不舍经学"的路数。顾氏所见"今之所谓理学"，不过是"其门人所以启弊者"。所以删除了"古之所谓"的"理学，经学也"不失为一个相对合理的命题。偏偏全祖望又向前跨进一步，即

---

① （清）全祖望：《槎湖书院记》，（清）全祖望撰，朱铸禹汇校集注《全祖望集汇校集注》中册，第1058页。

② （明）王守仁：《稽山书院尊经阁记（乙酉）》，（明）王守仁撰，吴光等编校《王阳明全集》第1册，上海古籍出版社，2014，第284～285页。

如侯外庐先生所言，全氏为顾炎武做神道表，称述他的话，"把命题的主词与述词倒置"了一下，结果则是：

> 炎武所谓"理学，经学也"，不是说理学等同于经学，而是说理学为经学的一部分，言理不能离开经罢了。全氏所述"经学即理学"，则把二者混一。犹之乎说"人，动物也"，而和"动物即人"显然有别。但后来学者大都是据全氏所述的命题讲说，这是应当注意的。①

四

"倒置"之后，立意上确乎"显然有别"，而由此造成的影响超出了顾炎武原有命题的范畴。

最初，顾炎武命题的重心是围绕着理学展开的。他通过对理学"异同离合"的古、今对比，做出了一肯定、一否定的双重判断，肯定古之所谓理学，否定今之所谓理学，两者指向都十分鲜明；全祖望则将命题的重心转移到理学与经学的关系上。化约掉顾炎武命题中理学的古、今区分后，将这一区分置换成对理学与经学之间"异同离合"关系的厘定。经此处理，古、今理学合并为一，以整体的面目出现在了命题中。

按照顾炎武命题"理学，经学也"的思路来说，理学本来就是经学，所要强调的理学不能完全独立于经学而存在，理学必须回到经学之中来，以经学作为评判的标准；而全祖望所归纳出的新命题，强调经学就是理学。当两者位置做一互换后，理学与经学的逻辑关系被改变了。前者谓理学在经学之中，经学是包含理学的；后者则谓理学沦为禅学而被排斥出经学，理学已然站到与经学对立的一面，势必面临着被经学取代的危险。

理学从前一个命题的不能独立，转而发展为后一个命题的不能成立，立意上的"显然有别"，导致了性质上的一大反转，至此恐怕很难将两个命题再做等量齐观。

---

① 侯外庐：《中国思想通史》第5卷，人民出版社，1956，第206～207页。

全祖望之作《亭林先生神道表》，本意表彰顾炎武树立经学，提倡经世学风，因此他归纳出的新命题，至少大体应该符合顾炎武命题的本意，从此后实际发展的进程看，被认同的更多的是全祖望归纳出的"经学即理学"命题，而非顾炎武的"理学，经学也"的命题，就像侯外庐先生所说的，"后来学者大都是据全氏所述的命题讲说"顾炎武的经学主张。

既然两个命题在性质上发生了一大反转，便不能不让我们产生困惑，"经学即理学"究竟符不符合顾炎武命题的本意呢？我们不妨再回过头来看一下全祖望在归纳出这个新命题之后，特别补充说明的那些内容。

主要包括三个方面：其一，"所以归咎于上蔡、横浦、象山者甚峻"；其二，"以经世之学推梨洲，而论学则皆不合"；其三，"其书曰《下学指南》，或疑其言太过，是固非吾辈所敢遽定"。

顾炎武尝著有《下学指南》一书，今已佚，唯存一序，其文称：

> 今之言学者必求诸语录，语录之书始于二程，前此未有也。今之语录几于充栋矣，而淫于禅学者实多，然其说盖出于程门。故取慈溪《黄氏日抄》所摘谢氏、张氏、陆氏之言，以别其源流，而衷诸朱子之说。夫学程子而涉于禅者，上蔡也；横浦则以禅而入于儒；象山则自立一说，以排千五百年之学者，而其所谓"收拾精神，扫去阶级"，亦无非禅之宗旨矣。后之说者递相演述，大抵不出乎此，而其术愈深，其言愈巧，无复象山崖异之迹，而示人以易信。苟读此编，则知其说固源于宋之三家也。①

顾炎武所归咎的宋人三家，都是"学程子"而入禅邪，其所作语录包括谢良佐的《上蔡语录》、张九成的《横浦心传录》《横浦日新录》以及陆九渊的《象山语录》。朱熹曾总结此三家关系，称："上蔡之说，一转而为张子韶，子韶一转而为陆子静。"②顾炎武认为此三家学说皆"无非禅之宗旨"，

---

① （清）顾炎武：《亭林文集》卷6《下学指南序》，（清）顾炎武著，华忱之点校《顾亭林诗文集》，第131～132页。

② （清）黄宗羲：《上蔡学案》，（清）黄宗羲原著，（清）全祖望补修，陈金生、梁运华点校《宋元学案》第2册，中华书局，1986，第931页。

与其所说的"今之所谓理学，禅学也"，大体不差。

所谓论学不合，兹以《梨洲先生神道碑文》为例，其文称：

> 公谓明人讲学，袭语录之糟粕，不以六经为根柢，束书而从事于游谈，故受业者必先穷经；经术所以经世，方不为迂儒之学，故兼令读史。又谓读书不多，无以证斯理之变化；多而不求于心，则为俗学。故凡受公之教者，不坠讲学之流弊。公以濂、洛之统，综会诸家：横渠之礼教，康节之数学，东莱之文献，艮斋、止斋之经制，水心之文章，莫不旁推交通，连珠合璧，自来儒林所未有也。①

黄宗羲对明末空疏学风深以为戒，力倡为学当以穷经为务，强调经世原则，故绝非"舍经学"云云。相比顾炎武对王学坚持猛烈抨击的态度，黄宗羲则全力为王学争正统，在其所著《明儒学案》中，开宗明义，即揭橥王学"盈天地皆心也"命题，全书以大半篇幅钩索明代王学源流，且断言"故无姚江，则古来之学脉绝矣"。②

陈祖武先生认为，尽管顾炎武、黄宗羲曾经在清代学术史上做出过无与伦比的贡献，但也应承认：

> 由于在重起的朱陆学纷争之中，黄、顾二人为历史和阶级的局限性所羁，或因尊王学太过，或因疾王学太深，均不同程度地为一时门户勃豁所裹挟。由此，遂给当时及后世学者留下余议。③

前面所引的全祖望所谓"甚峻""不合""太过"等种种措辞，"余议"不可谓不明显。根据这些显在的"余议"，我们是否可以推断，全祖望对他所归纳出的顾炎武"经学即理学"的命题，其实持的并非肯定态度。

---

① （清）全祖望：《梨洲先生神道碑文》，（清）全祖望撰，朱铸禹汇校集注《全祖望集汇校集注》上册，第219～220页。
② （清）黄宗羲：《姚江学案》，（清）黄宗羲著，沈芝盈点校《明儒学案》上册，中华书局，2008，第178页。
③ 陈祖武：《黄宗羲、顾炎武合论》，《贵州社会科学》1984年第5期。

推原其故，根本原因在于全祖望不能接受顾炎武在《与施愚山书》中提出的那句"今之所谓理学，禅学也"，其"太过"之处即"疾王学太深"。正是基于此，全祖望认为"经学即理学"乃一种相对"偏激"的提法，指出顾炎武用意是要以经学来取代理学。

那么顾炎武的经学主张实际上是什么样的呢？

综前所述，我们知道顾炎武一贯强调，君子为学的目的重在"明道"与"救世"两端，一是为学内容，一是为学目的，顾氏对理学的批判正是从这两方面同时展开的。他在给弟子潘耒的信中尝言：

> 君子之为学也，非利己而已也。有明道淑人之心，有拨乱反正之事，知天下之势之何以流极而至于此，则思起而有以救之……惟愿刻意自厉，身处于宋、元以上之人与为师友，而无徇（徇）乎耳目之所濡染者焉，则可必其有成矣。①

又如他在《病起与蓟门当事书》中称：

> 今日者拯斯人于涂炭，为万世开太平，此吾辈之任也。仁以为己任，死而后已。故一病垂危，神思不乱。使遂溘焉长逝，而于此任已不可谓无尺寸之功。今既得生，是天以为稍能任事而不遽放归者也。②

他萃平生心力撰写《日知录》，盖非作"一世之书"，其根本目的是"明学术，正人心，拨乱世以兴太平之事"。③他究心经史，绝非远离世事，所谓：

> 孔子之删述六经，即伊尹、太公救民于水火之心。而今之注虫鱼、

---

① （清）顾炎武：《亭林余集·与潘次耕札》，（清）顾炎武著，华忱之点校《顾亭林诗文集》，第166～167页。
② （清）顾炎武：《病起与蓟门当事书》，（清）顾炎武著，华忱之点校《顾亭林诗文集》，第48～49页。
③ （清）顾炎武：《初刻〈日知录〉自序》，（清）顾炎武著，华忱之点校《顾亭林诗文集》，第27页。

命草木者，皆不足以语此也。故曰："载之空言，不如见诸行事。"……愚不揣，有见于此，凡文之不关于六经之指、当世之务者，一切不为。而既以明道救人，则于当今之所通患，而未尝专指其人者，亦遂不敢以辟也。①

从顾炎武自己的表述中，我们实际上看不出他持有要从整体上反对理学，以经学全面取代理学的本意。反之，顾炎武极力倡导经学并从事实践，始终以明道、救世为己任，表现出强烈的学术责任感与历史使命感。他一生在经史领域著述颇丰，堪称最有建树者。其"严谨健实的学风，经世致用的治学宗旨，朴实归纳的为学方法，诸多学术门径的开拓，以及对明季空疏学风斩钉截铁般的抨击，与其傲岸的人格相辉映"②，对后世产生了重要而广泛的影响。

要之，顾炎武本意没有要以经学取代理学，但经过全祖望归纳后的顾炎武命题，则毫不掩饰这一意向的存在，两个命题彼此之间出现了难以弥缝的错位。我们可否认为，全祖望在对顾炎武命题做出归纳时，针对顾氏本意的理解产生了偏离？

五

陈祖武先生在探讨清初学术出发点时，分析说：

清人考论宋明理学，每每将陆王与程朱对立，过分强调了两派之间学术主张的差异，却忽视了由朱学到王学是一个理论思维演进的历史过程。这样，数百年的学术发展史，便成了一部学派对立史。显然，这同理学发展的历史实际是不相吻合的……王学既是继承陆学而与朱学对立的学派，同时它更是对理学，既包括陆学，也包括朱学的发展。③

① （清）顾炎武：《亭林文集》卷4《与人书三》，（清）顾炎武著，华忱之点校《顾亭林诗文集》，第91页。
② 陈祖武：《清初学术思辨录》，第76～77页。
③ 陈祖武：《清初学术思辨录》，第13页。

这一分析或许可为全祖望的"偏离"提供注脚。

顾炎武开启的"清学之出发点",分为明道与救世两端:明道的方法在"通经",救世的出路在"致用"。也就是说他所开辟的路径实际上分为两个指向:一是他的为学方法;一是他的治学精神。

顾炎武命题中前一句"古之所谓理学,经学也",经学与理学是互为肯定的;即便归纳为"理学,经学也",这种互为肯定的意味也只会得到加强。这就印证了全祖望《亭林先生神道表》中对顾炎武那句"其本朱子之说"的评价,因为顾氏对朱熹的推崇绝非泛泛之言,他曾这样讲:

> 两汉而下,虽多保残守缺之人;六经所传,未有继往开来之哲。惟绝学首明于伊、洛,而微言大阐于考亭,不徒羽翼圣功,亦乃发挥王道,启百世之先觉,集诸儒之大成。①

所以认为顾炎武主张全面否定理学,用经学推翻理经学,取而代之云云,恐怕是站不住脚的。但全祖望命题中的"经学即理学",透露出的恰恰是一种"根本不承认理学之能独立"②的"猛烈"意味;换言之,从顾炎武命题的理学不能舍经学,到全祖望命题则成了经学可以舍理学,从互为肯定转为单向否定,其转折跨度之大,出人意料。

那么这股"猛烈"意味,又是从何而来的呢?

笔者以为,症结就在顾炎武命题中后一句"今之所谓理学,禅学也"。我们前面已经推断,全祖望对他所归纳出的顾炎武"经学即理学"的命题,其实持的并非一种肯定的态度。但在具体表达上,全祖望又采用了相对委婉、含蓄的方式,他只说"固非吾辈所敢遽定",所针对的无疑正是这句"今之所谓理学,禅学也"。在前面强调了"甚峻""不合""太过"等之后,便用不敢"遽定"一语带过。可见全祖望对顾炎武"耿介绝俗""笃志六经",极尽表彰,全无异辞;但不可忽视的是,全祖望毕竟身属阳明学派

① (清)顾炎武:《华阴县朱子祠堂上梁文》,(清)顾炎武著,华忱之点校《顾亭林诗文集》,第121页。

② 梁启超:《清代学术概论》,朱维铮校注《梁启超论清学史二种》,第8页。

一脉，而他本人在治学原则上对于学术门户又是十分厌憎的，认为"门户之病，最足锢人。圣贤所重在实践，不在词说"①。如他参与修订《宋元学案》的过程，谢国桢先生曾这样描述：

> 到了全祖望续纂《宋元学案》，以其时代来说，当然是以程、朱之学为宗了。可是南雷一派是宗陆、王，而对于程、朱持有不同意见的。因之全氏就对客观情况和具体事实作具体的分析，从这个角度，平列分述各种学派的事实和学术思想……在纂修学案的方法上往前进展了一步。②

全氏本人尝自许：

> 予续南雷《宋元学案》，旁搜不遗余力，盖有六百年来儒林所不及知，而予表而出之。③

他在自己一部重要的经学著作《经史问答》中，强调说：

> 愚生平于解经，未尝敢专主一家之说，以启口舌之争，但求其是而已。④

故而在对顾炎武命题进行归纳时，全祖望对其"猛烈"的态度以及"甚峻"的言辞，即持难于赞同的态度，做出的归纳则一方面要反映出"猛烈"的态度，另一方面对"甚峻"的言辞采取了一定的调和处理方式。

---

① （清）全祖望：《杜洲六先生书院记》，（清）全祖望撰，朱铸禹汇校集注《全祖望集汇校集注》中册，第1050页。
② 谢国桢：《明末清初的学风》，上海书店出版社，2006，第220页。
③ （清）全祖望：《截山相韩旧塾记》，（清）全祖望撰，朱铸禹汇校集注《全祖望集汇校集注》上册，第580页。
④ （清）全祖望：《经史问答》卷二，（清）全祖望撰，朱铸禹汇校集注《全祖望集汇校集注》下册，第1895页。

全祖望深明于此，所以他用"经学即理学"这样一个可以说比"今之所谓理学，禅学也"在语意表达上相对和缓的命题，完成了他对顾炎武两句话命题的总体归纳。恰如侯外庐先生所分析的，全祖望将"理学，经学也"命题中的主词与述词倒置，把"二者混一"，导致的后果是逻辑上的矛盾。

其一，将顾炎武命题中围绕古、今理学之区别，转换至经学与理学之厘定；其二，将顾炎武命题中古、今理学之间的区别遮蔽掉，实则是掩盖了程朱理学与陆王心学的区别；其三，将顾炎武命题中理学本在经学之中的包含关系，更改为理学对经学取舍的对立关系。

顾炎武说"今之所谓理学，禅学也"，指的是"今之所谓理学"已极其堕落，与"禅学"无异，没有资格再称为"理学"，所以顾炎武在这里反对的对象，是字面上缺席而受到猛烈抨击的心学。而当全祖望命题绕过了理学的古、今区别之后，"混一"的对象转而归于理学与心学。理学就作为一个整体，站到了经学的对立面上。

如陈祖武先生所分析的，"王学既是继承陆学而与朱学对立的学派，同时它更是对理学，既包括陆学，也包括朱学的发展"。全祖望基于自身的学术立场，认为王学本应包含在理学之中，这和顾炎武主张的理学本在经学之中是互为契合的，同学术发展的历史实际亦相吻合。全祖望以为，依照"今之所谓理学，禅学也"的逻辑来推衍，顾炎武否定了王学所具有的理学一面，由此凸显出了经学与理学的截然对立，进而导致经学取代理学而使理学完全失去存在的价值。这样的话，理学的根基岂不将彻底动摇！

综之，顾炎武命题的两句话，逻辑上是自洽的，即理学原本就是经学，所以理学应该回归经学；既然理学溢出了经学，经学就要批判理学，以使理学重新回归到经学中来。所以，顾炎武强调的是理学回归经学的运动，而不是经学取代理学的运动。既然要回归经学，就要对离于经学、流于禅学的理学进行猛烈的抨击，最终目的还是落实到回归经学，因而顾炎武是站在经学的立场谈理学问题的，前提是他并没有将理学排斥在经学之外。

相比之下，全祖望则是站在理学立场谈经学问题的。通过他的归纳，理学作为一个整体已然站到经学的对立面去了，经学与理学的矛盾冲突在所难免；而且将历史维度消解之后，理学与经学之间联结的纽带被彻底割断，理学与经学成为两个没有归属的孤立对象。因此，看上去"经学即理学"命题显得更为简明，比"今之所谓理学，禅学也"在语气上要相对温和不少，但从逻辑上推究，其在对经学作出肯定的同时，亦不可避免地构成了对理学的否定，这一矛盾所造成的冲击，较之貌似过激的批判，恐怕来得更为"猛烈"。这也就是梁启超先生后来所指出的"根本不承认理学之能独立"。当乾嘉考据学全盛时代来临后，这个"不能独立"俨然被提升到了"不能成立"的程度。

六

尽管全祖望未曾表示肯定的态度，但他偏离本意归纳出来的顾炎武"经学即理学"一语，却成为广受追捧的名言。一经问世，学者便每每视其若顾炎武所言，且不论对该命题立场倾向认同与否，至少内容上，大都是把它成了顾炎武本人的原话，以至几乎"接近众皆认可的程度"。于是，全祖望的这个命题后来居上，让之前的顾炎武命题显得平淡了许多。近代以来，追及"清学史"一门既出，据全祖望命题"讲说"顾炎武经学影响者中，最具代表性的人物莫过梁启超先生。

梁先生在《清代学术概论》中直言："炎武未曾直攻程朱，根本不承认理学之能独立。"复引全祖望《亭林先生神道表》中文字，稍作剪裁后，称：

> 古、今安得别有所谓理学者？经学即理学也。自有舍经学以言理学者，而邪说以起。①

"古、今安得别有所谓理学者"一句，当初本是全祖望借用顾炎武的名义提出的设问，发明权不在顾炎武，这里却被梁启超先生当作顾炎武的原话，照单全收，称：

---

① 梁启超：《清代学术概论》，朱维铮校注《梁启超论清学史二种》，第8～9页。

说亭林是清代经学之建设者，因为他高标"经学即理学"这句话，成为清代经学家信仰之中心。[①]

谈到经学建设方面，梁启超先生将清学与汉之经学、隋唐之佛学、宋明之理学三者相提并论，名其为"清之考证学"，是"自秦以后，确能成为时代思潮者"[②]之一。依此，梁先生又把清代学术的发展划分为启蒙、全盛、蜕分和衰落四期，称：

> 吾观中外古今之所谓"思潮"者，皆循此历程以递相流转，而有清三百年，则其最切著之例证也。[③]

对于第一阶段的启蒙期，梁先生解释说：

> 启蒙期者，对于旧思潮初起反动之期也。旧思潮经全盛之后，如果之极熟而致烂，如血之凝固而成瘀，则反动不得不起。反动者，凡以求建设新思潮也。然建设必先之以破坏，故此期之重要人物，其精力皆用于破坏，而建设盖有所未遑。[④]

梁先生进而强调，"清学之出发点，在对于宋明理学一大反动"[⑤]。这便是其著名的"理学反动说"。"反动"一语始见诸其治清学史的处女作《论中国学术思想变迁之大势》第八章"近世之学术"。

在"近世之学术"这一章中，梁先生对清代学术的演进趋势有一形象概括，称：

> 本朝二百年之学术，实取前此二千年之学术，倒影而缫演之。如剥

---

① 梁启超：《中国近三百年学术史》，朱维铮校注《梁启超论清学史二种》，第170页。
② 梁启超：《清代学术概论》，朱维铮校注《梁启超论清学史二种》，第1页。
③ 梁启超：《清代学术概论》，朱维铮校注《梁启超论清学史二种》，第3页。
④ 梁启超：《清代学术概论》，朱维铮校注《梁启超论清学史二种》，第2页。
⑤ 梁启超：《清代学术概论》，朱维铮校注《梁启超论清学史二种》，第6页。

春笋，愈剥而愈近里；如啖甘蔗，愈啖而愈有味。不可谓非一奇异之现象也。①

陈居渊先生分析说：

这虽为一种描述性的比喻，却无疑为他在十六年后提出的反动—复古—解放的模式奠定了学术基础。②

在《清代学术概论》中，梁先生将"反动"赋予"复古"的特征，用以解释"清代思潮"，称：

"清代思潮"果何物耶？简单言之：则对于宋明理学之一大反动，而以"复古"为其职志者也。③

梁先生为之归纳出一个层层上溯的"复古"过程，称：

综观二百余年之学史，其影响及于全思想界者，一言蔽之，曰"以复古为解放"。第一步，复宋之古，对于王学而得解放。第二步，复汉、唐之古，对于程、朱而得解放。第三步，复西汉之古，对于许、郑而得解放。第四步，复先秦之古，对于一切传注而得解放。夫既已复先秦之古，则非至对于孔孟而得解放焉不止矣。然其所以能著著奏解放之效者，则科学的研究精神实启之。④

启蒙期对于宋明理学做出"一大反动"的代表人物当推顾炎武。

梁启超先生在文中多处引用"经学即理学"一语，丝毫不怀疑这就是顾炎武本人所讲的话，称道他"对于晚明学风，表出堂堂正正的革命态度"，

① 梁启超：《论中国学术思想变迁之大势》，上海古籍出版社，2001，第133页
② 陈居渊：《汉学更新运动研究——清代学术新论》，凤凰出版社，2013，第10页。
③ 梁启超：《清代学术概论》，朱维铮校注《梁启超论清学史二种》，第3页。
④ 梁启超：《清代学术概论》，朱维铮校注《梁启超清学史二种》，第6页。

高标徽帜，"以与空谈性命之陋儒抗，于是二百年来学者家家谈经，著作汗牛充栋"①，极大影响了后来的思想界，自当推其为"清学开山之祖"。

经学与理学二元对立的特征，在梁启超先生的叙述中表现得十分突出。他说，顾炎武"根本不承认理学之能独立"，依据就在"经学即理学"一语。梁先生解释说：

> 昔有非笑六朝经师者，谓"宁说周、孔误，不言郑、服非"。宋、元、明以来谈理学者亦然，宁得罪孔、孟，不敢议周、程、张、邵、朱、陆、王。有议之者，几如在专制君主治下犯"大不敬"律也。而所谓理学家者，盖俨然成一最尊贵之学阀而奴视群学。自炎武此说出，而此学阀之神圣，忽为革命军所粉碎，此实四五百年来思想界之一大解放也。②

"炎武此说"在梁启超认识中，当然就是顾炎武的以经学取代理学的主张，就此衍生出"四五百年来思想界之一大解放"。

基于对全祖望"经学即理学"的解读，梁启超先生认为经学与理学的对立不可避免，并以"对于宋明理学一大反动"构成了其解释有清一代学术发展特征的著名范式"理学反动说"的主干，顾炎武因此被塑造成为倡导"以经学代理学"的典范。

本来，全祖望用"经学即理学"概括顾炎武的学术主张，已失于偏颇。尔后乾嘉汉学由"启蒙而全盛"，渐"已自成为炙手可热之一'学阀'"③，无不奉此旗帜，以为反对和排斥宋学的口号，解读失当，自不待言。

当然，梁启超还是有其过人之处的，他敏锐地发现，"经学即理学"命题存在自身的缺陷，指出：

> "经学即理学"一语，则炎武所创学派之新旗帜也。其正当与否，

---

① 梁启超：《清代学术概论》，朱维铮校注《梁启超论清学史二种》，第294页。
② 梁启超：《清代学术概论》，朱维铮校注《梁启超论清学史二种》，第9页。
③ 梁启超：《清代学术概论》，朱维铮校注《梁启超论清学史二种》，第58页。

且勿深论。——以吾侪今日眼光观之，此语有两病。其一，以经学代理学，是推翻一偶像而别供一偶像。其二，理学即哲学也，实应离经学而为一独立学科。——虽然，有清一代学术，确在此旗帜之下而获一新生命。①

将"经学即理学"直接释作以"以经学代理学"，梁启超先生不愧为第一人。

顾炎武倡导经学，是以经学为手段，而不是以经学为目的，"通经"目的在明道，明道的根本在救世，即实现其实际的功用，这才是真正的治学要领，故而当一代开派宗师，其贡献决不仅限于考据之学。

梁启超先生曾讲：

> 亭林的著述，若论专精完整，自然比不上后人。若论方面之多，气象规模之大，则乾嘉诸老，恐无人能出其右。要而论之，清代许多学术，都由亭林发其端，而后人衍其绪。②

梁先生总结说："其实亭林学问，决不限于经学；而后此之经学，也不见得是直衍亭林之传。"③他所做学问的种类，在很多方面"替后人开出路来"。因此，将"经学即理学"理解为顾炎武重要的治学主张，势必会对认识清代学术的"出发点"以及"清学开山"问题造成混乱。

后来的清儒考据走向极端，变成了为考据而考据，流于琐碎解经的纸上功夫，已大失顾氏治学精髓，对此，梁启超先生称：

> 试细读《日知录》中论制度论风俗各条，便可以看出他许多资料，非专从纸片上可得。就这一点论，后来的古典考证家，只算学得"半个亭林"罢了。④

---

① 梁启超：《清代学术概论》，朱维铮校注《梁启超论清学史二种》，第9页。
② 梁启超：《中国近三百年学术史》，朱维铮校注《梁启超论清学史二种》，第163页。
③ 梁启超：《中国近三百年学术史》，朱维铮校注《梁启超论清学史二种》，第170页。
④ 梁启超：《中国近三百年学术史》，朱维铮校注《梁启超论清学史二种》，第160页。

不过，梁先生限于对"经学即理学"所属权的深信不疑，到底还是把"半个亭林"的责任推给了顾炎武，称：

> 故言清学之祖，必推亭林。诸先生之学统，不数十稔而俱绝，惟亭林岿然独存也。惜存者其琐节，而绝者其大纲；存者其形式，而绝者其精神也。亭林曰：今日只当著书，不必讲学。又曰：经学即理学。而后儒变本加厉，而因以诋理学而仇讲学者，非亭林所及料也。然亭林不能不微分其过也。①

"经学即理学"作为命题，并非顾炎武所言，但以名言的形式，对此后的清儒产生了范式引导，更准确地说，应该是极大的误导，所谓"因以诋理学而仇讲学者"，即属其中一弊。只是"经学即理学"该负的责任，实在不应该算在顾炎武的账上。

七

作为梁启超先生"对手方"的钱穆先生，洵为20世纪前半叶清学史研究的另一重镇。钱先生自编讲义，开设课程，出版同名之作，种种作为无不以梁先生为"靶向"，其论述又往往与之观点相左，"换言之，'对手方'的'影子'不仅间接影响到钱穆的学术人生，也直接制约着其有关清学史的论述"②。

"论者或曰，梁、钱二书有相当显著的不同"③，这是钱穆先生自己公开承认过的。他说"因与任公意见相异，故特开此课程，自编讲义"④。钱先生回忆说：

> 我在北京大学开讲"近三百年学术史"一课，并不是近三百年学术

---

① 梁启超：《论中国学术思想变迁之大势》，第107页。
② 孔定芳：《学术"对手方"与钱穆的清学史研究》，《社会科学战线》2021年第7期。
③ 罗志田：《导读》，章太炎、刘师培等撰《中国近三百年学术史论》，第8页。
④ 钱穆：《八十忆双亲·师友杂忆》，第173页。

史已事先烂熟于胸中。我也不过知道一个大纲，临时教课临时准备的。不教这门课，《近三百年学术史》一书也不一定写得出来。[①]

钱穆先生治清学史最早的系统性成果是1928年结撰的《国学概论》中第九章"清代考证学"，名称与梁启超先生所列四大时代思潮之一的"清之考证学"，仅有一字差别。该书1931年由商务印书馆出版，其中钱氏"弁言"称：

> 本书特应学校教科讲义之需，不得已姑采梁氏《清代学术概论》大意，分期叙述。于每一时代学术思想主要潮流所在，略加阐发。[②]

所谓"姑采"，话外留音颇有不得已处。果然，1937年问世的《中国近三百年学术史》，踵继同名课程，再添同名著述，开篇即发问："治近代学术者当自何始？曰：必始于宋。"立意迥异梁著。又曰：

> 何以当始于宋？曰：近世揭橥汉学之名，以与宋学敌，不知宋学，则无以平汉宋之是非。[③]

气势咄咄，对梁启超先生所谓"清学之出发点，在对于宋明理学一大反动"的论断，尤不认同。梁氏的《中国近三百年学术史》中，清学与宋学处在完全对立的紧张中，钱先生的同名作则另辟新径，指出宋明理学在清代并没有中断，且对清学具有深刻影响。钱穆先生分析说：

> 且言汉学渊源者，必溯诸晚明诸遗老。然其时如夏峰、梨洲、二曲、船山、桴亭、亭林、蒿庵、习斋，一世魁儒耆硕，靡不寝馈于宋学。继此而降，如恕谷、望溪、穆堂、谢山乃至慎修诸人，皆于宋学有

---

① 钱穆：《讲堂遗录》，第621页。
② 钱穆：《国学概论》，"弁言"，九州出版社，2011，第1页。
③ 钱穆：《中国近三百年学术史》，九州出版社，2011，第1页。

甚深契诣。而于时已及乾隆，汉学之名，始稍稍起。而汉学诸家之高下浅深，亦往往视其所得于宋学之高下浅深以为判。道咸以下，则汉宋兼采之说渐盛，抑且多尊宋贬汉，对乾嘉为平反者。故不识宋学，即无以识近代也。①

不仅晚明诸遗老"靡不寝馈于宋学"，哪怕乾隆朝汉学渐然成势，汉学阵营中的名家学者，在衡量彼此学术造诣时，也往往要"视其所得于宋学之高下浅深以为判"。梁启超先生从"反理学"的一路总结清代学术的演进，强调了清学的创新性；钱穆先生从"知宋学"的一路通观宋明理学的延续，着眼清学的继承性，由此得出一个与梁启超先生完全相反的结论。这就是1942年发表的《〈清儒学案〉序》，其称：

> 清代经学，亦依然沿续宋、元以来，而不过切磋琢磨之益精益纯而已。理学本包孕经学为再生，则清代乾、嘉经学考据之盛，亦理学进展中应有之一节目，岂得据是而谓清代乃理学之衰世哉？②

钱穆先生把清代学术归结为清代理学一目，分四阶段论之：其一曰晚明诸遗老阶段，其二曰顺、康、雍阶段，其三曰乾、嘉阶段，其四曰道、咸、同、光阶段。据此断言：

> 故以乾、嘉上拟晚明诸遗老，则明遗之所得在时势之激荡，乾、嘉之所得在经籍之沉浸。斯二者皆足以上补宋、明之未逮，弥缝其缺失而增益其光耀者也……要之有清三百年学术大流，论其精神，仍自沿续宋、明理学一派，不当与汉、唐经学等量并拟，则昭昭无可疑者。③

钱穆先生论已至此，犹嫌未足，又曰：

---

① 钱穆：《中国近三百年学术史》，第1页。
② 钱穆：《中国学术思想史论丛》（8），生活·读书·新知三联书店，2009，第411～412页。
③ 钱穆：《中国学术思想史论丛》（8），第413页。

抑学术之事，每转而益进，途穷而必变。两汉经学，亦非能蔑弃先秦百家而别创其所谓经学也，彼乃包孕先秦百家而始为经学之新生。宋、明理学，又岂仅包孕两汉、隋、唐之经学而已！彼盖并魏、晋以来流布盛大之佛学而并包之，乃始有理学之新生焉。此每转益进之说也。①

"每转益进"说遂成治清学史的又一著名理论范式。钱穆晚年回忆说：

我在北京大学讲"近三百年学术史"，我在这书的《序》上就说："不知宋学，不能知汉学。"要讲近三百年学术史，你们先要懂宋学。那时候的大学生，这套道理都懂。后来抗战了，我在重庆遇到一位湖南人，他的年龄不轻，这位先生对我说："钱先生你真胆大呀，你怎么敢在北京大学写这本《近三百年学术史》呀！"这位先生懂得我的《近三百年学术史》是反潮流的，今天你们不懂了。现在我们社会上也不讲这一套了。②

与梁氏的"理学反动"大为不同，钱穆先生针锋相对，着实地造了这一流行说法的反。

钱穆先生以为，清学其实是承袭宋明理学而来的，谓"清代乾、嘉经学考据之盛，亦理学进展中应有之一节目"，而非梁先生所一再强调的所谓"革命态度"前所未有的大举开创。照钱穆先生这般说法，清学实则不过是宋学转进的结果而已，其命题完全可称为"以经学益理学"，足堪与梁启超先生的"以经学代理学"殊然异帜、分庭抗礼。

八

由于"对手方"意识的缘故，钱穆先生对顾炎武的清学开山定位也颇不认同。

① 钱穆：《中国学术思想史论丛》（8），第414页。
② 钱穆：《讲堂遗录》，第849页。

他亦如梁启超先生的"全盘接受"，对"经学即理学"命题未作深考，认定此乃顾炎武本人所言，在《国史概论》中论及"清代考证学"，他即提出批评，称：

> 亭林不喜言心性，遂为此语。不知宋、明理学，自有立场，不待经学。经乃古代官书，亦惟训诂名物考礼考史而止，亦岂得谓"经学即理学"。亭林此言，实为两无所据，远不如浙东"言性命者必究于史"一语之精卓矣。①

在《中国近三百年学术史》中，钱穆先生专拟"经学即理学论之来源"一目，称"亭林'经学即理学'之论，虽意切救时，而析义未精，言之失当"②，并以钱谦益《牧斋初学集》为证，认为此语亦非顾炎武首创。谓：

> 近人既推亭林为汉学开山，以其力斥阳明良知之说，遂谓清初汉学之兴，全出明末王学反动，夫岂尽然？③

进而称：

> 故亭林治经学，所谓明流变，求证佐，以开后世之涂辙者，明人已导其先路。而亭林所以尊经之论，谓经学即理学，舍经学无理学可言，求以易前人之徽帜者，亦非亭林独创。④

钱穆先生所论显然是完全认可全祖望命题，把它当作了另一个"靶向"，评价上自然不会甚高，且认为后来清儒专守自固，陷于其中而不能自拔，称：

> 盖亭林论学，本悬二的：一曰明道，一曰救世。其为《日知录》，

---

① 钱穆：《国学概论》，第267页。
② 钱穆：《中国近三百年学术史》，第149页。
③ 钱穆：《中国近三百年学术史》，第152页。
④ 钱穆：《中国近三百年学术史》，第154页。

又分三部：曰经术，治道，博闻。后儒乃打归一路，专守其"经学即理学"之议，以经术为明道。余力所汇，则及博闻。至于研治道，讲救世，则时异世易，继响无人，而终于消沉焉。若论亭林本意，则显然以讲治道救世为主。故后之学亭林者，忘其"行己"之教，而师其"博文"之训，已为得半而失半。又于其所以为博文者，弃其研治道、论救世，而专趋于讲经术、务博闻，则半之中又失其半焉。且所失者胥其所重，所取胥其所轻。取舍之间，亦有运会，非尽人力。而近人率推亭林为汉学开山，其语要非亭林所乐闻也。①

职是之故，清学②之祖，可推亭林，但清代汉学并非亦当以亭林为开山，因为如此夸誉之下，在钱穆先生眼中，其实是降低了"亭林之学"的高度，"半之中又失其半"，虽是梁启超先生"半个亭林"说法的翻版，却要显出比"对手方"略胜一筹的意图。

最终，钱穆先生对顾炎武的为学品行与精神影响还是推崇有加的，与梁启超先生的定位亦大致不差，称：

> 其治学所采之方法，尤足为后人开无穷之门径。故并世学者如梨洲，如船山，如夏峰，如习斋，如蒿庵，声气光烈，皆不足相肩并。而卒为乾嘉以下考证学派所群归仰。纵其议论意见未必尽是，或不免于甚误，要其意气魄力，自足以领袖一代之风尚矣。③

但是，钱穆先生始终放不下"经学即理学"的心结。1974年，他在台湾讲授《经学大要》时，以为最终破解了其中"关窍"，自称，顾炎武原本那句"古之所谓理学，经学也"，他在《中国近三百年学术史》中引用过，可惜那时没有讲清楚，迄今已有40余年时间，最近又写了一篇《亭林学述》（注：1973年），再讲"经学即理学"这句话，算是讲清楚了。其称：

---

① 钱穆：《中国近三百年学术史》，第159页。
② 此处"清学"概言"清代学术"，而非以狭义的"清代考据学"。
③ 钱穆：《中国近三百年学术史》，第159页。

经学就是理学，要读经学才有理学，舍掉经学没有理学了。粗看这句话好像只要讲经学不要讲理学，顾亭林是处在反理学的态度。这样说最多讲对了一半，因为顾亭林《日知录》讲得很详细，宋朝、元朝都有经学，所以那个时候也有理学。明朝人没有经学了，有什么理学呢？不讲经学的理学，只有明朝，王学不能叫理学。顾亭林是这样的意思。他是反王学，不反理学。①

归根到底，钱穆先生没有搞懂的其实是顾炎武的"古之所谓理学，经学也"，而非全祖望以顾炎武名义归纳的"经学即理学"。钱先生长期纠结于此，可谓错选了立论的对象，白白耗费了研究的心血。尽管他到晚年坚持认为这一问题全都被他解决了，但不能不说遗憾，钱先生终归陷落在同"对手方"的纠缠中，无缘找出"清楚"的答案。

九

1992年出版的《清初学术思辨录》一书，是陈祖武先生治清学史的处女作，也是该领域第一部以清初学术思想为视角的研究成果。

陈先生从社会史与学术史相结合出发，探讨当时学术思想发展的趋势与特征，指出其中一个重要表现为"批判理学"，称：

明清之际，理学作为一种理论形态，已经趋于没落。社会的大动荡和学术发展的内在逻辑，客观地提出了对理学进行批判和总结的历史课题。因此，清初学术以讲求实学而体现出对理学的批判精神。②

这一提法最初见诸陈祖武先生1986年发表的《从清初的反理学思潮看乾嘉学派的形成》③一文。6年后，陈先生将题目中的"反理学"改为"批判

---

① 钱穆：《讲堂遗录》，第787页。
② 陈祖武：《清初学术思辨录》，第291页。
③ 中国社会科学院历史研究所清史研究室编《清史论丛》，中华书局，1986，第238~251页。

理学"，基本将全文内容收录进《清初学术思辨录》的"附录"部分，文中出现的"反理学"字样，亦一一做了如上处理。

究其缘由，陈先生对梁启超先生受西方进化论影响，在清学史研究中往往不乏机械比附的做法，既表示理解亦有所批评，称：

> 在《清代学术概论》中，他（梁启超）自始至终把清代学术同欧洲"文艺复兴"相比较，对清学的历史价值进行了充分的肯定……本来，在《近世之学术》中，他是把清代的二百余年称为"古学复兴时代"，而到此时他引述旧著，则不动声色将"古学"改为"文艺"二字。他写道："此二百余年间，总可命为中国之文艺复兴时代。"这样的改动和评价，同早先的"思想最衰时代"的论断，当然就不可同日而语了。①

对梁启超先生所作的层层"复古"的总结，陈先生分析说：

> 应当怎样去看待清代学术发展中的"复古"现象？在梁启超先生看来，清代学术走的是一条"复古"的路，所以他曾经把清代称做"古学复兴时代"。他不仅认为清学是"以复古为解放"，而且还归纳了一个层层上溯的"复古"过程……清代是中国古代学术进行整理和总结的时期，因而从形式上看，它确实带着"复古"的特色。但是"复古"毕竟只是一种现象而已，并不能据以说明清代学术发展的本质。对清学的"复古"，我们切不可脱离具体的历史条件去孤立地进行考察……事实上，无论在清代任何一个历史时期，都并不存在"以复古为解放"的客观要求，更不存在层层上溯的复古趋势。梁先生为一时倡导国学的需要，而去作这样的归纳，实在是不足取的。②

有鉴于此，陈先生对梁启超先生的"理学反动"说持有保留的态度，相比"反理学"这一带有明显政治痕迹的说法，修改后的"批判理学"，应该

---

① 陈祖武：《清初学术思辨录》，第328页。
② 陈祖武：《清儒学术拾零》，湖南人民出版社，2002，第323～324页。

说更符合学术发展的实际表现。

陈先生强调清初学术思想发展的另一个特征是"倡导经学";其称:

> 伴随着理学的衰微,自明中叶以后,以经学济理学之穷的学术潮流,已经在中国封建儒学的母体内孕育。①

至于"批判理学"与"倡导经学"之间是怎样的一个逻辑关系,陈先生分析认为:

> 这是一个具有两面性的思潮,一方面它以经世致用为宗旨,对理学进行了批判和总结,这对于打破几个世纪以来理学对思想界的束缚,无疑是具有历史积极意义的。因此这是一个进步性的思潮。另一方面它又是一个具有复古倾向的思潮。这一思潮用以批判理学的思想武器,并不是,也不可能是建立在新的经济因素之上的理论形态,而是较之理学更为古老的经学。这种复古倾向,导致清初知识界在方法论上逐渐撇弃宋明理学的哲学思辨,走向了朴实考经证史的途径,从而为尔后乾嘉学派的形成,在理论思维上提供了内在的逻辑依据。②

陈先生对此总结说:

> 总而言之,客观历史条件的制约,学术演进内在逻辑的作用,两者相辅为用,从而规定了清初学术发展的基本趋势。这就是:以经世思潮为主干,从对明亡的沉痛反思入手,在广阔的学术领域去虚就实,尔后又逐渐向以经学济理学之穷的方向过渡,最终走向经学的复兴和对传统学术的全面总结和整理。③

---

① 陈祖武:《清初学术思辨录》,第292页。
② 陈祖武:《清初学术思辨录》,第319页。
③ 陈祖武:《清初学术思辨录》,第296页。

陈祖武先生结合清初与乾嘉时期社会发展的实际情形，具体分析"以经学济理之穷"命题的衍生逻辑。针对清初学术突破宋明旧辙，走向以"经学济理学之穷"的路径，梁启超局限于讲这"是从它前头的时代反动出来"①的观点，陈先生分析认为，这个问题清末章太炎先生著《訄书》时，于此率先论及，同时指出：

> 将学术发展的外在原因同内在逻辑区分开来，着力去揭示其内在逻辑，这无疑是梁先生较之章先生更有见地之处。然而梁先生为陈旧的因果循环论障蔽视野，误把繁复的历史问题简单化，以致欲揭示学术演进内在逻辑而不能。其结果，一如章太炎先生，梁先生依然没有能够解决问题。②

陈先生提出，章、梁二先生留下的困惑，是由钱穆先生来解决的。根据钱先生的研究，清代学术之与宋明学术，乃为一体，不可分割，其间存在一个必然的内在逻辑。这个逻辑在宋明时代，钱先生称之为"宋学精神"。③故此：

> 清初学术同宋明学术之间，宛若红线贯串，在在相联。于是钱宾四先生既摒除章太炎先生过多强调政治影响的偏颇于不取，又修正了梁任公先生以"反动"说将繁复历史问题简单化的倾向，从而提出了"不识宋学，即无以识近代"的卓越见解。④

将宋明学术与清代联系起来，较之以"反动"将二者割裂对待，作为"对手方"的钱穆先生的确做出了富有开拓意义的探索。陈先生在《清初学术思辨录》中论及"清初学术渊源"时，就已经提出，清初学术依然是沿着先前学术演进的途径，带着历史赋予它的时代特征，合乎逻辑地走下去。陈先生说：

---

① 梁启超：《清代学术概论》，朱维铮校注《梁启超论清学史二种》，第92页。
② 陈祖武：《清儒学术拾零》，第327页。
③ 陈祖武：《清儒学术拾零》，第328页。
④ 陈祖武：《清儒学术拾零》，第329页。

清人历来鄙夷明学，"空疏不学"，几乎众口一词。其实，这样的指责固然有它的依据，但是也未免失之片面，说得严重一些，简直可以说是数典忘祖。清学不可能从天而降，事实上没有明学，哪里又会有清学呢？①

正如杨向奎先生为《清初学术思辨录》一书所作的序所言：

> 结合清初社会实际而谈学术思想，这是最正确的方法之一。我们不能脱离实际社会而谈社会思潮。②

在论述"清学开山"问题上，陈祖武先生也没有局限于全祖望所归纳的"经学即理学"命题的内容，而是从清初社会的时代高度，来全面把握顾炎武的学术思想及其主张的深远影响。

陈先生认为，顾炎武顺应了明清之际对整个宋明理学展开批判的总的历史趋势，并且身体力行，率先垂范，在对宋明理学的批判中，建立起了他的"以经学济理学之穷"的思想。他指出：

> 顾炎武对宋明理学的批判，是以总结明亡的历史教训为出发点的，因而其锋芒所向，首先便是王阳明心学……固然，把明朝的灭亡归咎于王学，与历史实际相去甚远，但是顾炎武在这里对王学末流的鞭挞，以及他所阐述的"空谈误国"的道理，却又无疑是正确的。③

陈先生没有简单重复全祖望所归纳的顾炎武有关"经学即理学"的经学主张，而是强调说，顾炎武已经冲破理学的藩篱，将视野扩展到广阔的社会现实中去了。陈先生论述称：

---

① 陈祖武：《清初学术思辨录》，第12页。
② 杨向奎：《清初学术思辨录·序言》，陈祖武著《清初学术思辨录》，第3页。
③ 陈祖武：《清初学术思辨录》，第59页。

面临以什么学术形态去取代心学的抉择，顾炎武虽然没有去走向朱学复归的老路，但是，历史的局限，却又使他无法找到比理学更为高级的思维形式，于是他只好回到传统的儒家学说中去，选择了复兴经学的途径。①

总之，陈先生的结论是：

> 一代学术风尚的形成，绝非某个杰出人物凭一己的能力所可成就，它实为一时学术群体的共同劳作……不过，我总以为，诸家学说虽未可轩轾，但就为学风尚于当时及后世的影响而言，毕竟以顾炎武为大。因此，讨论清初学术，还是先从顾炎武讲起为宜。②

2015年，借接受学术采访的机会，陈祖武先生再次强调了顾炎武的三个学术贡献：首先是把理学纳入经学范围；其次是倡导开展经学史研究；最后是示范训诂治经的方法。③

将学术变迁与社会历史的演进作为一个整体来进行考察，④这样来看顾炎武复兴经学的努力，较诸全祖望命题所归纳的内容，无疑更为全面而合理。

十

综前所述，"清学之出发点"事实上是由顾炎武创辟的，梁启超赞其有"筚路蓝缕"之功，钱穆先生誉之"自足以领袖一代之风尚"。其务在矫明学之弊，从学理上讲，关键在乎两端，一端是要回到经学，一端是要批判理学；前引顾炎武命题中的两句话，恰恰对此做出了经典表述。

将顾炎武命题改造成"经学即理学"，始作俑者是全祖望。此语后来居上，为乾嘉汉学反对宋学树起了一面鲜亮的旗帜，结果则如钱穆先生所言，

---

① 陈祖武：《清初学术思辨录》，第62页。
② 陈祖武：《清初学术思辨录》，第47页。
③ 陈祖武：《感恩师友录》，商务印书馆，2022，第479页。
④ 陈祖武：《清儒学术拾零》，第330页。

虽有截断众流之声势，但最终只是"有合于后来汉学家之脾胃"①。全祖望命题的问题在于，抹杀了理学分化的事实，将理学内部程朱与陆王之间的矛盾，混淆为理学与经学之间的矛盾，限于自身学派师承，刻意回避了顾炎武所力倡的批判理学，特别是猛烈抨击王学之尖锐犀利的一面，而试图以调和的方式掩盖激烈的批判，结果把经学变成了理学的对立物。由于全祖望有意遮蔽另一方面问题，致使他所归纳出的命题留下了巨大隐患，通经与致用发生疏离，说到底仅是留住了顾炎武命题的"一半"内容，而遗憾地丢掉了真正精髓的部分。受其引领影响，一时风靡朝野的考据之学亦难免黯然落幕，诚如陈祖武先生所分析的：

> 顾炎武为学的崇实致用之风，却为他们割裂为二，取其小而舍其大，把一时学风导向了纯考据的狭路。顾炎武经世致用的实学思想，至此烟消云散，继响无人，徒然留下了朴实考据的躯壳。②

或许可套用梁启超先生所论"半个亭林"的话语来评判一下，此固"非谢山所及料也。然谢山不能不微分其过也"。

梳理经学与理学之间的关系，是认识有清一代学术的重要切入点。诚然，有关清学史的撰述无不对此表明各自立场，从而形成了诸多产生重要影响的理论范式。以此为参照，单就两部《中国近三百年学术史》而言，可以说梁启超先生是从经学角度来谈清学史的，钱穆先生则从理学的角度来谈清学史，的确开辟了两种不同的路径。两部同名作固然久负盛名，各擅胜场，但他们在清学出发点与清学开山问题上，均预先接受了全祖望命题的定论，进而形成了彼此"偏颇的看法"。梁、钱二先生从正、反两个方面围绕全祖望命题展开论述，只是侧重点有不同，但在深受全祖望命题影响这一点上，都是至为明显的。

梁启超先生以层层上溯的复古，为其所言"反动"表现牵强立说，"尤其是那个四步'复古'过程的归纳，我们以为不惟'模糊影响笼统（之

---

① 钱穆：《国学概论》，第270页。
② 陈祖武：《清初学术思辨录》，第77页。

谈)'，而且'纯然错误'"①。

钱穆先生则屡屡被一个"反"字障目，只在反与不反之间做二选其一的徘徊，结果落得"两无所据"，正像他批评梁启超先生的话：

> 梁启超不仅看错了顾亭林，也看错了阎百诗。他始终有个"汉学""宋学"的成见，认为清朝人是反宋学的。②

同样，钱穆先生也没能跳出"汉宋对峙"的二元思维，不论他看错梁先生与否，反正钱先生一直是在"反"中不断反复。他甚至一度宣称自己找到了"更好的讲法"，称"顾亭林讲'经学即理学也'，我反过来讲'理学即经学也'"。③"反"来"反"去，被"对手方"限制了视野，因此未能够比梁先生更进一步。

至于钱穆先生所讲的清代学术为理学之深化，清学不过是宋学转进的产物，这与学术史的实际发展更是不相吻合。恰如汪荣祖先生所分析的：

> 清初学者莫不针对明末空疏之弊而发，故提倡实学。清学之渊源于此亦显而易见。钱穆虽言清学源自宋，然并不能无视清学乃宋学流弊之反响。④

毕竟钱穆先生自己也承认，清代理学的发展是既无主峰可指，亦无大脉络、大条理可寻的。⑤

那么，顾炎武及其命题所揭示的清学史意义，究竟独特在什么地方呢？

顾炎武身为清代经学之建设者，之所以被赋予"在清学界之特别位置"⑥，根本在于他以历史的态度还原了经学和理学的本来面目，为我们树立了分判经学和理学的标准。其命题中的第一句尤为可贵，顾炎武将经学与理

---

① 陈祖武：《清儒学术拾零》，第323页。

② 钱穆：《讲堂遗录》，第788页。

③ 钱穆：《讲堂遗录》，第623页。

④ 汪荣祖：《史学九章》，生活·读书·新知三联书店，2006，第155页。

⑤ 钱穆：《中国学术思想史论丛》（8），第417页。

⑥ 梁启超：《中国近三百年学术史》，朱维铮校注《梁启超论清学史二种》，第165页。

学视为一个整体，把从经学到理学的发展作为一个历史过程来看待，并通过这一过程的呈现，为同时代及后来者指明了前行的方向。

顾炎武在两句话之前所说的"愚独以为理学之名，自宋人始有之"，同样值得大加重视。"自宋人始有"的理学，照钱穆先生所讲，本包孕经学为再生，正因为它原本就存在于经学之中，从而才能够脱胎于经学而别开其生面，这不是经学的失败，而是彰显经学生命力坚韧旺盛表现的最好注脚。但是王学既起，理学淫于禅学而不自知，率意游离于经学之外，非但经学积弊难振，更造成一代学术走向困绝之境。

对此，顾炎武并不倾向于做出反对理学与取代理学的判断，因为他第一句已经摆明立场，理学就在经学之中，从学理上根本不存在"以经学来反对理学"，或"以经学来取代理学"的问题。而全祖望命题限于自身的学派师承，刻意回避了顾炎武批判理学，特别是猛烈抨击王学的尖锐犀利一面，将其倾向定格在了经学与理学的对立关系上，的确造成了后来清代汉学的一致"偏向"。

顾炎武坚持以经学为手段，而不是以经学为目的的原则，首先是要求理学重新回到经学轨道上来，以此扭转整个学术界的风气。要之，在回到经学与批判理学的过程中孕育新的学术形态，所谓"确在此旗帜之下而获一新生命"，以真正实现对理学的超越，而不是单纯局限于从内容上取代理学和恢复经学。由此，他以经学为理据，批判和解构了宋明理学的思想根基，为清代学术带来了解放性的深远影响。在这一点上，顾炎武气象规模之大，"恐无人能出其右"。这也正是顾炎武命题精髓所在、极富启迪之处。

我们最终回到陈祖武先生所总结的"以经学济理学之穷"命题。此命题是在吸收、借鉴前四个命题的基础上提出的新命题。

陈先生肯定了顾炎武命题的开创意义，指出他正是在对宋明理学的批判中，形成"以经学济理学之穷"的思想，强调"亭林之学"是站在时代前沿的产物。对全祖望命题也不是简单局限于其结论，而是将顾炎武的知行实践置诸所处时代来做系统考察。针对梁、钱二先生在清学史上的独特贡献与创见，亦给予充分的总结。

由此来看"以经学济理学之穷"命题，正是从有清一代学术发展的本身来着眼的，坚持社会史与学术史相结合的方法，立足清初社会特有的时代背景，将经学与理学作为一个有机联系的整体，以精练的形式融合了顾炎武命题的丰富内涵，弥补了全祖望命题中经学与理学对立紧张的不足，避免了梁、钱二先生所立命题中一味偏向经学或理学的失误，保持了学理自洽的逻辑脉络，既兼开创与继承二者意向而有之，又戒"反动"与"益进"二者偏颇而摒之，从而在一个更高层面上完成了对清初学术经学与理学关系更为深入、更为全面的研判与阐释。更为可贵的是，此一命题的展开，没有过多笼统地谈范式理据的立场得失，而是结合社会实际，从具体个案角度做出全方位分析，以求更能切实把握清代学术发展的真实面向。

汪荣祖先生在评价梁、钱二先生清学史研究成就时提出，时代思想特征的总结，非仅由名家巨著所能形成，其称：

> 清学史自早期经中期到晚期的纵横发展与演变之迹，以及在整个思想史上的意义，犹待在先贤开拓的基础上，作进一步的探讨。①

前述诸家之说，因为着眼点以及论述的角度不同，不能断然说哪一家更为高明。然而学术研究后先相继、"每转益进"，当属一种应然现象。果如乎是，"以经学济理学之穷"命题的创辟之功，或许将是"确然不拔"的。

不同时代背景下做出的清学史研究，毫无疑问会带有各自时代的生动印痕；即便身处同一个时代，因缘际遇不同，自然会生发出诸般立异的主张，或隐或显，总会流诸笔端，形诸所论，预先为后人留下种种线索，以供搜获抉发。尽管这些印痕在当时的历史语境下，难免会影响到历史表述的客观性，然而参互错综，呈现的岂非更为丰富斑斓的思想景致。倘若能由此一命题的曲折展开，得以约略窥见一门广大之学的"变迁大势"，则深以为幸焉。

基于此，清学史研究恐犹有未发之覆，"以经学济理学之穷"命题的提出，或可有益于是。有感于梁启超先生《清代学术概论》，乃至两部具有范式影响力的"近三百年"之作，聊聊所述实难将种种偏向一并扭转，唯冀对一二偏颇的看法，乃至流行的观念有所修正而已。

谨以此文，敬祝业师八十寿诞。

---

① 汪荣祖：《史学九章》，第165页。

耻、意见、胆

——清儒孙奇逢学术人生之底蕴刍论

林存阳

16世纪80年代中叶至17世纪70年代中叶，中国传统王朝社会经历了一系列的变化、动荡甚至转型；其中，被视为"天崩地坼"的明清更迭所带来的巨大冲击，更使许多人深受影响和刺激。这对浸润于儒学文化传统的读书人来说，尤感煎熬和困惑。此一新的世局，促使他们无论对明朝何以灭亡，抑或对学术之于社会的意义，还是对在新的社会环境下如何安身立命等问题，都不得不进行反思，从而做出新的抉择。就当时的情形来看，尽管"士大夫儒而归禅者十常四五"[①]，然具有担当精神、忧患意识和坚守使命者，仍不乏其人，他们或躬身垂范，或课徒授学，或著书立说，从而彰显出自己的做人、为学之取向和旨趣，以及精神品格与风骨。被誉为清初"三大儒"之一的孙奇逢（1585年1月14日至1675年5月15日），就是生活于此一时期的一位有代表性的人物。

梁启超先生曾如此评价孙奇逢："清初讲学大师，中州有孙夏峰……他在清初诸儒中最为老辈……因为年寿长，资格老，人格又高尚，性情又诚挚，学问又平实，所以同时人没有不景仰他，门生子弟遍天下……要之，夏峰是一位有肝胆有气骨有才略的人，晚年加以学养，越发形成他的人格之尊严，所以感化力极大，屹然成为北学重镇。"[②]此一评价，可以说把握住了孙

---

① （清）孙奇逢：《答赵宽夫》，（清）孙奇逢著，朱茂汉点校《夏峰先生集》卷2，中华书局，2004，第83页。

② 梁启超著，俞国林校《中国近三百年学术史》，中华书局，2020，第85、86、88~89页。按：清初大儒顾炎武在《送韵谱帖子》中，尝称孙奇逢为"河北学者之宗师也"。（清）顾炎武著，华忱之点校《顾亭林诗文集》，中华书局，2008，第244页。

奇逢为人、为学及其影响的总体面貌。从黄宗羲《明儒学案》、徐世昌《清儒学案》、杨向奎先生《清儒学案新编》皆收录孙奇逢学案，且后两者将孙奇逢置于首位的情形来看，孙奇逢在明清之际的学术地位无疑是值得重视的。目前学术界已对孙奇逢的学术思想做了诸多的探究，[①]然而，如何更为细致地揭示孙奇逢的思想底蕴、特色，以及其所体现的普遍意义，仍有进一步发掘的必要。有鉴于此，本文以孙奇逢关于耻、意见、胆的论说为着眼点，尝试做一新的探讨。一管之见，敬请学界同人赐教。

一　知耻：人生第一义

耻，是一个关乎个人品行、底线思维、社会风气和文明程度的大问题，古今中外概莫能外。而在中国传统社会中，此一问题尤为以儒学为志业的士人和士大夫所关注，并就此提出诸多关于何为耻、如何避免耻等的思想观点。[②]对耻的认识可追溯很远，然自西周由重神向重人的转变开始，先秦诸子即把耻作为

① 关于孙奇逢学术思想的研究，自20世纪80年代中期开始为学人所重视，其中李之鉴先生致力尤勤，《孙奇逢哲学思想新探》（河南大学出版社，1993）、《李之鉴自选集》中的"夏峰哲学研究与理学终结"（香港国际学术文化资讯出版公司，2004）集中体现了其研究心得。进入21世纪以来，相关研究成果更为丰富、深入，如张显清先生所著《孙奇逢评传》（载其主编的《孙奇逢集》中册，中州古籍出版社，2003）等。而值得指出的是，此一时期的研究，以硕士生、博士生为生力军，其论文如赵春霞《孙奇逢的实学思想》、王坚《无声的北方：夏峰北学及其历史命运》、张枫林《孙奇逢〈理学宗传〉研究》、王永灿《孙奇逢心性论思想研究》、张锦枝《统宗会源——孙奇逢理学思想研究》、程飞《孙奇逢实学思想研究》、陶英娜《孙奇逢理学视域下的易学思想研究》、杨爱姣《孙奇逢〈四书〉学思想研究》、刘新《孙奇逢理学思想探究——以调和朱学与王学为中心》、杨敏《孙奇逢诗歌全注及国际汉语教学案例》、李春燕《孙奇逢交游研究》、王海岩《孙奇逢〈论语〉学研究》、吴强《孙奇逢后学研究》等；有的还在硕博士学位论文的基础上出版了专著，如王坚的《无声的北方：清代夏峰北学研究》（商务印书馆，2018）、张锦枝的《孙夏峰理学思想研究》（武汉大学出版社，2019）、王学斌的《清季民初的北学研究——基于谱系建构与学风交融视角》（人民出版社，2019）等。此外，《清史论丛》2016年第1辑还推出了"孙奇逢研究"专题，凡刊文8篇；其中，王记录先生的《百余年来孙奇逢及夏峰北学研究的回顾与前瞻》一文，为学界了解孙奇逢及相关问题的研究动态提供了便利。
② 详参夏海《国学要义》，第十八章"耻：羞恶之心"（中华书局，2018）、林存光《耻：人之为人的底线》（红旗出版社，2000）等。

一个重要的剖析对象或认识范畴。如春秋时齐相管仲，在思考治理国家时，就将耻视为支撑国家的"四维"之一（其他"三维"为礼、义、廉），强调"耻不从枉"，即避免成为"诡随邪枉"的"无羞之人"；如果"四维"有所缺失，国家则会出现程度不等的危机，如遭遇倾、危、覆、灭的厄运。①儒家创始人孔子，更从多个层面对耻的重要性做了分疏。如论士之志向，曰："士志于道，而耻恶衣恶食者，未足与议也。"（《论语·里仁》）论为学态度，曰："敏而好学，不耻下问，是以谓之'文'也。"（《论语·公冶长》）论做人方式，曰："巧言、令色、足恭，左丘明耻之，丘亦耻之。匿怨而友其人，左丘明耻之，丘亦耻之。"（《论语·公冶长》）论立身，曰："邦有道，贫且贱焉，耻也；邦无道，富且贵焉，耻也。"（《论语·泰伯》）论为政，曰："道之以政，齐之以刑，民免而无耻；道之以德，齐之以礼，有耻且格"（《论语·为政》）；"行己有耻，使于四方，不辱君命，可谓士矣"（《论语·子路》）。孟子为论证人性善而揭示"四心"（恻隐之心、羞恶之心、恭敬之心、是非之心），其中的"羞恶之心"，即与耻紧密相连。（《孟子·告子上》）而他所强调的"人不可以无耻，无耻之耻，无耻矣"（《孟子·尽心上》），对世人无疑是一种强烈震撼，具有振聋发聩且警世深远的意义。由此以降，耻遂成为剖判一个人品行的重要标尺，历代予以关注者亦不乏其人；而每当社会发生重大事件、出现震荡，特别是王朝更迭之际，对耻的强调和诉求，尤为明显而强烈。

孙奇逢一生身历晚明至清初，享寿92岁，此期间可谓遭遇坎坷、饱受磨砺，如党争之难、兵燹之灾等，他受无安之牵连，家园被圈占，不得已而迁居河南辉县夏峰村。如此遭际，无不使他深深地感受到世事的波谲云诡、人心的险恶难测。不过，也正因经历了诸多的磨难和波折，孙奇逢从而对耻之于人的必要性和重要性有了更深切的体悟。

有人曾向孙奇逢请教："人生何为第一义？"孙奇逢答道："知耻。"之所以将"知耻"视为人生第一义，原因是在他看来，如果"不知耻，无论忠孝大节不能做，即小廉曲谨之事亦不肯做"。②而有鉴于当时的浇漓世风，他

---

① 管子：《牧民第一》，黎翔凤撰，梁运华整理《管子校注》卷1，中华书局，2004，上册，第11页。

② （清）孙奇逢：《语录》，（清）孙奇逢著，朱茂汉点校《夏峰先生集》卷14，第571页。

反思其致因，说："人心之坏无他端，总之坏于无耻。只一无耻，便无复顾忌。大家顽冥，因成风俗。"针对这种状况，他遂呼吁负有世教之责者，首先应开发众人的耻心，"使知所奋，知奋自不肯恬焉与禽兽同蠢"。正是基于这一认识，所以他强调："耻之于人，诚大矣哉！"[①]

耻既然对人如此重要，那么，如何才能做到避免滑入无耻的泥沼呢？于此，孙奇逢接续了孔夫子的思想，以"行己有耻"作为对症之药。在《日谱》中，他强调："孔孟位置千古人，全在'行己有耻'一句取齐。有耻，则不辱己、不辱君。即称孝称悌，必信必果，规模不同，要皆有耻之人也。"[②]又有感于宋儒周敦颐所言"人不幸不闻过，大不幸无耻"，进而引申道："有所用耻，则为圣为贤；无所用耻，则为愚为不肖。故夫子与子贡论士，首揭'行己有耻'。不辱君命，称孝称悌，必信必果，皆行己有耻也，否则无耻矣。"因此，所谓的"耻"，就是"生人一点不昧之良"。也正因保持这"一点不昧之良"，"行道之人弗受，乞人不屑"，才弥足珍贵。不过，这"一点不昧之良""几希乍见，忽起忽灭"，并非人人皆能保持，而唯有贤者方能持守不失。所以，孙奇逢发出如下呼吁："我辈不必言做圣贤、做豪杰，只求免于无耻而已。"[③]而要"免于无耻"，就需有所取舍。在弟子王伯生辞行时，孙奇逢曾语重心长地教导道："无端而获高誉，君子之所耻也；无实而甘下流，更君子之所耻也。周元公曰：'德业未至，则恐恐然畏人知，远耻耳。'"[④]又曾致慨于世人对富贵的无厌追求，认为这是导致"本心遂一出而不复返，人尽失其本心，不得不以习心为主。大家亦相安，恬不为怪"现象的根源。为扭转此一不良风气，孙奇逢遂接武孟子"求放心"之旨趣，提出如下主张："今欲求放心也，唯时时提醒，默默体认，从言行上求信果，于家庭中尽孝悌，但求为世间一有耻之人，此便是道德，此便是圣贤。"[⑤]

---

① （清）孙奇逢：《日谱》卷14，"顺治十七年、七十七岁"，清光绪十一年刻、二十年补刻本，第6b页。

② （清）孙奇逢：《日谱》卷18，"康熙元年、七十九岁"，第34b页。

③ （清）孙奇逢：《日谱》卷34，"康熙十二年、九十岁"，第5a～5b页。

④ （清）孙奇逢：《日谱》卷25，"康熙五年、八十三岁"，第25a页。

⑤ （清）孙奇逢：《语录》，（清）孙奇逢著，朱茂汉点校《夏峰先生集》卷13，第549～550页。

知耻、远耻、免于无耻，固然适用于每个人，但对作为读书人的士来说，则尤为重要，因为"风俗之厚，士君子与有责焉"①。孙奇逢的挚友鹿善继，尝题官署一联，其下联曰："士无耻成不得人，漫言做圣做贤做豪杰，且言做人。"②此一取向，孙奇逢是深以为然的。既然士之有耻、无耻所关涉甚大，那么，如何才能秉持作为士的底色呢？在孙奇逢看来，如下几个方面很值得把捉。

其一，个体自觉。在《识吾说》一文中，孙奇逢提出一个发人深思、颇富哲学思辨意味的问题——"我是否认识我？"他指出："吾有身，天人参焉者也。仰焉而无愧于天者何在，俯焉而无怍于人者何在？不能令此身之不愧不怍也，而谓识吾乎？吾有身，志气合焉者也，帅焉而无恶于志者何在，充焉而无馁于气者何在？不能令此身之无恶无馁也，而谓识吾乎？"那么，如何才是"识吾"呢？他举孔子、颜渊、曾子为例，认为孔子所说"吾十有五而志于学"是属于"幼而识吾者"，颜渊所说"既竭吾才，如有所立卓尔"、曾子所说"吾日三省吾身"则属于"受夫子不倦之诲，而始识吾者"；而"从吾所好"，则是"识吾之路"。③他又强调："颜子有善未尝不知，仲由喜闻过，此是圣学真血脉。阳明谓其弟子曰：'你私意蒙时，这一知处便是你的命根。'愚谓学者千言万语都不济事，只能克去己私，迁善改过，便是立命功夫。"④由此可见，孙奇逢是很重视"我之为我"的个体自觉的，而这显然也体现了其对广大士人群体的期许。

其二，特立独行。孙奇逢认为，士不仅要对自身有一清晰认识，还应具有一种品格，即"特立独行"。他指出："士而非特立独行也，无足为士；士而果特立独行也，又岌岌乎为士矣。"为什么这么说呢？因为，"流俗之权太重，一切俗事俗情，我日应缘于其中，则俗人俗眼便与之相安，稍稍厌薄此态，而挺然有拔俗之意，且群起而指之为不谐事，不近情，又相与排斥诋触之"。所以，如果士不能"高着眼，觑破流俗"，便抵挡不住。⑤然而，如

---

① （清）孙奇逢：《与李霖九》，（清）孙奇逢著，朱茂汉点校《夏峰先生集》卷2，第67页。
② （清）孙奇逢：《语录》，（清）孙奇逢著，朱茂汉点校《夏峰先生集》卷14，第573页。
③ （清）孙奇逢：《识吾说》，（清）孙奇逢著，朱茂汉点校《夏峰先生集》卷8，第301页。
④ （清）孙奇逢：《语录》，（清）孙奇逢著，朱茂汉点校《夏峰先生集》卷13，第568页。
⑤ （清）孙奇逢：《蓬莱令牛公志状序》，（清）孙奇逢著，朱茂汉点校《夏峰先生集》卷3，第98～99页。

此"特立独行"之士，是很难为世俗所容的。尽管如此，孙奇逢仍然坚持认为：若论士品，"独有取于特立独行之士"。因为在他看来，"人所取者，率皆囿于是非毁誉之中，而余所取者，要皆出于是非毁誉之外。天其有意斯世乎？必多生此数人，维持而倡作之，意气激发，当能振越一世。幸而学焉，斯圣贤其归也"。①当然，士之特立独行，既要避免"必欲随俗，入同流合污一路；必不随俗，入索隐行怪一路"②，又要避免有所"恃"和"矜"。孙奇逢曾强调："从来学者每伤于所恃，浅儒有浅儒之恃，大儒有大儒之恃，恃不同，所伤一也。谢上蔡去一'矜'字，而曰：'仔细检点，病痛尽在这里。'是欲破其所恃也。"③并针对"士不可小自恃，不惟不宜让今人，并不宜让古人"的说法，表达了自己的观点："予谓士不宜过自恃，不惟宜让古人，并宜让今人。无一人不在其上，则无一人不出其下矣；无一人不在其下，则无一人不出其上矣。十年不能去一'矜'字，此病不小。"④要之，"特立独行"是士的"自立之道"，既要有自己的操守和坚持，又不能走极端、自视甚高。

其三，不失赤子之心。在《赤子赞》中，孙奇逢曾对"赤心"做了具体说明。⑤而回答何谓"大人不失赤子之心"之问时，他更强调"'不失'二字最有力"。并以盆中之菊作比喻，"赤子之不学不虑是根里花，大人之不思不勉是梢头花，然滋息灌溉，枝枝叶叶，毫无伤损，其用功也亦勤矣。苟得其养，无物不长；苟失其养，无物不消"，像这样才可称为不失赤子之心。⑥又在《宝藏社十约》中，与同人相约"率真"，认为"真则生意盎然，开口举足不听鼻息于人，只求自慊于己"，而对于那种"伛偻磬折、貌廉饰谨者，佯为人之不知，只率吾自欺一念而往"的行为，则认为非常可笑、十分可怜。⑦

---

① （清）孙奇逢：《延安府同知启我刘公墓志铭》，（清）孙奇逢著，朱茂汉点校《夏峰先生集》卷7，第236页。
② （清）孙奇逢：《语录》，（清）孙奇逢著，朱茂汉点校《夏峰先生集》卷14，第571页。
③ （清）孙奇逢：《语录》，（清）孙奇逢著，朱茂汉点校《夏峰先生集》卷13，第556页。
④ （清）孙奇逢：《语录》，（清）孙奇逢著，朱茂汉点校《夏峰先生集》卷13，第540页。
⑤ （清）孙奇逢：《赤子赞》，（清）孙奇逢著，朱茂汉点校《夏峰先生集》卷9，第358页。
⑥ （清）孙奇逢：《语录》，（清）孙奇逢著，朱茂汉点校《夏峰先生集》卷14，第571页。
⑦ （清）孙奇逢：《宝藏社十约》，（清）孙奇逢著，朱茂汉点校《夏峰先生集》卷10，第386页。

其四,甘贫乐道。与世俗对富贵、名利的汲汲不同,孙奇逢对"贫"提出了很不一般的见解。他认为:"世人之病大约从忧郁生,而忧郁之根正在于贫。然此可以困庸流,而不可以困豪杰。昔人云:'贫即是道。'"① 对于这一"天地间有其名甚美,其味甚长,人人涉之,人人争欲去之,即人人去之,人人复欲袭之"的"贫",即使一些所谓的"学道之人",也很难不为其所困,所以"鲜底于成",致使"疏水曲肱、箪瓢陋巷之家法,遂寥寥绝响矣"。② 为挽此颓风,他认为士应志于道,"当贫而贫,当贱而贱,则贫贱有余荣;不当富而富,不当贵而贵,则富贵有余辱"③。尤应引起士人警醒的是,志于道的关键在于"非任不成,非气不至",然"矜心""热心"则是其间的障碍,因为"矜心似任而自是,喜盈而损;热心似气而未沉,暴而易折",若不能除此"两病","终非深造自得之学"。④ 而就自身的体悟来说,孙奇逢不惟认识到"贫即是道"的深刻含义,几十年守之,不敢失坠,而且亦认识到"忍"字、"志是其命"之于持身的重要意义。⑤ 基于此,他遂意味深长地感慨道:"为人百岁只为子,学道终身总学贫。定力原从贫处得,猿啼鬼啸也成邻。"⑥

孙奇逢不仅自己知耻、守耻而自励、自律,而且亦以此来激励子孙、从游之人。如在制定的《家规》中,他即强调"安贫以存士节,寡营以养廉耻"。这是因为,"教家立范,品行为先,故首存士节;养耻心,孝友为政,立祠举祀,其先务也"。⑦ 其引导子孙时,亦强调:"学人第一要耐得穷,咬得菜根,百事可做。如穷不能耐,安望其不淫于富贵、不屈于威武哉?孔之疏水曲肱、浮云富贵,颜之箪瓢陋巷、不改其乐,其得力只在一穷字。江村

① (清)孙奇逢:《复刘菖石》,(清)孙奇逢著,朱茂汉点校《夏峰先生集》卷2,第75页。
② (清)孙奇逢:《赠李心阳序》,(清)孙奇逢著,朱茂汉点校《夏峰先生集》卷3,第94~95页。
③ (清)孙奇逢:《张郎鸿勋举秀才序》,(清)孙奇逢著,朱茂汉点校《夏峰先生集》卷3,第115页。
④ (清)孙奇逢:《语录》,(清)孙奇逢著,朱茂汉点校《夏峰先生集》卷13,第541页。
⑤ 详见(清)孙奇逢著,朱茂汉点校《夏峰先生集》卷2《复王五修》、卷13《语录》,第57、541页。
⑥ (清)孙奇逢:《过陈子石庐居》,(清)孙奇逢著,朱茂汉点校《夏峰先生集》卷12,第530页。
⑦ (清)孙奇逢:《家规》,(清)孙奇逢著,朱茂汉点校《夏峰先生集》卷10,第388~390页。

先生尝云：'穷字儿抬举人，故非道之富贵则不处，而非道之贫贱则不去。非乐贫也，非乐道也，亦乐贫也，亦乐道也。'盖贫即是道耳，此味知者甚少。"① 而观其所言"家学渊源二百年，不谈老氏不谈禅。为贫何似为农好，富贵苟求终祸缘。堪笑庸人虑目前，自驱陷阱冀安然。道人拈此作家诫，淡薄由来是祖传"②，以及"祖德由来是点灯，灯如日月永升恒。儿孙相继储油待，油足何虞焰不蒸"③，不难看出，孙奇逢期待、冀望于子孙者，是大有深意在的。至于承绪朱子《家礼》而撰的《家礼酌》，不仅体现了"爱敬，其本也；仪章，其文也。爱敬不可见，因仪章以见其爱敬"④ 的旨趣，而且也彰显了孙奇逢对礼的变通精神。其所谓"酌"，就是要根据"贵贱贫富之不同，器数文物之互异"等的实际情况而进行把握，从而达到"分之为各家自行之礼，合之为众家共由之礼"的既具个性又具共性且便于践履的效果。⑤ 而这也正可以作为对励耻的持循。

尤为值得注意的是，孙奇逢提出的"孝友为政"思想，这颇堪玩味。那么，什么是"孝友为政"呢？他解释道："试看孝友人家，一室雍睦，草木欣荣，不孝不友之家，恣睢乖戾，骨肉贼伤，政孰大于是？古昔盛时，孝友多在朝廷，后世以孝友为家人，行多在野。世衰道丧，士不修行，孝悌无闻，而见称于宗族乡党者亦罕矣，安望平治哉？张仲孝友，周宣之所以中兴也。"这一为人忽略者，在孙奇逢看来却是"最紧切之言"。⑥ 如果联系孙奇逢所处时代来看，"孝友为政"还是很切合明清更迭之后社会如何由混乱走向有序时代所需的。但不无可惜的是，限于时代的动荡，新秩序尚在建立之中，此一思想未能受到更多的关注。

孙奇逢对耻的认识和对士之为士的期许，并非坐而论道式的玄虚之谈或想象，而是切实从自身为人处世的经历、对社会现象的真实观察中体会出来的。正因如此，所以孙奇逢才会无愧地说："长知立身，颇爱廉耻。虽困

① （清）孙奇逢：《日谱》卷33，"康熙十二年、九十岁"，第6a～6b页。
② （清）孙奇逢：《示子》，（清）孙奇逢著，朱茂汉点校《夏峰先生集》卷12，第528页。
③ （清）孙奇逢：《日谱》卷26，"康熙五年、八十三岁"，第10a页。
④ （清）孙奇逢：《跋家礼酌》，（清）孙奇逢著，朱茂汉点校《夏峰先生集》卷9，第333页。
⑤ （清）孙奇逢：《家礼酌序》，（清）孙奇逢著，朱茂汉点校《夏峰先生集》卷4，第145页。
⑥ （清）孙奇逢：《语录》，（清）孙奇逢著，朱茂汉点校《夏峰先生集》卷13，第542页。

公车，屡蒙荐起。骨脆胆薄，不慕荣仕，衣厌文绣，食甘糠秕。隐不在山，亦不在水，隐于举人，七十年矣。"① 在他看来，"圣贤千言万语，苦心极虑，只是教人不为禽兽，而人莫之念听也，哀哉！"② 而对于如何"做人"，他更是提出如下理念："饥饿穷愁困不倒，声色货利浸不到，死生患难考不倒，人之事毕矣。"③ 凡此等等，无不彰显出孙奇逢之所以将耻视为"人生第一义"的良苦用心之所在。

二　意见：学者第一要治此病

"意见"，作为一个词，指人们对事物的看法、想法、主张、见解等；或指对人对事不满意的想法。这两项含义，在传统社会皆比较常见，如南朝宋史学家范晔说"夫遭运无恒，意见偏杂，故是非之论，纷然相乖"（《后汉书》卷49《王充王符仲长统列传》），唐穆宗李恒在圣旨中称"宜令百寮各陈意见，以革其弊"④，清人袁枚说"今六部奏事，公卿意见不同者，许其两议"⑤，等等，即指前者；明人李贽所言"盖意见太多，窠臼遂定，虽真师真友将如之何哉"⑥，清人李振裕所针砭的"或竞分门户，或争长枝流。意见横生，是非蜂起。阳借圣贤之名色，阴行倾险之肺肠"⑦，清季采蘅子说"国家设官分职，秩有大小，权亦有等差……所患者，不能当机立决，必待报而后实行。于是上官存意见，胥吏得舞文"⑧，等等，则指后者。不过，除了这两

---

① （清）孙奇逢：《自赞八十六岁》，（清）孙奇逢著，朱茂汉点校《夏峰先生集》卷9，第360页。

② （清）孙奇逢：《语录》，（清）孙奇逢著，朱茂汉点校《夏峰先生集》卷14，第590页。

③ （清）孙奇逢：《语录》，（清）孙奇逢著，朱茂汉点校《夏峰先生集》卷13，第539页。

④ （唐）元稹：《钱货议状》，（唐）元稹著，周相录校注《元稹集校注》卷34，上海古籍出版社，2011，第937页。

⑤ （清）袁枚：《随园随笔》卷15《两议》，王英志主编《袁枚全集》第5册，江苏古籍出版社，1993，第255页。

⑥ （明）李贽：《续焚书》卷1《与焦漪园太史》，（明）李贽著，陈仁仁校释《焚书·续焚书校释》，岳麓书社，2011，第509页。

⑦ （清）李振裕：《整饬书院檄文》，《东林书院志》卷14，中华书局，2004，下册，第577页。

⑧ （清）采蘅子：《虫鸣漫录》卷1，上海申报馆光绪三年（1877）铅印本，第17页。

种含义外，"意见"还有一个不太为人注意的意指。孙奇逢在论学时，即常用此含义。

顺治十八年五月十七日（1661年6月13日），孙奇逢在兼山堂给弟子们讲学，他指出为学的一个现象，说："吾党士凡能自好稍有执持者，皆其有意见者也。"但在他看来，"不知意见二字最害事，胜气凌物，是己非人"。因此，他强调道："学者第一要治此病。此病不能破除，毕竟是一自贤自知之人而已矣，安望其入德而闻道哉？"①又，其在《四书近指·凡例》中指出："读白文只凭管窥，不泥成说，总求不谬于孔曾思孟，斯已矣。先儒争意见、辩异同者，概置弗论。"②窥其语义，孙奇逢所指称的"意见"，与通常意义上的那两种含义显然有所区别。

为更清晰地理解孙奇逢所指称的"意见"，兹将其他有关的言论勾勒如下。在为弟子张果中《晦庵文抄》所作题词中，孙奇逢讲到自己编纂《理学宗传》过程中，在对朱子文献取舍时，先是因《晦庵集》甚繁，所以只取了晚年定论，然在友人的建议下，又"简从前朱与陆始焉不合之语，并其继焉渐合之语，终焉相合之语，并列于册，见友朋之益、相得之难"。尽管如此，仍会有学者"不知陆，并不知朱，必以为到底不相知。至举其晚年定论之语，亦不之信。见有人尊信陆子者，则极力摈斥之，见有人指摘陆子者，则极力推奖之"。对此，孙奇逢认为"此与朱、陆何涉，适足明己之拘而不大"，并表明自己的立场："千古学术，岂一己之意见遂为定评哉？王子格物之说，冒险犯难，历尽诸攻，始得休息，然亦与朱、王何涉？究竟建安亦无朱元晦，青田亦无陆子静，姚江亦无王伯安。"③彼时，有的人很反感"说《四书》者，于紫阳《集注》，字字遵守，宁敢于悖孔，而不敢于悖朱"，有的人很反感"说《诗》者，力诋紫阳注《毛诗》之谬，而《诗》教不明于天下后世"，对此，他开导道："彼能言朱之言，行朱之行，是即朱之孝子顺孙

① （清）孙奇逢：《日谱》卷16，"顺治十八年、七十八岁"，第19a页。
② （清）孙奇逢：《四书近指》卷首，《景印文渊阁四库全书》第208册，台湾商务印书馆，1986，第651页。
③ （清）孙奇逢：《日谱》卷6，"顺治十二年、七十二岁"，第46a～47a页。又见（清）孙奇逢：《题晦庵文抄》，（清）孙奇逢著，朱茂汉点校《夏峰先生集》卷9，第315～316页；文字略有不同。

耳,又何求焉……彼能摘紫阳之瑕,匡紫阳之失,是亦紫阳之忠臣诤友耳,又何罪焉?"在他看来,朱子生平"力学苦志,无非欲发明孔子之蕴,岂以其一人之意见,求胜于后人?后之学者,师守尼山,正不必于诸儒分左右祖耳"。①在复弟子魏一鳌函中,鉴于"汉儒去古未远,薪尽火传,不为无功,而宋儒全非之。宋儒于性命之学可谓明备,而明儒又病其词章太盛"等偏见,孙奇逢则强调:"不能克己,苛求前辈,此个病痛,全是有意见人,自负为知学者。我辈今日宜从此处廓清着力,非小小关系也。"②而其86岁时,更以自己几十年的治学体悟,作《兼山堂勉二三子一则》,指出:"学人通病,始于见己之长,而见人之短,究且护己之短,而弃人之长。舜之好问好察,文之望道未见,孔子未能何有,颜之若虚若无,全是治这等病。一毫意见不设,所以其用在天下后世。"并开导从学者,"大凡人有胜于我者,则敬而事之;人有不如我者,则引而进之;甚至于横逆之人,且矜而容之,则无处无时非进德修业之地。其不及人,不为忧矣"。且现身说法,道:"予患此病久,今虽毫矣,仍时时服此药也。故以告我同人。"③与此意趣相同,他在寄崔蔚林信中,亦强调:"学问之事,最怕有偏见,尤忌有胜心。偏见与执守相近,然一偏则愈执而愈成拗矣;胜心与自任相近,然一胜则愈任而愈背矣……禹、稷、颜回同道而出处异,微、箕、比干同仁而去就死生异。比量于字句之间,终无自得之趣,究竟成一义袭而取耳。"④他曾有感于明儒尤时熙之言"讲学是解缚之法,有世俗缚,有贤传缚,有圣经缚,有师说缚,有意见缚,皆是名利做根。解得此缚才是学",认为"中州之学,传紫阳者有人,传文成者有人,两路俱足以证圣。后有兴者不必分左右祖,而一意进修则善矣"。⑤

由上来看,孙奇逢所指之"意见",既非一般意义上的看法或不满意的想法,而是指称学人有偏差的一己之见,而此有偏差的一己之见,显然不利

---

① （清）孙奇逢:《日谱》卷13,"顺治十七年、七十七岁",第63a～63b页。

② （清）孙奇逢:《日谱》卷28,"康熙六年、八十四岁",第31a～31b页。

③ （清）孙奇逢:《日谱》卷31,"康熙八年、八十六岁",第28b页。

④ （清）孙奇逢:《寄崔玉阶》,（清）孙奇逢著,朱茂汉点校《夏峰先生集》卷2,第82页。

⑤ （清）孙奇逢:《尤西川要语序》,（清）孙奇逢著,朱茂汉点校《夏峰先生集》卷4,第128页。

于促进学术的正常发展。此一对"意见"的使用，若观之朱子答刘仲升书，或可更为了然。朱子说："大抵学问专守文字、不务存养者，即不免有支离昏惰之病，欲去此病，则又不免有妄意躐等、悬空杜撰之失。而平日不曾子细玩索义理，不识文字血脉，别无证佐考验，但据一时自己偏见，便自主张，以为只有此理，更无别法，只有自己，更无他人，只有刚猛剖决，更无温厚和平，一向自以为是，更不听人说话。此固未论其所说之是非，而其粗厉激发，已全不似圣贤气象矣。"①

既然"意见"是学者第一要治的病，那么如何着手呢？孙奇逢虽然未直接就此加以论说，但观其论为学之旨趣，实不啻开出了药方。大体而言，有如下诸端。

其一，人生要知学。在孙奇逢看来，"世无治乱，总一学术。达者以天下为事……穷者以一身为事……独悠悠忽忽，到处视为无罪过之人，破先圣先贤格律，以自适其猖狂恣睢之意，吾不知之矣"②。有人曾请教"人生最吃紧者何事"，他说："知学。"因为，"不知学，即志士求危身以著节，义士乐奋勇以立声，介士甘遁迹以遂高，退士务匿名以避咎，其行不同，失中一也"。③也就是说，明白了"学"之意义，才能在立身、行事等方面不偏不倚，以协于"中"，而这对治世之乱，大有关系。

其二，为学要有"大总脑"（或"大头脑"）、把柄和眼界。在教导弟子时，孙奇逢尝强调，做学问应"先要见出大总脑"，如果"总脑不清，则时时有难处之事，在在有难处之人"，而"总脑清，则天下之物尽在我，而不足以增损我"，如此，方能"得丧荣辱俱不足惊吾神，扰吾虑，而日用饮食之间，尽皆性命流行之会。然非闲邪存诚，不足与语此"。④大体来说就是，"大头脑"的关键，在于"总不离'知止'二字""要在识仁"，因为"知得止时，则此心有主，任思虑之纷出，而机趣裕如也；任感应之错投，而本体谧如也"⑤，"盖仁者五德之始，所以统四德也……几希之仁义礼智，人恒有

① 顾宏义：《朱熹师友门人往还书札汇编》第4册，上海古籍出版社，2017，第1802页。
② （清）孙奇逢：《语录》，（清）孙奇逢著，朱茂汉点校《夏峰先生集》卷13，第559页。
③ （清）孙奇逢：《语录》，（清）孙奇逢著，朱茂汉点校《夏峰先生集》卷13，第540页。
④ （清）孙奇逢：《语录》，（清）孙奇逢著，朱茂汉点校《夏峰先生集》卷14，第588页。
⑤ （清）孙奇逢：《语录》，（清）孙奇逢著，朱茂汉点校《夏峰先生集》卷13，第566页。

之，患在不实有诸己耳"①。孙奇逢又指出："学者先要有把柄，则日用间着衣吃饭，应事接物，一一都有归着；无把柄，则茫茫然无所适从，心不能为身主，身焉能为事物主？日月空驰，流光虚度，真可惜也。莫不饮食，鲜能知味；谁不由户，莫由斯道，只是如此。"②与"大总脑"、把柄意思相近，他还强调，"学人第一要有识见"，而不应自限于小执持。基于此，他勉励学人"须开第一等眼界，认第一等题目，做第二人便是无识"③。要之，孙奇逢主张做学问要在根本上做功夫、于源头处彻悟、得其会归，而不应纠缠于细枝末叶、分门别户、漫无所归。④

其三，为学要有生气。孙奇逢曾感慨："世多奄奄无气之人。"究其因，乃缘于"人多因循苟安，日复一日，年复一年，而老将至矣。人之无成，病皆坐此"，所以，学问之事是不能指望此类人的。为挽此风，他启发学人应思考"夫子自言发愤，夫愤何以发也？"⑤他以"圣人无思，贤人无邪思，中人以下憧憧往来无所不思"为分际，勉励中人以下者"猛然提醒，破除邪思，思虑渐少，便是超凡入圣之路。善念只在当境，过去留滞与未来参详，总之耗我心神耳。慎思、近思与何思，止争安勉"。⑥他还自道为学进境，曰："垂发有志，白首无闻。既虚可畏之时，思效补拙之勤。七十较六十而加慇，八十视七十而更殷……窃自信天终不欲丧斯文。"⑦此可谓他的现身说法，为后学树立了范型。

其四，不苟立异同、务深造自得。针对学界存在的学术纷争现象，孙奇

① （清）孙奇逢：《语录》，（清）孙奇逢著，朱茂汉点校《夏峰先生集》卷14，第574页。
② （清）孙奇逢：《语录》，（清）孙奇逢著，朱茂汉点校《夏峰先生集》卷14，第593页。
③ （清）孙奇逢：《语录》，（清）孙奇逢著，朱茂汉点校《夏峰先生集》卷13，第567页。在致弟子费密书中，孙奇逢亦表达了类似思想，其言曰："老夫年忽九十……近见得学问一事，原不在寻常数墨较量字句之间。建安、青田、姚江皆效法孔孟，虽不尽同，俱非立异。我辈只要眼阔心虚，实求自信，不必拾人颊吻，随人转移尔。"（清）费密：《弘道书》附录《孙征君手书一》，成都大关怡兰堂1920年刻本，第1a页。
④ 详参（清）孙奇逢著，朱茂汉点校《夏峰先生集》卷14《语录》、卷2《复蒋虎臣》《答李梅村》，第592、80、88页。
⑤ （清）孙奇逢：《复崔鲁望》，（清）孙奇逢著，朱茂汉点校《夏峰先生集》卷2，第80页。
⑥ （清）孙奇逢：《示奏儿》，（清）孙奇逢著，朱茂汉点校《夏峰先生集》卷1，第39页。
⑦ （清）孙奇逢：《自赞八十岁》，（清）孙奇逢著，朱茂汉点校《夏峰先生集》卷9，第359页。

逢则主张"学人不宜有心立异，亦不必着意求同。若先儒无同异，后儒何处着眼？"①其《春日偶书》曰"教自有分休强合，道原不异将谁同"，《中秋兼山堂同人饮月》曰"不有途争异，安知道自同"②，都表达了同样的旨趣。魏裔介曾评价孙奇逢《四书近指》，曰："旷览百家，独存正解，不求异，不尚同，惟求合于圣贤之初意。"③可见，孙奇逢践履了自己的理念。与不希望学人苟立异同相对应，孙奇逢则常常强调为学者要能自得，尤其要深造自得。之所以需如此，是因为在他看来，"学无自得，剽窃他人，一知半解，强谓了然。如此之病，最难医治"④，"学问无自得处，到底是袭取，徒切心劳。然非深造，绝无自得"⑤；而学问到了自得处，则自然可以洞见本源、不胶着于一辙。孙奇逢有感于程颢所言"天理二字，是自己体贴出来"，并联系到尧舜"精一执中"、孔子"无可无不可"、周敦颐"主静无欲"、王阳明"致良知"等，从而揭示道："能有此体贴便是其创获，便是其闻道……从来大贤大儒，各人有各人之体贴，是在深造自得之耳。"⑥

其五，去习气、贵躬行。所谓"习气"，是指"有物过眼必看，有声入耳必听，小小如意即喜，小小拂意即怒，小小利害即恐惧，其根源总以声色货利为着落"⑦。孙奇逢认为，如此"习气"是要不得的，尤其对读书人来说，若"求名声，较胜负，恃才智，矜功能"，为利欲所汨没，那就很难指望其"养一世之太和，得志而泽加于民，不得志而修身见于世"了。⑧有鉴于此，他寄望学人们能"大加学修之力，令真性流行"⑨，"必为圣人之志，由有

① （清）孙奇逢：《寄张蓬轩》，（清）孙奇逢著，朱茂汉点校《夏峰先生集》卷2，第62页。
② （清）孙奇逢著，朱茂汉点校《夏峰先生集》卷12，第487、500页。
③ （清）魏裔介：《四书近指序》，（清）魏裔介著，魏连科点校《兼济堂文集》卷7，中华书局，2007，上册，第61页。
④ （清）孙奇逢：《语录》，（清）孙奇逢著，朱茂汉点校《夏峰先生集》卷14，第589页。
⑤ （清）孙奇逢：《语录》，（清）孙奇逢著，朱茂汉点校《夏峰先生集》卷14，第595页。
⑥ （清）孙奇逢：《语录》，（清）孙奇逢著，朱茂汉点校《夏峰先生集》卷14，第577～578页。
⑦ （清）孙奇逢：《语录》，（清）孙奇逢著，朱茂汉点校《夏峰先生集》卷13，第543页。
⑧ （清）孙奇逢：《语录》，（清）孙奇逢著，朱茂汉点校《夏峰先生集》卷14，第591页。
⑨ （清）孙奇逢：《语录》，（清）孙奇逢著，朱茂汉点校《夏峰先生集》卷13，第543页。

恒而善人而君子"①，以优入圣域、成为真儒自期，方无愧于所学。更可注意者，孙奇逢还提倡读书人不仅要能"读有字书"，而且要能"省无字理"，其中尤贵在能躬行。针对不少读书人弊病，如"终日案头对圣贤书，未读是如此，读过依旧是如此"②，"口里极精密，而身上愈疏漏，即自命为知学，于宋儒荆棘林中掉臂横行者"③，"千里来读书人不少，而读一字识一字，识一字行一字，恐万里亦不多见其人也"④，等等，他则主张："学问之事，患无下手处，故无得力处。知在'躬行'二字上着手，便一了百当矣。"⑤

正是基于以上这些认识，孙奇逢才能孜孜为学终生不倦，修身、齐家、作育人才而有成，并于学术之嬗变更新、脉络谱系、宗旨精神等方面，精研深悟，不囿于异同门户之见，不做调停之人，有所宗而更能深造自得，⑥且运之于躬行实践之中。徐世昌在《清儒学案》中评曰："先生之学，原本象山、阳明，以慎独为宗，以体认天理为要，以日用伦常为实际。不欲判程朱、陆王为二途……承明季讲学之后，气象规模最为广大。"⑦洵为得其肯綮。而孙奇逢之所以具如此广大的"气象规模"，应该说既基于其具有"我胸中，别有天"⑧的大境界，也在很大程度上与他对"意见"的新理解或定位密不可分。

---

① （清）孙奇逢：《汝器字说》，（清）孙奇逢著，朱茂汉点校《夏峰先生集》卷8，第306页。
② （清）孙奇逢：《与王我疆》，（清）孙奇逢著，朱茂汉点校《夏峰先生集》卷1，第11页。
③ （清）孙奇逢：《语录》，（清）孙奇逢著，朱茂汉点校《夏峰先生集》卷14，第594页。
④ （清）孙奇逢：《寄李符梦》，（清）孙奇逢著，朱茂汉点校《夏峰先生集》卷2，第53页。
⑤ （清）孙奇逢：《复梁以道》，（清）孙奇逢著，朱茂汉点校《夏峰先生集》卷2，第79页。
⑥ 关于孙奇逢为学之宗尚、归趣，可参阅拙文《〈夏峰歌〉流传小考——兼谈孙奇逢的立身为学旨趣》，《清史论丛》2016年第1辑。按：有观点认为孙奇逢之于朱子、阳明学术，持"调停"态度或取向，然窥之孙奇逢在《日谱》中所载言论，实则不然，如其言曰："间尝思之，固不敢含糊一家之言，亦不敢调停两是之见……总之，学以尼山为宗"（卷8，"顺治十三年、七十三岁"，第36b页），"朱陆同异，自陆子美开端……此两路人，皆不远于圣门之学，正可相资为用，岂可相诋成仇？天下事惟邪正两家，调停不得，既是一家，何不可相忘而共偕大道？往者不可追已，来者当其鉴之"（卷11，"顺治十六年、七十六岁"，第9b～10a页），"紫阳与阳明，其实何尝相背？百余年聚讼，讼愈多，而旨愈晦矣……非敢为两家调停，道理固自如此"（卷27，"康熙六年、八十四岁"，第4a页）。
⑦ 徐世昌：《夏峰学案》，徐世昌著，陈祖武点校《清儒学案》第1卷，河北人民出版社，2008，第2页。
⑧ （清）孙奇逢：《戏题金衣公子》，（清）孙奇逢著，朱茂汉点校《夏峰先生集》卷12，第535页。

三　胆：处事之不可或缺者

在中国传统社会中，有一种精神（或品格、风骨）甚为人所称道，尤其在修史脉络中，更成为评判史家优劣的一个重要标准。这种精神（或品格、风骨），即无畏权势的秉笔直书。于此，陈登原先生尝有一扼要的揭示，曰："粤稽自古，若夫崔杼弑君，南史执简以往；赵盾隐贼，董狐振笔而书。（《左》襄公廿五年、宣公二年）孔子于以叹曰：'董狐，古之良史也，书法不隐。'然则史之求真，由来久矣。自斯以后，直道未泯……夫帝王既耻笔头之诛，又恋为恶之乐，而史臣直笔，不为隐屈……国史之中，于劝善惩恶之直笔，前人提倡最多。"①此一以南史、董狐为代表的秉笔直书"良史"之形象，经唐代刘知幾"才、学、识"之倡导，至清代章学诚，遂丰富为"才、学、识、德"，而贯穿其间的，显然仍是对史的实事求是呈现的精神。然而，想对史进行实事求是的呈现，则大非易事。故而，秉笔直书，对于肩负史职者而言，不惟是其书写态度的体现，而且还是对其胆量、魄力的一种考验。当然，对于胆的认识，并非仅关涉书写的历史，在哲学思辨、诗论等的探讨中，亦有人予以关注。

三国时期，曹魏思想家嵇康所作《明胆论》，即辨析了明与胆之关系。嵇康之所以要做此辨析，乃因其友吕安认为"人有胆可无明，有明便有胆矣"，但他不以为然，主张："明胆殊用，不能相生。"在他看来，"明以见物，胆以决断，专明无胆，则虽见不断，专胆无明，则违理失机"。尽管两人往复论辩，未能达成共识，但对胆的理解，以及其与明之关系的分疏，实亦提出了一个值得思考的重要问题。其后，因吕、嵇之辩，陆彦龙更提出如下认识："儒者察理殊辨，然临事张皇，能断者少。胆固殊有异赋，然见事明者究能生勇，亦未始不相为功也。"②

清初工于诗文的叶燮，因不满于当时诗坛宗唐、复古之风，遂作《原诗》，提出了自己的诗歌理论，其中即关涉到胆。叶氏认为，"大凡人无才，

---

① 陈登原：《历史之重演》，《陈登原全集》第14册，浙江古籍出版社，2015，第4~5页。

② （三国魏）嵇康：《明胆论一首》，（三国魏）嵇康撰，戴明扬校注《嵇康集校注》卷6，中华书局，2016，下册，第428、440页。另可详参万思艳《汉魏时期的"胆"观念探微》，硕士学位论文，华东师范大学，2014。

则心思不出；无胆，则笔墨畏缩；无识，则不能取舍；无力，则不能自成一家"。拈出才、胆、识、力，正是其推陈出新的关键。在他看来，与体现"天地之大，古今之变，万汇之赜，日星河岳，赋物象形，兵刑礼乐，饮食男女，于以发为文章，形为诗赋，其道万千"的理、事、情（举在物者而言）相对，"曰才、曰胆、曰识、曰力，此四言者所以穷尽此心之神明。凡形形色色，音声状貌，无不待于此而为之发宣昭著。此举在我者而为言，而无一不如此心以出之者也"。基于此，他遂彰明自己的新观点，说："以在我之四，衡在物之三，合而为作者之文章。大之经纬天地，细而一动一植，咏叹讴吟，俱不能离是而为言者矣。"至于才、胆、识、力之关系，他强调四者应"交相为济"，如果"一有所歉，则不可登作者之坛"。同时，他也指出，"四者无缓急，而要在先之以识；使无识，则三者俱无所托"。如没有识而有胆，就会"为妄、为鲁莽、为无知，其言背理、叛道，蔑如也"。①

孙奇逢对胆亦有关注，但与嵇康、叶燮等的着眼点不同。在与弟子的讲论中，孙奇逢曾强调："处事之道，才、识、胆三者缺一不可，然识为甚。胸中不先具达识，则才必不充，而胆亦不坚。蜀孟光语任正曰：'天下未定，智意为先，以淳古之风，而当末流之会，了一身一家之事而不足，如何能出而问天下承千古耶？'"②其教导儿子奏雅说："风波之来，固自不幸，然要先论有愧无愧。如果无愧，何难坦衷当之。此等世界，骨脆胆薄，一日立脚不得。尔等从未涉世，做好男子须经磨炼。生于忧患，死于安乐，千古不易之理也。孟浪不可，一味愁闷何济于事？患难有患难之道，'自得'二字，正在此时理会。"③由此可见，孙奇逢之注目于胆者，乃从如何处事的角度立论，而其所说的"处事之道"，并非就一般意义上的待人接物而言的，而是具有更深层的寓意。此一意涵，观照一下其一生的坎坷经历、政治生态的险恶、明清更迭的大动荡，便不难理解。当然，由于避免触时忌，孙奇逢也不便就此做更直接的申论。

尤其值得指出的是，孙奇逢还就胆与修史的关系做了揭示。顺治十六年六月二十五日（1659年8月12日），有客对孙奇逢说："今日之通志，他日之

---

① （清）叶燮：《原诗·内篇（下）》，凤凰出版社，2010，第20～34页。
② （清）孙奇逢：《语录》，（清）孙奇逢著，朱茂汉点校《夏峰先生集》卷14，第582页。
③ （清）孙奇逢：《示奏儿》，（清）孙奇逢著，朱茂汉点校《夏峰先生集》卷1，第43页。

信史，所关非细，先生何辞之坚也？"孙奇逢解释道："论事易，而任事难。此事非才、识、胆兼备者，不能胜也。"即使像一代儒者薛应旂，自任慈溪县令即有志于修《浙江通志》，在同人襄助下，"历十年，七誊稿"，才得以竣事，然书刚成亦不免有"遗且滥之惧"。有鉴于此，孙奇逢谦虚地说："仆识暗、才短、胆薄，既乏任事之具，况年逼八旬，思虑昏眩，冒昧承任，事必苟且。此何等事也，而可以苟且塞责？情面难破，好恶易徇，一为清议所短，必招鬼神之罚，凛乎可惧！予固熟筹之矣。"①将胆与修史直接关联起来，在孙奇逢之前，是很罕见的。若将此论与前面所论"处事之道"合而观之，更可见孙奇逢所说的"处事"，并非世俗的家长里短，而是有其大者在的。②

孙奇逢对胆虽然着墨不多，但其意义实不容小觑。而从他的一些著述、言论中，不难看出其具有的胆识、品格与风骨。如他论"甲申之难"曰："吾郡千古异惨，亦千古异烈。仆私心欲笔而识之，存此一段遗史……董狐之笔非学古有获者，其谁望焉。日月迅速，一时之信，转盼成疑，讹传既久，遂至失真。此事不可不速成，亦仁人君子报称上天之一念也。"③又曰："嗟乎，甲申三月，事何忍言！非伯玉一流，则天维地柱撑拄无人，国非其国矣！"④在《剑南诗抄题词》中，他更借陆游之志而寓己意："其生平大节，总在不忘中原一念，故感愤悲郁，无地无时，无非此意所蒸动。至垂老《示儿》云：'王师北定中原日，家祭无忘告乃翁。'是岂可以诗人目之哉！"⑤若无胆，是不敢发出此论的。至其在诗中抒怀的"病叟深怀故国忧"及"此夕岁去旧，明朝春复新"、"无计可留春，明朝又入夏"⑥，更为直白，幸好当

---

① （清）孙奇逢：《日谱》卷11，"顺治十六年、七十六岁"，第2a页。
② 在所作《新安县志序》中，孙奇逢先生曾强调："然则志也者，其谱人作善之路、与人为善之心乎？"（清）孙奇逢著，朱茂汉点校《夏峰先生集》卷3，第114页。
③ （清）孙奇逢：《寄金瑞枝》，（清）孙奇逢著，朱茂汉点校《夏峰先生集》卷2，第60~61页。
④ （清）孙奇逢：《题金忠节一门殉义记略》，（清）孙奇逢著，朱茂汉点校《夏峰先生集》卷9，第311页。
⑤ （清）孙奇逢：《剑南诗抄题词》，（清）孙奇逢著，朱茂汉点校《夏峰先生集》卷9，第318页。
⑥ （清）孙奇逢：《九日同诸子孟城登高，得秋字二首》《丁酉除夕》《立夏前一日有述》，（清）孙奇逢著，朱茂汉点校《夏峰先生集》卷12，第489、501、504页。

时文字狱尚未大兴，不然就难保不遭构陷了。其他如《大难录》之撰，《中州人物考》《畿辅人物考》对忠节、隐逸之人的表彰，《两大案录》对创业、中兴之君臣的彰显，《道一录》《理学宗传》等对道统的建构，等等，无不是其"持世"而不"转于世"[①]之胆的体现。

孙奇逢之所以能具如此之胆，原因固非一端，而他对英雄豪杰的认同，无疑是其中一重要因素。在《书感》诗中，他感慨道："我来千余里，思见英雄人。胸中罗今古，万物待其新……庸众是非泯，英雄好恶真。此是经纶手，千古无等伦。"[②]在言谈中，他亦曾强调："命世豪杰，其所以安身立命者，断不向人口颊间袭取也"[③]，"从古豪杰之士只不为物役而已矣"[④]。正因具此胸襟，所以，明清易代之后，孙奇逢并未像有的人那样，或隐于空门，或避入山林，而是选择了遁世之路。七十九岁时，他曾作《自赞》表露心迹，说："虽入山，非闭户，虽避地，非绝尘，青松白石，我师我友，明月清风，谁主谁宾，是则尔之行径也，亦聊附于三代之遗民。"[⑤]那么，避世与遁世有何区别呢？在为其弟子三无道人李对《遁义裒集》所作的序中，孙奇逢分疏道："辟世必隐，遁世不必隐。辟则入山唯恐不深，古人所以有不留姓字于天壤者是已。遁则如天山之两相望而不相亲，圣人处此，唯有不悔而已。辟世高，遁世大，此圣人贤者之所由分也……至序逸民，不降，不辱，中伦，中虑，中清，中权，皆遁之义也。遁之途宽，故遁之义大。"[⑥]而这也正是其对《易》"龙德而隐"真谛的体认。[⑦]由此可见，孙奇逢无疑是一位有大格局、大学问、大气魄的个性学者。无怪

---

① （清）孙奇逢：《语录》，（清）孙奇逢著，朱茂汉点校《夏峰先生集》卷14，第583页。
② （清）孙奇逢：《书感》，（清）孙奇逢著，朱茂汉点校《夏峰先生集》卷11，第416页。
③ （清）孙奇逢：《语录》，（清）孙奇逢著，朱茂汉点校《夏峰先生集》卷13，第565页。
④ （清）孙奇逢：《语录》，（清）孙奇逢著，朱茂汉点校《夏峰先生集》卷14，第593页。
⑤ （清）孙奇逢：《自赞》，（清）孙奇逢著，朱茂汉点校《夏峰先生集》卷9，第359页。
⑥ （清）孙奇逢：《遁义裒集序》，（清）孙奇逢著，朱茂汉点校《夏峰先生集》卷4，第134～135页。
⑦ 详参（清）孙奇逢《语录》，（清）孙奇逢著，朱茂汉点校《夏峰先生集》卷13，第556～558页。又孙奇逢论"潜""见""暗""章"之关系曰："从来谓潜与见为两局，暗与章为二境。愚谓君子潜固潜，即见也，仍不离潜之体，总归于潜而已。君子暗固暗，即章也，仍不离暗之用，总归于暗而已。君子之所以不可及者，其惟人之所不见乎？潜与暗之谓也。"（清）孙奇逢：《语录》，（清）孙奇逢著，朱茂汉点校《夏峰先生集》卷14，第571页。

乎杨向奎先生在为其做的新学案中，曾如此感慨道："理学尤讳言'霸'，而夏峰却公然道出，足见其英雄本色……昔辛稼轩有豪杰气，主恢复中原而俯首于北征英雄，他在《京口北固亭怀古》中歌唱道：'千古江山，英雄无觅孙仲谋处。'假使我们在大河以北的容城怀古，当歌：'千古江山，英雄无觅孙夏峰处？'夏峰虽不是反清复明的英雄，却是开眼界、大心胸的好汉！"①

余 论

综观而言，孙奇逢先生对于耻、意见、胆的认识与践履，正如其所言"读书、做事、与人，三者已得要领，'穷理'二字是一了百当语"②，"人生自少而壮而老，必先有主张，欲作何等人，欲做何等事，方不惑于他歧……孔子从心不逾矩，与大舜由仁义行非行仁义，是一个境界"③。也就是说，无论立身、为学，还是处事，皆需识得当然、应然之"理"，深造自得，切实躬行，方能达到做人的应有境界。若仅停留于一知半解、口头言说，而无裨于世道人心、经邦济世，则只能说是"不识字"④。正所谓"学未到家终是废，品不足色总成浮"⑤。就此而言，徐世昌所做"夏峰以豪杰之士，进希圣贤。讲学不分门户，有涵盖之量。与同时梨洲、二曲两派，同出阳明，气魄独大，北方学者奉为泰山北斗"⑥之评誉，还是颇有道理的。尤有进者，孙奇逢的这些思想或理念，并非个别或孤立的现象，与其同时代或其去世后继起之学人，亦不乏关注于此者；甚至现当代的学者，也有与其某一思想或理念不谋而合、遥相映照。

如关于耻的认知，前面提及的与孙奇逢亦师亦友的鹿善继所说的"士无耻成不得人"⑦，即是同调之鸣者。而与孙奇逢有交往的大儒顾炎武，更于

① 杨向奎：《清儒学案新编》（一）"孙奇逢《夏峰学案》"，齐鲁书社，1985，第11页。

② （清）孙奇逢：《复刁非有》，（清）孙奇逢著，朱茂汉点校《夏峰先生集》卷2，第49页。

③ （清）孙奇逢：《语录》，（清）孙奇逢著，朱茂汉点校《夏峰先生集》卷14，第576页。

④ （清）孙奇逢：《与王我疆》，（清）孙奇逢著，朱茂汉点校《夏峰先生集》卷1，第11页。

⑤ （清）孙奇逢：《武城署中怀伯顺》，（清）孙奇逢著，朱茂汉点校《夏峰先生集》卷12，第469页。

⑥ 徐世昌：《夏峰学案》，徐世昌著，陈祖武点校《清儒学案》第1卷，第1页。

⑦ （清）孙奇逢：《语录》，（清）孙奇逢著，朱茂汉点校《夏峰先生集》卷14，第573页。

《廉耻》一文中,以《五代史·冯道传论》为引,发出如下振聋发聩的宏论:"'礼义廉耻,国之四维。四维不张,国乃灭亡。'善乎,管生之能言也……然而四者之中,耻尤为要。故夫子之论士,曰:'行己有耻。'《孟子》曰:'人不可以无耻,无耻之耻,无耻矣。'又曰:'耻之于人大矣,为机变之巧者,无所用耻焉。'所以然者,人之不廉而至于悖礼犯义,其原皆生于无耻也。故士大夫之无耻,是谓国耻。"①尤其是他将孔夫子"博学于文""行己有耻"合为一体,并提升到"圣人之道"的高度而大声疾呼,更为"当时及尔后的中国学人,树立了可以风范千秋的楷模"②。可见,明清易代之际,有志之士所关注的大问题,是有共性的。此后,乾嘉学者洪亮吉作《廉耻论》,以历史为鉴,认为"廉耻之将,可使御敌;廉耻之吏,可使牧民;廉耻之士,可使入道",若"三者不能并得,则廉耻之士为最",因为"重廉耻之士,风俗所转移也"。目睹时风之弊坏,他提出一挽救办法:"居今日而欲救风俗之弊、性情之失,则修廉耻之时也。舍廉耻之务而唯中庸自饰,则心术不已滋其害乎?夫流俗之士不切于日用,人犹觉之,至一号为中庸,而遂不敢置议,此则害之尤甚者也。乌呼!自非有圣人出,正华士、少正卯之诛,吾恐中庸之名不绝,即廉耻之道不敦也。"③稍后于洪亮吉,龚自珍在《明良论》一文中,亦对耻加以辨析。他强调:"士皆知有耻,则国家永无耻矣;士不知耻,为国之大耻……故曰厉之以礼出乎上,报之以节出乎下,非礼无以劝节,非礼、非节无以全耻。"④降及晚清,世变日亟,内忧外患,接踵而至。黄彭年有感于"今之士大夫,以语言圆妙为应世之宜,以趋跄便捷为立朝之要,以协肩诣笑为事上之仪,以豪夺巧偷为取荣之策。其干进也,或至无所不为;其交友也,未闻诚心相与"之颓风,受顾炎武论耻之启发,而作《释耻》。在此文中,他指出:"世道之变,莫患于人心之无耻,尤莫患于士

---

① (清)顾炎武著、黄汝成集释《日知录集释》卷13,栾保群、吕宗力校点,上海古籍出版社,2014,上册,第303~304页。

② 陈祖武:《高尚之人格　不朽之学术——纪念顾亭林先生诞辰四百周年》,《光明日报》2013年9月5日,第11版。另可详参拙文《顾炎武"明道救世"的礼学思想》,《中国社会科学院研究生院学报》2000年第3期。

③ (清)洪亮吉著,刘德权点校《洪亮吉集》第1册,中华书局,2011,第239~240页。

④ (清)龚自珍著,夏田蓝编《龚定庵全集类编》卷6《论辨类下·明良论二》,中国书店,1991,第133~135页。

人之无耻。"原因在于，如果士大夫没有气节，就不会形成好的风俗，从而导致"上见轻于朝廷，下无以式于乡里。教化不明，盗贼蜂起，至有胶庠之士入于萑苻"之弊病。有鉴于此，他遂呼吁有志之士应"奋乎千载之下，超乎百世之上，必先知耻，而后能行己有耻，而后可读先儒之书，上溯洙泗之原"，以入于道，而为社会做出表率。①晚清民初的劳乃宣，亦曾撰《明耻》一文，认为"孔子成《春秋》，而乱臣贼子惧，口诛笔伐，何足以惧之，盖亦耻心之不能自已焉尔。耻之于人，亦大矣！自有书契以来，迄今数千年，自圣帝明王、哲人君子，以迄愚夫愚妇，无一人能自外，无一人有异论，诚以人之所以异于禽兽者，胥在此也"②。劳氏当新旧相较、相激之际，虽偏于固守传统，但此言则不无道理。

孙奇逢以一己之私见、偏见、执见（或曰自以为是、是己非人）指称"意见"的思想，亦见之于时人和后世学者的言论中。如清初的张九征（文华殿大学士张玉书之父），曾对陆陇其说："浙东学弊，在欲自立意见"，"汪苕文论文必欲用翻案，亦是此弊"。③又，魏裔介论奏疏的重要性时，强调道："古来文章之大者，必以奏疏为重……然非有济世之才与救世之识，则其所言者必琐屑苟且，而无关于当世之务；有其才与识矣，而意见不化，偏私未除，则其所言者，或至于愤争矫饰，而开斯世以党同伐异之端。"④而最具代表性者，则是戴震。大家一般熟知的，是戴震所说的"圣人之道，使天下无不达之情，求遂其欲而天下治。后儒不知情之至于纤微无憾，是谓理。而其所谓理者，同于酷吏之所谓法。酷吏以法杀人，后儒以理杀人，浸浸乎舍法而论理，死矣，更无可救矣"⑤。其实，他所说的"以理杀人"，还有另一个意思相同的表达。在致段玉裁函中，他说："昔人异于今人，一启口而曰理，似今人胜昔人，吾谓昔人之

① （清）黄彭年：《陶楼文抄》卷1，《续修四库全书》第1552册，上海古籍出版社，2002，第588~589页。
② （清）劳乃宣：《桐乡劳先生遗稿》卷1，《清代诗文集汇编》第752册，上海古籍出版社，2010，第497页。
③ （清）陆陇其撰，杨春俏点校《三鱼堂日记》，康熙二十二年十一月二十九日，中华书局，2016，第208页。
④ （清）魏裔介：《都谏许傅岩疏草序》，（清）魏裔介著，魏连科点校《兼济堂文集》卷7，上册，第160页。
⑤ （清）戴震：《戴震集》文集卷9《与某书》，上海古籍出版社，2009，第188页。

胜今人正在此。盖昔人斥之为意见，今人以不出于私即谓之理，由是以意见杀人，咸自信为理矣。"①在致段氏的另一封函中，他又进一步强调："仆生平论述最大者，为《孟子字义疏证》一书，此正人心之要。今人无论正邪，尽以意见误名之曰理，而祸斯民，故《疏证》不得不作。"②《答彭进士允初书》则表述得更为清晰："程、朱以理为'如有物焉，得于天而具于心'，启天下后世人人凭在己之意见而执之曰理，以祸斯民。更淆以无欲之说，于得理益远，于执其意见益坚，而祸斯民益烈。岂理祸斯民哉，不自知为意见也。离人情而求诸心之所具，安得不以心之意见当之，则依然本心者之所为。"③袁枚也曾说："作史者只须据事直书，而其人之善恶自见，以己意定为奸臣、逆臣，原可不必。"④其所谓"己意"，与"意见"相近。同治年间重刻孙奇逢全集，王师韩在为《孙子晚年批定四书近指》一书所作序中说："惟愿读先生之书者，捐成心，去意见，躬行实践，以证此心、此理之同，将见圣学明而人心正，人心正而风俗淳，其有裨于世也，夫岂有既哉！"⑤其中的"意见"，显然承自孙奇逢。而钱穆先生于1955年为《新亚学报》撰写创刊词，其中所说的"空言义理，是非之争，势将转为意见与意气。当知意见不即是知识，意气不足为权衡""今日学术界大病，则正在于虚而不实……不悟其思想理论之仅为一人一时之意见，乃不由博深之知识来"⑥，与孙奇逢之意，亦颇为相通。

孙奇逢以胆论"处世之道"，可谓别开生面；而其将胆与修史关联起来，更可谓一种特识，可惜的是，此一特识未引起学界关注，于是乎由刘知幾之"才、学、识"论遂演进为章学诚之"才、学、识、德"论。不过，孙奇逢的这一特识并未成为绝响。时隔300多年后，南开大学教授刘泽华先生（1935～2018），不谋而合地提出了胆在历史研究中的重要意义。2013年，刘先生在接受魏颖杰的通讯采访中谈及自己的学术历程，其中一点为："才、

---

① （清）戴震：《与段若膺论理书》，《戴震全集》第1册，清华大学出版社，1991，第214页。
② （清）戴震：《与段若膺书》，《戴震全集》第1册，第228页。
③ （清）戴震：《戴震集》文集卷8《答彭进士允初书》，第175页。
④ （清）袁枚：《随园随笔》卷4《作史》，王英志主编《袁枚全集》第5册，第58页。
⑤ （清）孙奇逢撰《孙子晚年批定四书近指》卷首，清光绪间《孙夏峰全集》递修刻本，第6a～6b页。
⑥ 钱穆：《学籥》，台北：素书楼文教基金会、兰台出版社，2000，第129、132页。

学、识、德，再加一个'胆'。"为何要再加一个"胆"字呢？刘先生如此解释道："刘知几提出'才、学、识'，章实斋加了一个'德'，我接着再加一个'胆'。有人可能会说，'胆识'已包括在'识'中，再加个'胆'字画龙添足。但我认为在框框比较多的情况下，应该把'胆'突出来，亦不为过。胆大妄为固不可取，胆小萎缩可能把自己浪费了！"[1]同年5月，在发表的《再说历史学要关注民族与人类的命运》一文中，刘先生于文章的最后一部分，就"历史工作者承担什么样的社会责任"问题，谈了认为具有共性的三点看法；其中，第二点、第三点分别为"应该作出价值判断""史家的责任是为人们对自己命运的认识和领悟提供一个参照系"，而第一点则强调了"要对历史求'真'"，并进而阐发道："一个'真'字很不易呀，不仅要有才、学、识、德，还要有'胆'，'胆'有时靠生命来作保，尤其是写当代史，历史上第一位有纪事的史官就是因写当代史而献出了生命！"[2]2015年，刘先生在《史学重在探寻规律探讨命运》一文中，再次强调："探讨规律、命运问题，首先要敢于面对历史的真实……历史研究者的首要之责是求历史之'真'……求'真'不是一件容易的事，不仅要有充分的才、学、识、德，还要敢于面对由于利益纠葛而出现的掩饰、扭曲历史之'真'现象，因而还要有'胆'。只有揭示历史之'真'，才有可能求规律、说命运。"[3]从探讨作为历史认识主体的史家应具备何种能力的演进历程来看，刘泽华先生继刘知幾、章学诚之后而提出的"才、学、识、德、胆"论，可谓又一次大升华。而这在某种意义上来说，也是对乡贤孙奇逢"胆"论不谋而合的遥相呼应。倘若孙奇逢、刘泽华两位先生于另一个世界相逢，当会相视而笑吧。

在《志警》一诗中，孙奇逢曾感喟："垂髫立志脱风尘，老至依然尚认真。错足便成千古恨，回头那许再来身。欲知事鬼须为鬼，见在作人只论人。覆载照临无两域，一回彻悟一回新。"[4]作为后来者，我们对孙奇逢先生的"耻""意见""胆"论所蕴含的丰富思想和理念，亦可作为一面镜子而志警、自省。

---

① 魏颖杰：《与青年朋友聊天——刘泽华先生通讯录》，南开大学历史学院编《史苑传薪录》第2辑，天津古籍出版社，2013，第439~440页。

② 刘泽华：《再说历史学要关注民族与人类的命运》，《史学月刊》2013年第5期。

③ 刘泽华：《史学重在探寻规律探讨命运》，《人民日报》2015年8月27日，第7版。

④ （清）孙奇逢：《志警》，（清）孙奇逢著，朱茂汉点校《夏峰先生集》卷12，第491页。

论清初的陆王学

杨朝亮　韩　鑫

业师陈祖武先生在谈及清代乾嘉学派与乾嘉学术之形成时说："是那个时代特定的社会经济条件之下，为宋明以降学术演进的内在逻辑所制约，众多历史因素交互作用的结果。"[①]同样，陈先生这一论断也适用于清初的陆王学。明末清初，阳明心学崩解，社会上出现了一股"由王返朱"的学术思潮。一时间，诸多学者认为，"神州荡覆，宗社丘墟"是阳明心学"空谈"使然，因之，阳明心学成为众矢之的，抨击王学、推尊朱子，渐渐成为一种风气。在这一风尚引领之下，清初陆王心学并没有成为一种绝学，在清廷基本国策的夹缝之间，诸陆王学者或著书立说，或刊刻陆王学术著作等，以各种形式大力宣传和修正陆王心学，使其度过最为艰难的时期。

一　清初统治者的基本政策

清顺治一朝，由于满洲贵族刚刚入主中原而大局未定。此时，世祖作为清王朝初入中原的一位少数民族皇帝，一方面由于此前并未接受过系统的汉民族传统文化教育，其思想文化水平远远不能适应新的形势，另一方面，此时清政府以军事征伐为主要手段来打击各敌对势力以稳定和巩固其统治，没有过多的时间和精力顾及思想文化领域方面的建设。诸如顺治十二年（1655）三月宣称："自明末扰乱，日寻干戈，学问之道，阙焉弗讲。今天下渐定，朕将兴文教，崇儒术，以开太平。……诸臣政事之暇，亦宜留心学

---

① 陈祖武：《清代学术源流》，北京师范大学出版社，2012，第454页。

问，佐朕右文之治。"①选定日讲官，宣布开设经筵。但此时并没有真正举行经筵大典，只是以日讲的形式为世祖进讲。直至两年后，才以开日讲祭告先师孔子于弘德殿，于保和殿首开经筵大典。之所以有这一延宕状况的出现，一则是以摄政王多尔衮为代表的满洲贵族保守势力反对，一则是世祖本人对于儒家思想的认知显然是不足的，可以说顺治时期，这一系列的崇儒活动基本上沿袭了前朝定制。总体而言，清初统治者根基未稳，面对当时极其复杂的社会现实，于文化建设方面，尚无暇过多顾及。

也正因如此，顺治一朝，陆王心学亦与程朱理学一样被统治者所认可。顺治二年（1645），"钦定王守仁、陈献章、薛瑄、胡居仁等配飨孔庙"②。王守仁从祀孔庙是明代礼制和学术史上的一重大事件。明嘉靖七年（1528）王守仁去世，隆庆元年（1567）首次讨论王守仁从祀孔庙遭到失败，直至万历十二年（1584）十一月，王守仁才终得以从祀孔庙。顺治十四年（1657），"郑锡元发起重修姚江义学活动，经史孝咸提议，义学正式题名为'姚江书院'。参与其事的有邵之詹、赵不疑、邹汝功、邵鲁公、吕梅夫、陈蜀庵、钱伏吾、邵得愚、史季述、邵安元、俞吾之、史显臣等。郑锡元作《重修姚江书院告沈先生文》"③。原来，明崇祯十二年（1639）九月，沈国模与管宗圣、史孝咸、史孝复等在余姚城南双雁里半霖史学买下沈氏旧宅，成立"半霖义学"，即姚江书院的前身。顺治十四年，正式命名为"姚江书院"。但次年史孝咸去世，书院无人主事，讲学活动中断长达十余年。直到康熙三十三年（1694），邵廷采主院事后，才又逐渐兴盛。由上可见，顺治一朝由于特定的历史环境，于各种思想文化皆采取了兼收并蓄的宽松态度。

圣祖亲政之后，随着国家政权的稳固，国家的统治政策亦发生了较大变化。而于文治方面，圣祖作为一位出身于少数民族的杰出封建帝王，极为尊崇儒家学说，他把"崇儒重道"定为基本国策，这在中国古代历史上是比较典型的。康熙六年（1667），圣祖亲政，两年之后清除鳌拜集团，使文化

---

① 赵尔巽等：《清史稿》卷5《世祖本纪二》，中华书局，1977，第141页。
② 俞樟华：《王学编年》，"世祖顺治二年乙酉1645年"，吉林大学出版社，2010，第600页。
③ 俞樟华：《王学编年》，"世祖顺治十四年丁酉1657年"，第619页。

建设走向正轨。八年（1669），圣祖亲临太学释奠孔子。次年八月，恢复翰林院；十月，又诏以"文教是先"的十六条治国纲领；从十一月起，相继举行日讲和经筵大典。康熙十七年（1678）一月，颁谕吏部："自古一代之兴，必有博学鸿儒，备顾问著作之选。我朝定鼎以来，崇儒重道，培养人才。四海之广，岂无奇才硕彦、学问渊通、文藻瑰丽，追踪前哲者？"① 于是，诏举"博学鸿儒"，罗致天下名士，经过次年春天的考试，录取一等20人，二等30人，俱入职翰林院。康熙二十三年（1684）冬天，圣祖南巡返京途经曲阜，到孔庙拜谒至圣先师孔子，行三跪九叩大礼，并亲书"万世师表"榜书，而且还与孔子六十七世嫡长孙袭封衍圣公孔毓圻及孔子后裔孔尚任等讲论儒学。由此，标志着康熙一朝文化政策的最终确立。

圣祖最终确立朱子学为官方哲学，一方面是由于当时的社会现实使然，而另一方面则是由于程朱理学内涵使然。诚然，我们也十分清楚，圣祖在学习、领悟程朱理学思想并把其"定为国是"的同时，对于明中后期如日中天的阳明心学自然也不会陌生。譬如于康熙二十二年（1683），因所修《明史》一书涉及王守仁归属问题而进行讨论，汤斌在向圣祖作答时就王守仁"致良知"说进行了阐释，并就王守仁个人气节和功绩给予了高度的评价。圣祖对于汤斌这一认知非常认可，说："朕意亦如此。"② 由此可见，圣祖不仅对于阳明心学有着十分深刻的了解和认知，而且亦对于阳明心学态度十分明确。如果说圣祖对陆王学术没有深入了解，就不会出现像康熙十八年（1679）十月十六日和二十六日两次与主张阳明心学的大臣崔蔚林进行问答，且道出"蔚林所见与守仁相似"③ 之语。

翰林学士李光地，在诸大臣中对圣祖的影响应该说是最大的。李光地是从学习"四书"开始的，而在学习"性命之学"④ 的同时，又"看陆、王之书

---

① 赵尔巽等：《清史稿》卷109《选举四》，第3175页。
② （清）王士禛：《谈献五》，（清）王士禛著，文益人校点《池北偶谈》卷9，齐鲁书社，2007，第164页。
③ 中国第一历史档案馆整理《康熙起居注》，十八年十月二十六日，中华书局，1984，第453页。
④ （清）李光地：《榕村谱录合考》卷上，（清）李光地撰，陈祖武点校《榕村全书》第10册，福建人民出版社，2013，第119页。

及诸难书"①，尤其是陆九渊和王守仁的著述，曾深深地吸引了他，为此他花费了整整五年的工夫来学习和体认。②后来，圣祖曾当众指斥他为"冒名道学"③，把他归入廷臣中的王学派。诚然，崔蔚林、李光地皆先后被圣祖予以指责和驳斥，此可以说明：其一，在当时的诸廷臣中，就其学术倾向而言，不仅仅有主程朱理学者，而且主陆王心学者亦不乏其人，他们共处于清初的殿堂之上；其二，也正是由于有了陆王学者的存在，加之圣祖的聪颖好学，陆王学说自然会影响到年轻的圣祖，他像了解程朱理学一样也了解陆王心学，且有自己的认知和评判标准；其三，圣祖指责和训斥崔氏、李氏的直接原因，皆不是因其学术主张和倾向，而是因为他们的言行不一。④

此外，从另外一个侧面亦可考察出，此时统治阶级对于陆王心学的态度。邵廷采于"康熙初，从毛奇龄游。主讲姚江书院十七年"⑤。至康熙二十二年，邵廷采等推荐史标主持姚江书院。⑥康熙二年（1663），"施璜接替汪佑主持还古书院和紫阳书院讲会"⑦。康熙五年（1666），"贵州水西建开元寺，寺中有王公祠，奉祀王阳明"⑧。贵阳阳明书院始建于明嘉靖十四年（1535），当时，阳明私淑弟子王杏巡按贵州，同贵州左布政使周忠、按察使韩士英等购得贵阳东白云庵建阳明书院。至明朝末年，阳明书院毁于战火。至康熙十二年（1673），"贵州巡抚曹申吉捐资重新建筑阳明书院，落成后，置图书千余卷于其中"⑨。此后，于康熙二十一年（1682）至康熙四十五年（1706），其间不断地增修和重修，规模不断扩大，制度亦不断完善，成为当时中国西南地区最为著名、最具影响的书院之一，受到时人的崇拜和敬

---

① （清）李光地：《榕村谱录合考》卷上，（清）李光地撰，陈祖武点校《榕村全书》第10册，第122页。

② （清）李光地：《学》，（清）李光地著，陈祖武点校《榕村语录 榕村续语录》卷16，中华书局，1995，第773页。

③ 中国第一历史档案馆整理《康熙起居注》，二十八年五月初七日，第1870页。

④ 陈祖武：《清初学术思辨录》，"三 清初文化政策批判"，中国社会科学出版社，1992，第39～41页。

⑤ 俞樟华：《王学编年》，"世祖顺治五年戊子1648年"，第608页。

⑥ 俞樟华：《王学编年》，"世祖顺治三年丙戌1646年"，第607页。

⑦ 俞樟华：《王学编年》，"圣祖康熙二年癸卯1663年"，第625页。

⑧ 俞樟华：《王学编年》，"圣祖康熙五年丙午1666年"，第628页。

⑨ 俞樟华：《王学编年》，"圣祖康熙十二年癸丑1673年"，第640页。

仰。康熙三十六年（1697），王材成"任江西南康知县，建阳明书院"①。康熙五十四年（1715），"绍兴知府俞卿重修王阳明墓"②。由上可知：其一，姚江书院、阳明书院和还古书院等皆主陆王心学，以传承和弘扬阳明学说为宗旨；其二，邵廷采为著名的浙东学者，而周忠、韩士英、曹申吉、王材成和俞卿等，则皆为清初各级官僚，具有一定的代表性。因此，仅从此来看，看不出康熙帝对于陆王心学遭禁锢所持的否定态度，反而给人一种印象——陆王心学在清初仍然得到统治阶级认可。

清初的文字狱事件，细细梳理、分析，亦值得深思。例如，"毛重倬坊刻《制艺序》案"。顺治五年（1648），国史院大学士刚林举报、揭发毛重倬为坊刻制艺所写序文中"只写丁亥干支"而不书"顺治"年号，应"逆罪犯不赦之条"，最终，毛重倬等人皆被处以极刑。又如，庄廷鑨《明史》一案。浙江乌程富户庄廷鑨由于眼疾至盲，但胸有大志。他一心想模仿先贤盲人左丘明编写一部能够传世的史学著作，但苦于自己学识不够，于是花重金购买明朝大学士朱国祯的《明史》遗稿，延揽江浙一带名士吴炎等十六人加以编纂补辑。于是书中，仍然沿用南明弘光、隆武、永历等年号，而且书中还涉及满族先祖旧事，并增补明末崇祯一朝史事，其中涉及清朝忌讳较多。书成之后不久，庄廷鑨病逝。顺治十七年（1660），其父庄允诚将书定名为《明史辑略》并刊刻印行，次年被人告发。最终，庄廷鑨剖棺戮尸，其家庭成员中十六岁以上男子皆斩首，女子发配边疆，牵连者达数百人，至康熙二年（1663）才算结案。再如戴名世"《南山集》案"。安徽桐城人戴名世著有《南山集》一书，康熙五十年（1711），左都御史赵申乔参劾是书"语多狂悖"，圣祖下令"严察审明具奏"。结果，查出书中诸多忌讳之处，最终，圣祖追究其文字之责，戴名世遭处斩，相关一干人等则遭受株连。

清初文字狱的出现，有其深刻的原因。1644年，清朝取代明朝而王天下，定鼎燕京，而具有浓厚传统观念的汉族百姓，从骨子里是无法接受这一残酷现实，尤其是汉族知识分子阶层更是存在强烈的民族反抗心理。他们认为，这就是"乾坤反覆，中原陆沉"，社会将是"天昏地暗，日月无光"，

---

① 俞樟华：《王学编年》，"附：1677年至1911年有关王学的人事"，第663页。
② 俞樟华：《王学编年》，"附：1677年至1911年有关王学的人事"，第666页。

"华夏"之族将被"夷狄"所统治。而作为最高统治集团核心的满洲贵族，对广大汉民族尤其是汉族知识分子存有芥蒂，甚至存有敌意，严加防范，就连雍正帝也曾经说过："从来异姓先后继统，前朝之宗姓臣服于后代者甚多……从未有如本朝奸民假称朱姓、摇惑人心若此之众者。"①由此，清初民族矛盾十分尖锐，反清思想通过各种形式而涌现，并与"复明"为目的的反清事件结合在一起，使刚刚建立起来的清朝统治面临极大的威胁。文字狱事件便是在这一特定形势下，作为一种镇压反满情绪的工具而产生的。因此，我们可以清楚地看出：清初的文字狱事件主要是针对当时汉民族的"反满"和"排满"情绪，而并非针对是程朱理学还是陆王心学上升到具体的统治思想。

清初陆王学术著作的刊刻印行，从顺治初即已开始。除却为人所熟知的孙奇逢的《理学宗传》和黄宗羲的《明儒学案》二书外，还有：顺治三年（1646）王应昌等论评的《王阳明先生传习录论》一书；顺治十八年（1661）秦云爽著的《紫阳大旨》；浙东大儒邵廷采，主讲姚江书院达十七年之久，其间著有《思复堂文集》《姚江书院志》《明儒传》《王门弟子传》《刘门弟子传》《和平县重修王文成公祠碑记》等王学著作。康熙十一年（1672）黄宗羲选编《姚江逸诗》一书；康熙十二年俞嶙编《阳明全集》一书，并于江西九江匡山书院刊刻印行；康熙十九年（1680）王守仁五世孙王贻乐编《王阳明先生全集》刊行，后来，徐元文、马士琼曾分别为之序；康熙二十八年（1689）张问达编《阳明文钞》一书。除此之外，清人的一些文集和方志中亦有摘抄王阳明诗文者，如清人褚人获《坚瓠首集》卷1载有王守仁的《象棋诗》；顺治《潮州府志》卷11《古今文章部·诗部》载有王守仁《游阴那山》一诗；康熙《九华山志》卷9载有王守仁《石庵和尚像赞》一诗；康熙《太平府志》卷39《艺文五》载有王守仁的《清风楼》和《谪仙楼》二诗。上述情况充分说明清初对于王学著作的编纂、刊刻和印行并没有停止。

二　清初诸儒对王学的修正

清初，面对学术界对陆王心学的质疑和否定，王学大儒如孙奇逢、黄宗

---

① 王慧敏：《雍正自白》，"雍正特谕二道"，民族出版社，1999，第89页。

羲、李颙"三人皆聚集生徒，开堂讲道，其形式与中晚明学者无别，所讲之学，大端皆宗阳明，而各有所修正"①。他们积极为陆王学术奔走呼号，宣传自己的学术主张，并致力于学术史的编纂工作，以维护陆王心学的正统地位。

首先，对陆王心学的整体认知。孙奇逢认为，陆王心学和程朱理学是同源而异流、殊途而同归。因此，他著《道一录》"以证夫道之一"②，极力合朱王学术于一堂。他曾说："门宗分裂，使人知反而求之事物之际，晦翁之功也。……词章繁兴，使人知反而求之心性之中，阳明之功也。"③孙奇逢充分肯定了朱熹和王守仁的功绩，反对为学立宗分派。他讲："诸儒学问，皆有深造自得之处，故其生平各能了当一件大事。虽其间同异纷纭，辩论未已，我辈只宜平心探讨。"④要想做好学问，就一定要有大胸怀，心平气和，切不可心胸狭窄。他认为："朱、王入门原有不同，及其归也，总不外知之明、处之当而已。"⑤他说："文成之良知，紫阳之格物，原非有异"⑥，"两贤之大旨固未尝不合也"⑦。他还曾说："陆、王乃紫阳之益友忠臣，有相成而无相悖。"⑧总之，孙奇逢认为陆王心学与程朱理学虽存在差异，各有侧重，但不能绝然分离，二者皆为入道尼山的重要途径，都是圣人之事。四库馆臣曾评价孙奇逢的学术倾向，其中有语："奇逢之学，主于明体达用，宗旨出于姚江，而变以笃实，化以和平，兼采程朱之旨，以弥其缺失。"⑨一语中的。但是，孙奇逢对王门后学则不太认可，如他批评王畿"亦佛亦仙"⑩，在其所著

① 梁启超：《中国近三百年学术史》，朱维铮校注《梁启超论清学史二种》，复旦大学出版社，1985，第138页。
② （清）孙奇逢：《道一录序》，（清）孙奇逢著，朱茂汉点校《夏峰先生集》卷4，第137页。
③ （清）汤斌：《孙夏峰先生年谱》卷上《顺治十二年乙未七十二岁》，商务印书馆，1959，第44页。
④ （清）汤斌：《孙夏峰先生年谱》卷上《顺治四年丁亥六十四岁》，第34页。
⑤ （清）孙奇逢：《答常二河》，（清）孙奇逢著，朱茂汉点校《夏峰先生集》卷2，第71页。
⑥ 徐世昌：《夏峰学案》，徐世昌著，陈祖武点校《清儒学案》第1卷，河北人民出版社，2008，第2页。
⑦ （清）孙奇逢：《复魏莲陆》，（清）孙奇逢著，朱茂汉点校《夏峰先生集》卷2，第70页。
⑧ （清）孙奇逢：《与魏莲陆》，（清）孙奇逢著，朱茂汉点校《夏峰先生集》卷2，第69页。
⑨ （清）永瑢等：《四库全书总目》卷97《子部》《儒家类存目》《岁寒居答问》，中华书局，1965，第822页。
⑩ （清）孙奇逢：《理学宗传序》，（清）孙奇逢著，朱茂汉点校《夏峰先生集》卷4，第136页。

《理学宗传》中则把杨简、王畿等人著述归于"补遗"一类。①

李颙认为，朱陆学术各有所长，不应当"抑彼取此"。他说："陆之教人，一洗支离锢蔽之陋，在儒中最为徼切，令人于言下爽畅醒豁，有以自得。朱之教人，循循有序，恪守洙泗家法，中正平实，极便初学。要之，二先生均大有功于世教人心，不可以轻低昂者也。"②又指出，陆王之弊在"空寂"，程朱之弊在"支离"。因此，他不赞成当时方兴未艾的"辟陆尊朱"之风，认为："今人亦知辟象山，'尊'朱子，及考其所谓尊，不过训诂而已矣，文义而已矣；其于朱子内外本末之兼诣，主敬褆躬之实修，吾不知其何如也。"③由此出发，李颙主张合会朱王，并提出了"学问两相资则两相成，两相辟则两相病"④的深刻见解。这是因为李颙经历明清更迭，意识到国家今天这一局面，是由于王学末流的空疏无用进而使得人心不正造成的。因此，只有倡明学术、匡正人心，才能够挽救这个国家。"学术不明，则人心不正；故今日急务，莫先于讲明学术，以提醒天下之人心"⑤。而于先儒当中，最能够"明学术""正人心"者，则莫过于陆九渊了。"先生在宋儒中，横发直指，一洗诸儒之陋；议论剀爽，令人当下心豁目明；简易直捷，孟氏之后仅见"⑥。因此，他说："能先立乎其大学问，方有血脉，方是大本领。若舍本趋末，靠耳目外索，支离葛藤，惟训诂是躭（耽），学无所本，便是无本领。即自谓学尚实践，非托空言，然实践而不'先立乎其大者'，则其践为践迹，为义袭，譬诸土木被文绣，血脉安在？"⑦于是，他立足王学，会通朱陆，以"明体适用"学说和"道学即儒学"的主张，重倡儒学经世传统，对陆王心学进行了积极的修正。

李颙之学虽出于王守仁，不持门户之见，但实际上还是有其先后秩序的。他说："学者当先观象山、慈湖、阳明、白沙之书，阐明心性，直指本

---

① （清）孙奇逢：《理学宗传》卷首《义例》，山东友谊出版社，1989，第29页。

② （清）李颙：《靖江语要》，（清）李颙撰，陈俊民点校《二曲集》卷4，中华书局，1996，第36页。

③ （清）李颙：《富平答问》，（清）李颙撰，陈俊民点校《二曲集》卷15，第126页。

④ （清）李颙：《富平答问》，（清）李颙撰，陈俊民点校《二曲集》卷15，第129页。

⑤ （清）李颙：《历年纪略》，（清）李颙撰，陈俊民点校《二曲集》卷45，第456页。

⑥ （清）李颙：《体用全学》，（清）李颙撰，陈俊民点校《二曲集》卷7，第49页。

⑦ （清）李颙：《孟子下》，（清）李颙撰，陈俊民点校《二曲集》卷42，第527页。

初。熟读之，则可以洞斯道之大原；然后取二程、朱子以及康斋、敬轩、泾野、整庵之书，玩索以尽践履之功，收摄保任，由工夫以合本体，下学上达，内外本末，一以贯之。"①他教学者入手"工夫"，说要先观陆九渊、杨简、王守仁、陈献章之书，阐明心性，"以洞斯道大原"，然后取程颢、程颐、朱熹以及吴与弼、薛瑄、吕柟、罗钦顺之书，以尽践履之功。他在为"明体"类书目所作的"案语"中也强调这一观点，其中语："自象山以至慈湖之书，阐明心性，和盘倾出，熟读之则可以洞斯道之大源。夫然后日阅程朱诸录，及康斋、敬轩等集，以尽下学之功。收摄保任，由工夫以合本体，由现在以全源头，下学上达，内外本末，一以贯之，始成实际。"②其倾向性则不言而喻。

黄宗羲对于阳明心学给予了高度的评价，说："有明学术，从前习熟先儒之成说，未尝反身理会，推见至隐，所谓'此亦一述朱，彼亦一述朱'耳。……自姚江指点出'良知人人现在，一反观而自得'，便人人有个作圣之路。故无姚江，则古来之学脉绝矣。"③黄宗羲于此"此亦一述朱，彼亦一述朱"语是针对明代钦定《四书大全》一书而言的，而《四书大全》又是以朱子《四书章句集注》为蓝本的，所以他言"屏去传注，独取遗经"，实际上是暗指朱子。反之，黄宗羲又说"故无姚江，则古来之学脉绝矣"，这又是在极力地褒扬阳明之学术。但黄宗羲对于阳明心学自有自己的认知，如他对于阳明"致良知"，则说："先生致之于事物，致字即是行字，以救空空穷理，只在知上讨个分晓之非。乃后之学者测度想像，求见本体，只在知识上立家当，以为良知，则先生何不仍穷理格物之训，先知后行，而必欲自为一说耶？"④黄宗羲并不认可王阳明的"致良知"而提出了自己的观点，为求得万事万物之理，更重要的则是一"致"字，"致"就是"行"。黄宗羲认为，到了明末清初，心学已经走向空疏无用，不得不加以救治。而救治这一弊病，只有把道德修养与力行实践相结合才可，他说："儒者之学，经纬天地，

① （清）李颙：《二曲先生窆石文》，（清）李颙撰，陈俊民点校《二曲集》附录二，第611页。
② （清）李颙：《体用全学》，（清）李颙撰，陈俊民点校《二曲集》卷7，第52页。
③ （清）黄宗羲：《姚江学案》，（清）黄宗羲著，沈芝盈点校《明儒学案》卷10，中华书局，1985，第178页。
④ （清）黄宗羲：《姚江学案》，（清）黄宗羲著，沈芝盈点校《明儒学案》卷10，第178页。

而后世乃以语录为究竟，仅附答问一二条于伊洛门下，便厕儒者之列，假其名以欺世。……徒以'生民立极，天地立心，万世开太平'之阔论钤束天下，一旦有大夫之忧，当报国之日，则蒙然张口，如坐云雾。世道以是潦倒泥腐，遂使尚论者以为建功立业别是法门，而非儒者之所与也。"①只有真正的儒者才能够做到学以致用，而抱守残缺者则是伪儒者。于此，黄宗羲特别突出了"致良知"的"致"字，并将其进一步引申开来，即把学问与实践密切结合在一起，把阳明心学又向前推进了一步。

其次，对于心与性的讨论。孙奇逢治学"原本象山、阳明，以慎独为宗，以体认天理为要，以日用伦常为实际"②。他早年就开始信奉阳明心学，曾经说："阳明是说心之体，非说性之体也。继善成性，性自是善。心有人心、道心，人心危而道心微，可谓皆善乎！此只在阳明自信得及，我辈何庸代为置辩耶？"③孙奇逢认为心和性其实是一体的，天命之性只在人们心中，性本来就是善的，心则没有善恶之分。而事实上，这一观点正是王守仁的心性一元论。不过，孙奇逢对于阳明后学则颇多微词，谓他们"传象山者失象山，传阳明者失阳明"④，尤其是对他们引佛入儒的做法更是十分反感。

李颙则认为，人必须"存心复性"。他说："人生吃紧要务，全在明己心，见己性，了切己大事。诚了大事，焉用著述？如其未也，何贵著述？口头圣贤，纸上道学，乃学人通病。"⑤强调"明己心""见己性"，不断反躬自省，去除"物诱"，恢复"良知良能"。只有这样，无论资禀高下皆可成为圣贤，处事无不咸宜。他公开表彰王守仁的"致良知"说为"千载绝学"，指出："人若无良知，则满身成僵尸，安能视听言动？"⑥又说："阳明出而横发

①　（清）黄宗羲：《南雷文定后集》卷3《赠编修弁玉吴君墓志铭》，中华书局，1985，第31页。
②　王锺翰点校《清史列传》卷66《孙奇逢》，中华书局，1987，第5239页。
③　（清）孙奇逢：《与魏莲陆》，（清）孙奇逢著，朱茂汉点校《夏峰先生集》卷2，第69页。
④　（清）孙奇逢：《夏峰先生集补遗》卷上《答问》，清道光二十五年（1845）大梁书院刻本。
⑤　（清）李颙：《答徐斗一第二书》，（清）李颙撰，陈俊民点校《二曲集》卷16，第158页。
⑥　（清）李颙：（清）李颙撰，陈俊民点校《二曲集》卷3《常州府武进县两庠汇语》，第28～29页。

直指，一洗相沿之陋，士始知鞭辟著里。"①与之相一致，李颙极力反对"舍本趋末"，说："能先立乎其大学问，方有血脉，方是大本领。若舍本趋末，靠耳目外索，支离葛藤，惟训诂是耽，学无所本，便是无本领。即自谓学尚实践，非托空言，然实践而不先立乎其大者，则其践为践迹，为义袭，譬诸土木被文秀，血脉安在！"②

李颙还认为，"明体适用"是儒家的传统。他说："儒者之学，明体适用之学也。"③如何才能"明体适用"呢？李颙认为应当从读"明体适用"之书开始，说："故体，非书无以明；用，非书无以适。欲为明'体'适'用'之学，须读明'体'适'用'之书，否则纵诚笃虚明，终不济事。"④随之，李颙开列了一系列"明体"和"适用"之书。在"明体"类中，第一部即为陆九渊的《象山集》，他说："先生在宋儒中，横发直指，一洗诸儒之陋；议论剀爽，令人当下心豁目明，简易直捷，孟氏之后仅见。"⑤对陆九渊可谓推崇备至。其后，即是王守仁的《阳明集》，李颙奉王守仁之学为圭臬，认为："其书……句句痛快，字字感发，当视如食饮裘葛，规矩准绳可也。"⑥对于王守仁的"致良知"说，李颙更认为是"千载不传之秘"，说："象山虽云'单传直指'，然于本体犹引而不发。至先生始拈'致良知'三字，以泄千载不传之秘。一言之下，令人洞彻本面，愚夫愚妇，咸可循之以入道，此万世功也。"⑦继陆王之后，李颙依次开列了王畿的《龙溪集》、罗汝芳的《近溪集》、杨简的《慈湖集》和陈献章的《白沙集》。李颙在这些书目之后，特别注明"右数书，明体中之明体也"⑧几个字，可见其良苦用心。

黄宗羲为学之始，初从王守仁、刘宗周入，后经历明清易代，他将王守仁、刘宗周之学廓而大之，逾越心性之学樊篱，而立足于"天崩地解"的社

① （清）李颙：《答张敦庵》，（清）李颙撰，陈俊民点校《二曲集》卷16，第139页。
② （清）李颙：《孟子下》，（清）李颙撰，陈俊民点校《二曲集》卷42，第527页。
③ （清）李颙：《周至答问》，（清）李颙撰，陈俊民点校《二曲集》卷14，第120页。
④ （清）李颙：《答王天如》，（清）李颙撰，陈俊民点校《二曲集》卷16，第163页。
⑤ （清）李颙：《体用全学》，（清）李颙撰，陈俊民点校《二曲集》卷7，第49页。
⑥ （清）李颙：《体用全学》，（清）李颙撰，陈俊民点校《二曲集》卷7，第49页。
⑦ （清）李颙：《体用全学》，（清）李颙撰，陈俊民点校《二曲集》卷7，第49页。
⑧ （清）李颙：《体用全学》，（清）李颙撰，陈俊民点校《二曲集》卷7，第50页。

会现实。他认为："儒者之学，经纬天地。"①主张合学问与事功为一，以期"救国家之急难"。于学术思想上，黄宗羲具有明显的"尊王抑薛"倾向。他在《明儒学案》一书《姚江学案》中就曾经明确指出："有明学术，白沙开其端，至姚江而始大明。"其所论述，以王守仁为正统，说："无姚江则古来之学脉绝矣。"②他赞成陆、王"盈天地皆心"的心性观，认为人既禀气而生，人身便具备万理，因而可以不假外求。正因如此，黄宗羲才提倡学者读书。他还批评"今之言心学者，则无事乎读书穷理；言理学者，其所读之书，不过经生之章句，其所穷之理，不过字义之从违"，"封己守残，摘索不出一卷之内"。③认为学者不仅要读书，而且要多读书，只有这样才能够明白事理，把握其本质而随时应变。不然，则抱残守缺，见识难广。在"读书证理"的基础上，进而主张"求理于心"，他认为读书"多而不求于心，则为俗学"。④由此可见黄宗羲学术的王学属性。

最后，通过著述以梳理陆王学统绪。孙奇逢历时30年著成《理学宗传》，凡26卷。是书以北宋"五子"，以及南宋的朱熹、陆九渊，明代的薛瑄、王守仁、罗洪先、顾宪成等理学大师共计11人为宗主，辅以汉唐宋明诸儒考，共计146人。孙奇逢通过对宋明理学发展史的梳理总结，试图找寻出儒学发展的新途径。他利用《周易》"元、亨、利、贞"的循环轨迹，来归纳数百年间的理学发展史，认为："盖仲尼殁至是且二千年，由濂、洛而来，且五百有余岁矣，则姚江岂非紫阳之贞乎！"并且断言："接周子之统者，非姚江其谁与归？"⑤可见，孙奇逢从儒家道统观念出发，为王阳明学术争正统，肯定王阳明是继朱熹之后的道统传人。孙奇逢著成《理学宗传》后曾寄书给黄宗羲。二人南北遥相呼应，唱为同调。也正是在此时，黄宗羲结撰《明儒学案》一书。是书62卷，卷首列《师说》，上起明初方孝孺，下至

---

① （清）黄宗羲：《南雷文定后集》卷3《赠编修弁玉吴君墓志铭》，第31页。
② （清）黄宗羲：《姚江学案》，（清）黄宗羲著，沈芝盈点校《明儒学案》卷10，第178页。
③ （清）黄宗羲：《南雷文定前集》卷1《留别海昌同学序》，中华书局，1985，第16页。
④ （清）全祖望：《鲒埼亭集内编》卷11《梨洲先生神道碑文》，（清）全祖望撰，朱铸禹校《全祖望集汇校集注》，上海古籍出版社，2000，第219页。
⑤ （清）孙奇逢：《理学宗传序》，（清）孙奇逢著，朱茂汉点校《夏峰先生集》卷4，第136页。

明末许孚远，区分类聚，依时间先后列19个学案，对有明一代200余名儒者的生平及思想特点加以梳理和评论，揭示了明代200余年儒学思想发展的脉络，使一代学术源流得以明晰地展现出来。

正因为黄宗羲对王学的尊崇，所以《明儒学案》中所收学者及其学术观点和思想渊源，无论其内容还是其分量，都是以王守仁为中心。其中，反映王学的除了王守仁的《姚江学案》之外，还有论述王门后学的《浙中王门学案》《江右王门学案》《南中王门学案》《楚中王门学案》《北方王门学案》《粤闽王门学案》，而《止修学案》《泰州学案》也属于王学系统，只是稍有变化。因此，王门学案占据了全书篇幅的一半以上。黄宗羲在完成《明儒学案》之后，就准备编写《宋元学案》一书。他收集资料，撰文作序，但未竟而卒，仅成17卷。其后，由其子百家以及私淑弟子全祖望等增补，经过后人的校勘、补正，最后将全书厘定为100卷，遂成今本。此书将宋元两代的学术思想，按照不同流派加以系统总结，书首置《序录》，使人概见大略，对两代的学术流变了如指掌。以下分列安定、泰山、高平、庐陵、古灵、百源、濂溪、明道、伊川、横渠、晦翁等学案；又立新学、蜀学、屏山诸略；最后列与两宋道学兴废相关的元祐、庆元党案。总体而论，黄宗羲对于朱陆学术之态度，在《宋元学案·象山学案》中，可以窥得一二消息。在本卷"案语"中，其对朱陆学术的异同进行了比较和分析，从其中所透露的消息来看，黄宗羲是持调和态度的。

稍后，李绂崛起，先后编纂《陆子学谱》《朱子晚年全论》等，一生致力于陆王学术的表彰，成为陆王学术之最后一重镇。[1]李绂认为，一介学者要想为社会做出贡献，就须"躬行实践"，而在中国历史上"躬行实践"最为显著者，莫过于大儒陆九渊和王守仁。但李绂又意识到陆王思想也并非皆有益于治道，还必须对其进行修正。所以，要想张扬陆王心学，首先就必须讲明朱陆之间的关系，而其关键则在于朱陆之辩。于是，李绂著《陆子学谱》一书，为陆王心学争正统，大力宣扬陆九渊"躬行实践"之思想。所以，四库馆臣评价《陆子学谱》说："是编发明陆九渊之学，……考陆氏学派之端

---

① 钱穆：《中国近三百年学术史》，商务印书馆，1997，第312页。

委，盖莫备于是书。"①可见，《陆子学谱》是一部系统介绍陆学统绪的总结性著述。

《陆子学谱》的编纂原则，从卷首序中可窥见一二。具体而言，有以下几个特点。首先，朱熹著《近思录》和《伊洛渊源录》，二书把言与行分而为二，李绂认为这有违孔孟之宗旨。有鉴于此，李绂认为言与行是一体的，绝对不可分离开来。其次，世人以为陆九渊之教"无方"，但李绂认为，作为后学要想得其奥秘"则不可以无其方也"，李绂著《陆子学谱》就是为给后人指明一条入门途径的。再次，李绂还认为，陆九渊学术宗旨尽管"思虽无穷"，但"渊源所及，确乎可指目者，自有其人，不可得而诬也"②。即陆九渊学术渊源也是非辨不可的。最后，李绂谈及其著述的终极目的时，说："将以藏诸名山，传之其人。俾有志于希圣者，门径可循，归宿有所，不沉溺于纷华，不泛滥于章句，庶几斯道有绝而复新之日矣乎。"③遵循这一原则，《陆子学谱》凡20卷共分6个部分，包括：总序、章节序文、案主和生平学行，间或加按语。卷1至卷4，讲明陆九渊为学宗旨，意在强调陆九渊为学宗旨的历史地位。然后，引用陆九渊语录和与人论学语，来阐明陆九渊这一宗旨。卷5家学以及从卷6至卷19的弟子、门人、私淑3个部分大致相同，在每一部分的开始皆有自己的总论，阐明其写作目的。对于所考察人物，文字多寡不一，短则几行，长则多达几页。就传文内容来看，一般是先述传主生平事迹，后述其论学宗旨。但有的传主，只述其生平事迹，而不述其学问。其资料来源，有正史、地方志以及文集等。凡所辑录者，皆注明书名、篇名，以示征信。

《陆子学谱》是继黄宗羲《明儒学案》《宋元学案》之后的又一部学术史著述。"学案"和"学谱"只有一字之差，有人甚至于把"学谱"称为"学案"，可见，李绂所著《陆子学谱》是得益于黄宗羲两本"学案"，并经过进一步的充实、增订而独立成编的。总之，尽管李绂著《陆子学谱》的目的与

---

① （清）永瑢等：《四库全书总目》卷98《子部》《儒家类存目》《陆子学谱》，第830~831页。

② （清）李绂：《陆子学谱·序》，（清）李绂撰，杨朝亮点校《陆子学谱》卷首，商务印书馆，2016，第1页。

③ （清）李绂：《陆子学谱·序》，（清）李绂撰，杨朝亮点校《陆子学谱》卷首，第1~2页。

黄宗羲二书有所不同，黄宗羲著《明儒学案》和《宋元学案》旨在揭示几百年间理学思想发展的脉络，而李绂著《陆子学谱》不仅仅意在描述陆九渊学术在各个历史时期的演化，而且其真正的用心所在是通过对陆九渊心学思想的梳理，大力宣扬陆九渊"躬行实践"之思想，为陆王心学争正统。可以说，是书的编撰是以详尽的文献资料为基础，继承清初的务实学风，不仅为其后乾嘉汉学的崛起做了铺垫，而且在学案体史籍的演进过程中，也发挥了承先启后的作用。

结　语

清初统治者于思想文化领域内，虽没有像对程朱理学那样对陆王心学进行表彰和鼓励，但至少对陆王心学也没有大张旗鼓地进行排挤和打压，而是采取了不加干涉听之任之的态度。至康熙中叶以后，占据统治地位的是程朱理学，陆王心学则处于一个相对较低下的境遇，但陆王心学并没有成为一种绝学，在清廷基本国策的夹缝之中，诸大儒或著书立说，或刊刻印行著作等，使得陆王学度过最为艰难的时期，依照自己的内在发展逻辑向前迈进，进而赢得了陆王学在清中叶的继续发展，从而为其晚清的复兴奠定了基础。

黄宗羲与甬上讲经会考论

梁 勇

　　学术传承是学术发展的前提，师承关系是学派形成的重要动力。名师出高徒，在学术谱系中，导师在学术生产、传承和创新中至关重要，他们通过言传身教，不仅为学生提供基本而又重要的学术训练，促进共同学风旨趣形成，而且也影响学生的精神气质，打造学术认同。

　　黄宗羲（1610～1695）是清初著名的思想家、教育家，他通过甬上讲经会，在推动清初浙东学派的崛起方面居功至伟。学术界如金林祥[①]、方祖猷[②]、王汎森[③]等对此也多有探讨。本文不揣浅陋，再续貂尾，拟从历史学和教育学的跨学科角度出发，以浙东礼学名家万斯大（1633～1683，字充宗）的学术成长为切入点，通过对甬上讲经会的寻根溯源，探讨黄宗羲的学术思想对浙东学术发展的深远影响。

一　黄宗羲与甬上万氏的交往

　　甬上万氏乃簪缨世家，万氏一门"三世四忠"，累世战功。万斯大高祖万表（1498～1556）文武兼修，读书通经，尝从游于罗洪先、王畿、钱德洪、唐顺之，为浙中王门中坚之一。曾祖万达甫，"厉志于学，受业荆川、

---

① 金林祥：《教育家黄宗羲新论》，青海人民出版社，1993。
② 方祖猷：《万斯同评传》，南京大学出版社，1996。
③ 王汎森：《清初的讲经会》，《权力的毛细管作用：清代的思想、学术与心态》，北京大学出版社，2015，第78～175页。

龙溪、绪山之门"①。他的父亲万泰（1598～1657），"弃累代戈矛之传，以文史代驰驱"②，举崇祯丙子（1636）乡试，领袖东南文坛。万泰生八子：斯年、斯程、斯祯、斯昌（负才早殁）、斯选、斯大、斯备、斯同，人称"万氏八龙"，斯大行六。

万泰与黄宗羲志同道合，二人之交始于明崇祯五年（1632），当时慈水二冯（冯元飏、冯元飙）合浙东才彦与复社相应，万泰和余姚"黄氏三杰"（黄宗羲与其弟宗炎、宗会）共入复社，定期聚会，相处尤善。崇祯十二年（1639），他们"共豫"刘宗周蕺山讲习，在白马山与陶奭龄分庭抗礼。后来一起参与作《留都防乱揭》以逐阮大铖。及明清更迭，二人皆曾奋起抗清。天下甫定，又都以遗民终老。清顺治七年（1650），万泰尝以奇计救宗羲弟宗炎于就戮。万泰推尊黄宗羲学问，认为："今日学术文章，当以姚江黄氏为正宗。"③

丰厚的家学积淀，为万斯大兄弟后来的治学奠定良好基础，但他们找到自己的治学方向却历经漫长的从随俗到自我觉醒的摸索旅程。清初承明代士子结社之流风，宁波乃人文渊薮，文人结社也盛行。"明社既屋，士之憔悴失职高蹈而能文者，相率结为诗社，以抒写其旧国旧君之感，大江以南无地无之，其最盛者，东越则甬上"④。受此影响，顺治十三年（1656），万斯大、万斯选、万斯同和万斯年之子万言，同城中故家子弟29人组成文会。万言对此记述道："余故居在郡城广济坊，诸大家沈氏、黄氏、张氏、高氏皆比屋而处。……丙申、丁酉之际，世变粗定，余叔倕集郡中俊彦为文业之会。比舍诸家子殆居其半。……所论非史书治乱，即古文歌辞。"⑤又说："弱冠，出与郡中诸大家子为文会。于是会者，……及家叔充宗、允诚、季野凡二十九辈，皆年少勤学，更十日或十五日一会，会试二义，必剧饮尽欢而散，郡中传为盛事。"⑥

---

① （清）万斯大：《学礼质疑》卷2《附万氏世纪》，清乾隆二十三年（1758）辨志堂刊本。
② （清）刘坊：《万季野先生行状》，万斯同撰《石园文集》卷首，《四明丛书》本。
③ （清）李邺嗣：《杲堂文钞》卷3《送万季野授经会稽序》，清康熙十七年（1678）刻本。
④ （清）杨凤苞：《秋室集》卷1《书南山草堂遗集后》，清光绪九年（1883）湖州陆氏刻本。
⑤ （清）万言：《管村文钞内编》卷2《菉竹庐诗草序》，《四明丛书》本。
⑥ （清）万言：《管村文钞内编》卷1《李重明墓志铭》。

但这种由年轻学子组成的"各欲成一家言以鸣于世"的时文之会，本质上"犹坊社间习气也"，引起万泰的担忧。他在旅途中寄书训子："儿辈在家，自相师友，最是好事。古书五经而外，宜归本于八大家。至于《通鉴》，犹不可不看。读书人不知古今，与聋瞆等耳。……会考立社，但须集同志十许人，以四书为面会，以《经》为窗会。闻汝等聚集多人，如同闹市，此无益有损，万万不宜。"①

顺治十一年（1654），黄宗羲嫁女到宁波，便住在万氏寒松斋，万泰让万斯年、万斯大、万斯同等兄弟拜黄宗羲为师，②万氏兄弟与黄宗羲的师生情缘由此展开。

二 黄宗羲、万斯大与甬上讲经会

在甬上讲经会成立之前，万斯大等浙东学子的摸索未曾稍歇，经历了从"策论之会"到"证人讲会"的转型。明清更迭天崩地解的社会现实，促使万氏兄弟逐渐走上学以经世之路。在清兵铁蹄下，万氏一家颠沛流离，斯大母闻氏、祖母陈氏、四兄斯昌、长嫂周氏、父万泰先后而逝。康熙元年（1662），宁波城内的万家广济街故居，为清帅夺为箭厅，斯大兄弟被迫迁居位于西郊管村的墓庄——白云庄。万斯大痛心慨叹道："天崩地陷，人尽无生，疾痛死亡，余家独惨。"③城中文会虽然解散，但在西郊万氏兄弟很快结识了陈赤衷、陈锡嘏、陈自舜、王之坪、范光阳、张士埙等人。当时，在政治高压下，随着统治的逐渐稳固，清廷开始调整治国方略，注重通过科举来笼络人才，遂有康熙二年（1663）"停止八股文，乡、会试以策、论、表判取士"之举，其中"以三场策五道移第一场，二场增论一篇，表、判如故"④。

---

① （明）万表纂修，（清）万斯大增修《濠梁万氏宗谱内集》卷13《祖训录》，清乾隆三十七年（1772）辨志堂刻本。

② （清）黄宗羲《思旧录·万泰》："甲午冬，余嫁第三女于朱氏，入寓寒松斋，履安使其子任劳，余受成而已。"参见《黄宗羲全集》第1册，浙江古籍出版社，2012，第385～386页。

③ （明）万表纂修，（清）万斯大增修《濠梁万氏宗谱内集》卷7《先姑行述》。

④ 赵尔巽等：《清史稿》卷108《选举志三》，中华书局，1977，第3149页。

策论在科举中的分量明显加重。浙东素称"科第之渊薮"①，"顾世所称读书者唯学制举业耳"②。鉴于陈锡嘏、陈自舜、范光阳、郑梁等人皆应试科举，面对"公令新改策论"③，康熙四年（1665）成立策论之会。万斯大兄弟虽以遗民自居，但策论讲求"通达古今，明习时务"④，与其学以经世之愿望相吻合，所以万氏兄弟也参加了策论会。正是在与策论会同诸会友交往中，万氏兄弟"每论古今事，辄曰：'吾师姚江黄夫子言如此。'"⑤"相与论黄氏（宗羲）之学，上溯蕺山，以为绝学宜传，人师难值"⑥，在万氏兄弟影响下，策论会几位重要成员陈赤衷、范光阳、陈锡嘏、董允瑶、董允磷于康熙五年（1666）冬在张士埁家遂"有刻烛论心之约"，六年（1667）正月，策论会的部分会员由"万氏兄弟导之以往姚江"。⑦

黄宗羲在历经明清更迭的"天地震荡"⑧之后，以康熙二年（1663）前后陆续撰成《易学象数论》《明夷待访录》为标志，虽满怀家国之痛，但开始了从抗清义士到学坛巨擘的人生转变。按，黄宗羲虽秉父遗命受业于刘宗周，然竟崇祯世，"颇喜为气节斩斩一流，又不免牵缠科举之习，所得尚浅"⑨。直至顺治六年（1649）奉母避居化安山，通过其女婿刘茂林（刘宗周之孙），始得窥蕺山遗著全部，引发思想震撼，"以为其学集有宋以后诸儒之大成"⑩，"胸中窒碍解剥，始知曩日之孤负为不可赎也"⑪。他开始积极表彰师说，并以此作为探讨治乱之原的切入点而登上学坛。

正是得益于万氏兄弟的引介，甬上诸子这次拜访黄宗羲收获甚丰，尤其是

① （清）陈锡嘏：《兼山堂集》卷5《亡友乡进士陈协祁墓志铭》，清康熙二十九年（1690）刻本。
② （清）郑梁：《寒村诗文选·寒村杂录》卷1《横山文集序》，清乾隆二老阁刻本。
③ （清）郑勋：《浩授中宪大夫先寒村公年谱》，康熙二年二十七岁条。
④ 《清史稿》卷108《选举志》，第3167页。
⑤ （清）范光阳：《双云堂文稿》卷4《黄师母叶夫人六十寿序》，清康熙范氏自刻本。
⑥ （清）李邺嗣：《杲堂文钞》卷3《送万季野授经会稽序》。
⑦ （清）陈锡嘏：《兼山堂集》卷4《陈母谢太君六十寿序》。
⑧ （清）吕留良：《吕晚村先生文集》卷5《栎园焚余序》。
⑨ （清）全祖望：《鲒埼亭集》卷11《梨洲先生神道碑文》。
⑩ （清）温睿临：《南疆逸史》卷43《逸士》。
⑪ （清）黄炳垕：《黄宗羲年谱》，康熙七年戊申条，中华书局，1993，第35页。

"始从黄先生所，得读《子刘子遗书》"①，把刘宗周的学说传播到了甬上。这些年轻的甬上学子们认为，"孟子既殁千余年而有宋诸大儒起，后三百年而有阳明子，复百余年而有子刘子。……先生（黄宗羲——引者）抱蕺山之遗书，伏而不出，更二十余年，而乃与吾党二三子重论其学，而子刘子之遗书亦以次渐出，使吾道复显于世"②。在他们看来，能够受业于黄宗羲以接继刘宗周薪火，是对道统的发扬光大，所以愿学以成圣，"以昌明理学为志"③。同年五月，黄宗羲应万氏兄弟在内的甬上诸子之请，到宁波开授蕺山之学，受其影响，"策论之会"更名"证人讲会"。对此，范光阳说："蕺山刘忠正公之学，自吾师姚江黄梨洲先生始传于甬上，其时郡中同志之士十余人皆起而宗之，以为学不讲则不明，于是有证人之会，月必再集，初讲《圣学宗要》，即蕺山所辑《先儒粹言》也。"④之所以以"证人"名会，源于刘宗周崇祯四年（1631）邀陶奭龄共同举办的证人讲会，刘宗周撰《证人会约》，证明人人均有成为圣人的先天条件，圣人所具备的条件不异于人人，"圣者尽乎天者也，天者尽乎人者也。……即人即天，即本体即工夫。证乎证乎，又何以加于此乎？"⑤

甬上证人讲会与刘宗周证人讲会虽在学术上一脉相承，但刘宗周举办证人讲会旨在对抗"援儒入释"以挽救明末颓堕的学风，⑥而甬上证人讲会则凝结着黄宗羲及甬上诸子对明清更迭的理性反思。在历经明清易代的天崩地解之后，黄宗羲于康熙三年（1664）完成《明夷待访录》，借总结历代政治得失来反思明亡原因。康熙六年（1667）九月，黄宗羲借整理其师刘宗周遗书之机，与姜希辙在绍兴重开证人讲会，但其重开"讲会"虽承刘宗周遗脉，却加入自己痛定思痛的深刻感悟。黄宗羲痛批晚明理学空疏误国："奈何今之言心学者，则无事乎读书穷理。……天崩地解，落然无与吾事，犹且说同道异，自附于所谓道学者，岂非逃之者之愈巧乎？"⑦力主救弊补偏、黜虚崇

---

① （清）李邺嗣：《杲堂文续钞》卷2《黄母叶淑人六十寿序》。
② （清）李邺嗣：《杲堂文钞》卷3《黄先生六十寿序》。
③ （清）陈锡嘏：《兼山堂集》卷4《万充宗四十寿序》。
④ （清）范光阳：《双云堂文稿》卷3《张有斯五十寿序》。
⑤ （明）刘宗周：《刘子全书及遗编》卷13《证人会约书后》，京都：中文出版社，1981。
⑥ （清）张廷玉等：《明史》卷255《刘宗周传》。
⑦ （清）黄宗羲：《留别海昌同学序》，《黄宗羲全集》第10册，第645～646页。

实，认为"儒者之学，经纬天地"①，倡导合学问与事功为一的经世致用的实功实学。对此，全祖望总结道："公谓明人讲学，袭语录之糟粕．不以六经为根柢，束书而从事于游谈，故受业者必先穷经。经术所以经世，方不为迂儒之学，故兼令读史。又谓读书不多，无以证斯理之变化，多而不求于心，则为俗学。故凡受公之教者，不堕讲学之流弊。公以濂洛之统，综会诸家：横渠之礼教，康节之数学，东莱之文献，艮斋、止斋之经制，水心之文章，莫不旁推交通，连珠合璧，自来儒林所未有也。"②黄宗羲在绍兴重开证人讲会表彰蕺山之学，但其讲学力戒空谈心性，倡导以经史文献避虚应务，通过明学术以正人心，教人读书成圣，在继承中发展了老师的理念。他的"经术所以经世"的学术主张，喊出清初通经致用的时代呼声，与顾炎武、王夫之、李颙、费密等鸣为同调，共同汇成清初"以经学济理学之穷"的学术发展潮流。

黄宗羲倡导的"经术所以经世"的主张，直接促成甬上讲经会的横空出世，但在浙东学界并非没有质疑之声。对此黄宗羲在《董吴仲墓志铭》中回忆道："先师立证人书院，讲学于越中，至甲申而罢。讲后二十四年为丁未，余与姜定庵复讲会，修《遗书》，括磨斯时之耳目。然越中类不悦学，所见不能出于训诂场屋。而甬上之闻风而兴者，一时多英伟高明之士。吴仲其一也。明年，余至甬上，诸子大会于僧寺，亦遂以'证人'名之，甬上讲学之事，数百年所创见，传相惊怪，吴仲使疑者解颐，辨者折角，而甬士风气为之一变。"③一方面对复兴经学"越中类不悦学，所以不能出于训诂场屋"，甬上也有人"传相惊怪"；但另一方面，甬上诸子作为黄宗羲的门徒却闻风而动，陈赤衷（1627～1687，字夔献）等将证人讲会改为讲经会。"丁未、戊申间，甬上陈夔献创为讲经会，搜故家经学之书，与同志讨论得失。一义未安，迭互蜂起。贾、马、卢、郑，非无纯疵，必使倍害自和而后已。"④在甬上掀起的经学复兴热潮，让明代延续下来的讲学之风为之一变。就甬上证

---

① （清）黄宗羲：《赠编修弇玉吴君墓志铭》，《黄宗羲全集》第10册，第433页。
② （清）全祖望：《梨洲先生神道碑文》，（清）全祖望撰，朱铸禹汇校集注《全祖望集汇校集注》上册，上海古籍出版社，2000，第219页。
③ （清）黄宗羲：《董吴仲墓志铭》，《黄宗羲全集》第10册，第453页。
④ （清）黄宗羲：《陈夔献墓志铭》，《黄宗羲全集》第10册，第453页。

人讲会与讲经会之间的关系，黄宗羲之子黄百家尝言："府君谓学问必以六经为根抵，空腹游谈，终无捞摸，于是甬上有讲经会。"①参加讲经会的李邺嗣亦云："黄先生教人，必先通经，使学者从六艺以闻道，尝曰'人不通经则立身不能为君子，不通经则立言不能为大家。'于是充宗兄弟与里中诸贤共立为讲五经之集。"②还云："既在梨洲黄先生门，得读蕺山遗书，始涣然冰释，为大道不远，惟当返而求诸六经，因与同学范国雯、王文三、仇沧柱、万充宗兄弟及同族同亮、介眉诸子，立为讲经之社。"③可见，讲经会是在证人讲会的基础上发展而来的，就参加人员来看，参加证人讲会的原策论会的会员后来几乎都参加了讲经会，二者在人员上也保持着连贯性。但是二者又有明显差别，证人讲会所讲多是理学书籍，尤以刘宗周著述为主，如《子刘子遗书》《圣学宗要》，此外，还有周敦颐《通书》、张载《西铭》、程颐《定性书》、朱熹《中和说》等。④而讲经会则以讲经为主，亦旁及史学、天文、地理、星历、算数等，"穷搜宋、元来之传注，得百数十家，分头诵习。每月二会，各取所长，以相会通。数年之间，毕《易》《诗》《三礼》。"⑤但讲经不废蕺山之学，"而其究归于蕺山慎独之旨"⑥，蕺山之学依然是必修课。

甬上讲经会后被全祖望称为"甬上证人书院"，盖导源于清初书院讲学犹存明代会讲之风，甬上讲经会与此相类。但与传统书院相比，甬上证人书院没有经济来源，也无严格的规章制度和考课等，甚至也没有固定的讲学场所，曾先后在甬上广济桥高氏祠、延庆寺、陈氏云在楼、黄过堂（张氏宗祠）、陈夔献宅等甬上诸子家中轮流举行。宁波城西万氏白云庄也只是举行会讲的场所之一。但毋庸置疑的是，甬上讲经会在黄宗羲的精心指导下，积聚了浙东一批积极进取的有志之士，通过会讲的方式，不仅培养了大批优秀学术人才，而且为清初浙东学术指明了学术路向。

---

① （清）黄百家：《黄氏续录·失余稿》，清康熙四十二年（1703）刻本。

② （清）李邺嗣：《杲堂文钞》卷3《送万充宗授经西陵序》。

③ （清）李邺嗣：《杲堂文续钞》卷2《陈太母谢太夫人七十寿讌序》；讌为宴的异体字。

④ （清）郑梁：《寒村诗文选·寒村杂录》卷2《竹中精舍记》。

⑤ （清）黄宗羲：《陈夔献五十寿序》，《黄宗羲全集》第10册，第661页。

⑥ （清）全祖望：《大理悔庐陈公神道碑铭》，（清）全祖望撰，朱铸禹汇校集注《全祖望集汇校集注》上册，第295页。

三 黄宗羲的教学方法与甬上讲经会的人才培养

黄宗羲并非甬上讲经会的创建者，但他却是讲经会的学术核心，甬上讲经会存续虽然只有七八年，[①]却成就卓著，人才辈出，与黄宗羲的教育理念及方法、实践密不可分，正是在他的精心教导下，甬上讲经会人文郁起，成为影响巨大的学术重镇。黄宗羲为浙东学派学术奠定了根基，巍然为一代学术宗师。

1. "经术所以经世"的学术使命感

黄宗羲具有很强的使命感，他在反思明清巨变时敏锐发现晚明学术的弊端："奈何今之言心学者，则无事乎读书穷理；言理学者，其所读之书不过经生之章句，其所穷之理不过字义之从违。……天崩地解，落然无与吾事。"[②]为匡弊救世，他高举"儒者之学，经纬天地"[③]的学术大旗，倡导学术与事功合一，由虚返实，将学术重点转向对治乱之源的探究。无论康熙初年撰成的《明夷待访录》，抑或晚年成书的《明儒学案》[④]，无不凝结着他对历史与现实的深刻反思。然而，他的学术反思是通过在儒家传统范式中注入新的时代内涵来实现的，从《答万充宗论格物书》中可窥见一斑：

> 夫心以意为体，意以知为体，知以物为体。意之为心体，知之为意体，易知也；至于物之为知体，则难知矣。家国天下固物也，吾知亦有离于家国天下之时，知不可离，物有时离，如之何物为知体乎？人自形生神发之后，方有此知。此知寄于喜怒哀乐之流行，是即所谓物也。仁义礼智后起之名，故不曰理而曰物。格有通之义。证得此体分明，则四气之流行，诚通诚复，不失其序，依然造化，谓之格物。[⑤]

---

① 康熙十四年（1675）秋，浙江乡试榜发，甬上证人讲会的主要成员陈锡嘏、范光阳、仇兆鳌、万言四人同中正、副榜。此前，张心友、陈非园、董在中业已中举他去。其他"诸未第者，各以事去"。于是，这个坚持了七八年的"讲会"便渐渐停止了。

② （清）黄宗羲：《留别海昌同学序》，《黄宗羲全集》第10册，第645～646页。

③ （清）黄宗羲：《赠编修弁玉吴君墓志铭》，《黄宗羲全集》第10册，第433页。

④ 业师陈祖武对《明儒学案》成书时间做了条分缕析，精卓判断；参见陈祖武《清初学术思辨录》，中国社会科学出版社，1992，第114～123页。

⑤ （清）黄宗羲：《答万充宗论格物书》，《黄宗羲全集》第10册，第201～202页。

"格物致知"作为儒家认识论、方法论的基础性范畴，是儒者实现儒家理想人格的为学之始。黄宗羲在这里的格物却将"家国天下""仁义礼智"作为格物的对象，与宋明以来逐渐形的成朱子外向求索和阳明内向寻求的泾渭分明的两条格致途径迥异。黄宗羲所格之物既不是朱子的外在于人的客观之物，也不是阳明心体良知的主观之物，而是家国天下的治乱秩序、仁义礼智的社会法则。因此，他得出儒家的使命就是"儒者之学，经纬天地"，并判学术与事功并非二途。

黄宗羲认为要实现"儒者之学，经纬天地"的目标，就应以经学为根底进行格物致知，"通经以致用"，才能培养能"立功建业"和"经纬地天"的治国之才。这就为甬上诸子指明了宏大的学习目标，依此指出其学习的使命感。本来明清鼎革的巨大震荡已经给这些学子探究治乱之源提供外在的问学动力，而"经纬天地"的使命感成为他们学习的航标后，更是激发他们学习的内驱力。穷经以经世，力学以致知，甬上讲经会尽管没有经济来源和固定场所，也无严格的规章制度和考课等，但能积聚了一批积极进取的有志之士，促使他们带着使命感在问学之路上孜孜以求。

2."一本万殊""以理会通"的读书法

黄宗羲认为"通经以致用"是实现儒者"经纬天地"目标的关键。通经要会通以理，他说："夫穷经者，穷其理也。世人之穷经，守一先生之言，未尝会通之以理，则所穷者，一先生之言耳。"① 黄宗羲认为理为"六经"的根本，穷经重在穷理。那又如何穷理呢？他在《明儒学案序》指出："盈天地皆心也，变化不测，不能不万殊。心无本体，功力所至，即其本体。故穷理者，穷此心之万殊，非穷万物之万殊也。"② 后又将其改写为："盈天地皆心也，人与天地万物为一体，故穷天地万物之理。即在吾心之中。"③ 人心与万物为一体，理在心中，心为天地万物之理的载体。但心是变化莫测的，人们的思想见解不尽相同，百虑殊途，心在变化中体现为"万殊"的不同形式，他在《明儒学案·发凡》中将此概括为"一本万殊"："学问之道，以各人自

---

① （清）黄宗羲：《明儒学案》卷52《诸儒学案中六》，《黄宗羲全集》第8册，第545页。
② （清）黄宗羲：《明儒学案序》，《黄宗羲全集》第10册，第77页。
③ （清）黄宗羲：《明儒学案序·改本》，《黄宗羲全集》第10册，第79页。

用得着者为真。凡倚门傍户，依样葫芦者，非流俗之士，则经生之业也。此编所列，有一偏之见，有相反之论，学者于其不同处，正宜着眼理会，所谓一本而万殊也。以水济水，岂是学问！"①

黄宗羲基于"一本万殊"，特别强调读书在为学中的重要性。在他看来，"一本"即理，理在心中，散殊于百家，学问是一个"以理会通"的网络，穷理就是通过"殊途百虑"的阅读，进入这个学问的关系网中，获得"一本"的学术思想。鉴于"心无本体，功力所至，即其本体"，"心之万殊"实为"功力之万殊"，所以通经致用就是求学者在经百家之学通往道的过程，"盖道非一家之私，圣贤之血路，散殊于百家，求之愈艰，则得之愈真。虽其得之有至有不至，要不可谓无与于道者也"②。"功力"到了理在心中；"功力"不到理在"功力"中。于是，博览群书便成为黄宗羲为学"功力"的重要法门。要想成为圣人，最基本的路径便是读书，从而匡正晚明以来束书不观、高谈性命的学术风尚。

黄宗羲指出"读书不多无以证斯理之变化"③，强调"学必原本于经术而后不为蹈虚，必证明于史籍而后足以应务。元元本本，可据可依"④。他以身作则，博览群书，黄百家在《续钞堂藏书自序》中指出："家大人抱负内圣外王之学，不获出而康济斯民，身心性命一托于残编断简之中，故颠发种种，寒以当裘，饥以当食，忘忧而忘寐者，惟赖是书耳，是是书之富而道之穷也。"⑤这也影响到他在甬上讲经会上的教学之法，其弟子陈汝咸即言："梨洲黄子之教人，颇泛溢诸家，然其意在乎博学详说，以集其成。"⑥黄宗羲很重视读经，认为"六经"乃载道之书，"人不通经，则立身不能为君子；不通，则立言不能为大家"⑦。他也倡导读史，认为"夫二十一史所载，凡

① （清）黄宗羲：《明儒学案·发凡》，《黄宗羲全集》第7册，第6页。

② （清）黄宗羲：《朝议大夫奉敕提督山东学政布政司右参议兼按察司金事清溪钱先生墓志铭》，《黄宗羲全集》第10册，第351页。

③ （清）全祖望：《梨洲先生神道碑文》，（清）全祖望撰，朱铸禹汇校集注《全祖望集汇校集注》上册，第219页。

④ （清）全祖望：《甬上证人书院记》，（清）全祖望撰，朱铸禹汇校集注《全祖望集汇校集注》中册，第1059页。

⑤ （清）黄百家：《学箕初稿》卷1《续钞堂藏书自序》，《〈四部丛刊〉初编》本。

⑥ （清）全祖望：《大理悔庐陈公神道碑铭》，（清）全祖望撰，朱铸禹汇校集注《全祖望集汇校集注》上册，第295页。

⑦ （清）李邺嗣：《杲堂文钞》卷3《送万充宗授经西陵序》。

经世之业亦无不备矣"①。除经学、史学而外，他还讲授文学，"公以濂、洛之统综会诸家，横渠之礼教，康节之数学，东莱之文献，艮斋、止斋之经制，水心之文章，莫不旁推交通，连珠合璧，自来儒林所未有也。"②认为只有博览群书，在此基础上分析思考，才能通经明理、学以致用。

因肇于此，甬上讲经会"每讲一经，必尽搜郡中藏书之家先儒注说数十种，参伍而观，以自然的当不可移易者为主，而又积思自悟，发先儒未发者，常十之二三焉。"③他们每讲一经都广泛搜罗各种注疏以读之的读书方法，与明末视"六经"为糠粃，"束书不观、游谈无根"，"乃以语录为究竟，仅附答问一二条于伊洛门下，便厕儒者之列，假其名以欺世"④的学风迥异。这培养出甬上诸子严谨的治学学风。

黄宗羲不仅提出要博览群书，而且还强调要掌握读书之法，才能从"万殊"中求"一本"。首先，他主张读书要努力把握各家宗旨，方得各派思想要领，抓不住宗旨就难以抓住各派思想之精华。所以在《明儒学案·发凡》中他指出："大凡学有宗旨，是其人之得力处，亦是学者之入门处。……学者而不能得其人之宗旨，即读其书，亦犹张骞初至大夏，不能得月氏要领也。"⑤其次，黄宗羲主张读书要会通。在他看来，"五经"是一个整体，必须把它们作为一个整体来研读，不能孤立来看，更不能断章取义，通诸经才能通一经。正是在他的教导下，万斯大才提出"非通诸经，不能通一经；非悟传注之失，则不能通诸经；非以经释经，则亦无由悟传注之失"的礼学研究方法。在研究《礼记》时，他"首取《戴记》诸篇相对，次取《仪礼》与《戴记》对，次取《易》、《书》、《诗》、《春秋》，及《左》、《国》、《公》、《谷》与二《礼》对，见其血脉贯通，帝王制度约略可考，用因所得，窃著于篇"⑥。侯外庐先生对此称许道："斯大的治经方法，实开后来专门汉学的

---

① （清）黄宗羲：《补历代史表序》，《黄宗羲全集》第10册，第81页。
② （清）全祖望：《梨洲先生神道碑文》，（清）全祖望撰，朱铸禹汇校集注《全祖望集汇校集注》上册，第220页。
③ （清）黄宗羲：《陈夔献偶刻诗文序》，《黄宗羲全集》第10册，第29页。
④ （清）黄宗羲：《赠编修弁玉吴君墓志铭》，《黄宗羲全集》第10册，第421页。
⑤ （清）黄宗羲：《明儒学案·发凡》，《黄宗羲全集》第7册，第5页。
⑥ （清）万斯大：《学礼质疑》卷首《自序》。

方法论的先河。"①最后,黄宗羲认为学问贵在"自用得着","学必于广大之中求精微"。他认为博览群书固然重要,但"学问之道,以各人自用得着为真"②,要将散殊于百家的知识为我所用,就必须对所读之书进行批判思考,"小疑则小悟,大疑则大悟,不疑则不悟"③,在博学而后审问、慎思、明辨中才能发前人之未发,否则"凡依门傍户,依样葫芦者,非流俗之士,则经生之业也。"而且他特别强调读书中要留意散殊于百家中的观点,认为"学者于其不同处,正宜着眼理会,所谓一本而万殊也"。④只有由博转约,融会贯通,才能找到各学说之间有着相互贯通之处,"于广大之中求精微",实现"穷一经,综万事,汇众说,质一心"⑤。

好读书、读好书、会读书是一项重要的学术品质,得益于黄宗羲的这种高水平的读书法,甬上讲经会才能硕儒辈出,成为浙东学术重镇。

3.质疑辩难的合作学习法

《礼记·学记》云:"独学而无友,则孤陋而寡闻。"对学问的理解与批判源于对话和交流,没有师生、同学之间的"辩难"切磋,仅靠个人见解不无局限,因此构建一个以对话、交流、协作等为特征的协作学习团队,能够有效提升对问题的理解能力、对知识的掌握运用能力和对学术的研究能力。从学习共同体的视角来看甬上讲经会,便不难发现其成功培养一批人才的奥妙。

首先,讲经会诸子在学习任务上有所分工。一方面,甬上讲经会拥有"于书无所不通,而解经尤能辟前辈传注之讹"⑥的学术大师黄宗羲这位导师,他对甬上诸子进行传道授业解惑,不仅能当面接受请教,"黄先生时至甬上,则从执经而问焉"⑦,而且还通过书信解答诸子的学术问题,黄宗羲文集中就收录了大量解答讲经会弟子们学术疑问的书信。另一方面,甬上诸子结合个

① 侯外庐:《中国思想通史》第5卷,人民出版社,2011,第364页。
② (清)黄宗羲:《明儒学案·发凡》,《黄宗羲全集》第7册,第6页。
③ (清)黄宗羲:《答董吴仲论学书》,《黄宗羲全集》第10册,第147页。
④ (清)黄宗羲:《明儒学案·发凡》,《黄宗羲全集》第7册,第6页。
⑤ (清)郑梁:《寒村诗文选·五丁集》卷1《环村诗文偶刻序》。
⑥ (清)全祖望:《跋黄梨洲孟子解》,(清)全祖望撰,朱铸禹汇校集注《全祖望集汇校集注》中册,第1280页。
⑦ (清)李邺嗣:《杲堂文钞》卷3《送万充宗授经西陵序》。

人意愿和特长，依据黄宗羲"一本而万殊"学术思想，有明确的学术分工：二陈（陈赤衷、陈锡嘏）是"讲会"的组织者，三万（万斯选、万斯大和万斯同）和二董（董允瑶、董允璘）是学术骨干。①他们根据个人兴趣、意愿和学术专长，从不同角度继承黄宗羲多才博学体大精神的学问，对自己感兴趣的学术领域做湛深的研究，如万斯同的由经入史，万斯大的礼学，万斯选、董允璘之蕺山绝学，李邺嗣、郑梁之诗文，陈汝咸之星纬律历，等等。由于这些研究领域皆是甬上诸子的个人自主选择，每个人都能依据个性获得自由发展，所以浙东学派才能群星璀璨和成就卓异。

其次，甬上讲经会有严格的合乎学术发展的会讲流程。讲经会采取"先从黄先生所受说经诸书，各研其义，然后集讲，黄先生时至甬上，则从执经而问焉"②的流程。讲经的方法是按"五经"次序依次讲解，"每讲一经，必尽搜郡中藏书之家先儒注说数十种，参伍而观，以自然的当不可移易者为主，而又积思自悟，发先儒之所未发者，常十之二三焉。"③为了搜集古今注疏，甬上诸子煞费苦心，如万斯同为搜集资料，"从里中大家借得异本，数童子往来道中"④。范光燮艰难地叩开"照例不许外人登阁"的范氏天一阁。⑤在"穷搜宋、元来之传注，得百数十家"⑥的基础上，全体会友各研其义，他们不以官方钦定的注解为圭臬，而是将"先儒注说数十种，参伍而观，以自然的当不可移易者为主，而又积思自悟。"如万斯大"每读一经，辄尽集古今先儒诸说经家，间有得自梨洲黄先生，多世所未传，充宗录其言尤精者，率蚊脚细书，岁积至十余卷"⑦。其系列经学著作如《学礼质疑》、《周官辨非》、《仪礼商》、《礼记偶笺》和《学春秋随笔》，皆受益于讲经会这种学术训练。

最后，甬上讲经会有质疑辩难的合作探索。一方面，参与讲经会的甬上诸子志同道合，有明确的使命感和学习目标，彼此坦诚信任、互相帮助，对

① 方祖猷：《万斯同评传》，第33页。
② （清）李邺嗣：《杲堂文钞》卷3《送万充宗授经西陵序》。
③ （清）黄宗羲：《陈夔献偶刻诗文序》，《黄宗羲全集》第10册，第29页。
④ （清）李邺嗣：《杲堂文钞续钞》卷3《送万充宗季野北上序》。
⑤ 骆兆平：《天一阁丛谈》，中华书局，1993，第15、81页。
⑥ （清）黄宗羲：《陈夔献五十寿序》，《黄宗羲全集》第10册，第661页。
⑦ （清）李邺嗣：《杲堂文钞》卷1《历代史表序》，《四库全书存目丛书》集部第235册，齐鲁书社，1997，第513页。

会讲投入甚深，讲经会有效促进了会讲诸友的学问精进，提升了整个学术团体的成才率；另一方面，会讲中的质疑辩难给诸子提供了合作学习探索的平台，对此，李邺嗣在《送范国雯北行序》一文中做了详尽记载："里中诸贤倡为讲五经之会，一月再集。先期于某家，是日晨而往，抠衣登堂，各执经以次造席。先取所讲覆诵毕，司讲者抗首而论，坐上各取诸家同异相辩折，务择所安。日午进食羹二器，不设酒，饭毕续讲所乙处，尽日乃罢。"① "讲会"开始前大家会把当天所要讨论的内容诵读一遍，接着由司讲者就该论题发表意见，阐述观点，随后与会者就该论题展开讨论和争辩，各抒己见。黄宗羲提倡学贵自得、独立思考，注重集体讨论、质疑辩论，他说："各人自用得着的，方是学问。寻行数墨，以附会一先生之言，则圣经贤传皆是糊心之具。"② 认为"若无所发明，纂集旧书，且是非谬乱者，如今日赵宦光《说文长笺》、刘振《识大编》之类，部帙虽繁，却其书而谴之。"③ 他主张学习中必须有怀疑精神，没有怀疑则没有自己独立的思考，"彼泛然而轻信之者，非能信也，乃是不能疑也"④。只有认真读书才能发现疑问，只有通过质疑辩难才能解决疑问，使学有精进。再以万斯大为例，在会讲三《礼》时，甬上诸子广泛搜集前人注疏，参照黄震、吴澄以及郝敬之书并发表自己观点，遇到自己生平未有涉及以及不明白的经文则相互辩论。这种同侪间的质疑辩论，激发出新的思维火花，产生新观点、新知识与新方法。而万斯大则将其辩论之言全部记录，先分条记录前人所说之长，后将辩论中补充前人不足的观点一一记录。⑤ 正是凭借自己在讲经会做的丰富的学术积累，万斯大完成《学礼质疑》的撰著，奠定其在清代学术史上的重要地位，被老师黄宗羲褒奖："吾兄经术，茧丝牛毛，用心如此，不仅当今无与绝尘，即在先儒亦岂易得？"⑥ 顾炎武于康熙十八年（1679）在给陈锡嘏的信中，也对《学礼质疑》十分推崇："所示万君《学礼质疑》二卷，疏雍释滞，诚近代所未见，

① （清）李邺嗣《杲堂文钞》卷3《送范国雯北行序》。
② （清）黄宗羲：《陈叔大四书述序》，《黄宗羲全集》第10册，第44页。
③ （清）黄宗羲：《明夷待访录》，《黄宗羲全集》第1册，第19页。
④ （清）黄宗羲：《答董吴仲论学书》，《黄宗羲全集》第10册，第141页。
⑤ （清）李邺嗣：《杲堂文钞》卷3《送万充宗授经西陵序》。
⑥ （清）黄宗羲：《答万充宗质疑书》，《黄宗羲全集》第10册，第193页。

读之神往，知浙东有人……至二卷宗法、昭穆诸论，真足羽翼经传，垂之千古。"①

结　论

1931年梅贻琦先生在就职清华大学校长时云："所谓大学者，非谓有大楼之谓也，有大师之谓也。"②大师不仅以人格魅力润育学生心灵，而且还以学术造诣开启弟子的智慧之门。黄宗羲就是这样难得的大师。他在经历明清鼎革后，致力于对历代治乱的探讨，标举"经术所以经世"的学术旗帜，在甬上讲经会中通过言传身教，不仅培养出一批学有专攻的学界翘楚，而且还形塑了清初浙东的学术风尚，成为一代学术宗师。其教育思想及实践，对当今学术人才的培养也不无启发借鉴意义。

余生也晚，对黄宗羲只能高山仰止，但有幸在自己为学之路上遇到与黄宗羲同样风范的陈祖武先生。承蒙先生不弃，忝列门墙，问学陈门。先生以"博学于文，行己有耻"自励，把老老实实做人，认认真真读书，踏踏实实做事统一起来，淡泊名利，春风化雨，润物无声，先生的言传身教已经渗透到笔者的骨子和血液里，积淀为激励笔者自强不息的文化基因。今岁欣逢先生朝枝之年，谨撰小文以为寿：乐只君子，德音是茂，为先生咏矣。

---

① （清）顾炎武：《蒋山佣残稿》卷3《与陈介眉》，（清）顾炎武著，华忱之点校《顾亭林诗文集》，中华书局，1983，第211页。

② 刘述礼、黄延复：《梅贻琦教育论著选》，人民教育出版社，1993，第18页。

潘平格《求仁录》探析

——兼论清初理学思辨潮流的学术史演进

李立民

陈祖武先生在《清初学术思辨录》中揭示了清初学术发展的一个重要特征："明清之际，理学作为一种理论形态，已经趋于没落。社会的大动荡和学术发展的内在逻辑，客观地提出了对理学进行批判和总结的历史课题。"[①] 清初学术界对理学的思辨，俨然成为一股学术潮流。笔者受到陈先生的启发，以潘平格的个案为中心，考察了其在这一学术思潮中所扮演的角色；在此基础上，探讨了清初理学思辨潮流的历史特点及其学术史影响。疏漏之处，敬祈方家裁察。

一 潘平格与清初理学的思辨风气

明朝立国后，确立了以程朱理学为指导的学术形态。自明中叶开始，程朱理学日趋僵化。自陈献章开始，治学旨归逐渐走出了"居敬穷理"，已带有鲜明的心学色彩。王守仁在此基础上，形成了以良知、致良知为要领的心学体系，引领了明中叶以降的学术风气。但王学子弟对其师说的发挥，至晚明开始出现了一大流弊，即多掺杂佛老之说。面对理学"高谈性命，直入禅障"的流弊，清初学者展开了对理学的反思。较早引领这一学术风气的，是浙东学者潘平格。

潘平格（1610～1677），字用微，浙江宁波府慈溪县文溪人。其祖父是

---

① 陈祖武：《清初学术思辨录》，中国社会科学出版社，1992，第291页。

北宋开国名将潘美之弟，始定居于宁波。潘平格孩童时期就表现出与众不同的性格特征，"自幼不喜嬉戏，不屑与凡儿近，木然若无知者"①。祖父辞世后，侍奉祖母，以孝闻名乡里。十五岁时，就尝以忠孝节义自励，仰慕豪杰而心向往之。十七岁以后，由侠义转而向儒，立志从事圣贤之学，并以孔孟之学为治学旨归，"深恐世俗纠缠，埋没本性，每思入山学道"②。明末浙东地区以提倡王学的蕺山学派势力最显，然潘平格却特立独行，专门从事程朱之学，"乡里友朋辄迁之"③。对程朱之学经过五年学习后，潘平格治学倾向又发生了三次重要的转向：先从程朱之学转向了王罗心学；继之从王罗心学转向了老庄之学；最后于禅学用功两年有余。对于潘平格治学倾向的转移，素来仰慕潘氏之学的毛文强曰："因念程、朱、王、罗之学既不合于孔、孟，而二氏之学益不合于孔、孟，竭力参求，惭痛交迫者四十日如一日，而亲证浑然天地万物一体。当下知孔、曾一贯之道，当下知佛、老之异于孔、孟，当下知程、朱、王、罗之旨皆不合于孔、孟。"④在潘平格看来，当时的各家学派的学术宗旨，均不能揭示孔、孟圣学的要义，这是他摒弃理学、老庄及佛学的最根本原因。由此，他开始了通过自我专研以寻求孔孟之道的治学路径。

潘平格以探求孔孟之道为治学旨归，将学术评判的矛头指向了当时流弊甚深的理学。潘氏对宋明以来诸名儒进行恣意诋毁，认为周敦颐、二程兄弟、张载、朱熹、陆九渊、王守仁，"皆丧其良心"⑤；指斥他们的学术"皆杂佛老，无一真儒"⑥。程朱之学有以心属气者，潘氏指其本乎老庄之学；陆王之学认虚灵为知觉，潘氏论其本乎佛释。⑦对于明代王守仁的心学，潘氏认为："阳明之学，觉无担当天下之力。其门人多喜山林，无栖皇为世之

---

① （清）毛文强：《潘先生传》，（清）潘平格撰，锺哲点校《潘子求仁录辑要》卷首，中华书局，2009，第4页。
② （清）毛文强：《潘先生传》，（清）潘平格撰，锺哲点校《潘子求仁录辑要》卷首，第4页。
③ （清）毛文强：《潘先生传》，（清）潘平格撰，锺哲点校《潘子求仁录辑要》卷首，第4页。
④ （清）毛文强：《潘先生传》，（清）潘平格撰，锺哲点校《潘子求仁录辑要》卷首，第4页。
⑤ （清）归庄：《归庄集》卷5《与吴修龄书》，上海古籍出版社，2010，第334页。
⑥ （清）归庄：《归庄集》卷10《叙过》，第501页。
⑦ （清）黄宗羲：《南雷文案》卷3《与友人论学书》，《清代诗文集汇编》第32册，上海古籍出版社，2010，第441页。

心。"①后世理学中有程朱、陆王之辨，潘氏亦不以为然："程朱之学据性理以诋陆王，是以老攻佛；为陆王之学者，据灵知以诋程朱，是以佛攻老。自周、程、朱、陆、杨、陈、王、罗之说渐染斯民之耳目，而后圣学失传。"②甚至，他将孔庙两庑先儒皆诋为"一群僧道"。③

潘平格对宋明理学的批判，可归结为"陆释朱老"。这一观点，在当时的学术界，非无同调。早在明嘉靖年间，陈建著《学蔀通辨》一书，"采辑群书，编次年月，俾学者晓然知陆之为禅，朱之为正学，而纷纷聚讼者始定，其有功于世道人心不浅矣"④。此后，吕留良亦曾指斥陆学为"狐禅"⑤。陆陇其也极力将王学排拒于儒家之外，直指王学为禅学："阳明以禅之实而托于儒，其流害固不可胜言矣。然其所以为禅者如之何？曰明乎心性之辨，则知禅矣；知禅，则知阳明矣。"⑥明清之际黄宗炎著《图书辨惑》一卷，将陈抟所谓之图、书者，视为"道家养生之术"，称周敦颐的《太极图说》"杂以仙真说，冒以《易》道"；朱熹据周敦颐之说而分析之，"更流于释"；嗣后，朱彝尊之《经义考》、毛奇龄之《太极图说遗议》与黄宗炎若合符节。⑦潘氏之学在江浙地区流播开来后，当时享誉士林的归庄，便曾仰慕潘氏之学。初与潘平格"以朋友交"，不到一月，竟"北面称弟子"。⑧万斯同初闻潘氏之学，"往诘其说"，经过二人辩论后，万氏开始信服潘氏之学，称其"有据"⑨，并将其学介绍给了同门师弟毛文强。毛文强"信之益笃"，还向潘氏弟子颜长文家索求潘氏的著述，"集先生之书，学先生之学"，又写为副本，"携入都门，冀得一二有志之士，共明先生之道"。⑩慈溪望族郑梁、郑性父

---

① （清）黄宗羲：《南雷文案》卷3《与友人论学书》，《清代诗文集汇编》第32册，第440页。

② （清）黄宗羲：《南雷文案》卷3《与友人论学书》，《清代诗文集汇编》第32册，第441页。

③ （清）归庄：《归庄集》卷5《与吴修龄书》，第334页。

④ （清）顾天挺：《学蔀通辨序》，（明）陈建撰《学蔀通辨》，商务印书馆，1936，第1页。

⑤ （清）吕留良著，徐正等点校《吕留良诗文集》卷1《复高汇旃书》，浙江古籍出版社，2011，第16页。

⑥ （清）陆陇其：《三鱼堂文集》卷2《杂著·学术辨中》，《清代诗文集汇编》第117册，第337页。

⑦ 《钦定四库全书总目》卷6《周易象辞》条提要，中华书局，1996，第56页。

⑧ （清）归庄：《归庄集》卷5《与潘用微先生书》，第331页。

⑨ （清）李塨：《恕谷后集》卷6《万季野小传》，中华书局，1985影印本。

⑩ （清）毛文强：《潘先生传》，（清）潘平格撰，锺哲点校《潘子求仁录辑要》卷首，第5页。

子，亦对潘氏之学赞赏有加。郑梁称潘氏之学"甚贯穿"，郑性读《求仁录》后亦曰："儒门之有潘子，犹释氏之有观音也。"①郑性还曾与浙东名流全祖望一同讨论潘氏之学，郑性赞潘氏于儒门能够"别具只眼"，并肯定潘氏治学功夫，"苦心如此人者，正自不可泯灭"②。由此可见，潘平格对宋明诸儒的放言排斥，反映了清初学术界存在一股以理学为批判对象的思辨潮流。

二　以仁释理：《求仁录》中的学术逻辑

潘平格著有《求仁录》10卷、《著道录》10卷、《四书发明》6卷、《孝经发明》2卷、《辨二氏之学》2卷、《契圣录》5卷。潘氏病危之际，将其一生所著尽传于弟子颜长文。今所存者，唯《求仁录》10卷，《四库全书总目》曰："其立说大纲，总以吾性浑然天地万物一体为求仁之宰。"③该书揭示了潘氏治学的主要宗旨，体现了其对明清之际理学思辨的新探索。

潘平格自诩为"孔孟正派"④，他将"仁"视作孔孟圣学的核心要义所在。"仁"在《论语》中出现了一百余次，历代学者都将孔子所谓的"仁"，理解为一种普遍的道德理性，即所谓的"仁者爱人"也。潘平格则从人性的角度，对孔子的"仁"进行了概括："孔门之学，以求仁为宗。仁，人性也。求仁，所以复性也。"⑤孟子发展了孔子的仁学思想，将"仁"赋予了心学意义，指出了"仁"所具有"本心自然"的属性。潘氏认同孟子对"仁"的解释，进而又将孟子的"放心"归入"求仁"的范畴。其曰："不仁即放心，求其放心者，求仁也。"⑥这样，"仁"就成为贯穿孔孟之学的思想核心，"孔孟之学，求仁而已矣"⑦。潘平格在继承孔孟仁学思想的基础上，进而提

---

① （清）郑性：《潘子求仁录辑要序》，（清）潘平格撰，锺哲点校《潘子求仁录辑要》卷首，第3页。

② （清）全祖望：《五岳游人穿中柱文》，（清）全祖望撰，朱铸禹校《全祖望集汇校集注》，上海古籍出版社，2000，第376页。

③ 《钦定四库全书总目》卷96《求仁录》条提要，第1271页。

④ （清）归庄：《归庄集》卷10《叙过》，第501页。

⑤ （清）潘平格撰，锺哲点校《潘子求仁录辑要》卷1《辨清学脉上》，第1页。

⑥ （清）潘平格撰，锺哲点校《潘子求仁录辑要》卷1《辨清学脉上》，第1页。

⑦ （清）潘平格撰，锺哲点校《潘子求仁录辑要》卷1《辨清学脉上》，第1页。

出了对"仁"的新理解。其曰:"仁也者,浑然天地万物一体,而充周于未发,条理于发见,吾人日用平常之事也。"①将"求仁"视作天地万物的共性,扩充了"仁"的概念范畴;同时,又将"仁"在理性思辨外,赋予了"人伦日常"的新属性。潘平格对"求仁"的学术创获,提升了孔孟仁学的思想内涵。

然而,在现实社会中,人们并不能完全做到"浑然天地万物一体"。有父子、兄弟之间,或分你我、生嫌隙,甚至互相构怨者。在亲族、邻里之间,也有较利害、争胜负者。友朋交往之中,争名夺利者亦时常有之。在潘平格看来,这些都是因为"习见"掩盖了人所固有的"浑然天地万物一体"的真性。人们不能够将孟子的"四端"说扩而充之,"于是有我之私与习俱长,不胜其纷扰矣"②。潘平格认为,日常的习惯能够昧性,却不能灭性。故而,欲使人具有"浑然天地万物一体"之真性,就要祛除自我的"习",重新认识"性",进而须讲求"复性"之学。潘平格在"性"之外,又建构了"才""情(心)"两个概念。孟子所谓的"恻隐""羞恶""辞让""是非"之"四端"之心,被潘氏称作"情";"四端"所指代的仁、义、礼、智才是"性";此"四端","直达而不诎"就是才。"才"是不学而能,不虑而知的良知良能。但是,现实中人多有不尽其才者,"才本可以恩及百姓,乃不忍觳觫而止;才本可以保四海,乃乍见恻隐而止"③。所以,"复性"的前提是"尽才"。潘氏曰:"凡有四端于我者,知皆扩而充之矣,是谓能尽其才。能尽其才,则尽心矣。尽其心者,知其性也。故曰:欲知性,必由于扩充四端也。"④

"复性"之外,还须辅以立万物一体之志。如何树立万物一体之志,潘平格将《大学》中的"欲明明德于天下"视作"乃吾性浑然一体之真欲"。潘氏曰:"吾儒之学,修身、齐家、治国、平天下之大学也……是故立志明明德于天下,乃其入道之根基;格通人我,乃其入道之途路。学大则立志大,功夫大。"⑤由此,他还对《大学》中的"致知在格物"做了新的注解。

---

① (清)潘平格撰,锺哲点校《潘子求仁录辑要》卷1《辨清学脉上》,第1页。
② (清)潘平格撰,锺哲点校《潘子求仁录辑要》卷1《辨清学脉上》,第2页。
③ (清)潘平格撰,锺哲点校《潘子求仁录辑要》卷1《辨清学脉上》,第4页。
④ (清)潘平格撰,锺哲点校《潘子求仁录辑要》卷1《辨清学脉上》,第4页。
⑤ (清)潘平格撰,锺哲点校《潘子求仁录辑要》卷9《笃志力行上》,第221页。

此前宋明理学家往往将"格物"或解为"穷理"，或解为"悬空"，潘氏认为皆不得要领，"自格物之学不明，而求仁之法亡矣。求仁之法亡，而圣学亡矣"①。为此，潘氏首先对"格物"的概念做了解释。潘氏认为：格者，即通也；物者，有本末之分。物之本，乃身也；物之末，乃家、国、天下也。因此，所谓格物，实际上就是"格通身、家、国、天下也"②。由格物而致知。对"知"的理解，潘氏从王守仁的心学中得到启发，认为："知即良知，所谓爱亲敬长，不忍觳觫，乍见恻隐，时常发见于日用之间者是也。"③知至而后，意则诚，"意之存于中者无伪，运于事者必慊，无自欺可知"④。知至、诚意而后，"心复起浑然寂静周流四达之体"⑤。至此，完成了个人的修身过程。而后，再经过《大学》中的齐家、治国，最终实现"上下四旁，均齐方正，而天下太平"⑥的社会价值。在这期间，"格物"起到了关键性的作用："所以一格物，而致知、诚意、正心、修身、齐家、治国、平天下无不赅括也与。"⑦

潘平格以"浑然天地万物一体"为求仁的旨归，其对宋明理学的批判，实质上是返归孔、孟，重新构建"以仁释理"的新学术体系。但是，潘氏虽然持论甚高，而学识稍显不足："圣门大旨，惟尊德性、道问学二途。平格一概弃置，别辟门径，则所云证孔、孟之学者，亦仍流入禅宗而已。"⑧潘氏之学在江浙流播开来后，在士林之中引发争议，也就在所难免。

三 有关潘平格的学术争辩

康熙初年，潘氏之学在苏州流传期间，就遭遇了许多争议。时苏州名儒归庄对潘氏甚为敬奉，甚至有拜潘氏为师之举。面对这些争议，归庄"外弥

---

① （清）潘平格撰，锺哲点校《潘子求仁录辑要》卷1《辨清学脉上》，第12页。
② （清）潘平格撰，锺哲点校《潘子求仁录辑要》卷1《辨清学脉上》，第3页。
③ （清）潘平格撰，锺哲点校《潘子求仁录辑要》卷1《辨清学脉上》，第2页。
④ （清）潘平格撰，锺哲点校《潘子求仁录辑要》卷1《辨清学脉上》，第3页。
⑤ （清）潘平格撰，锺哲点校《潘子求仁录辑要》卷1《辨清学脉上》，第3页。
⑥ （清）潘平格撰，锺哲点校《潘子求仁录辑要》卷1《辨清学脉上》，第3页。
⑦ （清）潘平格撰，锺哲点校《潘子求仁录辑要》卷1《辨清学脉上》，第19页。
⑧ 《钦定四库全书总目》卷96《求仁录》条提要，第1271页。

先生之谤，内规先生之失，一片苦心，出于至诚"①。然而，未及半岁，归庄便以潘氏"徒逞笔端，全无实学"②为由，自悔拜师之鲁莽，又与潘氏"复为朋友"，并转而开始质疑潘氏之学，主要表现在两件事上。其一，母丧竟不思祭。潘氏著有《孝经发明》一书，每向人讲授《孝经》之大义。然其母丧，潘氏不祭，在归庄劝诫下，才强而复祭，却又多失祭祀礼法。归庄质疑道："天下有此终日言孝，发明《孝经》之人乎？即此一事，悖道失礼，有村夫、田父之所不为者；而犹讲道论学，居然自谓上继孟子，其无耻丧心如此！"③其二，出妻乱法。潘氏自矜为孔氏家法，然而潘氏长子曾向归庄痛诉其出妻之事，"但不知孔子、子思曾日夜鞭挞其妻，遍体流血，逼之招承淫行否？"④由此，归庄斥潘氏"毫无实学，专务夸诩"⑤的小人。

如果说归庄仅是对潘平格学行的质疑，那么，此后浙东名儒黄宗羲对潘氏的批判，就已然触及了潘氏治学的根本。黄宗羲首先指出潘氏学术逻辑上受到了朱子学的影响。潘平格认为：欲明天下万物一体之学，当发愤立明德于天下之志；其功夫在格通身、家、国、天下之物，以至触物一体之知；此即是复于性善，故不应当舍家、国、天下而空言之。潘氏的这一明本体以"复性"之说，在黄宗羲看来，"此数言亦从朱《注》中'本体之明则有未尝息者，故学者当因其所发而遂明之，以复其初'脱换出来"；进而又质疑了潘氏以天地万物一体为求仁"复性"的学术观点。黄宗羲认为，潘氏偷换了"性"的概念："夫性固浑然天地万物一体，而言性者必以善言性，决不以浑然天地万物一体言性。"潘氏以扩充孟子的"四端"为复天下万物一体之善性，若以"恻隐""辞让"言一体可以，但"羞恶""是非"则一体未能尽括，"则性于四端有所概，有所不概矣"。且潘氏以触物而"浑然天地万物一体"作为性之良知，但《大学》所谓"知"，并不因是否触物而得有无，"今于知之上，既赘以浑然天地万物一体之名，而于致之时，又必待夫触物而动之顷，是岂《大学》之指耶？"再者，潘氏认为，致天地万物一体之知，须

---

① （清）归庄：《归庄集》卷5《与潘用微先生书》，第331页。
② （清）归庄：《归庄集》卷10《叙过》，第501页。
③ （清）归庄：《归庄集》卷5《与吴修龄书》，第334页。
④ （清）归庄：《归庄集》卷5《与吴修龄书》，第334页。
⑤ （清）归庄：《归庄集》卷5《与吴修龄书》，第333页。

从家、国、天下见在事上入手，不可悬空致我一体之知。黄宗羲指出，这一观点与《中庸》的"喜怒哀乐未发之谓中"，以及《孟子》的"养心莫善于寡欲"之说相乖戾。若按照潘氏的理解，"将无子思、孟子具有悬空致知之失耶？"黄宗羲认为，齐家、治国、平天下，当先从"吾心之知"处入手，"必欲从家国天下以致知，是犹以方圆求规矩也"。①潘平格曾以"孔孟正派"自居，但经黄宗羲的驳斥，其治学主张与《大学》《中庸》《孟子》多相违背，从根本上动摇了潘氏求仁"复性"之学的逻辑基础。正是从捍卫传统理学的地位出发，黄宗羲斥潘平格之学为"灭气""灭心""灭体"："用微此三蔽，故其放而为淫波之辞，有无故而自为张皇者，有矫诬先儒之意而就己议论者。"②最后，黄宗羲还对潘氏文辞的烦琐予以批评："用微之言，不过数句而尽，而重见叠出，唯恐其不多，此是兔园老生，于文义不能其解，固无足怪。"③

潘氏在治学主张中，还强调要力行人伦日用之事："爱敬、恻隐，浑然良知良能，知皆扩而充之，以保四海，何其易简！以易简之道与人言，何其易知易从！人人乐闻，人人愿为，自有亲有功，可久可大。至于可久可大，则圣学昌明，而泰运开矣……浑然万物一体之学明，庶几人人亲其亲，长其长，而天下平与！"④但对于如何行人伦日用之事，潘氏依然从人性本善的角度加以论证："吾人本来性善。明性善之学，则人之真性触动，恻隐、羞恶、辞让、是非之良，时时见前，爱于亲，敬于长，忠于君，慈于下，别于男女，信于友朋，仁于民，爱于物，自知人伦之非外，自知身、家、国、天下之为一体。"⑤则力行人伦日用的前提，是明性善之学，他依然将其归入理学思辨的层面。对此，力主实践之学的清初理学名儒李塨评曰："看《求仁录》，潘用微志在天地万物一体，其恻世殷，其任道勇，力行人伦日用亦实，较朱陆之自了似过之。但未明圣学，置礼、乐、兵、农不讲，则力行人伦日

① 以上所引见（清）黄宗羲《南雷文案》卷3《与友人论学书》，《清代诗文集汇编》第32册，第439页。

② （清）黄宗羲：《南雷文案》卷3《与友人论学书》，《清代诗文集汇编》第32册，第441页。

③ （清）黄宗羲：《南雷文案》卷3《与友人论学书》，《清代诗文集汇编》第32册，第439页。

④ （清）潘平格撰，钟哲点校《潘子求仁录辑要》卷5《浑然一体中条理》，第132页。

⑤ （清）潘平格撰，钟哲点校《潘子求仁录辑要》卷5《浑然一体中条理》，第131页。

用亦只自了。而所谓悲天悯人者，何具以救之？"①潘氏所谓的"力行日用伦常"者，未免也落入了空疏之弊。

一方面，从学术源流的角度来看，明清之际潘平格的求仁之学，仍脱胎于宋明理学。程颢曾曰："学者须先识仁。仁者，浑然与物同体。"②王守仁在此基础上，又提出了"天地万物一体之仁"③的思想。王学后劲、明末泰州学派王艮所提出的"淮南格物"，更是潘平格"格物"论的思想先驱。泰州学派的罗汝芳，亦以"求仁"为治学宗旨。其在《近溪子集》中有"孔孟宗旨在于求仁""孔门之教主于求仁"，云云。④对于潘氏所言的以万物一体而致仁，罗氏亦早有云："仁为天地之性，其理本生化而难已；人为天地之心，其机尤感触而易亲。故曰：'仁者，人也。'此个仁德与此个人身，原浑融胶固、打成一片，结成一团。"⑤可见，潘平格虽然执意批判宋明理学，实则仍未完全摆脱理学的窠臼。潘氏的"一家之言"并非发前人所未发。

另一方面，也应看到潘氏之学对转移当时学术风气确有一定的社会意义。清廷定鼎京师后，为了拉拢南方士人，顺治二年（1645）就恢复了科举制度，继续沿袭明朝的八股取士。科举制度发展至封建社会后期，已渐趋僵化，时人多有驳议。顾炎武认为，八股时文摒弃圣贤之经典及先儒之注疏，实乃"败坏天下之人材"⑥。黄宗羲也称，八股时文的盛行导致了学术的衰敝："今之为时文者，无不望其速成，其肯枉费时日于载籍乎？故以时文为墙壁，骤而学步古文，胸中茫无所主，势必以偷窃为工夫、浮词为堂奥，盖时文之力不足以及之也。"⑦正是在这样的时代背景下，潘平格试图摒弃宋明理学家对经学的二次注脚，欲跳出宋明理学的话语体系，通过对《大学》格物、致

---

① （清）李塨重订《恕谷先生年谱》卷5，康熙五十八年乙亥条，《清初名儒年谱》，北京图书馆出版社，2006，第557页。
② （宋）程颢、程颐著，王孝鱼点校《二程集·河南程氏遗书》卷2《识仁篇》，中华书局，1981，第16页。
③ 参见韩星《仁》，华夏出版社，2019，第265页。
④ （明）罗汝芳：《近溪子集·庭训下》，明万历十五年（1587）刻本。
⑤ （明）罗汝芳：《近溪子集·卷御》，明万历十五年（1587）刻本。
⑥ （清）顾炎武撰，刘永翔点校《亭林文集·诗律蒙告》卷1《生员论中》，上海古籍出版社，2012，第69页。
⑦ （清）黄宗羲：《南雷诗文集·李皋堂文抄序戊午》，（清）黄宗羲著，平惠善校点《黄宗羲全集》第10册，浙江古籍出版社，2012，第27~28页。

知的阐发，以仁释理，提出了求仁而致理的新主张。这在当时以时文为尚的士林中，的确起到了一定的震动效应。毛文强曰："夫先生之学，孔孟之真血脉也。一时同人，皆为举业所缠，《集注》所拘，未有可与言者。余恐其久而湮没也，因写副本一册，携入都门，冀得一二有志之士，共明先生之道。"[1] 全祖望也曾引用康熙年间服膺潘氏之学的郑性之言曰："近世士不悦学，苦心如此人者，正自不可泯灭。"全祖望亦称是"平情之论"。[2] 这或许也是潘平格学术在书斋之外的价值所在。

余　论

自程朱理学确立以后，理学的思辨亦如影随形。朱熹、陆九渊有"鹅湖之会"，揭开了理学思辨的序幕。明中叶，王守仁创立了心学流派后，与程朱理学分庭抗礼。但围绕着"现成良知"等问题，王学内部首先产生了分化；再加之对"天泉证道"中的"无善无恶"问题，除了王学内部的讨论外，又遭到了宗尚程朱学派的东林党人的批判。就程朱理学内部而言，以罗钦顺为代表的程朱理学后劲，发展了气学思想，提出"理气为一物"的主张，显与朱子立异；同时又对"良知即天理"的心学思想多存异议。由此，在晚明学术史上他们掀起了理学思辨的又一高潮。清初理学的思辨，沿着两条学术路径继续演进。

其一，依然在程朱、陆王两派门户之内。执陆王而攻击程朱者，以海宁陈确首当其先。陈确学出浙东刘宗周，著有《大学辨》，否定了朱熹所谓的"经一章，传十章"之说；又从王学"良知"的概念出发，进而对程朱理学中的"知止"加以驳辩。继其后者，有浙东黄宗羲，所著《易学象数论》"专在革周、邵的命"[3]，试图动摇程朱理学的学理基础；又在《明史》是否应当立《理学传》的问题上，他与史馆诸公多有论争。[4] 然黄宗羲治学则已多趋

---

① （清）毛文强：《潘先生传》，（清）潘平格撰，钟哲点校《潘子求仁录辑要》卷首，第5页。
② （清）全祖望：《五岳游人穿中柱文》，（清）全祖望撰，朱铸禹校《全祖望集汇校集注》，第376页。
③ 梁启超：《中国近三百年学术史》，山西古籍出版社，2006，第175页。
④ 参见陈祖武《清代学术源流》，北京师范大学出版社，2012，第70页。

向于健实，表现出了欲以陆王调和程朱的端倪。执程朱而攻击陆王者，以张履祥、吕留良、应㧑谦、陆陇其为代表。在程朱理学阵营中，也出现了范鄗鼎，他又欲以程朱而调和陆王。两派学者虽然师有所主，但已经表现出超然门户之见的学术倾向。

其二，脱胎于理学而跳出了理学的藩篱。顾炎武明确提出了"经学即理学"的主张，强调理学应当取之于"五经"，而不能凭资于"语录"。与此同时，潘平格对理学的思辨则更加偏激，斥程朱为道，贬陆王为禅，超脱于两派之外而重新寻求孔孟圣学之旨。稍其后者，则有颜李学派登上历史舞台，高举"习行经济"的实学旗帜，反对理学的空言无用。他们的学术主张或有不同，但均表现出"复古"的学术倾向，都以恢复孔孟儒学为宗旨，殊途而同归。

理学的思辨由清初推衍至清中期以后，对学术史的流变产生了深远影响。戴震在反思宋儒时，亦与潘平格观点相似，斥宋儒为禅学，"盖其学借阶于老释，是故失之"①。但戴震与潘平格截然相反的是，其在对理学概念"气""理""欲"的思辨中，不再单纯从思想史的层面加以论定，而是创造性地提出了"由字以通其词，由词以通其道"②的方法论，所著《孟子字义疏证》，就是这一理论思辨方法的学术实践。嘉道时期，继之者又有阮元，所著《论语论仁论》，虽与潘平格同为求仁之大义，然治学方法亦秉承戴氏。据陈祖武先生云："阮元释仁，溯源古训，极力从古籍中去寻觅字源。"③其对仁学的把握，体现了乾嘉朴学"实事求是"的治学精神。清中期以戴震、阮元为代表的学者，开创了理学思辨的新路径。他们的思辨不再单纯地停留于思想层面，而是从思想的载体，即文字角度入手，通过考释古籍、疏解文字，赋予了理学思辨以更趋于健实的学风。从思想的义理，走向字词的疏证，尽管两者的治学方式迥别，却都是基于理学思辨的一种学术探索。乾嘉以来的清儒，于理学思辨之中矻矻于文字，实践于训诂，从而拉开了考据学的时代序幕。从这个意义上看，清初理学思辨潮流既是孕育乾嘉考据学的自然母体，又是清代学术史自身演进的思想动力。

---

① （清）戴震：《孟子字义疏证·天道》，《戴震集》，上海古籍出版社，2009，第290页。

② （清）戴震：《与是仲论学书》，《戴震集》，第183页。

③ 陈祖武：《清代学术源流》，第277页。

魏裔介人性论探析

万宏强

魏裔介（1616～1686），字石生，号贞庵，又号昆林，直隶柏乡（今河北省邢台市柏乡县）人。生于明万历四十四年（1616），卒于清康熙二十五年（1686）。裔介沉默寡言，生而颖悟。明末兵乱，读书于西山桃源洞，讲求经术实务，究心于明体达用之学。鼎革后，历仕顺治、康熙两朝，为清初理学名臣。

魏裔介性嗜书，勤著述，学宗程、朱，文宗韩愈，诗宗陶、韦，著述甚丰。其论人性之书有《论性书》二卷，书首有序文两篇，一为魏裔介自序，一为门人俞陈琛所序。魏裔介序于康熙乙卯年即康熙十四年（1675），俞陈琛序于康熙辛酉年即康熙二十年（1681）。康熙十四年，魏裔介年近六十，《论性书》当是其晚年著作。

在《论性书》中，魏裔介对古今诸家人性论理论辑其要点，列其观点，并于每一家观点之后，对先儒的辩难也加以列举，最后以"魏裔介曰"为首句，对其人性论思想进行评价。是书对上下古今论人性之说，汇集备载，其目的不是对"古今"人性学说做历史的梳理，以明了"古今"人性学说的历史发展脉络，而是阐释理论，辨别是非，正如其自序所言："兹汇集古今以来言性者，分为上下二卷，而征以己意，论断其间，极知浅鄙无所逃罪。庶几质之海内有道君子，以正于毫厘是非之间，而教其所不逮焉。"[1]因之，魏裔介于《论性书》书末另附论性文《辨性不杂于气质说》和《辨心之欲性之

---

① （清）魏裔介：《论性书·自序》，《四库全书存目丛书》子部第20册，齐鲁书社，1995，第421页。

理》两篇。

魏裔介论人性，其论著形式虽异于时人，但其目的则相同，都在于申说己意，俞陈琛在序言中就认为："其要总以性善为宗，故其语曰：'气质有善恶，性无善恶，气质有善恶之不同，性惟一善而已矣。'此数语隐括全书大意。"①魏裔介高扬性善之旨，强调性为不可分天地之性与气质之性，这正是明清之际理学人性论的大势之所趋，体现着时代的特点。迄今为止，学界对魏裔介人性思想鲜有讨论，本文拟以魏裔介《论性书》为主要文本，通过对其人性思想的梳理，以见明清之际理学人性论之面貌。

一 "性惟一善而已矣"

魏裔介论性以孔孟为宗，以性善为宗，其重申性善论，端在正人心，兴教化。清初，国家肇造，世道浇漓，人心不古，魏裔介对当时世道深表忧虑，顺治十五年（1658），曾具稿进呈顺治帝，云："三皇、五帝之治天下，神而化之，使下各复其性。仲尼删诗书、正礼乐，教天下万世之人；而孟轲氏复阐明性善之理，以拒当世之淫词邪说。皇上仁覆万物，以是为化导助，故亦使天下之人，同归于本性之至善而已。"②在魏裔介看来，治理天下的要务在于使百姓各复其性，达到正人心、兴教化、风俗淳的目的。而要达到这一目的首先要阐明性道的真义。正如其门人俞陈琛为《论性书》所作的序言所说："治化之弗隆也，由人心之不正。而人心之不正也，由性道之不明。"③性道不明，导致嗜欲日深，天良日泯。贤人都摆脱不了习俗、世风的影响，下愚之民冥顽不知，中材之人梏亡而渐失其善性。因而，彰明性道成为端正人心、教化人心、移风易俗、治理天下的首要任务。自古以来，学者论人性之义理，无不以此作为人性理论展开之依据，魏裔介自不能外。

① （清）俞陈琛：《论性书·序》，（清）魏裔介撰《论性书》卷首，《四库全书存目丛书》子部第20册，第422页。

② （清）魏荔彤辑《魏贞庵先生年谱》，43岁条，"丛书集成初编"本，中华书局，1985，第15页。

③ （清）俞陈琛：《论性书·序》，（清）魏裔介撰《论性书》卷首，《四库全书存目丛书》子部第20册，第421页。

针对王学末流"情识而肆"造成的道德沦丧，清初朱子学学者怀抱强烈的救世意识和道德责任感，对王学的"无善无恶"说，痛加批评，严人禽之辨，重提性善论，重建道德价值体系。魏裔介作为清初重要的朱子学学者，他重申性善论，反对性恶说，反对性无善无恶说，反对性三品说，强调"性惟一善而已矣"[1]。对于何为性的问题，解答有三。

首先，性是理，魏裔介对明初王达[2]的"性者一理"的看法深表赞同。王达认为："性者一理，浑然不容一物，与天地同其大，与日月合其明。古今此性也，天地此性也，圣贤此性也，愚不肖此性也。"[3]性就是理，性就是天理。性、理不是某一具体事物所能容纳的，遍在于天地人。古今、天地、圣贤、愚不肖，皆是一个性，一个理。此理、此性是本根性的、本原性的，是古今、天地、圣贤、愚不肖的内在依据，舍此无以成立。圣人、贤人、下愚之人、不肖之人，其人性是无差别的。之所以人有圣贤、愚不肖的差别，不在于人性的差异，而在于对待人性的差异。圣人从其性，顺其性。贤人返其性，复归其性。下愚之人、不肖之人则违背其性，残害其性。

魏裔介在《论性书》卷末有《辩天人之理非二》一文，辨天理即辨性之理，性理即是天理，天理与性理不为二。他说："或问：何谓天理？曰：天理即性之理也。天以阴阳五行化生万物，气以成形，而理亦赋焉。吾性之理，即天之理也。"[4]天以阴阳五行化生万物，气成就物之形体，理随之，理是气之理，理气合一。

其次，性是道。魏裔介认为，性即是道，道即是性：

> 朱子谓："古今圣愚本同一性"，此言足以定论性之宗矣。乃性相近也节注，则曰："气质之性，固有美恶之不同矣。然以其初而言，则皆

---

[1] （清）魏裔介：《论性书》卷下，《四库全书存目丛书》子部第20册，第452页。

[2] 王达，明代常州府无锡人，字达善。少孤贫力学，洪武中举明经，任本县训导，荐升国子助教。永乐中擢翰林编修，迁侍读学士。性简淡，博通经史，与解缙、王洪、王偁、王璲号称"东南五才子"，他四人先后得罪死，达独以寿考终。有《耐轩集》《天游稿》。

[3] （清）魏裔介：《论性书》卷下，《四库全书存目丛书》子部第20册，第448页。

[4] （清）魏裔介：《辩天人之理非二》，（清）魏裔介著，魏连科点校《兼济堂文集》卷16，中华书局，2007，第407页。

不甚相远也。"不若兹注之为直捷了当耳。不言夫性一而已矣。而曰：
"夫道一而已矣"。正以性之外无所谓道，同此性即同此道也。气质之不
同不必言矣。①

性即是道，道即是性，性之外无所谓道。性只是一个，道也只是一个，
同此性即是同此道。魏裔介之所以认为气质之不同不必言，是因为在他看
来，气质不是性，气质不必言性。道是无差别的、同一的，性也是无差别
的、同一的，气质则是有差异的。

最后，性是善。魏裔介认为：

> 性即善，善即道。②
>
> 立天之道曰阴与阳，立地之道曰柔与刚，立人之道曰仁与义。是人
> 性之仁义，得于天地之阴阳刚柔也，而何不善之有？善，性也。③
>
> 在天为春，在吾性则为仁矣；在天为夏，在吾性则为礼矣；在天为
> 秋，在吾性则为义矣；在天为冬，在吾性则为智矣；在天土旺四季，在
> 吾性则为信矣。此五常者，乃天禀之自然。④

性即天理，天理是善，阴阳五行化生万物，气赋予人形体的同时，理亦
随之。这理在天为春、夏、秋、冬、土，在人则为仁、义、礼、智、信。五
常为天赋人之善性。魏裔介以《易传》的三才理论为依据，认为人道与天
道、地道相会通，认为人性的仁义得自天地的阴阳刚柔，天地阴阳刚柔为
善，人性也为善。

性自何而来？对于这个问题，魏裔介继承先儒关于人性起源的传统看
法，将人性起源归结于天。他说：

---

① （清）魏裔介：《论性书》卷上，《四库全书存目丛书》子部第20册，第431页。
② （清）魏裔介：《论性书》卷下，《四库全书存目丛书》子部第20册，第452页。
③ （清）魏裔介：《论性书》卷下，《四库全书存目丛书》子部第20册，第452页。
④ （清）魏裔介：《辩天人之理非二》，（清）魏裔介著，魏连科点校《兼济堂文集》卷16，
第407页。

天地生成万物，虽以阴阳之气，然气以成形，而理以赋焉。惟人为万物之灵，得天地之性以为性，此其即以异于物也。不曰天地之生人为贵，而曰天地之性人为贵，是言天地之性降于人，人别无所谓性，即以天地之性为性也。天地之性何也？维天之命，于穆不已，一乾健之德而已矣。乾健之德，人得之为性，即善也。阴阳刚柔迭运，天地之性万古不息，清浊厚薄递禀，人之性，古今一理，又何疑乎？[1]

天地以阴阳二气生成万物，人之所以为万物之灵，在于天赋人以理，人得天地之性以为人之性，天地之性降于人。在这里，魏裔介强调了三点。首先，天降人之性是人的唯一之性，除却天地之性降于人而为人性外，人别无任何性。其次，天地之性降于人，这是善性，因为天地赋予人的是乾健之德，天之体以健为用，运行不息，有开化万有之功。乾健之德是善，天赋予人而为善性。最后，人性是古今一脉相承的，因为，天地阴阳刚柔的运行不变，天地之性万古不息，天降人之性，古今不变，只是一个善性。

魏裔介将人的善性归之于天，认为《中庸》的"天命之谓性"五字是"万世不可易之言也"[2]。认为这句话使天下万世探讨人性者，都知道人性来源于天，人性本于天。并且他将这句话的发明权归于孔子，认为这句话是子思闻之于孔子，并将其笔之于《中庸》，以教万世的。而孟子师承子思，将此思想奉行不替。

"气以成形，而理亦赋焉。理气非有二也。"[3]在理气关系上，魏裔介坚持理气一元论，认为理气非二，理是气之理，气以成形时，理亦赋予气，理不是悬空孤立的，理以气为载体。理气一元论和天人一理说，是其人性来源学说的理论基础，是其人性一元论的基础。

魏裔介引用明代理学家蔡清的主张，来说明阴阳五行合而成仁义礼智信之性。蔡清认为："原来造化只是一气。一气分为二，曰阴阳，而阴阳又各分为二，则曰木火金水，而土寄居四者之中，合而谓之五行矣。盖阳之初为

---

① （清）魏裔介：《论性书》卷上，《四库全书存目丛书》子部第20册，第425～426页。
② （清）魏裔介：《论性书》卷上，《四库全书存目丛书》子部第20册，第430页。
③ （清）魏裔介：《论性书》卷上，《四库全书存目丛书》子部第20册，第430页。

木，其理在人则为仁；阳之盛为火，其理在人则为礼；阴之初为金，于人则为义；阴之极为水，于人则为智；土寄旺于四时为信，信则止是仁义礼智之实然者也。盖天人一理也，此即天命之谓性也。不然人何缘有是仁义礼智之性哉？"①无论是前述所引魏裔介《辩天人之理非二》中认为的在天之春夏秋冬土，在人则为仁义礼智信，还是此处所引蔡清的木火金水土与仁义礼智信相配，都在强调天人一理，人性源自天，人的仁义礼智之性，是天命之性，是善性，性只是一个，不是个别的。

魏裔介对《左传》中"民受天地之中以生，所谓命也"一句中"中"的解释是，"纯然至善之理"②，更适宜的称呼应该是性。而之所以称为命，实为天人一理，在天为命，在人为性，理、性、命是贯通的。性命之理，天所赋予人，人所受于天之理。

魏裔介从《周易》，以及刘康公、孟子、董仲舒、程颢、周敦颐等人有关宇宙生成论的论述出发，总结出"生一性也，性一命也，命一道也"③。道—命—性—生，人性是在生生不已的化生过程中以及天道的下贯过程中获得的。

魏裔介认为：论性道越多，性道愈加不明；性善之义，孔子、孟子已经阐述清楚。所以，要明性道，要以孔子、孟子的论述为标准。在他看来，性善之说由来已久，在孟子之前已有之：

> 孔孟之言，《诗》《书》之言也。《诗》《书》之言，尧舜汤文武之言也。尧舜之相禅受也，曰"允执其中"。中非性乎？《诗》言秉彝，《书》言降衷，彝与衷即善也。孔子言近，孟子言善，其义一而已矣。④

> 据孟子言性善，引烝民之诗，亦是祖述孔子，非前圣所未发也。养气之论亦本曾子，而曰浩然。其视此气至大至刚，迥异乎后世之言气者矣。⑤

① （清）魏裔介：《论性书》卷上，《四库全书存目丛书》子部第20册，第430～431页。
② （清）魏裔介：《论性书》卷上，《四库全书存目丛书》子部第20册，第429页。
③ （清）魏裔介：《论性书》卷上，《四库全书存目丛书》子部第20册，第429页。
④ （清）魏裔介：《论性书》卷下，《四库全书存目丛书》子部第20册，第451～452页。
⑤ （清）魏裔介：《论性书》卷下，《四库全书存目丛书》子部第20册，第447页。

他认为《尚书·大禹谟》中"允执其中"的"中"就是性,《诗经》中"秉彝"的"彝",《尚书》中"降衷"的"衷",都是善。"秉彝""降衷"皆是性善之说。他认为孟子阐述性善之义是祖述孔子,养气之论亦有所本。所以,自古学者论性善皆同,别无二义。实际上,孟子是以心善论性善,魏裔介则是从宇宙生成论的角度讲性善。明代思想家袁黄将性善论上溯至《诗经》《尚书》,不独魏裔介如此,袁黄也说:"《诗》言秉彝,《书》言降衷,而性之说已昉。孔子言近,孟子言善,而性之说已明,然谈者纷纷各是其见。"①魏裔介引用这段话,对此深表赞同。

魏裔介认为,人性只是一个,一个性善:

> 虞廷授受,曰人心耳,道心耳,未尝言及性也。余作《论性书》,首引之以为言者,何欤?以形气而言,则曰人心。以义理而言,则曰道心。道心非性而何哉?然道心不出人心之外,人心实载道心以行。精以察之,则人心无非道心。不精以察之,则道心隐,而人心之私日胜矣。一以守之,则道心纯而无人心之私。不一以守之,则道心杂,而人心之私或乘矣。惟精惟一,允执厥中,虽不言性,而天命之至善者,固已昭然。此尧舜十六字之心传,所以继天立极,而开万世之道统也。②

道心、人心在这对理学范畴的最先提出者程颐那里,是对立的,是不可调和的,要用道心对治人心,朱熹在承认人心的必要性的基础上,强调道心要主宰人心,人心要听命于道心。而在魏裔介看来,人心与道心不是对立的,道心不外于人心,人心是道心的载体,离开人心则无所谓道心,道心以人心为凭借,为依据。魏裔介把程朱眼中的道心、人心之间超越与被超越的关系,转换成了实体意义上的载体与载体属性之间的关系。他认为道心人心不二,"以形气而言,则曰人心。以义理而言,则曰道心",道心是性,性气一体。形气、气质作为载体,义理之性为其属性,所以,性只是一个,气质所载之义理之性。道心,或者说义理之性,是善的。

---

① (清)魏裔介:《论性书》卷下,《四库全书存目丛书》子部第20册,第451页。
② (清)魏裔介:《论性书》卷上,《四库全书存目丛书》子部第20册,第422页。

在魏裔介看来，性只是一个性，不是气质之性为恶，义理之性为善，性只是一个本性善。善恶是取决于后天践履过程中能否"精以察之"，能否"一以守之"。能细细体察，则道心即是人心，道心显现，人的善性彰显；不能细细体察，则道心隐匿，人心之私欲炽盛，人的恶则会流出。能专一守护，则道心纯正无杂，无人心私欲；不能专一守护，则人心私欲使得道心驳杂不纯。可见，善恶只有在人的后天实践中或隐或现，向善则善，向恶则恶，善恶是在人的抉择、施为中实现的。

魏裔介认为形体有异，但人性则是一个。明人陆树声云："人之生也，分一气以为形，赋一理以为性。自夫岐形体者以为异，而不知性无分别也。譬之镜变万烛而光影难分，海会百川而水体无二。"①认为人生时，气构成人的形体，与此同时，理成就人性。形体有差别而人性无分别。魏裔介认同陆树声形体异而人性同的主张，认为"人同一性"，他说："气形理性，火同一光，海同一水，人同一性，夫道一而已矣。"②

魏裔介认为，性只是一个性善，无论贤愚，恶的出现源于后天的失学：

> 一阴一阳之谓道。此专指造化而言。阴阳五行一太极也。故曰：道，阴阳相继而不已，乃天地至善之理，赋之于人则为性矣。性者，五常之理，仁知具足，无所偏也。而气质之偏于仁者则谓之仁，偏于知者则谓之知。此仁知止就一端而言，非成德之仁知也。百姓之气质则愈愚陋，况又不学，是以日用不知，而其性之善则一也。③

《易传·系辞传》："一阴一阳之谓道。继之者善也，成之者性也。仁者见之谓之仁，知者见之谓之知，百姓日用而不知，故君子之道鲜矣。"这就是继善成性说，魏裔介认为阴阳化生不已的道是天地至善之理，天地至善之理，赋予人则为人性。人性就是仁义礼智信，就是五常之理，性是善的，是无偏狭的，是五常具足的。圣贤与百姓在人性上是无差别的，都是善，之所

---

① （清）魏裔介：《论性书》卷下，《四库全书存目丛书》子部第20册，第450页。
② （清）魏裔介：《论性书》卷下，《四库全书存目丛书》子部第20册，第450页。
③ （清）魏裔介：《论性书》卷上，《四库全书存目丛书》子部第20册，第423页。

以有偏差，是气质出现偏差所导致的，不是性的问题，性是至善的。即便是百姓，其性也是善的，之所以有圣贤不肖的差别，主要是气质偏差与后天习为所致，百姓先天气质愚陋，加之后天失于学习，最终形成偏狭，无法实现全德。所以，后天习为是十分重要的，人性的实现主要依靠后天的践履、学习，要变化气质。

同时，魏裔介认为气质有善有恶，而性则只是善。他引用元代理学家胡炳文的观点说："在造化者，方发而赋于物，其理无有不善。在人物者，各具是理以有生，则谓之性。其发者是天命之性，其具者，天命之性已不能不丽于气质矣。仁者、知者、百姓，指气质而言也。"[1]性与气质的关系是性不得不附丽于气质，气质是性的载体。

魏裔介引用南宋理学家辅广论孟子性善论大功于世的原因："言性善，使资质美者，闻之必求复其本然，而充其善。资质不美者闻之，亦知所自警，而不流于恶。言养气，使气质刚柔不齐者，勇猛奋发于道义，而无巽懦怯弱之弊。皆发夫子所未发，其功多盖在此，此所以有大功于世也。"[2]魏裔介对此评价道："辅氏言充其善不流于恶，正可见资质有美不美，而性无不善。"[3]他用辅广的话来证明自己的主张，性无不善，资质有美不美，或者可以说，性无不善，气质有善与不善。

魏裔介认为人性善，他反对气质之性善恶不同之说：

> 袁了凡以谓之曰："相近，则二五凝成，终有所不同，是犹气质之性善恶不同之说。"不知气质有善恶，性无善恶。气质有善恶之不同，性惟一善而已矣。夫子之《系》《易》也，曰：一阴一阳之谓道。而即《系》之曰：继之者善也，成之者性也。阴阳相继之道，精纯至善，其降于人，则为成之者性矣。性即善，善即道，又何尝有善恶之不同乎？他日又曰：立天之道曰阴与阳，立地之道曰柔与刚，立人之道曰仁与义。是人性之仁义，得于天地之阴阳刚柔也，而何不善

---

① （清）魏裔介：《论性书》卷上，《四库全书存目丛书》子部第20册，第423页。

② （清）魏裔介：《论性书》卷下，《四库全书存目丛书》子部第20册，第447页。

③ （清）魏裔介：《论性书》卷上，《四库全书存目丛书》子部第20册，第447页。

之有？善，性也。恶者，物欲之所引也。程子之言，未免有异于孟子耳。①

孔子讲性相近，在袁黄看来，性相近则如同宋儒所讲气质之性有善有恶。魏裔介则反对这种说法，他认为性只是善，没有善恶之不同，他甚至反对气质之性的说法，只承认义理之性，只承认气质，认为不应有气质之性。所以，他说"气质有善恶之不同，性惟一善而已矣"。气质可以分善恶，性只是善性，别无其他。他从宇宙生成论的角度论证天命于人的性，只是一个善性，恶只是物欲牵引所致。袁黄评价二程性论的理论贡献为："程子所谓善固性，恶亦不可谓之非性者矣。不可訾其异于孟子矣。"②"自程子有论性论气之说，论性不论气不备，论气不论性不明。张子有合虚与气之说，而性学始大明于天下矣。"③对此，魏裔介提出了不同意见，认为二程性论有异于孟子。

"善固性也，然恶亦不可不谓之性也。"④这一句很容易被误解为性有善有恶论，实际上，应当理解为，从恶为善所生的角度讲，恶也可谓之性。朱熹对此有所解释："如墨子之心本是恻隐，孟子推其弊，到得无父处，这个便是恶，亦不可不谓之性也"⑤，"竖起看，皆善；横看，后一截方有恶"，"有善恶，理却皆善"⑥。实际上，在二程看来，"不是善与恶在性中为两物相对，各自出来"⑦。性在后天环境的影响下而有善恶不同，如同水流，有清有浊，清者为善，浊者为恶。所以，魏裔介是误解了二程，二程之说并不异于孟子，并不主张性有善有恶论。实际上，无论二程、魏裔介，他们都认为后天是否循道，顺天命，或者说后天对善的践行才是最重要的。

---

① （清）魏裔介：《论性书》卷下，《四库全书存目丛书》子部第20册，第452页。
② （清）魏裔介：《论性书》卷下，《四库全书存目丛书》子部第20册，第451页。
③ （清）魏裔介：《论性书》卷下，《四库全书存目丛书》子部第20册，第451页。
④ （宋）程颢、程颐：《河南程氏遗书》卷1，（宋）程颢、程颐著，王孝鱼点校《二程集》，中华书局，1981，第10页。
⑤ （宋）黎靖德编，王星贤点校《朱子语类》，中华书局，1983，第72页。
⑥ （宋）黎靖德编，王星贤点校《朱子语类》，第2396页。
⑦ （宋）程颢、程颐：《河南程氏遗书》卷1，（宋）程颢、程颐著，王孝鱼点校《二程集》，第11页。

魏裔介认为，性有善有不善论是不知性论之本。魏晋之际的思想家袁准的《才性论》认为，天地之气，化生万物，清气所生为美为善，浊气所生为恶。"贤不肖者，人之性也。贤者为师，不肖者为资，师资之材也。然则性言其质，才名其用，明矣。"[1]在人而言，有贤者，有不肖者，贤与不肖都是人之性，性是其质，才是其用，质不同，用因之不同。在魏裔介看来，人性是一个，不分贤愚，是仁义礼智信的五常善性，而且"此五常者，乃天禀之自然。自天子以至庶人，自中国以及蛮貉，无有一人之不同者也"[2]。人性不分贵贱，不分文明与野蛮，都是一个性。因而，他认为袁准所论是有善有不善之说，不知性论之根本。

魏裔介认为，人性既然是天理，是五常，天理是善，人性则为善。善恶皆天理之说是肯认人欲，有害于天理：

> 先儒云："天下善恶皆天理。谓之恶者非本恶，但或过或不及便如此，如杨墨之类。"是言也，愚不能不疑之。夫所谓理者，何也？是人心中所具之德也，其见于应事接物，合于宜者，则亦曰理。《字说》曰："治狱官曰理。"又曰："物之脉理，惟玉最密，故从玉。"然则人心之理亦最密矣，故曰性即理也。理即五常之谓也。其曰天理者，言此理命之于天也。理既命之于天，顺乎此者为天理，逆乎此则非天理矣。今先儒之言曰："天下善恶皆天理。"是以人欲之私为秉彝之自然也。杨、墨之类，无父无君，其害天理亦甚矣，又岂但过不及之间乎！夫道者，天下之公理也，若以恶为天理，则世之为恶者皆曰："吾之恶，天理也。"则圣人遏恶扬善之训，何以动之？今世俗之人，于为恶之人，詈之曰："没天理。"此其言最醒豁，可以发人之良心。学者何必好高求异为也。此所关甚大，愚故不敢不辩。[3]

---

[1] （清）魏裔介：《论性书》卷下，《四库全书存目丛书》子部第20册，第440页。

[2] （清）魏裔介：《辩天人之理非二》，（清）魏裔介著，魏连科点校《兼济堂文集》卷16，第407页。

[3] （清）魏裔介：《善恶皆天理辩》，（清）魏裔介著，魏连科点校《兼济堂文集》卷16，第406页。

"天下善恶皆天理。谓之恶者非本恶，但或过或不及便如此，如杨墨之类"一句，出自《河南程氏遗书》卷2上，此条下注"明"字，示为明道语。程颢这段话，冯友兰先生认为："就上所引观之，则明道所谓理，似指一种自然的趋势。一物之理，即一物之自然趋势。天地万物之理，即天地万物之自然趋势。"① 程颢这里的恶，不是本性恶，是"过或不及"，是范围比较宽的，是一种程度上的比较，不是伦理上的恶。② 魏裔介对程颢这段话发出质疑，他是从伦理的意义上理解恶的，是从本性恶的角度来理解的。当然，对"天下善恶皆天理"的批评，也是从伦理的角度、本性的意义上进行的批评。魏裔介认为性即理，理是人心所具之德，即仁义礼智信五常，是善性，是天命之性，所谓顺性，就是顺天命之性，就是践行仁义礼智信。逆性就是逆此仁义礼智信，就是逆天。他认为天理是至善，不是恶。如果天理可以为恶，则是以恶为人性之自然，恶就具有合理性，具有合法性，人人以此为训，为理据，则会使圣人遏恶扬善的训诫丧失践行的动力。

对于王阳明的"无善无恶"说提出批评：

> 阳明之言良知，是也。其言"无善无恶心之体"非也。良知何物，即心之体也。人心无无知之时，此昭昭炯炯者。即当喜怒哀乐未发之时，全是天理，知正是善，何得谓之无也。而其徒巧为之说曰："无善，乃言其至善也。"若是，则何不曰有善无恶者心之体，直捷明白，省却天下后世多少葛藤？而乃为此流弊无穷之语也。圣人何思何虑，心如明镜止水，静固止也，动亦止也。以是为心之体，即以是为性之体，心中有性，而岂无善无恶之谓哉！至于格物之说，异于紫阳，知行合一，近于躐等，此尤其小者耳。余悲学者浮慕阳明之说，而不考其差谬之端，流于天竺之学而不自知。故存其良知之是，而辨其无善无恶之非，所谓瑕瑜自不相掩，固不可概以为是，亦不可概以为非也。③

---

① 冯友兰：《中国哲学史》下册，商务印书馆，2011，第874页。
② 参看李晓春《从天理与善恶关系的角度看程颢与程颐天理的异同》，《兰州大学学报》（社会科学版）2004年第4期。
③ （清）魏裔介：《王阳明之学有是非辨》，（清）魏裔介著，魏连科点校《兼济堂文集》卷16，第409～410页。

王阳明晚年提出的四句教，"无善无恶心之体，有善有恶意之动，知善知恶是良知，为善去恶是格物"①，是其晚年定论，是其学术思想的总结。四句教的提出，在中晚明思想界引起了极大的争辩，特别是首句"无善无恶心之体"最为学者所诟病。在明末清初，理学"由王返朱"的学术思潮中，王阳明的"无善无恶"说受到朱子学者的普遍批评。在朱子学者看来，"无善无恶"说有悖于孟子性善论，易流于佛禅。朱子学者将晚明情识而肆、道德滑坡，归咎于王阳明的"无善无恶"说，将其与魏晋玄谈相提并论，认为王阳明以学术杀天下万世。"无善无恶心之体"谈的是心体问题，不是人性善恶问题。从本体论来看，无善无恶的至善，是超越于社会伦理、超越于经验层面的形而上的绝对者。作为无善无恶的至善，即善本身，是无对的。作为社会伦理的善，是与恶相对的。王阳明并非要否定儒家传统的性善论，他讲的是超越的至善，而非社会伦理中善恶相对的具体的善。"无善无恶"讲的是心的本然状态，心本自然无滞，不执着于外物，善恶判断不以外物为标准。②魏裔介一如大多数朱子学者，对王阳明的"无善无恶"说的批评，是站在孟子性善论的立场上，从道德实践的效果角度来批评的，而非对"无善无恶"说理论本身的批判，批判"无善无恶"流于佛禅，颠覆性善论，有使道德体系崩溃的危险。这样的批判虽然偏离了王阳明的本意，但也是有为而发的。心的无滞，不执着，并不能取代为善去恶的道德实践。

二 天地之性、气质之性不能为二

中国古代人性论的发展中，在对人性本质的讨论中，一个十分重要的问题就是，善、恶的根源问题，即善、恶来源于何处？对此问题的回答，诸家学说众说纷纭，莫衷一是。北宋理学家张载提出"天地之性"与"气质

---

① （明）王畿：《王龙溪先生全集》卷1《天泉证道记》，《四库全书存目丛书》集部第98册，齐鲁书社，1997，第250页。

② 对王阳明"无善无恶"说的哲学阐释，参见陈来著《有无之境：王阳明哲学的精神》，北京大学出版社，2013，第189～197页；吴震著《阳明后学研究》，上海人民出版社，2003，第45～116页；彭国翔著《良知学的展开：王龙溪与中晚明的阳明学》，三联书店，2005，第394～420页。

之性"这样一对哲学范畴。这一范畴的提出对自先秦以来的人性论是一个总结,对善恶的来源问题是一个解决,在宋代理学中,这一范畴为理学家们所普遍接受。同时,这对范畴的提出,引起了更为激烈的争论。明清以来的理学家,绝大多数反对天地之性、气质之性二分的说法,寻求合天地之性与气质之性为一的途径。魏裔介作为清初朱子学者自不能外,对于这个问题,他的看法是,人性只有一个,就是天地之性,不存在气质之性,只有气质,而无气质之性,气质后面不应加"之性"二字。

对于张载的气质之性与天地之性,魏裔介认为,这对范畴并不是对立的:

> 细看张子"形而后有气质之性"数语,非以气质之性与天命之性对也,分明是说有形之后,则天命之性随气质之昏浊者而变。"善反之,则天地之性存焉。故气质之性,君子有弗性者焉",此其意未大失也。而解之者分为二,则亦非其本指矣。勉斋"未发之中"一段,正可见天命之性,无时不在人心,而非气质之昏明所能二也。"气虽偏而理自正"一段,天地之性无时不在人未发之中矣。[1]

张载提出:"形而后有气质之性,善反之,则天地之性存焉。故气质之性,君子有弗性者焉。"[2]人有来源于天理的普遍而绝对的天地之性,同时,有源自人欲的具体而相对的气质之性。前者是人的道德本体,后者是人的感性存在。天地之性纯善,气质之性有善有恶,人要恢复天理,就要变化气质之性,以复归于天地之性,即去恶复善。长期以来,人们对张载的人性论形成一种认识,那就是天地之性与气质之性是平行的,是并列的,也就是所谓的二元论。这种认识,从二程对张载"以气明道"的"二本""二之"的批评中已然开始了。在理学史上,对人性二元论的批评,实际上就是将天地之性与气质之性看作同一层次上的对立关系来理解的。

---

① (清)魏裔介:《论性书》卷下,《四库全书存目丛书》子部第20册,第447页。
② (宋)张载:《正蒙·诚明》,(宋)张载著,章锡琛点校《张载集》,中华书局,1978,第23页。

对于天地之性，黄榦认为："自其理而言之，不杂乎气质而为言，则是天地赋予万物之本然者，而寓乎气质之中也。"[①]天地之性不杂于气质而寓于气质之中，即气质为天地之性的载体。天地之性为天地赋予之本然，纯粹至善。气有偏正，有昏明，气质之性有善恶之分。黄榦以未发、感物而动说明天地之性与气质之性。未发之前，天地之性纯粹至善。未发之时，此心湛然，物欲不生。感物而动，理随气动，善恶由之而判。魏裔介引用黄榦论气质之性与天地之性的文字，说明天命之性无时不在，非气质昏明所能左右，也就是再一次强调了他反复陈说的人性只是一个天地之性，天地之性是纯善无恶的。

最值得注意的是，魏裔介对张载气质之性与天地之性的认识。魏裔介认为，在张载的论说中可以看出，张载并没有将天地之性与气质之性看作对立的关系，后人将天地之性与气质之性解释为对立的、二元关系，是不合张载本旨的。魏裔介的这一认识尽管只是一种论断，缺乏严密的论证，但是，在批评人性二元论的众多论述中，有此认识的是不多见的。实际上，在张载看来，天地之性与气质之性是体用关系，是超越与被超越的关系，是形上与形下的关系，是本然与实然的关系，从来不是同一层次的并重关系。天地之性与气质之性是不同层次的、不同层面的。本然与实然、体与用、形上与形下本就不是截然二分的，本就是合一的关系。理学本就讲体用不二，张载自不能外。张载哲学的最高宗旨在于体用不二、天人合一。以二元论来认识张载的天地之性与气质之性，无疑是对张载的误解，是对体用的割裂，是对形上与形下的割裂，不合于张载哲学的宗旨。

魏裔介更进一步认为，可以言气质，但不能言气质之性。他对孔子言性相近而不言气质之性，给出了解释：

> 人生而有气质，性即在其中矣。气质有清浊厚薄之不同，其性之善则一也。无气质则性何所止哉？若言气质之性，则其清浊厚薄之相去又不啻倍蓰千万而不能相近矣。
>
> 性者，理也。夫理，一而已。气则万有不同，故夫子曰天下同归而

---

① （清）魏裔介：《论性书》卷下，《四库全书存目丛书》子部第20册，第446页。

殊途，一致而百虑。若气质不同，无害其为性之同也。

吾性如日，天朗气清，此日也。天昏气暗，亦此日也。吾性如珠，投之清水，此珠也。投之浑水，亦此珠也。日与珠无二，性亦无二。天下之言性也，一于善而已矣。

性自是性，气质自是气质。若谓气质清厚则性随之以清且厚，气质浊薄则性随之以浊且薄，故不直言性善而言性相近。不知此仁义礼智之性，圣人与众人一样，即桀纣与尧舜一样。气质有异，性无异也。①

"性相近也，习相远也。"是《论语》所记孔子唯一一句论人性的话语。人性是善是恶，孔子并未明言，只是说人性是相近的。"习相远"则表明后天的环境影响与教育对于人性的实现与塑造至关重要。蔡清《四书蒙引》对性何以相近这一问题的解释是："性若不相近便非人矣。既是人则性犹相近也。何也？形相类则性安得全不相类？"②这是从"类"概念出发来说的，论人性，人是一个类概念，不是指某一个具体的人，但凡归于一类，必是相近的。人性是人之为人的标志，是人区别于禽兽的标志，这是相类的、相近的。蔡清有桐梓之喻："如桐梓之生一也，而枝条花叶之横斜疏密则无一同，然要其所以为桐梓者，终相若也。"③魏裔介对此深表赞同，以此说明气质有不同而性无不同。他认为孔子只有性相近，而没有"气质之性"四个字。人生而有气质，气质是人性的载体，人性寓于此气质中，没有气质，人性则无有实然之体。他认为可以讲气质，不可以讲气质之性。讲气质之不同、气质差异，并不妨碍性相近，而讲气质之性，则性不能相近。理一而气万，性即是理，所以性只是一个，"圣人与众人一样，即桀纣与尧舜一样。气质有异，性无异也"④，气质差异无害于人性同一。所以，他认为"然性自是性，气质自是气质"⑤。

---

① （清）魏裔介：《论性书》卷上，《四库全书存目丛书》子部第20册，第427～428页。
② （清）魏裔介：《论性书》卷上，《四库全书存目丛书》子部第20册，第426页。
③ （清）魏裔介：《论性书》卷上，《四库全书存目丛书》子部第20册，第426页。
④ （清）魏裔介：《论性书》卷上，《四库全书存目丛书》子部第20册，第428页。
⑤ （清）魏裔介：《论性书》卷上，《四库全书存目丛书》子部第20册，第427页。

魏裔介认为性气的关系是"性，形而上者也；气质，形而下者也"①。这是理学习惯的说法，并无异议。关键在于他反对在"气质"二字后加上"之性"二字，他说：

> 天命本然之性实不随气质为清浊厚薄也。然则言气质而已矣，何必添"之性"二字？若论气质，则天下人之所禀实有不同，何可诬也？故程子言："论性不论气不备，论气不论性不明，二之则不是"，此说最为得之。而"之性"二字于理气之间不能无少碍也。②

气质虽然个人禀受各不相同，不必再加上"之性"二字。一旦加上"之性"二字，理气之间会有妨碍。因为理气合一，气是理之载体，理是气之性，理不离气而独存。理不离气，气不离理，理气是一而二，二而一的，所以，魏裔介认为加入气质之性，于理气之间有所妨碍。他以孔子"性相近，习相远"为例加以说明：

> 夫子言性便是说形而上者，然不曰一而已矣。而曰相近，是以有气质之论。要之，非夫子当日本指气质之说，夫子未尝不言之，然绝无之性二字。惟上知与下愚不移，是其说气质也。生而知之者上也；学而知之者次也；困而学之又其次也；困而不学，民斯为下矣，是其说气质也。③

他认为孔子所言"性相近"，这个性是形而上的性，也就是宋儒所说的天地之性。由于孔子并没有说形而上的天地之性是唯一的，而说"性相近"，导致后来有气质之论。孔子说"性相近"的本意并不是指气质而言的。虽然，孔子所说的上智、下愚、生知、学知、困知，这些都是就气质而言的，气质不同，才有资质、才智的差异，但孔子没有说过气质之性。他认为气质

---

① （清）魏裔介：《论性书》附录《辨性不杂于气质说》，《四库全书存目丛书》子部第20册，第457页。
② （清）魏裔介：《论性书》卷上，《四库全书存目丛书》子部第20册，第420页。
③ （清）魏裔介：《论性书》附录《辨性不杂于气质说》，《四库全书存目丛书》子部第20册，第457页。

有愚明柔强之差，却没有善恶之异。因而，魏裔介强烈反对"气质之性"的说法，因为："杂以气质之性之说，吾恐开天下以言性恶之端。曰天命之性善，而气质之性有善不善也，岂不有害于性乎？"①一方面，他认为会开后世性恶之说，有害于道德实践，有害于道德秩序；另一方面，他认为既然说天地之性为善，又说气质之性有善与不善，容易造成理论的不洽，有害于性。

魏裔介尽管反对气质之后加"之性"二字，唯恐世人以恶为性，但他对于气质的存在、气质的作用十分重视。他说：

> 愚谓天地之性不能悬空独立，即在二气五行生化之中。人之性不能悬空独立，即在天气地质之内。故人生天地之间，气质清者，此性浊者，亦此性也。气质厚者，此性薄者，亦此性也。又焉得分天地之性与气质之性而二之乎？况气质清浊厚薄不同而皆可以为善，正以性无不善耳。②

形而上的天地之性是在二气五行生化中产生的，不能悬空独立，不能离气质而独存。人性不能悬空独立，在天气地质之内。不能将天地之性与气质之性割裂，一分为二。天地之性作为形而上者，不能离形而下的气质而独存。因为，无论气质之清浊厚薄，都是一个性，都是善。所以，他说："故孟子又曰形色天性也。非性则无以主此形，非形则无以备此性。古之圣人践形尽性，不敢岐而二之。添了'之性'二字，生出许多葛藤。"③从实存上讲，性与形不二，性主宰形，形承载性，践形即是尽性，尽性即是践形，不可分割。气质加上"之性"二字，会惹来许多麻烦与理论的纠葛。

魏裔介在评价孟子人性论时，更进一步强调以下几点：

> 既不可妄指性为食色之性，又不可把天命之性，仁义礼智，求之耳

① （清）魏裔介：《论性书》附录《辨性不杂于气质说》，《四库全书存目丛书》子部第20册，第457页。
② （清）魏裔介：《论性书》附录《辨性不杂于气质说》，《四库全书存目丛书》子部第20册，第458页。
③ （清）魏裔介：《论性书》附录《辨性不杂于气质说》，《四库全书存目丛书》子部第20册，第458页。

目口鼻四肢之外，而性益虚矣。

性者，理也，却是气之主宰。

愚谓耳目口鼻四肢，皆是一身之形体，食色之情欲止可谓之欲，何可谓之性？

盖性自以仁义礼智为主，而气质乃所以载性者也。

世之人以口之于味等为性，是以欲为性也，是以气为性也，而不知有理以制之。

气质皆性命也，人心尽道心也，有何天命之性、气质之性、义理之性、嗜欲之性之分哉？[①]

一方面，食色不是性，食色是欲望，耳目口鼻不是性，是人的形质，耳目口鼻之欲也不是性，只有仁义礼智才是天命之性，才是善性；另一方面，性是理，理为气之主宰，这理、这性不是虚空高悬的。气质是性的载体，不能离气质而求性理。性不能离开耳目口鼻，不能离开形质求人性，不能离人欲以求天理，当然，这里的人欲指人的合理欲望。因此，不可以耳目口鼻之欲为性，不可以形质为性，不可以气为性，天理、人性要主导、规范人欲。同时，气质与性命不二，人心与道心不二，不必有天命之性、气质之性、义理之性、嗜欲之性之分，只有一个善性。

三　后天践行之重要性

在理学的演变史中，宋代理学构建儒学本体论，为儒学人伦日用的形而下的道德、修养、工夫寻找形而上的理论依据。明清之际的思想家兴趣从玄虚高妙的理世界，落实到了形形色色的具象的世界，从本体论的建构回到了理的下贯落实，体现出明清之际理学重实践、重客观知识、重工夫的务实精神。

魏裔介认为人性是先天之善，无论圣贤不肖都是一个善。他将恶归于气质，归于资质，归于后天之习，归于后天失学，归于物欲牵引，归于自暴自

---

① （清）魏裔介：《论性书》卷上，《四库全书存目丛书》子部第20册，第435～437页。

弃。所以，后天要尽性，要践形，要变化气质，要存心养性，要克己复礼，要重视学的工夫。

在论证天人一理时，魏裔介强调后天实践工夫的重要性：

> 性即天理，岂空虚浩渺之天之谓哉！但此天理，操之则存，舍之则亡。故圣贤自危微传心以后，有克己复礼之语，克去己私，复还天理。天理何时不在，但为私欲所蔽耳。若能明能断，不为欲之所引，情之所流，而加以戒惧慎独之功，得喜怒哀乐之正，则吾心之中，无时无刻莫非天命之理之流行，而其为圣人不远矣。是以《中庸》曰："诚者天之道也。"谓天之理赋于人者，无不实也。又曰："诚者物之终始，不诚无物。"今之人纵恣于人欲，而不克自检制，其始也一念之私，久之而念念皆私；其始也一事之伪，久之而事事皆伪。甚而干戈弓矢生于樽俎，战伐戕杀起于骨肉，害及苍生，覆其宗族，孰非丧失天理之故哉！历观史册，较然如指诸掌也。故吾谓性理之即为天理，人能存心养性，即所以事天，孟子岂欺我哉！①

在魏裔介看来，性即天理，天理不是空虚浩渺的，诚为天道，天道是实在的。同样，天理赋予人，人性无不实，人性不是悬空高蹈的，而是实实在在的，要人后天下贯落实的。天理无时不在，但易为人之私欲所遮蔽。天理是操存舍亡的，只有克去己私，才能复还天理，也就是复还人之善性。人的实践，发自于认知，所谓知情意，没有相当清楚的认知，不会产生情感的认同，没有情感的认同，不会产生持之以恒、锲而不舍的意志。所以，魏裔介认为操存之道，首先在认知，要能明能断，也就是要具备明断是非的能力。能明能断，才能不被物欲所牵引，不会被情欲所流移。能明能断是被动认知，要拒物欲、情欲，除去能明能断之外，还需主动防范，也就是有戒惧慎独的工夫，要时刻警醒，要严格自律，做好己所不知时的工夫，做好己所独知时的工夫。这样才能得喜怒哀乐之正，心中才能时时刻刻如天理之流行，

---

① （清）魏裔介：《辩天人之理非二》，（清）魏裔介著，魏连科点校《兼济堂文集》卷16，第407页。

也就是顺命，顺天理之命，也就是尽性，尽天命之性，才能彰显、落实人之善性，才能学为圣贤，离圣人这一理想人格不远。

人纵情于私欲的泥淖，无法自拔。皆起之于一念之私，私欲的念头一旦萌生，则时时萦绕在心。一事为伪，则事事为伪。以致干戈弓矢生于宴席，战伐戕杀起于骨肉，至亲至友成为仇敌，宗族覆灭，祸害及无辜的苍生，酿成人伦悲剧。这一切都是丧失天理所致，换言之，就是丧失人性所致。所以，存心养性至关重要。存赤子之性，修养善良之性才是顺天、事天之正道。

要尽性践形，首先要识得性命之真：

> 学者不识性命，懵懵懂懂只是枉过了一生。即如命者，天命本兼理气而言。性者，理也，却是气之主宰。世人于耳目口体之欲则谓之性，而仁义礼智之道则谓之命。人心日炽，道心日减，职此之故，孟子此章欲人识性命之真，正以耳目口体之欲非性，而仁义礼智之伦常乃性也。气数之遇合非命，而分量之限制乃命也。是安命乃所以尽性，而尽性即所以立命。人视性命为二者，君子视之为一。人误以私欲为性者，气数为命者，君子直以品节为命，义理为性。此所谓性命之真也。[①]

这里的命是天命，天命是兼理气而言的，天命赋人以形，赋人以理。性是理，理为气之主宰。耳目口体之欲不是性，仁义礼智之伦常才是性。私欲不是性，义理才是性。气数之遇合，夭寿修短这样的命限不是真命，品行节操才是真命。性与命不为二，安命所以尽性，尽性所以立命。识得真性真命，才能尽性立命。

魏裔介对知性、知天、存心做出了解释：

> 孟子一生学问，得力于知性。知性者，知性之本善也。知性之本善而去私去欲，则能极其心之全量而无不尽矣。知天者，知性之本于命也。养性无功夫，存心便是养性功夫。存心者，非但操存为存，扩充亦

---

① （清）魏裔介：《论性书》卷上，《四库全书存目丛书》子部第20册，第435~436页。

存也。天理在心，故曰事天。夭寿不贰，修身以俟之，不问气数之命，只全义理之命。义理全而气数不能移，故曰立命，浩然之气本此。[①]

作为清初朱子学者，魏裔介认为知是行之始，对于认知之于实践的重要性，他有清醒的认识。他认为孟子一生的学问，得力于知性，也就是其性善论。他认为知性，就是知性之本善。知性之本善之所以在除去私欲的后天实践修为中如此重要，端在于"能极其心之全量而无不尽"，也就是说知道人性本善，人才能全身心地、无所保留地去发挥自身全副潜能去私去欲，以成就此善性，去落实此善性。知天，就是知道人性源自天命。知天的目的在于增强人的使命感与责任意识，此天命之善性是天之所赐，所以，知天与知性同其重要，都是践行与落实善性的必要环节与起始环节。对于养性，他认为存心即养性，除却存心别无养性功夫。对于存心，存心不仅仅是操存，扩充也是存心，不但要操存此善性，而且要扩充此善性，可见存心不是消极被动的施为，而是积极主动的责任。"夭寿不贰，修身以俟之"，这是孟子对立命的解释；在孟子看来，所谓立命，就是人要创造命运，在命运面前人人平等，不论寿命长短都要修身养性。魏裔介在此积极有为的思想基础上进一步提出"不问气数之命，只全义理之命"的主张。在他看来，天命之谓性，但在此天命面前人并不是被动的，不是为天所束缚的。尽管人对于自己的气数之命，也就是生死寿夭这些命运，无法完全掌控，但是，对于人的义理之命，也就是践行天赋予人的善性，完成五常，修身养性则是完全自主的。所以，知性、知命、存心皆是人的责任与使命，人要积极主动地承担起这种责任与使命。

对于尽性，魏裔介引用蔡清、林希元的观点强调践形的重要性。蔡清《四书蒙引》云："形各有性，非空形也。若未能充其性，则于形之分有亏，非践形也。"[②]认为只有扩充人之善性，才能践形。林希元《四书存疑》云："圣人然后可以践形，是知人一个形甚大，未至于圣人，亦云负此形矣。"[③]

---

① （清）魏裔介：《论性书》卷上，《四库全书存目丛书》子部第20册，第434页。
② （清）魏裔介：《论性书》卷上，《四库全书存目丛书》子部第20册，第434页。
③ （清）魏裔介：《论性书》卷上，《四库全书存目丛书》子部第20册，第434页。

认为形对于人而言意义重大，只有学至圣人，才能践形，才能不负此形。魏裔介进而论道：

> 只为世人自己看的卑小，以为圣人别有聪明睿知，不知圣人具此形色，即具此天性，众人具此形色，亦具此天性。但圣人能尽性，则为不负此形，众人不能尽性，则虚负此形耳。尽性者，非他，尽其视听言动之理而已。龟山杨氏曰：圣人动容周旋中礼者也。未至于圣，则未免有克焉。若孔子告颜渊，非礼勿视等语是也。其说甚是。然孟子此言不是尊圣，大为不可及。正是教人知圣人与我同类，而各尽性以践其形耳，不可以气质不及圣人，而不勉力以自修也。①

魏裔介认为，圣人与凡人的区别在于能不能尽性，而不在形色与天性。圣人具此形色，具此天性，凡人同样具此形色，具此天性。所谓尽性，"尽其视听言动之理"，也就是视听言动合于理，合乎天理之规范。杨时所讲的"圣人动容周旋中礼者"，孔子所说的非礼勿视等，都属于尽性。"形色，天性也；惟圣人，然后可以践形。"孟子这句话，魏裔介认为不是孟子尊崇圣人，认为圣人不可及，而是教人知道圣凡同类，树立自信，让天性通过身体，通过外在的实践，得到最大限度的开发，勉励人奋力自修，不负此形。

本性虽善，但后天失学是恶的来源，仍然不可忽视后天的学习：

> 本性虽善，亦必加之以学。圣人者，能以学而全其善也。众人者，以不学而失其善也。岂其性之有异哉？学必由圣，非圣人不能言也。圣必由性，余愿与天下学者择之执之，明善以诚其身而已矣。②

人性，不论是圣人，还是大众，都是一样的，都是善。即便人性是善，后天的学习仍然必不可少。圣贤与凡夫的区别就在于后天的学习，圣人能够通过后天的学习完成其善性，凡夫则因后天失于学习而最终失去其善性。所

---

① （清）魏裔介：《论性书》卷上，《四库全书存目丛书》子部第20册，第434～435页。
② （清）魏裔介：《论性书》卷上，《四库全书存目丛书》子部第20册，第437页。

以，要遵从圣人的教诲，要效法圣贤，以圣贤为师。圣必由性，圣人之性为善，不为物欲所遮蔽，情能顺性而发，合于中正平和。学为圣人，择善而执，明善诚身。人性是同一的，是善的，凡夫的不善是由于后天的自暴自弃，这是没有尽其才所致。

结　语

理学发展至清代，理论已达极致，传统学术进入总结期。加之晚明王学玄虚而荡，情识而肆，道德秩序受到严重冲击，明清鼎革之际，理学思想由王返朱，朱子学蔚然成风。朱子学去虚就实，强调人禽之辨，重提性善之论，无不是明清社会变迁在思想领域的因应。魏裔介身处其时，其人性思想体现着清初朱子学的诸多特点。其人性论思想方面，反对阳明心学无善无恶论，强调孟子性善论，认为性是源自天命的纯善之道、纯善之理，为重建儒家道德秩序张目。对自张载以来的气质之性与天地之性说，魏裔介反对将其解释为人性二元论，认为只有一天地之性，有气质而无气质之性。清初朱子学注重形而下的践履，魏裔介强调后天的学习，尽性践形，存心养性。

毛奇龄的礼学特色[*]

乔　娜

毛奇龄是清初最为重要的学者之一，他博通经史，尤擅长说经，治学范围广，对诸经皆有辨析，成果丰富。近来学界对其"四书"学、易学、《诗经》学等关注较多，而对其礼学的研究略少。

毛奇龄有丰富的礼学著述成果，其说经重在补充注疏未及之释义，阐明经文内涵。毛远宗在《曾子问讲录》中写道：

> 向曾讲第一章于道南书院，既已录讲义于前二卷中，尔时拟以次摨（挨）讲，自第二章起以迄篇末，共三十零章，于以救礼经之亡阙，注疏之谬，只借此一篇以示大意，使读经者有所推准。……先生当礼亡之后，欲注《三礼》，稍正汉晋唐儒之阙失，使经义昌明，而初遭流离，今且老病踵至，即欲完讲此一篇而不可得，岂非天乎？[①]

毛奇龄曾欲注"三礼"以正汉晋唐儒注疏之缺失，昌明经义，可见其经学抱负之宏阔，惜中年流离而晚年老病。他讲解《曾子问》的目的在于救礼经之亡阙，注疏之谬。他还注重疏通经传注疏之矛盾，避免异同抵牾、淆乱纷错的观点出现。他在《大小宗通绎》前言中述云：

---

*　本文获得北京故宫文物保护基金会和万科公益基金会专项经费的资助。

①　（清）毛奇龄：《曾子问讲录》卷3，《毛西河先生全集》，康熙二十五年（1686）萧山书留草堂刊本，第1~2叶。

（宗法）固三代以前不传之制。封建既废，原可弃置，勿复道者。顾后儒纷纷，无所折衷，即郑注、孔疏亦大率周章无理，而赵宋以还，立说倍多，则倍不可信。因取《小记》《大传》言宗法者数条，略为疏解，似较于诸经重有发明，且就文曲释，更有诸经所未详、从来晦塞者，而一旦皆有以通之，因题之曰《大小宗通绎》。世之考礼者，幸损荐焉。①

除了补充和疏通经传注疏之外，他还重视申明个人观点，以经解经、以经证礼，以呈现统一的个人解经观，形成自己的治经风格，并体现出以礼经世的诉求。在论昏、丧、祭"三礼"时，他将今制时俗放于古礼框架内进行斟酌权衡，以做取舍，并且辨正《家礼》不合礼经或人情之处，试图扭转朱子家礼学几百年来对社会风气的影响。

本文拟从尊经与通经、权衡古礼今制与以经入世、以经证礼与经据次序三个方面对毛奇龄的礼学特色进行阐述。

一　尊经与通经

毛奇龄的礼学研究继承了宋明以来以经解经的治经思路，并在此基础上强调解经须读经、通经，不得执一难一，重视语境通洽、以经证礼，不以传释经等解经方法。

（一）解经须读经，以经解经，以经断经，以经证经

毛奇龄的经学著述经常提到考证经文之论：

史自唐以后无可问者，而经则六籍皆晦蚀，《易》《春秋》为尤甚。二千年来，谁则起而考正之？②
予尝谓学贵通经，以为即此经可通彼经也。③

① （清）毛奇龄：《大小宗通绎》卷1，《毛西河先生全集》，第1叶。
② （清）毛奇龄：《墓志铭目》卷11《自为墓志铭》，《毛西河先生全集》，第6叶。
③ （清）毛奇龄：《四书賸言》卷3，《毛西河先生全集》，第3叶；賸，为"剩"的繁体异体字。

以经解经，不以传释经，任取经文一条，而初观其礼，继审其事，继核其文，又继定其义，而经之予夺进退无出此者。①

人以传证经，吾以经证经。……善解经者，当以经解经，并不当以传解经。夫传尚不可解经，而况于儒说。②

以传解经，必不如以经解经。③

解经须读经，且须读经之间隙处。《曾子问》云："升奠币于殡东几上。"④毛远宗问道，此朝夕奠为室奠，奠已入室却为何仍曰奠于殡前？毛奇龄讲解说此是经文之缪辎，须以经解经，几不为奠设，几为案，是所凭按之物，"此所用几即在殡前原设之几，以殡前即殡东，殡以东为前，故直曰'殡东几上'"⑤，而以往诸说必以几属奠，故有此疑问。

经有本文，有前后文。若有本文字顺而诂义稍疑者，仍以本文读之。如《尚书》"格于皇天"，《孔安国尚书传》解为"至于皇天"似乎有碍，则仍据本文。若前文了然明白，而后文千变百动亦无彼此改易之事，则应通读前后文作对照，如《曾子问》所述前文冠礼之遭丧废冠与后文昏礼之遭丧废昏亦彼此相等。

以经解经，不以注解经。《曾子问》云："乃命国家五官而后行。"⑥毛奇龄指出，《曾子问》首章载有太宰、太史、太宗和太祝之官，此与《曲礼》所云"六太"相同，而此句五官亦是《曲礼》所云典司五众之官即司徒、司马、司空、司士和司寇，由《曲礼》经文可以解《曾子问》之文，而郑注和孔疏并不晓此意。

解经当尊经，应辨析传注而非妄议经文。毛奇龄自陈其解经立场曰："向予解经，并不敢于经文妄议一字，虽屡有论辨，辨传非辨经也。即或于

---

① （清）毛奇龄：《春秋毛氏传·序目》，《毛西河先生全集》，第3叶。
② （清）毛奇龄：《春秋毛氏传》卷7，《毛西河先生全集》，第6、17叶。
③ （清）毛奇龄：《春秋毛氏传》卷11，《毛西河先生全集》，第1叶。
④ （汉）郑玄注，（唐）孔颖达疏《礼记正义》卷18《曾子问》，（清）阮元校刻《十三经注疏》（清嘉庆刊本），中华书局，2009，第3007页。
⑤ （清）毛奇龄：《曾子问讲录》卷1，《毛西河先生全集》，第16叶。
⑥ （汉）郑玄注，（唐）孔颖达疏《礼记正义》卷18《曾子问》，（清）阮元校刻《十三经注疏》（清嘉庆刊本），第3009页。

经文有所同异，亦必以经正经。同者经，异者亦经也。"①他明确反对删经，批评了朱熹不解经文而删经的做法。毛奇龄针对朱熹以《大传》"宗其继别子之所自出者"中"之所自出"为衍文而删去之举感慨道："此'所自出'则郑不能注，而孔疏复倒其文，谓由此君出为先君所出之别子，而朱氏则直删之。夫只不解经而遂致删经，则凡为经者危矣。虽礼经出自季世，然亦经也，经何可删矣？"②

辨经以经为断，不守师承，不较门户。他申明辨经法曰："历两汉，学官相承不辍。然一经论定，则墨守俱下。如《毛诗》既出而《鲁诗》遂亡，《左氏春秋》行而江都之学化作乌有。何则？师承绝也。今尚有师承乎？康成非汝师，汝亦何能承康成也。且议礼有是非，非谓各承一说可以固守自得也。……特予辨经法，不较门户，不审问韦刘王郑当日是非，而只以经断之。"③

以经证经，以礼证礼。如辨天子庙制，郑玄认为天子七庙为太祖、文王、武王之祧与四亲庙，王肃则主张七庙为始祖庙、高祖之父及高祖之祖二祧庙和四亲庙。《祭法》云："王下祭殇五：适子、适孙、适曾孙、适玄孙、适来孙。"④王肃据此指出祭下及无亲之孙，则上亦应祭及无亲之祖。毛奇龄赞同道：

> 《祭法》初以上祭七庙五庙三庙二庙定尊卑之等，此又以下祭五殇三殇二殇一殇为隆杀之准，则下祭殇亡而自子孙曾玄以及无服之来孙，与上立庙享而自父祖曾高以及无服之远祖，两相比较，下及无亲则上亦应及无亲，此正以经证经、以礼证礼立说之最博通处。⑤

在通读《祭法》上下文，进行两相比较后，他推出下及无亲则"上亦应及无亲"。

---

① （清）毛奇龄：《古文尚书冤词》卷1，《毛西河先生全集》，第4～5叶。
② （清）毛奇龄：《大小宗通绎》，《毛西河先生全集》，第13～14叶。
③ （清）毛奇龄：《经问》卷7，《毛西河先生全集》，第13叶。
④ （汉）郑玄注，（唐）孔颖达疏《礼记正义》卷46《祭法》，（清）阮元校刻《十三经注疏》（清嘉庆刊本），第3450页。
⑤ （清）毛奇龄：《庙制折衷》卷1，《毛西河先生全集》，第8叶。

（二）解经应通经，解一经而诸经皆通，不得执一难一

通经即通解诸经而不囿于一经之解，应解一经而诸经皆通。如毛奇龄将诸经所载居丧不言之说做了对比。其述曰：

> 居丧不言不对之说，言人人殊。《孝经》云"言不文"，谓不饰语词耳，非不言也。若《曲礼》"居丧不言乐"，第不言作乐之事，而他事皆可言。《杂记》云"三年之丧，言而不语，对而不问"，则他事可自言而不得告语，可对人之问而不得问人，非谓言事与答问皆当绝也。至《间传》与《丧服四制》皆云"斩衰唯而不对，齐衰对而不言"。此则又稍刻者。然《孟子》齐衰尚在对之之列，虽在他事犹可对，而况只问丧而三年之间竟不置对，并无此礼。况其有大谬不然者。人第知居丧不言，而不知居丧则必言，丧事重大，正须言说讲论以求其故，故《既夕礼》云非丧事不言，谓丧事必言，非丧事故不言耳。盖论议丧事，古分贵贱，天子诸侯不自言丧事而臣下得代言之。……若高宗三年不言，指命令，不指言词。又与《四制》"不言"不同，故曰"惟作命"，又曰"罔攸禀令"。然亦古礼有然，至高宗偶一行之，若周礼则全未有。此康王居成王之丧，自乙至癸只九日，即作诰以命群臣，故夫子于高宗但曰古之人皆然，并非周制。而孟子告滕君"五月居庐，未有命戒"，则父兄百官皆曰宗国莫行，以非周礼也。不然，岂有先君宗国俱不行三年丧者？予尝谓善解经者，解一经而诸经皆通，正此谓也。①

在论述"居丧不言不对之说"时，他将《孝经》《曲礼》《杂记》《间传》《丧服四制》和《孟子》诸文一并参照，推知"不言"皆非指不语言辞，高宗不言指命令，天子诸侯不自言丧事而由臣下代言，并论证了三年丧制非周礼而是古礼。

在论《周礼》官制时，他将《周礼》六官与六幕、《曲礼》"六太"相互对照：

---

① （清）毛奇龄：《经问》卷6，《毛西河先生全集》，第11～13叶。

古来无六数之物，只上下四旁谓之六幕，因借此纪官，一如后世以甲乙枝干纪库舍之类，此亦说之善者。观少皞纪鸟，便不必与六幕合，此可验也。若《曲礼》"建天官，先六太"，则直以天官事神，五官治民，又各不同。善读书者如对琉璃屏，一照并彻，岂得遮蔽在一处耶？①

然而通经不易，毛奇龄指出"有明一代，以明经取士，名为通经，而实未尝通，以致朝庙大礼一往多误"②，如嘉靖大礼议时所提"兄终弟及"应指同母弟（嫡弟），无即同父弟（庶弟），从兄弟则不言弟及，执政大臣因误解"兄终弟及"之义而致失伦序。

说经说礼不得执一经、执一礼，若他经可通，则各经应相互取证。他强调："说经不当执一经，说礼不当执一礼。愚尝谓《三礼》惟《仪礼》最劣。顾他经可通，则未尝不取以相证。"③《曾子问》曰："大祝裨冕执束帛，升自西阶尽等，不升堂，命毋哭。"④毛远宗论升阶之法为吉礼拾级和吉礼兼凶礼用散等，拾级为左足此级，右足亦此级，散等为在尽阶之等，左足此级，右足彼级，然后升堂。《杂记》云："祭，主人之升降散等，执事者亦散等。"⑤毛远宗认为《曾子问》所云生子告殡为吉凶兼行之礼，此时散等应为一足"著级"，不可两足"兼著"而驻足。毛奇龄指出毛远宗所论散等和尽等无驻足之论极为精核，然而踞等驻足之说在《仪礼》中可屡见。他阐述曰：

如此踞等呼告之说，他经鲜有，而惟《仪礼》则屡见之。《既夕礼》商祝告启枢，亦免袒，执功布入，升自西阶尽等，不升堂而告。《聘礼》使臣归而君薨，则使臣复命时，亦执圭入，升自西阶尽等，不升堂而告。则此西阶尽等处，正是告君行礼之位，与他礼吉凶散等又别。然且

---

① （清）毛奇龄：《周礼问》卷1，《毛西河先生全集》，第14叶。
② （清）毛奇龄：《辨定嘉靖大礼议》卷1，《毛西河先生全集》，第3叶。
③ （清）毛奇龄：《曾子问讲录》卷1，《毛西河先生全集》，第12叶。
④ （汉）郑玄注，（唐）孔颖达疏《礼记正义》卷18《曾子问》，（清）阮元校刻《十三经注疏》（清嘉庆刊本），第3007页。
⑤ （汉）郑玄注，（唐）孔颖达疏《礼记正义》卷42《杂记下》，（清）阮元校刻《十三经注疏》（清嘉庆刊本），第3384页。

《士丧礼》浴尸则管入，升阶亦尽等，不升堂而受沈。《燕礼》君飨乐工，则笙人升阶亦尽等，不升堂而受爵礼。当数见，则不得执一是以疑众非矣。所谓说经须裁决，又须博通。经儒于此际，则倍宜猛省耳。①

升阶尽等而不升堂即是踞等驻足之意，此在《仪礼》之《士丧礼》、《既夕礼》、《聘礼》和《燕礼》各篇皆数见之，则不能以《曾子问》应尽等无驻足之论以疑《仪礼》诸篇所记为非。说经既须裁决一论，又须博通各经之论。

说经不可执一难一，若一经而两字并出则不得执一以攻一。如释"封"字。《曾子问》曰："遂，既封而归。"郑注曰："遂，遂送君也。封当为窆。"②毛奇龄指出，窆和封为两义，窆是下棺，封是封土，然而封可兼下棺，此句之"封"即兼此义，指将葬时"先封土于两傍，而绋棺而下于封"③。他举例说"封"字在礼文多有，不可执一难一，如《檀弓上》"封之若堂"④指封土，《丧大记》"凡封，用绋去碑负引"⑤指下棺。而《王制》曰："庶人县封，葬不为雨止，不封不树。"⑥此句上"封"字是下棺，下"封"字是封土，即一经而两字并出，不得执一。又如辨"馆"字。在《曾子问》"公馆复，私馆不复"⑦一文，公馆可指市馆，亦可指公所，即公所命大夫士家；私馆是指从大夫士家来而非奉自君命。大夫士家即公馆而非私馆，在《聘礼》"卿馆于大夫，大夫馆于士，士馆于工商"⑧之文，馆即公馆，若注疏

---

① （清）毛奇龄：《曾子问讲录》卷1，《毛西河先生全集》，第12叶。

② （汉）郑玄注，（唐）孔颖达疏《礼记正义》卷19《曾子问》，（清）阮元校刻《十三经注疏》（清嘉庆刊本），第3028页。

③ （清）毛奇龄：《曾子问讲录》卷4，《毛西河先生全集》，第19叶。

④ （汉）郑玄注，（唐）孔颖达疏《礼记正义》卷8《檀弓上》，（清）阮元校刻《十三经注疏》（清嘉庆刊本），第2798页。

⑤ （汉）郑玄注，（唐）孔颖达疏《礼记正义》卷45《丧大记》，（清）阮元校刻《十三经注疏》（清嘉庆刊本），第3437页。

⑥ （汉）郑玄注，（唐）孔颖达疏《礼记正义》卷12《王制》，（清）阮元校刻《十三经注疏》（清嘉庆刊本），第2888页。

⑦ （汉）郑玄注，（唐）孔颖达疏《礼记正义》卷19《曾子问》，（清）阮元校刻《十三经注疏》（清嘉庆刊本），第3033页。

⑧ （汉）郑玄注，（唐）孔颖达疏《仪礼注疏》卷24《聘礼》，（清）阮元校刻《十三经注疏》（清嘉庆刊本），第2320页。

以私相停舍为私馆，则在官邸外抑或另有私邸，若言无公馆则是执一碍一。再如论古代车制。他指出古代一车三十人并非定制，不可执一难一。《春秋》载子产曰"用币必百两，百两必千人"①，此言行军时每车十人；《鲁颂》曰"公车千乘，……公徒三万"，此言一车三十人，其又曰"烝徒增增"②，烝即众，徒即行徒，此说明在一车三十人的车卒之外还有烝徒，"增增"即指此众是增于公徒之外者。还如《尚书》之《梓材》和《酒诰》皆是诰康叔之文，《梓材》有司徒、司马、司空，《酒诰》则易之曰农父、圻父、宏父，两篇所载虽非彼此通见，但不可执一以攻一，执所见以攻所未见。

毛奇龄总结说："是以善读书者，必不执一以攻一，执所见以攻所未见。夫古书灭没，人所不见者多矣。况古人作书，绝不类今人作文，令彼此通见。"③

（三）重视语境和证据，解经贵通洽而无一定

论礼不能武断。一则不能杜撰无据之礼。毛奇龄指出礼文有二至举祭之礼，二分之祭虽亦必在古礼，但终究怀疑此无依据，而《家礼》引司马光之言，遵孟诜家祭仪用二分日祭宗庙之礼，如此以无据之言杜撰论礼即是武断。二则不杜撰礼名。他以墓祭礼为例，据墓祭时间清明和霜降两个节气，指出"清明用牲牢皷乐，傧赞奠献，男妇俱诣，故谓之祭；若霜降，只可用鼎俎、笾豆、黍稷、清钟数檠，而余俱无有，则荐而已矣。然但称祭不及荐者，以祭可该荐，且古无墓荐名色。既将议礼则一名亦不可杜撰，防自用也"④。

解经贵有据。毛奇龄常提炼经文中相同字词或同一问题之相关文字引以为据。如有疑者提出膳夫之贱役为何隶在《周礼》之天官宫伯之下？毛奇龄以《诗经》为据作答。《诗经·云汉》曰："疚哉，冢宰，趣马师氏，膳夫左

---

① （晋）杜预注，（唐）孔颖达疏《春秋左传正义》卷45《昭公十年》，（清）阮元校刻《十三经注疏》（清嘉庆刊本），第4472页。
② 《毛诗正义》卷20之二《閟宫》，（清）阮元校刻《十三经注疏》（清嘉庆刊本），第1330页。
③ （清）毛奇龄：《周礼问》卷1，《毛西河先生全集》，第16叶。
④ （清）毛奇龄：《辨定祭礼通俗谱》卷5，《毛西河先生全集》，第11叶；皷，为鼓的异体字；下同。

右。"①《诗经·十月之交》曰："家伯维宰，仲允膳夫。"②他在读此二诗后始悟膳夫地位甚尊，凡水旱、日食等天事有阙时必及之，既属天职，则应列于天官之中。《国语》载虢文公引耕籍之典曰"膳夫、农正陈籍礼""膳夫赞王"③，亦体现了膳夫首执天事之位次。又如在论证甲兵和车兵时，他以古书明文为释经义之确证，其曰：

> 若谓甲兵即车之甲兵，用于车则为车兵，不用于车则为甲兵。……是以甲兵、车兵、徒卒，虽三等而只得二等，车兵与徒卒为一等，此随车而征有明文确证者。何则？《司马法》曰"甸出车一乘，甲士三人，步卒七十二人"，此随车而并征者也。此明文，此确证也。若车外甲士另称甲兵，则另是一等，不随车而征，此虽无明文而有确证。何则？《周礼》乡遂征军，不属丘乘；《左传》崇卒兴甲，在赋车外；皆未尝随车而并征也，此确证也。古文参错，不必如后世纲目照应之体，上曰数甲兵，而下所应者曰车曰马曰徒卒曰甲楯，并不必皆是甲兵，故注疏以甲兵为战器，车兵为甲士，截然分别，此甚有据之言。……而予谓车兵"兵"字既作人解，则古称足兵不必皆器，上曰甲兵而下又曰甲楯之数，则器又复出，故即以苅掩甲兵作行兵解，甲楯之数作战器解，此则解经之无一定者。

他以《司马法》证车兵随车并征，以《周礼》和《左传》之文证甲兵不随车而征。古书上下文参错，并无照应，上文言甲兵，下文所言不必是甲兵。"兵"可作人解，亦可为战器，此应据语境论断，体现了解经无一定之法。

解经贵通洽。毛奇龄驳二郑所言墓祭非恒礼云：

---

① 《毛诗正义》卷18之二《大雅·云汉》，（清）阮元校刻《十三经注疏》（清嘉庆刊本），第1212页。

② 《毛诗正义》卷12之二《小雅·十月之交》，（清）阮元校刻《十三经注疏》（清嘉庆刊本），第957页。

③ （清）徐元诰：《周语上·宣王即位，不籍千亩》，《国语集解》卷1，中华书局，2002，第18、20页。

二郑注经多依违，彼亦疑墓祭之说在《三礼》无明文，因不敢直言有墓祭而曰祷祈，以依附于《祭法》"去祧为坛，有祷则祭"之语。夫先王始葬，未尝祧也。坛墠与墓不可同也，坛墠可祷，墓不可祷也。若谓墓即坛墠，则《曾子问》"望墓而坛"，既有墓又有坛，为非制矣。士子解经，贵在通洽，何可使触处有碍如此？[①]

他指出二郑以墓祭为祷祈，并以《祭法》"去祧为坛……有祷焉祭之，无祷乃止"[②]为证，则始葬之先王并未入祧庙更未去祧庙而为坛祷祭，且坛墠可祷祈，而墓则不然，据《曾子问》"望墓而为坛"[③]则墓非坛墠。因而他表示解经贵在通洽，使经义合通乎诸经而无抵触。

经文简核隐晦，须借于质难而明晰。毛奇龄论礼格外谨慎，先遍观群籍，然后质之仲兄毛锡龄，仲兄亡后则质之徐咸清、张杉二君，再通过雅集论礼等方式质之友人，而后有定论。如"有禘无祫"之论即是先遍览群书后始有的结论，再与徐仲山、张南士讨论，最后于艾堂质礼时明确此论。再如针对《周礼》载井邑邱甸之制而未言成、同的现象，毛奇龄对其暗补甸数之意进行了详细剖析。其论云：

惟匠人为沟洫，始曰九夫为井，井间有沟；十里为成，成间有洫；百里为同，同间有浍；则欲辨井地之有沟洫，不得不增"成""同"二名于其间，故云九夫为井，井方一里，四井为邑，邑方二里，四邑为丘，丘方四里，四丘为甸，甸方八里，此本文也。而于是云旁加一里，共十里为成，而以所加之一里为治沟洫之用。此就《匠人》文补之，以解任地事之义，所谓以经解经者。是以经文"四丘为甸，四甸为县"，此中无"成"字而"成"已可见，何则？甸止八里，县有二十里，向使无"成"以补之，则四甸止十六里耳，焉得云四甸为

① （清）毛奇龄：《经问》卷13，《毛西河先生全集》，第6叶。
② （汉）郑玄注，（唐）孔颖达疏《礼记正义》卷46《祭法》，（清）阮元校刻《十三经注疏》（清嘉庆刊本），第3447页。
③ （汉）郑玄注，（唐）孔颖达疏《礼记正义》卷19《曾子问》，（清）阮元校刻《十三经注疏》（清嘉庆刊本），第3030页。

县，则即据本文亦已隐包一"成"于其中矣。于是都方四十里，加以四都八十里，而旁加一里，共得方百里，而名之为同，直以《匠人》文解之，郑注之意如此。若其以旁加之里，与之治沟洫之夫则亦以本文"税敛"二字解之，大抵一成方十里得百井九百夫，而以甸之八里六+四井五百七十六夫出田税，以所加一里三十六井三百二十四夫使之不出税而治沟洫，则此不出税者即治沟洫之人也。虽同亦然。故本文止及甸、都，而不及成与同，以本文但任税敛，成与同即不在税敛内耳。盖古经极简核，其暗补甸数，明阙成、同，皆有意者。郑注虽不谬，然亦未能明言其意，非得今日剖析之，则终昧昧耳。经之有藉于质难如此。①

《周礼·小司徒》曰："四丘为甸，四甸为县。"②毛奇龄认为其本文虽未言"成""同"，但已将二者隐栝于内，此可由《周礼·匠人》文"九夫为井，井间广四尺、深四尺，谓之沟；方十里为成，成间广八尺、深八尺，谓之洫；方百里为同，同间广二寻、深二仞谓之浍"③证之。

解经不可急于一时，随着个人阅历增长而解经有一个逐渐严谨与成熟的过程。如《孟子》曰："吾宗国鲁，先君莫之行。"④赵岐注以宗国为宗圣之国。毛奇龄在《大小宗通绎》中指出，幼时读《孟子》滕文公曰"吾宗国鲁，先君莫之行"，赵岐旧注曰"宗圣人之国"，然不知此圣人是周公还是孔子，及读《春秋》公山不狃曰"以小恶而欲覆宗国，不亦难乎"⑤，始悟赵岐注之谬，然而他当时未晓宗法，不敢执此为何等之宗，而在《大小宗通绎》中辨"继所自出"时才豁然明白鲁国因"当时立宗以周公为文王之昭得为大

① （清）毛奇龄：《经问补》卷1，《毛西河先生全集》，第3~4叶。
② （汉）郑玄注，（唐）贾公彦疏《周礼注疏》卷11《小司徒》，（清）阮元校刻《十三经注疏》（清嘉庆刊本），第1533页。
③ （汉）郑玄注，（唐）贾公彦疏《周礼注疏》卷42《匠人》，（清）阮元校刻《十三经注疏》（清嘉庆刊本），第2014页。
④ （汉）赵岐注，（宋）孙奭疏《孟子注疏》卷5上《滕文公章句上》，（清）阮元校刻《十三经注疏》（清嘉庆刊本），第5875页。
⑤ （晋）杜预注，（唐）孔颖达疏《春秋左传正义》卷58《哀公十年》，（清）阮元校刻《十三经注疏》（清嘉庆刊本），第4700页。

宗，故鲁于诸国独称宗国"①。后来他在《经问》中的解答则认为赵岐所注尚晓宗法，有云滕与鲁皆出自文王，此据《春秋》所云之鲁以文王名出王、以文王之庙名出王庙，正是宗法。他还强调"宗国"不指同宗之国而指代鲁国，言宗在故则专以宗国指鲁。例如《国语》载舟之侨曰"宗国既卑，诸侯远己，内外无亲，其谁云救之"②；哀公八年，公山不狃对叔孙辄曰"以小恶而欲覆宗国，不亦难乎"；哀公十五年，子贡见公孙成曰"利不可得而丧宗国，将焉用之"③；诸文所言"宗国"皆指鲁国。

二　斟酌古礼今制与以经入世

毛奇龄在辨定通俗祭礼时曾感慨古礼零落，不可为世法，俗礼亦随之琐屑。他指出："古礼不传久矣。《曲台》十七篇只得《士礼》，而李氏上《周官》经则专记周代官政而不切民用。若戴马《礼记》率战国以后学徒所录零论襞屑，并无一通全之礼可为世法，而汉宋群儒则又各起而聚讼其间。于是古礼亡，即俗礼亦沫沫焉。"④对于古礼今制的辨析，他着眼于昏丧祭"三礼"，尤以丧祭为主。他特别强调了丧祭之礼的重要性："礼莫重丧祭。丧祭之外，有何他礼？丧祭贵，贵则无他礼可辨矣。"⑤

他提出了论礼之二端：一则遵从今礼，二则古礼无征而仅存其说。《丧服传·不杖期章》载为君之父母、祖父母服期，《丧服》传云"父卒然后为祖后者服斩"⑥。毛奇龄称《郑志》中郑玄答赵商问云天子诸侯皆服斩⑦，说明孙为祖斩是以其为天子诸侯之故，此非大夫士和民间百姓所行之礼，且此为议礼假借之词，本无其实，并非定礼。他表示："圣人论礼，原有二端，一

① （清）毛奇龄：《大小宗通绎》，《毛西河先生全集》，第14叶。
② （清）徐元诰：《晋语二·虢公梦在庙》，《国语集解》卷8，第284页。
③ （晋）杜预注，（唐）孔颖达疏《春秋左传正义》卷59《哀公十五年》，（清）阮元校刻《十三经注疏》（清嘉庆刊本），第4723页。
④ （清）毛奇龄：《辨定祭礼通俗谱》卷1，《毛西河先生全集》，第1叶。
⑤ （清）毛奇龄：《经问》卷7，《毛西河先生全集》，第12叶。
⑥ 《仪礼注疏》卷31《丧服》，（清）阮元校刻《十三经注疏》（清嘉庆刊本），第2400页。
⑦ （三国魏）郑小同编《郑志》卷下，"钦定武英殿聚珍版丛书"，故宫出版社，2012，第5429页。

则从今，一则古不足征，即亦仅存吾说而已矣。"①《丧服》传存此礼文则是后一端情形。

毛奇龄在论礼时亦遵从了二端原则：一则从今礼，二则存古礼礼意。

（一）从今礼

丧礼环节古今繁简不同，今俗不合古礼亦无不可。如主人行迎送吊礼，君来吊则臣迎之，大夫来吊则士迎之，余俱不迎；出则不分尊卑贵贱皆送。《士丧礼》云："宾出，主人拜送于门外。"今之迎送吊，皆侯迎侯送，主人不与，此是因古人吊减，今人吊烦，主人有不能行礼之情，是礼之无如何之处，应从今礼。又如古礼命赴以父为主，赴即由子自主。毛奇龄指出："今俗，讣文载子名而并以父兄名加之于前，虽非古法，然亦近礼意。至于拜宾，则古者吊简，今者吊烦，舍尊就卑，未为不可。"②

祭礼古今异制，可从时制。一如祭之明器，以纸钱代币帛，自汉以来，民间行之已久。阡张纸即吉刀布形，卷纸而束之即帛也，糊锡纸为锭形即橐蹯也。古今不同制，今宫室几席簠簋笾豆皆已从时制，不应独以香烛纸锭为非礼。二如毛血应随地瘗埋，不必告，而朱熹《家礼》有进毛血礼。毛奇龄驳曰：

> 《礼》祝告毛血，名告幽全，以其血备名告幽，以其色纯名告全，全者，毛色不杂。所谓祝诏于室者，正诏此也。今祭无牲毛之等，无赤白黑三色之辨，无纯杂之分，则持其毛以进，将欲何告？不告而犹进之，将何为此？岂可食乎？今世凡礼祭俱无一不悖古礼，而独于毛血一节遵行不彻，观此可废然返矣。③

古礼祝告毛血是诏告此血备而色纯，而今礼已经不区分牲毛等第，亦无毛色纯杂之分，则无可告而不必告。

---

① （清）毛奇龄：《丧礼吾说篇》卷8，《毛西河先生全集》，第14叶。
② （清）毛奇龄：《丧礼吾说篇》卷3，《毛西河先生全集》，第12叶。
③ （清）毛奇龄：《辨定祭礼通俗谱》卷3，《毛西河先生全集》，第16～17叶。

古礼有必不可行且不必存其意的情形。例如，古杀牲必当日，由君亲杀，而今君不亲杀，且无鸾刀割刀、贵割贱割之礼，此是因祭贵精洁，临期用刲涤必不精，腥血满庭必不洁，故今礼先一日杀牲。毛奇龄认为尸与当日杀牲属于必不可行并不必存其意之礼。

（二）存古礼礼意

依从今礼，亦应知古礼的情况。其一，今礼无古礼之环节但有其礼节的情况。如古有女吊之礼，今女无行吊之事但有其礼，其位为"凡女宾至，女主不下堂，女宾升堂，则女主出房而拜于庭，女宾北面，女主西立东面；若女宾尊行，则女主亦拜于西阶下，一如君夫人吊卿大夫礼。若其服则练衣、吉笄"[1]。其二，今礼依行已久，不必再度损益，但应知古礼之理。《檀弓上》曰："嫂叔之无服。"[2] 此即嫂叔无服之说的由来，而毛奇龄认为嫂叔服在《春秋》以前无可考据，不必究辨后儒礼文。他认同成粲主张嫂叔服应从兄弟服降一等服大功之说，惜其终无定制。唐贞观年间，定嫂叔服为小功，是泥于《丧服》小功章"娣姒妇报"和《檀弓上》"小功不为位也者是委巷之礼也，子思之哭嫂也为位"之文；然而娣姒妇不含夫之昆弟与昆弟之妻，其《檀弓订误》已辨子思无兄则无嫂，故此二文并不足据。毛奇龄表示今制依唐制，无复损益，但应知其理如是。

推寻并适度回溯古礼。此可分两种情形。

一则古礼虽亡，礼失求野，史料中"尚有草蛇灰线可隐相踪迹"。毛奇龄论纤服是禫服时，以唐元陵《仪注》载"禫日，百官服惨公服"为据，并指出惨即黪，是纤服黑白色稍变之浅青色。宋代民间有行禫祭之前先服黪三日之俗，司马光《书仪》载男子服黪纱幞头黪衫角带，妇人以鹅黄青碧皂白为衣履，亦与禫服之纤冠素端黄裳诸色相合。

二则今礼失却古礼之义，应适度还原。礼由义起，如《檀弓上》载同居甥为舅母和母姨夫服。《士丧礼》载为从母小功，夫无服；为舅缌，舅之妻

---

[1] （清）毛奇龄：《丧礼吾说篇》卷3，《毛西河先生全集》，第7叶。

[2] （汉）郑玄注，（唐）孔颖达疏《礼记正义》卷8《檀弓上》，（清）阮元校刻《十三经注疏》（清嘉庆刊本），第2793页。

无服。若甥同居母姨夫、舅母之家，则为母姨夫、舅母服，此礼即同室可缌之义。因古礼废坏，后世行礼者多失却先王礼意。如吊丧之礼，今之吊丧，丧主待宾舍其哀而奉以饮食，丧宾止于吊哭而莫敢助主人之事，失却了古礼亲友乡党皆致力丧事之意。他主张今行吊礼应适度还原古意："今欲行之者，虽未能尽得如礼，至于始丧则哭之，有事则奠之，又能以力之能及为营丧葬之未具者，以应其求，辍子弟仆隶之能干者以助其役，易纸币壶酒之奠以为襚，除供帐馈食之祭以为赗与赙，丧家之待己者，悉以他辞无受焉，庶几其可也。"①

无古礼礼文，存其礼意。此亦可分为两种情况。

其一，无礼文存礼意。《祭法》曰："天子九庙一坛一墠，诸侯五庙一坛一墠。有祷，于坛墠则祭之，无祷乃止。"毛奇龄辨析了其中坛墠之制和祷祈之礼，指出除了《祭法》一文，此礼在他经中无可引据，汉晋唐儒礼文中亦不及一语，是一无可考之疑礼，而庙祧坛墠分作四等是已成之制，非因祷始设坛而特用牲祭之礼。他表示："若其祷祭何事，则倍无可考。先仲氏有云：《楚茨》《大田》诸诗皆祈祷之诗而诗文每及祖妣则或此耕坛所祷，《国语》所云'除坛于藉'者即迎此去祧之祖以配以祭，亦未可知。然终无见文，但存此礼意可耳，何敢凿指焉？"②

其二，无礼文，可推礼意，说礼不两骑其说。《经问》中有门人问庶母和嫡母坐位之别，毛奇龄表示此在礼经中无见文，但以礼意推之，古代世卿世禄之制重视为后，故严嫡庶以防篡夺，而今世无封建之制，无后可成，子无父爵可袭，故无关嫡庶，且此坐位在封建时只分长次而无升降，故庶母可与嫡母一列而不必降等。《丧服》云："妾无妾祖姑者，易牲而祔于女君可也。"若妾与正妻皆祔于女君，则两者坐位匹齐。毛奇龄认为齐等或加等皆可有之，嫡庶之分专严贵贱，若嫡贵，庶亦贵；嫡贱，庶亦贱。东汉郊位帝后之配只论贤否，不论嫡庶，改吕太后为高皇帝侧室薄太后，以庶配帝，以侧室配天地之事未必合古，但成事虽难凭，礼意犹可据。庶子家自立考主而

①　（清）魏源：《皇朝经世文编》卷62，《魏源全集》第16册，岳麓书社，2004，第423页。

②　（清）毛奇龄：《经问补》卷2，《毛西河先生全集》，第14叶。

并生妣主并无礼文，然而从周代因禘后稷所自出之父帝喾而立姜嫄庙以栖帝喾之主且祭庙时两主并祫之事，可见此礼意。至若庶子之家私祭生母一主，毛奇龄表示既可祔庙，何必再单祭，说礼不当两骑。

今礼名数复出且失却古礼之意则为缪礼。毛奇龄对今俗乡饮酒礼有所不满，他认为尚齿之饮与蜡祭相表里，今蜡祭不行而仍举此礼，既非养老，又非祫农，则犹与宾兴礼复出；且汉代乡饮酒礼在十月，唐代正齿礼在十二月，今乡饮酒礼以十月行事，正在蜡祭建亥之月，而所行之礼全无蜡祭意，可称为缪礼。

（三）古今两无碍之礼

毛奇龄主张寻求酌古准今两无碍之礼。以下依次举例论述。

其一，今之乐犹古之乐。他辨古今乐声曰："今世士大夫家不畜乐工，不贮乐器，而乡俗师巫婆娑乐神又非正祭所宜用。惟歌师以歌曲跋吹能作迎送神曲者最与古合，否则以乐人宴侑者当之，虽不能自制乐章，别设宫调，然只近代通行金元曲名，在明世太常庙乐皆袭其声，如所称朝天子殿前欢类，今皆可用。此正准今酌古而两无碍者。《孟子》曰：'今之乐犹古之乐也。'"[1]

其二，古用酒不一，今只分清浊。他论述古今用酒之别云："《周礼》五齐皆可取献。《礼运》有玄酒、醴醆、粢醍、澄酒之别，大抵由浊而清，分列堂室。而献则多用浊酒，如大祫注朝践用泛齐、醴齐皆是滓酒。今不备五齐，不列堂室，但分清浊二种，而以主人主妇合进之，则二爵并献，不亦宜乎？"[2]

其三，祭祀用乐之制。他对古今合乐制度论云："至于合乐，则如《仪礼》工歌笙入合乐。工歌者，清歌也；笙入即笙管乐也；合乐者，合琴瑟笙管上下之乐而总为之也。今以清乐代清歌，以管乐代下管，以弦管笙笛并作代合乐，此亦去古不远者。"[3]古礼，工歌为堂上所用，笙管乐为堂下所用，

---

[1] （清）毛奇龄：《辨定祭礼通俗谱》卷3，《毛西河先生全集》，第14叶。

[2] （清）毛奇龄：《辨定祭礼通俗谱》卷4，《毛西河先生全集》，第6叶。醆，即盏的异体字。

[3] （清）毛奇龄：《辨定祭礼通俗谱》卷4，《毛西河先生全集》，第10叶。

合乐为合堂上堂下之乐而总奏之，今礼之清乐、管乐和管弦笙笛虽与古不尽相同，但亦去古不远。

其四，古今酢礼。毛奇龄辨云："《特牲》《少牢》皆有酢神之礼。酢者，食后以酒荡口而演养之也，故馈食之后必用酢礼，所以演养主神者。九献自馈食后荐，加笾豆而酌醴祭酢，正谓此也。但古有王酢、后酢及诸卿大夫酢，不无太数。今只以主人主妇合酢之，且一如古礼，以笾豆之荐、酌酒以酢，岂非斟酌之尽善乎？"①

其五，古今祭奠用鼎。他论祭奠用鼎之制云："奠有多鼎，如遣奠用五鼎，大敛奠用三鼎类，若余奠不过一鼎。今断以一鼎一陪，则亦酌诸奠而得其中者。"②

其六，古今时祭礼。他斟酌古今合祭分祭之礼云："古虽七庙并祭，然其于时祭亦分祫（合祭）袷（特祭），如天子四祭，一袷三祫；诸侯三祭，二祫一袷。今但合主而祭于一堂，则同牲别馔，或分或合，无所不可，此皆酌古而不戾于今者。"③

此外，今礼有损益古制而相需为礼之处。毛奇龄辨古今庖人内饔之职云："《周礼》庖人掌供祭祀物羞即笾豆所实物也，内饔掌祭祀割烹之事即鼎俎事也。今反以鼎俎属庖人，以篚篚笾豆属内妇（内饔类），似乎相反。但庖人主辨畜食物，并市买庶羞，原该内外二饔之职，今不能多设饔人，则割烹在庖而余则内人自主之，此正相需为礼者，何相反乎？"④

面对朱子家礼学对社会风俗的影响，毛奇龄通过驳正前儒的观点和时俗所误的礼俗，试图让礼学在今制的轨迹发展中更合于古礼。辨析古礼今制的过程，凸显了他以经入世、为现实社会服务的个人愿望。正如他所指出的："备举六经之晦蚀者而剖析之，此亦经世大业一领要也。"⑤

他还强调学古入官，深叹明代养士极为优渥，而在议礼之世并无经术之士可供厚赖，并自认"徒抱经术，幸遭逢圣明，而未著实用，致空言无补，

---

① （清）毛奇龄：《辨定祭礼通俗谱》卷4，《毛西河先生全集》，第12叶。
② （清）毛奇龄：《辨定祭礼通俗谱》卷5，《毛西河先生全集》，第7~8叶。
③ （清）毛奇龄：《辨定祭礼通俗谱》卷2，《毛西河先生全集》，第12叶。
④ （清）毛奇龄：《辨定祭礼通俗谱》卷3，《毛西河先生全集》，第15~16叶。
⑤ （清）毛奇龄：《大学知本图说》，《毛西河先生全集》，第6叶。

于心疚焉"①。他表示："欧曾之文篇、杨慎小说家记注皆无用之学,为学古入官所不道者。先仲兄尝叹宋明以来无一读书人,实痛之,非毁之也。"②他就其从前入史馆纂修《明史》时每闻同馆官论及嘉靖大礼议便两端相持、无所专决的情形,指出明代之礼议与汉宋两代大相河汉,若此时不明定礼,将来国家大典仍无可据之礼,"天下惟礼可执,故曰执礼,亦惟礼可制,故曰礼制"③。因而他撰有《辨定嘉靖大礼议》二卷以议此礼,以明其意,这体现了他以经证礼、以礼明制的经世诉求。

三 以经证礼与经据次序

毛奇龄主张说礼应以经为证,依据经传原文,通观群经,重回原典。如论氏法时,他提到《礼》有以己之字为氏,又有以父之字为氏的情形,进而批评公羊注经未观经文所载仲遂之卒而疑婴齐之氏仲,亦未通观诸经之以身赐氏、以父字赐氏之文而墨守王父之字为氏一语,以致论断错误。

毛奇龄重视诠释礼的内涵,强调说礼因时制宜,不墨守一成之法,以经证礼。他在《辨定嘉靖大礼仪》中对此有详细阐述:

> 夫礼者,理也。礼者,履也。礼当于理则如履著地而不可动。间亦尝引经据史,明指其礼,以示于众。众虽善抗,亦似慑慑于心口而偃蹇而退,即或有故为踟蹰者,谓时王有制,各守祖宗以为法,或不能画一尽如古礼。而窃观明制,屡变法守,其在国初诸臣本属无学,皆叔孙绵蕞,而一经考究,则水落石豁,败漏莫逭。《尚书》曰:"学古入官,议事以制。"盖国事多端,其所进退务在因时以制宜,原非一成之法可墨守也。夫六经未亡,则礼具在也。人心之未泯,则以经证礼,其为理犹可通也。④

---

① (清)毛奇龄:《墓志铭目》卷11《自为墓志铭》,《毛西河先生全集》,第20叶。
② (清)毛奇龄:《辨定嘉靖大礼议》卷1,《毛西河先生全集》,第16叶。
③ (清)毛奇龄:《辨定嘉靖大礼议》卷2,《毛西河先生全集》,第19叶。
④ (清)毛奇龄:《辨定嘉靖大礼议》卷1,《毛西河先生全集》,第1~2叶。

他明确提出时王之制不能皆如古礼，国事之进退应因时制宜，不墨守成法。

他对经传可信度做了评估，并对依据次序有独到见解。其言曰：

> 予尝昌言礼备于《春秋》。韩简子所云《周礼》尽在鲁者，真非虚言。故予传《春秋》，特创为礼例一科，舍此则《论语》《孟子》犹为可信，而《三礼》反不与焉。必不得已，在《春秋》《论语》《孟子》三书所无有者，则然后遍考《三礼》，而酌取其近理者以为据，此真学礼之法。而世或不信，故予复于说礼之余，指其不实者附载于此。或曰《三礼》《三传》皆可谓经，《礼》与《传》殊，安知其非《传》之误？而予曰不然。《三礼》以《三传》为主，何也？以《三传》前而《三礼》后也。《三传》以左氏为主，何也？以左氏春秋儒而公羊、穀梁皆战国儒也。且不特此也，《公》《穀》旧称为道听途说之书，而《春秋经》为简书，《左氏传》为策书，皆鲁史也。鲁史有误乎？况此言礼者，其所引事则非与传忤而皆与经忤，是直与孔氏为难也。吾故曰：周礼以《春秋》为主，而《论》《孟》辅之，《三礼》勿与也。①

他强调了言礼最可据之书为《春秋》，次为《论语》和《孟子》，三书皆无所据时再遍考"三礼"中近理者以为依据。在《春秋》三传中，他以《公羊传》和《穀梁传》为道听途说之书，而以《左传》为可信之鲁史。相关具体原因，以下依次论述。

毛奇龄主张说经以《左传》颇为可据。他将《春秋经》称为简书，将《左传》称为《春秋》策书，他表示"予每说经必以《春秋》为之断，以《春秋》策书颇为可信。且先王之礼即所云'《周礼》尽在鲁'者，虽其时不无变更而相去未远"②。他表示若此礼在《左传》中有明文可证，便非杜撰，又合之"五经"无参错抵牾，则应以此为据而不应附会战国儒者之言。例如，他以《左传》文释诸侯大夫士之宗法。《左传·襄公十二年》载："凡诸

---

① （清）毛奇龄：《丧礼吾说篇》卷10《丧礼言事不实说》，《毛西河先生全集》，第11叶。
② （清）毛奇龄：《经问》卷2，《毛西河先生全集》，第9叶。

侯之丧，异姓临于外于城外向其国，同姓于宗庙所出王之庙，同宗于祖庙始封君之庙，同族于祢庙父庙也，同族谓高祖以下。是故鲁为诸姬临于周庙诸姬，同姓国，为邢、凡、蒋、茅、胙、祭，临于周公之庙即祖庙也，六国皆周公之支子，别封为国，共祖周公。"①毛奇龄指出，此以襄公临周庙祭诸侯临诸侯之制，借临丧之节传宗法，并以诸侯之宗法而传大夫、士之宗法。同姓同宗同族是姓与氏与族之别，姓与氏与族之别是国君与大宗、小宗之别。国君有大宗无小宗，有同姓同宗无同族，有宗庙祖庙无祢庙。他举例曰："如鲁为文昭、为武母弟、为大宗，则文为鲁所自出，立一文庙；以周公为始封之君，立一祖庙；而祢庙无之，以祢庙在祖庙四亲庙之中而不如继祢者之别立一祢庙为小宗庙也。"②同姓如吴、晋、郑、虞同姬姓而非宗，故吴丧则鲁襄临周庙；同宗如卫、蔡、曹、滕同是兄弟而以鲁为宗，当临祖庙即周公之庙；同族皆国君之弟，本国卿大夫士皆不以国君为同族，无同族则无小宗，除封国之始封于邢、凡、蒋、茅、胙、祭诸小国国君为鲁公之弟可称同族外，后此同族者仅国君之弟，因国君无祢庙且后此无小宗，不可为例，遂以同宗之礼加于同族，故亦为此六国临于周公之庙。同族于祢庙是指大夫、士之宗，杜预注"同族谓高祖以下"，同族即每族子姓在五世之内者即五世则迁之小宗，祢庙为继祢者，即每族之长。又如辨《春秋》禘祭诸例，他指出《春秋》闵公二年吉禘于庄公，襄公十六年晋人答穆叔曰以寡君之未禘祀，皆是吉禘；而僖公八年禘于太庙，文公二年大事于太庙，虽行禘祭，但其为五年之禘或四时之禘而不同于三年丧毕之吉禘。

在《春秋》三传中，他明显重视《左传》而轻视《公羊传》和《穀梁传》。他明确提到："礼莫备于《春秋》，故予之说礼必以《春秋》为主，而《三礼》次之，然《春秋》只《左氏传》耳，若《公》《穀》则直战国人所为，无礼之至矣。"③他举例说，《春秋》载文公五年使荣叔归含且赗，《左传》曰"礼也"，可证含、赗诸礼虽然属于各出，但列国往来时只遣一使兼行其礼。而《公羊传》和《穀梁传》，他认为总不足据，但二书相比，则从《穀梁传》。如论丧服总不数闰月，《郑志》载赵商询问《穀梁传》曰丧事不

---

① （晋）杜预注，（唐）孔颖达疏《春秋左传正义》卷31《襄公十二年》，（清）阮元校刻《十三经注疏》（清嘉庆刊本），第4236页。

② （清）毛奇龄：《大小宗通绎》，《毛西河先生全集》，第16~17叶。

③ （清）毛奇龄：《丧礼吾说篇》卷5《赠丧说》，《毛西河先生全集》，第13叶。

数闰而《公羊传》于葬齐景公时曰丧以闰数之缘由。[1]毛奇龄表示,《公羊传》所传为齐国国君齐景公,君服三年,《穀梁传》却曰功缌丧可数闰月,齐君安可功缌?他主张丧服不数闰是统合诸等丧服总而言之的,并言"虽《公羊》《穀梁》总不足据,而《公羊》说薄、《穀梁》说厚,吾从厚可也"[2]。然而,他说经亦有依据《公羊传》之时。如论宰夫为士,他指出春秋有太宰、小宰和宰夫三官,宰周公即太宰,此是公;宰咺、宰渠和伯糾为宰夫,此是士。他论云:"盖公只称爵,卿则称字,士则称名;凡名而不字,即是宰夫。故《公羊》曰:'宰者,士也,上士以名通者也。'此可据矣。"[3]

若《春秋》无可据,则据《论语》和《孟子》,再无可据时则据"三礼"。毛奇龄云:"先仲氏曰:凡说礼,若《易》《诗》《书》《春秋》无可据,当据《论语》《孟子》,《论语》《孟子》无可据,然后据《三礼》,以《三礼》皆孔孟后书也。"[4]他认为《左传》和《论语》、《孟子》三书皆春秋战国间经文,先于"三礼",又是孔子和孟子二人亲为亲定之语,极为可据。《孟子》虽然也是战国时经文,但其所引礼在"三礼"中无有,其中仅"天子一位"章与《礼记·王制》一致,但此属于《王制》袭自《孟子》,因而他主张说礼应从《孟子》而不从《礼记》,当《春秋》与《论语》、《孟子》诸书不得已而无所据时,再据"三礼";若礼文见于多篇经传而诸经传所记有异时,则从更可据者。

对于"三礼"的批驳,他在辨析丧礼时表现得最为明显,如论慈母如母时,他指出鲁昭公未尝少丧母而《曾子问》却载"鲁昭公少丧其母";故他感慨:"《三礼》晚出,其于春秋战国间事尚一往不合,何况于礼?"[5]继而他在后卷《丧礼言事不实说》中对《曾子问》和《檀弓》所引春秋事迹进行了订误,其序曰:

> 丧礼无言事者,惟《曾子问》《檀弓》二篇多据《春秋》事迹为言,以诸记礼者皆战国以后儒也,但其所引事一往多误。夫以战国后儒引春

① （三国魏）郑小同编《郑志》卷中,第5425页。
② （清）毛奇龄:《丧礼吾说篇》卷10,《毛西河先生全集》,第8叶。
③ （清）毛奇龄:《周礼问》卷1,《毛西河先生全集》,第15叶。
④ （清）毛奇龄:《昏礼辨正》,《毛西河先生全集》,第14叶。
⑤ （清）毛奇龄:《丧礼吾说篇》卷8,《毛西河先生全集》,第11叶。

秋时事，相距不远，且事又显白，即其所引亦止此一十余条，乃无一不误，况欲以此言春秋以前之礼，可乎？①

他认为《礼记》诸篇为战国后儒所作，但记礼者引时代较近的春秋之事时却常有失误，更遑论殷周之礼。

尽管如此，毛奇龄仍然重视"三礼"内容在经传文字中不可或缺的价值。他论述说：

> 若夫《周礼》一书出自战国，断断非周公所作，予岂不晓。然周制全亡，所赖以略见大意，只此《周礼》《仪礼》《礼记》三经，以其所记者，虽不无参臆，而其为周制则尚存十七，此在有心古学者，方护卫不暇，而欲迸绝之，则饩羊尽亡矣。②
>
> 第周礼不明，《礼记》杂篇皆战国后儒所作，而《仪礼》《周礼》则又在衰周之季、吕秦之前，故诸经说礼皆无可据，而汉世注经者必杂引《三礼》以为言，此亦大不得已之事，原非谓此圣人之经、不刊之典也。③

他强调，"三礼"虽然出自周末，非圣人所作，诸经说礼文字亦未引据其文，但因周代之礼本就不明，尚待此三书以存周制之大略，故自汉世以来，诸儒注经皆杂引"三礼"之文，此亦是不得已之事，不可因其非不刊之典而弃置不用。

因而，他在探讨昏丧祭"三礼"时，引用最多的往往还是"三礼"，此是因诸多繁复的古代礼节仅于"三礼"中有记载，而这也是他最为苦恼之处，若"三礼"与《春秋》抵牾，而注《春秋》者往往仍以"三礼"为断，故古礼多不可推知。以丧祭之中仍行吉祭为例，《士虞礼》云"吉祭犹未配"指禫月遇时祭，以死者主人庙共祭但无妃配；《春秋》则言三年吉禘后方可致主人庙，如鲁庄公于三十二年八月薨，至闵公二年五月行吉禘致主时，方

---

① （清）毛奇龄：《丧礼吾说篇》卷10，《毛西河先生全集》，第11叶。
② （清）毛奇龄：《周礼问》卷1，《毛西河先生全集》，第10叶。
③ （清）毛奇龄：《经问》卷2，《毛西河先生全集》，第2叶。

二十二个月，未满三年，故《左传》讥其太速。《春秋》所记时祭礼为不待新主在庙，如烝、尝、禘于庙在卒哭时即行；又如鲁襄公十六年正月，葬晋悼公，三月，晋平公做主，烝于曲沃，说明丧祭祔主时仍行时祭，此是不以丧祭废吉祭之恒礼。而"三礼"对于丧祭和吉祭的界限并未言明，《春秋》诸注又是依据"三礼"为说，因此，毛奇龄感叹在辨析此礼时无法调和诸家之言论。

总之，毛奇龄的解经方法注重读经和通经，以经解经，不执一难一，重视语境而贵通洽。他的论礼原则有二端：从今礼和存古礼礼意。他主张说礼不两骑其说，古今可相需为礼，应寻求酌古准今两无碍之礼。他强调说礼应以经为证，重回原典，因时制宜，不墨守一成之法。他认为论礼最可据之书为《春秋》，其次为《论语》和《孟子》，此三书皆无所据时，再取"三礼"之近理者为据。他尊据《春秋》，在《春秋》三传中，以《左传》颇为可据。他有系统的解经方法，不仅努力斟酌古礼今制，还重视学古入官，以经证礼、以礼经世，敢于批驳旧注旧疏，剖析"六经"晦蚀之处，以礼明制。毛奇龄治礼既少臆测又有心得，四库馆臣评价其在礼学难明之世，"以马、郑之淹通，济以苏、张之口舌，实足使老师宿儒变色失步，固不可谓非豪杰之士也"①。毛奇龄的礼学考证本着讲求实据的精神，建立了一种客观而条理的考礼方式。他对经学问题的考证思路、对古礼今俗的去取态度和以经入世的追求，对后世礼学研究均有重要的启发，对清代礼学的发展产生了重要的影响。

---

① （清）纪昀等：《钦定四库全书总目》卷33，中华书局，2007，第435页。

"皖学"视域下戴震对方以智学术思想的
继承与发展

徐道彬

戴震（1724～1777，字东原，徽州休宁人）与方以智（1611～1671，字密之，桐城浮山人），都是明清时期皖江流域的学者，两人的治学路径相同，思想理念相合：早年侧重于文字训诂、天文物理及西方学术，中年以后"缘数以寻理"，由名物之学转入对人性哲理的探索，即"由质测而通几"，"由词以通其道"，加之身处"西学东渐"的浸润和习染，其宇宙观、人性论和治学的"工夫"论，显具求知的欲望和对科学的兴趣。他们的著作都有别于宋明儒学的"天理"旨趣，而趋向"即物穷理"的新兴"质测之学"，更具接近于自然科学的思辨性质，表现为理气观、性善论，以及重智重学、学为圣贤的"工夫"论。可以说，徽州的戴震对桐城方以智之学，无论是在治学方法还是在哲学思想上，都有诸多的继承和推阐。鉴于学界对方以智和戴震的各自研究多有著述，而对两者之间关系的探究尚付阙如，故笔者不揣浅陋，拟从他俩治学的思想方法和怀疑精神诸方面考述其间的承继关系，探求"皖学"一脉"以词通道""藏通于雅"及其经世致用的思想特色，并借以领略清代学术发展之大势。

一　藏通于雅，以词通道

方以智生于晚明时代，以考据实学享誉后世。对此，民国时期的嵇文甫曾有解释：晚明是一个心宗盛行的时代，无论王学或禅学，都是直指本心，以不读书著名。但在不读书的环境中，也潜藏着读书的种子；在师心蔑古的空气中，却透露出古学复兴的曙光。世人但知清代古学昌明是明儒空腹高心的反动，而不知晚明学者已经为清儒做了些准备工作，已向新时代逐步推移了。①这其中就有方以智的重要贡献，他"厌弃主观的冥想，而倾向于客观的考实"，所治之学"凡天人经制之学，无所不该。其大指尤在乎辨点画，审音义，因而考方域之异同，订古今之疑讹。有画具而音讹，有音存而字谬；有一字而各音不等，有一音而数义以分，引据古文，旁稽谣俗，博而通之，总之不离乎雅者近是"②。方氏的治学路径和思想宗旨，实际上是继承和发展了宋儒的"道问学"一途，启示和感召了其后戴震等乾嘉学者走上了"由小学而入经学，而经学可信"的道路，为清代考据学的形成与发展，导夫先路、开辟新途。故乾嘉时期的四库馆臣对此事情总结云：明代中叶，杨慎、胡应麟、焦竑、陈第等人也喜考证，但动辄牵缀佛书，伤于芜杂，"惟以智崛起崇祯中，考据精核，迥出其上。风气既开，国初顾炎武、阎若璩、朱彝尊等沿波而起，始一扫悬揣之空谈。虽其中千虑一失，或所不免，而穷源溯委，词必有征，在明代考证家中，可谓卓然独立矣"③。方以智崛起于明末，以考据精核著称，积三十余年功力而成《通雅》巨著，自称"以经史为概，遍览所及，辄为要删；古今聚讼，为征考而决之，期于通达"④；梁启超誉之为"近代声音训诂学的第一流作品"；何九盈推崇其开拓了"因声求义"之法，由音韵训诂而考证典章制度的名与实，可与《尔雅》《广雅》相媲美。

戴震生于方氏之后，治学也是由小学和自然科学入手，以为"儒者治经，宜自《尔雅》始"；"古故训之书，其传者莫先于《尔雅》，六艺之赖是以明也。所以通古今之异言，然后能讽诵乎章句，以求适于至道"⑤。在戴氏著述中，方氏之说常在其列。如在《毛郑诗考正》卷2论《小雅·小明》之"昔我往矣，日月方除"下，戴氏按语曰："《尔雅》'十二月为涂'，《广

---

① 嵇文甫：《晚明思想史论》，东方出版社，1996，第144页。

② 参见（清）姚文燮《通雅序》中引钱澄之语，（明）方以智撰《方以智全书》第4册，黄山书社，2019，第2页。

③ （清）纪昀：《四库全书总目》之"通雅提要"，中华书局，1965，第1028页。

④ （清）姚文燮：《通雅序》，（明）方以智撰《方以智全书》第4册，第5页。

⑤ （清）戴震：《尔雅文字考序》，《戴震全书》第6册，黄山书社，1995，第275页。

韵》'涂，直鱼切'，'除''涂'正同音，古字通用。方以智云：'谓岁将除
也。'其说得之。"①戴氏引方氏之说，证明"除"与"涂"古同音，字可通
用。今查《通雅》卷12"天文·月令"之"橘滁，言岁将除也"条，方氏
云："《尔雅》作'十二月为涂'，注：'涂，音徒。'愚谓当音除，盖谓岁
将除也。"②方氏从古音通假以证"涂"与"除"为双声叠韵，即今之同源
字，破解了经史典籍中的如此疑难，颇为后代学者所遵用。又如戴氏《考
工记图》卷上"轮已庳，则于马终古登阤也"下注"齐人之言终古，犹言常
也"，此即出于《通雅》卷5"终古、终今，终之为言常也"条；《屈原赋注》
释"天极焉加"为"地为大气所举，皆气之鼓荡"，乃出于《物理小识·历
类》释"地体实圜，在天之中"之"大气举之"；《毛诗补传》释"螟蠃"云
"人当教诲其子，以为己之所赖。否则虽有而亦不有矣"，则出于《通雅》卷
47"螟蠃"条下之"圣人取其教子似续之"；诸如此类，不胜枚举。由此也
可见方、戴二人治学皆善于从名物考据中汲取哲理，藏通于雅，以词通道，
借剖析"螟蠃"一物之名，表述一种政治教化的意蕴。

清代经学的研究水平之所以超迈前代，在很大程度上得益于小学的兴
盛，其中古音学的发展又是乾嘉小学鼎盛的关键所在。方以智精深于文字声
训和古音方音之学，其《通雅》中常有"一声之转""因声求义"之词，以
历史语言学的眼光，用方言俗语考经证史，所释名物之本音本义，颇为后人
所称道。如江永所著、戴震参订的《古韵标准》，就以方以智的见解为"确
论"，称"桐城方以智密之曰：古音之亡于沈韵，犹古文之亡于秦篆；然沈
韵之功，亦犹秦篆之功。自秦篆行而古文亡，然使无李斯画一，则汉晋而下
各以意造书，其纷乱何可胜道！自沈韵行而古音亡，然使无沈韵画一，则
唐至今皆如汉晋之以方言读，其纷乱又何可胜道？言实为确论"③。此文内容
可见于《通雅》卷50"字韵论"，其中，方氏之"察其两端，由中道行"的
"时中""公均"思想，也影响到江、戴之"空所依傍，志在闻道"的学术精
神。因此《古韵标准》对待方氏学术，也秉持"公均"态度，认为方氏只言

---

① （清）戴震：《毛郑诗考正》卷2，《戴震全书》第6册，第626页。
② （明）方以智：《通雅》卷12，《方以智全书》第4册，第518页。
③ （清）江永：《古韵标准例言》，《古韵标准》，"粤雅堂丛书"影印本。

五声而不论清、浊,擅长古音考证而疏于等韵和今音,则有失"中道";曰:"平有清浊,上去入皆有清浊,合之凡八声。桐城方以智以哫喹上去入为五声,误矣。盖上去入之清浊,方氏不能辨也。"方氏五声说见于《通雅》卷50《切韵声原》,因其考音侧重于语言文献的类比归纳,缺失从系统上观察古韵的审音之法,从而使声、韵、调的分类不够严密,需要修补和完善。有鉴于此,戴震探索多年后指出:"仆审其音,有入者如气之阳,如物之雄,如衣之表;无入者如气之阴,如物之雌,如衣之里。又平上去三声近乎气之阳、物之雄、衣之表,入声近乎气之阴、物之雌、衣之里。故有入之入与无入之去近,从此得其阴阳、雌雄、表里之相配。"①戴震利用了徽州的地利之便,在方氏音韵学的思想基础上,从"审音"层面上用心探究古音、方言、官话之间的音变规律,总结出古今语言之"凡同位则同声,同声则可以通乎其义。位同则声变而同,声变而同则其义亦可以比之而通"的理论规律,并将其作为《转语》一书的核心思想,这便是戴震从方氏"公均"之说和"藏通于雅""以费知隐"的方法论中所汲取的丰富营养。戴氏云:"就方音言,吾郡歙邑读若摄,失叶切。唐张参《五经文字》、颜师古注《汉书地理志》已然。歙之正音读如翕,翕与歙,声之位同者也。用是听五方之音及少儿学语未清者,其辗转讹溷,必各如其位。斯足证声之节限位次,自然而成,不假人意措设也。"②《转语》一书的"因声求义",承续了《通雅》"声音之道与天地转"之教,而使经史训诂的诸多疑难由此而焕然冰释,并成为段玉裁《说文解字注》和高邮二王《经义述闻》《经传释词》的治学钤键。

方以智《通雅》中的《音义杂论》、《疑始》、《谚原》和《切韵声原》等,都是重点探索古音今韵、音和通转的专题文章,从中可以领略一个较为完备的语言哲学体系,如云:"欲通古义,先通古音。声音之道,与天地转。岁差自东而西,地气自南而北,方言之变,犹之草木移接之变也。"③其中"字变则易形,音变者转也。变极反本""方言之变,犹之草木移接之变",都是带有熔合天地万物于一炉的哲学思辨色彩,也是其"质测"藏于"通几"和"二

---

① （清）戴震:《答段若膺论韵》,《戴震全书》第3册,第348～349页。参见拙文《徽州学者与清代审音派》,《安徽大学学报》(哲学社会科学版)2013年第5期。

② （清）戴震:《转语二十章序》,《戴震全书》第6册,第305页。

③ （明）方以智:《通雅》卷首一《方言说》,《方以智全书》第4册,第24页。

在一中"思想的具体体现。他以"双声相转而语謰謱也"作为解读古謰语的关键，开创了稍后乾嘉汉学"以音求义，不限形体""字画虽异，其义则一"的声转韵通、音义互求的训诂先河。这些观点，即为戴震等乾嘉学者所汲取。如戴氏《转语二十章序》云："尔、女、而、戎、若，谓人之词。而、如、若、然，义又交通，并在次十有一章。《周语》'若能有济也'，注云：'若，乃也。'《檀弓》'而曰然'，注云：'而，乃也。'《鲁论》'吾本如之何'，即'奈之何'。郑康成读'如'为'那'。曰乃，曰奈，曰那，在次七章。七与十有一，数其位亦至三而得之。若此类，遽数之不能终其物，是以为书明之。"可见戴氏在继承方氏"转语"的基础上，又进一步加强音义训诂的理论建设，以《转语》《声韵考》《声类表》诸书建构起语言思想体系，这与方以智以"因声起义"和"交、轮、几"的哲学思维寓于语言学的探索有着诸多的联系。就像方氏所言："元会呼吸，律历声音，无非一在二中之交轮几也。声音之几至微，因声起义，声以节应，节即有数，故古者以韵解字，占者以声知卦。无定中有定理，故适值则一切可配，缕析而有经纬，故旋元则一切可轮。"①可见方氏所论语言哲学的诸多言论，已经深深地影响后来，传之久远。譬如，戴震对方中通、方中履的著作也多有采择和引申，其《声韵考》卷1云："方中履《切字释疑》曰：等韵之学，元魏时释神珙始显，而三十六字母，《崇文总目》曰唐守温所撰……立门法者，乃见孙愐等取切不合而不敢议之，故强为此迁就之说耳。"戴震从方氏父子的声韵理论中汲取了丰富的思想资源，总结出"以声相统，条贯而下"及"俾疑于义者以声求之，疑于声者以义正之"的音训思想，并启发了同时的钱大昕得出"古无轻唇音，古无舌上音"，以及王念孙"就古音以求古义，引申触类，不限形体"等重要论断。又如方以智所云："备万物之体用，莫过于字；包众字之形声，莫过于韵，是理事名物之辨，当管库也。"②又云："声音文字，小学也。然以之载道法，纪事物，世乃相传。合外内，格古今，杂而不越，盖其备哉！士子协于分艺，即薪藏火，安其井灶，要不能离乎此。"③可以说人类文明的智慧之光，乃依靠

---

① （明）方以智：《通雅》卷50，《方以智全书》第4册，第511页。
② （明）方以智：《通雅》卷首二《杂学考究类略》，《方以智全书》第4册，第42页。
③ （明）方以智：《浮山文集前编》卷5《此藏轩音义杂说引》，《方以智全书》第9册，第400页。

语言作为载体而存留于世，后人需要通过"函雅故，通古今"来跨越时空界域，与古人对话交流，进而"即薪藏火"，由"质测"而"通几"。方氏之论已成公理，戴震所言"由文字以通乎语言，由语言以通乎古圣贤之心志，譬之适堂坛之必循其阶，而不可以躐等"，正是接续方氏而后出转精，如此前后呼应，江河同归，深刻地影响到当代语言哲学的诸多思想和方法。

二 基于性善，达于仁智

戴震与方以智早年都致力于名物考证和自然科学，中年以后转入对人性哲理的思考，既是倾心于"质测"的重知学者，也是善于"通几"的哲学家；在西学东渐的时代境况下，他们又善于融合古代科技和近代西学，以之阐释自然界的万事万物及其运动规律。他们都"因邵、蔡为嚆矢，征河、洛之通符"，继承了先贤学术中的"气"论观点及"阴阳五行"之说，认定天道只是气化流行，"一切物皆气所为也"；人之所以为人，也是"血气心知，性之实体也"，人性的血气心知与万事万物的存在，皆由"阴阳五行"所致。方以智曰："盈天地间皆物也，人受其中以生。生寓于身，身寓于世。所见所用，无非事也。事，一物也。圣人制器利用以安其生，因表理以治其心。器，固物也；心，一物也。深而言性命，性命，一物也。通观天地，天地，一物也，推而至于不可知，转以可知者摄也。以费知隐，重玄一实，是物物神神之深几也。"[1]此言与《一贯问答》之"心一物也，天地一物也，天下国家一物也，格物直统治平参赞，而诵诗读书，穷理博学，俱在其中"可以前后互证，相得益彰。可见在方以智的意识中，格物与致知原本就是一体，是辩证统一的；故"愚者曰：一切物皆气所为也，空皆气所实也。物有则，空亦有则，以费知隐，丝毫不爽。其则也，理之可征者也，而神在其中矣"。[2]方氏承续张载"阴阳二气""五行运通"之论，认为"五行尊火"而以"火"代"气"，"气与火一也"，"凡运动，皆火为之也"，以此来探索宇宙起源，理解万物运动之则，并透过"以知还物""藏知于物"，归纳出"物理在一切

① （明）方以智：《物理小识·自序》，《方以智全书》第7册，第96页。
② （明）方以智：《物理小识》卷一"天类"，《方以智全书》第7册，第114页。

中"，这就是作为彼时代的科学家所能做出的最为前沿的哲学阐释。他认为："气，古氣字，气乃饩也。因气化而形化，圣人重在理化。理与心来，知则能用，心之精神是谓圣。泯则本泯也。心之精必亲己而疏物，心之神必用外以为内，精神皆气也。精凝气而神，神则统精气，性命一阴阳也。"①在宋儒"二气五行"说的基础上，方氏论定气就是宇宙本体，并由此化生万物，故天地间皆气亦皆物，而"物有则，空亦有则"，"其则也，理之可征者也，而神在其中矣"，这为其后戴震以"气化流行，生生条理"为宗旨的义理之学开辟了门径、奠定了基石。

首先，与方氏家学"智藏于物，道寓于器"及"征其端几，不离象数"相似，戴震的哲学述论也多由《易经》入手，称"读《易》，乃知言性与天道在是"，"其说据《易》之言以为言，是以学者信之"。故其论性善，取《易》言以为证，曰："在天地，则气化流行，生生不息，是谓道；在人物，则凡生生所有事，亦如气化之不可已，是谓道。《易》曰一阴一阳之谓道，继之者，善也；成之者，性也。"又曰："所谓人无有不善，即能知其限而不逾之为善，即血气心知能底于无失之为善；所谓仁义礼智，即以名其血气心知，所谓原于天地之化者，能协于天地之德也。"②诸如此类。可见戴震的自然观、人性论和认识论与方氏一样，都是建立在对物、气、性等生理学和心理学等实学问题的哲学讨论基础上的。他认为"气化生人生物，据其限于所分而言谓之命，据其为人物之本始而言谓之性，据其体质而言谓之才"，这是由"生生"之说而溯求"仁义礼智"与"天地之德"，由物质世界上升到人性伦理的追问，这与方以智的观点颇为相同，即"气生血肉而有清浊，气息心灵而有性情。本一气耳。缘气生生，所以为气，呼之曰心。清浥浊中，性将情迎。生与习来，习与性成"③。两相比照，可见方、戴之言都是基于"圣人制器利用以安其生"和"气化流行，生生不息"所衍生出来的生生仁德，一如戴氏所言："天地之化，效其能曰鬼神；其生生也物，其用曰魂魄……心之精爽以知，知明聪睿圣，则神明一于中正，事至而心应之者，胥

---

① （明）方以智：《通雅》卷18"身体"，《方以智全书》第5册，第95页。
② （清）戴震：《孟子字义疏证》卷中，《戴震全书》第6册，第194页。
③ （明）方以智：《东西均·尽心》，《方以智全书》第1册，第270页。

事至而以道义应，天德之知也。"①由此可见，在宇宙本体论和自然人性论上戴震与方氏的观点相同，表述上也若合符契。方以智"生生也物"传承了方氏家学气的实学理念，"神明一于中正"也蕴藏着"公因反因"之思在其中，对"气"与"神"、"物"与"理"以及"鬼神""魂魄"等概念的深度诠释，预示着实证科学的基础，已经逼近了当时物理学和心理学所能达到的最高科学水平。尽管方以智后期熔铸老庄、援引佛道，但其思想根本则仍在孔孟儒学，即"实以尊大成为天宗也"；即使他有"炮庄""逃禅"之事，也丝毫不减方氏的儒者形象。

其次，在性善论问题上，戴震与方以智的观点都是在儒家"性相近"与"四端"说之后，强调"德性资于问学，进而圣智"，并以西方自然科学实证，故而能对"性命""仁智"诸概念的生物学与义理学含义在深广度上加以探索，从而获得更新的认识和全新的观点。如方氏《物理小识》指出："治教之纲，明伦协艺，各安生理，随分自尽，中和易简，学者勿欺而已。通神明之德，类万物之情，易简知险阻，险阻皆易简，《易》岂欺人者哉！或质测，或通几，不相坏也……后世圣人知民生之嗜欲日繁，乃明六经、重道德以为教。"②方氏家学基于儒家性善说，尤以易学为工具，以"明六经、重道德"为鹄的，言仁义，论生理，终于"通神明之德"；故曰："言性善，举其性之不受变于气者而言之也。可以为善为恶，止就习相远而言也。有善不善，止就上智下愚不移而言也。言无善无恶者，指其全气全理为人事人语之所不到，而形容其泯云尔。"③方以智《性故》一书，本诸《通雅》与《物理小识》，就告子、孟子、荀子、程子之言，证之以名物称谓之原，喻之以物理人情实态，进而至于性命伦理之辨。他认为以称名而言之，生之所本曰性，无所不禀曰命，称本体为善，犹称本色为素也。就如生后之树，即未生前之仁，则根干花实之中，仁中之秩叙历然。故云："仁，人心也，犹核中之仁，中央谓之心，未发之大荄也。全树汁其全仁，仁为生意，故有相通、相贯、相爱之义焉。古从千心，简为二人。两间无不二而一者，凡核之仁必

---

① （清）戴震：《原善》中篇，《戴震全书》第6册，第346页。
② （明）方以智：《物理小识·总论》，《方以智全书》第7册，第101～103页。
③ （明）方以智：《性故》，《方以智全书》第3册，第7页。

有二坼，故初发者二芽，所以为人者亦犹是矣。"①方氏常以"一在二中"和
"公因反因"说来描述万事万物的辩证之法，揭示事物矛盾的特殊性与普遍
性，又常以易学诠释法来阐述物性之气和人性之仁，尤擅用中医脉象之说来
考察事物整体发展之势，认为自己"数十年会《易》范之通，征律历之几，
乃始豁然两间之莫逃于运气也。千之万之，无非阴阳也。物生谓之化，物极
谓之变，阴阳不测谓之神，神用无方谓之圣。一用于二，二即一也，不于二
中明纲纪、父母、生杀之本始，交纲旁罗，参两代错，又焉能神明其几乎？
在天为玄，在人为道，在地为化，化生气味，道生智，玄生神，是天地在人
之智，藏神而善用耳。绝待运于对待，参两运于五六，受中生者经络、藏
腑、脉病、药治，无非运气也"②。可见《通雅》的这段话，虽名为"脉考"，
但其"质测"之中时时透露"通几"之论，他以易学弄丸之法，通阴阳、明
错代，知"绝待运于对待"，"尽天地古今皆二"。这种由探究宇宙自然和人
体运气之学而上升至于"参两代错"和"变化神圣"的哲学路径，颇为"皖
派"学者如江永、戴震、程瑶田、俞正燮所继承。如戴震《法象论》曰：观
象于天，观法于地，三极之道，参之者人也。立于一曰道，成而两曰阴阳，
名其合曰男女，著其分曰天地，效其能曰鬼神。草木之根干枝叶花实谓之
生，果实之白全其生之性谓之息，为息为生，天地所以成化也。"藏于智则
天地万物为量，归于无妄则圣人之事。天所以成象，地所以成形，圣人所以
立极，一也，道之至也"。③这与方氏所论何其相似耳！戴氏也善于从天地宇
宙和人体气脉的角度，论述生生之道在"藏于智则天地万物为量"，由"气
化生人"而至"圣人立极"，虽有"类之区别"，而皆归于"一"也。曰：
"性者，分于阴阳五行以为血气、心知、品物，区以别焉，举凡既生以后所
有之事，所具之能，所全之德，咸以是为其本。故《易》曰成之者性也。气
化生人生物以后，各以类滋生久矣；然类之区别，千古如是也，循其故而已
矣。"④此中所论气化生人及"性"和"故"，与方氏"生生者气之几也，有
所以然者主之"，又是何其相似乃尔。

---

① （明）方以智：《东西均·译诸名》，见《方以智全书》第1册，第314页。

② （明）方以智：《通雅》卷51"脉考"，《方以智全书》第6册，第524页。

③ （清）戴震：《法象论》，《戴震全书》第6册，第475～477页。

④ （清）戴震：《孟子字义疏证》卷中，《戴震全书》第6册，第179页。

戴震论性论仁与《性故》很相似，多由物理和生理入手，善用直观譬喻，予人以真切实在之感。曰："人物分于阴阳五行以成性，舍气类更无性之名。医家用药，在精辨其气类之殊。不别其性，则能杀人。使曰此气类之殊者已不是性，良医信之乎？试观之桃与杏：取其核而种之，萌芽甲坼，根干枝叶，为华为实，香色臭味，桃非杏也，杏非桃也，无一不可区别。由性之不同，是以然也。其性存乎核中之白（俗呼桃仁杏仁者），香色臭味无一或阙也。凡植禾稼卉木，畜鸟虫鱼，皆务知其性。知其性者，知其气类之殊，乃能使之硕大蕃滋也。"①戴氏论人性，常由生理学和生物学而入义理之学，"合内外，贯一多"，以自然实证之法，论证圣贤性善之说。曰："在天为气化之生生，在人为其生生之心，是乃仁之为德也；在天为气化推行之条理，在人为其心知之通乎条理而不紊，是乃智之为德也。惟条理，是以生生；条理苟失，则生生之道绝。凡仁义对文及智仁对文，皆兼生生、条理言之者也。"②《诗经》有"民之质矣，日用饮食"，方以智称"性不离生生，全树全仁"，戴氏化用先贤之说，以"仁者，生生之德也"为主旨，认为"由其生生，有自然之条理；观于条理之秩然有序，可以知礼矣；观于条理之截然不可乱，可以知义矣"，且"一人遂其生，推之而与天下共遂其生，仁也"。戴氏继承前说，又对其剖析毫芒，深入肌理，在学理性上较之方氏则显得更为纯正。

在气与理的关系问题上，方以智与戴震也是有着相同的理解和阐述。方氏曰："所以为气者，不得已而呼之；因其为造化之原，非强造者，而曰自然；因为天地人物之公心，而呼之为心；因其生之所本，呼之为性；无所不禀，呼之为命；无所不主，呼之为天；共由，曰道，谓与事别而可密察，曰理。"③此中之"气"、"心"、"自然"、"性命"、"道"和"理"等哲学概念，在《通雅》中常以名物考证的形式呈现，又多为戴氏所袭用。戴氏《孟子字义疏证》曰："道，犹行也；气化流行，生生不息，是故谓之道"，"理者，察之而几微必区以别之名也，是故谓之分理；在物之质，曰肌理，曰腠理，

---

① （清）戴震：《绪言》卷上，《戴震全书》第6册，第94页。
② （清）戴震：《孟子字义疏证》卷下，《戴震全书》第6册，第205页。
③ （明）方以智：《易余目录》"性命质"条，《方以智全书》第1册，第29页。

曰文理","善,其必然也;性,其自然也;归于必然,适完其自然,此之谓自然之极致,天地人物之道于是乎尽";诸如此类,可见方、戴二氏在气与生、自然与必然、性与命、道与理的诠释上大致相同,甚或具有异曲同工之妙。方以智晚年虽然主张三教合一,但仍以性善为体、仁智为用,最终目的还在于重建儒学,其学之根本和底色仍不出于儒家的性善论。

最后,在如何认识世界万物和"重智""重学"的"工夫"论上,方以智主张"物格而随物佑神,知至而以智还物";简而言之即智藏于物,藏悟于学,由"质测"至"通几"。这与戴震"以词通道"和"仁且智"的思想也是同声相求、前呼后应的。如《通雅》开篇即将"智"字单提出来加以强调,曰:"古今以智相积,而我生其后,考古所以决今……生今之世,承诸圣之表章,经群英之辩难,我得以坐集千古之智,折中其间,岂不幸乎?"[1]方氏家学,叠经数代,"日新其故",而重在一"积"字。至方以智而能"坐集千古之智","必博学积久,待征乃决"。他自称:"智谓世以智相积,而才日新,学以收其所积之智也。日新其故,其故愈新,是在自得,非可掩袭。"[2]方氏"智藏于物"即儒家的格物致知,此既自远于佛之"空寂",又不类于道之"无为",因此《通雅》一书足以证明其学质朴笃诚、崇实黜虚,"究良知而归于实","以费知隐,重玄一实"。方氏自言:"寂感之蕴,深究其所自来,是曰通几。物有其故,实考究之,大而元会,小而草木螽蠕,类其性情,征其好恶,推其常变,是曰质测。质测即藏通几者也,有竟扫质测而冒举通几以显其宥密之神者。"[3]由此可见,方氏家学的认识论和"工夫"论,原在儒家的"崇实"、"重学"和"有为"之道,是基于孟子"性善"论和"求放心"基础上的新发展,这对后世学者的影响无疑是巨大的,戴震也自然在其影响的辐射之下。

方以智曾言"世所为儒者,多有二病:穷理而不博学,闻道而不为善",戴震因之而有"天下古今之人,其大患:私与蔽二端而已"。不学则蔽,不善则私,二者可谓持论相同,桴鼓相应。故戴氏承续方氏之说,主张博学、

---

① (明)方以智:《通雅·音义杂论》,《方以智全书》第4册,第1~2页。
② (明)方以智:《通雅·文章薪火》,《方以智全书》第4册,第86页。
③ (明)方以智:《物理小识·自序》,《方以智全书》第7册,第96页。

穷理、闻道、为善，在治学上力求"去私""解蔽"，认为"惟学可以增益其不足而进于智，益之不已，至乎其极，如日月有明，容光必照，则圣人矣"。故其一生都在追求从智到仁再到善的理想，曰："若夫德性之存乎其人，则曰智，曰仁，曰勇，三者，才质之美也。因才质而进之以学，皆可至于圣人。"①既知行之谬，失在知，故而"重学""重礼"成为戴氏哲学在认识论、人性论与实践论上必须首先解决的问题。那么，如何通过学而思、仁且智，至于"牅之明"，让人的才质得以修养和提高，则是提升人性之善的关键所在。对此，方氏与戴氏有着相同的观点，都提出以"学"而"去私解蔽"，"扩而充之"，启发和丰富人的才、欲、情、知的原质内涵和修养功夫，进而向"至善"目标而努力，即博学穷理，闻道为善也。方氏曰：明于庶物，乃所以察人伦也，溯源穷流，充类致尽，"尽人之所以为人，而天尽矣"，"两间日新日故，故又生新；其本无新故者，即日新而无已者也"。②戴氏接续方氏之言，从生理学和认识论的角度指出："学以牅吾心知，犹饮食以养吾血气，虽愚必明，虽柔必强。可知学不足以益吾之智勇，非自得之学也，犹饮食不足以增长吾血气，食而不化者也。"③换言之，只有学问智识得以充足，且能自化所学，才能"自得之，则居之安，资之深，取之左右逢其源，我之心知，极而至乎圣人之神明矣"。可见，戴震的心性论与方以智的完全相同，都是基于性善而重于问学，认为"仁且智者，不私不蔽者也"，"古贤圣知人之材质有等差，是以重问学，贵扩充"。他们的理想人格都在于"得条理之准而藏主于中"，即"无私，仁也；不蔽，智也"。故曰："天下古今之人，其大患：私与蔽二端而已。私生于欲之失，蔽生于知之失；欲生于血气，知生于心。因私而咎欲，因欲而咎血气；因蔽而咎知，因知而咎心。"④戴氏将人性之"欲"与才质之"知"贯通而论，剖析入微，为人们提出了"去私莫如强恕，解蔽莫如学"的最佳"学以成人"的解构，以为"儒者之学，将以解蔽而已矣。解蔽，斯能尽我生；尽我生，斯欲尽夫义命之不可已；欲尽夫义命之不可已，而不吾慊志也。吾之行己，要为引而极之当世与千古而无所

---

① （清）戴震：《孟子字义疏证》，《戴震全书》第6册，第207页。

② （明）方以智：《易余·三子记》，《方以智全书》第1册，第15页。

③ （清）戴震：《与某书》，《戴震全书》第6册，第495页。

④ （清）戴震：《孟子字义疏证》，《戴震全书》第6册，第160页。

增，穷居一室而无所损"。①在戴震看来，要"去私"必先"解蔽"，因为"圣人之言，无非使人求其至当以见之行；求其至当，即先务于知也。凡去私不求去蔽，重行不先重知，非圣学也"。而"圣人之学，使人明于必然，所谓考诸三王而不谬，建诸天地而不悖，质诸鬼神而无疑，百世以俟圣人而不惑，斯为明之尽。"②这些思想观点也都与方以智的认识论和重智思想若合符契，一如《物理小识·自序》所言："圣人通神明，类万物，藏之于《易》，呼吸图策，端几至精，历律医占，皆可引触，学者几能研极之乎。"这与戴氏"惟学可以增益其不足而进于智"的思想可谓同出机杼。要之，无论是方以智的"知之所到，则性命交关"，还是戴震德"仁智勇三达德"之论，二者皆是抛却心理体证之法，转而向外寻找求知之路，"充类致义"，"弥纶道器"。因此，由方以智和戴东原的治学思想和方法的承前启后，我们也可借此窥见由明至清那些引领近代启蒙思想的杰出人物之终生孜孜矻矻、问道求仁的艰难身影。

三 理念相合，精神相契

方以智一生宏通赅博，融贯中西，会通三教，"以钟声敲出铎声"，意在复兴儒学，在诸多领域都有非凡的建树。作为乡邦后学，戴震对方氏《通雅》和《物理小识》等著述多有涉猎，并加引用与推阐，进而有《筹算》和《转语》等著作。二人皆"深求于语言文字之间，以至其精微之所存"，成为各自时代异军突起的学术高峰。我们在梳理二人学术之间的继承关系时，就深切地感受到方以智与戴东原在治学的风格理念及怀疑和批判精神上，也是息息相关和一脉相承的。

"格物致知"是宋儒极力倡导的治学和修身的"工夫"，方氏视之为"质测"，戴氏以之为"六书九数""字词名物"也。方以智指出："士以读书明理为业，犹农工之刀耕也。志道游艺，外内一致，张弛鼓舞，全以此养之而化之。文章即性道，岂曼语哉？进德必居其业，立诚用在修辞，大畜日

---

① （清）戴震：《沈处士戴笠图题咏序》，《戴震全书》第6册，第396页。
② （清）戴震：《绪言》卷上，《戴震全书》第6册，第100页。

新，道寓于器。"①方氏认为读书明理与农工之刀耜一样，都是实实在在的东西，在排除空谈心性的问题上，"格物"必须是认识世界的前提条件，"函雅故，通古今，此鼓箧之必有事也"；"不安其艺，则不能乐业；不通古今，则不能协艺相传，辨名当物，未有离乎声音文字者也"。换言之，古今圣贤之学就是对天地万物、象纬声光、人身经络的"物理"的探究，知"宰理"而达于"至理"，明此而后可以进德居业，大畜日新，故"物"与"心"实为一也。今人不可拘执于心，更不可"离气以执理"，即"日月星辰，天悬象数如此；官肢经络，天之表人身也如此；《图》《书》卦策，圣人之冒准约几如此。无非物也，无非心也，犹二之乎？自黄帝明运气，唐虞在玑衡，孔子学《易》以扐闰衍天地之五，历数律度，是所首重，儒者多半弗问，故秩序变化之原，不能灼然"②。方氏以经学通古今，以易学贯天地；戴震则步武前贤，以为师法。云：至若经之难明，尚有若干事：诵《尧典》数行，至乃命羲和，不知恒星七政所以运行，则掩卷不能卒业。诵《周南》《召南》，自《关雎》而往，不知古音，徒强以协韵，则龃龉失读。诵古礼经，先士冠礼，不知古者宫室衣服等制，则迷于其方，莫辨其用。不知古今地名沿革，则《禹贡》职方失其处所。不知少广旁要，则《考工记》之器不能因文而推其制。不知鸟兽虫鱼草木之状类名号，则比兴之意乖。中土测天用勾股，今西人易名三角八线，其三角即勾股，八线即缀术，然而三角之法穷，必以勾股御之，用知勾股者，法之尽备，名之至当也。③由此可见，戴震的问学方式与方以智完全相同，即由小学入经学，进而转入哲学，且兼及天文历算之法、推步测量之方、宫室衣服之制、鸟兽虫鱼草木之名、音和声限古今之殊、山川疆域城镇郡县相沿改革之由、少广旁要之率、钟实管律之术，诸如此类，皆可在《通雅》和《物理小识》中找到相同的内容，如方氏所言："历数律度，是所首重，儒者多半弗问，故秩序变化之原，不能灼然。何怪乎举礼节乐律而弁髦之，举伦物旧章而放弃之，谓为圣人之所增设乎哉！核实难，逃虚易，洸洋之流，实不能知其故。"④可以说，桐城方氏的历数律度、礼节乐

① （明）方以智：《通雅》卷首二《读书类略提语》，《方以智全书》第4册，第37页。
② （明）方以智：《物理小识》卷一"天类"，《方以智全书》第7册，第111页。
③ （清）戴震：《与是仲明论学书》，《戴震全书》第6册，第371页。
④ （明）方以智：《物理小识》卷一"天类"，《方以智全书》第7册，第111页。

律之学，经由宣城梅氏、婺源江氏而影响休宁戴氏及"皖派"学术为多，但对本乡稍后的桐城文派却影响较小，学者自为学，文士且为文，各秉天赋，自为分流。这或许是因为"经说尚质朴，文辞贵优衍"，即朴学之士善于形下之考据而拙于文采，风流才士擅长抒写性灵而短于征实，路径不同，旨趣有别。故梁启超不无惋惜地称道："桐城方氏在全清三百年间，代有闻人，最初贻谋之功，自然要推密之。但后来桐城学风并不循着密之的路走，而循着灵皋（方苞）的路走，我说这也是很可惜的事。"①方以智家族在文学上也有一定的成就，但在小学、经学和哲学上的贡献更为世人所瞩目，为当代学者所景仰，而同乡后学如梅文鼎、江永、戴震等对方氏学术风格和理念的传承，更是薪火相传，绵延不绝，致近代有"皖学"之名。

　　方以智和戴东原之所以能够成为各自时代的杰出学者，与二人的怀疑和批判精神是密切相关的。大凡杰出的思想家都有"反传统"的秉性，即"反者道之动"，与"穷则变，变则通"的辩证理论并行不悖。方以智早年学成于庭训，晚则"烹三炮五吞一味"，熔铸三教，意在复兴儒学。他自称其学为"且劈古今薪，冷灶自烧煮"，《通雅》即为"坐集千古之智，而折中其间"之作。因为是空所依傍，自铸伟辞，所以书中的怀疑之处、批判之语，时出其间。曰："汉儒解经，类多臆说；宋儒惟守宰理，至于考索物理时制，不达其实，半依前人。"②又云："遇物，欲知其名也，物理无可疑者，吾疑之，而必欲深求其故也；以至于颓墙败壁之上有一字焉，吾未之经见，则必详其音义，考其原本。既悉矣，而后释然于吾心。故吾三十年间，吾目之所触，耳之所感，无不足以恣其探索而供其载记。吾盖乐此而不知疲也。"③作为明清之际的学者，方氏能从汉宋之学的深厚积淀中汲取营养，又能在新的时代不拘执保守而有所创新，倡导"书不必尽信，贵明其理""善疑者，不疑人之所疑，而疑人之所不疑"，真可谓熔铸先贤之智而不盲从、通贯千古之学而探其本。他认为："凡皆知其一端，而不知其又有一端也。天下之理，即差别是根本，圣人知类之为统，每以方圆适值之分位配合，而研其几

---

① 梁启超：《中国近三百年学术史》，东方出版社，2012，第172页。
② （明）方以智：《通雅》卷首一，《方以智全书》第4册，第3~5页。
③ （明）钱澄之：《通雅序》引方以智语，《方以智全书》第4册，第3页。

焉。推行变化，从此入神，但守配位而不知推行，是胶柱鼓瑟也。但言推行变化，而不精各类配位之端几，又安得而研之乎？"①可见方氏读书明理的目的，在于知"推行变化"，"合外内，贯一多，而神明者乎"，一切前人的知识都要经过不断的检验，《东西均·疑信》曰："人不大疑，岂能大信？然先不信，又安能疑？疑至于不疑，信至于不信，则信之至矣"。所以，即使对其所热心的西学也不佞不斥，实事求是，称"万历年间，远西学入，详于质测而拙于言通几；然智士推之，彼之质测犹未备也"。由是观之，何为疑古，如何信古，大胆怀疑，切实求证，正是方氏之所以能够超迈前人、卓然独立的关键所在。方以智的这种怀疑精神和批评态度，也成为后来"皖派"学者"但知推求，无为株守"和"勿以人之见蔽我，勿以我之见自蔽"的为学原则。戴震言："汉儒训诂有师承，亦有时傅会；晋人傅会凿空益多；宋人则恃胸臆为断，故其袭取者多谬，而不谬者在其所弃。我辈读书，原非与后儒竞立说，宜平心体会经文。有一字非其解，则于所言之意必差，而道从此失。"②可以说，此言正是化用方氏之语而后出转精，才通达明快的。东原以乡贤为榜样，一生专意于学问，由"道问学"而至"尊德性"，主张"先考字义，次通文理，志存闻道，必空所依傍"，常言："仆以为考古宜心平，凡论一事，勿以人之见蔽我，勿以我之见自蔽。"③这与方以智《东西均·疑何疑》所言"善疑者，不疑人之所疑，而疑人之所不疑。善疑天下者，其所疑，决之以不疑，疑疑之语，无不足以生其至疑"如出一辙也。这种怀疑和批判精神，在心宗盛行、师心蔑古的不读书时代显得尤为珍贵，而在方以智、梅文鼎及后来的江永和戴震等"皖派"学者的身上，则表现得尤为突出。对于方、戴之学的特异而超绝之处，今人张舜徽曾总结道："人之于学，既登堂而入室，复操戈以相伐。入而能出，此其所以大也。古今能自成一学派者，可屈指数，要其成功之由，莫不如此。"④

戴震和方以智之所以能够成为兼涉多域而又异军突起的杰出学者和思想家，这与他们善于读书得间，具有怀疑和批判的精神，是密不可分的。方以

① （明）方以智：《通雅》卷51，《方以智全书》第4册，第534页。
② （清）戴震：《与某书》，《戴震全书》第6册，第495页。
③ （清）戴震：《答段若膺论韵》，《戴震全书》第3册，第356页。
④ 张舜徽：《清人笔记条辨》，辽宁教育出版社，2001，第378页。

智的"新可疑，旧亦可疑；险可疑，平亦可疑"的治学理念，为乾嘉学者做了很好的学术铺垫，使得传统的考据之学由此迈向全新的时代。戴震接续前贤，一生治学不以人蔽己，不以己自蔽，不为一时之名，亦不期后世之名，"非掊击前人以自表襮，也不依傍昔儒以附骥尾，君子务在闻道也"①。这种"由质测而通几""务在闻道"的精神，被后来的章太炎、刘师培和胡适等赞誉为最能表现近世科学研究之特点，最能体现近代思想解放之精神，并以之发扬光大，推陈出新。"日月出矣，而爝火不息"，中国传统学术思想正是在方以智、戴东原、章太炎等先贤"为往圣继绝学"的使命和担当中辐射当下、影响未来，促进人类社会文明的进程的。

---

① （清）戴震：《答郑丈用牧书》，《戴震全书》第6册，第374页。

章学诚对戴震的学术评价

杨艳秋

  章学诚一生南北奔走，挟册谋生，交游甚广。特别是他曾入朱筠、毕沅之幕府，得阅当世名士。一时学界俊杰，如戴震、邵晋涵、洪亮吉、孙星衍、任大椿、周永年、汪中、汪辉祖、程瑶田等人，与他都曾有过交往。而一时学者也均为其所论。其间确有偏激、守旧的一面，如对扬州汪中、钱塘袁枚等人的讥刺，或以个人恩怨，纵意诟骂，或以己之固陋，逞为私见，则不必为之掩瑕。[①]然其论世知人，亦不乏卓见深心。在此，特举他对当时著名学者戴震之学术评价为例，从一个侧面认识其与乾嘉主流学术的关系。

一

  章学诚与戴震，于乾嘉时期，并峙而立，在今天而论，他们代表着清代中叶学术思想史上的两个高峰。[②]关于章学诚对戴震的学术评价，学术界涉及颇多，大约不出两种意见：一则指章学诚批评戴震学术为其思想中之"糟粕"，或由此而得章不如戴的观点；一则称章学诚深知戴学，评论戴震褒大

---

① 按，章学诚对汪中的讥评，可参见《文史通义》之《立言有本》《述学驳文》两文，柴德赓《章实斋与汪容甫》［《江苏师院学报》（历史版）1962年第5期］所论至为平允；攻击袁枚，则称其为"不学无术""无知之徒""无耻妄人"等，可参考《文史通义·内篇五》的《诗话》《书坊刻诗话后》《妇学》《妇学篇书后》《论文辨伪》等篇。

② 参见余英时《论戴震与章学诚：清代中期学术思想史研究》，生活·读书·新知三联书店，2000，第3页。

于贬。①诸家所论，各有所据，择而参考，皆有益于学。而章学诚之评价戴震之学术，实有一定的阶段性，在此略梳理于下，以便论析。

章、戴二人初见于乾隆三十一年（1766）。此年，在郑虎文（诚斋）的荐引下，29岁的章学诚慕名拜访了戴震，"询其所学"。这一段学术信息保留在《章氏遗书》卷7《与族孙汝南论学书》中。当时戴震所讲今之学者"先曾坐不识字"一席话，引发了章学诚对自己为学"驰骛空虚"的反思。

戴震卒于乾隆四十二年（1777）五月，章学诚最早攻驳戴震的文字，大概是在此前后所作的《文史通义》中的《朱陆篇》，认为戴震心术未醇，故而正之。其中未指戴震之名，尚为含蓄。

乾隆四十三年（1778）七月，章学诚致书钱坫，论述的中心思想是一时学风所偏，表明自己决意不为世俗之学的志向。在这篇《与钱献之书》中，章学诚对戴震之训诂和朱彝尊的文章提出了批评：

> 戴东原氏之训诂，朱竹君氏之文章，皆无今古于胸中者也，其病则戴氏好胜而强所不知，朱氏贪多而不守统要，然而与风气为趋避，则无之矣。②

这里虽然批驳着力，但实有赞扬两人不以风气为趋避之处。

章学诚集中点名攻驳、评价戴震的学术，则是乾隆五十四年（1789）至五十五年（1790）间的事情。乾隆五十四年，章学诚与沈在廷论学，在《答沈枫墀论学》一书中，已有大段文字公然攻驳戴震。翌年，涉及戴震文字尤多，主要有写给诸子的家书，而此年撰就的《郑学斋记书后》一篇和补写的《书朱陆篇后》《记与戴东原修志》两文，都是纯粹评述戴学。此外，乾隆五十四年或稍后的《答邵二云书》和《与史余村》，是章学诚与友人辩论

---

① 参见周予同、汤志钧《章学诚"六经皆史"说初探》，《中华文史论丛》1962年第1辑；暴洪昌《章学诚与乾嘉考据学派》，《北方论丛》1994年第4期；仓修良《章实斋评戴东原》，《史家·史籍·史学》，山东教育出版社，1999。

② 按：原书失校，"朱竹君"疑为"朱竹垞"之误。（清）章学诚：《佚篇·与钱献之书》，《章学诚遗书》，文物出版社，1985，第696页。

戴震学术的重要文字。①乾隆五十五年、五十六年（1791）间的《又与正甫论文》②也多涉攻戴之语。

这时，距戴震谢世已十有余年，章学诚何以要选择此时将自己对戴震学术的种种看法，凝诸笔端，汪洋恣肆，一发不可收拾：检视章氏著作可以看出，乾隆五十五年前后，实是章学诚学术生涯中最可注意的一段时期。以下，从其对自己学术发展的认识以及《文史通义》之撰写情形进行简要分析。

乾隆六十年（1795）十二月末，章学诚集五十九年、六十年两年所作文字为《甲乙剩稿》，并题跋于上，以甲乙为十干之首，效"古人十年考学"之意，对自己从17岁至57岁，即从乾隆十九年（1754）至乾隆五十九年（1794）4个十年中，每十年的为学情况进行了一次总结：

> 甲乙为十干之首，古人十年考学，必有进德，今此区区所业，岂足以征德乎。前此十年为甲辰、乙巳（乾隆四十九年、五十年——引者），则莲池主讲，所作亦有斐然可观，而未通变也。前此又十年，为甲午、乙未（乾隆三十九年、四十年——引者），则江南修志，反浙而复入都门，学识方长，而文笔亦纵横能达，然不免有意于矜张也。前此又十年，为甲申、乙酉（乾隆二十九年、三十年——引者），……彼时立志甚奇，而学识未充，文笔未能如意之所向。前此又十年，为甲戌、乙亥（乾隆十九年、二十年——引者），……中无张主，而心顾不甘与俗学伍尔。③

可见，直至乾隆四十九年、五十年（1785）之时，他对自己的撰述文字仍然不很满意，认为所作虽斐然可观，却觉仍然未能通变，但他的《文史通

---

① 按，《答邵二云书》中有云："其学问心术，本无足为轻重，实有瑕瑜不容掩者。已别具专篇讨论，箧藏其稿，不敢示人，恐惊曹好曹恶之耳目也。"《与史余村》中亦言："别有专篇，辨论深细，此时未可举以示人，恐惊一时之耳目也。"据文意判断，此"专篇"，大概是章学诚著于乾隆五十四年之《书朱陆篇后》。《答邵二云书》中，章氏还提及其乾隆五十四年所作之《原道》篇，可推定此两篇书信大致写于乾隆五十四年或稍后。

② 参见陈祖武《读章实斋家书札记》，中国社会科学院历史研究所明清史研究室编《清史论丛》2001年号，中国广播电视出版社，2001。

③ （清）章学诚：《章氏遗书》卷28《外集一·跋甲乙剩稿》，《章学诚遗书》，第319页。

义》撰著却在逐渐走向成熟。乾隆四十八年（1783），章学诚撰成《文史通义》十篇，他在《癸卯通义草书后》写道："其著述之旨，则得自衿腑，随其意趣所至，固未尝有意趋时，亦不敢立心矫异，言惟其是，理惬于心。"①乾隆五十三年（1788），章学诚赴毕沅幕府为其编纂《史籍考》，"六经皆史"之论已见其端。②此年，章学诚得《文史通义》十篇，自称："性命之文，尽于《通义》一书。"③翌年，章学诚在安徽太平使院，自四月十一日至五月初八日，著《文史通义》内外23篇，二万余言，自称"生平为文，未有捷于此者"，譬之为"殆如梦惠连得春草句，亦且不自知也"。④章学诚将之分为甲、乙两编，其中甲编"新著"皆专论文史，他在《姑孰夏课甲编小引》中称：

> 向病诸子言道，率多破碎。儒者又尊道太过，不免推而远之。至谓近日所云学问，发为文章，与古之有德有言殊异。无怪前人诋文史之儒，不足与议于道矣。余仅能议文史耳，非知道者也。然议文史而自拒文史于道外，则文史亦不成其为文史矣。因推原道术，为书得十三篇，以为文史缘起，亦见儒之流于文史，儒者自误以谓有道在文史外耳。新著一十二篇，附存旧稿一篇。⑤

这里所说的以文史而见道，正是《文史通义》思想体系建立的一个基点。

按胡适先生之《章实斋先生年谱》，甲编"新著"为《原道》（上中下）、《原学》（上中下）、《博约》（上中下）、《经解》（上中下）12篇。这些都是《文史通义》中的重要篇章。除此12篇外，钱穆先生还举出了章氏约做于

---

① （清）章学诚：《章氏遗书》卷29《外集二·癸卯通义草书后》，《章学诚遗书》，第325页。

② （清）章学诚：《章氏遗书》卷9《文史通义外篇三·报孙渊如书》，《章学诚遗书》，第86页。

③ （清）章学诚：《章氏遗书》卷29《外集二·跋戊申秋课》，《章学诚遗书》，第325页。

④ （清）章学诚：《章氏遗书》卷29《外集二·姑孰夏课乙编小引》，《章学诚遗书》，第325页。

⑤ （清）章学诚：《章氏遗书》卷29《外集二·姑孰夏课甲编小引》，《章学诚遗书》，第325页。

此年的另30篇文目，①他论述说："实斋重要思想，大部均于此时成熟。上举文目，实为《文史通义》之中心文字，为研究实斋学术最须玩诵之诸篇。而己酉（乾隆五十四年——引者）一年，亦实斋议论思想发展最精采之一年也。"②

乾隆五十四年，在方志的编纂上，章学诚亦颇感进境，他对自己所撰《亳州志》非常满意，认为："此志拟之于史，当与陈、范抗行，义例之精，则又《文史通义》中之最上乘也。世人忽近贵远，自不察耳。后世是非，终有定评，如有良史才出，读《亳志》而心知其意，不特方志奉为开山之祖，即史家得其一二精义，亦当尊为不祧之宗。此中自信颇真，言大实非夸也。"③此年，他还撰就《永清新志》十篇，差觉峻洁，认为可"稍赎十二年前学力未到之愆"④。

仍是乾隆五十四年，他在给周震荣的信中写道："出都三年，学问文章，差觉较前有进。……由今观之，悔笔甚多，乃知文字不宜轻刻板也。然观近所为文，自以为差可矣。"⑤这个评价多少还带有一些自谦的成分。

从其青年时期自谓"识力未充"，至乾隆三十九年（1774）、四十年（1775）之时所谓的"不免有意于矜张"，又至乾隆四十八年的"不敢立心矫异"、乾隆五十年的"未能通变"，再至乾隆五十四年的"自以为差可"，章学诚的学术进境历程清晰可辨。

---

① 参见钱穆《中国近三百年学术史》，第九章"章实斋"，商务印书馆，1997，第466～467页。钱先生所举为《匡谬》《黠陋》《习固》《篇卷》《辨似》《说林》《知难》《史释》《史注》《文集》《天喻》《师说》《假年》《感遇》《感赋》《史学例议》《亳州人物表例议》（上中下）《记与戴东原修志》《杂说》（上中下）《朱先生墓志书后》《郑学斋记书后》《答沈枫墀论学》《答周永清辨论文法》《又答沈枫墀》《答朱少白》《与朱少白论文》；又云"多是己酉年作也"。笔者按，此间乾隆五十五年之作亦多。

② 钱穆：《中国近三百年学术史》，第九章"章实斋"，第467页。

③ （清）章学诚：《章氏遗书》卷9《文史通义外篇三·又与永清论文》，《章学诚遗书》，第86～87页。

④ （清）章学诚：《章氏遗书》卷9《文史通义外篇三·又与永清论文》，《章学诚遗书》，第87页。

⑤ （清）章学诚：《章氏遗书》卷9《文史通义外篇三·又与永清论文》，《章学诚遗书》，第87页。

还需注意的一点是，至乾隆五十五年，章学诚已经开始总结自己的生平为学，这一事实充分反映在此年他写给诸子的家书中。[①] 如其中所言："古人重家学，盖意之所在，有非语言文字所能尽者。……吾于史学，盖有天授，自信发凡起例，多为后世开山。"[②] "吾于是力究纪传之史，而辨析体例，遂若天授神诣，竟成绝业。"[③] 他还在乾嘉主流学风中审视自己的为学，说：

> 至论学问文章，与一时通人全不相合。盖时人以补苴襞绩见长，考订名物为务，小学音画为名；吾于数者皆非所长，而甚知爱重，咨于善者而取法之，不强其所不能，必欲自为著述以趋时尚，此吾善自度也。时人不知其意而强为者，以谓舍此无以自立，故无论真伪是非，途径皆出于一。吾之所为，则举世所不为者也。[④]

可以说，乾隆五十四年前后，是章学诚学术思想体系和理论体系的完善时期，学术见解的成熟与学术实践的推行（修志），也使他达到了一个思想成熟期，具备了问鼎学术巅峰的条件。与之同时，即从乾隆五十四年开始，章学诚集中点名攻驳戴震，评价其学术，这应当不是一种机缘的巧合。

那么，如何将此与评价戴震的学术联系起来呢？在世人眼中，戴震是乾嘉时期考据学的杰出代表，亦是当时公认的乾嘉考据学的集大成者。正如江藩在《国朝汉学师承记》中所云："国朝诸儒崛起，接二千余年沉沦之绪……亭林始阐其端；河洛图书，至胡氏而绌；中西推步，至梅氏而精；力攻古文者，阎氏也；专治汉《易》者，惠氏也；及东原出而集大成焉。"[⑤] 他还是"从此汉学昌明，千载沉霾，一朝复旦"[⑥] 的一个关键人物，从吴、皖二派之分中

---

① 按，乾隆五十五年，章学诚写有与诸子《家书》7篇；陈祖武先生《读章实斋家书札记》之"致诸子家书七首"一节详作解析，可资参考。陈祖武《读章实斋家书札记》，中国社会科学院历史研究所明清史研究室编《清史论丛》2001年号，中国广播电视出版社，2001。
② （清）章学诚：《章氏遗书》卷9《文史通义外篇三·家书二》，《章学诚遗书》，第92页。
③ （清）章学诚：《章氏遗书》卷9《文史通义外篇三·家书二》，《章学诚遗书》，第92页。
④ （清）章学诚：《章氏遗书》卷9《文史通义外篇三·家书二》，《章学诚遗书》，第92页。
⑤ （清）江藩著，钟哲整理《国朝汉学师承记》卷7《汪中》，中华书局，2008，第113页。
⑥ （清）江藩著，钟哲整理《国朝汉学师承记》卷首《自序》，第6页。

已见戴学影响之深广。其本人亦慨然以当代学者之第一人自居。①毫无疑问，戴震是当时乾嘉主流学派的旗帜性人物，"不屑屑于考证之学，与正统派异"②的章学诚在此时评价戴震学术，正是完善自己学术体系的一个方面。

二

"攻戴"，一直以来是学术界探讨章学诚学术比较关注的一个议题，章学诚对戴震的学术批评，主要表现在以下三个方面。

其一，"心术未醇"。章学诚说："戴君学问，深见古人大体，不愧一代巨儒，而心术未醇，颇为近日学者之患，故余作《朱陆》篇正之。"③则戴震的"心术未醇"，在《朱陆》篇中最能找到答案。检阅是篇，章学诚所讲的是戴震学出朱子，承其家法，但反而痛斥朱子。他写道："今人有薄朱氏之学者，即朱氏之数传而后起者也。"④为了证明于此，章学诚还详细历数了朱学的传承："然沿其学者，一传而为勉斋、九峰，再传而为西山、鹤山、东发、厚斋，三传而为仁山、白云，四传而为潜溪、义乌，五传而为宁人、百诗，则皆服古通经，学求其是，而非专己守残，空言性命之流也。……生乎今世，因闻宁人、百诗之风，上溯古今作述，有以心知其意，此则通经服古之绪，又嗣其音矣。无如其人慧过于识而气荡乎志，反为朱子诟病焉，则亦忘其所自矣。"⑤在嘉庆二年（1797）前后所作的《又与朱少白书》中，他再次重申道："至国初而顾亭林、黄梨洲、阎百诗皆俎豆相承，甚于汉之经师谱系"，并指明而言"戴氏亦从此数公入手，而痛斥朱学，此饮水而忘其源也"，"戴君之误，误在诋宋儒之躬行实践，而置己身于功过之外"。⑥并将此斥为"忘本"。

<hr />

① 按，江藩《国朝汉学师承记》："戴编修尝谓人曰：'当代学者，吾以晓征（钱大昕）为第二人。'盖东原毅然以第一人自居。"

② 梁启超著，俞国林校《清代学术概论》，中华书局，2020，第117页。

③ （清）章学诚：《章氏遗书》卷2《文史通义内篇二·朱陆》附《书朱陆篇后》，《章学诚遗书》，第16页。

④ （清）章学诚：《章氏遗书》卷2《文史通义内篇二·朱陆》，《章学诚遗书》，第15页。

⑤ （清）章学诚：《章氏遗书》卷2《文史通义内篇二·朱陆》，《章学诚遗书》，第16页。

⑥ （清）章学诚：《章氏遗书》补遗《又与朱少白书》，《章学诚遗书》，第611页。

　　章学诚所指戴震的"心术未醇"，大概还在于不满其"心（笔）口不一"。他在《书朱陆篇后》提到，戴震在书中对朱子不敢讥讽，承朱学家法，但口谈无纵丑贬朱子，欲以朱子五百年后第一人自居，"害义伤教"①。在《答邵二云书》中，他更集中批评说：

　　　　独至戴氏，而笔著之书，与口腾之说，或如龙蛇，或如水火，不类出于一人，将使后人何所准也。……戴氏笔之于书，唯辟宋儒践履之言谬尔，其他说理之文，则多精深谨严，发前人所未发，何可诬也！至腾之于口，则丑詈程朱，诋侮董韩，自许孟子后之一人，可谓无忌惮矣！然而其身已死。书存而口灭，君子存人之美，取其书而略其口说可也。不知诵戴遗书而得其解者，尚未有人？听戴口说而益其疾者，方兴未已，故不得不辨也。②

　　章学诚在这段文字中批评戴震心（笔）口不一，意在说明戴震"笔著之书"和"口腾之说"相互矛盾，让人无所适从，为心术之大患。辩论戴震的心（笔）口不一，在章学诚看来，是关乎世道人心的一件大事，因为"此亦可辨人心术"，而作学问，必须讲心术，否则"所为学与问者，又将何所用也"。他自诩道："生平从无贰言歧说，心之所见，口之所言，笔之所书，千变万化，无不出于一律。"③

　　其二，不解古文与史学。戴震之不解古文，屡为章学诚所讥弹。乾隆五十五年，他在《家书六》中举戴震所言"一夕而悟古文之道，明日信笔而书，便出《左》《国》《史》《汉》之上"，对此加以驳斥，认为其故为高深。他评述说："此犹戴君近古，使人一望知其荒谬，不足患也。使彼真能古文，而措语稍近情理，岂不为所惑欤！其有意主劝诱来学而言之太易者，亦须分别观之。"④言下之意，戴震不能做古文。对戴震的这一大言，他在《书朱陆

　　① （清）章学诚：《章氏遗书》卷2《文史通义内篇二·朱陆》附《书朱陆篇后》，《章学诚遗书》，第16页。
　　② （清）章学诚：《佚篇·答邵二云书》，《章学诚遗书》，第645页。
　　③ （清）章学诚：《佚篇·与史余村》，《章学诚遗书》，第644页。
　　④ （清）章学诚：《章氏遗书》卷9《文史通义外篇三·家书六》，《章学诚遗书》，第93页。

篇后》也曾提到。^①他的愤愤之情，我们可以想见。

对戴震的不解史学与修志，章学诚更是耿耿于怀。因此，他在乾隆五十四年补写了《与戴东原论修志》一文，述说乾隆三十八年（1773）夏天在宁波道署与之论修《汾州府志》时戴震"盛气凌之"的始末。乾隆五十四年十一月，章学诚在答沈在廷的书信中论入清以来学风变迁，平亭考订、辞章、义理之学。其中亦大谈戴震学问，并讥刺为："记传文字，非其所长，纂修志乘，固亦非其所解，委而不为，固无伤也。而强作解事，动成窒戾，此则不善趋避而昧于交相为功之业者也。"^②他更在《书朱陆篇后》贬斥："其于史学义例、古文法度，实无所解……应人之求，又不安于习故，妄矜独断。……故为高论，出入天渊，使人不可测识。人询班马二史优劣，则全袭郑樵讥班之言，以谓己之创见……则由自欺而至于欺人，心已忍矣。"^③至于戴震不知朱彝尊的《经义考》为"史学者流"^④，以应酬传志入文集，以惹人笑柄之《汾州府志》津津乐道得意，^⑤亦是章学诚攻驳戴震不解史学与古文的依据。

其三，矜夸考据。乾隆五十六年，章学诚在写给族侄的《又与正甫论文》一书中论述说：

> 近日言学问者，戴东原氏实为之最。以其实有见于古人大体，非徒矜考订而求博雅也。然戴氏之言又有过者。戴氏言曰："诵《尧典》，至'乃命羲和'，不知恒星七政，则不卒业；诵《周南》《召南》，不知

① 按，章学诚《书朱陆篇后》："又有请学古文辞者，则曰：'古文可以无学而能。余生平不解为古文辞，后忽欲为之而不知其道，乃取古人之文，反复思之，忘寝食者数日，一夕忽有所悟，翼日取所欲为文者，振笔而书，不假思索而成，其文即远出《左》《国》《史》《汉》之上。'"

② （清）章学诚：《章氏遗书》卷9《文史通义外篇三·答沈枫墀论学》，《章学诚遗书》，第85页。

③ （清）章学诚：《章氏遗书》卷2《文史通义内篇二·朱陆》附《书朱陆篇后》，《章学诚遗书》，第16页。

④ 按，此见《章氏遗书》卷28《上朱中堂世叔》，中云："戴东原之经诂可谓深矣，乃讥朱竹垞氏本非经学，而强为《经义考》以争名，使人哑然笑也。朱氏《经考》乃史学之支流，刘、班《七略》《艺文》之义例也。何尝有争经学意哉！"

⑤ 参见（清）章学诚《章氏遗书》补遗《又答朱少白书》，《章学诚遗书》，第610页。

古音则失读；诵古《礼经》先士冠礼，不知古者宫室、衣服等制，则迷其方。①

章学诚将功力和学问区分为二，认为二者"实相似而不同"，记诵名数，搜剔遗逸，排纂门类，考订异同，途辙多端，"皆学者求知所用之功力尔"，所以他虽然肯定"戴氏深通训诂，长于制数，又得古人之所以然，故因考索而成学问，其言是也"，但又认为戴震以此概人，夸大了考据的作用，"必如其所举，始许诵经，则是数端皆出专门绝业，古今寥寥不数人耳，犹复此纠彼讼，未能一定。将遂古今无诵五经之人，岂不诬乎！"②这里，章学诚批评的显然是戴震提出的"由字以通其词，由词以通其道"③的治学方法。戴震主张由训诂而明道，所以将"马、班之史，韩、柳之文"仅看成是一种"艺"，认为不足以明道。章学诚对此讽刺说："此犹资舟楫以入都，而谓陆程非京路也。"④《书朱陆篇后》则言："其自尊所业，以谓学者不究于此，无由闻道。不知训诂名物，亦一端耳。古人学于文辞，求于义理，不由其说，如韩、欧、程、张诸儒，竟不许以闻道，则亦过矣。"⑤

章学诚之攻驳戴震，以上三个方面大致可以概括，其间既有中肯之批评，也有偏激的贬词，在此不作深论。因为这里所要关注的一个重要问题是，章学诚评价戴震学术的目的何在？以上分析的各篇文章中，可以较为明显地看到这样一个事实，章学诚的攻戴，往往会与现实的学术风气联系在一起。例如，乾隆五十四年的《答沈枫墀论学》，批评戴震强作古文辞，不善趋避；接下来即言："要之，文易翻空，学须摭实。今之学者，虽趋风气，

① （清）章学诚：《章氏遗书》卷29《外集二·又与正甫论文》，《章学诚遗书》，第337页。按，此文中所举戴震之言，亦见（清）戴震著，赵玉新点校《戴震文集》卷9《与是仲明论学书》，中华书局，1980，第140页。

② （清）章学诚：《章氏遗书》卷29《外集二·又与正甫论文》，《章学诚遗书》，第337~338页。

③ （清）戴震著，赵玉新点校《戴震文集》卷9《与是仲明论学书》，第140页。

④ （清）章学诚：《章氏遗书》卷29《外集二·又与正甫论文》，《章学诚遗书》，第338页。按，文中举戴震之言，亦见（清）戴震著，赵玉新点校《戴震文集》卷9《与方希原书》。中云："事于文章者，等而末者也。然自子长、孟坚、退之、子厚诸君之为文，曰：'是道也，非艺也。'"以云道，道固有存焉者矣，如诸君子之文，亦恶睹其非艺欤？"

⑤ （清）章学诚：《章氏遗书》卷29《外集二·又与正甫论文》，《章学诚遗书》，第336页。

竞尚考订，多非心得，然知求实而不蹈于虚，犹愈于掉虚文而不复知实学也。"①乾隆五十六年的《又与正甫论文》中亦言："今之误执功力为学问者，但趋风气，本无心得，直谓舍彼区区掇拾，即无所谓学，亦夏虫之见也。"②可见，通过攻驳戴震的学术来批评当时的学风，是章学诚攻戴的一个原因。

然而，仅仅关注此点，显然不够，如要获此一问题的解答，则仍需回到《书朱陆篇后》这篇评论戴震学术最为集中、细致的文章中去寻找。

三

在《书朱陆篇后》这篇长达1500余言的文字中，我们可以发现其间蕴含的一个重要的思想，那就是：天下无人识戴学。他说："戴君下世，今十余年，同时有横肆骂詈者，固不足为戴君累；而尊奉太过，至有称谓孟子后之一人，则亦不免为戴所愚。身后恩怨俱平，理宜公论出矣，而至今无人能定戴氏品者，则知德者鲜也。"他对戴震的肯定是："戴君学问，深见古人大体，不愧一代巨儒。"并明确指出戴震学术的大旨是通经以明道：

> 凡戴君所学，深通训诂，究于名物制度，而得其所以然，将以明道也。时人方贵博雅考订，见其训诂名物，有合时好，以谓戴之绝诣在此。及戴著《论性》《原善》诸篇，于天人理气，实有发前人所未发者；时人则谓空说义理，可以无作，是固不知戴学者矣。戴见时人之识如此，遂离奇其说曰："余于训诂、声韵、天象、地理四者，如肩舆之隶也；余所明道，则乘舆之大人也。当世号为通人，仅堪与余舆隶通寒温耳。"言虽不为无因，毕竟有伤雅道，然犹激于世无真知己者，因不免于已甚耳。尚未害于义也。③

① （清）章学诚：《章氏遗书》卷9《文史通义外篇三·答沈枫墀论学》，《章学诚遗书》，第85页。
② （清）章学诚：《章氏遗书》卷29《外集二·又与正甫论文》，《章学诚遗书》，第337页。
③ （清）章学诚：《章氏遗书》卷2《文史通义内篇二·朱陆》附《书朱陆篇后》，《章学诚遗书》，第16页。

这段文字，颇值得玩味。乾隆三十年（1765），戴震撰《题惠定宇先生授经图》，就"故训"与"理义"的关系有过一段阐发，其中指出："言者辄曰：'有汉儒经学，有宋儒经学，一主于故训，一主于理义。'此诚震之大不解也者。……彼歧故训、理义二之，是故训非以明理义，而故训胡为？理义不存乎典章制度，势必流入异学曲说而不自知……"①此时，他训诂明义理的思想已然确立，章学诚所说的"得其所以然，将以明道"的含义也应在此。戴震的《论性》《原善》等阐发义理的著作，确实不为时人所赏识，按章学诚所言，戴震感于世无真知，遂有"肩舆之隶"与"乘舆之大人"一说，证之以其弟子段玉裁所记："先生之言曰：'六书、九数等事，如轿夫然，所以异轿中人也。以六书、九数等事尽我，是犹误认轿夫为轿中人也。'"②可见章学诚所称当世之通人不解戴学，实为不诬。所以在这篇文字的结尾，他再度重申："后学向慕，而闻其恍惚元渺之言，则疑不敢决，至今未能定戴为何如人，而信之过者，遂有超汉、唐、宋儒，为孟子后一人之说，则皆不为知戴者也。"③

章学诚于乾隆五十五年撰写了《郑学斋记书后》④一文，开篇写道："戴东原云：'郑学微而始以郑氏名学。'其说洵然。时文兴而文辞始有古文之名，同一理也。戴君说经不尽主郑氏说，而其《与任幼植书》，则戒以轻畔康成，人皆疑之，不知其皆是也。"此文虽然意在指斥当世学风中的墨守之弊，主张"学当求其是，不可泥于古"，但观此一段可以看出，其间依旧蕴含着章学诚讥讽时人不解戴学的意味。他为戴震的境遇解释说："任氏（大椿）锐思好学，非荒经蔑古者也，然未能深有得于古人而遽疑郑学，此戴君之所以深惧也，故又以为戒耳。然墨守之愚及墨守之黠，与夫愚心自是而不为墨守者，各执似是之非以诘戴君，戴君将反无辞以解。"⑤钱穆先生认为：

① （清）戴震著，赵玉新点校《戴震文集》卷11《题惠定宇先生授经图》，第168页。

② （清）段玉裁：《戴东原集序》，（清）戴震著，赵玉新点校《戴震文集》卷首，第1~2页。

③ （清）章学诚：《章氏遗书》卷2《文史通义内篇二·朱陆》附《书朱陆篇后》，《章学诚遗书》，第17页。

④ 按，"郑学斋"为王昶之书斋名，戴震之《郑学斋记》撰于乾隆二十四年九月，见（清）戴震著，赵玉新点校《戴震文集》卷11《郑学斋记》，第177页。

⑤ （清）章学诚：《章氏遗书》卷8《文史通义外篇二·郑学斋记书后》，《章学诚遗书》，第74页。

"实斋此文，发明戴氏治学精神极深切。"①胡适先生则更是据此篇判断章学诚"深知戴学"②。章学诚在这篇文字中并未明言自己深解戴学，却说："心知其意，难为浅见寡闻者道也。"对不解戴学者的轻蔑态度已流露其中。

章学诚与好友邵晋涵也曾有过关于戴震学行的辩论。关于此，邵晋涵的文集中不见载述，但《章学诚遗书》"佚篇"中的《答邵二云书》和《与史余村》，为我们留下了一些相关的线索，这两封书信也为我们认识章学诚评价戴震学术提供了重要的信息。

从《答邵二云书》中可见，章学诚攻驳戴震的言论一出，邵晋涵便极力为戴震申辩，认为章氏为浮言所惑。其辩言最切者，是针对章学诚所言戴震自称《原善》之书"欲希两庑牲牢"等语，所以《答邵二云书》起笔便言：

> 来书于戴东原自称《原善》之书，欲希两庑牲牢等语，往复力辩，决其必无是言，足下不忘死友，意甚可感！然谓仆为浮言所惑，则不然也。③

邵晋涵与戴震共处四库馆中，非常了解戴震的为人，认为"欲希两庑牲牢等语"甚为卑鄙，不似戴震平日语。章学诚虽称"此说似矣"，但又说："抑知戴氏之言，因人因地因时，各有变化，权欺术御，何必言之由中，以仆亲闻，更有甚于此者，皆可一笑置之，固不必执以为有，亦不必辨以为无也。"④章学诚在《与史余村》中重申邵晋涵为戴氏力辩是"不忘死友，真古人之用心"，同时又称："惜其犹未达也。"⑤为邵晋涵不能够理解自己感到惋惜。

《答邵二云书》中，章学诚提及了其早年从学朱筠门下，为戴震学术争辩之事：

> 时在朱先生门，得见一时通人，虽大扩平生闻见，而求能深识古人大体，进窥天地之纯，惟戴氏可与几此。而当时中朝荐绅负重望者，大

---

① 钱穆：《中国近三百年学术史》第八章"戴东原"，第409页。
② 参见胡适著，姚名达订补《章实斋先生年谱》，台湾商务印书馆，1980，第84页。
③ （清）章学诚：《佚篇·答邵二云书》，《章学诚遗书》，第644~645页。
④ （清）章学诚：《佚篇·答邵二云书》，《章学诚遗书》，第645页。
⑤ （清）章学诚：《佚篇·与史余村》，《章学诚遗书》，第643页。

兴朱氏、嘉定钱氏，实为一时巨擘。其推重戴氏，亦但云训诂名物，六书九数，用功深细而已，及举《原善》诸篇，则群惜其有用精神耗于无用之地。仆于当时，力争朱先生前，以谓此说似买椟而还珠。而人微言轻，不足以动诸公之听。①

这段文字反映出的信息也很引人注目，章学诚从学于朱筠，当是乾隆三四十年间的事情，②其中表述的文意非常清楚：当时学界众望所归的人物皆以戴震所学在训诂、名物、六书、九数，而于其《原善》等明六经义理的著述则大不以为然。所以在《与史余村》一书中，章学诚写道："有如戴东原氏，非古今无其偶者，而乾隆年间，未尝有其学识。是以三四十年中人，皆视以为光怪陆离，而莫能名其为何等学。"③

在与邵晋涵的辩论中，章学诚极力强调自己知戴最深，他对邵晋涵说："戴君虽与足下相得甚深，而知戴之深，足下似不如仆之早。""惟仆知戴最深，故勘戴隐情亦最微中"。章学诚还极力向邵晋涵表白自己批评戴震的缘由："其学问心术，实有瑕瑜不容掩者"，"仆之攻戴，欲人别瑕而择其瑜，甚有苦心，非好为掎摭也。或谓戴氏生平未尝许可于仆，仆以此报怨者，此则置之不足辨也"。④章学诚在这里极力申辩自己评价戴震学术，不是以私报怨，而是"甚有苦心"，那么他的"苦心"何在呢？只是他所讲的"欲人别瑕而择其瑜"吗？这显然不足以让人信服。章学诚在《与邵二云书》中不经意地讲到了这样一句话："至于'两庑牲牢'等语，本无足为戴轻重，仆偶举为《原道》诸篇非有私意之旁证耳。"⑤可

---

① （清）章学诚：《佚篇·答邵二云书》，《章学诚遗书》，第645页。按，此间所言朱筠对《原善》的态度，亦见洪榜《初堂遗稿》之《上笥河朱先生书》。戴震卒前，曾作《答彭进士书》驳诘进士彭绍升对其《原善》《孟子字义疏证》的攻击。洪榜撰《戴先生行状》，全载其文。以此向朱筠求撰墓志铭，朱筠称："状中所载《答彭进士书》可不必载，性与天道不可得闻，何图更于程、朱之外，复有论说乎？戴氏可传者不在此。"

② 按，章学诚于乾隆三十一年随朱筠学文，寓居其邸。乾隆三十八年，由朱筠介绍，应和州知州聘修《和州志》，离开朱筠幕府。

③ （清）章学诚：《佚篇·与史余村》，《章学诚遗书》，第643页。

④ （清）章学诚：《佚篇·答邵二云书》，《章学诚遗书》，第645、646页。

⑤ （清）章学诚：《佚篇·答邵二云书》，《章学诚遗书》，第645页。

见，通过评价当时最优秀的人物，推扬自己的学术主张，才是章学诚的心意所在。

四

章学诚对戴震《原善》一书的一再肯定也值得我们注意，除前所叙述之外，嘉庆二年前后，章学诚致书朱锡庚，又言：

> 戴东原训诂解经，得古人之大体，众所推尊。其《原善》诸篇，虽先夫子亦所不取。其实精微醇邃，实有古人未发之旨，鄙不以为非也。（原注：姚姬传并不取《原善》，过矣。）……然戴实有所得力处，故《原善》诸篇，文不容没。①

此文中，章学诚再次为《原善》争辩，并给予了"精微醇邃，实有古人未发之旨"的高度评价。

章学诚所推重的《原善》是戴震的第一部系统阐发六经义理的著作，乾隆二十八年（1763），成上、中、下三篇。据段玉裁所记："先生尝言：'作《原善》首篇成，乐不可言，吃饭亦别有甘味。'"②乾隆三十一年（1766），戴震增订《原善》旧作为3卷，并自记云：

> 余始为《原善》之书三章，惧学者蔽以异趣也，复援据经言疏通证明之，而以三章者分为建首，次成上、中、下卷。比类合义，灿然端委毕著矣。天人之道，经之大训萃焉。以今之去古圣哲既远，治经之士，莫能综贯，习所见闻，积非成是，余言恐未足以振兹坠绪也。藏之家塾，以待能者发之。③

---

① （清）章学诚：《章氏遗书》补遗《又与朱少白书》，《章学诚遗书》，第611页。
② （清）段玉裁编《戴东原先生年谱》，"乾隆二十八年、四十一岁条"，（清）戴震著，赵玉新点校《戴震文集》，第226页。
③ （清）戴震：《原善》卷首《自记》，（清）戴震著，何文光整理《孟子字义疏证》，中华书局，1982，第61页。

从中可见戴震对自己《原善》一书的期望之高。非但如此，他还以自己另一部揭示"理道天命性情之名"①的著作《孟子字义疏证》，为"生平论述最大者"，他告诉弟子段玉裁说："此正人心之要。今人无论正邪，尽以意见误名之曰理，而祸斯民，故《疏证》不得不作。"②由此亦可窥见戴震欲以之针砭学术时弊的用心。焦循称："东原生平所著书，惟《孟子字义疏证》三卷、《原善》三卷最为精善，知其讲求于是者，必深有所得，故临殁时往来于心。……夫东原，世所共仰之通人也，而其所自得者，惟《孟子字义疏证》《原善》，所知觉不昧于昏瞀之中者，徒恃此笈笈也。"③这似乎可为章学诚所言戴震自称《原善》"欲希两庑牲牢"之语的出处做一个注解。

梁启超先生曾说："当时学者虽万口翕然诵东原，顾能知其学者实鲜。"④但从某种程度上来讲，章学诚可称得上是戴震的知己，在今天看来，这是一件令人惋惜的事情。然而学术风气非个人能力所能转移，在"家家许、郑，人人贾、马"的汉学风尚席卷大江南北、朝野上下的乾嘉之际，"达人显贵之所主持，聪明才隽之所奔赴"⑤，戴震以训诂明义理的新学风自然难以拓展，章学诚的学术见解在当时的知识界中更是缺乏共鸣，他的"悲同时之知音不足恃"，他的深沉的慨叹"知之难乎哉！"⑥大概亦在于此。

---

① （清）焦循：《雕菰集》卷16《论语通释自序》，（清）焦循著，刘建臻整理《焦循全集》第12册，广陵书社，2016，第5955页。

② 张岱年主编《与段茂堂等十一札》第10札，《戴震全书》第6册，黄山书社，1995，第543页。

③ （清）焦循：《雕菰集》卷7《申戴》，（清）焦循著，刘建臻整理《焦循全集》第12册，第5753～5754页。

④ 梁启超：《戴东原先生传》，《饮冰室合集》文集之四十一。

⑤ （清）章学诚：《章氏遗书》卷29《外集二·上辛楣宫詹书》，《章学诚遗书》，第332页。

⑥ （清）章学诚：《章氏遗书》卷4《文史通义内篇四·知难》，《章学诚遗书》，第35页。

同归殊途：章学诚与汪中学术之争的再审视

周　轩

章学诚与汪中俱为乾嘉时代的著名学者，二人在治学上各擅胜场，思想上也不乏共通之处，然双方关系并不融洽，章学诚对汪中的为人与学术多有批评，汪中则对章氏不置一词。究其根本，除了二人在性格上有差异外，在学术思想上的"互不理解"亦是一重要原因。关于此一著名学术论争，学界过往研究成果颇丰，但在二者学术思想"同归殊途"之析论上，仍有进一步讨论、研究之价值。简言之，章学诚与汪中的"异趣"主要体现在二人不同的求"道"途径上，而章氏又受其关系不睦之影响，于理解层面与汪中产生隔膜，然二人治学之终极目的相同，皆在于"明道"以应世变。

一　真假"畏友"：章学诚与汪中的交恶

章学诚与汪中曾有过三次共事的经历。第一次是在朱筠幕府，共事时间大致在乾隆三十六年（1771）冬到乾隆三十七年（1772）底。第二次是在冯廷丞幕府，起于乾隆三十九年（1774）而终于乾隆四十年（1775）。第三次则是在毕沅幕府，自乾隆五十四年（1789）或乾隆五十五年（1790）春始，止于乾隆五十五年夏。[①]二人每次相处时间不算长，而随着时间推移，彼此的

---

①　参见彭公璞《汪容甫与章实斋交谊及学术异同考论》，《武汉大学学报》（人文科学版）2014年第2期；柴德赓《章实斋与汪容甫》，《史学丛考》（增订本），商务印书馆，2017，第314～316页。

关系却愈发不睦，甚至演变为章氏作书与朱锡庚，劝其不要请汪中为其父朱筠作行状，后又专门著文批判汪中之学。由于现存文献中并无汪中对章学诚的任何记述，只有章学诚单方面对汪中的看法，则此间变化之发生，须做一详细阐述。

章学诚与汪中在第一次共事期间，关系似已紧张，此点可从章氏写与朱锡庚的书信中得知：

> 先生家传，不久定当属草，闻墓志颇为外人讥弹，则家传奉呈，更愿足下深藏勿出也。……淮扬间人，有从先生游者，其才甚美，学问虽未成家，记诵则甚侈富，亦能为古文辞，尤长辞命，仆向以为畏友。近见之于湖湘间，与之谈款，一妄人耳！文既逊于往日，言大而不知惭，切而按之，楞然空落而无所有。……向欲使撰先生事状，今似可不必矣。……此人才华，倾倒一世士矣，能窥其微而知其不足畏者，前有邵先生，近日有沈枫墀耳。仆必灼见其谬而始知，甚愧见晚于二君也。①

章学诚未明指其所讥评者为何人。钱穆、柴德赓等前辈学者都认为，此信所议"淮扬间人"是汪中；柴先生更指出章氏对汪乃有意攻击，所云"畏友"是"入人于罪"的手法，二人的关系谈不上友好，道不同且志不合。②近人则有疑柴先生论者，主张章、汪起初实为"畏友""诤友"，只是后来才逐渐交恶。③其实，若细究章、汪交往论学之过程，会发现这类说法对二人的初始"情谊"不免过于夸大。

章学诚自乾隆三十一年（1766）到乾隆三十八年（1773）之前，于学术上一直受到以戴震为代表的考证学派的挑战。此时期他尚未成一家之学，

---

① （清）章学诚：《又答朱少白》，《章学诚遗书》，文物出版社，1985，第336页。
② 参见钱穆《中国近三百年学术史》，九州出版社，2011，第483～484页；柴德赓《章实斋与汪容甫》，《史学丛考》（增订本），第317～318页。
③ 参见彭公璞《汪容甫与章实斋交谊及学术异同考论》，《武汉大学学报》（人文科学版）2014年第2期；倪惠颖《汪中、章学诚交恶初始时间及原因考辨》，《社会科学辑刊》2008年第4期。

缺乏学术自信，然在自己选定的治学方向上仍精进努力。至乾隆三十八年再度与戴震的会晤、争辩，反映出他的学术思想已逐渐成熟。①而汪中在当时"初出茅庐"，他到乾隆三十七年才自言始窥古人问学之门户，"由声音、训诂之学，兼通名物、象数；由名物、象数之学精研大义"②。二人不惟同时在考证学盛行之影响下有所抉择，而且都擅长史学。章学诚向来自称于史学一途"盖有天授"③，而汪中在专治经术前，亦"借阅经史百家"④，"讨论经史，榷然疏发，挈其纲维"⑤。二人同在朱筠门下，必然有所交流，汪中当在此时给章学诚留下了"学问虽未成家，记诵则甚侈富，亦能为古文辞"的印象，章氏大抵以此而初"畏"汪中。然而，"畏"虽有之，"友"却未必。观洪亮吉在乾隆五十四年所作诗文，可知章学诚极不喜汪中平日所论，洪亮吉有时欲与章氏探讨汪中之言，章氏的反应与其说是认真对待"畏友"的高见，不如说是避之不及，以至洪氏以"君托左耳聋，高语亦不闻"之戏言调侃。洪亮吉于乾隆五十八年（1793）所作的另一首忆友诗中，还提到章、汪二人因观点相异发生了激烈冲突，章学诚因"议论不合，几至挥刃"。⑥洪氏对章、汪论斗的回忆俱来源于朱筠幕府时期，⑦由此可见二人的不和早在第一次共事期间就已发生，而章学诚对汪中的态度也实在称

---

① 余英时：《论戴震与章学诚：清代中期学术思想史研究》，生活·读书·新知三联书店，2012，第35～38页。

② （清）汪中：《上竹君先生书》，（清）汪中著，田汉云点校《新编汪中集》，广陵书社，2005，第427页；（清）汪喜孙：《容甫先生年谱》，（清）汪中著，田汉云点校《新编汪中集》附录一，第11、13页。

③ （清）章学诚：《文史通义·家书二》，《章学诚遗书》，第92页。

④ （清）江藩著，锺哲整理《国朝汉学师承记》，中华书局，1983，第112页。

⑤ （清）王念孙：《〈述学〉序》，（清）汪中著，李金松校笺《述学校笺》上册，中华书局，2014，第1页。

⑥ （清）洪亮吉：《卷施阁诗卷》卷8《有入都者偶占五篇寄友·章进士学诚》，（清）洪亮吉撰，刘德权点校《洪亮吉集》第2册，中华书局，2001，第633页；（清）洪亮吉：《卷施阁诗卷》卷15《续怀人诗十二首·章进士学诚》，（清）洪亮吉撰，刘德权点校《洪亮吉集》第2册，第810页。按：两诗的创作时间可分别参见倪惠颖《汪中、章学诚交恶初始时间及原因考辨》，《社会科学辑刊》2008年第4期；李金松《洪亮吉年谱》，人民出版社，2015，第201页。

⑦ 详见彭公璞《汪容甫与章实斋交谊及学术异同考论》，《武汉大学学报》（人文科学版）2014年第2期。

不上"畏友"。

因此，我们认为，章氏在考证学风盛行下确实有过一段的迷茫期，但其学术志向并未有变，一时动摇者乃自信心而已，加之给予其直接压力者乃名誉京师的戴震，是以章氏"重愧其言"①。似此种反应，才符合"畏友"之定义。汪中虽也得到过李因培、杭世骏、谢墉等人的赏识，"然时人未之知也"②，很难说是声名在外，其性格又"好嫚骂"，故"人多忌而恶之"。③像戴震这样的学者，章学诚在学术小成、恢复自信后都开始臧否其学，④更何况是默默无闻的汪中。当时章氏正精进于学，既恶汪中的性格、言行，又不喜其论，对其不存好感可谓"情理之中"。至于洪亮吉所作诗歌，自存怀念故旧之情，但洪氏本身性格豁达豪迈，不视章、汪的争斗为交恶，不能代表章学诚本人的想法。

也就是说，"畏友"一词更有可能是章学诚为达自己目的而对汪中做出的欲抑先扬。该信末尾又提到邵晋涵、沈在廷早知汪中底细而不重其学⑤，并自谦"必灼见其谬而始知"，行文逻辑上前后呼应，旨在打消朱锡庚请汪中为其父作行状的念头。不过，必须要指出的是，章学诚此举未必出于嫉恨。他此前为朱筠作过一篇墓志铭，结果却招来非议，有好事者将其对戴震观点的赞同，附会到墓志铭中对朱筠为学的记述上，称其讥讽朱筠之学株守无得。⑥章氏闻朱筠逝世，"为位而哭，心丧之中，思撰先生遗事"⑦，自无此心，可谣言既生，难免使他备感紧张。大抵此时他得闻汪中欲撰行状一事，在章氏看来，自己一片赤诚尚且被人造谣生事，汪中为一"妄人"，喜与人论辩为难，四面

① （清）章学诚：《与族孙汝楠论学书》，《章学诚遗书》，第224页。
② （清）钱林：《汪中传》，（清）汪中著，田汉云点校《新编汪中集》附录二，第44~45页。
③ （清）凌廷堪：《汪容甫墓志铭》，（清）汪中著，田汉云点校《新编汪中集》附录二，第51~52页。
④ （清）章学诚：《记与戴东原论修志》，《章学诚遗书》，第128页。
⑤ 按：邵晋涵生前似未留有文字谈及汪中；沈在廷则在汪中去世后为其作挽诗，甚至称汪氏为"夫子"。（清）沈在廷：《挽汪容甫先生》，（清）汪中著，王清信、叶纯芳点校《汪中集》，台北："中央研究院"中国文哲研究所筹备处，2000，第415页。
⑥ （清）章学诚：《朱先生墓志书后》，《章学诚遗书》，第73页。
⑦ （清）章学诚：《朱先生墓志铭》，《章学诚遗书》，第149页。

树敌，文成后不知又生多少事端，若再添争议，对朱氏父子反为不美。[①]为避免另生事非，他这才规劝朱锡庚勿请汪中撰写朱筠行状。章学诚本身对汪中印象不佳，于毕沅幕府第三次相会时，又因自己学术有成、宗旨已立，对汪中的厌恶因而更加强烈，这才导致其在信中对汪中之学一并批判。若从此点出发考虑，则柴先生所推论的章学诚担忧汪中或朱门其他学人作文胜过自己，故而"入人于罪"[②]，也许又对章氏过于小觑了。

二　明道经世：章学诚与汪中学术思想之相合

尽管章学诚不喜汪中之学及其为人，但他与汪中在学术思想上并非背道而驰，后世学者中也有人指出二者议论多有同归之处，甚至衍生出汪中暗袭章学诚创意之说[③]。其实抄袭之论，并无真凭实据，根本源头还在于章氏生前颇有怨言。他曾向邵晋涵诉苦，声称世间有不少人剽袭自己的学术观点，[④]又尝作书与钱大昕言：

> 学诚从事于文史校雠，盖将有所发明，然辨论之间，颇乖时人好恶，故不欲多为人知。所上敝帚，乞勿为外人道也。[⑤]

章氏自述《文史通义》要旨，在乾隆三十七年时既已创制，[⑥]"出都以来，颇事著述，斟酌艺林，作为《文史通义》"，"书虽未成，大指已见"。[⑦]此期也正与他和汪中在朱筠幕府相识论学的时间有所重合，然其撰述之思路，当

---

① 按：汪中曾自嘲道："一世皆欲杀中，倘笔墨更不谨，则坠诸人术内矣。"可见其确实树敌不少，但章学诚未必知道汪中撰文不似其平日说话一般随意。参见（清）洪亮吉《更生斋文甲集》卷4《又书三友人遗事》，（清）洪亮吉撰，刘德权点校《洪亮吉集》第3册，第1041页。

② 柴德赓：《章实斋与汪容甫》，《史学丛考》（增订本），第318～319页。

③ 如刘咸炘先生即持此论，可参见（清）汪中著，王清信、叶纯芳点校《汪中集》，第304页。

④ （清）章学诚：《与邵二云论学》，《章学诚遗书》，第82页。

⑤ （清）章学诚：《上钱辛楣宫詹书》，《章学诚遗书》，第332页。

⑥ 参见胡适《章实斋先生年谱 戴东原的哲学》，北京师范大学出版社，2013，第186页。

⑦ （清）章学诚：《候国子司业朱春浦先生书》，《章学诚遗书》，第225页。

在此前就已有雏形。章氏既在与汪中相交后逐渐厌恶其人其学，恐未必会在汪中面前多言自己的心得，而《文史通义》所撰初篇，也都是交给钱大昕等以史学名世者或自己心仪之人阅览，汪中明显不在此列；何况章氏虽批评汪中的为人与学术，但终究无一语明斥其抄袭己书；故而我们认为，汪中知晓《文史通义》并袭取章氏观点之说的可能性甚低。

那么，章学诚与汪中在学术思想上的相合究竟集中在哪些内容？从大的层面来看，二人最大的共同点无疑是致力于倡导经世致用。汪中对先秦学制的兴废十分关注，他经由考证主张"凡古之道术，皆设官以掌之"[①]；又从《周礼》"太史"之职掌推断出古代行一事则有一书，其后则执书以行事，再往后则事废而书存。以此为前提，他认为记录这些史事的古之典籍实为三代古学之重点，具体分为两种：一是官府之典籍，"当时行一事，则有一书传之，后世奉以为成宪"；二是学士大夫之典籍，"先王之礼乐政事，遭世之衰废而不失，有司徒守其文，故老能言其事，好古之君子，闵其浸久而遂亡也，而书之简毕"。汪中指出，古时"官师合一"，所谓"学"者，"但教之以其事，其所诵者《诗》《书》而已"，其他典籍由官府典守，不仅民间没有，若非有其职守，一般官员也没有。[②]汪中的上述考证与推论，其苦心孤诣即在于究明"学"之原本，兴复古时官师合一下的由"小艺"以通"大艺"的以实学治国齐家，正如徐有壬阅《述学故书》后所语：

> 古人之于学也，八岁而入小学，学小艺焉，则《诗》《书》、六艺是也；履小节焉，则《曲礼》《少仪》是也。十五而入大学，学大艺焉，则治国、平天下之具也；履大节焉，则律己刑家、有身有家者所有事也。……夫小艺学于庠塾，教之在师；大艺则象魏官府之藏，官师职之；非世守其官，世习其业，不能遍观而尽识也。[③]

---

① （清）汪中：《〈墨子〉后序》，（清）汪中著，李金松校笺《述学校笺》上册，第237页。
② （清）汪喜孙：《容甫先生年谱》，（清）汪中著，田汉云点校《新编汪中集》附录一，第21页。
③ （清）徐有壬：《〈述学故书〉跋》，（清）汪中著，李金松校笺《述学校笺》下册，第923页。

换言之，其根本用意在于号召学者通过学习典籍中所记的典章制度，使学术确有所依傍，经世致用，既避免宋儒以来"并其书之事而去之"的玄虚弊端①，又起到矫正当世经师"株守之陋"的作用②。在汪中看来，"周之衰也，典章制度，考之故府，则犁然具在。而历世既久，徒以沿袭失之，而不复能知其制作之义。孔子则眷然于一王之作，而被诸当世，故云：'人存政举。'又曰：'待其人而后行。'"因此，他欲借对"学"之演变的勾勒与辨析，并结合社会现实进行具体分析，以彰明周公、孔子之道。③

在考察三代学术嬗变的过程中，汪中又借梳理诸子百家源流，重新疏通了经与史的联系。正如上文所言，他主张古学在于官府，认为"昔在成周，礼器大备"，"凡古之道术，皆设官以掌之"，④而"古之典籍旧闻，惟在瞽、史其人"⑤，"古者《诗》《书》《礼》《乐》，大司乐掌之；《易》象、《春秋》，太史掌之"⑥，这一世官世业后随周朝衰败而瓦解，"学"也就流入民间，诸子九流由是"各执其一术以为学"⑦，而儒家则将其所学"系之于六艺"⑧。其实儒者在官学未败前不过是"有道者""有德者"，"使教国之子弟"，"死则以为乐祖，祭于瞽宗者也"，⑨而古代史官"实秉礼经，以成国典"⑩。这样，包括儒家在内的诸子，其学皆出于史官，而在彼时其所看守的典籍中并无后世所谓经与史的差异，二者不仅致用性相同，而且在来源上也都出于周公制礼作乐而成的经国政典《周官》。⑪

---

① （清）汪喜孙：《容甫先生年谱》，（清）汪中著，田汉云点校《新编汪中集》附录一，第21页。
② （清）王念孙：《〈述学〉序》，（清）汪中著，李金松校笺《述学校笺》上册，第1页。
③ （清）汪喜孙：《容甫先生年谱》，（清）汪中著，田汉云点校《新编汪中集》附录一，第22页。
④ （清）汪中：《〈墨子〉后序》，（清）汪中著，李金松校笺《述学校笺》上册，第237页。
⑤ （清）汪中：《老子考异》，（清）汪中著，李金松校笺《述学校笺》下册，第602页。
⑥ （清）汪中：《〈左氏春秋〉释疑》，（清）汪中著，李金松校笺《述学校笺》上册，第131页。
⑦ （清）汪中：《〈墨子〉后序》，（清）汪中著，李金松校笺《述学校笺》上册，第237页。
⑧ （清）汪中：《〈周官〉征文》，（清）汪中著，李金松校笺《述学校笺》上册，第177页。
⑨ （清）汪中：《〈左氏春秋〉释疑》，（清）汪中著，李金松校笺《述学校笺》上册，第131页。
⑩ （清）汪中：《〈墨子〉序》，（清）汪中著，李金松校笺《述学校笺》上册，第215页。
⑪ （清）汪中：《〈周官〉征文》，（清）汪中著，李金松校笺《述学校笺》上册，第177页。

无独有偶，汪中以上诸论，章学诚亦有所述。章氏"六经皆史"说即同本此旨而述及上古学制与典籍：

> 六经皆史也，古人不著书，古人未尝离事而言理，六经皆先王之政典。……若夫六经，皆先王得位行道、经纬世宙之迹，而非托于空言。[1]
>
> 古人之学，不遗事物，盖亦治教未分，官师合一，而后为之较易也。司徒敷五教，典乐教胄子，以及三代之学校，皆见于制度，彼时从事于学者，入而申其占毕，出而即见政教典章之行事，是以学皆信而有征，而非空言相为授受也。[2]
>
> 三代之衰，治教既分，夫子生于东周，有德无位，惧先圣王法积道备，至于成周，无以续且继者，而至于沦失也。于是取周公之典章，所以体天人之撰，而存治化之迹者，独与其徒相与申而明之。此六艺之所以虽失官守，而犹赖有师教也。[3]

此与汪中之论大体相似，皆主张古学"官师合一"，典籍所存乃在经世，所针对者同样是宋以来儒者沉迷高谈性理与当时汉学考证琐碎无得之弊。章氏对汉、宋学术都颇为不满，曾指出其不足：

> 宋儒专门说理，……然离经而各自为书，至于异同之争，门户之别，后生末学，各守一典，而不能相通，于是流弊滋多。[4]
>
> 诸子百家之患，起于思而不学；世儒之患，起于学而不思。[5]

为此，章氏特提出"六经皆史"，通过还原"六经"本来面目——"典章法度，见于政教行事之实"[6]，以纠正学术之失。其所谓"史"者，不仅是

---

[1] （清）章学诚：《文史通义·易教上》，《章学诚遗书》，第1页。

[2] （清）章学诚：《文史通义·原学中》，《章学诚遗书》，第13页。

[3] （清）章学诚：《文史通义·经解上》，《章学诚遗书》，第8页。

[4] （清）章学诚：《〈四书释理〉序》，《章学诚遗书》，第206页。

[5] （清）章学诚：《文史通义·原学下》，《章学诚遗书》，第13页。

[6] （清）章学诚：《文史通义·经解上》，第8页。

指关于古代政教、典章制度记载的"史料"①，还涵括了一种立足于其上的"史义"："史之大原本乎《春秋》，《春秋》之义昭乎笔削"，而"笔削之义"，"不仅事具始末，文成规矩已也"，而且还"纲纪天人，推明大道，所以通古今之变而成一家之言"。②在章氏看来，"夫子述六经以训后世，亦谓先圣先王之道不可见，六经即其器之可见者也"，"后人不见先王，当据可守之器而思不可见之道"，既不可离"器"言"道"，又要在研究经术时"贵约六经之旨而随时撰述，以究大道也"。③

综合以上对比，可发现章、汪二人所论大旨确实相似，汪中所语也隐含有"经史一体"之意，只是非如章氏一般直接从"六经"推论，而是通过考证上古学制而发微，无怪谭献称汪中"遗论数则"，与"实斋先生《文史通义》相发，造车合辙"。④不过，汪中的论述是散见于诸篇文章之内的，与章氏专门著书相较，在理论的系统性和逻辑性上不免欠缺。当然，这也和汪中未能按其设想完成《述学》一书有关。

三　道公学私：章学诚对汪中的批评

在后人眼中，章学诚与汪中虽在学术思想上确有共同语言，然章氏对汪中之学颇为厌恶，不仅在早先的交往中就不喜其言，且在自身学术成熟后，不惟针对汪中的《述学》进一步批判，而且还攻击其为人。这说明在章学诚自己看来，他与汪中全无半点相似，道不同不相为谋。从章学诚对汪中的

①　按："史料"说的解读，起源于近现代，梁启超（《治国学的两条大路》，汤志钧、汤仁泽编《梁启超全集》第16集，中国人民大学出版社，2018，第42页）、胡适（《章实斋先生年谱　戴东原的哲学》，第272页）等先生俱有阐述。不过也有学者认为是指"史意"；参见周予同《章学诚"六经皆史说"初探》，朱维铮编《周予同经学史论著选集》（增订版），上海人民出版社，1996，第713～714页。其实是二者兼而有之，与其说是"史意"，不如说是要建基于"史料"上的"史义"。章氏此一学术观念，亦是当时学者"通经明道"共识下的产物，只是取径略有不同而已。

②　（清）章学诚：《文史通义·答客问上》，《章学诚遗书》，第38页。

③　（清）章学诚：《文史通义·原道中》，《章学诚遗书》，第11页；（清）章学诚：《文史通义·原道下》，《章学诚遗书》，第12页。

④　（清）谭献著，范旭仑、牟晓朋整理《复堂日记》卷3，河北教育出版社，2000，第70～71页。

批评中，我们无疑可以一窥二人学术思想在宗旨近似的前提下是如何呈现出"互异"之态势，并了解产生如此现象的情由的。

章学诚对汪中的批判，除了前文提到过的《又答朱少白》外，多集中在《文史通义》外篇的《立言有本》与《述学驳文》以及《阅书随札》之中；在《阅书随札》中，他怒斥汪中攀附经师谱系为"恬不知耻"①。《立言有本》一文正如其题名，主要是批评汪中《述学》体例无序、选文杂乱、宗旨不明，不可称为"著述"：

> 今观汪氏之书矣，所谓内篇者，首解参辰之义，天文耶？时令耶？《说文》耶？次明三九之说，文心耶？算术耶？考古耶？……大约杂举经传小学，辨别名诂义训，初无类例，亦无次序。……杂引经传以证其义，博采旁搜以畅其旨，则此纷然丛出者，亦当列于杂篇，不但不可为内，亦并不可谓之外也，而况本无著书之旨乎！②

这里不得不提及章学诚对于"著述"的看法。他根据自己的学术经历与当时学风，承认学问之道可由三途而入，即考订、辞章与义理，"考订主于学，辞章主于才，义理主于识"，"记性积而成学，作性扩而成才，悟性达而为识"。此三途之大要则有二，"学与文也"，"学资博览，须兼阅历，文贵发明，亦期用世"，二者结合则"理不虚立"，"斯可与进于道矣"。落实于"著述"上，则"主义理者，著述之立德者也；主考订者，著述之立功者也；主文辞者，著述之立言者也"③。章氏既将所作批文命名为《立言有本》，其显然认为《述学》本属于"主文辞"的"著述"，进而也说明在他眼中，汪中之学完全是辞章之学。而在看过《述学》后，章学诚却发现本该是立宗旨者的内篇，收揽了大量"说部杂考之流"的文章，与内篇"相为经纬"的外篇则连应酬杂文也一并列入。④这种著书体例与章学诚一贯的信念存在着严重矛盾，导致他认为汪中没能在书中明确展现出自己的治学取径，使人不能理解

① （清）章学诚：《阅书随札》，《章学诚遗书》，第414页。
② （清）章学诚：《文史通义·立言有本》，《章学诚遗书》，第56页。
③ （清）章学诚：《文史通义·答沈枫墀论学》，《章学诚遗书》，第85页。
④ （清）章学诚：《文史通义·立言有本》，《章学诚遗书》，第56页。

其学宗旨为何，因此《述学》谈不上是部"著述"，充其量只是部文集。

其实，《述学》绝非无宗旨，汪中的本愿是"博考先秦古籍、三代以上学制废兴，使知古人之所以为学者"①。按照徐有壬《〈述学故书〉跋》所述，《述学》本应分为八卷，其中卷一论周代以前之学制，卷二论周制、周礼等，卷三论周衰后列国礼制存失，卷四、卷五论孔门言行与七十子后学者，卷六则为学制演变的资料汇编，卷七因故空阙，卷八则是对官府世守之学、瞽史所掌各类典籍等的通论。②从其篇幅、体例、规模都能看出此书本应是一部由古代学制史入手阐发经世之意的鸿篇巨制，只是为诸多客观因素所羁，汪中生前不得不提早"写定《述学》内篇三卷、外篇一卷，刊行于世"③。

此外，章学诚对《述学》做出较低评价的原因，还在于汪中留给他的不佳印象过深。在章氏内心里，汪中真正所长者仅是作文而已，但其不专注于此，分心从事他途，故于文辞也未至有"学"。强名《述学》一"文集"为"著述"，亦被章氏视为汪中"自业自得"。章氏指出，汪中"工辞章而优于辞命"不假，然他不发挥此天性所长，反为"矜才好名之习"所困而"误心术"，强行"谈经论史"，以至于最后"茫然未有所归"。《述学》如此结果即是其不能"定于一者"而有"宗本""聪明有余而识力不足"的反映。章学诚甚至声称，汪中越是自负"博学能文"，"自以为道在是矣"，便会"去道愈远"，以致"终身不可入德"。④

平心而论，章学诚此言若是揭批凌廷堪所形容的于学术将变之时还"靡然从之"的无见识者，⑤倒确有道理。然汪中并非趋炎附势、学无宗主之辈，其在学术上的探索诚然漫长有变，到乾隆三十七年才确立以经学考证作为求"道"之途，但他对于学以"明道"的指归可谓一刻也未忘记：

---

① （清）汪喜孙：《容甫先生年谱》，（清）汪中著，田汉云点校《新编汪中集》附录一，第21页。

② （清）徐有壬：《〈述学故书〉跋》，（清）汪中著，李金松校笺《述学校笺》下册，第922～923页。

③ （清）汪喜孙：《容甫先生年谱》，（清）汪中著，田汉云点校《新编汪中集》附录一，第36页。

④ （清）章学诚：《文史通义·立言有本》，《章学诚遗书》，第56页。

⑤ （清）凌廷堪：《与胡敬仲书》，（清）凌廷堪撰，纪健生校点《凌廷堪全集》第3册，黄山书社，2009，第194页。

中尝有志于用世，而耻为无用之学。故于古今制度沿革、民生利病之事，皆博问而切究之，以待一日之遇。①

这种学术精神无疑传承自清初以来兴复古学、弃虚就实的前辈学人，是以汪中不仅做《七君子颂》对顾炎武到戴震以来的七位学者进行赞颂②，声明自己所掌握的实证研究之法渊源有自，而且在治学宗旨与方法特色上更是明确自认私淑于顾、戴二人：

古学之兴也，顾氏（炎武——引者注，后同）始开其端；《河》《洛》矫诬，至胡氏（渭）而绌；中、西推步，至梅氏（文鼎）而精；力攻古文者，阎氏（若璩）也；专言汉《易》者，惠氏（栋）也。凡此皆千余年不传之绝学，及戴氏（震）出而集其成焉。③

是时古学大兴，元和惠氏、休宁戴氏，咸为学者所宗。自江以北，则王念孙为之唱，而君和之，中及刘台拱继之。并才力所诣，各成其学，虽有讲习，不相依附。④

某少日问学，实私淑顾宁人处士，故尝推六经之旨以合于世用。及为考古之学，实事求是，不尚墨守，以此不合于元和惠氏。⑤

不过，对于已和汪中相生隔膜的章学诚来说，汪中的心意恐怕很难为其所察。加上章学诚在自身性格、天赋与问学经历的影响下，在治学上形成了"天质之所近""心性之所安"的自觉体认意识，极厌恶学者趋附功名、迎合

---

① （清）汪中：《与朱武曹书》，（清）汪中著，田汉云点校《新编汪中集》，第442页。
② （清）汪喜孙：《校礼堂集凌仲子撰先君墓铭正误》，杨晋龙主编《汪喜孙著作集》中册，台北："中央研究院"中国文哲研究所，2003，第699页。
③ （清）凌廷堪：《汪容甫墓志铭》，（清）汪中著，田汉云点校《新编汪中集》附录二，第52页。
④ （清）汪中：《大清故候选知县李君之铭并序》，（清）汪中著，田汉云点校《新编汪中集》，第480页。
⑤ （清）汪喜孙：《容甫先生年谱》，（清）汪中著，田汉云点校《新编汪中集》附录一，第37页。按：戴震尝言"定宇求古，吾求是"（王鸣盛：《〈古经解钩沉〉序》，陈文和主编《嘉定王鸣盛全集》第10册，中华书局，2010，第280页），则汪中无疑是倾向戴震之学的。

时学的低劣风气，①汪中的举动只会被他认为是一个放弃天性所长、学无"宗本"者在强攀学术谱系以抬高自己，如此也就不难理解章氏为何看到汪中自附于惠栋、戴震之后而怒斥其"恬不知耻"。

带着这种误解与"敌意"，章学诚遂撰《述学驳文》，主要针对《释媒氏文》《女子许嫁而婿死从死及守志议》《〈墨子〉序》《释三九》等篇，驳斥了汪中部分学术观点与思想主张。汪中在《释媒氏文》中经过考证，提出《周礼·媒氏》"中春之月，令会男女"的"会"应"读若司会"，"其训计也"，认为当时官府在特定时期会对符合一定年龄条件但未婚配的男女提供婚配机会，此期"奔者不禁"，但他强调这并非鼓励百姓向"淫"，而是著之于令来鼓励其"及时嫁子取妇"，委婉暗示统治者应根据现实社会的变化，体贴民意而实行经权之举。②在《女子许嫁而婿死从死及守志议》一文中，汪中又通过考据先秦婚姻礼仪来反对女子因许嫁的未婚夫死亡而从死或守寡的愚行。他引经据典，将婚姻之礼划分为"纳彩、问名、纳吉、纳征、请期"的"礼所由行"与"迎亲、同牢、见舅姑"的"礼所由成"两部分，承认"夫妇之礼"是"人道之始"，但认为女子许嫁后未婚夫若死，婚礼尚在"礼所由行"阶段，并未真正完成，故未婚夫方的父母不能将女方视为儿媳，让女方从未婚夫死或守寡皆属非礼。汪中进而指出，周公、孔子制丧礼本意在于使人不至于"不胜丧而死"，岂能从中反衍出"以死为殉"之事？他表示，女方若遇此事，"虽有父母之命，夫家之礼，犹不得遂也"，就算女方自己盲从，女方父母与未婚夫方父母也须禁止，若父母辈强之，则要由官府或基层乡绅出面制止。③汪中所论，虽囿于时代而仍有不足，但无疑是基于儒家以人为本的精神，结合自身孤儿寡母的悲惨境遇而发的，为社会上的女性争取一定生存之权益。

章学诚对妇女权益与礼节也有自己的看法，与汪中相比，他更关注"形上"理论与"形下"日用的结合，多忧心于当时社会风气的败坏与秩序的动荡：

---

① （清）章学诚：《文史通义·答沈枫墀论学》，《章学诚遗书》，第85页。

② （清）汪中：《释媒氏文》，（清）汪中著，李金松校笺《述学校笺》上册，第76页。

③ （清）汪中：《女子许嫁而婿死从死及守志议》，（清）汪中著，李金松校笺《述学校笺》上册，第92~94页。

> 三代以后，小学废，而儒多师说之歧；妇学废，而士少齐家之效；师说歧，而异端得乱其教，自古以为病矣。①

章氏将"妇学"之废与"小学废""师说歧"造成的危害列为同等，如果说后二者是连贯性的相互影响，以使"形上"层面的意识形态破产，那么"妇学"不存，则导致士大夫在"形下"日用世界中不能齐家，从而使治国平天下更成空谈。在他眼中，清代已是一个"礼教精严，嫌疑慎别"的时代，"三代以还，未有如是之肃者也"。②若"六经皆史"旨在复官师一体以消弭诸家学术之争，重返古圣贤之"道"，那么提倡"妇学"则与之相辅相成，使天下男女在"形下"人伦日用中不逾本分，由小家推至大家，纲纪由此得复。在经世致用的共同指归下，章、汪二人注目之处的不同就决定了他们的观念必然产生分歧，尽管章氏在史学书写上对妇女别有考量，与汪中相较亦不逊色，颇有异曲同工之妙，但究其根本，他不能接受汪中式的主张对现行礼教造成的冲击。是以从此点出发，章学诚仍将《周礼·媒氏》之"奔"解释为"淫奔"并进行批评，同样旁征博引，驳汪中婚礼之论，主张"议其非礼之正可矣，谓其义之有乖名教，则不可也"；然而，其论又"矫枉过正"，称汪中之说近乎"淫滥失节"，甚至攻击汪中"丧心"。③这又难免是其与汪中个人的不和作祟所致。

章学诚针对《〈墨子〉序》的批判，亦与其一贯的思想主张有关。他虽与汪中相似，以为古代"官师合一"，后官守衰而学散于诸子九流，然章氏并不似汪中一般，以一种较为平衡的视角去审视儒学乃至诸子学的发展史。汪中认为，儒墨两家相互攻讦，仅是"操术不同"所致的"不相为谋"，儒家"为王者治定功成盛德之事"，墨家"救衰世之蔽"，"其意相反而相成"，俱有经国救世之效。④因此，他大力发掘墨学中蕴含的经世思想，并为其平反，试图将其吸收到儒学以反拨现实政治。章学诚尽管同样对上古学制与诸子源流进行了论证，但他的注目点不在诸子学说的具体内容，他坚信"自古

---

① （清）章学诚：《文史通义·妇学篇书后》，《章学诚遗书》，第49页。

② （清）章学诚：《文史通义·妇学》，《章学诚遗书》，第48页。

③ （清）章学诚：《文史通义·述学驳文》，《章学诚遗书》，第56、57页。

④ （清）汪中：《〈墨子〉序》，（清）汪中著，李金松校笺《述学校笺》上册，第230页。

圣王，以礼乐治天下，三代文质，出于一也"①，而诸子之说都是割裂的、不完整的，唯因其系出同源而有所相通，故只有将记载上古王道官政的典籍"六经"以史学的方法尽皆掌握，才能会通各家学说以明大"道"。基于此，他承认诸子所存留的典籍，确实"有官守旧文与夫相传遗意"，然其"著书之旨则又各以私意为之"，"皆欲即其一端以易天下"，这与章学诚的理想背道而驰，故其一面批评视诸子为"异端"的"陋儒"，未认识到诸子典籍的真正价值，另一方面又不赞同汪中那样的学者一见到诸子书中"有先王政教之遗"就"好为高论"。②

至于驳《释三九》一篇，不免带有吹毛求疵、意气用事之嫌。汪中在其中提出的"学古者通其语言，则不胶其文字"与"学古者，知其意，则不疑其语言"之观点，③同章学诚所主张的"好学深思，心知其意"④实有共鸣。故章氏也不好直言其说为非，仅驳其例证，称汪中"广引文法不可执者以见类例"，在论证上不够充分，进而批评汪中"聪明有余，真识不足"。⑤其实章学诚对考证学也不甚了解，昔日他曾批评戴震不解修志而强为之，此时则如自己所批评的戴震一般，犯了同样的错误。

章学诚尝言："道，公也。学，私也。君子学以致其道，将尽人以达于天也。"⑥其所追求之"道"于上文多少已可得见，"道公"亦不言自明，而在"学私"上，他虽承认"尽人"即指尽学者"分于形气之私"的"聪明才力"⑦，却也强调古圣贤遗留在典籍之中的"道"如"日月光天，终古不变"。官守之学的瓦解是既定事实，"复古"终难从字面上予以实现，"道"不得不通过后世学者私学的诠释才能展现于世并加以施用，但"学私"也只是"群生百物"在古圣贤之"道"下"各以质之所赋而被其光"，⑧私人之学终究要能达至大公至正之

---

① （清）章学诚：《文史通义·诗教下》，《章学诚遗书》，第6页。
② （清）章学诚：《文史通义·述学驳文》，《章学诚遗书》，第58页。
③ （清）汪中：《释三九上》，（清）汪中著，李金松校笺《述学校笺》上册，第13页；（清）汪中：《释三九中》，（清）汪中著，李金松校笺《述学校笺》上册，第18页．
④ （清）章学诚：《文史通义·为谢司马撰楚辞章句序》，《章学诚遗书》，第68页。
⑤ （清）章学诚：《文史通义·述学驳文》，《章学诚遗书》，第58页。
⑥ （清）章学诚：《文史通义·说林》，《章学诚遗书》，第32页。
⑦ （清）章学诚：《文史通义·说林》，《章学诚遗书》，第32页。
⑧ （清）章学诚：《文史通义·与朱沧湄中翰论学书》，《章学诚遗书》，第83页。

"道"才具备存在的价值。而在章学诚看来,从"学私"走向"道公"的关键环节就在于"公、私两关"的"一致",也就是要通过个人的"自我审查",既不违背自身主体的天资与意志,又获得学界的公认,这落实在章氏的史学研究之中,即体现为"史德"。①章氏所设想由学术以明大"道"的路径,以及对"道公""学私"的解释,很容易使人联想到戴震对"理"的定义:

> 心之所同然始谓之理,谓之义;则未至于同然,存乎其人之意见,非理也,非义也。凡一人以为然,天下万世皆曰"是不可易也",此之谓同然。②

但是"意见"与"理"真能顺利通过"一人""天下"的"审查"从而完美地得以界定吗?多数人的意见固然在数量上可获得压倒之"势",于人伦日用的"形下"事物,也自有其呼唤被重视之情由,然在"形上"层面的学术、思想等理论知识内容上,其心知之明未必胜过少数人组成的专业群体;此理反之亦然,若过于重视少数人之意见,又难免造成学术与社会现实的脱节,从戴震到汪中、章学诚,他们正汲汲于解决此一问题。更何况于多数、少数群体之中,各人的"意见"又未必互以为然;要按此种逻辑进行推衍,其过程又难免受到各种主观、客观因素的影响。章学诚与汪中的学术之争,即为一典型事例,二人在为学终极宗旨上实有共通之处,却由于学术取径、个人性情、相互认知不足甚至意气之争等因素而交恶,章氏更以此贬汪中之学"不可入德",言外之意,便是其学非闻"道"之途,其人亦不足取。从某种角度而言,这未尝不是章氏对自己"道公""学私"观念的一种意外的矛盾性否定。

四 余论:戴学影响下的嘉道时期学术发展态势

清王朝在乾隆朝后期业已盛极而衰,至嘉庆一朝,民变四起,特别是白莲教、天理教起义,对清廷的统治根基造成了沉重打击。此后,道光一朝面

---

① 参见章益国《道公学私:章学诚思想研究》,北京大学出版社,2020,第433~437页。
② (清)戴震著,何文光整理《孟子字义疏证》,中华书局,1982,第3页。

临的危机则主要来自外部，西方殖民势力日渐侵逼；同时，此前的"内患"也并未消除，清王朝即在此内外交困下走向衰落。然值此困局欲来未来之际，学术已悄然思变。早在盛世之时，已然有戴震力倡"通经明道"，运用小学考证重释经典字义，解构理学以建构新说，再三呼吁"体民之情，遂民之欲"①，试图以此缓解潜在而日益滋长的社会矛盾。戴震以"形下"日用之"道"灌注"形上"本体理论所构建出的学术体系与思想理论，在其身后仍为汪中、凌廷堪、焦循、阮元等人所继承并加以发挥。若以汪中为例，我们可以看到，其于治学一途无疑深受戴学范式之影响，甚至对戴震的经学考证成果还有所补正；②在学术精神方面亦不忘"求道"之宗旨，与戴震相比，其虽未能在"形上"理论方面有较多建树，但汪中对诸子"异端"的敌意已然减轻，并试图吸取"对手"思想中的"经世"长处转化为儒学治世之资源，从而更好地服务于人伦日用这一"形下"器用层面，其所主张的"经史一体"乃至考辨诸子之举，用意即在于此。

相较之下，章学诚则受戴震的影响与刺激，结合自己的性情所近与天赋，走上了一条与汪中宗旨相同却学术有别的道路。他以史学入途，提出"六经皆史"说，倡言将"六经"视为先王之政典。其实质是动态审视儒经在内的古代典籍，在立足"史料"的基础上掌握古今流变，发挥个人才学所长，以阐发"史义"，从而结合现实所需，更好地发挥经典作为经世资源的效力。从宏观角度来说，章氏所论，与戴震、汪中一系并无太大分歧，经学家所信奉者固然是"圣人之道在六经"③，然章氏所谓"六经皆史"也并未完全脱离经籍，只是在辨析学术源流时以抹平经史之争的方式，扩大了学问与知识所依据的资源。至于对"史料"与"史义"甚至"道公""学私"的阐释，又和戴震到汪中等人一直奉行的据于实体实事，扩充心知之明、合于古圣贤之心以裁断，再进于众人之同然为"理"，实相得益彰。他与汪中的差异，更多反映在了"私"概念下的学术思想与交往上，于学术进路方面选择史学以建构

---

① （清）戴震著，何文光整理《孟子字义疏证》，第9～10页。
② 按：汪中对戴震的经学成就并不盲从，从其在《释厉字义》中所论即可见一斑。具体可参见（清）汪中著，李金松校笺《述学校笺》下册，第647～648页。
③ （清）戴震：《沈学子文集序》，赖应芹、诸伟奇主编《戴震全书》（修订本）第6册，黄山书社，2010，第391页。

"形上"理论，在经世思想的阐发上则更注重使社会秩序重返稳定。此"异"又与同汪中私交不合相互作用，造成了他对汪中之学的不理解与批判。

当然，这种革新学术以回应社会危机的举动，不止体现在一二名学者身上。如戴震高徒段玉裁在晚年时尝言："归里而后，人事纷糅，所读之书，又喜言训故考核，寻其枝叶，略其本根，老大无成，追悔已晚。……朱子集旧闻，觉来裔，本之以立教，实之以明伦敬身，广之以嘉言善行，二千年贤圣之可法者。"①虽然过往研究都将其解读为感叹汉学考据无用，应注重宋学义理，然段氏未尝放弃经学训诂，其所语无非是借纪念朱熹来表示学术应下学上达，由"形下"实学建构"形上"义理以明道济世，故其寄语外孙龚自珍曰"努力为名儒，为名臣，勿愿为名士"②；又同样致力于扩充经学的知识来源，不仅将小学至要的《说文解字》《九章算经》《周髀算经》等列入经之范畴，还以符合"古训所具存、治乱之条贯"为由，将《国语》《史记》《汉书》《资治通鉴》等吸纳为经。③与汪中好友刘台拱同族的晚辈刘恭冕，于咸丰初则提倡"广经"，一方面吸收了汪中、凌廷堪、刘台拱等人对荀子学的研究，主张将《荀子》升为经，另一方面则主张使《楚辞》入经以抬升辞章之学的地位。④这种纳史为经、抬升子、文从而外延经学范围的提议，与章学诚等亦有同调处，同样是结合了自身治学取径与学术大势后所做的判断，旨在增强经学等学术的经世功用，以应对世变。当然，亦如章学诚"六经皆史"说客观上促进史学摆脱经学附庸之地位一般，段氏等人的主张，侧面反映出算学、文字学、文学等原先属于经学手段的"学问"逐渐发展为与经学地位近乎相等的专门之学，这说明近代以来"新"学科及其相关知识的探索与建设，在传统学术路径下无疑也在缓慢发展。

---

① （清）段玉裁：《博陵尹师所赐朱子小学恭跋》，（清）段玉裁著，钟敬华校点《经韵楼集》卷8，上海古籍出版社，2008，第193～194页。

② （清）段玉裁：《与外孙龚自珍札》，（清）段玉裁著，钟敬华校点《经韵楼集》卷9，第222页。

③ （清）沈涛：《十经斋文集》卷1《廿一经堂记》，《清代诗文集汇编》第578册，上海古籍出版社，2010，第320页；同时亦可参见（清）段玉裁《十经斋记》，（清）段玉裁著，钟敬华校点《经韵楼集》卷9，第236页。

④ （清）刘恭冕：《广经室文钞·广经室记》，《丛书集成续编》集部第140册，上海书店，1994，第118～119页。

宗族、科举与书院：形塑常州学派的三重力量

王 豪

引 言

地域文化资源在明清两代的连续性发展是常州学派得以产生的重要推力。清代常州士人在将重视"名节""道义""忠义"的东林遗风，转换为一种积极投身功名、参与政治的态度的同时，也延续、发扬了地方学术传统中经学与经世并重的学风，正是这些方面为常州学派的学术风格奠定了独特底色。具有常州特色的地域文化是如何在清代保存、延续，又是如何被进一步形塑的？对于这个问题，学界现有研究多局限于宗族势力这一层面，而且对宗族势力作用的探讨亦仅局限于最为著名的庄存与、刘逢禄两大家族上，缺乏更加全面、具体的研究。[①]有鉴于此，本文拟在前人研究的基础上，从社会文化史的视角，考察宗族、科举、书院这三重力量对常州地域文化，尤其是学术文化的形塑作用，不当之处，尚祈大雅指正。

[①] 从此一角度展开的研究，较有代表性的成果有艾尔曼《经学、政治和宗族——中华帝国晚期常州今文学派研究》，江苏人民出版社，1998；刘静《清代常州庄氏家族家学研究》，硕士学位论文，扬州大学，2010；丁蓉《科举、教育与家族：明清常州庄氏家族研究——以毗陵庄氏族谱文献为中心》，博士学位论文，华东师范大学，2012；邵鹏宇《学缘、血缘与地缘——以常州学派为中心的学术史、家族史与地域史的考察》，博士学位论文，华东师范大学，2015。

一 宗族势力

在常州地域文化发展的过程中，宗族势力自始至终都扮演着重要的角色。但清代常州府所在的武进、阳湖二县比较显赫的宗族，除了我们所熟知的毗陵庄氏、西营刘氏外，另有毗陵孙氏和恽氏、西营汤氏、段庄钱氏、观庄赵氏、前黄杨氏、新河徐氏、前街董氏、龙溪盛氏、华渡里管氏、缪贤里吕氏、八都台蒋氏、洗马桥吴氏等。上述这些大宗族共同引领地域文化的发展。

宗族对地域文化的引领作用主要体现在三个方面。其一，在文化领域有影响力的地方士人多出自各大宗族。除了最为著名的庄氏家族的庄存与、庄述祖，西营刘氏家族的刘逢禄外，如恽氏家族的恽日初、恽本初兄弟以及他们的后辈恽鹤生，前黄杨氏家族的杨椿、杨述曾父子，八都台蒋氏家族的蒋汾功、蒋和宁父子，孙氏家族的孙星衍，华渡里管氏家族的管世铭，缪贤里吕氏家族的吕星垣，新河徐氏家族的徐书受，观庄赵氏家族的赵怀玉以及赵氏家族另一支西盖赵氏的赵翼，前街董氏家族的董士锡，等等，亦是在地方学术文化上有重要影响力的人物。那些具有科举功名、高中翰林以及曾身居高位或任职期间宦绩可被称道者，如观庄赵氏家族的赵熊诏，新河徐氏家族的徐元珙，段庄钱氏家族的钱维城，西营刘氏家族的刘纶、刘星炜，西营汤氏家族的汤大绅，等等，亦往往被地方人物视为榜样。其二，具有学术文化潜力的地方后进，多由各大宗族的领袖发掘、提拔。比如，身居高位的段庄钱氏家族的钱维城、西营刘氏家族的刘星炜、八都台蒋氏家族的蒋和宁，都十分乐于提拔地方的年轻人才。其中，蒋和宁居乡时经常"留意里中人才"，尤具"远识"，著名学者洪亮吉、孙星衍等人皆为其所提拔。[1]段庄钱氏家族的钱维城亦是如此，他也"以沉宏博丽之才，提唱后学"，徐书受、吕星垣等皆为其所提拔。[2]其三，地方的文化事业往往是由这些大宗族的成员主导。清代历次地方志的纂修，各大宗族的成员都是主要的资助者和编纂者。在刊

---

[1] （清）洪亮吉：《外家纪闻》，叶舟点校《清代常州地方史料汇编》，凤凰出版社，2015，第109～110页。

[2] （清）毕沅：《教经堂诗集序》，（清）徐书受著《教经堂诗集》卷首，《清代诗文集汇编》第429册，上海古籍出版社，2010，第92页。

刻地方人物的文集时，各大宗族的成员也会积极出资并参与校阅。诸如西营汤氏家族的汤修业、汤建业兄弟，观庄赵氏家族的赵怀玉，等等，在常州地方文献的整理上贡献尤大。像庄存与之父庄柱、刘逢禄之族祖刘汉卿、钱维城之祖钱济世，亦曾多次参与编订地方文献。此外，地方书院的修葺、祠堂的修建往往也是由各大宗族的成员实际出资并主持的。这些都能够说明宗族势力在地域文化发展中具有主导作用。

宗族势力之所以能够成为地域文化的主导力量，与其优越的社会地位密切相关。在明清时期的江南地区，宗族组织是基层社会的实际控制者。宗族在血缘关系的基础之上自发形成，通过共有的祠堂、族产、族训、族谱而凝聚。在其外部，宗族势力也因获得了统治者的认可，而得到进一步巩固。清代帝王屡屡以"笃宗族以昭雍睦"为倡，对宗族祭祀、修谱等活动予以肯定，这种肯定进一步强化了宗族的势力。由于常州的宗族势力在明清易代之际基本没有遭到冲击与损害，故而较江南其他地域往往更加兴盛。在政治上，常州各大宗族为官仕宦者世代不绝，其中身居高位者亦不在少数，科举功名保证了宗族领袖的社会地位，这些人在朝为官，在乡为绅，在地方上拥有强大的话语权。同时，由于科举功名赋予了相关宗族成员豁免赋税的权利，在经济上，常州各大宗族亦拥有其优势，他们拥有大量的族产、族田等。这些财产禁止买卖，由专人管理，用于宗族的祭祀、教育等公共事务，其中族田中学田的收入即多用于开设族学、延请名师、教育宗族子弟。宗族子弟往往不会因为经济问题而影响学习。若宗族子弟参加科举考试，宗族往往还会予以资助。经济优势充分保障了宗族子弟的受教育和应试机会。上述这些方面，都是宗族势力能成地域文化的主导力量的重要原因。

常州各大宗族能够成为地域文化的主导力量还与其重视读书、为学的风气关系密切。各大家族在其家训中屡屡强调读书、为学的重要性，竭力助学、兴学。他们将读书视为立家之本，"家有中人产以上，辄矍然向学，子弟之才美可造者，必延名师而教之"[1]。对于有学术天赋的宗族成员，他们还

---

[1] （清）李兆洛：《养一斋文集》卷3《许桐山小湖诗钞序》,《清代诗文集汇编》第493册，第65页。

会重点培养，以期成材，如段庄钱氏家族对于族内"质美者"，皆"驱之学问"。[1]同时，他们教育子弟往往也十分严格，如八都台蒋氏，"课子弟极严"，"自成童入塾后，晓夕有程，寒暑不辍，夏月别置大甕五六，令读书者足贯其中，以避蚊蚋"。[2]不仅如此，他们往往还会对学有所成的宗族成员予以表彰，使之成为楷模，起到示范作用，如毗陵孙氏家族对以"理学文章名重当时者"，"推为族贤，特加优异"。[3]

常州的宗族势力并非孤立的存在，而是借助地缘及联姻关系相互联系在一起的整体。艾尔曼等学者在谈及常州学派形成的宗族因素时，目光多聚焦于庄、刘两族，对常州其他宗族则关注不多，但这种做法并不妥当。联姻关系并不仅仅存在于庄、刘两族之间，常州各大宗族之间也普遍存在姻亲关系，各宗族之间形成了一张庞大的姻缘网络。除了西营刘氏家族外，庄氏家族和前黄杨氏家族、段庄钱氏家族、西营汤氏家族、洗马桥吴氏家族、八都台蒋氏家族、华渡里管氏家族也频繁联姻。如八都台蒋氏的蒋汾功、蒋和宁父子均以文学闻名，他们父子都娶妻于庄氏。前黄杨氏家族的杨椿，是清代前期常州著名的经史大家，其母亦出自毗陵庄氏家族。段庄钱氏家族和常州各大家族的联姻关系也很紧密，如庄存与、庄培因的母亲即出自段庄钱氏家族，为钱人麟之堂妹，钱维城之堂姑。钱维城的两个儿子钱中铣、钱中钰又分别娶妻于毗陵庄氏、西营刘氏家族。此外，像新河徐氏、前街董氏、缪贤里吕氏家族、八都台蒋氏家族，亦和钱氏家族存在着联姻关系。虽然常州各大宗族也会与其他地域的家族进行联姻，但他们互相之间的联姻关系往往更频繁且更具有持续性。通过联姻关系，各大宗族成了一个几乎能够笼罩地域文化的庞大整体。

宗族是清代常州地方学术文化的引领者，但地方学术文化不仅仅依赖于单一家族传衍、发展。常州庄氏家族，在庄存与以前一直以科举为立家之本，精研学术者不多，到了庄存与父亲庄柱这一代，才有专心从事于学术者。传称，庄存与的叔父庄楷致仕归田后"耄而好学，次第

---

① 钱根发等纂修《段庄钱氏族谱》卷1《家训》，民国十五年（1926）重修本，第3叶。

② （清）洪亮吉：《外家纪闻》，叶舟点校《清代常州地方史料汇编》，第96页。

③ （清）孙冀先等纂修《毗陵孙氏家乘》卷1《宗约》，道光十二年（1832）刊本，第3叶。

注释群经，而亦不废吟咏，其于群经虽无成书，而庄氏经学实权舆于书田（庄楷——引者注）也"①。可见，其传家之学从庄存与往前最多只能追溯一代而已，并没有一个所谓渊源深厚的家学传统。在庄存与之后，真正继承他学术精神的也只有侄子庄述祖、孙子庄绶甲而已。在庄绶甲后，所谓的庄氏家学就再无可称道的传人。庄有可在经学研究上虽有成就，但其学并不承自庄存与。庄存与的外孙刘逢禄、宋翔凤以及孙女婿丁履恒，虽然广义上可以被视为"庄氏一族"，但严格来说，他们都不是真正意义上的庄氏家族的成员。即便把他们计算进去，从庄存与到刘、宋，也就三代而已。清代学者父子相继，以家传学者并不少见，如高邮王氏王念孙、王引之父子，江都汪氏汪中、汪喜孙父子，侯官陈氏陈寿祺、陈乔枞父子。但真正的读书种子并不易得，即便家族重视读书教育，这些所谓的家学传统，在一个家族内部往往持续二三代即止，像刘师培所在的仪征刘氏家族能够自刘文淇后四代精研《左传》之学，以学传家、以学立家，并不多见。

清代常州地方的学术文化，是在不同家族之间不断流转、演进的。家族间的联姻关系是地方学术文化传衍、扩散的重要途径。在晚明，正是由于和唐顺之家族联姻，庄氏家族的成员庄起元、庄廷臣才获闻唐氏之学并受其影响（庄廷臣、庄起元的姑祖母嫁给了唐顺之，庄起元的父亲又娶了唐顺之之女）。在清代，庄氏家族步入学术之途，形成自身的家学传统，在很大程度上也是得益于与其他家族的联姻关系。庄存与的授业老师，除了出自庄氏本族的庄绍平外，其他均来自常州的其他大宗族，如八都台蒋氏家族的蒋汾功②、段庄钱氏家族的钱枝起（钱人麟之兄）③、西营汤氏家族的汤大

---

① 张惟骧等撰，蒋维乔等补《清代毗陵名人小传稿》，周骏富辑《清代传记丛刊》第197册，台北：明文书局，1985，第24页。

② 庄存与称，蒋汾功"乙卯后二年授徒温州署中，则存与暨弟培因随侍先大夫于官署。朝夕亲炙于吾师之岁月也"。见（清）庄存与《读孟居文集序》，（清）蒋汾功著《读孟居文集》卷首，《清代诗文集汇编》第230册，第472页。

③ 臧庸称，庄存与"力探经史、性理、百家。从舅氏钱公枀（钱枝起——引者注）讲肆，平生学业实基于此"。见（清）臧庸《拜经堂文集》卷5《少宗伯礼部侍郎庄公小传》，《清代诗文集汇编》第484册，第127页。

绅①。其中，蒋汾功、钱枝起两人对庄存与影响尤其大，如庄勇成所言，庄存与"研经、求实用"，主要"肇端于蒋济航（蒋汾功）、钱太拙（钱枝起）两先生"。②两人均和庄氏家族有着姻亲关系，而且均与庄存与之父庄柱为密友。钱枝起为钱一本之后，研求经学"尤邃于《（春秋）三传》及《毛诗》"③，其堂兄弟钱人麟、钱人龙亦精于经史之学及乡邦文献。蒋汾功论学以义理为主，但又不同于程朱，他还和清初常州经史大家杨椿关系密切。正是透过蒋汾功、钱枝起等庄氏姻亲，庄存与获闻并继承了常州地方学术注重经学的传统，并奠定了自身的学术之基。

庄氏家族不仅借助姻亲关系从地方学术传统中汲取养分，在庄存与、庄述祖以学术崛起，成为常州地方学术的中心人物后，他们也在通过姻亲、地缘关系向其他家族输送学术思想。其中，庄述祖居家时，"后生以学问就正，谆谆诲诱，未尝有所隐"；宋翔凤之母庄氏归宁时，即命宋翔凤留在外家，庄述祖"教以读书稽古之道，家法绪论得闻其略"。④刘逢禄亦曾问学于庄述祖，庄述祖"与语群经家法"，刘逢禄从其"受夏时等例及六书古籀之学，尽得其传"。⑤张惠言之子张成孙，"二十二馆于庄氏，始得聆（音韵学）大要于庄葆琛先生"⑥。陆继辂、丁履恒、董基诚、董佑诚也是因为和庄氏家族建立姻亲关系而习得庄氏之学的。其他常州著名学者如洪亮吉、孙星衍、赵怀玉、张惠言、李兆洛、董士锡、臧庸，等等，他们各自家族内的成员亦往往相互拜师、问学。因此可以说，正是通过姻亲关系这一媒介，常州地方学术传统才得以在地方宗族间不断流转，进而发展、演进的。这是宗族对于地方学术文化的重要贡献。

---

① 吕星垣称，汤大绅为"名师"，"庄大令熊芝、侍郎存与、读学培因等皆及门"。见（清）吕星垣《白云草堂文钞》卷6《翰林院编修汤府君墓志铭》，《清代诗文集汇编》第436册，第512页。

② （清）庄勇成：《少宗伯养恬兄传》，（清）庄怡孙等纂修《毗陵庄氏族谱》卷30《家传》，第29叶。

③ 钱根发等纂修《段庄钱氏族谱》卷13《传略》，第30叶。

④ （清）宋翔凤：《朴学斋文录》卷4《庄珍艺先生行状》，《清代诗文集汇编》第513册，第386页。

⑤ （清）刘承宽：《先府君行述》，（清）刘逢禄著《刘礼部集》卷末，《清代诗文集汇编》第517册，第291页。

⑥ （清）张成孙：《端虚勉一居文集》卷1《谐声谱自叙》，道光二十年（1840）暨阳书院刊本，第4叶。

二　科举考试

清代常州士人在科举考试中取得的巨大的成功，亦是常州地域文化发达的重要原因。常州科举制之盛，前人多有描述，如近代史家沈云龙称：

> 有清一代，江南各省之科名，谈者每侈言苏州之盛，实则常州之学术与科名均盛极一时，鲜有能与之抗衡者。①

沈云龙说常州科名之盛，"鲜有能与之抗衡者"，并非溢美之词。清代前中期，常州士人在科举考试中，无论从数量上看还是从质量上看，人数都相当惊人。顺治四年（1647）丁亥科是清廷占据江南后举办的第一次科举考试，该科状元即为常州吕氏家族的吕宫，同时毗陵庄氏家族的庄同生、孙氏家族的孙自式、西营刘氏家族的刘履旋，亦于是科得中进士，该科仅常州（就武进一县而言）中式者就有19人。此后数科中，常州中式人数都在10人以上。自顺治四年至顺治十八年（1661），清廷共举办了7次科举考试，常州共中式75人，平均每科在10人以上，（清代进士每科数额并不确定，但清代前中期每科进士数量维持在350人左右，其中一甲3人，二甲维持在70～90人，最多不超过100人，三甲在250人左右，最多一般不会超过300人）。②随着清廷统治逐渐为汉族士大夫所接受，参与科举者渐多，竞争也日趋激烈。康、雍、乾三朝，常州每科中式的平均人数有所下降，但整体质量仍维持在较高的水平。仅就乾隆一代而言，常州就出过两位状元，分别是段庄钱氏家族的钱维城（乾隆乙丑）、毗陵庄氏家族的庄培因（乾隆甲戌）；四位榜眼，分别是前黄杨氏家族的杨述曾（乾隆壬戌）、毗陵庄氏家族的庄存与（乾隆乙丑）、毗陵孙氏家族的孙星衍（乾隆丁未），以及八都台蒋氏家族的外孙兼女婿洪亮吉（乾隆庚戌）；三位探花，分别是西营汤氏家族的汤大

---

① 沈云龙：《常州科名之盛》，《近代史事与人物》，台北：自由太平洋文化事业公司，1965，第43页。

② 以上相关信息主要参照（清）赵熙鸿原编，（清）刘汉卿、钱济世、庄柱续编，（清）汤成烈等校补《增续毗陵科第考》卷5《甲榜》[杨欣、朱煜点校《常州历史文献丛书（第2辑）·常州科举史料三种》，凤凰出版社，2015]统计而来。

绅（乾隆壬戌）、西盖赵氏家族（与观庄赵氏同宗的另一支）的赵翼（乾隆辛巳），以及西营刘氏家族的刘跃云（乾隆丙戌）。①另外，通过朝考而进入翰林院者亦所在多有，乾隆丙戌前后，还出现过庄存与、钱维城等16人同时在翰林院读书、任职的盛况。②

常州士人在科举中的成绩十分具有连续性。不少家族往往能够连续数代猎取功名，三世词林（家族三代都有人进入翰林院）、三世进士（家族三代都有人考中进士）、三世科甲［家族三代都有人考中进士（甲科）或举人（乡科）］及其以上的情况屡屡出现。其中前黄杨氏家族自杨廷鉴（明朝最后一个状元）起，至杨椿、杨述曾父子，四代内7人高中翰林；毗陵庄氏家族自庄存与之父庄柱，到庄存与、庄培因，再至存与子通敏，三代内4人高中翰林。从清初算起，中科甲者更是代不乏人。洗马桥吴氏家族自吴性算起，四代出现了11位进士。西营刘氏家族自刘光斗算起，十代内九代都有人跻身科甲。段庄钱氏家族自钱一本开始，九代内八代都有人跻身科甲。观庄赵氏家族自赵继鼎开始，亦九代内八代有人跻身科甲。新河董氏家族自董绍开始，十二代内有九代跻身科甲。八都台蒋氏家族自蒋炳起，五代内均有人跻身科甲。龙溪盛氏家族自盛纲起，五代内四代有人跻身科甲。新河徐氏家族自徐元珙开始，亦出现过四世科甲的情况。华渡里管氏家族自管景贤开始，亦曾四世科甲。③这些成绩无一不在反映着常州士人在科举上取得的巨大成功，体现着常州宗族势力背后强盛的科举背景。

与科举上的巨大成功相伴随的是在政治上的得意。常州士人在科举成功后往往能够更进一步跻身高位，接近权力中枢。在顺治、康熙、雍正三

---

① 参见（清）赵熙鸿原编，（清）刘汉卿、钱济世、庄柱续编，（清）汤成烈等校补《增续毗陵科第考》卷6《科名盛事》，杨欣、朱煜点校《常州历史文献丛书（第2辑）·常州科举史料三种》，156~158页。

② 参见（清）赵熙鸿原编，（清）刘汉卿、钱济世、庄柱续编，（清）汤成烈等校补《增续毗陵科第考》卷6《桑梓盛事》，杨欣、朱煜点校《常州历史文献丛书（第2辑）·常州科举史料三种》，第177页。

③ 参见（清）赵熙鸿原编，（清）刘汉卿、钱济世、庄柱续编，（清）汤成烈等校补《增续毗陵科第考》卷8《家世盛事》，杨欣、朱煜点校《常州历史文献丛书（第2辑）·常州科举史料三种》，第226~233页。

朝，缪贤里吕氏家族的吕宫（官至内弘文院大学士）、西营刘氏家族的刘于义（官至吏部尚书）、观庄赵氏家族的赵申乔（官至户部尚书）均是一代重臣。在乾隆朝，常州士人的政治势力更是达到顶峰。其中西营刘氏家族的刘纶、刘星炜，毗陵庄氏家族的庄存与，段庄钱氏家族的钱维城，先后入直南书房，其中刘纶还曾入直军机处，担任军机大臣。蒋氏家族的蒋炳、杨氏家族的杨承曾、庄氏家族的庄培因、刘氏家族的刘谨之、赵氏家族的赵翼、董氏家族的董潮、盛氏家族的盛惇大和盛惇崇、管氏家族的管世铭等，亦先后以内阁中书的身份充任军机京章，参与军机。在乾隆朝，常州士人官至侍郎、尚书、总督、巡抚者亦不乏其人。其中，蒋氏家族的蒋炳曾担任兵部侍郎，巡抚河南、湖南；管氏家族的管干贞，曾担任兵部侍郎并担任漕运总督。另外，还有钱维城官至刑部左侍郎，庄存与官至礼部左侍郎，刘星炜官至工部左侍郎，刘跃云官至兵部左侍郎。此外，在最具有引领文化方向的科举会试中，钱维城、庄存与、刘纶、刘跃云、管干贞亦曾先后担任主考。[①]出身政治世家的常州子弟，诸如刘召扬、庄选辰、钱中铣、赵怀玉等人，往往能够由举人直接考授内阁中书，进而"曝直禁廷"，获得擢迁的捷径。可以说，常州的宗族势力在乾隆一朝是具有相当大的政治能量的。

一般而言，科举与为学并非一事，在有些人看来甚至还互相冲突，但沈云龙上述言论却将常州科名之盛与学术之盛并举齐观，这并非没有根据。常州科名之盛，往往被认为是地方良好学问风气影响的结果。如《康熙常州府志》称：

> 士子多以读书世其家，故往往科目蝉联数代不绝。[②]

李兆洛也强调：

---

① 参见（清）赵熙鸿原编，（清）刘汉卿、钱济世、庄柱续编，（清）汤成烈等校补《增续毗陵科第考》卷7《宦显盛事》《衡文荣遇》，杨欣、朱煜点校《常州历史文献丛书（第2辑）·常州科举史料三种》，第188~215页。
② （清）陈玉璂等纂《康熙常州府志》卷9《风俗》，《中国地方志集成·江苏府县志辑》第37册，江苏古籍出版社，1991，第183页。

> 吾邑科第之盛颇盛于旁邑，盖名师宿儒实有以振起之。弟子有志于学者，无不择师。华颠硕望开堂讲学，常盈阶溢席，争辖恐后。先生或以明经终老，而弟子蜚声艺林、早遂青紫，往往而是。①

李兆洛弟子蒋彤亦强调：

> 夫常之科第仕宦不必过于他郡，而读书、能文章、耽著述，渊源继承，独能发明圣真，不为世俗抵调之言，则虽极天下都会之盛，有不能过也。②

从上述言论可以看出，在常州士人眼里，读书与科举并不互相背离、冲突，而是相得益彰。清代常州士人尝试将地域文化传统中重视"道义"的精神，转换为政治参与意识并加以继承，积极投身于科举与仕宦，进而"以道事君"。反过来，科举和政治上的成功，其实也可以为政治参与意识和经世精神的存续提供优良的土壤。从整体上看，清初的经世思潮在雍、乾时期逐渐衰退，学者往往废弃经世，只重经史考据，其原因有二：其一为由于政治高压，士人对与政治相关的问题主动疏离；其二为大多数考据学者身为布衣，远在庙堂之外，无法参与其中，不得不漠然对待。然而自清初至乾嘉，常州士人一直处在现实政治活动之中，从未远离权力中枢，故而他们对于现实政治的热情并未消退，注重经世致用的传统也自始至终保持着。如庄存与之父庄柱，"每论地方利弊，兴革所宜，洞悉周至，无不见诸实事"，他与亲家彭启丰"谈论辄移日，于当世吏治之得失，尤惓惓致意焉"③。在朝与在野这个政治身份的区别，无形之中是会影响士人对待经世之学的态度以及他们各自学术的最终追求的。如庄存与所言，"幼习五经之简，长以通于治天

---

① （清）李兆洛：《养一斋文集》卷4《泽古斋遗文后序》，《清代诗文集汇编》第493册，第51~52页。

② （清）蒋彤：《丹陵文钞》卷3《重修武进阳湖学宫碑》，《清代诗文集汇编》第615册，第648页。

③ （清）彭启丰：《中宪大夫浙江海防兵备道庄君柱墓志铭》，（清）钱仪吉纂《碑传集》卷83，中华书局，1993，第2393~2394页。

下"①，即便在乾嘉时期，"通经致用"仍是常州士人，尤其是那些高中翰林、身居高位的常州士人理想中的治学路径。以"实事求是"为归依的考据学者，并非没有心存"通经致用"的理想，但常州士人对科举和政治的积极参与，以及由此带来的家族政治传统与政治背景，使得他们对于"通经致用"的追求更为强烈。在研究学术问题时，常州学者往往具有更为直接和强烈的现实政治关怀。这个特点在以庄存与为代表的庄氏一族的学人身上表现得尤其明显；但在蒋和宁、钱维城、刘星炜这些不以学术闻名的常州士人，以及洪亮吉、孙星衍这些以考据学闻名的常州学者的言行中，我们亦能发现类似的思想倾向；即便是像郑环那样穷居乡里晚年才中举的地方考据学者，在面见地方官时，也会"每见辄条举利病，或正容进规"②。常州学者"通经致用"的强烈意愿由此可见一斑。

同时，由于科举、仕宦的需要，经世致用的相关知识，对常州士人而言，也一直是必要且有用的。各大家族累代仕宦，家族子弟往往精通掌故与律例，熟习吏事与礼制。如八都台蒋氏家族的蒋和宁，"智识远过人，通晓当世之务，处事多中"③。华渡里管氏家族的管干贞，"案牍皆自裁决，不延幕僚，署中老吏俱慑服"④。另如庄存与之子庄选辰，精通刑律，去世时虽其他著作均未著成，"惟刑法一门，粗具端绪"⑤。刘纶之子刘跃云熟悉礼制，"每遇国家大典，必参酌以求至当，曹司因公错误，得公指示，多免谴责"⑥。这也是科举影响常州学术文化的一个重要方面。

另外，科举对常州学术文化的影响还间接体现在以下两个方面。

---

① （清）龚自珍：《资政大夫礼部侍郎武进庄公神道碑铭》，（清）龚自珍著，王佩净点校《龚自珍全集》第2辑，上海人民出版社，1975，第142页。

② （清）赵怀玉：《亦有生斋文集》卷16《扬州府甘泉县训导郑君墓表》，《清代诗文集汇编》第419册，第733页。

③ （清）卢文弨：《湖广道监察御史蒋公墓表》，（清）卢文弨著，王文锦点校《抱经堂文集》卷32，中华书局，1990，第425页。

④ （清）孙星衍：《平津馆文稿》卷下《资政大夫兵部侍郎兼都察院右副都御史总督漕运管公干贞行状》，《孙渊如先生全集》，商务印书馆，1967，第352页。

⑤ （清）赵怀玉：《亦有生斋文集》卷12《内阁中书舍人庄君行状》，《清代诗文集汇编》第419册，第680页。

⑥ （清）赵怀玉：《亦有生斋文集》卷19《诰授荣禄大夫经筵讲官兵部左侍郎刘公墓志铭》，《清代诗文集汇编》第419册，第767页。

一方面是对清廷学术文化政策变动的感知。常州士人读书、为学并不完全以科举为导向，但积极投身科举的他们对清廷的学术文化政策的变化十分敏感；而翰林出身的常州士人，如庄存与、钱维城、刘星炜等屡屡担任乡会试考官及经筵讲官，这些职位也要求他们密切关注清廷学术文化政策的变化并予以回应。有学者研究发现，庄存与的《春秋》学思想就与御纂《春秋直解》等书的思想倾向存在着呼应关系。①庄存与学术思想中的反程朱倾向，也与乾隆帝在经筵讲论中对待程朱理学态度的变化十分一致。②这些都是与科举息息相关的学术文化政策影响学术的证明。

另一方面是对地域间学术文化交流与统合的带动。科举带来的社会流动常为人所关注，而在社会流动的基础上，学术思想其实也在随着科举而流动。虽然江南各地之间本身即存在着一定的互动、交流，但这种自发性的交流，就频率而言，远不如科举，以及与科举紧密相关的仕宦、游幕等作用大。在地方与京师之间，科举相关活动更是两者沟通的主要途径，科举越发达的地域，往往和京师在文化上的联系越紧密。在一定程度上，京师可以视作一个学术文化的集散地。不少常州士人都是在入京会试、入翰林院读书以及在京任职期间，与其他地域的士人、学者建立起学术关系并互相影响的。如庄存与、庄培因之父庄柱就是在翰林院任职期间结识后来的亲家彭启丰，并受彭氏家学影响的。庄存与、庄培因在翰林院任职期间正是钱大昕、王鸣盛、纪昀、朱筠等人进入翰林院，大力提倡考据学的时候，他们也因此得以对考据学有所认识。此后庄氏家族的庄述祖以及洪亮吉、孙星衍、张惠言、李兆洛等常州学人，亦是因为科举及与其密切相关的仕宦③、游幕活动④走出

---

① 此一问题的讨论可参见辛智慧《试论庄存与〈春秋正辞〉与官学的关系问题——〈禁暴辞〉〈诛乱辞〉读解》，《清史研究》2016年第3期，第37~57页。

② 乾隆帝对程朱理学态度的变化，可参见陈祖武《从经筵讲论看乾隆时期的朱子学》，《清代学术源流》，北京师范大学出版社，2012，第190~209页。

③ 孙星衍即因其父担任句容教谕一职而随父游历，先后游学于句容学舍、钟山书院，获教于卢文弨。见（清）张绍南《孙渊如先生年谱》，《北京图书馆藏珍本年谱丛刊》第119册，北京图书馆出版社，1999，第450页。

④ 游幕与科举关系密切，不少学人因为科举不中而不得不参与游幕，洪亮吉于乾隆三十六年（1771）参加乡试不售，"以馆谷不足养亲，买舟至安徽太平府谒朱学使筠"，他入朱筠幕后，与邵晋涵、章学诚、王念孙等名士相交往，"由是识解益进"。见（清）吕培《洪北江先生年谱》，《北京图书馆藏珍本年谱丛刊》第116册，第374页。

了常州地方学术文化圈而接受了各种不同的学术理念的。可以说科举带来的学术交流，在一定程度上也影响了常州地方学术的风格。

三　地方书院

地方书院众多也是常州学术文化发达的一个重要原因。晚明时期，东林书院、龙城书院的讲学活动对常州地方学术文化的贡献自不待言；在清代，书院在地方学术文化的发展中也扮演着重要角色。

自宋代以来，常州武进、阳湖二县先后建有龟山书院、城南书院、道南书院、龙城书院、延陵书院、溪南书院、青山书院等。其中龟山书院、城南书院、道南书院始于宋代，历史最为悠久，但时至清代，均已毁坏不复。在清代最为重要的书院是龙城书院和延陵书院。龙城书院建于明隆庆六年（1572），创建者是当时的常州知府施观民。书院建成后，薛应旂曾为之作序，希望书院能够以"养士"为任，"谨善恶邪正之几，严公私义利之辨，出可以模范朝署，处可以表正乡闾"①。后张居正禁止讲学，书院荒废，万历三十一年（1603），由知府欧阳东凤主持重建，士绅纷纷捐资，东林党人钱一本罢官居乡，讲学其中，影响甚大，"一时彬彬称盛"，"教育士类，多被其恩"。明清易代，龙城书院被毁，康熙年间骆钟麟曾倡议重修，但因当时延陵书院正在筹建，因而未得施行。时至乾隆十九年（1754）由知府宋楚望倡议重建，并附建先贤祠一座，收没寺院田地900余亩为书院养士规费之用，延请邵齐焘、卢文弨等人先后担任山长，在乾嘉时期影响颇大。延陵书院历史则较短，于康熙九年（1670）由当时的常州知府骆钟麟捐俸倡建。清初学者魏禧为之作记，希望当时士子能为放弃程朱陆王的门户之见，为"救弊"之学，"采诸子百家之言"进而"发明圣人之经"；②清初大儒李颙、陆世仪曾先后来此讲学，在康雍时期影响很大。

书院在地方学术文化发展中的作用主要体现在两个方面。

---

① （明）薛应旂：《龙城书院记略》，（清）李兆洛等纂《道光武进阳湖合志》卷12《学校志》，光绪十年（1884）聚珍版翻印本，无页码。

② （清）魏禧：《延陵书院记》，（清）李兆洛等纂《道光武进阳湖合志》卷12《学校志》。

一是配合官学，延续和发扬地域文化的优良传统，培养士风、化民成俗。如曾任阳湖县令的沈淦生所言，"国家养士育才，化民成俗，学校为亟，书院其辅之者也，若有先贤遗迹，为后学津梁，尤当敬谨遵守"①。对于地方的先贤事迹、言行、著述，书院往往十分重视。书院讲学会不仅将先贤的言行、著述作为重点，而且还会举行相关祭祀先贤的活动。龙城书院、延陵书院均设有先师庙，先后供奉对常州地域文化有贡献的地方人物百余人，作为士子之表率。地方志、地方文献与先贤遗著，也多由书院负责纂修。对常州地方士子影响甚大的《常郡八邑艺文志》即为卢文弨在担任龙城书院山长时主持编纂的。上述这些文化活动目的正在于使读书于此的士子"闻延陵之风"，见贤而思齐，加深对地域文化的认同。

虽然按照清代规制，各州县均设有府学、县学等官学机构，为生员提供学习科举制艺的场所，并资助膏火，但府学、县学往往名额十分有限。作为官学的补充，书院招生更为广泛，无论已取得功名的举人、生员，还是尚未取得功名的童生，均可报名参加。与官学一样，书院不仅可以为士子提供科举制艺上的指导和帮助，而且同样会根据学生的课考成绩给予资助、奖赏，因此，书院对世家大族之外的贫寒子弟往往具有相当的吸引力，影响也较官学大。但书院教育不仅限于科举制艺，如上文所述，常州的书院往往会通过讲学，祭祀，纂修、整理乡邦文献等方式表彰先贤功绩，传播地方学术文化精神。依靠书院这一媒介展开的讲学、祭祀、纂修活动，往往由出自世家大族的地方文化领袖主导，而主要被影响者则是普通家庭出身的地方士人。通过书院教育这一途径，地域文化精神往往可以由世家大族散播至一般地方士人身上，使之形成地域文化的基本认识和认同。乾嘉时期，龙城书院先后吸引了洪亮吉、孙星衍、左辅、臧庸、李兆洛、丁履恒等地方人才，他们当中不少人并非出自世家大族，但后来却成为地方学术文化的代表人物。他们身上带有着明显的地域文化的印记，也具有强烈的地域文化认同。书院教育在他们成长的过程中发挥的作用不可忽略，这是书院对于地域文化的意义之一。

二是接引外来的学术思想。此是书院对于地域文化的另一个意义。其中，

① （清）沈淦生：《延陵书院碑记》，（清）李兆洛等纂《道光武进阳湖合志》卷12《学校志》。

康熙初年造访常州，讲学于延陵书院等处的李颙和陆世仪，以及乾隆末年来常，主讲龙城书院的卢文弨，对常州地域文化影响尤大。李颙、陆世仪既是清初著名的理学家，也是经史实学的重要倡导者。陆世仪既强调"古者六艺，学者皆当学之"，亦强调"今人所当学者，正不止六艺，如天文、地理、河渠、兵法之类，皆切于用世，不可不讲"。同时，他还批评俗儒"不知内圣外王之学，徒高谈性命，无补于世"①。李颙与之类似，也强调"为学不要骛高远，但从浅近做起"，"所谓修身立命，成己成物，一贯之道也。故最上道理，只在最下修能"。②其论读书次第，以理学诸书为起始，终归于经史。③这些观点既代表了清初学术的主流趋向，也和常州地方学术思想的倾向相吻合。正因为如此，李颙初到常州时，首先拜谒兼具经史实学与经世之材的常州地方先贤唐顺之之祠，接着拜会当时隐世不出的唐顺之之曾孙唐宇昭、唐宇量，并与之切磋交流，相谈极欢。④这既是由于他对常州先贤和地域学术文化传统的尊崇与认可，也是由于常州学术文化传统和清代学术主流之间存在着一致性。李颙在常州讲学时，"毗陵之贤士大夫争往候于其门，而就教者接踵"⑤，产生了积极而强烈的反响，这也从侧面反映了他的学术观点和常州学人的学术理念的契合程度。可以说，清初学术名家前来常州之书院讲学，对清代常州学人发扬经史之学与经世之学并重的地域传统，起到了重要的助推作用。

卢文弨是乾嘉时期的考据学名家，精通古籍校勘之学，但其为学不只注重考据、训诂。对于汉代经学在训诂、考据之外的价值与内涵，卢文弨亦有体认。其论《春秋》时强调，"说《春秋》者之有例也，犹夫观天者之有法也。属辞比事之为教远矣"⑥。其论诗时则称，"诗无定形，读诗者亦无定解"⑦，与一般考据学家的观点有异。卢文弨于乾隆五十四年（1789）来到常

---

① （清）陆世仪：《思辨录辑要》卷1《大学类》，王云五主编《丛书集成初编》第668册，商务印书馆，1936，第12、13页。
② （清）李颙撰，陈俊民点校《二曲集》卷3《常州府武进县两庠汇语》，中华书局，1996，第26、27页。
③ （清）李颙撰，陈俊民点校《二曲集》卷8《读书次第》，第56～62页。
④ （清）李颙撰，陈俊民点校《二曲集》卷10《南行述》，第77页。
⑤ （清）李颙撰，陈俊民点校《二曲集》卷10《南行述》，第85页。
⑥ （清）卢文弨著，王文锦点校《抱经堂文集》卷2《春秋五测序》，第17页。
⑦ （清）卢文弨著，王文锦点校《抱经堂文集》卷3《校本韩诗外传序》，第28页。

州主掌龙城书院，教出了臧庸、左辅、李兆洛、丁履恒等优秀的学者。在此期间，卢文弨还致力于整理常州地方文献，主持辑录了《常郡八邑艺文志》。在常州主掌龙城书院的前后，卢文弨还和庄述祖等人过从甚密，与庄述祖相继完成了《白虎通》一书的辑录工作。《白虎通》是东汉章帝时期由班固所撰的，汇集当时学者在白虎观讲议今古文经异同的一本重要著作，该书至清代已经亡佚，相关内容散见于他书，庄述祖"始为之条理而是正之"，此后又由卢文弨加以增补并刊刻出版。①庄述祖校订郑玄、何休争论《春秋》三传高下的《箴膏盲》《起废疾》《发墨守》三种书，卢文弨亦为之作序。②卢文弨的思想观念、学术活动不仅将考据学的相关思路引入常州，还使当时的常州学者逐渐关注到汉代经学，尤其是今文经学的思想价值，以及今古文经学的系统性差异问题。这些内容均为常州学术走向公羊学埋下了伏笔。

结　语

总的来说，在常州地域文化，尤其是地域学术文化的发展、形塑过程中，宗族、科举、书院这三重力量皆发挥了重要作用，但这三重力量的作用力与作用方向均有所不同。在笔者看来，宗族在地域学术文化发展的过程中发挥的作用最大，势力庞大且通过姻亲关系彼此联系的宗族网络，为地域学术文化的延续、发展提供了便捷、有效的渠道；宗族领袖对文化事业的引领作用，也使得地域学术文化的个性得以持续彰显。科举在地域学术文化发展的过程中发挥的作用次之，科举功名上的成功所带来的政治、经济资源，是地方学术文化能够繁荣发展的有力保障，也带给了常州士人在"通经致用"这一学术取径上的独特优势。书院在地域文化发展的过程中发挥的作用相对较弱，但书院教育是地域学术文化资源得以在常州地方更加广泛传播的重要途径，书院所延请的外地名师也为地域学术文化的发展注入了新的活力。一言以蔽之，正是在宗族、科举、书院这三重力量的综合作用之下，清代常州的学术文化才得以呈现一片欣欣向荣之象，并最终孕育出常州学派。

---

① （清）卢文弨著，王文锦点校《抱经堂文集》卷3《校刻白虎通序》，第36页。
② （清）卢文弨著，王文锦点校《抱经堂文集》卷7《题箴膏盲起废疾发墨守》，第88页。

乾嘉新义理学论纲

孔定芳

近半个世纪以来，经过几代学人的辛勤耕耘，清代学术思想史研究取得突破性进展，乾嘉"新义理学"概念的提出及其研究的渐次展开，无疑是一个值得重视的新趋向。时至今日，长期居于主流话语地位的"乾嘉有考据无义理"之说已难厌服人心，清代思想史的重新解释俨然成为清学史研究的一个焦点论旨。早在20世纪70年代，余英时即明确表示不能同意"汉学考证完全不表现任何思想性"的成见，认为"尽管清儒自觉地排斥宋人的'义理'，然而他们之所以从事于经典考证，以及他们之所以排斥宋儒的'义理'，却在不知不觉之中受到儒学内部一种新的义理要求的支配"。[①]迄至90年代，张寿安在其所著《以礼代理——凌廷堪与清中叶儒学思想之转变》[②]中，首揭"乾嘉新义理学"的概念。自此以降，究心于此的学人所在多有，研究成果迭出不鲜。但是，有关乾嘉新义理学的经典依据和思想渊源，亦即荀学与乾嘉新义理学的内在关系，虽有所涉及，[③]却未遑深论，待发之覆亦复尚多。诸如：乾嘉新义理学成立的合法性何在？不同于宋明理学以孟学为经典依据，乾嘉新义理学为何以荀学为思想资源？乾嘉学人

---

① 余英时：《论戴震与章学诚》卷首"自序"，生活·读书·新知三联书店，2000，第3页。

② 此书后由河北教育出版社于2001年出版。

③ 如章太炎认为戴震的理欲论与荀子的相契，参见章太炎《检论·通程》，《章太炎全集》第3册，上海人民出版社，1984，第454页；钱穆认为，戴震于情欲中求理、言理、言"解蔽莫如学"，皆可见"有会于荀卿者至深矣"，参见钱穆《中国近三百年学术史》，商务印书馆，1997，第391~400页；马积高认为戴震、焦循、凌廷堪、张惠言等人，皆于荀子性论或礼论方面有所继承，参见马积高《荀学源流》，上海古籍出版社，2000，第305~323页。

是怎样援引荀学以建构其义理体系的？对这些相互关联议题的探究，不仅有助于揭示清代学术思想史的多维面相，而且也将推动我们重新思考清代学术的历史定位。

一　乾嘉新义理学成立之合法性

自晚清以降，"乾嘉有考据无义理"几成众口一词之定说。章太炎在《訄书·清儒》中以"清世理学之言竭而无余华"发其先声，继之而唱为同调者所在多有。梁启超斩截地说："综举有清一代之学术，大抵述而无作，学而不思，故可谓之为思想最衰时代。"[①] 王国维亦谓："雍、乾以后，汉学大行，凡不手许慎、不口郑元者，不足以与于学问之事，于是昔之谈程、朱、陆、王者，屏息敛足，不敢出一语。"[②] 作为清学史研究的先驱人物，章太炎、梁启超、王国维有关清学史的论说影响广被，一度被奉为圭臬。

然而，检视清代学术史的客观史实，上述传统观点显然有待深入检讨。乾嘉时期，在考据学蔚然兴盛的学术语境下，实有一种迥异于宋明理学"旧义理"的"新义理"体系渐次建构起来。但因义理学的面相长期被考据学的成就所掩，以致后世学界多有不察。然而，义理体系的建构却是其时主流学者执之甚坚的共识和学术蕲向。就被时人共奉为考据学领袖的戴震而言，他不仅认为性之所近者在圣贤义理与道的抉发，而且其学术思想的最后归宿，亦在以"自得之义理"取代宋儒之"旧义理"从而建立一种"新义理"。所以戴震晚年汲汲于"义理三书"（《原善》《绪言》《孟子字义疏证》）的结撰，《原善》首篇成而他"乐不可言，吃饭亦别有甘味"[③]，为《绪言》时竟"伪病者十数日"以"发狂打破宋儒家中《太极图》"[④]，《孟子字义疏证》更

①　梁启超：《近世之学术》，《饮冰室合集》文集之七，中华书局，1989，第100页。

②　王国维：《国朝汉学派戴阮二家之哲学说》，《静庵文集》，辽宁教育出版社，1997，第95页。

③　（清）段玉裁：《戴东原先生年谱》之"乾隆二十八年癸未条"，（清）戴震撰《戴震集·附录》，上海古籍出版社，2009，第465页。

④　（清）段玉裁：《答程易田丈书》，（清）段玉裁著，赵航、薛正兴整理《经韵楼集》卷7，凤凰出版社，2010，第177页。

是自许为"不得不作"的"生平著述最大者"①。可见戴震对于以"自得之义理""发狂打破"宋儒之义理怀有一种激越的情绪。然而，在考据学如日中天的乾嘉时代，"戴氏之义理"，"皆视以为光怪陆离，而莫能名其何等学"②。由于戴震自知其最后的学术关怀在义理而不在考据，所以对于时人以考据学家视已，他显然不能满意，竟不得已而公开辩白："六书、九数等事，如轿夫然，所以舁轿中人也。以六书、九数等事尽我，是犹误认轿夫为轿中人也。"③他以"轿夫"和"轿中人"为喻，声言自己并非专事于训诂考订的"轿夫"，而是志在"明道"的"轿中人"。可见"戴氏之义理"非是时人或后人的观察，而是戴震自己刻意而为的。

与一般学人视戴学为专事考订而斥其义理著述"可以无作"的表象观察不同，深谙戴学者却终能堪破戴学的义理底蕴。章学诚曾说：

> 凡戴君所学，深通训诂，究于名物制度，而得其所以然，将以明道也。时人方贵博雅考订，见其训诂名物有合时好，以谓戴之绝诣在此。及戴著《论性》《原善》诸篇，于天人理气，实有发前人所未发者，时人则谓空说义理，可以无作，是固不知戴学者矣。④

章氏虽不以考据为尚，平生执"文史明道"而与戴震之"通经明道"相抗，但其所言戴震之"绝诣"不在"时好"之博雅考订，而在抉发"天人理气"之义理，可谓慧眼独具。洪榜平生服膺戴震学术，对戴震义理学尤为推崇，正如稍后江藩所说："戴氏所作《孟子字义疏证》，当时读者不能通其义，惟榜以为功不在禹下。"⑤作为戴震弟子，段玉裁熟稔戴学之旨自不待言，他亦曾说：

① （清）段玉裁：《戴东原先生年谱》之"乾隆四十二年四月条"，（清）戴震撰《戴震集·附录》，第481页。
② （清）章学诚：《章氏遗书》，文物出版社，1985，第476页。
③ （清）段玉裁：《戴东原集序》，（清）戴震撰《戴震集·附录》，第452页。
④ （清）章学诚著，仓修良编注《文史通义新编新注》内篇二《书〈朱陆〉篇后》，商务印书馆，2017，第132页。
⑤ （清）江藩：《国朝汉学师承记》，中华书局，1983，第98页。

先生之治经，凡故训、音声、算数、天文、地理、制度、名物，人事之善恶是非，以及阴阳气化、道德性命，莫不究乎其实。盖由考核以通乎性与天道，……浅者乃求先生于一名、一物、一字、一句之间，惑矣。①

他强调的亦是戴学的义理意蕴。戴震的同乡学者凌廷堪尝谓"自附于私淑之末"，实为戴学信徒；在《戴东原先生事略状》中，凌氏以为"理义固先生晚年极精之诣"②，而不以考据为戴学之"精诣"所在。值得注意的是，乾嘉学者不仅洞察到戴学的义理底蕴，而且也体悟到"戴氏之义理"不同于宋明义理的内在潜质。焦循曾作《申戴》一文专为戴震"义理养心"说辩护："东原生平所著书，惟《孟子字义疏证》三卷、《原善》三卷最为精善，知其讲求于是者，必深有所得，故临殁时，往来于心。则其所谓'义理之学，可以养心'者，即东原自得之'义理'，非讲学家《西铭》《太极》之'义理'也。"③尊宋学者更是力揭戴震以"自得之义理""夺朱子之席"的学术蕲向以攻诋。姚鼐早年歆慕汉学，以欲执弟子礼致书戴震而不允，其有言曰："戴东原言考证岂不佳？而欲言义理，以夺洛、闽之席，可谓愚妄不自量之甚矣。"④翁方纲也说：

近日休宁戴震一生毕力于名物象数之学，博且勤矣，实亦考订之一端耳。乃其人不甘以考订为事，而欲谈性道以立异于程朱。⑤

姚鼐、翁方纲虽从捍卫宋学的立场立论，但其言论却反证出戴学的义理旨归。

---

① （清）段玉裁：《戴东原集序》，（清）戴震撰《戴震集·附录》，第452页。

② （清）凌廷堪：《戴东原先生事略状》，（清）凌廷堪著，王文锦点校《校礼堂文集》卷35，中华书局，1998，第317页。

③ （清）焦循：《雕菰集》卷7《申戴》，（清）焦循著，刘建臻点校《焦循诗文集》上册，广陵书社，2009，第125页。

④ （清）姚鼐：《与陈硕士》，（清）姚鼐，卢坡点校《惜抱轩尺牍》卷6，安徽大学出版社，2014，第104页。

⑤ （清）翁方纲：《理说驳戴震作》，《复初斋文集》卷7，台北：文海出版社，1966，第321页。

在乾嘉考据学的营垒中，戴震绝非以考据明义理的孤例，特别是在乾嘉后期考据学弊端渐显的情势下，以扬州学派为中坚的乾嘉学者，在客观分析汉学和宋学的利弊得失的基础上，逐渐萌发一股对于考据学弊病的反思之风。在此风气下，考据与义理、汉学与宋学的方法论和价值功能得到重新定位，且将由训诂通义理的方法落实于学术实践中。

首先，在方法论上，反省考据学的泥古株守之弊而肯定义理阐释之于经学研究的功能。扬州学派"通儒"焦循所主"证之以实，而运之于虚"的经学方法论即一显例。他说：

> 盖古学未兴，道在存其学；古学大兴，道在求其通。前之弊，患乎不学；后之弊，患乎不思。证之以实，而运之于虚，庶几学经之道也。[①]

所谓"证之以实"，指经学解释当以文本为据；"运之于虚"即义理阐发。本此方法论，焦循认为经学大要"惟有二端：曰意，曰事。……明其事，患于不实；明其意，患于不精。……然说经之文，主于意。……依经文而用己之意以体会其细微，则精而兼实"[②]。在焦循看来，"明其事"与"明其意"，前者为经学解释的前提和基础，后者则是终极归趋。此外，焦循还特别借取盛行于乾嘉诗坛的"性灵"说，以凸显主观体悟对于解经的优先价值，甚至认为"盖惟经学可言性灵，无性灵不可以言经学"[③]，"学问之道，在于体悟，不在拘执"[④]，如此方能以"自得之性灵"代"俗学之拘执"。

与焦循"证之以实，而运之于虚"方法论具有异曲同工之妙的，是扬州派学者王念孙、王引之父子"以己意逆经意"的经学方法论。王引之曾引其父语说："说经者期于得经意而已，前人传注不皆合于经，则择其合经者从

---

① （清）焦循：《雕菰集》卷13《与刘端临教谕书》，（清）焦循著，刘建臻点校《焦循诗文集》上册，第248页。

② （清）焦循：《雕菰集》卷14《与王钦莱论文书》，（清）焦循著，刘建臻点校《焦循诗文集》上册，第266页。

③ （清）焦循：《雕菰集》卷13《与孙渊如观察论考据著作书》，（清）焦循著，刘建臻点校《焦循诗文集》上册，第246页。

④ （清）焦循：《焦循致王引之书》，赖贵三编《昭代经师手简笺释》，台北：里仁书局，1999，第201页。

之，其皆不合，则以己意逆经意，而参之他经，证以成训，虽别为之说，亦
无不可。"①王氏所谓"己意"与焦循"性灵"说如出一辙，而所谓"虽别为
之说，亦无不可"，更表明王氏父子断非拘泥株守的考据末流所能望其项背
者。对于扬州学派的治学特点，刘毓崧曾总结道："其深于经学者，由名物、
象数以会通典礼制作之源，而非仅专己守残，拘墟于章句之内也；其深于小
学者，由训诂、声音以精研大义微言之蕴，而非仅贪常嗜琐，限迹于点画之
间也。"②可谓切中肯綮。

其次，重新定位宋学和义理学的价值地位。经学方法论上对于"自得之
义理"、"自得之性灵"和"己意"的推重，必然引发对宋学和义理的价值重
省。乾嘉史家王鸣盛以义理、考据、经济、辞章为学术的四种形态，并阐释
四者的关系：

> 义理，其根也；考据，其干也；经济则其枝条；而词章则乃其花叶
> 也。譬诸水然，义理，其原也；考据，其委也；经济则疏引溉灌，其利
> 足以泽物；而词章则波澜沦漪，潆洄演漾，足以供人观赏也。③

在王鸣盛看来，四者显非平等关系，其中义理尤具优先价值，处于
"根""原"的地位。凌廷堪则基于对学术流变的深入观察，辩证看待汉学与
宋学之优劣，认为"世之学者徒惜夫宋学行而两汉之绪遂微，不知郑学行而
六艺之途始隘也"④。所以在汉学风靡之际，他能不以汉学自限，反而对汉学
末流之弊深加斥责，指"侈谈康成、高言叔重者"为"缘之以饰陋，借之以
窃名"，斥"浮慕之者"为"袭其名而忘其实，得其似而遗其真"⑤。对于其
时反宋学的"好古之士"，凌氏以为其虽"欲矫其非，然仅取汉人传注之一

---

① （清）王引之撰，虞思徵、马涛、徐炜君校点《经义述闻》卷首"自序"，上海古籍出
版社，2017，第2页。
② （清）刘毓崧：《通义堂文集》，《续修四库全书》，上海古籍出版社，2002，第480~481页。
③ （清）王鸣盛：《西庄始存稿》卷25《王慭思先生文集序》，乾隆三十一年刻本。
④ （清）凌廷堪：《汉十四经师颂》，（清）凌廷堪著，王文锦点校《校礼堂文集》卷10，
第79页。
⑤ （清）凌廷堪：《与胡敬仲书》，（清）凌廷堪著，王文锦点校《校礼堂文集》卷23，第
203、206页。

名一物而辗转考证之，则又烦细而不能至于道"①。阮元亦就汉学和宋学关系说道：

> 两汉名教得儒经之功，宋、明讲学得师道之益，皆于周孔之道得其分合，未可偏讥而互诮也。②

作为"汉学殿军"，阮元亦认为汉学、宋学各有"传经"或"传道"之功，无分轩轾，未可相互讥诋。此外，段玉裁晚年悔其"喜言训故考核，寻其枝叶，略其本根"③，焦循竟谓"考据"之名不可成立而宜代之以经学。④凡此种种，无不透显出其时在考据和义理、汉学和宋学演进中的反思，象征着学术文化由"乾嘉之学精"到"道咸以降之学新"的发展演变趋向。

最后，由考据以通义理的学术实践。伴随着考据学内部关于汉、宋之学的方法论反省和价值重估，迄至乾嘉后期，学人们大多非断断于烦琐考据，而是以"通经明道"为最后关怀。凌廷堪可谓典型代表，凌氏笃信"圣人之道，一礼而已"⑤，故其学以仪礼为宗，所著《礼经释例》乃其"明道"之作。就学术特质而言，凌氏"仪礼学"绝非为考据而考据，而是以考据为工具去究明义理，故每每断以己意，遂有"舍礼无学""舍礼无教""舍礼无道"诸说。就为学宗旨而论，凌氏的中心关怀在"以礼代理"，故究心于礼、理之辨，谓《论语》《大学》未尝有"理"字，而宋儒"无端于经文所未有者，尽援释氏以立帜"⑥。究实言之，凌廷堪之"排宋入释，夺儒归礼"⑦意在

---

① （清）凌廷堪：《戴东原先生事略状》，（清）凌廷堪著，王文锦点校《校礼堂文集》卷35，第312页。
② （清）阮元：《揅经室一集》卷2《拟国史儒林传序》，（清）阮元撰，邓经元点校《揅经室集》上册中华书局，1993，第37页。
③ （清）段玉裁：《博陵尹师所赐朱子小学恭跋》，（清）段玉裁著，赵航、薛正兴整理《经韵楼集》卷8，第186页。
④ （清）焦循：《雕菰集》卷13《与孙渊如观察论考据著作书》，（清）焦循著，刘建臻点校《焦循诗文集》上册，第247页。
⑤ （清）凌廷堪：《复礼上》，（清）凌廷堪著，王文锦点校《校礼堂文集》卷4，第27页。
⑥ （清）凌廷堪：《好恶说下》，（清）凌廷堪著，王文锦点校《校礼堂文集》卷16，第142页。
⑦ 钱穆：《中国近三百年学术史》，第552页。

借"复礼"以"复性",以古礼正今俗,为世道人心提供道德践履的可靠依据。

要之,乾嘉时期,从饾饤琐碎的考据学,到以考据通义理的新义理学的发展,是一个渐进的历史过程。大体而言,自戴震以降,焦循、凌廷堪、王念孙、王引之、阮元等踵趾相接,后先呼应,一股义理学新风在乾嘉考据学内部渐成声势。自道咸以下,汉宋兼采之风蔚然而兴,其转机正萌蘖于考据学之中。

二 乾嘉新义理学与荀学的意义共契

乾嘉新义理学承清初以降的"反理学"之"黎明运动"而起,具有一套迥异于宋明理学的意义系统,而其思想渊源实可溯源于儒学内部孟学、荀学的分野;大体而言,孟学与荀学分别与宋明理学"旧义理"与乾嘉"新义理"构成意义上的共契。

首先,在心性论上,荀学与乾嘉新义理学具有内在的通约性。与宋明理学之"存理灭欲"说形成反照,乾嘉新义理学力倡"达情遂欲"说,而荀子的自然人性论及情欲合理性思想正与此相契合。先秦原始儒学中,孔、孟对于情欲问题虽未遑多论,但其情欲观亦间有呈现。孔子赋予功利以"仁"的道德价值,其以管仲、子产为"仁"即本功利的准则。而在孟子那里,外在的功利的目的和行为不仅不具道德价值,而且是应被否弃的对象。本于"仁义礼智非由外铄我也,我固有之也"①的信念,孟子以"养心""尽心""求放心"为道德践履的唯一方法,而"养心莫善于寡欲"②。迄至荀子,先秦儒学人性论发生深刻转变。与孟子不同,荀子基于自然人性论而正面肯定人性中情欲的合理性。荀子说:"凡性者,天之就也,不可学,不可事。"③认为"性"乃自然生成而不假人为。荀子也认为"情""欲"内在于人性,亦本于自然:"今人之性,饥而欲饱,寒而欲暖,劳而欲休,此人之情性也。"④情

---

① 杨伯峻译注《孟子译注》,中华书局,1960,第239页。
② 杨伯峻译注《孟子译注》,第315页。
③ 方勇、李波译注《荀子·性恶》,中华书局,2015,第377页。
④ 方勇、李波译注《荀子·性恶》,第377页。

欲既为人性之自然，则其合理性自不待言。

在中国传统学术思想史上，以迥然异趣的人性论为核心的孟、荀其人其学的沉浮升降，表征着学术思想的变迁演替之迹。中唐韩愈构建止于孟子的儒学"千年不传"之道统，肩负儒学复兴使命而"以道自任"的宋明理学诸儒，遂本韩氏"求观圣人之道，必自孟子始"之教，取资于孟子心性论和佛道思辨而建构起具有本体论意义的理学思想体系。反之，以情欲为合理的荀学，则不为力主"存理灭欲"的理学所容。所以程颐、程颢说："孟子言人性善是也，虽荀、扬亦不知性"①，"荀子极偏狭，只一句性恶，大本已失"②；朱熹更是说："不须理会荀卿，且理会孟子性善……荀、扬不惟说性不是，从头到底皆不是。"③反之，荀子自然人性论却与乾嘉新义理学"达情遂欲"说构成意义共契。就理论而言，"孟子对人的道德行为的人性根源的论证，从逻辑上看是很脆弱的，他把人生活中的道德的社会现象与生理、心理的自然现象完全混同起来"④，基于孟子人性论而构建的理学"存理灭欲"说，不仅存在着对人既肯定又否定的内在矛盾，而且也有违人之常情和社会发展的需要。从学术思想发展的历史实际来看，自晚明以降，因学术上的空疏、实践上的昧于世务和道德伦理上的教条化，理学愈益受到质疑而渐趋式微，代之而起的是一股肯定情欲合理性的思潮，迄于乾嘉则畅发为"达情遂欲"说。在此一思潮下，荀学而非孟学成为可资借重的思想资源。

在人性论上，乾嘉学人虽然仍持守孟子人性善立场，但因袭和暗合荀子人性论者委实更多，因为荀子的自然人性论正好能为"达情遂欲"说提供人性论的合法性证明。乾嘉诸儒普遍主自然人性论而视情欲为性内之事，具有天然合理性。就戴震而言，其人性论即本荀子之教而专从"血气心知"立论。戴震说："人生而后有欲，有情，有知，三者，血气心知之自然

① （宋）程颐、程颢：《河南程氏遗书》卷18，（宋）程颐、程颢著，王孝鱼点校《二程集》，中华书局，2004，第204页。
② （宋）程颐、程颢：《河南程氏遗书》卷19，（宋）程颐、程颢著，王孝鱼点校《二程集》，第262页。
③ （宋）黎靖德：《朱子语类》卷137《战国汉唐诸子》，台北：中正书局，1962，第4825页。
④ 崔大华：《儒学引论》，人民出版社，2001，第50页。

也。"① "生养之道，存乎欲者也；感通之道，存乎情者也。二者，自然之符，天下之事举矣。"② 所谓"自然之符""血气心知之自然"，显与荀子人性论同一致思趋向。与戴震并时之程瑶田曾批评戴氏曰：

> 今之言学者，动曰"去私""去蔽"。……其根由于不知性善之精义，遂以未治之身为丛尤集愆之身，虽亦颇疑于性善，及其著于录也，不能不与《荀子·性恶》篇相为表里，此说之所以不能无歧也。③

此为程氏针对戴震之论而发，所谓"不知性善之精义"或有过当，但谓其人性论与荀子相为表里，则庶几矣。乾嘉时代，与戴震持论相同者所在多有。如焦循云："饮食男女，人之大欲存焉。欲在是，性即在是。"④ 凌廷堪谓："夫人有性必有情，有情必有欲，故曰'饮食男女，人之大欲存焉。'"⑤ 阮元说性亦从"血气心知"立论："'性'字从心，即血气心知也。有血气，无心知，非性也。有心知，无血气，非性也。"⑥ 认为"天既生人以血气心知，则不能无欲"，"欲生于情，在性之内，不能言性内无欲，欲不是善恶之恶"⑦。足见乾嘉时代思潮之所趋。

其次，在以礼节情制欲方面，荀学与乾嘉新义理学具有同一致思趋向。荀子虽承认情欲内在于人性及其合理性，但也对情欲可能的放纵恣肆及其后果，保持必要的警惕和戒惧。但是与孟子"反求诸己"的主观内在化的"工夫"论不同，荀子则诉诸客观外在化的"礼"，以礼节情制欲，"学礼"为其

---

① （清）戴震：《孟子字义疏证·才》，《戴震集》，第308页。
② （清）戴震：《原善上》，《戴震集》，第333页。
③ （清）程瑶田：《论学小记》，（清）程瑶田撰，陈冠明等校点《程瑶田全集》第1册，黄山书社，2008，第32页。
④ （清）焦循著，沈文倬点校《孟子正义》卷22，中华书局，1987，第743页。
⑤ （清）凌廷堪：《荀卿颂并序》，（清）凌廷堪著，王文锦点校《校礼堂文集》卷10，第76页。
⑥ （清）阮元：《揅经室一集》卷10《性命古训附威仪说》，（清）阮元撰，邓经元点校《揅经室集》上册，第217页。
⑦ （清）阮元：《揅经室一集》卷10《性命古训附威仪说》，（清）阮元撰，邓经元点校《揅经室集》上册，第228页。

修养"工夫"的不二法门。诚然，孔、孟亦言"礼"，特别是孔子犹云"不学礼无以立"①，"礼"在孔子儒学系统中可谓举足轻重，但相较而言，孔子摄礼归仁，礼趋于内在化，而荀子礼论则发生了世俗化、外在化和功利化的转向。荀子主性恶，故认为人性"必将待师法然后正，得礼义然后治"②，而礼之兴即源于"养欲"：

> 礼起于何也？曰：人生而有欲，欲而不得，则不能无求；求而无度量分界，则不能不争；争则乱，乱则穷。先王恶其乱也，故制礼义以分之，以养人之欲、给人之求，使欲必不穷于物，物必不屈于欲，两者相持而长。是礼之所起也。故礼者，养也。③

先王制礼非为压抑人性、桎梏情欲，而恰恰在于"养人之欲、给人之求"，只是因"物"有限而"欲"无涯，礼之起正在于"使欲必不穷于物，物必不屈于欲"，亦即使"欲"与"物"，"两者相持而长"，维持合理平衡。荀子所言礼的起源既不是"奉神事福"④，也非本于天道和天命，而是满足和规范人的欲望，所以荀子特重礼义教化之于人性的规范和重塑功能。在荀子语境中，礼是道德准则、行为规范和制度标准。作为道德准则、行为规范，礼是正身之则："礼者，人道之极也。然而不法礼，不足礼，谓之无方之民；法礼，足礼，谓之有方之士。"⑤作为制度标准，"礼义生而制法度"⑥。所以荀子的成德功夫以"学礼"为旨归，所谓"学至乎《礼》而止"⑦，透显出"外求"的客观化特质而迥异于孟子"反求诸己"的主观化倾向。而宋明理学"主静""主敬"的"工夫"论正是循着孟子的内在化一路而来的。程朱或尝言"礼"，但礼是作为理的附属而存在的，如程颐认为"视听言动，非理不

---

① 杨伯峻译注《论语译注》，中华书局，2016，第228页。

② 方勇、李波译注《荀子·性恶》，第376页。

③ 方勇、李波译注《荀子·礼论》，第300页。

④ 王国维：《观堂集林·释礼》，朝华出版社，2018，第251页。

⑤ 方勇、李波译注《荀子·礼论》，第306页。

⑥ 方勇、李波译注《荀子·性恶》，第379页。

⑦ 方勇、李波译注《荀子·劝学》，第7页。

为，即是礼。礼即是理也。不是天理，便是私欲"①。将礼归入理的内涵，礼
也就变成了与欲对立的范畴。迄至王阳明，他则只言"发明本心"了。作为
对理学"存理灭欲"的反正，王门后学又将人的自然情性，甚至人的生理、
心理机能视为"至善"，且发为"无善无恶"之论，于是外在的"礼"自然
被遗弃，进而导致道德行为的"荡越"，乃至"非名教之所能羁络"。所以，
明清之际勃兴的批判理学思潮尤以王学为锋芒所向，在"崇实黜虚"学风转
向的语境下，形上玄远的理学遭到唾弃，而世俗化、客观化、社会化的实学
备受推崇，重礼之风亦因缘而兴，至乾嘉遂衍为"以礼代理"的思潮。从儒
学的理论结构而言，宋明理学偏于心性和超越的理论层面，而乾嘉新义理学
则聚焦于社会的理论层面。因荀子的"隆礼"较之孟子的"重良知""求放
心"更契合乾嘉新义理的社会化、客观化的趋向，故而成为乾嘉新义理学的
经典依据和思想资源。

　　事实上，乾嘉诸儒之礼说即多所取资于荀子"隆礼"思想。如戴震虽持
"达情遂欲"说，但也不认同"遂己之欲，伤于仁而为之；从己之欲，伤于
礼仪而为之"②，认为"欲不可穷，非不可有；有而节之，使无过情，无不及
情"③，而"礼之设所以治天下之情，或裁其过，或勉其不及"④。凌廷堪曾作
《荀卿颂并序》一文，盛赞"精于礼意"的荀子，而对"仅得礼之大端"的
孟子则颇有微词。凌氏说：

　　　　守圣人之道者，孟、荀二子而已。孟子……盖仅得礼之大端焉耳。
　　若夫荀卿氏之书也，所述者皆礼之逸文，所推者皆礼之精意。……夫孟
　　氏言仁，必申之以义；荀氏言仁，必推本于礼。推本于礼者，……其与
　　圣人节性防淫之旨，威仪定命之原，庶几近之。⑤

① （宋）程颐、程颢：《河南程氏遗书》卷15，（宋）程颐、程颢著，王孝鱼点校《二程
　　集》，第144页。
② （清）戴震：《原善上》，《戴震集》，第335页。
③ （清）戴震：《孟子字义疏证·理》，《戴震集》，第276页。
④ （清）戴震：《孟子字义疏证·仁义礼智》，《戴震集》，第318页。
⑤ （清）凌廷堪：《荀卿颂并序》，（清）凌廷堪著，王文锦点校《校礼堂文集》卷10，第
　　76~77页。

可见凌廷堪之"颂荀"正在推许其以礼节性之旨。阮元也说："惟其味、色、声、臭、安佚为性，所以性必须节，不节则性中之情欲纵矣。"①又说："欲在有节，不可纵，不可穷。"②且亦以礼为"节性"和"节情制欲"的唯一有效的工具，所以他说："修道之教，即《礼运》之礼，礼治七情十义者也。七情乃尽人所有，但须治以礼而已。"③

最后，荀子重学思想遥契于乾嘉新义理学"兴复古学"之论。由于修养"工夫"论的差异，孟、荀之于"学"的观念亦别。荀子主张以礼节情制欲，礼并非内在于人性，而必由学而致，所谓"学至乎《礼》而止"④，"重学"构成荀学区别于孟学的一个显著特色。因为孟子相信道德情感"非由外铄"，所以学不为其所重，"学问之道无他，求其放心而已"⑤。与孟子重内在之反省不同，荀子则重外在之学习。《荀子》一书以"劝学"为首出，在荀子看来，学是人性转变的关键，也是"解蔽"之方。从人性转变而言，"（学）其数则始乎诵经，终乎读礼；其义则始乎为士，终乎为圣人"⑥。由"诵经"而"读礼"，是为学次第；由"士"而"圣人"，则是为学境界。荀子又将学分为"小人之学"和"君子之学"，以为学不止于知识的积累，还落实于道德的提升，止于知识不过"小人之学"，化为行动则为"君子之学"。从学以解蔽而言，在《劝学》《儒效》篇中，荀子多所言及。《劝学》篇说："君子博学而日参省乎己，则知明而行无过矣。"《儒效》篇则说，蔽于"道之一偏""一物一偏"的"曲知之人"，需要学习"天下之道"所归趋的《诗》《书》《礼》《乐》《春秋》，其中尤以《礼》更具优先价值，"上不能好其人，下不能隆礼，安特将学杂识志，顺《诗》《书》而已耳，则末世穷年，不免

---

① （清）阮元：《揅经室一集》卷10《性命古训附威仪说》，（清）阮元撰，邓经元点校《揅经室集》上册，第212页。
② （清）阮元：《揅经室一集》卷10《性命古训附威仪说》，（清）阮元撰，邓经元点校《揅经室集》上册，第228页。
③ （清）阮元：《揅经室一集》卷10《性命古训附威仪说》，（清）阮元撰，邓经元点校《揅经室集》上册，第226页。
④ 方勇、李波译注《荀子·劝学》，第7页。
⑤ 杨伯峻译注《孟子译注》，第247页。
⑥ 方勇、李波译注《荀子·劝学》，第7页。

为陋儒而已。将原先王，本仁义，则礼正其经纬蹊径也"①。

孟、荀关于"学"的观念在后世的传承发展中，前者衍为宋明理学的心性之谈，后者扩张为乾嘉学人的"兴复古学"。宋明理学的思想旨趣主要在于证成儒家伦理道德的最后根源及其成德之方，虽不能绝对断言理学有反智倾向，但其对儒家伦理思想之外的知识持轻视态度，则实不为诬，陆王心学尤然。程颢将文章、训诂、异端视为"学者三弊"②，王阳明更是谓："知识愈广而人欲愈滋，才力愈多而天理愈蔽。"③所以重学且有"传经之功"的荀子绝不会为理学家所尊，却恰为"尊经崇古"的乾嘉诸儒所重。乾嘉学人之所以重学，一则因为学乃成德之"工夫"，此与荀子积学修德说相契。如戴震标举"德性资于学问"之说，其言曰："德性资于学问，进而圣智。……古圣贤知人之材质有等差，是以重问学，贵扩充。"④焦循认为"人之性可因教而明，人之情可因教而通"⑤，主张"人之自治，比以问学"，因为"同焉此人，一读书，一不读书，其知识明昧又大相悬绝矣。同焉受业，一用心，一不用心，其知识多寡又大相悬绝矣。……圣人言此，所以指明学者达天，径路端在学习，有以变化之耳"⑥，显然也是将"问学"视为自我道德修养的途径。总之，在成德"工夫"上，乾嘉诸儒依循的不是孟子的内在之反省，而是荀子的外在之学习。再则因为学是"明道"之方。乾嘉学人在"道在六经"的基本预设下，以"通经明道"为最后追求，⑦而荀子"劝学"及教人解蔽亦以"明道"为旨归，所以荀子说："《诗》言是，其志也；《书》言是，其事也；《礼》言是，其行也；《乐》言是，其和也；《春秋》言是，其微也。……

---

① 方勇、李波译注《荀子·劝学》，第9页。
② （宋）程颐、程颢：《河南程氏遗书》卷18，（宋）程颐、程颢著，王孝鱼点校《二程集》，第187页。
③ （明）王守仁：《传习录》上，（明）王守仁撰，吴光等编校《王阳明全集》卷1，上海古籍出版社，1992，第28页。
④ （清）戴震：《孟子字义疏证·理》，《戴震集》，第281页。
⑤ （清）焦循著，沈文倬点校《孟子正义》卷22，第756页。
⑥ （清）焦循著，沈文倬点校《孟子正义》卷22，第735页。
⑦ 孔定芳、林存阳：《清代学人的价值取向与乾嘉考据学的形成》，《哲学研究》2017年第6期。

天下之道毕是矣。"①以"五经"或"六经"为道之所寄和学的致力所在，是荀学与乾嘉新义理学的又一相契之处。

三 乾嘉学者的义理建构

荀学与乾嘉新义理学在意义上的共契表明，乾嘉新义理学的建构必将不复以孟学为思想资源，转而以荀学理路为致思趋向。正是以荀学为理论资源，乾嘉学者建构起一套义理学思想体系，其理论结构包括心性理论层面的"达情遂欲"说、社会理论层面的"以礼代理"说和知识论层面的"兴复古学"观。

（一）荀子自然人性论与乾嘉新义理学"达情遂欲"心性论

从"血气心知"人性论而衍为"达情遂欲"说，乃乾嘉学人本荀学理路而建构心性理论的逻辑进路。在《孟子字义疏证》中，戴震虽特别拈出"理""性""才""道"等孟学所涉概念，反复疏证，然所究心者，恰为与孟子"寡欲"说相对立的"达情遂欲"说，而其论证的逻辑起点，则不能不为荀子自然人性论，所以在比较孟、荀性情之论后，戴震反诘曰："是荀子证性恶，所举者亦情也，安见孟子之得而荀子之失欤？"②戴震既持自然人性论，则必以情欲为"血气心知之自然"，而"达情遂欲"乃必然之归趋，所以戴震说："人生而后有欲，有情，有知，三者，血气心知之自然也。……惟有欲有情而又有知，然后欲得遂也，情得达也。天下之事，使欲之得遂，情之得达，斯已矣。"③细味其言，隐然有以"达情遂欲"为"圣道"所归的终极意义。至此，戴震似觉"自得之义理"已然到手，适可"夺朱子之席"而代之。所以在《与某书》中，戴震直指宋儒"于天下之事，以己所谓理，强断行之"，"是以大道失而行事乖"，并断言曰："圣人之道，使天下无不达之情，求遂其欲而天下治。"遂斥理学犹"酷吏以法杀人"，乃"以理杀

---

① 方勇、李波译注《荀子·儒效》，第102页。
② （清）戴震：《孟子字义疏证·才》，《戴震集》，第308页。
③ （清）戴震：《孟子字义疏证·才》，《戴震集》，第308~309页。

人"。①戴震心性论虽借疏证《孟子》而发，但其理论渊源实本荀子，章太炎即说："晚世戴震，宣究其义，明理、欲不相外，戴震之书，名为疏证《孟子》，其论理、欲，实本荀卿。"②钱穆也说："（戴震）虽依孟子道性善，而其言时近荀子。"③

乾嘉时期，"达情遂欲"心性论实其时主流学者的普遍共识。私淑于戴震的焦循以"欲"为饮食男女人性之常，不存在无理之欲，所以他说："凡事为皆有于欲，无欲则无为矣。有欲而后有为，有为而归于至当不可易之谓理。无欲无为，又焉有理！"④而宋明理学将理欲对立，使"治己以不出于欲为理，治人亦必以不出于欲为理，举凡民之饥寒愁怨、饮食男女、常情隐曲之感，咸视为人欲之甚轻者矣。轻其所轻，乃吾重天理也，公义也。言虽美，而用之治人则祸其人"⑤。焦循"祸其人"的论断虽较戴震"以理杀人"说更为平和，但皆着眼于理学"灭欲""轻欲"说的社会危害，体现出致思趋向的一致性。尤可注意者，他们又都是借疏证《孟子》而立言，戴震作《孟子字义疏证》，焦循则作《孟子正义》，在《孟子正义》中，焦循多所援引戴震言论观点以申己说，曾谓"循读东原戴氏之书，最心服其《孟子字义疏证》"⑥。焦循阴袭荀子人性论者班班可考，如关于先天人性与后天教化的关系，焦循说："非性善无以施其教，非教无以通其性之善。教即荀子所谓伪也为也。为之而能善，由其性之善也。"⑦细味其言，实则是对荀子"无性则伪之无所加，无伪则性不能自美"⑧的疏解或袭用。与戴震从"血气心知"论性不同，凌廷堪则以"好恶"论性，其谓："好恶者，先王制礼之大原也。人之性受于天，目能视则为色，耳能听则为声，口能食则为味，而其好恶实

---

① （清）戴震：《与某书》，《戴震集》，第187~188页。
② （清）章炳麟：《检论·通程》，《章太炎全集》第3册，第454页。
③ 钱穆：《中国近三百年学术史》，第394页。
④ （清）焦循著，沈文倬点校《孟子正义》卷15，第503页。
⑤ （清）焦循著，沈文倬点校《孟子正义》卷15，第504页。
⑥ （清）焦循：《雕菰集》卷十三《寄朱休承学士书》，（清）焦循著，刘建臻点校《焦循诗文集》上册，第236页。
⑦ （清）焦循著，沈文倬点校《孟子正义》卷10，第317页。
⑧ 方勇、李波译注《荀子·礼论》，第313页。

基于此，节其太过不及，则复于性矣。……然则性者，好恶二端而已。"①以人之目、耳、口等感官之欲言人性，此与荀子以"生之所以然"论人性亦属同一思路，与戴震也遥相呼应。

（二）荀子"隆礼"思想与乾嘉新义理学的"以礼代理"说

荀子的重礼思想启导了乾嘉新义理学"以礼代理"说的创生。明末清初以降，儒学之士不仅力斥理学"存理灭欲"说，也对阳明后学之情欲放纵保持高度警惕，但是如何安置人性中的情欲？宋明理学那种"反身而诚""发明本心"的修养"工夫"易于流入空谈，难以把捉，以致"假道学"盛行而人心浇漓。乾嘉学者欲力矫其弊，就必高悬一个可以验证的客观标准，戴震即直接表达了此一意向："身之实事是为道，道不可不修。"②阮元训释"仁"字时说："凡仁，必于身所行者验之而始见。"③如此致思趋向正契于荀子思路，荀子有言曰："善言古者必有节于今，善言天者必有征于人，凡论者，贵其有辨合，有符验。"④而荀子所重之礼也就自然成乾嘉学者所共持的"仁义之检绳"。首揭"汉帜"的惠栋，所著《荀子微言》为汉学家研治荀学的开山之作，其释《荀子》微言大义时尤重礼之一义，如释"绘事后素"义即大别于程朱，有学者指出："程、朱说先有白底，方可画画，在于表述'仁先礼后'思想；惠氏父子谓先著五采，再施之白色，在于宣扬'礼先仁后'学说。"⑤可见惠氏认同荀子"隆礼"之说，只是其重礼思想尚属隐晦而已。自戴震以后，乾嘉学人之重礼思想则由晦而显，终至发为"以礼代理"说。戴震虽持"达情遂欲"说，但也并不认为情欲可无节制。他说：

> 性，譬则水也；欲，譬则水之流也。节而不过，则为依乎天理，为

---

① （清）凌廷堪：《好恶说上》，（清）凌廷堪著，王文锦点校《校礼堂文集》卷16，第140页。

② （清）戴震：《中庸补注》，《戴震全书》第2册，黄山书社，1994，第51页。

③ （清）阮元：《揅经室一集》卷8《〈论语〉论仁论》，（清）阮元撰，邓经元点校《揅经室集》上册，第176页。

④ 方勇、李波译注《荀子·性恶》，第381页。

⑤ 王应宪：《惠栋荀学思想刍议——以〈荀子微言〉为中心的考察》，《安徽史学》2006年第3期。

相生养之道，譬则水由地中行也；穷人欲而至于有悖逆诈伪之心，有淫泆作乱之事，譬则洪水横流，泛滥于中国也。①

故戴震主张以礼节情制欲，"或裁其过""或勉其不及"，而荀子"隆礼"思想似有所启之，所以他说："荀子见常人之心知，而以礼义为圣心；见常人任其血气心知之自然之不可，而进以礼义之必然；于血气心知之自然谓之性，于礼义之必然谓之教。"②

戴震之后，"以礼代理"说渐成时代思潮，凌廷堪则其集大成者，表征着乾嘉新义理学在社会层面理论建构的完成。凌氏平生以《仪礼》为究心所在，所著《礼经释例》名噪一时，有"指南车"之誉；其中《复礼》《好恶说》《慎独格物说》《论语礼后说》诸篇，皆畅发崇礼之说，一时传抄几遍，影响广被。阮元以诗颂之，洪亮吉迁道造访，江藩赞其"继本朝大儒顾、胡之后，集惠、戴之成"③。不同于戴震以疏证《孟子》而发荀学之蕴，凌廷堪则直言尊荀之意而有《荀卿颂并序》之作，且本荀子崇礼之旨而畅发"以礼代理"之论。凌氏说：

> 夫人有性必有情，有情必有欲。……圣人知其然也，制礼以节之。……夫舍礼而言道，则空无所附；舍礼而复性，则茫无所从。……守圣人之道者，孟荀二子而已。……后人尊孟而抑荀，无乃自放于礼法之外乎？④

这段文字之主旨乃论以礼节情制欲的功能，却尽显尊荀之意，甚至有将荀子跻乎孟子之上的意味，可见其礼论之所本。与戴震比较，戴氏虽已启"以礼代理"之绪，但未遑深入而自成一礼学系统，迄至凌廷堪，"以礼代理"说则已然系统化。钱穆深味其中三昧，有言道："东原论性

---

① （清）戴震：《孟子字义疏证·理》，《戴震集》，第275~276页。
② （清）戴震：《孟子字义疏证·理》，《戴震集》，第285页。
③ （清）江藩：《校礼堂文集序》，（清）凌廷堪著，王文锦点校《校礼堂文集》卷首。
④ （清）凌廷堪：《荀卿颂并序》，（清）凌廷堪著，王文锦点校《校礼堂文集》卷10，第76~77页。

本近荀子，而尊孟子性善以为说。次仲深慕东原，乃论古径推荀卿，较东原条达矣。"①

（三）荀子重学思想与乾嘉新义理学"兴复古学"观

乾嘉学人既持"以礼代理"说，则重学尚知的荀学必为其所崇，因为作为外在制度和规范的礼究竟需由学方可获致，而与主内在"反求本心"的孟学不相契接。清初以降，有惩于阳明心学"束书不观"的空疏学风，以顾炎武倡言"博学于文"、黄宗羲强调通经读史为先导，开启"兴复古学"的为学路向。所以，具有"传经之功"且力主以"积学"为道德践履"工夫"的荀学，自然成为乾嘉新义理学"兴复古学"观的理论资源。今人不免以为"兴复古学"与荀子"法后王"相抵牾，但乾嘉学者一般将"法后王"解释为周代文、武等圣王，如焦循说："孟子言先王，荀言后王，皆谓周王。与孔子从周之义不异也。"②钱大昕在《十驾斋养新录》的《法后王》篇中亦有类似说法。换言之，在乾嘉学者看来，荀子"法后王"实即"法先王"。

前述戴震本荀子积学修德之说而标举"德性资于学问"的命题，而在《孟子字义疏证》中，首篇以"理"为题对宋明理学"详于论敬而略于论学"③之弊痛加讨伐，以证成其"德性资于学问"之说。德性何以资于学问？循戴震论述逻辑可知，学的意义在于"解蔽"和"养性"。戴震认为，人之患在私与蔽，"欲之失为私"，而"知之失为蔽"，知之蔽尤重于欲之私，"凡去私不求去蔽，重行不先重知，非圣学也"④，所以戴震认为学乃解蔽之方便法门，"去私莫如强恕，解蔽莫如学"⑤。但"解蔽"并非学的唯一和终极目的，更重要的则是"惟学可以增益其不足而进于智，益之不已，至乎其极，如日月有明，容光必照，则圣人矣"⑥。因为在戴震看来，人禽之同在"血气"，人禽之别则在"心知"，血气以饮食养之，而心知则以问学养之，"就

---

① 钱穆：《中国近三百年学术史》，第545页。
② （清）焦循著，沈文倬点校《孟子正义》卷10，第317页。
③ （清）戴震：《孟子字义疏证·理》，《戴震集》，第280页。
④ （清）戴震：《孟子字义疏证·权》，《戴震集》，第326~327页。
⑤ （清）戴震：《原善下》，《戴震集》，第343页。
⑥ （清）戴震：《孟子字义疏证·理》，《戴震集》，第270页。

人言之，有血气，则有心知；有心知，虽自圣人而下，明昧各殊，皆可学以牖其昧而进于明"①。即使是"下愚之人"，"加之以学，则日进于智"。②而"礼义虽人皆可以知，可以能，圣人虽人之可积而致，然必由于学"③。此与荀子以"私其所积""倚其所私"④乃人之弊，必待"积学"以解之的言说和致思方式颇相一致，故戴震盛赞荀子"善言学"，谓"圣人复起，岂能易其言哉"⑤。钱穆说："东原所谓'解蔽莫如学'者，'解蔽'一语，亦出荀书，则东原之有会于荀卿者至深矣。"⑥

在继承和发展戴震思想的基础上，焦循提出"能知故善"说。在《孟子正义》中，焦循借助于对孟子"良知""良能"的新诠，揭示学的价值意义。焦循认为性善虽人所皆具，但不学而能则无以达致，故谓：

> 孟子言良能为不学而能，良知为不虑而知。其言孩提之童，无不知爱其亲，则不言无不能爱其亲也；其言及其长也，无不知敬其兄，则不言无不能敬其兄也。盖不虑而知，性之善也，人人所然也。不学而能，惟生知安行者有之，不可概之人人。知爱其亲，性之仁也，而不可谓能仁也。知敬其兄，性之义也，而不可谓能义也。⑦

基于此一观点，焦循提出"能知故善"的命题，其袭用荀子思想明白无疑，如其说："故非性善无以施其教，非教无以通其性之善。教即荀子所谓伪也为也。为之而能善，由其性之善也。"⑧认为荀子"化性起伪"之"伪"，乃"为"之意，人性中的善有待于教的化育，正如"荀言性恶，欲人之化性而勉于善"⑨。又说："饮食男女，人之大欲存焉，欲在是，性即在是。人之性

---

① （清）戴震：《孟子字义疏证·理》，《戴震集》，第284页。
② （清）戴震：《孟子字义疏证·理》，《戴震集》，第297页。
③ （清）戴震：《孟子字义疏证·理》，《戴震集》，第299页。
④ 方勇、李波译注《荀子·解蔽》，第336页。
⑤ （清）戴震：《孟子字义疏证·性》，《戴震集》，第299页。
⑥ 钱穆：《中国近三百年学术史》，第394页。
⑦ （清）焦循著，沈文倬点校《孟子正义》卷26，第900页。
⑧ （清）焦循著，沈文倬点校《孟子正义》卷10，第317页。
⑨ （清）焦循著，沈文倬点校《孟子正义》卷10，第317页。

如是，物之性亦如是。惟物但知饮食男女，而不能得其宜。……人知饮食男女，圣人教之，则知有耕凿之宜，嫁娶之宜，此人之性所以无不善也。"①强调"圣人之教"之于人性转化的不可或缺。

乾嘉时期盛极一时的"兴复古学"思潮，即其时学人重学观念的学术表征。乾嘉学人有一个根深蒂固的理论预设，那就是坚信"道在六经"。而道乃儒者念兹在兹的终极关怀所在，既然道载之"六经"，故"明道"必赖"通经"，"通经明道"遂成为其时学人所共奉的为学宗旨，作为载道之具的"六经"自为学人所重。前述荀子以"五经"为道之所归，以诵乎"五经"为学之始，而以"读礼"为学之终之为学次第，即颇暗合乾嘉精神。而为学"终乎读礼"则是荀子给予乾嘉学人的独特启悟，最终促成"以礼代理"说的形成。乾嘉学人之推重上古礼学，自戴震始即已颇为显豁。戴震治经所涉甚广，而于《礼》尤所究心，认为"为学先要读《礼》，读《礼》要知得圣人礼意"②。不同于荀子"终乎读礼"，戴震则反之以"始乎读礼"，但表达的皆为《礼》的优先性。职是之故，戴震所事经典考据关乎古礼和名物典章者所在多有，如《明堂考》《考工记》《记冕服》《记皮弁服》《记爵弁服》《记朝服》《记玄端》《记深衣》《记冕弁冠》《记经带》等，洋洋大观，卓尔不群。被誉为"一代礼宗"的凌廷堪之推重礼学，更不复待言，学界亦多有发覆，无须赘述。

乾嘉学人的"兴复古学"，倡言"通经明道"，自其发轫即有"治经复汉"的鲜明薪向。首揭"汉帜"的惠栋长于汉《易》，"以汉犹近古，去圣未远故也"③。钱大昕说："诂训必依汉儒，以其去古未远，家法相承，七十子之大义犹有存者。"④又说："穷经者必通训诂，训诂明而后知义理之趣。后儒不知训诂，欲以向壁虚造之说求义理所在，夫是以支离而失其宗。汉之经

---

① （清）焦循著，沈文倬点校《孟子正义》卷22，第743页。

② （清）段玉裁：《戴东原先生年谱》，（清）戴震撰《戴震全书》第6册，黄山书社，1995，第714页。

③ （清）惠栋：《松崖文抄》卷1《上制军尹元长先生书》，《清代诗文集汇编》第284册，上海古籍出版社，2010，第55页。

④ （清）钱大昕：《潜研堂文集》卷34《臧玉林经义杂识序》，（清）钱大昕撰，吕友仁点校《潜研堂集》上册，上海古籍出版社，2009，第391页。

师，其训诂皆有家法，以其去圣人未远。魏晋而降，儒生好异求新，注解日多，而经益晦。"①乾嘉学术的汉学蕲向又必然与荀子发生联系，因秦火之后，"六经"赖以传者，荀子与有功也。

要之，因荀学的自然人性论、"隆礼"思想和重学观与乾嘉新义理学构成意义共契，使其成为乾嘉新义理学建构的经典依据和理论资源。明清易代，学风由蹈虚而趋健实，经史之学取代心性之学而蔚然兴盛，荀子以"传经之功"获得道统合法性，乾嘉学人遂以荀学为奥援渐次建构起义理体系。此一思想体系蕴含心性层面理论的"达情遂欲"说、社会层面理论的"以礼代理"说和知识论层面理论的"兴复古学"观。这样的内在结构，一定程度上突破了传统儒学特别是宋明理学的价值体系，成为契接晚清会通汉宋潮流的重要环节。

---

① （清）钱大昕：《潜研堂文集》卷24《左氏传古注辑存序》，（清）钱大昕撰，吕友仁点校《潜研堂集》上册，第387页。

朱轼的经学倡导与清代前中期学术转型

李文昌

朱轼，字若瞻，又字伯苏，号可亭，江西瑞州府高安县（今高安市）人，生于康熙四年八月十一日（1665年9月19日），卒于乾隆元年九月十八日（1736年10月22日），享年七十二岁。康熙三十三年（1694）进士，历仕康熙、雍正、乾隆三朝，官至太子太傅、文华殿大学士，兼吏、兵二部尚书，是乾隆皇帝的老师。代表作有《周易传义合订》《仪礼节略》《朱文端公文集》等，又有《朱文端公藏书》十三种行世。朱轼不仅为官颇具惠政，而且在经史研究上也颇有建树，"束身励行，通经史百家"，负政界与学界之重望。他曾先后奉命主持《圣祖实录》《世宗实录》《三礼义疏》诸书的纂修事宜，俨若一时学界领袖。此外，他还积极提倡礼学，编纂礼书，融礼学于理学，推行教化，于一代学术与政治的推进发挥着重要作用。

从康熙朝后期到乾隆朝初期，是清初学术向乾嘉学术过渡的关键时期。这一时期明代遗老支配学界的时代已经结束，而乾嘉考据学尚未形成。理学虽仍居于正统地位，但其学术影响随着实证学风的兴起而逐渐走向衰落，新的学术取向正在孕育。学界对清初学术和乾嘉考据学的研究已经比较充分，但对于清初学术如何转变为乾嘉考据学，还有待继续深入探讨。有鉴于此，本文选取朱轼这一在雍乾之际学术转型中发挥过重要影响的理学名臣，通过个案研究，透视清代前中期的学术转型，探究清初学术向乾嘉学术过渡的内在逻辑，进而深化对清代学术转型的认识。管窥之见，敬祈方家教正。

一 为阐扬理学而倡导经学

理学与经学的关系问题，历来是学界探讨较多的一个话题。一方面，理学本身包含着大量对经学原典的注释，因此完全可以将理学纳入经学的范畴，清初大儒顾炎武即有"古之所谓理学，经学也"①的论断；另一方面，理学虽本经学，但绝不囿于经学，它不仅对经学原典进行了重新整合，如"四书"体系的建立，而且进行了很多创造性的发挥，如"理""格物致知"等理念的提出、道统的构建等。通过研究经学原典来阐发理学思想，一直是理学家们惯用的诠释手段，清初理学名臣朱轼即为其中的代表。

朱轼的学术研究，始终奉程朱理学为圭臬。他通过研治经学尤其是礼学，来发挥理学的经世内涵，将理学观念贯彻到日常教化之中，客观上也促进了经学的发展。程朱理学讨论的重点是哲学化的本体论和心性论，注重义理的阐发，是一种抽象化和概念化的儒学，在具体的仪节上往往有所欠缺。朱轼长期在地方主政，深感理学观念推行之不易，因此他将礼学作为推行教化的手段，转而探讨礼学相关问题，由此，他有意无意地将学术风气导向了经学。

朱轼首先注意到，在张载的理学世界中，礼学占有重要位置。他说："薛思庵曰：'张子以礼为教。'不言理而言礼，理虚而礼实也。儒道宗旨，就世间纲纪伦物上着脚，故由礼入最为切要。即约礼复礼的传也。吾思礼者，天秩天叙也，本诸性而无不足，发于情而不容自已。尧舜禹汤文武之所以垂教立极，举天下智、愚、贤、不肖之人，共游于荡平正直而会极归极者，礼而已矣。"即在朱轼看来"理虚而礼实"，想要践行理学的"纲纪伦物"，就要从更具实用性的礼学入手。朱轼进而分析了历代礼学废坏导致世道人心沦丧，称："张子有见于此，凡所谓修身立教者，一言一动莫不以礼为准。为之徒者，亦恪守其师训，而孜孜不倦。礼教明而幻渺虚无之说息矣。"②张载对礼学的重视，为朱轼在地方推行礼教提供了依据。

---

① （清）顾炎武：《亭林文集》卷3《与施愚山书》，（清）顾炎武著，华忱之点校《顾亭林诗文集》，中华书局，1959，第58页。

② （清）朱轼：《朱文端公文集》卷1《张子全书序》，《清代诗文集汇编》第214册，上海古籍出版社，2020，第466～467页。

不惟张载，二程、朱熹对经学也非常重视。在朱轼看来，二程之学本于周敦颐，但又返诸"六经"，以求于理学有所发明。其论曰："周子之蕴，涵于太极。程子师周，又返求于六经以发明之。"①朱熹不仅编纂《家礼》《仪礼经传通解》等礼学著作，在其《朱子语类》中也不乏论礼之文。因此，朱轼在编纂《仪礼节略》时，节取《仪礼经传通解》《朱子语类》以立论之处甚多。如婚礼中，对程子《昏仪》和温公《家仪》的去取问题，朱轼认为当从朱子，他过录《朱子语类》曰："问：程氏昏仪与温公仪，如何？曰：互有得失。曰：当以何为主？曰：迎妇以前，温公底是；妇入门以后，程仪是。"②朱轼认为冠、昏之礼举行时用的祝词、戒词等，当如朱子所言，以时语告知当事人，而非古语，这样更方便行礼；言曰："朱子曰：冠昏之礼，如欲行之，须使冠昏之人易晓其言，乃为有益。如加冠之辞，出门之戒，若以古语告之，彼将谓何？今只以俗语告之，使之易晓，乃佳。"③同时，朱轼认为朱子将经学"揭于中天"，彰明于世；他说："自道学失传，周子倡之，二程子从而光大之，张子、邵子又裨助而引伸之，而后斯道复明于世。然数子于六经，自伊川《易传》外，鲜有成书。盖至朱子，而六经之学，乃揭于中天，即数子之所口授心承，亦皆赖其寻绎表章，而后学者足与有明也。"④

儒家经典中，除三礼外，朱轼还对《春秋》《孝经》用力最多，编刻有《春秋钞》《孝经附三本管窥》。但正如其研究三礼是为了讲明理义一样，其研究《春秋》《孝经》，同样是为了阐扬理学。朱轼研治《春秋》，一本于胡安国《春秋传》，谓："胡《传》于天理人欲之介，辨之极精，言之最笃，而梳栉义例，直截痛快，有《春秋》谨严之意焉。"⑤又谓："胡《传》本之程子，公私理欲之介，言之洞然，他书弗及已。予于圣人笔削之旨，茫然未有所知，惟恪守胡《传》，间有辞旨未畅及鄙意所未安者，妄陈管窥之见，敢以质之学《春秋》而理明义精者。"⑥也就是说，朱轼研究《春秋》之所以尊

---

① （清）朱轼等撰《历代名儒传》卷8《刘因》，清光绪二十三年刻本，第14叶。
② （清）朱轼：《仪礼节略》卷3《昏礼》，清光绪二十三年刻本，第26叶。
③ （清）朱轼：《仪礼节略》卷1《冠礼》，第23叶。
④ （清）朱轼等撰《历代名儒传》卷6《朱子》，第12叶。
⑤ （清）朱轼：《春秋钞》卷首《总论》，清光绪二十三年刻本，第12叶。
⑥ （清）朱轼：《春秋钞》卷首《总论》，第13叶。

奉胡安国本，乃在于胡的《春秋传》本之程子，对天理人欲之辨最精。

雍正二年（1724），朱轼主持会试，以《春秋》策试天下士子；其中有云："先儒之说《春秋》也，以为体元者，君之职；调元者，相之事。多士习其说久矣，亦尝以调元为分内事乎？夫所谓调元者，以正心诚意为学，以利世福物为心，允若兹，则足以赞襄鸿业矣。"①朱轼的这段话意在告诫士子，学《春秋》要明其"体元""调元"之意，要以"正心诚意"修身治学，以"利世福物"为追求。他之所以如此推崇《春秋》，乃在于《春秋》所言为"天子之事"；他说："《春秋》明天道，修人纪，拨乱反正，辨名定分，天子之事也。"②进而指出："五经所言文质也、宽猛也、是非也，酌其宜而准于中，以合于天理人心之公，而为百王不易之法者，《春秋》也。故曰：犹法律之有断例也。"③亦即"五经"之中，《春秋》最合于天理人心之公。

朱轼之研治《孝经》，在于《春秋》《孝经》相为表里，意在倡导忠孝一体。他说："夫子云：志在《春秋》，行在《孝经》。可见二经相为表里。经言事亲孝，故忠可移于君。忠孝，无二理也。昔之儒者补作《忠经》，赘已。诸侯之制节谨度，卿大夫之法服法言，士之资父事君，遵斯道也。以往皆谓之孝，皆可谓之忠，而谨身节用之庶人，亦向化之良民也。在位者欲仰副皇上以孝治天下之意，非躬行实践，何以为民之表率欤！"④正如殷元福所言，"《孝经》乃四书之权舆，五经之统体"⑤。"孝"观念不仅是传统经学的"统体"，也是理学思想得以立论的基础。朱轼倡导忠孝一体，躬行实践，其寓理学于教化的用意是非常明显的。

朱轼认为，"五经"中所讲的阴阳变化、政事得失、劝善惩恶、人伦纲纪等，皆蕴含在"四书"之中，因此科举考试应以"四书"为首。他说："予谓国家用经义取士，凡以发明先圣先贤之微旨，非苟而已。先儒谓学者

---

① （清）朱轼：《朱文端公文集》卷4《恩科会试录序》，《清代诗文集汇编》第214册，第556页。

② （清）朱轼：《春秋钞》卷首《总论》，第5叶。

③ （清）朱轼：《春秋钞》卷首《总论》，第7~8叶。

④ （清）朱轼：《朱文端公文集》卷4《策问》，《清代诗文集汇编》第214册，第562页。

⑤ （清）殷元福：《孝经附三本管窥·序》，（清）朱轼校刻《孝经附三本管窥》卷首，清光绪二十三年刻本。

必先读四子书，而后可读六经。盖《易》道明阴阳，《书》言政事，《诗》劝善惩恶，《春秋》正人纪，五礼六乐，度数威仪之周详，其精蕴皆具于四书，士自束发呫哔，以至游泮宫，月校岁课，宾兴而贡之。礼闱命题虽兼五经，必以四书为首。"进而指出，士子诵习"五经"，必以"四书"为归，他说："往时，士子患在见闻空疏，本经而外，诸书概不寓目。迩来颇知诵习五经，然于四书义蕴，究之毫无体会，虽博通经史，于身心何益乎？……愚谓下手工夫，且从四子书中体认圣贤精意，而后泛览经传、史册，以广其识，切问近思，以实体于身心，即为诗为文，亦原原本本，积厚流光，可诵可传，岂徒博取科名已哉！"①

综上不难看出，朱轼之所以花费很大精力去研究经学，目的在于阐扬理学要义。具体而言，通过对礼学书籍的递修增补，以弥补理学在仪节上的缺略和不足；通过《春秋》《孝经》等的编刊阐发，倡导理学的正心诚意、存理灭欲、君臣名分等观念。朱轼作为一个理学官僚，其最终目的在于维护专制统治，为君主专制的合理性张本，从经典中寻找治理之道。

二 朱轼的礼学倡导及实践

朱轼的经学研究重点在礼学。他对礼学的倡导主要通过校刊前代礼书，以及利用在地方主政的机会将之应用于社会教化的实践。朱轼主持编刻的礼学书籍主要有两类：一类是前代流传较少的经典或某些具有实用价值的礼书，比如，《大戴礼记》《温公家范》《礼记纂言》《吕氏四礼翼》；另一类是他亲自纂修的礼书，最具代表性的是《仪礼节略》。朱轼刊布书籍，并非只是翻刻原来的版本，而是悉心校勘，且往往施以句读，大大提高了经典的可读性。

纵观朱轼在礼学方面校订、刊刻的书籍，我们不难发现，他研究的礼学是一个涵括《周礼》《仪礼》《礼记》，以及家礼学在内的完整的体系。

在《周礼》方面，《国史馆本传》著录有朱轼《周礼注解》一部。另

---

① （清）朱轼：《朱文端公文集》卷1《程启生时文序》，《清代诗文集汇编》第214册，第477页。

据《清高宗实录》载，乾隆二年正月，"朱必阶恭进其父原任大学士朱轼手注《周礼》二卷。得旨：着交三礼馆"①。由此可见，朱轼《周礼注解》确有其书，且曾交三礼馆充用，只是该书今已不可考。朱轼对《周礼》的认识，我们只能从其文集中略窥一二。在给方苞《周官析疑》所作的序中，朱轼对《周礼》的真伪持怀疑态度，认为不能用之行政；他说："始，吾读《周官》不能无疑焉。元圣负扆摄政，礼乐明备，而《周礼》一书，强半托之空言，若云未尽用而致政，则其书具在，圣贤如成、康，何难次第施行耶？……山虞、泽虞、迹人、林麓、川衡，物物而厉禁之；角人、羽人、掌葛、掌炭之职，纤介无不取之民者。凡此一一与孟子所言文王之治岐相谬戾，曾谓周公而为此言、施此政乎？"这与宋儒对《周礼》的态度明显不同，因为宋儒对《周礼》皆尊信之，"张子、二程子深非荆公之新法，而于《周礼》则尊信而述之，朱子谓非圣人不能作。西山真氏极言其广大精微，必有周公之心乃能行，有周公之学乃能言"。这体现了朱轼与程朱立异的一面。朱轼赞成方苞对《周礼》的看法，认为《周礼》乃刘歆伪作，"非周公之旧"，称赞方苞对《周礼》的研究，于"历代经术家所传习谬讹者，莫不肌分理劈，经纬条贯，一归于正，尤致严于王伯之辨、天人理欲几微之介，何深切著明也"，"金杂于沙，玉涵于石，既简别而存其真矣"。最后，他认为研习《周礼》亦须归之实践，谓："圣人尽其性以尽人物之性，六典之周浃，莫非天理之流行。学者得其旨趣而实体诸行事之间，于以裼躬淑性，求志达道，皆于是乎有赖焉。"②

在《礼记》研究方面，朱轼主持刊刻了《大戴礼记》《校补礼记纂言》，并厘正了其中存在的诸多问题。康熙五十七年（1718），朱轼在浙江巡抚任上校刊《大戴礼记》，这是清代《大戴礼记》的最早刻本。因朱轼祖籍江西高安，因此该本《大戴礼记》又被称为高安本《大戴礼记》。由于《大戴礼记》传世已无足本，学界对其中的诸多问题如"大、小戴《礼记》之关系"、"小戴删大戴"之说等历来都有争论。朱轼通过校刊该书，厘清了其中存在争议的一些问题。首先，朱轼充分肯定了《大戴礼记》的价值，认为其价值

---

① 《清高宗实录》卷35，乾隆二年正月丁巳条，中华书局，1985，第658页。
② （清）朱轼：《朱文端公文集》卷1《周官析疑序》，《清代诗文集汇编》第214册，第462页。

不在《小戴礼记》之下。他说："予观《小戴》，语多补缀不属。《大戴》篇为一义，文词古茂，度数之昭晰、品节之详明，亦未遽出《小戴》下。"①其次，他认为"小戴删大戴"之说不能成立。"小戴删大戴"之说出自《隋书·经籍志》，其中有言："戴圣又删大戴之书为四十六篇，谓之《小戴记》。汉末，马融传小戴之学，又益《月令》一篇、《明堂位》一篇、《乐记》一篇，合四十九篇。"②这种说法认为，《大戴礼记》残存的39篇，与《小戴礼记》的46篇相加，正好是85篇，而现存《小戴礼记》之所以是49篇，是因为东汉学者马融附益了3篇。在清代疑经思潮盛行之下，此说受到众多学者的质疑，朱轼就是其中较早的反对者之一。朱轼提出反对的理由有二。其一，不能以《大戴礼记》所缺篇数与《小戴礼记》篇数相合，就认定《小戴礼记》系删《大戴礼记》而成的书，因为这样，此二书中重出的《投壶》《哀公问》等篇目就无法解释。其二，从马融附益的篇目来看，这种说法也不能成立。马融附益的篇目是《月令》《明堂位》《乐记》三篇，其中的《月令》《明堂位》与《大戴礼记》中的《夏小正》《明堂》两篇内容接近，但《夏小正》《明堂》价值更高，"若人谓二篇马氏所附益，顾不以《大戴》附《小戴》而他是求，融必不若是之陋。"③即以马融的学识，如果附益也会选择《大戴礼记》中的《夏小正》《明堂》，所以，"小戴删大戴"之说不能成立。朱轼此论，实际上是为《大戴礼记》在经学史上的地位正名。后来研治《大戴礼记》者如戴震等人，皆否定"小戴删大戴"之说，并进行了详细的考辨，其源大率出自朱轼。因为戴震在四库馆校勘《大戴礼记》时，高安本是其重要参照。据戴震自述："余尝访求各本，得旧五本，参互校正。"④据任铭善考证，此所言"旧五本"之一即为高安本。⑤这也足以证明高安本《大戴礼记》对后世的影响。

《校补礼记纂言》是朱轼在吴澄《礼记纂言》的基础上的校勘发明。是

① （清）朱轼：《朱文端公文集》卷1《大戴礼记序》，《清代诗文集汇编》第214册，第467页。
② （唐）魏徵等：《隋书·经籍志》，中华书局，1973，第925页。
③ （清）朱轼：《朱文端公文集》卷1《大戴礼记序》，《清代诗文集汇编》第214册，第467页。
④ （清）戴震：《戴震集》，上海古籍出版社，2009，第21页。
⑤ 参见王欣夫撰，鲍正鹄、徐鹏标点整理《蛾术轩箧存善本书录》上册《辛壬稿》卷1，上海古籍出版社，2002，第389页。

书篇目、注释，一仍吴澄《礼记纂言》之旧，而在朱轼有所辨定的地方，以"轼案"二字为别，附载于注疏或澄注之后。例如，"馂余不祭，父不祭子，夫不祭妻"一条，先列郑玄注："郑氏曰：食人之余曰馂。"而后"轼按"二字下为朱轼的解释："注疏谓祭为祭先，虽食余，亦不可不祭。有不祭者，惟父食子余，夫食妻余耳。朱子不从注疏解，谓孔子君赐食，必正席先尝之；君赐腥，必熟而荐之。君赐腥，则非馂余矣，虽熟，以荐先祖可也。赐食则或为馂余，但可正席先尝而已，固是不可荐先祖。即妻子至卑，亦不可祭也。朱子解最当。"①朱轼于此引用朱子的解释来说明，面对国君赐食是否是"馂余"，是否可献祭先祖，并表明自己的立场。《四库全书总目》谓朱轼辨定的内容"不及十分之一二，其中间有旁涉他文者，如注《曲礼》'左青龙而右白虎'一节……"考之原书，确如其言，殆因朱轼校勘此书时偶有所得，即笔之于书，后来编录校刊之时，又失于删削，所以会出现乱入的内容。李卫评价是书道："高安朱先生沉酣理学，于三礼尤邃，著为《礼记纂言》一书，绍朱子之心传，补吴文正公所未逮。凡讲家沿讹踵谬、择焉不精、语焉不详者，悉举而是正之，虽视旧本仅存三十六篇，而威仪三千，粲然昭著，由是而再进于《周》《仪》二礼，则经礼三百，亦于是乎在。诚礼书之金科玉律，而视文正旧本，洵有青蓝冰水之妙矣。夫礼也者，履也。先生之为是书也，岂独训诂字句、疏通文义而已哉，将以进世之学者于践履笃实，俾纳身轨物，以共遵无党无偏之盛治。庶几隆礼由礼，为有方之士，而不负周公孔子之垂教也。"②确如李卫所言，朱轼校勘此书，绝不限于"训诂字句、疏通文义"，而在于引导士民"践履笃实"，推行教化。

朱轼对家礼学的研究着力最多，不仅校刻了前贤著作，如《颜氏家训》《温公家范》《吕氏四礼翼》，而且还编撰有《仪礼节略》。《颜氏家训》乃南北朝至隋时的学者颜之推所撰，至清初，流存的主要刊本有宋淳熙七年（1180）台州公库本，明万历二年（1574）颜嗣慎刻本和万历二十年（1592）程荣《汉魏丛书》本。这些流传下来的版本要么是稀见的宋本，要么收入丛书之中，即使颜嗣慎单刻本也流传稀少，坊间均不易见到。朱轼对于是否刊

---

① （清）朱轼：《校补礼记纂言》卷1《曲礼》，清光绪二十三年朱轼校刻本，第42叶。
② （清）李卫：《校补礼记纂言·序》，（清）朱轼《校补礼记纂言》卷首。

行该书，起初是有疑问的，因为他认为书中《养生》《归心》等篇，有附会二氏之嫌，不足为训，但总体而言，该书"于非礼勿视听言动之义庶有合"，因此朱轼刊刻之，并主张在阅读时有所取舍；他说："著书必择而后言，读书又言无不择。轼不自量，敢以臆见逐一评校，以涤瑕著媺，使读者黜其不可为训而宝其可为训，则侍郎之为功于后学不少矣。"①《温公家范》是北宋名臣司马光的治家语要。该书采集《周易》《仪礼》《礼记》《孝经》等经典及其他史传所载道德准则与事迹，阐述了"治家者必以礼为先"的观念。朱轼之所以刊行此书，不仅在于其有裨于世道人心，而且还在于该书与朱子之学相互发明。他说："人知朱子集濂洛关闽四子之成，不知涑水文正公亦朱子之所取则。朱子志在《纲目》，行在《小学》，《资治通鉴》实《纲目》胚胎，《小学》与《家范》又互相发明者也。……文正公尝谓尽心行己之要，在立诚，而其功自不妄语始。《家范》所载，皆谨言慎行日用切要之事，公一生所得力而其有裨于世道人心非浅焉。"②《吕氏四礼翼》是晚明思想家吕坤所撰的家礼学著作，所谓"四礼翼"者：《冠礼翼》二，曰蒙养，曰成人；《婚礼翼》二，曰女子，曰妇人；《丧礼翼》二，曰侍疾，曰修墓；《祭礼翼》二，曰事生，曰睦族。朱轼认为该书"深情至理，虽愚夫愚妇亦当悚然动念，此人心世道赖以维持……先生是书，虽与六经并存可也"③，对其评价甚高。

《仪礼节略》虽以"仪礼"称名，实际上也是一部典型的家礼学著作，是朱轼在多年的从政过程中，在朱子《家礼》基础上逐渐修订完成的，主要用于辅助其修身齐家、施行教化。但是朱轼在增减《家礼》的过程中，仍以《仪礼》为归宿。他说："是书以朱子《家礼》为纲，旁及晋唐宋明诸礼书，其近世儒者论说，于礼少有发明，辄随所见采入，至折衷聚讼，以求适合，则必以十七篇为正鹄焉。"④

---

① （清）朱轼：《朱文端公文集》卷1《颜氏家训序》，《清代诗文集汇编》第214册，第468页。

② （清）朱轼：《朱文端公文集》卷1《温公家范序》，《清代诗文集汇编》第214册，第469页。

③ （清）朱轼：《朱文端公文集》卷1《吕氏四礼翼序》，《清代诗文集汇编》第214册，第468页。

④ （清）朱轼：《仪礼节略·凡例》，《仪礼节略》卷首。

朱轼之所以花费如此大的精力去研究礼学，根本目的在于推行教化。他认为人性、伦理关系等都可以"以礼节之"；其言曰："《王制》云：司徒修六礼以节民性，明七教以兴民德。六礼者，冠、昏、丧、祭、乡、相见也。七教者，父子、兄弟、夫妇、君臣、长幼、朋友、宾主也。兄弟别出为长幼，朋友别出为宾主，七教即五教也。孔《疏》云：所禀之性，恐失其中，故以六礼节之。"①朱轼的礼学教化思想在其为官行政的实践中得到了很好的贯彻。

三　从理学革新到经学转向

自清初以来，汤斌、陆陇其、熊赐履、李光地等理学名臣，运用理学理论重建社会伦理秩序，力求务实，把"虚理"建立在"人事""实事"之上，理学逐渐变为日用伦常之学。②加之康熙帝关于理学真伪的辩论，将是否言行合一、注重实践，作为检验理学真伪的标准，理学经世的一面被无限放大，社会功能日益强化。接武熊赐履、李光地等人，朱轼在18世纪初，不仅继续倡导经世理学，而且在更广泛的层面推动着理学自身的变革。

明末以来，理学家托名讲学，不利于世道人心，有碍于政治稳定。有鉴于此，朱轼虽谈理学，但不以讲学为能事，而以济时行道为己任，务崇实用。朱轼的理学思想，既有赖于前辈学者的引导，又来源于为官行政的实践，而且体现出不同于宋明理学的特点。通过对朱轼理学思想的系统梳理，我们发现朱轼至少从如下三个方面推动着清代理学的革新。

一是深化了理学的经世内涵，使理学从义理之学变为实用之学。朱轼非

---

① （清）朱轼：《朱文端公文集》卷1《王畴五时文序》，《清代诗文集汇编》第214册，第475页。

② 如陆陇其曾言："此道常昭著于日用常行之间，初无高远难行之事。若欲离人事而求诸高远，便非所以为道，所谓道在迩而求诸远也。道不外人伦日用之间，人之所以为人，全在乎此，不可须臾离也。"（清）陆陇其：《中庸·道不远人章》，（清）陆陇其著，周军等校注《松阳讲义——陆陇其讲〈四书〉》卷2，华夏出版社，2013，第69页。又，康熙十一年六月，圣祖向达礼曰："尔与熊赐履共事，他与尔讲理学否？尔记得试说一二语来。"对曰："臣曾向他问及。他云：理学不过正心诚意、日用伦常之事，原无奇特。我平日虽有理学虚名，不曾立讲学名色，我辈惟务躬行，不在口讲。臣观其意甚谦，不常论及。然听其平日议论，皆切于理。"上颔之。中国第一历史档案馆整理《康熙起居注》，康熙十一年六月二十日甲午条，中华书局，1984，第39页。

常注重以理经世，即运用理学理论解决当世之弊务。例如，他特别强调"正心"在理学体系中的地位，并将其贯彻到为官行政的实践当中。在湖北、在奉天、在浙江，朱轼每到一处都是先正民心，通过宣讲《圣谕十六条》、刊发礼书等形式使民心向化、风俗还淳。事实证明，民心正则教化行，以此为基础开展其他各项工作往往能收到事半功倍的效果。在朱轼的思想体系中，"正心"不只是个人行为，还是理学经世层面的行为。

纵观朱轼一生之学术，就其宗尚而言，他始终未脱程朱理学的藩篱；就其领域而言，"上下古今，经史及诸子百家，象纬河渠各书，靡不淹贯"①。究之，躬行实践、经世致用之精神，实为其一生学术宗旨之所在。在此一宗旨引领下，朱轼由理入经，据经穷理，并将此种风气导之于学界、施之于社会，在清代学术与社会的转型中发挥了重要作用。桐城派的代表人物姚椿曾经评价朱轼道："诚心实政，正学笃行。史传三编，千古权衡。志未大施，年弗克永。言利用兵，遗疏斯炳。"②朱必阶曾述其父朱轼一生治学与为官，说："府君以悫诚之心，渊粹之学，受知三朝圣主，出秉节钺，入晋端揆，以济时行道为用，以正直忠厚为本，公忠体国之心，慈爱字民之隐，士大夫识与不识，类能言之。至于行己大端，不标讲学之名，而动以古圣贤自律。尝谓学术邪正之分途，名与实而已。无所为而为者为君子，有所为而为者为小人。学者诚能体察于身心之间，存理遏欲，进进不已，则圣人可学。而至躬行心得，见地超然，耻为辞意之学。"③凡此皆表彰朱轼在实政与实学倡导中的突出成就。

二是培养了一大批注重实务的理学官僚，使经世理学在更广泛的社会层面得以推行。学术理念能否贯彻到普通大众，基层官员无疑在其中发挥不可替代的作用，他们的治学态度和为政理念，对社会风气和学术宗尚往往具有直接的引导作用。朱轼即非常注意选拔重视实务的基层官吏，他对经世理学

① （清）朱必阶：《皇清浩授光禄大夫太子太傅文华殿大学士兼吏部尚书加五级世袭拜他喇布勒哈番太傅文端显考可亭府君行述》，清乾隆年间刻本，第49叶。

② （清）姚椿：《晚学斋文集》卷11《国朝诸名人续赞八首》，清咸丰二年《樗寮先生全集》本，第9叶。

③ （清）朱必阶：《皇清浩授光禄大夫太子太傅文华殿大学士兼吏部尚书加五级世袭拜他喇布勒哈番太傅文端显考可亭府君行述》，第48～49叶。

的倡导，也影响了一大批官员型学者。他们在实学的方向上对理学进行重新阐发、运用，使得理学的思辨色彩逐渐褪去，而实用色彩愈益浓厚，经世理学获得了广泛的社会认同。

王叶滋、蓝鼎元、吴隆元等都是推行以理经世的代表。他们既有一定的理学造诣，又有清节，在地方行政上推行教化，贯彻的正是以理学经世的思想，这与朱轼所倡导的学术与为政理念不谋而合。以王叶滋为例。王叶滋在朱轼担任浙江巡抚期间即被辟为幕僚，跟随朱轼多年，亲身参与了康熙六十年（1721）朱轼主持的山陕赈灾，并为朱轼《广惠编》和《辀车杂录》作序。王叶滋在地方行政上，即以理学为指导，他曾说："国家以经义取士，非于程朱乎是从者，摈弗与。而又崇祀朱子，次十哲右，以昭表章六籍之功。紫阳之学，不翅日星明而江河流矣，遵朱何待言？虽然，朱亦不易遵，遵朱亦未易易也。朱子心圣贤之心，乃能言圣贤之言，以明圣贤之道，后之人孰是能心朱子之心者？不能心朱子之心，将郢书也而燕说之，或失之诬；即不然，而糟粕是求，以为墨守，不贻讥轮扁者乎？学者束发受书以来，植躬儒林，皆有修身明道之责焉，自非本之格物穷理之学，措之立身行己之间，体验有得，以参稽乎前人之议论，虽日谈经，日无与也。"[①]正是在"本之格物穷理之学，措之立身行己之间"治学理念的指导下，王叶滋在担任常州知府期间，请帑筑堤，豁免灾区额赋，发展民生，兴学造士，行法不避豪贵，真正将朱学运用到了日常行政当中。

三是试图以经学去补救理学，从而促进了清前中期学术的经学转向。以讲学与思辨见长的理学，变为践履之学后，学术少发明，学理上渐趋枯竭，也就不可避免地走向了狭路。章太炎先生即有"清世，理学之言竭而无余华"的论断。穷则思变，中国学术要继续往前走，就必须进行变革或另寻他途。清初的理学家们正是看到了理学本身存在的问题，才试图以传统经学补救的。

除了从三礼入手补救理学外，朱轼还在更广泛的层面推进清代学术的经学转向。如在法律建设方面，他坚持礼法合治，融礼于法，在清代礼法关

---

① （清）王叶滋：《赐锦堂集》卷4《四书遵朱讲义序》，《清代诗文集汇编》第250册，第267页。

系的演进中做出了有益的探索；在经史关系方面，他将经学的理念融入史学著作当中，通过《史传三编》的纂修，权衡人物，品评历史，使后人有所鉴戒。此外，朱轼不仅自己精研经学，而且在科举考试中衡文校士，崇奖经学。朱轼自为诸生，即开始在家乡课徒授业。其后，他于康熙四十八年（1709）充会试同考官、雍正元年（1723）充顺天乡试正考官，而后于雍正元年（恩科）、雍正二年（1724）、乾隆元年（1736）三主会试，皆为正考官，许多绩学之士，如李绂、戴名世、惠士奇、陈宏谋、周学健、帅念祖、王步青、王安国、汪由敦、刘统勋、李清植、王文清、秦蕙田、黄永年、全祖望、郑燮等，皆得脱颖而出，其中类多通经之士。

经过清初八十余年的荡涤，在一代又一代理学家的不断努力下，理学沿着与宋明时期不同的方向发展，形成了独具时代特色的清代理学，故有学者称清代理学为"新理学"①。这种"新"，既是适应时代需求的新尝试，又是融合了传统经学的自我革新。清代经学正是在理学革新的背景下发展起来的，而乾嘉考据学又脱胎于传统经学。因此，经学转向是乾嘉考据学形成的必要基础和前提，是在转型过程中一个必不可少的中间环节。转向是转型的必要条件，转型是转向的必然结果。可以说，没有康熙朝后期到乾隆初年的经学转向，就没有后来乾嘉考据学主盟学坛。

在清初的经学转向中，理学家发挥了实质性的推动作用。在以往的研究中，我们往往将考据学的形成追溯到顾炎武、阎若璩等一批提倡考据学方法的学者身上，而忽视了当时的一批理学家，特别是理学官僚的作用。实际上，理学官僚对清初经学的转向产生了重要影响。如李光地在清初《周易》《尚书》《诗经》《三礼》《春秋》等方面都取得了显著成就，他还提倡科举改革，提高"五经"在科举考试中的地位，是清初经学复兴的关键人物之一。接武李光地，朱轼同样以理学家的身份倡导经学，不仅在"三礼"、《春秋》、《孝经》等方面颇多建树，而且还培养了一大批有志经学的专业人才。可以说，他们的目的虽然是阐发理学，但走的都是"求理于经"的路子。著名史

---

① 如赵均强《性与天道、以中贯之——刘沅与清代新理学的发展》（河南人民出版社，2011），王坚《明清学术转换的桥梁与清初学术主流：论清初新理学》（《文史哲》2017年第6期），等等。

学家刘泽华先生曾指出："精英人物的个性不仅对一定政治文化的形成产生重大影响，而且会在文化的轨迹上留下不可磨灭的足印。"①理学官僚正是那个时代掌握政治权力和学术话语权的精英人物，他们的个性与学术主张，对学术进程的影响可能是决定性的。

在清初学者眼中，没有等级森严的汉宋观念，没有理学与经学的明显界限，有的只是虚与实、是与非的判断。我们不应当给他们贴上经学家或者理学家的标签，更不能以后来人的眼光限制他们的思想境界，而应回到当时的社会环境，深入剖析社会矛盾，进而评判他们的思想与学术。重新审视乾嘉考据学的形成，不管是从对立面还是从学术的复杂性而言，以朱轼为代表的理学官僚在其中发挥的作用都应当引起足够的重视。

---

① 刘泽华：《中国的王权主义》，上海人民出版社，2000，第166页。

学人视野下的"嘉庆新政"*

——读清人文集札记

陈连营

嘉庆四年正月初三日辰刻（1799年2月7日早8～9时），统治中国63年之久的乾隆皇帝，抱着没有平定白莲教起义的遗憾，病逝于内廷养心殿，已登基三年的嘉庆皇帝开始亲政。面对乾隆晚年以后民生凋敝、吏治败坏、府库空虚、军备废弛、社会急剧动荡的现实，嘉庆帝以惩治权臣和珅为突破口，作为"肃清庶政，整饬官方"①手段，试图通过自己兢兢业业的努力，对种种弊政进行弥缝匡救，并始终坚持以身作则，身体力行地推行崇俭黜奢、勤政戒惰、以实心行实政的执政方针。他开放言路，惩治贪腐，清理亏空，整理漕运，因而有"咸与维新"之名。当时朝鲜使臣对嘉庆帝处理和珅一案就评价甚高，称："和珅处置后，人皆谓皇帝有三达德。自即位以来，知和珅之必欲谋害，凡于政令，惟珅是听，以示亲信之意，俾不生疑惧，此智也。一日裁处，不动声色，使朝著一新，奸宄屏息，此勇也。不治党与，无所株连，使大小臣工，洗心涤虑，俾各自安；皇妹之为珅子妇者，另加抚恤，此仁也。"②嘉庆帝亲政后，曾花大力气来转变官场疲玩矫饰之风。其后，一批勤谨实心任事的官员，在嘉庆初政的兴利除弊中发挥了积极作用。《朝鲜李朝实录中的中国史料》曾记载，"皇帝正月亲政以后，总揽权纲，振刷风俗，发号施令，多有可观"；"深惩上皇（乾隆帝）末年威权下移，事无

---

* 本研究获万科公益基金会和故宫博物院"英才计划"的资助。
① 《清仁宗实录》卷38"嘉庆四年正月戊寅"条，中华书局，1986，第434~435页。
② 吴晗辑《朝鲜李朝实录中的中国史料》第12册，中华书局，1980，第4989页。

大小，躬亲总揽，每至日宴忘食，夜分始寝。刑赏法制，一遵雍正故事"。① 那么，如何看待嘉庆帝亲政初期面临的社会问题？如何评价嘉庆帝亲政初期"维新"之举措？当时关注时务的一批学人的观点值得注意。他们虽身在权力核心之外，但旁观者清，他们的文集、札记也许可以为我们客观认识嘉庆朝存在的社会问题提供一个新的视角。下面略举数人。

一

早在乾隆五十五年（1790），时任内阁学士的尹壮图就对当时推行的督抚大员议罪银制度颇为反感，认为此是导致官场腐败、地方财政亏空的根本原因，"动借罚项为名，以致各省亏空累累，民间受累，中有商民皆蹙额兴叹"②，因而上疏乾隆帝建议永停此例，却遭到以盛世之主自诩的乾隆帝的怒斥，随后被发回老家归养老母去了。嘉庆四年正月嘉庆帝亲政后，尹壮图被嘉庆帝树为敢言榜样召回京师。四月初，夜以继日赶回京师的尹壮图，立即奏请嘉庆帝明定科条清理各省陋规："当今之事莫急于川陕军务，莫急于各省吏治。吏治日见澄清，贼匪自易消灭。恭阅皇上叠降谕旨，于各省属员趋奉上司、朘剥民脂等弊，告诫严切，可谓无微不烛，惟今日外省陋习相沿，几有积重难返之势，在及早剔刷，破格调剂，庶期有益。"但立即遭到嘉庆帝的拒绝："陋规一项原不应公然以此名目达于朕前，但州县于通都大邑差务较繁，舟车夫马颇资民力，皆系积习相沿，不能一时概行革除。今若遽行明示科条，则地方州县或因办公竭蹶，设法病民，滋事巧取，其弊转较向来陋规为甚。"③随后，嘉庆帝以尹壮图母亲年老需要侍养，加给事中衔，准予上章言事，将尹壮图打发回家了事。④尹壮图回籍后，屡上疏言，多不获允准，甚至受到申饬、谴责。直至嘉庆十三年（1808）去世，尹壮图再未被启用。

---

① 吴晗辑《朝鲜李朝实录中的中国史料》第12册，第5001、5011页。
② （清）尹壮图：《楚珍自订年谱》，"乾隆五十五年53岁条"，《北京图书馆藏珍本年谱丛刊》第108册，北京图书馆出版社，1999，第651页。
③ 前引（清）尹壮图《楚珍自订年谱》，"乾隆五十六年54岁条"，《北京图书馆藏珍本年谱丛刊》第108册，第664~665页。
④ 《清仁宗实录》卷42 "嘉庆四年四月己丑朔、乙未"条。第505、510页。

王念孙是嘉庆四年正月初五日嘉庆帝颁发求言诏书后，首批呼应的科道官之一。他深感"教匪滋事以来，蔓延四省，辗转三年，国帑虚糜而成功未奏，民生荼毒而奸宄不除，将领则互相推诿，督抚则各分疆界，非无险隘而守御者无人"，"甚至有败不闻，无功受赏，贼至则观望不前，贼去则尾追无及，劳师费财，虐民玩寇"，藏功无期，"苟不舍旧谋新，别议剿除之策，窃恐教匪之猖獗日甚"。①他在颁发求言之诏的次日，即奏上《敬陈剿贼事宜折》，提出"除内贼以肃朝宁""择经略以专责成""扼险要以杜奔窜""广召问以知实情""明赏罚以课实效""抚良民以孤贼势"六条建议。

第一条是针对权臣和珅贪婪、专权而言的。"大学士和珅受大行太上皇帝知遇之隆，位居台辅，爵列上公，不思鞠躬尽瘁，惟知纳贿营私，图一己之苞苴，忘国家之大计，金钱充于私室，铺面遍于畿辅"，以致"贪酷之吏习以成风，穷迫之民激而生变"。封疆大吏依恃和珅党援，躬为欺罔而不惧，督兵将领依恃和珅的掩饰，侵冒国帑而不悛，以致军情壅蔽，太上皇帝宵旰焦劳，所以，"和珅之罪不减于教匪，内贼不除，外贼不可得而灭"。

第二条是探讨教乱久剿不灭的原因而提出的。他认为其原因有二：一是军营有养寇的私心，"日费数万，月费百万，浮开者多实用者少。假令一日灭贼，则国家帑金不得再发，而诸臣之冒领不得再行，且恐藏功之后无可报销，致干重咎"；二是"分责各省，别无总理之人，所以诸臣各不相下，又复互相推诿"，以致教军游走数省难以剿灭。所以要"精选一人英勇有智略者，使总数省剿贼之事，余臣听其节制"，"以行不战之诛，庶几观望者不敢不前"。

第三条是针对教军忽东忽西、游走不定的特点而提出的。他认为扼险要以杜奔窜为策略："即其常所往来之路最险要者，遣二三千人守之。其平原旷野无险可守者，则令坚壁清野，移小村入大村，遣贤守令或佐贰督率教导之，俾民间自练乡勇，建筑墙堡，置备鸟枪弓箭等器，贼至则守，贼去则追。"如此，教军转掠乡村不得入，分窜他方则不得出，必将不战自溃。此即坚壁清野政策，颇有实际价值。

---

① （清）王念孙：《王石臞先生遗文》卷1《敬陈剿贼事宜折》，《高邮王氏遗书》，上虞罗氏辑本。

第四条是针对官场相互欺瞒、一味粉饰太平的恶习而提出的。他建议"广召问以知实情",并请求嘉庆帝随时召见川陕楚豫四省在京或来京人员,"俾畅言贼匪之虚实,军营之勇怯",了解真实的"邪匪情形,军营功效"。

第五条是针对军营捏词奏捷、滥赏多人的陋习而提出的。他建议"明赏罚以课实效",要求对邀赏之人及滥请之督抚皆加以重罚,"庶几人知奋勉,不敢萌侥幸之心"。

第六条是针对地方治理而言的。王念孙认为,湖北教军起事由"地方官贪酷成风,百姓穷促,又值苗匪滋事,筹办军需差徭之虐,科敛之酷"所致;四川教军起事,亦因"地方官借禁止邪教之名,为索取货贿之地"。百姓破产倾家,手足无措,因而铤而走险。所以"民之已为贼者固宜剿灭,其未为贼者尤当安抚"。他建议选廉能之吏尽心安抚,使各省百姓不至为"贼"所诱;重用廉洁爱民的南充知县刘清,严惩侵冒军需、贪酷万状之湖北道员胡齐仑,使"廉者有所劝,不至中道而改操;贪者有所惩,或可回心而向善"。①

王念孙所奏六条,应该说均切时弊,其中择经略、扼险要、广召问、明赏罚、抚良民在当时也是不少有识之士的共识。稍后,国子监祭酒法式善就建议选派威望素著亲王为大将军节制诸军,却遭到嘉庆帝的严厉斥责,认为他是揣摩迎合、不顾国家政体之举。②而王念孙则因"首劾大学士和珅,疏语援据经义,大契圣心",受到嘉庆帝的肯定,授直隶永定河道。③他所提的择经略、扼险要等建议后来也被逐渐接受。

二

洪亮吉"在乾嘉名儒中独以关注时政著称"④,他早在乾隆五十八年(1793),就已对吏治、民生问题进行过深入思考,写下《生计篇》《治平篇》

---

① 以上所引参见(清)王念孙《王石臞先生遗文》卷1《敬陈剿贼事宜折》,《高邮王氏遗书》。

② 《清仁宗实录》卷56 "嘉庆四年十二月甲申朔、乙酉"条,第721~723页。

③ 赵尔巽等:《清史稿》卷481《王念孙传》,中华书局,1977,第13211页。

④ 梁启超:《中国近三百年学术史》,朱维铮校注《梁启超论清学史二种》,复旦大学出版社,1985,第190页。

《好名篇》《守令篇》《吏胥篇》等二十篇论文，统称《意言》。其中《生计篇》《治平篇》意在探讨当时日益严重的民生艰难问题：一是承平日久，人口暴涨导致"田与屋之数常处其不足"；二是贫富不均，"一人据百人之屋，一户占百户之田"。他较早注意到人口增长与社会生产力的矛盾关系，如何解决这一矛盾关系？似乎仍是用传统社会的办法："使野无闲田，民无剩力，疆土之新辟者，移种民以居之，赋税之繁重者，酌今昔而减之，禁其浮靡，抑其兼并，遇有水旱疾疫，则开仓廪，悉府库以赈之，如是而已。"（《治平篇》）虽是如此，但他对乾隆晚期民生艰难问题的认识很有现实价值。

《好名篇》《守令篇》《吏胥篇》等文，则是洪亮吉研究社会风气、地方吏治问题而专门撰写的文章。《好名篇》或是针对清廷打击大臣好名之习，导致官僚士习萎靡不振问题而发的。他认为，臣民好名并不可怕，好名者都是有廉耻感的聪明拔萃之人；人们好名，恰恰可以产生奖惩手段不能起到的约束作用。因而好名行为应该加以肯定。在《守令篇》中，洪亮吉指出，朝廷政治的好坏取决于官吏是否居心行事，取决于社会风气的良坏："一守贤则千里受其福，一令贤则百里受其福。然则守令者岂别有异术乎？亦惟视守令之居心而已。"要改变腐败现实，就要端正官吏的为官动机，提高整个官僚队伍的素质。《吏胥篇》分析了当时胥吏制度的演变，以及胥吏风气败坏对政治的危害："上足以把持官府，中足以凌胁士大夫，下足以鱼肉里闾。子以传子，孙以传孙，其营私舞弊之术益工，则守令、闾里之受其累者益浅。"因此，他主张限制其人数，加强监督管理："必不可少者留之，余则宁缺勿滥。"①

对于当时的政治腐败和官场黑暗，洪亮吉进行大胆的揭露和抨击，充满了强烈的忧患意识和社会批判精神。嘉庆三年（1798）二月，他借助大考翰林詹事官员的机会，作《征邪教疏》，"力陈内外弊政，至数千言，情词剀切，阅卷者皆动色"②。洪亮吉深入分析了湖北、四川等地教民起事的原因，他认为固然与"惑于白莲教、天主、八卦等教"有关，但根本原因还在于百

① （清）洪亮吉：《卷施阁文甲集》卷1，（清）洪亮吉撰，刘德权点校《洪亮吉集》第1册，中华书局，2001，第23~25页。

② （清）吕培等：《洪江北先生年谱》，（清）洪亮吉撰，刘德权点校《洪亮吉集》第5册附录，第2344页。

姓"受地方官挟制万端"及"赋外加赋，横求无艺"，以致忍无可忍。他对此痛批说："今日州县之恶，百倍于十年二十年以前，上敢隳天子之法，下敢竭百姓之资。"此类官员的主要罪行有三条：一是侵吞朝廷捐赈抚恤之项，使百姓得不到抚恤恩惠；二是平时蚀粮冒饷，有事时避罪就功，相互蒙蔽，以致下情不能上达；三是有样学样，仿效封疆大吏统率弁做法，滥冒军功，甚至掩取迁流颠踣于道之良民为功。为此，他提出胁从宜贷、吏治宜肃、责成宜专三条建议。①

嘉庆四年正月嘉庆帝亲政后，洪亮吉奉朱珪之约北上京师，参与编纂《清高宗实录》。此期间，他亲见嘉庆帝的所作所为大为失望。八月，《清高宗实录》初稿草就，洪亮吉计划离开北京返回家乡。怀着"民犹困科敛，吏不奉法律""两湖全陕地，事变可胪列。因循及弛废，百事待刚决。倒悬诚已久，水火救宜切"②的焦虑，以及对嘉庆帝亲政后作为的失望和不满，洪亮吉决定通过成亲王永瑆等人上书嘉庆帝，对其作为提出较全面的批判："励精图治，当一法祖宗初政之勤，而尚未尽法也；用人行政，当一改权臣当国之时，而尚未尽改也；风俗则日趋卑下，赏罚则仍不严明，言路则似通而未通，吏治则欲肃而未肃。"

在千余言的上书中，洪亮吉严厉批评了嘉庆帝不如祖先勤政："自三四月以来，视朝稍晏，窃恐退朝之后，俳优近习之人，荧惑圣听者不少。"这使一向自我标榜宵旰政事的嘉庆帝大为不满，也直接导致洪亮吉随后被流放新疆。他指责嘉庆帝"集思广益之法未备"，建议嘉庆帝"召见大小臣工，必询问人材，询问利弊"。言可采者奖之，所举非人、所言失实者罪之，切忌"寄耳目于左右近习"，"询人之功过于其党类"。其原因就在于当时风气极度败坏，"以模棱为晓事，以软弱为良图，以钻营为取进之阶，以苟且为服官之计"；他认为这些人"奋身为国，不顾利害，不计夷险，不瞻徇情面，不顾惜身家，不可得也"。即使部院大臣、督抚大员，也是"国计民生，非所计也，救目前而已；官方吏治，非所急也，保本任而已。虑久远者，以为

① （清）洪亮吉：《卷施阁文甲集》卷10《征邪教疏》（戊午二月廿七大考题），（清）洪亮吉撰，刘德权点校《洪亮吉集》第1册，第207页。

② （清）洪亮吉：《卷施阁诗》卷20《单车北上集（己未）·四月二日法祭酒式善邀同人至极乐寺小憩分韵得月字》，（清）洪亮吉撰，刘德权点校《洪亮吉集》第2册，第940页。

过忧；事兴革者，以为生事"。依靠他们维新政治必无可能。洪亮吉并以受教民称颂的"刘青天"刘清不得重用，对导致四川教民起事的贪官戴如煌惩治不严，从宽处理和珅亲信左都御史吴省钦、内阁学士吴省兰兄弟为例，指责嘉庆帝"进贤退不肖似尚游移"。他对处理和珅一案不满。和珅赐令自尽后，嘉庆帝为尽快稳定政局，集中精力解决剿灭白莲教军等急迫问题，因而在处死和珅的第二天即郑重宣布：和珅一案业经办结，所有与和珅有牵连人员毋庸心存疑惧，但能洗心涤虑，痛改前非，仍可勉为端士。对继续追查和珅资财的副都统萨彬图等人，嘉庆帝还曾给予免职处分。洪亮吉对此指责说："其人虽已致法，而十余年来，其更变祖宗成例，汲引一己私人"应该给予相应的处理。和珅所引进以及随同受贿舞弊之人，即使实有真知灼见，不究以往，亦当于升迁调补之时稍示区别。

对于当时的风俗日趋卑下，洪亮吉的认识更是深刻，"士大夫渐不顾廉耻，百姓则不顾纲常"，"十余年来，有尚书、侍郎甘为宰相屈膝者矣；有大学士、七卿之长，且年长以倍，而求拜门生，求为私人者矣；有交宰相之僮隶，并乐与抗礼者矣。太学三馆，风气之所由出也，今则有昏夜乞怜，以求署祭酒者矣；有人前长跪，以求讲官者矣。翰林大考，国家所据以升黜词臣者也，今则有先走军机章京之门，求认师生，以探取御制诗韵者矣；行贿于门阑侍卫，以求传递代倩，藏卷而去，制就而入者矣"。而洁身自好的人，往往迷恋因果报应、养生谈禅，"以蔬食为家规，以谈禅为国政"，"甚有出则官服，入则僧衣。惑智惊愚，骇人观听"。要扭转如此士气世风，自然需要最高统治者的振作奖成："士气必待在上者振作之，风节必待在上者奖成之。"

洪亮吉对军营赏罚不明也深表不满："自乙卯以迄己未，首尾五年，偾事者屡矣。提、镇、副都统、偏裨之将，有一膺失律之诛者乎？而欲诸臣之不玩寇、不殃民得乎？"他特别指出：福康安、和琳、孙士毅蒙蔽欺妄于前，宜绵、惠龄、福宁丧师失律于后，景安、秦承恩之因循畏葸，都没有受到严厉处罚，"重者不过新疆换班，轻者不过大营转饷；甚至拿解来京之秦承恩，则又给还家产，有意复用矣；屡奉严旨之惠龄，则又起补侍郎"。洪亮吉认为：蒙蔽欺妄之杀人，与丧师失律以及因循畏葸之杀人无异，而犹邀宽典异数，必然导致经略、领队大臣"皆不以贼匪之多寡、地方之蹂躏挂怀"。

　　对于嘉庆帝亲政后的开放言路，洪亮吉也多有批评。在嘉庆帝推行所谓"新政"之初，他曾把开放言路作为"新政"的一项重要举措，郑重颁发求言之诏："凡九卿科道有奏事之责者，于用人行政一切事宜，皆得封章密奏，俾民隐得以上闻，庶事不致失理。诸臣务须宅心虚公，将用人行政，兴利除弊，有裨实政者，各抒诚悃，据实敷陈，佐朕不逮，用副集思广益至意。"①为了表明广开言路的诚意，嘉庆帝在处死和珅后的正月二十八日，即为乾隆帝晚年因言获咎的已故御史曹锡宝、内阁学士尹壮图恢复名誉；②并郑重宣布："嗣后陈奏事件，俱应直达朕前，俱不许另有副封关会军机处，亦不得将所奏之事预先告知军机大臣。"③同时，允准陈奏事件者得封章直达御前，任何人皆不得私行拆阅；即使所递封章内或有违背词语，亦与转奏之人无涉。④为更广泛地发动地方官员参与奏事，嘉庆帝还准许地方知府以上的官员密折封奏。⑤这充分表现了渴求直言的决心，也使得在其亲政后的一段时间里，出现了"下至末吏平民，皆得封章上达，言路大开"⑥的局面。

　　但是，嘉庆帝亲政之初的开言路也是有局限的。尽管他一再声称不罪言者，要采取有则改之、无则加勉的态度，但对连篇累牍的建言，他逐渐心生厌烦，尤其是对突破其君臣之防、变更旧规的建言极为反感，甚至大动肝火，不惜予以严厉惩罚。被嘉庆帝树为敢言榜样的尹壮图回到京师后，并没有受到真正的重用；嘉庆四年春间，国子监祭酒法式善应诏上书，针对剿办白莲教、筹办旗人生计等问题发表意见，因折首有"亲政""维新"之语，受到嘉庆帝的斥责；五月，内阁学士王尔烈条奏武闱弊端，却遭到嘉庆帝的严厉批驳：以断不可行之事擅议更张，职非台谏，事非官守，实属无知妄渎！⑦六月，副都统萨彬图奏请继续追查和珅资财，副都统富森布请普赏八旗钱粮以资市易货物；他们又以地方官率皆贪酷，奏请全行查抄他们的家产

① 《清仁宗实录》卷37"嘉庆四年正月甲子"条，第416页。
② 《清仁宗实录》卷38"嘉庆四年正月丁亥"条，第445页。
③ 《清仁宗实录》卷37"嘉庆四年正月丁卯"条，第418页。
④ 《清仁宗实录》卷46"嘉庆四年六月戊子朔"条，第556页。
⑤ 《清仁宗实录》卷40"嘉庆四年三月戊辰"条，第480页。
⑥ 赵尔巽等：《清史稿》卷357《吴熊光传》，第11320页。
⑦ 《清仁宗实录》卷44"嘉庆四年五月癸亥"条，第536页。

等；均受革职处分。借此，嘉庆帝指责言事臣工怀挟私见、沽名牟利，并且市惠于人、归怨于上；并警告称：倘若继续妄言渎奏，将治以妄言之罪。洪亮吉因此有言路似通而未通之说。他指出：九卿台谏之臣毛举细故确实不切政要，但部臣对建言全行议驳也非"国家询及刍荛、询及瞽史之初意"。因其所言琐碎，或轻重失伦，而一概"留中"的做法也不可取，应该随阅随发，明白晓示中外；即使是不知国体的冒昧立言，或揭发人之阴私，"亦不妨使众共知之，以著其非而惩其后"。

洪亮吉的上书几乎是对嘉庆初政的全盘否定，特别是其中"自三四月以来，视朝稍晏，窃恐退朝之后，俳优近习之人，荧惑圣听者不少"等语，更是直接触及了标榜勤政的嘉庆帝的敏感神经。因此，嘉庆帝接奏后大为震怒，下令将洪亮吉革职治罪。王大臣等请照大不敬律拟斩立决。奏上，免死遣发伊犁，交署伊犁将军保宁管束。次年闰四月，京师大旱无雨，嘉庆帝命清理狱中囚犯，念及洪亮吉案时，因其有"言事者日少。即有，亦论官吏常事，于君德民隐休戚相关之实，绝无言者"[①]的批判，嘉庆帝担心因洪亮吉获罪众人不复敢言，不得不承认洪亮吉是忠君之举，所论实足启沃朕心，将其上书置于座右，以为箴规；同时传谕署伊犁将军大学士保宁将洪亮吉释回原籍。

三

上述进言的尹壮图、王念孙、洪亮吉等人都是曾身在官场，感念最高统治者的所谓知遇之恩的官员，而章学诚则一生"苦饥谋食，辄籍笔墨营生"[②]，周流南北各地，他对当时各种社会现象和民间疾苦有较为真切的感受和观察。正如他自己所说："以贫贱之故，周流南北，于民生吏治，闻见颇真。"[③]他十分重视研究当时的社会问题，强调学术要为现实政治服务，即：

① 赵尔巽等：《清史稿》卷356《洪亮吉传》，第11314页。
② （清）章学诚：《章氏遗书》卷29《与宗族论撰节愍公家传书》，《章学诚遗书》，文物出版社，1985，第337页。
③ （清）章学诚：《章氏遗书》卷29《上韩城相公书》，《章学诚遗书》，第328页。

"学问所以经世，文章期于明道，非为人士树名地也。"①面对当时土地高度集中，统治阶级奢侈腐化，大小官吏贪污成风，国家府库日益空虚，阶级矛盾尖锐复杂，封建王朝面临严重的统治危机，章学诚强烈要求实行政治改革。

嘉庆四年正月，乾隆帝去世，执掌国政20余年的和珅倒台，嘉庆帝开始亲政。年届六旬的章学诚认为进行社会变革的机会来了，所以在抱病之下，写下数千言的《上执政论时务书》，并给时任军机大臣的王杰呈上《上韩城相公书》《再上韩城相公书》《三上韩城相公书》三书，给奉召返回京师的内阁学士尹壮图写下《上尹楚珍阁学书》，给时任御史的曹锡龄（1741～1820）写下《与曾定轩侍御论贡举书》等，猛烈抨击当时的腐败政治，提出自己"以吏治为急"的政治改革主张。

《上执政论时务书》大约写于嘉庆四年六月，章学诚因"蒙蔽既决于崇朝，则教匪宜除于不日，而强半年来，未见凿然可以解宵旰忧者，恐言路诸公，未有以教匪所致之由，为当事洞言之"，故有是书。文中，章学诚开宗明义指出："近年以来，内患莫甚于蒙蔽，外患莫大于教匪，事虽二致，理实相因。"因此他对乾隆后期的吏治腐败进行无情的揭露："自乾隆四十五年以来，迄于嘉庆三年而往，和珅用事几三十年，上下相蒙，惟事娄赃渎货，始如蚕食，渐至鲸吞。初以千百计者，俄而非万不交注矣，俄而万且以数计矣，俄以数十万计，或百万计矣。一时不能猝办，率由藩库代支，州县徐括民财归款。贪墨大吏胸臆习为宽侈，视万金呈纳不过同于壶箪馈问，属吏迎合，非倍往日之搜括，不能博其一欢，官场如此，日甚一日。"特别是"道府州县，向以狼藉著者""督抚两司，向以贪墨闻者"，"蠹国殃民，今之寇患，皆其所酿，今之亏空，皆其所开；其罪浮于川陕教匪，骈首未足蔽辜"，②因此应予严惩。

在此书中，章学诚还分析了民众动乱、国库亏空、吏治腐败之间的密切关系。"今之要务，寇匪一也，亏空二也，吏治三也"，"事虽分三，寻原本

---

① （清）章学诚著，仓修良编注《文史通义新编新注》内篇四《说林》，商务印书馆，2017，第227页。

② （清）章学诚：《章氏遗书》卷29《上执政论时务书》，《章学诚遗书》，第327页。

一，亏空之与教匪，皆缘吏治不修而起，故但以吏治为急，而二者可以抵掌定也"。所以，吏治腐败乃头等突出的问题，危害极大。而官吏的贪赃枉法、侵吞国家财产势必造成国库日益亏空，为了弥补亏空，就不得不"上下相与讲求弥补"。章学诚尖锐指出：所谓"设法"不过是各级官吏"巧取于民之别名耳"！他分析说："既讲设法，上下不能不讲通融。州县有千金之通融，则胥役得乘而牟万金之利；督抚有万金之通融，州县得乘而牟十万之利。"所以"督抚将设法而补今缺数，民间将受百倍之累！"政治腐败与国库亏空、民众动乱于是形成一个恶性循环的怪圈：越是腐败，越是造成亏空；越是造成亏空，越是要设法弥补，在设法弥补过程中，官吏又借机大肆搜刮、贪污，百姓"万不堪此"，只好起来反抗，即"官逼民反"。

章学诚并认为"设法"之弊亦坏人才。地方官为尽快弥补亏空，甚至不问有无亏项，就对所有官员通扣养廉；因一州县所亏巨大，让其他数州县分摊；有贪劣有据，勒令缴出赃金，而掩覆其事者；有声名向属狼藉，幸未破案，而丁故回籍，或升调别省，勒令罚金若干，免其查究；有不问人地宜否，但能弥补亏空，即许其捐资升迁，危害极大。如何澄清吏治？一是奖励廉洁之行，二是免除地方"法外之累"。章学诚还特别指出"州县之累，固贪横大吏诛求无厌，亦由巨工大役军需差务常支之外，又有例不开销，坐派捐廉"等诸多摊派。州县廉俸有限，办公尚忧不给，坐派款自然无所出；督抚大吏公私罣误，议罚缴养廉动逾数万，罚赔、摊赔之类往往累数十万，能不取给于属吏？如果"使法外之累皆去，则官方整饬，民困立苏，逆贼无能蛊惑良民，其党不攻自散，除之特易易耳"。①

在《上韩城相公书》中，章学诚强调了"此时要务，莫重于教匪，而致寇之端，全由吏治，吏治之坏，由于仓库亏空，讲求设法弥补；设法之弊，实与寇匪相为呼吸"的观点，并对"国计所耗过多"以及"官吏冒滥"问题提出批评。他指出："国计所耗过多，则于一切摊罚、摊赔、捐廉、捐俸等项，追驳搜求不能稍恕，以致官吏不能不累于民，而所累者又未必向沾免赋之户。"所以"欲清吏治，不特民间宜除弊累，即国家亦当慎惜恩膏"，要"赈恤之恩宜普，而庆赏之恩可节"，既使受灾害百姓切实得到实惠，也减少

① （清）章学诚：《章氏遗书》卷29《上执政论时务书》，《章学诚遗书》，第327页。

了贪官污吏的冒滥和挪新掩旧。此为一个漏厄之源，而另一个漏厄之源则是所谓"工赈"。他根据自己所见指出，"彼时遍值工小灾轻，近遍值工巨灾重"的原因就是官吏的"侵冒"，如果能严厉"追籍贪官污吏，搜查隐匿"，"必不止于见今所亏之数，以之量抵亏空，国计又裕如矣"。①

《再上韩城相公书》主要针对嘉庆帝诏罢贡献，却不愿公开整理陋规，默认其弥补亏空的做法而做的。章学诚认为："所谓整饬吏治，乃除一切极弊，如漕规之斗斛倍徙，丁粮之银钱倍折，采买之短价抑勒，公事之借端横敛，印官上任，书役之馈送辄数万金，督抚过境，州县迎送必数千金。此皆日朘月削，闾阎不可旦夕安者。非如雍正年间荡涤振刷，则不可以弭寇患也。"尽管各级官员均有公私用度不足，借相沿已久的陋规以弥补亏短的实际问题，但"去陋规无明文，上官得以成数约之；设法弥补亦无明文，上官不得以成数约之"。于是，"设法不禁，则吏治必不可清；吏治不清，则亏空转不易于弥补，有司方藉设法以为利己之谋，必不肯速补以绝设法之路也。且设法不已，则今之亏空方填，而后之亏空又起。盖取民无制，则上官亦将乘缓急而自便其私"。结果必然是吏治难以澄清，亏空问题也无法根除。②

有意思的是，娴熟地方事务及其运行实践的汪辉祖，对陋规的看法则是："陋规不宜遽裁。"他指出："裁陋规美举也，然官中公事，廉俸不敷，是以因俗制宜，取赢应用，轻于汰革，目前自获廉名，迨用无所出，势复取给于民，且有变本而加厉者。长贪风、开讼衅，害将滋甚极之。陋规不能再复，而公事棘手，不自爱者因之百方掊克，奸宄从而藉端，善良转难乐业，是谁之过欤？"而正确的做法则是"就各地方情形斟酌调剂，去其太甚而已。"他甚至指责暂署官员革除陋规是"慷他人之慨，心不可问，君子耻之"。③可见嘉庆初年清理陋规所面临的问题非常复杂，而章学诚的认识无疑为了解乾嘉之际的社会问题提供了另一个视角。

《三上韩城相公书》则专注于督抚大员廉洁的重要性。章学诚认为："吏治之坏，大吏酷以济贪。州县之畏督抚，过于畏皇法矣。督抚骄而不敢执

---

① （清）章学诚：《章氏遗书》卷29《上韩城相公书》，《章学诚遗书》，第328页。
② （清）章学诚：《章氏遗书》卷29《再上韩城相公书》，《章学诚遗书》，第329页。
③ （清）汪辉祖：《论用财》，（清）魏源编纂《魏源全集·皇朝经世文编》卷21《吏政七·守令上》，岳麓书社，2004，第330页。

仪注，督抚刻而不敢遵律例，督抚贪而甘舍其身为之鹰犬爪牙，虽至身败名裂，死而不悟。"但督抚不能不染指地方，州县亦"以多亏为挟制督抚之计"，"奸吏蠹役亦先以术饵州县，而随挟州县"，吏治民生自然无心顾及。在章学诚看来，督抚无赔罚之累，则洁身而不受属吏之饵挟；州县无法外之累，则洁身而不受吏役之饵挟，即所谓无欲则刚。于是再"宽之以文纲，励之以廉隅，优之以岁月，课之以治功，全中材以称其器使，拔循卓以树厥风声，督抚考成，一以察吏之得失为凭，州县考成，一以民事之举废为主"，^①吏治必将渐次转变。

章学诚《上尹楚珍阁学书》大约作于嘉庆四年六月。章学诚五月份收到曹锡龄的书信后，获知尹壮图被召回北京，随后晋都给事中衔，准予封章言事；他希望尹壮图能将自己"澄清吏治"的主张转达天听，因其所献"是不献言而献受言之方"。

该文是就嘉庆帝抱怨廷臣条奏"多微文末节，无当要害"而发的。章学诚认为：求言"求之必有其道，择之必有其方，按之必有其实。三者皆备，然后良谟出而莠言除也"；而且，"天下利弊惟科道得而言之"有其弊病：科道官未必深明治要，洞悉民隐，又皆公正无私，尽心尽责；翰林部属各员"国计民生常时素未究心"，只能"掇取经生策套，撦拾影响传闻"，难以施行。为此，章学诚提出改进建议：其一，现任科道官应以建言论其高下，候补人员应经严格考核，"以经济时务策议决其去取"；其二，令部院京堂、督抚、学政保举明习治体、经济世务之儒，略仿直言科目，宽收而严别之；其三，有关国计民生的建言，会议诸臣不得雷同附和，以求集议之实；其四，有关官邪民隐、议准施行的条奏，应令原奏人员或派员监督执行。

《与曾定轩侍御论贡举书》关注科举考试制度的弊端，主张改革人才选拔制度。章学诚认为，自乾隆二十一二年删除表判而用诗律考试后，科场条例多次更张，"其为程才起见，既未见有益实学，其为防弊起见，亦未见洞中窾要，徒令寒士受法外苛求之苦，拘儒讠圭朝更暮改之误，于防弊程才均鲜实效"，而弊端层出；甚至"科场防弊之人，多系本身作弊之人，故于真正弊源毫无补救"。章学诚建议，各主考官"各不侔面"，以免彼此通融；各考

① （清）章学诚：《章氏遗书》卷29《三上韩城相公书》，《章学诚遗书》，第330页。

官务必"彼此传递互阅,以示公衡",以防"人多则路广,易于钻营"等情弊。而八股考试科目的设置,更为倡导经济世务之学的章学诚极力反对,斥之为"烂八股",造成考生"策对不知朝代先后,人物不知古今存没,见于磨勘签议,动成笑柄"。章学诚建议,应将"多添千余烂八股"的恩科考试改为直谏之科,"责令九卿节镇访遇明达治体、深通实务之儒,圣上亲策于廷,使条举方今利弊,务取切实有用,可见施行,拔擢数百十人,试之以事,总不下十得其五,亦必较寻常科举中人稍有新锐气"。①

正是由于章学诚数十年奔波各地,历尽坎坷,所以他对社会问题的认识更为深刻,他所提不少建议也确实很有针对性,可以说是对嘉庆帝惩治贪腐"不为已甚",以及清理亏空坚持"缓缓办理""设法弥补"等诸多政治举措的批判。但是,他的改革主张对顽固坚持"以祖宗之心为心,以祖宗之政为政,率由典常"②的嘉庆帝来说,也确实难以接受。所以,贫病交迫的章学诚满怀热情,欲通过上书执政大臣、恩师王杰、尹壮图以及好友曹锡龄等人,将自己的改革意见传达给最高统治者的努力,并没有赢得积极回应。两年后,带着对世事的愤懑和对政治革新的期待,章学诚病逝于会稽故里,他的著作也没有及时出版,他的社会主张自然没有多少人了解。

有意思的问题是,作为乾隆朝重臣、嘉庆帝亲政后的首席军机大臣的王杰,面对章学诚这个门生对社会变革的呼唤,曾经是否接受?是否将其主张、建议转达给嘉庆帝?这些我们已经难以考证。但在嘉庆八年(1803)二月,王杰准备退休返回原籍前,却给嘉庆帝上了一道重要的奏议,畅谈自己对已经积重难返的各省亏空之弊、驿站之害的认识。王杰认为:"各省亏空之弊,起于乾隆四十年以后。州县有所营求,即有所馈送,往往以缺分之繁简,分贿赂之等差。此等赃私,初非州县家财,直以国帑为夤缘之具。上司既甘其饵,明知之而不能问,且受其挟制,无可如何","是大县有亏空十余万者,一遇奏销,横征暴敛,挪新掩旧,小民困于追呼,而莫之或恤。靡然从风,恬不为怪。至于名为设法弥补,而弥补无期。清查之数,一次多于一

① (清)章学诚:《章氏遗书》卷29《与曾定轩侍御论贡举书》,《章学诚遗书》,第331页。
② (清)爱新觉罗·颙琰:《清仁宗御制文二集》卷9《守成论》,《清代诗文集汇编》第463册,上海古籍出版社,2010,第192页。

次，完缴之银，一限不如一限。辗转相蒙，年复一年，未知所极"，因此建议"广求整饬之法，以冀仓库渐归充实"。

对于驿站之害，王杰认为始于州县管理驿站："州县管驿可以调派里下，于是使臣乘骑之数日增一日，有增之数十倍者，任意随带多人，无可查询，由是管号长随办差书役乘间需索，差役未到，火票飞驰，需车数辆及十余辆者调至数十辆百余辆不等，羸马亦然。小民舍其农务，自备口粮草料，先期守候，苦不堪言。甚而过往客商之车羸，稽留卖放，无可告诉。无怪小民之含怨也。至于州县之耗帑，又有无可如何者。差使一过，自馆舍铺设以及酒筵，种种靡费，并有贪夜馈送之事，随从家人有抄牌礼、过站礼、门包、管厨等项，名类甚繁，自数十金至数百金，多者更不可知。"①他建议将整顿驿站之弊作为清理地方亏空的重要举措。王杰上书中对亏空问题的描述，与章学诚等人的描述文字是否有同工之妙？这是否代表着他接受过章学诚等人的思想主张呢？

四

其实，除了上述几位影响较大的人物外，关注时政问题的学人还有不少。

常州学派代表人物恽敬（1757～1817），本来专注古文字研究，但在乾嘉之际开始深求史传兴衰治乱得失之故，兼及纵横、名、法、兵、农、阴阳诸家言，"以博其识而昌其词，以期至于可用而无弊"②。恽敬于嘉庆五年（1800）著"三代因革"四论，希望为嘉庆帝亲政后调整统治政策、挽救日渐衰败的王朝统治提供理论支撑，用他自己的话来说就是："求王政之端，而究其异同，以破诸儒士之说，庶圣人治天下之道，可无惑焉。"③文中指出：古代的许多制度之所以能在后世存在，关键在于能够因民之情，否则

① 清国史馆编，王锺翰点校《清史列传》卷26《王杰传》，中华书局，1987，第1995~1996页。
② 清国史馆编，王锺翰点校《清史列传》卷72《恽敬传》，第5964页。
③ （清）恽敬：《大云山房文稿初集》卷1《三代因革论一》，（清）恽敬著，万陆、谢珊珊、林振岳标校，林振岳集评《恽敬集》第1册，上海古籍出版社，2013，第24页。

就会被抛弃。如只能在小国寡民时代施行的井田制度，在一个统一国家里就不能施行，即使圣人也不能阻止它的变化。"井田，不可废之法也，而卒废，儒者皆蔽罪商鞅。虽然，鞅之罪，开秦之阡陌也，彼自关之东，井田之废，非鞅之罪也。夫法之将行也，圣人不能使之不行；法之将废也，圣人不能使之不废。"井田之法只能施行于小国寡民的远古时代，而千余年后，时事变迁，民受其害，井田之废遂成必然。而且，他明确地把第一个统一的封建王朝秦代，作为古今时代的分水岭。他说："秦者，古今之界也。自秦以前，朝野上下所行者，皆三代之制也；自秦以后，朝野上下所行者，皆非三代之制也，井田其一也。"那么圣人们是如何看待这一变化的呢？所谓"所损益可知矣"即是明证。所以他说："天下无无弊之制，无不扰民之事。当择其合时势而害轻者行之。后之儒者，以熙宁之法而妄意诋诽，非知治体者也。"他进而批评说：所谓"利不十不变法，功不十不易器，此经常之说也。三代不同礼而王，五伯不同法而霸，此便私挟妄之说也"，而"先王之道，因时适变，为法不同"。①

然而，恽敬热情论证、急切盼望的改革之举并没有出现，就连诛杀和珅后惩治贪官、整理亏空、漕运之举，也是瞻前顾后、犹豫不定，剩下的就只能是对官僚们进行勤政、廉洁等方面的苦口婆心的劝勉。而且由于对改革政治顾虑重重，作为最高统治者的嘉庆帝一再表白自己要"以祖宗之心为心，以祖宗之政为政"，坚决按祖宗成规办事，不愿意作任何变革。于是，恽敬于嘉庆十四年（1809）写下"三代因革"四论之续篇四篇。

在这四篇续撰的文章中，恽敬分别对古代的税制、兵役制度以及劳役制度的演变进行了考察，其核心内容仍是建议统治阶级要顺应时代潮流，因时制宜做出调证："天下无无弊之制，无不扰人之事，当择其合时势而害轻者行之"，"宁使官役之可减，而苛扰之事除，知民役之可尽罢，而海内皆乐业矣"。②也就是说，赋役负担要明确、固定。尽管清代统治阶级标榜其轻徭薄赋政策，但人民实际负担的加派及附加税收却是十分沉重的，而且往往没有

---

① （清）恽敬：《大云山房文稿初集》卷1《三代因革论三》《三代因革论四》，（清）恽敬著，万陆、谢珊珊、林振岳标校，林振岳集评《恽敬集》第1册，第29~34页。

② （清）恽敬：《大云山房文稿初集》卷1《三代因革论七》，（清）恽敬著，万陆、谢珊珊、林振岳标校，林振岳集评《恽敬集》第1册，第41页。

明确的规定，从而给地方官上下其手、剥削百姓以可乘之机，以致时人抱怨说："顾民之病，不患其数之多也，而患其数之无定。"①前述章学诚讨论亏空与陋规问题时也有类似的认识，可见恽敬是有感而发的。恽敬认为："先王之道，因时适应，为法不同。"其中的衡量尺度就是儒家礼治精神是否得到贯彻，而不必拘泥于细节，所谓"其质文之尚，奢约之数，或以时变，或以地更"。基于此点，他认为时人"利不十不变法，功不十不易器"的说法是不可取的。②这无疑是对嘉庆亲政以来顽固坚持祖宗之法的严厉批判！

张惠言（1761～1802）虽以《易》学名世，但也特别关注现实问题。朱珪是嘉庆帝亲政后的最重要的顾问，对嘉庆初政影响巨大，且是张惠言乡试会试恩师；但张惠言对朱珪的执政理念完全不能认同。朱珪认为天子当以宽大得民，张惠言则认为需要严政："吏民习于宽大，故奸孽萌芽其间，宜大伸罚以肃内外之政。"朱珪认为天子应当优待有过错的大臣，张惠言则认为："庸猥之辈幸致通显，复坏朝廷法度，惜全之，当何所用？"朱珪喜欢重用博学淹雅之士，张惠言则认为："当进内治官府、外治疆场者。"即应重用有治理国家才干的人。③

张惠言对好友左辅的看法颇为认同。嘉庆四年正月，安徽巡抚朱珪奉嘉庆帝之召返回京师前，时任霍邱知县的左辅为朱珪送行，并谈到自己对当时社会问题的认识，他认为科举制度的弊端已经导致国家缺乏合格的管理人才："方今大患，在天下之才不足以任天下之事。"因为"国家求政事之选，而于时文诗赋取之，其不足以得士也明矣。"因此他建议实行举荐的办法招揽人才，就是："方今科举即不能改，宜令天下荐举有文武智术之士，朝廷试而用之，庶几于事有属。"而对于在镇压白莲教起义过程中暴露出来的军纪败坏、军力不强等问题，左辅认为是粮饷菲薄造成的，"方今郡县驻防之兵，所得额饷，少者日才白金四分，而上官供亿，公使往来之资，又出其中。兵以所得余金养父母、畜妻子，其为农贾伎业以给焉者，良兵也，桀

① （清）沈登瀛：《羡银定价议》，咸丰《南浔志》卷31。
② （清）恽敬：《大云山房文稿初集》卷1《三代因革论八》，（清）恽敬著，万陆、谢珊珊、林振岳标校，林振岳集评《恽敬集》第1册，第42页。
③ 谢忱：《张惠言先生年谱》，《常州工业技术学院学报》（社会科学版）1998年第1期；赵尔巽等：《清史稿》卷482《张惠言传》，第13242页。

黠者，无赖于乡曲矣。夫不给其家而求其服练，虽孙吴不能，而况用其死乎"？因此建议要"优其给而捐其扰，然后乃可责其用"。结果是"朱公难其说"。五月，张惠言为即将离京南返的左辅作序，感喟说："国家养文武士，一百五十年矣，其为泽至深厚。而为士者，日以嗜利而无耻；为兵者，日以怯弱而畏死，是岂无故哉？今朝廷求言如不及，朱公以道辅治，仲甫之言，行不行，未可知也。抑仲甫之道大用之于天下，小用之于一邑，其可乎？"

他同时认为，胥吏的存在与官场腐败有直接的关系，而造成胥吏扰乱管理秩序的根本原因，是没有把它们纳入正常的选拔制度。他分析说："古者郡县掾吏，皆官长辟除，孝廉茂才则于是乎选，故守令常恃以为治。今者悉更之以书吏，官待之以仆隶之体，而吏自待以商贾之心。夫责仆隶以礼，而冀商贾以廉，无是理也。"要解决吏治腐败问题，就必须重视州县胥吏的选拔。此外，他还注意到赏罚制度及成例的弊端，指出："方今用人者曰公而已。夫进贤退不肖之谓公，赏善罚恶之谓公，今者唯成例是视，其所谓公，吾所谓私也。故公赏不足劝，而公罚无所惩，公之为弊如此。"①

张惠言还曾写过三篇"吏难"的文章，讨论吏治管理中存在的问题，并特别注意到官民对立问题，认为它是危及国家统治秩序的一个严重问题。他说："方今之患，独患吏与民阔而不相亲。民之视吏也，惮然若神鬼之不可即；吏之视民也，芸然若履崇山而视原隰之草木，无所别之。民之疾痛颠连而濒于死者，有执途人而哀之者矣，未有号呼求拯于州县者也。"②他的结论是，官吏不关心民生疾苦，甚至成为扰民的重要根源，所谓"官吏愦愦惟利私是骛，民生之计视若越人之肥瘠"③。对于蔓延数省的白莲教大起义，以及横行东南沿海的蔡牵等领导的海上武装势力的蔓延，张惠言认为当地官吏失于教养甚至养痈遗患是关键因素。他指出："方今天下之患，楚蜀秦豫之间则有教匪，江浙闽广负海之地则有洋匪，是皆数十年渐渍引蔓，根蟠柢互，有司漫不为意，又殴良民而附益之，及其一旦不可盖覆，乃始相视狼顾，莫

① （清）张惠言：《送左仲甫序》，（清）张惠言著，黄立新校点《茗柯文编》，上海古籍出版社，2015，第126页。

② （清）张惠言：《吏难一》，（清）张惠言著，黄立新校点《茗柯文编》，第167~168页。

③ （清）张惠言：《与金先生论保甲事例书》，（清）张惠言著，黄立新校点《茗柯文编》，第186页。

之如何。"①这种认识可谓深刻，和嘉庆帝所感叹的"官逼民反"不谋而合。他的教养方法是：立宗法、联什伍、联师儒、讲丧祭之法、谨章服之别。如此则礼仪成，风俗美，"民有以相养而无以相弃，上不费而惠遍"②，天下大安。这当然是一种过于理想化的目标了。

五

嘉庆中期以后，随着王朝统治危机日渐加深，关注时政的学者逐渐增多。特别是嘉庆十八年（1813）秋天，天理教起事并一度攻入皇宫，此事件使嘉庆帝大受震动，写下《行实政论》《实心行政说》《因循疲玩论》等文，对"官无实心，民多诈伪，官则因循怠玩，民皆诪张为幻，上下不交，寡廉鲜耻"问题进行反思，他规劝诸臣"常存以言事君之诚，尽屏取巧谋利之伪，作天子之耳目，为朝廷之腹心，上章进谏，置祸福于度外"③。而这次事件也极大地震撼了广大士人的心灵，引发学人的深入讨论。

清代桐城学派的代表人物、举人管同（1780~1831）④，尽管仕途坎坷，却怀着强烈的经世精神，时时关注社会现实问题，并提出经过自己深思熟虑的见解，为当政者出谋划策，对现实政治的腐败痛加针砭，期望社会稳定、经济繁荣、政治清明的封建"盛世"能再次出现。

嘉庆十八年天理教攻入大内事件发生后，他即上书将负责镇压教军的直隶总督方维甸，对事件进行反思，为方维甸提供有益建议。管同指出，百姓之所以起而反叛，就在于官府不关心其饥寒、冤屈，更不知道对百姓实行教化，以致其忠义观念淡薄，一遇事变便趁机以起。他说："国家承平百七十年矣，长吏之于民，不富不教而听其饥寒，使其冤抑，百姓之深知忠义者盖已鲜矣。天下幸无事，畏惧隐忍无敢先动，一旦有变则乐祸而或乘以起。"

① （清）张惠言：《送王见石令福建序》，（清）张惠言著，黄立新校点《茗柯文编》，第202页。
② （清）张惠言：《吏难三》，（清）张惠言著，黄立新校点《茗柯文编》，第179页。
③ （清）爱新觉罗·颙琰：《清仁宗御制文余集》卷下《谏臣论》，《清代诗文集汇编》第463册，第291页。
④ 《因寄轩文集》卷首张士珂《小传》、《清史列传》及《清史稿》均记载年四十七卒，误。

因此他认为："今日之贼，不患其聚而患其流，今日之兵，不患其战而患其守。惟人心固而后守备坚，守备坚而后贼势败。"他建议方维甸"宜告三省长官，急讲民事，利民者行之，害民者去之，其官吏之殃民者急罪而罢之"。①这种治乱先治官、除民之害的主张，无疑很有见地，也确实很深刻，抓着了社会动乱的主要根源。

他在同年所作的《重修甘敬侯墓碑记跋》中，也对朝廷压制言论而导致官吏不关心政事问题进行讥讽。他说，时人"尝怪风俗莫敝于西晋，史称士大夫废职业尚浮诞，至南渡而其风不息。然一旦王敦作乱，则敬侯温太真辈露檄兴师，委躯命以赴天子之难，虽其功有就有不就，而忠义皆流千古已。后世士大夫无晋时清谈之弊，顾平时则闭口恐触忌讳，不幸小值寇警，有惶怖而莫知所出者矣，不知自视于晋人何如也？"②其中"小值寇警，有惶怖而莫知所出"，则正是林清起义爆发时有关官员的窘态。

或是对清代压制言官的不满，特别是对嘉庆初年言路的开而复禁，甚至对洪亮吉等人封章言事而遭严惩一事的不满，管同在《读吕氏春秋》一文中写下了这样的话："秦虽暴，初不罪言者，故用其力，卒以并天下"；"秦之事至恶不足道，然其并天下也，以能用人言，其失天下也，以不闻其过。秦固如此，后之有国家者，其亦知所鉴哉？"③

大约写于嘉庆十九年（1814）的《拟言风俗书》，则是对清代专制政治制度的公开指责。管同在文中明确指出"明之时大臣专权，今则阁部督抚率不过奉行诏命；明之时言官争竞，今则给事、御史皆不得大有论列；明之时士多讲学，今则聚徒结社者渺焉无闻；明之时士持清议，今则一使事科举，而场屋策士之文及时政者皆不录"，以致"大臣无权而率以畏惧，台谏不争而习为缄默，门户之祸不作于时，而天下遂不言学问，清议之持无闻于下，而务科第、营货财，节义经纶之事漠然无与于己于

---

①　（清）管同：《因寄轩文初集》卷6《上方制军论平贼事宜书》，《桐城派名家文集（第5卷）·管同集》，安徽教育出版社，2014，第19页。

②　（清）管同：《因寄轩文初集》卷3《重修甘敬侯墓碑记跋》，《桐城派名家文集（第5卷）·管同集》，第30页。

③　（清）管同：《因寄轩文初集》卷3《读吕氏春秋》，《桐城派名家文集（第5卷）·管同集》，第26~27页。

人其身"。正是清代借鉴明时清议误国之弊，严格限制，这才导致当今"习为缄默"的问题。文中，他还以三代政治变革的史实作为自己的立论根据，对嘉庆帝顽固坚持祖宗之法的行为予以批判："三代圣王相继，其于前代皆有革有因，不力举而尽变之也。力举而尽变之，则于理不得其平，而更起他祸，何者？祸常出于所防，而敝每生于所矫。"他主张必须进行社会变革。

嘉庆帝于亲政之初，曾允许臣民封章言事，然而当朝野开始议论政事时，嘉庆帝又以"言无可采"为由禁止臣民随意议论政事。管同就此点批驳说："言无可采，其故有二：一曰爵之太轻，故奇伟非常之士不至；一曰禁忌未皆除，故言者多瞻顾，依违不敢尽其说。"而目前却恰恰需要"言官上书，士人对策及官僚之议乎政令者，上自君身，下及国制，皆直论而无所忌讳，愈憨愈直者愈加之荣，而阿附奉迎者，必加显戮"。如此，劲直敢为之气作，洁洁自重之风起矣。① 作为当时还是一个白丁士子的管同来说，如此议论现实政治，确实需要一番勇气。

在写成于嘉庆二十三年（1818）的《拟筹积贮书》一文中，管同则探讨了当时京师粮食储备空虚问题。在他看来，京师粮食储备空虚是寄生阶层急剧增加造成的：其一是王侯子孙的"愈衍愈众，至于今枝繁叶盛，盖其人已数倍于前"，从而使国家支出的恩米急剧增加；其二是"满兵尽人而养之"的国策；其三是"匠役无事而食者盖过重"。解决办法，除满兵生计所关"无善计"外，匠役可以裁减，王侯子孙的俸禄可以适当减少，"爵则仍之，禄则减之"。其中贤能者还可以派官差、食官俸。恩米、匠米支出的减少，京师粮食储备自然就会逐渐恢复如前。管同提出的解决办法，嘉庆初年均没有得到切实落实。

所作《禁用洋货议》一文中，管同探讨了当时人普遍抱怨的公私财力交困问题，以及其与人们崇尚所谓"奇巧而无用"的舶来品之间的关系问题。在他看来，造成公私交困的原因，固然与人口急剧增加、风俗奢侈、官吏侵吞、富商大贾的盘剥有关，但也与人们追求"奇巧而无用"的舶来品有关。

① （清）管同：《因寄轩文初集》卷4《拟言风俗书》，《桐城派名家文集（第5卷）·管同集》，第32~33页。

因此他主张"令有司严加厉禁，洋与吾商贾皆不可复通，其货之在吾中国者，一切皆焚毁不用，违者罪之，如是数年，而中国之财力纾矣"。①他禁绝中外贸易的主张，这无疑反映了他思想观念的陈旧落后，但他关注现实问题的热情却是值得肯定的。

管同的同门好友梅曾亮也很关注世务。他在方维甸即将负责镇压天理教的时机，也曾上书方维甸，为其提供建议。他感叹大清朝"事权之一，纲纪之肃，推较古往，无有伦比"，却发生"曹州长垣诸贼，敢以狐鼠啸聚，潜行突发，轻轻入重地，惊犯阙廷"的奇闻，而且"犹盘桓窟穴，屠杀守宰"，有"抗拒大军之兵仗"，欲"为肘腋患"，原因何在？他认为是"官吏皆习故态，虽小利害至微浅，辄袖手委重律令，不一任劳怨为天下先，此豪杰之士所以束手而无奇，奸人所乐窥而无惮"。②

当年，梅曾亮还撰写了《士说》《民论》等文章，反思专制制度的弊端，剖析民乱的原因，并特别强调善待和发挥国之栋梁"士"的表率作用之重要性："士之于国，犹木之于室也。一国之士，其材者百无一二焉；一山之木，其材者亦百无一二焉。"而今之所以缺乏这样的栋梁之"士"，就因为"今以士之有类于商贾负贩也，而谓商贾负贩者之无异于用士"。③至于民乱的原因，固然有"毒官吏，迫饥寒，挺刃而卒起，索党与随和以自救"，但"激发而倡为狂悖之说"的"邪教"也是很重要的因素。而"邪教"的盛行，又与士大夫阶层的表率和教化作用的缺失密切相关，即百姓"不知有士大夫声名文物之乐，又非如富厚有力者有鸣钟连骑、采色视听之娱"。所以他感叹说："权出于士，而党锢之祸成；权出于民，而左道乱政之祸烈。然则，以王者之权而谓教化不易兴者，则妄矣。"④

① （清）管同：《因寄轩文集》卷2《禁用洋货议》，《桐城派名家文集（第5卷）·管同集》，第23~24页。
② （清）梅曾亮：《上方尚书书》（癸酉），（清）梅曾亮著，彭国忠、胡晓明点校《柏枧山房诗文集》卷1，上海古籍出版社，2012，第19页。
③ （清）梅曾亮：《士论》（癸酉），（清）梅曾亮著，彭国忠、胡晓明点校《柏枧山房诗文集》卷1，第1页。
④ （清）梅曾亮：《民论》（癸酉），（清）梅曾亮著，彭国忠、胡晓明点校《柏枧山房诗文集》卷1，第2、4页。

六

乾嘉之际，清政权正经历着封建王朝的盛衰之变，吏治败坏，民生艰难，府库空虚，世风鄙薄，各种矛盾交织，社会急剧动荡。在此背景下，一批敏感的知识分子开始摆脱学究式的学术研究，以敏锐的目光审视历史和现实，对清王朝的统治危机和出路进行深入、冷静的思考，从而形成以变革为核心的经世思潮。他们深刻批判包括专制制度、现行政策、士林风气等在内的各类社会问题，希望最高统治阶层面对盛世不再的现实，振奋精神，积极调整统治政策，勇于变革，挽救大厦将倾的封建统治。

本文旨在通过学人的视角，了解清嘉庆初年的社会矛盾，以及嘉庆帝治政得失，因而仅选取了几位有代表性学者的政治主张予以梳理，以祈管窥一豹。从上述几位学人的思想认识来看，他们的关注焦点集中在吏治、民生、教乱、民风士习几个方面。有官员背景的尹壮图、王念孙、洪亮吉等人提出的改革建议，虽然更多的是针对制度本身层面的问题，但对社会矛盾的揭示还是比较深刻的。而身处下层的章学诚、管同等人，他们不仅关注教乱、亏空与吏治腐败之间的因果关系，还试图提出解决办法，他们的意见或许更为客观、深入，对于我们认识嘉庆初政确实具有启发性。

如章学诚把整顿吏治作为平息教乱、清理亏空的关键手段，即如所言"亏空之与教匪，皆缘吏治不修而起，故但以吏治为急，而二者可以抵掌定"，"吏治一日不清，逆贼一日得借口以惑众"。[1]这无疑是对嘉庆帝惩治贪腐"不为已甚"行为的批判。再如，章学诚在《上韩城相公书》中，对当时清理亏空"缓缓办理""设法弥补"的做法进行尖锐批判，其所持的"设法弥补"不过是各级官吏"巧取于民之别名耳"，"吏治之坏，由于仓库亏空，讲求设法弥补；设法之弊，实与寇匪相为呼吸"，亏空源于"国计所耗过多""官吏冒滥"等观点，以及《再上韩城相公书》对陋规危险性的分析，也同样对研究嘉庆年间社会政治问题很有启发性，是不可忽视的文献。

值得注意的是，学者们的视角并没有局限于具体的制度层面，他们还从制度背后的政治理念、人才选拔、社会风气等更深层次因素入手，对当时的

---

[1] （清）章学诚：《章氏遗书》卷29《上执政论时务书》，《章学诚遗书》，第327页。

社会问题进行探究。如章学诚《与曾定轩侍御论贡举书》对科举考试弊端的揭露；恽敬"三代因革"论系列论文对社会变革的歌颂；张惠言对国家治理方针以及对胥吏使用及其危害的探讨；管同《拟言风俗书》对清代专制政治制度的系统批判，《拟筹积贮书》对宗室恩养政策的讨论……这些文章对于全面认识嘉庆初政，甚至整个嘉庆时期的社会问题，都有重要的参考价值。晚期桐城派名家方宗诚，就对管同的经世主张给予了很高的评价，他说："读其《风俗》《积贮》二书，《洋货》一议，言之于数十年之前，而弊发于数十年之后，可谓识时务之俊杰。"① 其实，管同对士人作用的探索也值得关注和肯定。他曾说："世事之颓，由于吏治；吏治之坏，根于士风；士风之衰，起于不知教化。"② 所以，他对士人道德风尚的堕落关注尤多，先后写下《说士上》《说士下》和《士论》等多篇文章，探讨其中存在的问题，他主张"定之以诚，持之以敬，范之以先王之礼，心一正而欲皆窒矣"③。这在笔者看来，管同关注所及，是对吏治腐败问题的深入认识和深入思考，尤其值得现代研究者的认真梳理。

对于嘉道之际崛起的经世思潮，陈祖武先生曾给予充分肯定：在面对社会危机时，一时朝野俊彦站在时代之前列，为中国社会走出困境，为中国学术之谋求发展提出拯颓救弊之主张、建议，可谓殊途同归、百家争鸣；道光二十年（1840）前后，时局使他们的关注重心迅速发生转化，由拯颓救弊转向挽救民族危亡，他们也因而成为近代反帝爱国斗争的先导。④ 研治清代嘉道时期政治社会史者，对于当时身在朝野的学人视角，无疑应该给予充分重视。

2022年11月之杪于陋室

---

① （清）方宗诚：《管异之先生传》，《桐城派名家文集（第5卷）·管同集》附录，第165页。
② （清）管同：《因寄轩初集》卷6《与朱幹臣书》，《桐城派名家文集（第5卷）·管同集》，第51页。
③ （清）管同：《因寄轩初集》卷1《窒欲》，《桐城派名家文集（第5卷）·管同集》，第17页。
④ 陈祖武：《清代学术源流》，北京师范大学出版社，2012，第378~379页。

张尔田与夏曾佑

——兼及晚清经今文学的"浙学"一系

张 勇

张尔田（1874～1945），又名采田，字孟劬，晚号遁堪，浙江钱塘人。清末以例监生为刑部主事，改官江苏试用知府。入民国，以遗老自居，曾参与《清史稿》修撰。亦曾先后任教于北京大学、上海交通大学、燕京大学，门人弟子知名者，有王锺翰、张芝联等。著作有《史微》《玉谿生年谱会笺》《清列朝后妃传稿》《遁堪文集》等。[①]

张尔田于学术上宗尚今文经学，但对晚清康梁"新学"则极为痛恨，曾与孙德谦合撰《新学商兑》（1908），痛斥康梁尤其是梁启超有关"孔教"解说的"谰言"；入民国后，虽有其胞弟张东荪的居间作用，张尔田仍于公开和私下的场合对任公进行批评和诟谇。[②]1935年，张尔田重刊二十多年前的旧作《新学商兑》，似在宣示其对于康梁学说的不变立场。张尔田极力反对康梁，颇有些以"今文学"反"今文学"的意味。以下试对张氏与今文经学的渊源关系略作考察，以为了解晚清经今文学之复杂面貌的参考。

---

① 有关张尔田的生平志事，可参见邓之诚《张君孟劬别传》（见《遁堪文集》附录，民国三十七年刻本），钱仲联《张尔田评传》（钱仲联著《梦苕盦论集》，中华书局，1993，第448～449页）。

② 参见张尔田《与梁任公论史学书》（《遁堪文集》卷1，1948年刻本），《张尔田致李审言札》（苏晨主编《学土》卷1，广东高等教育出版社，1996），等等。

一

追溯张尔田与今文学的渊源，首先要说到其同乡夏曾佑。

夏曾佑（1863～1924），字穗卿，号碎佛，浙江钱塘人。光绪十六年（1890）会试会元，成进士。后历任安徽祁门知县、广德知州、泗州知州。入民国后，先后任教育部社会教育司司长、京师图书馆馆长等职。编撰有《最新中学教科书中国历史》（后更名为《中国古代史》）等。夏曾佑于梁启超亦师亦友，有关夏氏在晚清"今文学运动"中的地位和影响，可从任公的相关论述中窥知一二。

梁任公在《清代学术概论》中，称其师康南海为晚清"今文学运动"的中心、集大成者，其本人为"今文学运动"的猛烈宣传者。[①] 但在述及清代今文经学兴起之源流时，则援引夏曾佑说：

> 夏曾佑赠梁启超诗云："瑷人（龚）申受（刘）出方耕（庄），孤绪微茫接董生（仲舒）。"此言"今文学"渊源最分明。[②]

夏曾佑此诗或作于光绪甲午年（1894）前后，即梁、夏二人在京比邻而居，相与论学之时。[③] 约25年后（1920），任公作《清代学术概论》仍推崇此诗句，足见当年印象之深刻。而所以如此，或因任公师门并无对此师法、源流的讲究。任公曾称夏曾佑是其"少年做学问最有力的一位导师"[④]，此所谓"学问"之内容或即包括晚清今文学的源流在内。

据回忆，梁任公的本师康有为最喜讲"学术源流"，然据现存万木草堂

---

① 梁启超：《中国近三百年学术史》，朱维铮校注《梁启超论清学史二种》，复旦大学出版社，1985，第63、68页。梁氏所谓"猛烈宣传"之重要内容之一，即与夏曾佑、谭嗣同从事的"排荀"运动，亦即所谓"谭、梁、夏一派之论调"。参见梁启超《中国近三百年学术史》，朱维铮校注《梁启超论清学史二种》，第68～69、75页。

② 梁启超：《中国近三百年学术史》，朱维铮校注《梁启超论清学史二种》，第61页。

③ 参见梁启超《亡友夏穗卿先生》，杨琥编《夏曾佑集》，上海古籍出版社，2011，第1149～1150页。又见丁文江、赵丰田编《梁启超年谱长编》，上海人民出版社，1983，第34页。

④ 见前揭梁启超《亡友夏穗卿先生》。

时期诸讲义、笔记，康氏对清代《公羊传》今文学之源流所讲不多，且与夏氏所说（亦是以后梁氏所说）不尽相同。其一，康氏从未言及庄存与和常州庄氏之学，于清之公羊学亦仅数及孔广森、陈立、刘逢禄、凌曙四人，且以为孔氏"陋甚"，陈氏《公羊义疏》"间有伪经"，凌氏注"未关大义"，其所据不过《皇清经解》和《续皇清经解》。其二，其于清代公羊学之兴起，或云孔广森"首倡"，或云"以刘逢禄为祖"，为游移不定之词。① 如此，则任公有关清代今文学源流的知识，或主要得自夏曾佑这位"导师"。

无独有偶，张尔田对公羊今文学的研习，也受到夏曾佑的影响。张、夏因同乡关系，约相识于光绪丙申年（1896）。当年，张氏方二十岁出头，为求学士子；夏年长九岁，已是小有名气的才俊。夏氏与张尔田的关系，亦应在师友之间。据夏曾佑日记，1896～1898年，两人在京津多有交往，而又以1896下半年至1897年上半年来往最为密切。② 此期间，夏、张曾在京同居一处，其共同论学当在此时，有夏氏《致汪康年书》（光绪二十二年十一月二十八日）为据。

> 同乡张子蕃之子幼藇，读书甚精敏，先已通小学、古文经等学，近治今文学，而旁及于内典。兹托买金陵刻经处经全份，兄若与杨仁山通信，何妨与之言及，请其将书寄至贵馆，示明价值约百余金，即寄款至

---

① 将现存万木草堂时期康有为讲述清代公羊学的相关记述，列举如下。"本朝孔氏巽轩《公羊通义》，首倡公羊之学，然陋甚"，"凌晓楼著《公羊礼疏》，又注《繁露》，极通今学"，"陈卓人有《公羊义疏》"，"刘申受有《何氏释例》"（康有为：《康南海先生讲学记》，姜义华、吴根樑编校《康有为全集》第2集，上海古籍出版社，1990，第218页）。"孔巽轩未信'王鲁'"，"凌曙注《公羊》耳，未关大义"（康有为：《万木草堂口说》，姜义华、吴根樑编校《康有为全集》第2集，第388、389页）。"国朝知《公羊》者，刘申受、陈立人、凌晓楼数人而已"（康有为：《南海师承记》，姜义华、吴根樑编校《康有为全集》第2集，第547页）。"孔巽轩为《谷梁》学，其《公羊通义》专攻《公羊》王鲁之说"，"《公羊通义》未始无补，独不信改制耳"，"二千年之后能发挥《公羊》之学者，刘申受之《释例》"（康有为：《南海师承记》，姜义华、吴根樑编校《康有为全集》第2集，第552页）。"本朝讲《公羊》之学，以刘申受为祖"（康有为：《万木草堂讲义》，姜义华、吴根樑编校《康有为全集》第2集，第589页）。又，《桂学答问》云："陈立《公羊义疏》，间有伪经，而征引繁博，可看。（此书见《续皇清经解》）刘氏逢禄，凌氏曙说《公羊》诸书，可看。（见《皇清经解》）"（楼宇烈整理《长兴学记 桂学答问 万木草堂口说》，中华书局，1988，第30页）。
② 此处所引用夏曾佑日记，均据前揭杨琥编《夏曾佑集》。

贵馆提取可也。①

信中幼蕈即张尔田，"近治今文学，而旁及于内典"，正是夏、张此时论学的重点，由此也可较准确地知悉张氏"治今文学"及佛学的时间。信中所说托购佛经一事，在后来夏曾佑与汪氏兄弟（康年及弟诒年）的通信中还数次提及，如在前信后数日（十二月初三日），夏曾佑致汪康年书，即云：

> 附上书帐一张，幼蕈、地山所托。二君性急之甚，急欲其书，大约想今日读经明日成佛，所以如此。望兄信致仁山，将书带至贵馆，示明其值，二佛子即可来取矣，不致累兄淘气也。②

然，此事终似不了了之，并引致夏对张的不满。③

然则，无论是今文学还是佛学，都是夏曾佑学问的擅场。此前，夏氏已有"定庵化身"之称，其佛学造诣在友朋中也多得揄扬。④后人传记大都言及夏、张讨论佛学之事，⑤有关两人论学中的公羊今文学内容则所涉无多。所幸，张氏早年读书札记《屦守斋日记》⑥，留下了一些相关记述，择取数节，

---

① 详见杨琥编《夏曾佑集》，第451页。

② 详见杨琥编《夏曾佑集》，第452页。

③ 一年余后，夏曾佑《致汪诒年书》（光绪二十四年三月初四日）云："张幼蕈于前年冬托兄作书买金陵释典一部（由穰兄达杨文会），后未提及，不知尚在尊处否？今始知其中颇有轇轕。若前途未付书价，不可付书，以免将来淘气。"杨琥编《夏曾佑集》，第488页。

④ 宋恕云："穗公聪通，拔俗寻丈，定庵之后，几见斯人？"（宋恕：《致姚颐仲》，胡珠生编《宋恕集》上册，中华书局，1993，第551页）梁启超称夏氏"对佛学有精深的研究"（前揭《亡友夏穗卿先生》），其早年研究佛学多受夏氏影响（丁文江、赵丰田编《梁启超年谱长编》，第58页）。章太炎初接佛典，亦受夏氏指引（汤志钧编《章太炎年谱长编》，中华书局，1979，第38页）。

⑤ 如夏元琛《夏曾佑传略》（杨琥编《夏曾佑集》，第1146页），钱仲联《张尔田评传》（见钱仲联著《梦苕盦论集》，第449页）。

⑥ 据张氏自言，此日记乃其"三十五岁以前浏览群书，随笔睉录之作"，亦即1908年以前的读书札记。查札记首条记"与夏穗卿阅《无邪堂答问》"事，据前文所云夏、张交往时间，则该札记的起始或不早于1896年。1936年，该札记由张氏弟子李沧萍抄录，经张氏审阅，将"所录间有遗漏"者"追忆续补数则"，首刊于燕京大学《史学年报》第2卷第5期（1938年12月）。

以略见其情。

其一：

> 见《春秋董氏学》，穗卿云不如为《蕃露》作注。询《孔子改制考》，穗卿云未尽善。

其二：

> 穗卿来言，近阅陈朴园、陈句溪经说，颇可观。盖二家皆能分别今古文流派者也。

其三：

> 阅定公《古史钩沉论》《壬癸之际胎观》，非一世之言，穗卿外，无与观微者矣。

其四：

> 《公羊春秋》多非常异义可怪之论，治之者宜发狂。然汉之严彭祖、何休，晋之王愆期，唐之殷侑，其人立身皆有本末，历考史传，乱臣贼子殆无有焉。复堂先生亦好《公羊》者，尝以破坏六艺规穗卿，盖老辈之用心如此。程子尝言，有《关雎》《麟趾》之意，然后可以行《周官》之法。余亦谓有恻隐古诗之意，然后可以读《公羊》之书，斯谊也，殆非康廖辈所晓也。①

除此直接标明夏氏名字的关于清代公羊今文学的内容外，此日记中还有多条作者读公羊今文书籍的记述，正可见张氏"近治今文学"的情形。而以当时两人学问之修为，无论是今文学还是佛学，夏氏都应处于引领的位

---

① 张尔田：《屠守斋日记》，《史学年报》第2卷第5期（1938年12月）。

置，正如同他此前已做过梁任公的"导师"一样。由此可知，至少在有关清代公羊今文学的知识方面，张、梁二人可谓同源，即早年都曾受过夏曾佑的影响。

二

上引《屠守斋日记》中，所谓"复堂先生亦好《公羊》者，尝以破坏六艺规穗卿，盖老辈之用心如此"一句，当是夏氏之自述；而由此则可略见夏曾佑学术师承之一端。此复堂先生即仁和谭献，为夏、张前辈乡贤。谭献为学主西汉今文学，于本朝学术则盛赞常州庄氏。其自拟《师儒表》以"绝学"居首，而列常州庄氏家学为"绝学"第一，[①]于晚清庄氏学的表彰有重要贡献。复堂与夏家颇有渊源，夏曾佑父夏鸾翔紫笙、伯父夏凤翔子仪与谭献均为故交，凤翔子夏曾传薪卿（穗卿堂兄）曾从谭献学诗文，其故后所刊《在兹堂诗》6卷，即是谭献为之审定。[②]夏曾佑初见谭献，在光绪戊子年（1888），《复堂日记》有记：

> 夏遂（穗）卿孝廉（曾佑），紫笙舍人之孤也，持紫笙遗诗《春晖草堂集》，属予审定。少作差弱，丙辰北行以后筋力于高、岑；出都避地，忧生念乱，成就于（逾）浣花。已而流寓岭南，吐音高亮，寄兴深湛，而宫商繁会，尤有琴笙逸响。一家啸咏，三世文藻，人各有集。湖山有美，数十年间如夏氏者，殊不多见。[③]

查夏曾佑日记，可知见面的具体时间，当年十月初七日记：

> 是日也，初见谭仲修先生。[④]

---

① （清）谭献著，范旭仑、牟晓朋整理《复堂日记》，河北教育出版社，2001，第28页。
② （清）谭献著，范旭仑、牟晓朋整理《复堂日记》，第168页。
③ （清）谭献著，范旭仑、牟晓朋整理《复堂日记》，第176～177页。
④ 杨琥编《夏曾佑集》，第601页。

之后，关于两人交往，《复堂日记》仅于得知夏曾佑会试抡元时有记，光绪十六年四月十二日记：

> 见《会试题名录》。夏曾佑邃（穗）卿抡元，紫笙之子、薪卿从弟，翔步云衢，华年妙选。惘然益念薪卿不置。①

而见于夏曾佑日记的二人来往，自光绪十四年至二十一年（1888～1895），仍有十余次。夏氏日记记人事极简略，与人相见，皆一句带过（如"访谭仲修先生""访仲老"等），故两人相见谈话的具体内容，已不可知。《屠守斋日记》所谓"尝以破坏六艺规穗卿"，当为二人论学之稀见记录，吉光片羽，供人想象。且张氏此处所记与《公羊传》有关，则夏氏的《公羊传》今文学研习，理应得到谭献的指点和影响。所谓"瑶人申受出方耕"一说，或其来有自。

张尔田与谭献应无直接交往，②其对复堂著述的注意，或也得自夏曾佑的引介。《屠守斋日记》前半部分，多记与夏氏的论学，而对谭献著作的记述，即在其间。

> 阅《复堂日记》。谭先生从庄中白、戴子高辈游，与闻常州学派绪余者也，谈艺极精。《类稿（集）》则其所作诗文，诗学六朝，尚有李唐风力，异乎貌袭一流，文以秀逸胜。吾乡文献，三复靡致矣。③

此条谈《复堂日记》及《复堂类集》，涉及谭献与常州公羊学的关系

---

① （清）谭献著，范旭仑、牟晓朋整理《复堂日记》，第341页。
② 张、谭二人行年，缺少交集，且无二人相识之记载。《复堂日记》"续录"记有张氏挚友孙德谦来函的内容，时在谭氏去世前一年（光绪二十六年，1900年）；二人本不相识（"孙德谦益甫不相识，贻书论学术"），且谭对孙印象亦不佳（"孙益甫苏州书来，又洒洒数百言。罗列四部纲要，窃以为炫富，不尽虚心也"）。参见著，范旭仑、牟晓朋整理《复堂日记》，第410、411页。
③ 张尔田：《屠守斋日记》，《史学年报》第2卷第5期（1938年12月）。

及其诗文特点；张氏日记中还有另条谈《箧中词》①，内言及谭献之词学贡献。

谭献学问中另一特色之处，即对章学诚的推崇。在晚清学术史上，谭献的贡献或不在其自身的学术创获，而在于其远见先识，他于举世不问之际，对后世成为显学的常州庄氏学和章学诚之学率先提倡和表彰。谭献对庄氏学的推崇已见前述，章氏之学亦在谭献所谓的"绝学"②之列，并称"章氏之识冠绝古今，予服膺最深"③。《复堂日记》留有不少谭献访问、搜集、校勘章氏佚作的记录，同治十二年（1873）杭州书局所刊《章氏遗书》（浙刻本），即是谭献主持完成的。④而谭氏所作《章先生家传》，则应为实斋身后，首篇较详实的章氏传记。⑤

其实，张尔田亦是晚清以降，公认的信从和表彰章实斋之学的引领性人物之一。李详（审言）将其与孙德谦并称为治"会稽之学"的海内双雄；⑥马叙伦则称"孟劬戮力文史，其所著《史微》，章实斋后一人而已"，视其为章学之传人。然尔田之崇章氏，似亦自认受到谭献的影响，张东荪即称其"少赜闻乡先生谭复堂绪论，……于古师东莞、居巢，近则章实斋"⑦。

就张尔田而言，《史微》之外，最能代表其对章氏学认识的当数《〈章氏遗书〉序》，他以为：

---

① 张氏云："阅《箧中词》。本朝词流，余最服膺者三家，纳兰、金梁、水云。拟抄以自随，惟《忆云》未得寓目为恨耳。此选于流别颇矜慎，若能不录生存人则尽善已。"见张尔田《屡守斋日记》，《史学年报》第2卷第5期（1938年12月）。

② 谭献以为国朝"绝学"有四，依次为：庄方耕先生，汪容甫先生，章实斋先生，龚定庵先生。见（清）谭献著，范旭仑、牟晓朋整理《复堂日记》，第28页。

③ （清）谭献著，范旭仑、牟晓朋整理《复堂日记》，第17页。

④ （清）谭献著，范旭仑、牟晓朋整理《复堂日记》，第57、58页。

⑤ 胡适虽也承认谭氏此传为首篇较翔实的章实斋传，却又批评说："但谭献的文章既不大通，见解更不高明：他只懂得章实斋的课蒙论！"（胡适：《章实斋先生年谱序》，欧阳哲生编《胡适文集》第7册，北京大学出版社，1998，第25页）胡适显然并没有耐心认真读完谭氏此传，且似不识"家传"之意，所以就不免厚诬前人之讥。关于此传作意，还可参见（清）谭献著，范旭仑、牟晓朋整理《复堂日记》，第376页。

⑥ 钱基博：《现代中国文学史》，刘梦溪主编《中国现代学术经典·钱基博卷》，河北教育出版社，1996，第151页。

⑦ 张东荪：《〈史微〉记》，《史微》壬子刻本"重定史微内篇目录"。

先生当举世溺于训诂音韵名物度数之时，已虑恒干之将亡，独昌言六艺皆史之谊，又推其说施之于一切立言之书，而条其义例比于子政，辩章旧闻，一人而已。①

序中将章学与"休宁高邮之学"相比较，以"拙与巧""难与易""约与博""虚与实""逆风会与顺风会"概括、分别二者，主张二者不应相非而当相济，②可见张氏治"会稽之学"的命意所在。或许，这也是张尔田既推崇常州庄氏之学，又讲究会稽章氏之学的看似矛盾，却能自洽的用心之处。③张氏自承"余生平治学涂辙，宗会稽章氏，而于先生书（即庄存与《味经斋遗书》）则服膺无间然"④。钱基博曾由此说到谭献与张尔田的关系：

以吾观于复堂，就学术论，经义治事，蕲向在西京，扬常州庄氏之学（庄存与、述祖、绶甲祖孙父子）之学；类族辨物，究心于流别，乘会稽章氏（学诚）之绪。惟《通义》征信，多取《周官》古文，而谭氏宗尚，独在《公羊》今学；蹊术攸同，意趣各寄。近人钱塘张尔田孟蘋著为《史微》一书，以《公羊》家言而宏宣章义，实与谭氏气脉相通。⑤

也就是说，就兼宗二家之学，即既讲《公羊传》今文又尊"六经皆史"而言，张尔田越过了夏曾佑这个中介，直接接续谭献之传。⑥

---

① 张尔田：《〈章氏遗书〉序》，《遯堪文集》卷2，第335页。
② 张尔田：《〈章氏遗书〉序》，《遯堪文集》卷2，第338页。
③ 在张氏看来，庄氏学与休宁高邮之学，同属浙西之学，而实斋则为浙东之学（见张尔田《〈章氏遗书〉序》，《遯堪文集》卷2）。有关张氏学术与所谓浙西、浙东之渊源，详另文。
④ 王锺翰：《张孟劬先生〈遯堪书题〉》，《王锺翰清史论集》，中华书局，2004，第2365页。
⑤ 钱基博：《〈复堂日记〉序》，（清）谭献著，范旭仑、牟晓朋整理《复堂日记》，第5页。
⑥ 夏曾佑以经今文为是，古文经为伪，立场鲜明。其名著《最新中学教科书中国历史》即称"好学深思之士，大都皆信今文学。本编亦尊今文学者"（杨琥编《夏曾佑集》，第1003页）。对于章学诚之学，他曾清楚地将其归为经古文学（参见张尔田《屠守斋日记》），并明确反对"六经皆史"说（杨琥编《夏曾佑集》，第911、1003页）。就夏氏与谭献的关系言，其所受影响唯在常州今文学。然夏曾佑又有"梨洲嫡派"之称，其与所谓"浙东"学术的关系，亦有待细致分剖。

三

在谭献、夏曾佑、张尔田之间，应该还有一个能将三人连接的乡贤前辈——龚自珍。

定庵之学亦在谭献所谓"绝学"之列，《定庵文集》则被谭氏许为"本朝别集第一，亦唐以来别集第一"①，定庵子孝拱则与谭氏为莫逆之交②。夏曾佑有"定庵化身"③之称，被指为"学风大类定庵"④。同样，张尔田对龚定庵的喜好终身不见衰减，自云：

> 余少好定庵文，今老矣，好益笃。尝衡三百年文士之卓卓者，汪容甫与定庵而已。
>
> 光绪庚子，余年二十余，居旧京，遭拳寇俶扰，避地白浮邨（村），即集中记昌平山水所谓百泉也。行箧尽捐，独以此书（《定庵文集》——引者注）自随。繁忧猥遝，取代萱树，辙环所届，亦未尝一日而离。到今春丁卯，三十年矣。老逢世革，荧然草际，横政殄行，再罹赭乱，文武之道既尽，生死之路皆穷。炳烛余光，发我窹思。斯册也，殆将与身偕殉欤？⑤

早年即有人以定庵称张氏，而张氏至晚年仍以承继定庵之余绪自任。

> 余髫辫诵定庵文慈母帷中，中间肴馔百家，整齐六籍，籀三千年史氏之简，与定庵涂辙，或合或不。年三十矣，治文章家言，斐然不自揆度，成《史微》三十余篇。既杀青可缮写，世或以定庵许我，谢未遑

---

① （清）谭献著，范旭仑、牟晓朋整理《复堂日记》，第28、215页。

② （清）谭献：《亡友传》，（清）谭献著，罗仲鼎、俞浣萍点校《谭献集》，浙江古籍出版社，2012，第249页。

③ 胡珠生编《宋恕集》上册，第526页；梁启超：《饮冰室合集》文集之四十一，中华书局，2015，第48页。

④ 梁启超：《近代学风之地理的分布》，《饮冰室合集》文集之四十一。

⑤ 王锺翰：《张孟劬先生〈遯堪书题〉》，《王锺翰清史论集》，第2347～2349页。

也。虽然，定庵之文奇，而吾之文正；定庵之文隐，而吾之文由隐以至显；定庵文圆而神法天，吾之文方以智效地。至于覃微极思，远见前睹，则未知于定庵何如也。会稽竹箭，东南之美，得一定庵，而余小子乃恢其绪，斯亦足以自慰矣。①

张尔田曾梳理晚清常州庄氏学流别，以为龚自珍之后而有谭献；②梁任公说近代浙省仁和、钱塘学风，于定庵之后则数及夏穗卿和张孟劬。③将二说合看，由龚自珍而谭献而夏曾佑、张尔田，其间实有一脉若隐若现而又清晰可辨的学术香火。④若言其学问之大端，或即为讲《公羊传》而旁及内典（龚、夏、张），以浙西而兼综浙东（龚、谭、张）。当然，这只是粗略的概括。

---

① 王锺翰：《张孟劬先生〈遯堪书题〉》，《王锺翰清史论集》，第2348页。
② 王锺翰：《张孟劬先生〈遯堪书题〉》，《王锺翰清史论集》，第2365页。
③ 梁启超：《近代学风之地理的分布》，《饮冰室合集》文集之四十一。
④ 此仅就有明确的学术交往和影响的事迹而言；若说晚清今文经学中的浙江学人，当然还有谭献引为挚友的德清戴望子高，其详俟另文。

潜流之音：张尔田论清代学术

文 雅

引 言

张尔田，一名采田，字孟劬，又字幼玞，自称许村樵人，晚号遯堪，浙江钱塘人。生于清同治十三年（1874），卒于民国三十四年（1945），享年七十二岁。张氏于辛亥革命后，以遗老自居，致力于儒家思想的兴复事业，撰文支持"孔教会"运动，又入清史馆工作近十年，参与纂修《清史稿》，后至北京大学执教历史学与国学。平生著作以《史微》《新学商兑》《清列朝后妃传稿》等为代表，[①]又多次在《史学年报》《学衡》《词学季刊》《同声月刊》等期刊上发表诗词文章，可谓著述颇丰，无愧当世硕学之人。[②]

在张尔田生活的时代，不仅社会发生了巨大变革，而且学术界也在清代学术的余晖下，不断遭遇外来西学的冲击，从而呈现多变之态势。在此种新旧学术思想争斗、交流的社会背景下，学人多从自身学术渊源出发，结合世事，以探索救亡图存之道。

张尔田即属于此期学人中的佼佼者，他虽自居遗老，崇尚旧学，却在近代学术思想史的激荡篇章中，实与倡言新学者一同大放异彩。张氏在治学上既坚守传统，又致力于对各家之学融会贯通，尝试将其学术观升华为一种可

---

① 张氏著作刊刻详由，参见裴陈江《孤岛时期张尔田的刊刻始末》，《中国出版史》2021年第4期；桑兵《民国学界的老辈》，《历史研究》2005年第6期。

② 钱婉约、陶德民编著《内藤湖南汉诗酬唱墨迹辑释》，国家图书馆出版社，2016，第229页。

以影响社会道德的人文关怀。故其于新旧文化更替浪潮中屡屡发声，在分梳不同学术流派得失的基础上，重新诠释中国传统学术与文化，希冀其能于新时代重新焕发生命力，以拯救时局之沦丧。有鉴于此，笔者特以张尔田对有清一代学术之见解入手，分析其对传统学术思想发展过程的思考，并结合其在西学普及下弘扬传统文化的应对举措，展现张氏所代表的旧派学人在时代变迁下的自我认知与调整，重新审视其学术在中国近代学术思想史上的价值。

一 评乾嘉学术："成败皆因考据"

（一）评乾嘉诸儒与各学派

清乾嘉时期盛行的考据之学，发端于明末，正如梁启超言："晚明的二十多年，已经开清学的先河。"[①]明末清初学林，首言顾炎武。顾炎武宣扬"经学即理学"，其在著作《日知录》中博学详说、忧患来世，书中涉及风俗、学术、政治之文颇多，张尔田称其："开本朝一代学派大辂椎轮之功，不能没也。"[②]亭林先生对于清学的开山之功不可没，具体而言，其功在于"中古学术，实以三种合成，曰政，曰教，曰学，自古儒者于此，多有所偏重，惟亭林以一贯之，渡越诸子，实在于此"[③]。亭林之学，将三者浑然天成，融为一体，立功立言兼有，其学风自成一脉。亭林高扬经学大帜，崇尚实学，一洗明清鼎革之际的颓然空虚之风，此学术主张为乾嘉时期考据之士推崇尊敬。

言及清初实学，颜李学派有一席之地，而张尔田对以提倡"实践和躬行"为主要思想的颜李学派，却有抵牾之语。在阅读《颜氏学纪》后，张尔田乃言："颜氏以习为教，言之非不成理，然从其说学术有因无创矣。孟子称：或劳心、劳力二者本不能兼。其后恕谷诸人仍归于空谈，亦可见偏胜之

---

① 梁启超：《中国近三百年学术史》，山西古籍出版社，2001，第1页。

② 张尔田：《屡守斋日记》，黄曙辉、张京华编《张尔田著作集》卷4，上海大学出版社，2018，第650页。

③ 梁颖等整理《中国近现代书信丛刊·张尔田书札》，上海人民出版社，2021，第171页。

剂，不足以救病也。"①颜李学派为学强调"以习为教"，此种学术虽有实学之意，也可以称得上是问道之径，但是从思想层面而言，该学派毫无思想性创见。其中缘由，张氏认为，在研学中若躬习与反思二端过度，则学术终将流于空谈之说，颜李之学则是难以成为针砭时弊的救世之言。

清初学术在亭林与颜李学派倡实学的余晖下，求实考据之学逐渐展露，至乾嘉时期成为主流，"乾嘉儒者说理最非所长，然能避其所短，录中考订为第一，间涉议论，则差数见矣，此学之所以尤贵识也"②。乾嘉考订学潮中，浙西一派卓有论识。尔田论及浙西学派，一语总结道："浙西学派堂庑不大，然皆能以精锐传，竹汀其先河也。"③著有《二十二史考异》《十驾斋养新录》的钱大昕，开浙西学派之先河，以精小而敏锐之风流行于学林，并为浙西学派后人所传承，后世以之与顾炎武并称。钱氏竹汀作为乾嘉考据学派的殿军之一，以小学和算学颇多心得，为学理念上亦是乾嘉时期"考订第一"的典型，有文字而后有诂训，有诂训而后有义理，阅其乾嘉儒者立学贵在考订。

钱竹汀之后，戴东原赓续其博览考订之功，宣扬小学原本是通经之径，是训诂经书根基之功，治经学则不可废弃，创设小学训诂以通经此法，东原发扬。但张尔田将钱、戴二人相较，却称东原逊色于竹汀，"然东原却自有其本原，故虽以竹汀之博览，尚以第二流许之。"④

张尔田视戴东原学术为"二流"，首先抨击的是戴氏"以理杀人"之说。他认为戴氏学说是一己之见，不足以窥视宋儒学术思想核心与全貌。一方面，张尔田对戴东原思想历程进行分析："此是汉宋两家言理一大公案，亦是主张心物两端者一大公案，实则古人观物、观心，本不似两君之迢，然东原讥宋儒以意见为理，而宗东原者，必欲沟程朱于吾儒而外之，又何独非意见耶？"⑤张尔田言：戴氏为建构自身学术思想，对汉宋千年公案进行辨析，从汉宋两家思想中关于"言理"和"观物"两者之分歧着

①　张尔田：《屠守斋日记》，黄曙辉、张京华编《张尔田著作集》卷4，第661页。
②　张尔田：《屠守斋日记》，黄曙辉、张京华编《张尔田著作集》卷4，第654页。
③　张尔田：《屠守斋日记》，黄曙辉、张京华编《张尔田著作集》卷4，第651页。
④　梁颖等整理《中国近现代书信丛刊·张尔田书札》，第200页。
⑤　张尔田：《屠守斋日记》，黄曙辉、张京华编《张尔田著作集》卷4，第656页。

手，将原本为哲学思想中分梳各异内容，变成攻击之器，以此攻击宋儒以经书内容之己见为公理，批判宋儒"以理杀人"，从而建构自身汉学思想主张；并且，东原著述《原善》与《绪言》等，为树立自身学术思想权威，后世奉戴氏学说为圭臬者，必然将程朱之儒置于其学说之外，此举何尝不是一种将个人意见强化为主流学术思想的行为，与东原攻击宋儒"以意见为理""以理杀人"之痛，有异曲同工之处。另一方面，张尔田肯定宋儒释读经书之功，有力地驳斥了戴东原讥笑宋儒之说，其引夏曾佑之言曰："经，天也，诸家讲解仪器也，舍仪器天可测乎？舍仪器而测天，宋儒涵泳白文也，误矣。"① 宋儒问学亦是从经书原籍着手，非凭空臆想，经书原籍与后世诸家释读乃研学之经纬，两者理应相辅相成，共同作用于问学求道之途。

另外，张尔田就戴东原"人性""理欲"之观念展开辨析。"考据之学之所以成立者，其基础实筑于求知之欲上。东原敢于公然以欲为性者，亦即在此。求知之欲，本为人类所公具，虽彼古圣先贤，亦岂能外此而他求。然古圣先贤之于学，必有其所以为学之故，终不纯以求知之欲为本位。以求知为本位，事最危险。"② 东原以欲为性，求知欲筑建于学上，而问学毫无章法，怀揣探索之心进行无穷尽的探索，必将走向思想之险境。"欲也者，性之事也。以欲为性，不特孔孟不许，…… 然则戴氏努力研精声韵训诂、名物象数者，非以推求古圣先贤之用心也，非以启多闻于来学也，不过此欲之冲动耳，岂不可笑。弟窥谓天下无论何等学术，何种事业，固不能不籍欲以为导。"③

至此，张尔田斥责戴氏坏清一代学术之立论，呼之欲出。"我朝一代学术，亭林成之，而东原坏之。东原以前，儒者类笃实，东原以后，考证之功百倍于前人，而行履则多不得力。"④ 紧接着，张尔田罗列高举考据学大旗之学人的过失；其中，典型如王西庄之干没，马元伯因赃被贬遣戍边，陈卓重利，以及其后辈中多忧患之言、无思想贡献，等等，这些学人皆因视古圣

---

① 张尔田：《屦守斋日记》，黄曙辉、张京华编《张尔田著作集》卷4，第656页。
② 梁颖等整理《中国近现代书信丛刊·张尔田书札》，第228页。
③ 梁颖等整理《中国近现代书信丛刊·张尔田书札》，第229页。
④ 梁颖等整理《中国近现代书信丛刊·张尔田书札》，第228页。

先贤之书如同物，其治古圣先贤之书等于格物，皆为戴东原对后世的恶劣影响。

张氏虽厌戴震，但于经学考证一脉却言："国朝朴儒，余最服膺凌次仲。"①凌氏私淑戴震，问学遵循乾嘉汉学"由字以通词，由词以通道"的学术路径。凌廷堪通过检视《论语》《大学》等经典，因释氏以理事为法界，遂援之而成此新义，无端于经文所未有者，尽援释氏以立帜。在具体学术实践上，凌氏独辟蹊径，从前朝隋唐时期流行开来的异域琵琶弦乐中考证，并最终顿悟燕乐，此种考证方法，为后世考礼乐者开创新问学之蹊径。其著作《礼经释例》以例言礼，叙述有条不紊，内容以例出于义，若欲知其必得深读其奥义所在。

他对于汪容甫同样赞不绝口，为其《述学》作跋："而特多考订之篇，岂所谓局于时者耶？集中《左氏春秋释疑》，卓有史识，……诸篇吐辞温润，不尚朴直，亦皆称是，宋元以降鲜能及之。"②

其一，汪容甫著作中以考订篇幅居多，其身处乾嘉之际，难免受主流考据学风所影响，但是在著作中亦有思想创地。如其对《左氏春秋》进行释疑，在考证基础上，阐发思想，颇有史家之思。张尔田阅汪容甫《左氏春秋释疑》，洞悉古史之源与章实斋所言不谋而合，非深通古文家学者不能解，认将汪容甫与同时期章实斋对于考证、探源古史有所见略同之语。二人皆是精通深晓古文学之学者，汪氏亦存有《左氏春秋》之史学取向。

其二，张尔田盛赞汪容甫考证详实兼顾文辞，行文温润，文风辞章优美，动合相宜，极具文学观赏性。"容甫之学深于《左氏春秋》，故文亦学左氏善者，骎骎乎度越六朝矣，国朝二百余年无此作手也。"③汪氏之学深有左丘明之风，文风彰左氏之长，更尤甚。此番言论表达对汪文风之叹服，汪容甫与龚自珍二人皆具古文风尚，而汪氏文从经出，颇有魏晋风骨。

其三，张尔田认为汪氏之贡献还在于对先秦诸子之学的起复。乾嘉经学盛行时，容甫曾作《荀卿子通论》，以群经所传是尽极力表彰荀子之学说，

---

① 张尔田：《屠守斋日记》，黄曙辉、张京华编《张尔田著作集》卷4，第655页。
② 张尔田：《跋述学》，黄曙辉、张京华编《张尔田著作集》卷5，第537~538页。
③ 张尔田：《屠守斋日记》，黄曙辉、张京华编《张尔田著作集》卷4，第670页。

不失为国朝学术中的清流。若将荀子之学等同于考据学，此为荀子之大不幸，玷污先秦诸子之学。容甫之荀子学说，是建立在考证之上的诠释，远非单一考证荀子之学。

乾嘉文坛经与史关系之论述中，学术思想与汪容甫不谋而合者，为章实斋也。张尔田盛赞章学诚学术思想，有继承发扬"六经皆史"之思，即"六艺皆史"。就其他学派之学术与章实斋学术相较有言：

> 吴、皖、淮、鲁诸儒之学播于析，而先生之学则密于综；吴、皖、淮、鲁诸儒所用以为学之术径，惟先生能会通，亦先生能正其谬误。以唐、宋以下言之，吴、皖、淮、鲁诸儒实为古学之功臣；而以国朝一代言之，则先生又为吴、皖、淮、鲁诸儒之诤友，二者如两曜之丽乎。①

以上，张氏用"核"与"推"两字，高屋建瓴地总结乾嘉汉学中吴皖淮鲁诸派与章实斋之学，称赞两者并蒂而熠熠生辉。相较之下，章实斋之学突出表现在于考据古经书上推论、综合、会通多种学说，会通思想贯穿全貌。章实斋问学会通之意，"立言之士，读书但观大意，专门考索，名数究于细微，二者之于大道，交相为功"②。此番言论鲜明地表达其学问从不限于细微考据一端，且敢于直言考据学说之流蔽，务矫世趋，所言必遂于大道，其自辟门径欲打通"文""史"两大领域。

张尔田宗章学诚，承其绪而益光大之。其《史微》一书致敬章氏，曰"得章实斋先生《通义》，服膺之，始于周秦学术之流别稍有所窥见"③；章实斋作文史、校雠两通义，旨在阐发"六经皆史"，可谓好学深思心知其意。国朝儒者中，独实斋一人解读"六经皆史"，此为之独创贡献。诚如宾四先生所言："章学诚讲历史有一更大不可及之处，他不是站在史学立场讲

---

① 张尔田：《遯堪文集》卷2《章氏遗书序（代）》，黄曙辉、张京华编《张尔田著作集》卷5，第338页。
② 章学诚：《答沈枫墀论学》，章学诚著，仓修良编注《文史通义新编新注》下册，外篇三，商务印书馆，2017，第715页。
③ 严寿澂：《张尔田著作序言》，上海大学出版社，2018，第3页。

史学，而是站在整个学术史立场来讲史学。"①章氏倡导"六经皆史"与力图挽救时代风气有密切联系，即"在汉学与宋学之间，倡导史学来实现学术价值"②。

经与史关系上，张尔田与章实斋的意见相左。章氏在"六经皆史"的论述中，将经与史同论，经史未有彼疆此界，无分孰轻孰重，二者殊途同归，其本质上是一种经学的史学化思想。而张尔田则与之相反，主张经之地位远在史学之上。"盖治理之变，莫备于史，而其源必出于经，此古今之通义也。"③并且对章氏学说存疑："惟有是六艺既为先王之史，何以又称之为经，则此章氏不能言也，故其说推之古文家通、推之今文家则不通矣。"④张尔田在《史微》书中提出："其时孔子未生，诸子未分，学术政教皆聚于官守。此官守者即史也。史者，史官也。史官执掌之书有六类：《诗》《书》《易》《礼》《乐》《春秋》。"⑤"百家学术可一言以蔽之，曰：原于百官之史而已。"⑥张氏明确区分出经与史的不同，认为史书不可与经书媲美。

针对章氏未有言及之处，张尔田撰《史微》诸篇，以期"别白古人学术之异同，融会而贯通焉，使后人知所抉择"⑦。《史微》与《文史通义》两者所持观点皆属于传统叙事史观，⑧从二人的著作来看，实斋倡"六经皆史"与张氏"六艺皆史"，其立论都有传承亦有推进之意。张尔田对章实斋"六艺为先王之史"的定性言论存疑，并在此基础上创见新说。学术思想推进表现在"六艺"经历了由史而经的过程；显然，此一学说是对章学诚"六经皆史"观点的发展与创新，是传承与衍变的关系。⑨

---

① 钱穆：《中国史学名著》，生活·读书·新知三联书店，2004，第253页。
② 陈祖武、朱彤窗：《乾嘉学派研究》，人民出版社，2011，第423页。
③ 张尔田：《孱守斋日记》，黄曙辉、张京华编《张尔田著作集》卷4，第665页。
④ 张尔田：《新学商兑》，黄曙辉、张京华编《张尔田著作集》卷5，第51页。
⑤ 张尔田：《史微》卷1《原史》，黄曙辉、张京华编《张尔田著作集》卷1，第26页。
⑥ 张尔田：《史微》卷2《百家》，黄曙辉、张京华编《张尔田著作集》卷1，第50页。
⑦ 张尔田：《史微·凡例》，黄曙辉、张京华编《张尔田著作集》卷1，第11页。
⑧ 曾海军：《从"原史"到"旧史"——〈史微〉与〈经学抉原〉之比较研究》，《哲学动态》2021年第4期。
⑨ 张笑川：《传承与衍变——〈史微〉与〈文史通义〉之比较》，《苏州科技学院学报》（社会科学版）2014年第4期。

章实斋学说在乾嘉之际，并未占据学术话语的主导地位，但其思想主张潜流于士林间。道光以降，学统已变，为树立学术正统，章氏为不二之人选。张尔田自认为学门径沿袭章氏，并随后作《史微》效仿，在此之余，更有学术新知"六艺皆史"之言。章氏与张尔田二人皆欲打破不同学术流派间之壁垒，"将《史微》看作张氏对古代学术的解释，不如将它看作是张氏努力统整两大学术流派的尝试，希望藉此得到一种理想的学术方法。"①

（二）论考据之方法

以考据治经之法在乾嘉之时盛行，尊奉者以汉学自居，而清末刘师培言："古无'汉学'之名，汉学之名始于近代。或以笃信好古该汉学之范围，然治汉学者，未必尽用汉儒之说；即用汉儒之说，亦未必用以治汉儒所治之书。是则所谓汉学者，不过用汉儒训故以说经，及用汉儒注书之条例以治群书耳。"②据刘师培所言，汉学之名始于后人的定义，即将训诂说经之法代称汉学。张尔田亦持相同见解，并追溯两汉经学之法，"受之论经学，余谓汉诂经之书有二体，西汉传记体、东汉章句体……以待后人之论定者也。摘一句而考证之，汉无此体。受之因言传记兴而道歧，章句兴而道亡，相兴嗟与累日。"③张尔田纵观两汉经学发展脉络，认为有两种体例并行流传：一种是西汉传记体，另一种为东汉章句体，其余如《白虎通义》则归于其他体例。但从古经书中摘抄一句，便着手展开考订，此种研经方法，绝非汉代经学之治学门径，更不存在此种体例的传世文献。

在此之上，张尔田揭橥考据学非汉代经学，宣言其源于宋，滥觞于清乾嘉之际。在宋中叶永嘉、象山两派思想学术争鸣之际，"惟朱子好博览，东发、伯厚、贵与开考据一门，实源于此，故至今不能废也"④。此

<hr>

① 蔡长林：《"六艺由史而经"——张尔田对经史关系之论述及其学术归趋》，《从文士到经生：考据学风潮下的常州学派》，台北：中研院中国文哲研究所，2010，第505页。
② 刘师培：《近代汉学变迁论》，《刘申叔先生遗书》第49册，宁武南氏1936年刊本，第1页。
③ 张尔田：《舿守斋日记》，黄曙辉、张京华编《张尔田著作集》卷4，第652页。
④ 张尔田：《舿守斋日记》，黄曙辉、张京华编《张尔田著作集》卷4，第669页。

一论断与王国维有异曲同工之处，"古韵之学，创于宋人，至近世而极盛"①。考据学注重博览，音韵训诂皆出自宋儒之手，清乾嘉学人效仿宋，将此考据法推行。对于有清一代学术的宋学特性，宾四先生颇有认同之意："不识宋学，即无以识近代。"②王、钱二人均强调有清一代经学中的宋学特征。

在辨章考据学理后，张氏直言不讳地批判乾嘉学人滥用此一经术。"语受之曰：说经当适如其分，古义本浅者，不宜鉴之使深；古义本圆者，不宜说成一偏；古义本浑者，不宜分析太过。此虽老生常谈，然而考据家知此者寡矣。"③张尔田解释道，治经学时应当讲究一种方圆结合之道，诠释古经书，出发点是求客观，不宜过度分析解读古书而违背考证之初心。乾嘉诸儒盲目专信汉儒之学说，使得学术内部僵化，内在思想得不到更新与丰富，犹如一潭死水一般。"若必谓考据不可无，而考据之中，有真伪焉，又有强弱焉，果孰从而核之？孰从而定之？然则谓休宁、高邮之术，为今日治国学者无上方法，殆所谓能胜人之口，能易人之虑，而不能服人之心者欤！"④经学内涵精华，在不同时期早已历经后世之手，加以更新与丰富；至清乾嘉时，竟然以此番刻板"复古"之学风，实属是不合时宜，阻碍学术思想发展。加之，社会上一时书院盛行，书院讲学选取一家之言，"考据学之弊，自有书院始，既以学术为程氏，即不能不翻案别解以求胜，而不问乎心之所安，是亦一八股也"⑤。唯有摒弃书院气，博采众长之学术，才可称为以学术为性命之学说。

质而言之，张尔田对乾嘉考据学是一种肯定中夹杂批判的态度。他并非否定训诂的意义，而是认为其是治学的初阶。⑥其评骘乾嘉诸儒，是以"义理"即学术思想价值为标准的，并且带有个人"借古论今"之目的；和同时

① 王国维：《致沈兼士》，《王国维全集》卷15，浙江教育出版社，2010，第856页。
② 钱穆：《中国近三百年学术史》，九州出版社，2011，第1页。
③ 张尔田：《屠守斋日记》，黄曙辉、张京华编《张尔田著作集》卷4，第659页。
④ 张尔田：《遯堪文集》卷1《与人论学术书》，黄曙辉、张京华编《张尔田著作集》卷5，第293页。
⑤ 张尔田：《屠守斋日记》，黄曙辉、张京华编《张尔田著作集》卷4，第661页。
⑥ 王锐：《张尔田对考据学的批评——兼论其与王国维的互动》，《史学理论研究》2018年第3期。

代梁启超相似，他一面指责本朝考据学的支离破碎，一面承认其研究方法为学界进化之特征。[①]胡适亦为乾嘉考据学正名，"三百年来的考证学方法是无可疑的科学方法"[②]。张尔田既有肯定其功用之语，又有痛击其流弊之词，更有其学术思想的生命力的阐发；他认为学术思想的生命力在于，后人与时俱进彰显传统文化之思想，并不断丰富与更新，而非树立门户，盲目信古求真，专信一家之言。

二　论道咸以降之学术："千年绝学复兴之象"

清乾嘉之际的考据学，占据时代学术话语权长达百年，被梁任公称为"汉学专制"[③]。然而乾嘉考据学作为一个历史过程，在学人反思汉学流弊中走向下坡路；至道咸之际，学术风气转变，学术思想渐变，治经者批判考据学之流弊，虽有感于考据学无用，却苦于没有"经术"以更易考据之方法；彼一时宋儒提倡的义理之学再次萌发，调和汉宋的观念被学人所采纳。学人治学取向发生转移，今文经学重回中心，形成"千年绝学复兴之象"。王国维曾言：

> 我朝三百年间，学术三变：国初一变也，乾嘉一变也，道咸以降一变也。顺康之世，天造草昧，学者多胜国遗老，离丧乱之后，志在经世，故多为致用之学。……雍乾以后，纪纲既张，天下大定，士大夫得肆意稽古，不复视为经世之具，而经史小学专门之业兴焉。道咸以降，途辙稍变，言经者及今文，考史者兼辽金元，治地理者逮四裔，务为前人所不为。……故国初之学大，乾嘉之学精，道咸以降之学新。[④]

① 梁启超：《论中国学术思想变迁之大势·近世之学术》，《饮冰室合集》文集之七，中华书局，1989，第87页。

② 胡适：《编辑后记》，《独立评论》第86号，1934。

③ 梁启超：《清代学术概论》，中华书局，2020，第120页。

④ 王国维：《沈乙庵先生七十寿序》，谢维扬、房鑫亮主编《王国维全集》第8卷，浙江教育出版社，2010，第618～619页。

道咸之际，国朝经学取向发生转变，以"致用"为追求的今文经学才逐渐抬头，一方面是经学思想发展存在内在理路，[①]另一方面是清廷政治生态使学术外部环境发生变化。在两相作用之下，此时的学术主流思想发生转变，乾嘉之际考据学渐渐衰落，士人治学取向从古文经学转向"千年绝学"的今文经学。

张尔田以陈立与凌曙为例，称"以考据家法治今文"。陈立师从凌曙，潜心研治公羊之学，其《公羊义疏》引证繁密，却不得其要领。此种治今文经路径，非真经学也，是对今文经方法一知半解后徘徊在汉宋之间未定之取向。"阅《养一斋集》，申耆于学似非专家，虽与申受若士游，而今文家法实未深解，其他论学，亦皆忽汉忽宋依违不定。"[②]显而易见，乾嘉至道咸时期，士人仍沿袭旧路径，初期以考据之法治今文经的学人，以陈立、李兆洛为代表，他们并未洞悉到今文经学的内涵，所呼号"兼采汉宋"的背后仍然是以考据学为尊。

之后，岭南大儒陈澧有接续前贤之象。其言曰："不解文字，何由得其义。然则解文字者，欲人之得其义理也。若不思义理，则又何必纷纷然解其文字乎？"[③]陈兰甫倡以考据求义理，义理是考据的目的。汉宋两家归趣自然不同，但是各有精道之处，所著述问学，应打破汉学与宋学之畛域，应博采群书，达到贯穿，之后再发出一家之言。"兰甫沟通汉宋亦其一也，记中箴砭时流极有精到之处，而识解未融，断案多伤于固，郑、宋并主，异中取同，自是兰甫所见如此。"[④]陈澧深入乾嘉考据之小学后，便开始对这一皓首穷经式的治学理念能否承受"治经门径"产生怀疑，且以为此是晚清学术衰弊的一大要因。[⑤]

张氏虽肯定其欲融合汉宋的学术主张，但认为陈兰甫仍然未摆脱考据学的习气，未能真正地做到通识后有所辨："各有其方，不能综观，而但割裂他

① 余英时：《论戴震与章学诚》，生活·读书·新知三联书店，2005，第326页。

② 张尔田：《屠守斋日记》，黄曙辉、张京华编《张尔田著作集》卷4，第668页。

③ 陈澧：《与黎震伯书》，《东塾集》卷4，上海古籍出版社，2012，第29页。

④ 张尔田：《跋东塾读书记》，黄曙辉、张京华《张尔田著作集》卷5，第575页。

⑤ 於梅舫：《"以浅持博"：陈澧"小学"理念之演进及旨趣》，《中山大学学报》（社会科学版）2015年第4期。

说，以就己见，最为承学者之害，兰甫尚不至此，然已微染考据家间执习气，苟非通识，孰能辨之。"①而至清季常州庄方耕时，方才有真今文经家法。

在张尔田心中，奉常州庄氏学派为圭臬，为真今文经学家。庄氏摒弃昔日考据之风，焕然一新之貌，庄氏百世之师，处于第一流之派别，窥得汉今文经之发明之意，以倡导经学经世。故评骘道咸学术人物有言："庄葆琛言《夏小正》、刘申受言《三传》、陈勾溪、凌晓楼言《公羊》、龚定庵言史、言诸子，无不渊源庄氏。呜呼！若庄氏者可为百世之师已。"庄氏的独特学术魅力在于旗帜鲜明的学术统绪。"今文家皆师师相传，其所用治经之法，盖近名学，与诸子相出入，观《春秋繁露》可见。古文家则但就书本考订耳。故今文学有家法、有统绪，古文学但有家法。欲治今文，必先恢复其统绪，常州庄刘实有见于此。"②庄氏方耕问学广博，《易》《礼》《春秋》及天官、历律、五行思想皆有所涉猎，治学门径沿袭两汉之际今文经学家一宗，论述博大精微，所言所论开道咸今文经学之堂庑，有启学林之功。其盛赞庄氏学术地位，以常州庄氏引领的今文经学派，完全有别于以往乾嘉时期的考据学，汉宋两家界限从此分明，诠释"微言大义"的今文经学家开始崭露头角。

常州庄氏之后，遗音坠绪，其后魏默深和龚定庵二人举今文经学之大旗。世人合称两人龚魏，"其文章务为恢奇，如天马不受衔勒，一脱桐城窠（窠）臼，固自有其不朽者，……然在当日则亦莫能有三也"③。龚魏二人学术卓有创见，但文字间所流露出经世忧患之意过甚，此为道咸事变后时局所驱，内忧外患时分，儒士怀揣拳拳报国之心，深感经世致用之必要，乃以时务经世或寻求变法失败之因，二人摆脱桐城派之窠臼，在晚清"千年大变局"中以学术著述经世，为清学新增内涵。

张尔田论龚魏双璧，言两家学术途辙与文风截然不同。龚定庵学术文风备受推崇，文风从《唐文粹》蜕变而来。"然要其得力造端，则亦实从《唐文粹》蜕化得来"④。定庵取《唐文粹》之精华，沿袭利用，与当时盛行学风

① 张尔田：《跋东塾读书记》，黄曙辉、张京华编《张尔田著作集》卷5，第57页。
② 张尔田：《屠守斋日记》，黄曙辉、张京华编《张尔田著作集》卷4，第657页。
③ 张尔田：《跋古微堂内外集》，黄曙辉、张京华编《张尔田著作集》卷5，第564页。
④ 张尔田：《跋定庵文集》，黄曙辉、张京华编《张尔田著作集》卷5，第501页。

即士人皆崇桐城派相异，却文风斐然。而魏默深之学术贡献突出于其经世之史，文多深沉。魏默深学术历程中，道咸经世思潮浓重；沿乾嘉先儒所创问学先例，道咸之际关注西北史地之热点，著书问学，遂有所得。先朝治元史者数家，邵戒三、钱竹汀创通大例，洪文卿、屠敬山多见西籍，综理日密，"始得见默深书，书成于洪、屠二家之前，疏舛在所不免，而文笔之优乃过之。……默深诸书皆蟠天际渊博肆，或未能尽纯，自见湘儒本色，要其独到之处，不可掩"①。龚氏思想中有奇思妙想；魏默深优势在于叙事鲜明，但文中多有剽窃定庵之疑，并且默深行文好用佛家之语，不以普遍性文言议论，这一特点正是魏氏不及龚氏所在。默深虽治今文家言，亦未能免高谈兵食、侈论盐河、识局一时，此亦是永康、永嘉一辈之见解，非今文经家法宗旨。

"晚清学术，既不是汉学的爇然复彰，也不是宋学的中兴，它带着鲜明的时代印记，随着亘古未有的历史巨变而演进。"②纵观道咸今文经学的具体脉络，庄方耕窥今文家发明孔子之微言大义，龚定庵与魏默深经世为学，即可分前后两期，如周予同先生所指出的：庄存与、刘逢禄为代表的前期今文学乃"发于学派自身"，龚自珍、魏源、康有为等后期今文学则"由环境之变化所促成"。③多种原因作用，造就今文经学复兴，成为清代学术思潮中浓墨重彩的一笔。但从总体言，今文经学外在扬经世思潮，内在则受义理化倾向的驱动。经学义理化趋势不仅改变了考据学独盛的学术格局，在汉宋困境之外另辟蹊径，而且还推动了晚清学术的更新和发展。④

三　有清一代学术的反思与归途

张尔田对有清一代整体学术历程进行反思。他总结为，有清一代学术在经术上应"汉宋兼采"，在思想上应注重诸子之学；他深思出中国思想文化的归途在于弘扬中国传统孔教。

---

① 张尔田：《跋元史新编》，黄曙辉、张京华编《张尔田著作集》卷5，第549页。
② 陈祖武：《清代学术源流》，北京师范大学出版社，2012，第2页。
③ 周予同：《五十年来中国之新史学》，朱维铮编《周予同经学史论著选集》（增订本），上海人民出版社，1996，第519页。
④ 罗检秋：《从清代汉宋关系看今文经学的兴起》，《近代史研究》2004年第1期。

（一）主张博采汉宋

有清一代学术历程总体趋势呈现为：清初驳斥明末阳明思想，乾嘉之际有汉宋之争，道咸之时有新旧之争。清乾嘉诸儒多崇尚汉唐之学，以训诂、音韵等考订之法解读经书，有源有据，颇具实学之风，但若只言考证而不求义理，为考证而考证，则不免过犹不及，走上禁锢思想的学术死路上，是为学术之歧路也。反思后，可得考据与义理为经术的一体两面，各有利弊。无论汉宋经术哪一种单一取向，皆非真正学问之道。"本朝则又以汉学相号召，各趋其极，必俟其大崩溃而后已。一张一弛（弛），天之道也。"①"文质循环，穷则必变"，学术思想的极端趋向必然会招致崩溃，张弛有度才是符合天道所常。

汉宋两家各有所长，学人理应博采众长。考据与义理两种治学蹊径，清朝学术沿袭此两种风格，但治学并非简单照搬沿袭，应该在前贤基础上博采众长，推陈出新。"取汉宋之精华"，细微章句考订不是前贤经书的本义与宗旨，探求微言大义才是研习经书的归途。"汉宋兼采"、两者相辅相成才是问学正道，所论持平方可破除汉宋两家角立习气。

张氏主张"汉宋兼采"，经学今古文无分轩轾。"乾嘉诸儒治经学今古多不甚区别，定宇、东原皆然。道咸以来，两派始渐有角力之势，自廖平辈出而今文弊矣，自章枚叔辈出而古文又弊矣。今文之弊易见，古文之弊难见，易见其患浅，难见其患深。患浅者，不过亡国而已；患深者，且将灭种。道之兴废，岂不在人哉。"②张氏认为，今古文皆存弊端，儒士不应沉迷于偏颇之争，中华学术思想不应限于任何一隅。

（二）扬诸子之学：彰学术多元

先秦诸子百家之思想，皆是思想的活力源泉。有清一代学术中，无论汉学还是宋学，皆是儒学内部不同的学术形态体现，而周秦诸子百家思想，颇多价值，值得深入开发。近代诸子学，在清季民初反思儒学正统的社会思想

---

① 张尔田：《犀守斋日记》，黄曙辉、张京华编《张尔田著作集》卷4，第649页。
② 张尔田：《犀守斋日记》，黄曙辉、张京华编《张尔田著作集》卷4，第670页。

文化氛围之下酝酿产生，一方面为清廷官方理学思想所主导，另一方面学术传承造就先秦诸子百家的学说研究稀少，是一种"实质非正统的学术"①。其核心为道、墨、法家思想，清季诸子学发轫于乾嘉时期，是作为考据学附庸而存在的。

"王念孙《读书杂志》以精湛的考证功力，开创校训诸子学不可逾越的门径"②。焦里堂已言兼采诸子之学，以求思想会通。但乾嘉诸儒将诸子学仍然置于经学考据方法运用之范畴，仅停留于校对刊刻层面上，形成以子解经的学术思潮。俞樾言："圣人之道，具在于经，而周秦两汉诸子之书，亦各有所得，……其书，往往可以考证经义，不必称引其文，而古言古义，居然可见。"③将诸子学作为经学的附庸而存在，并未独立划分，故张尔田说："本朝儒者治学多不知流别，只可研经，不能治子也。"④乾嘉诸儒未识治诸子各家学术流别，缺乏对诸子思想深入而系统的理解和阐释，未解读其思想内涵，从而未对经学注入新的思想，此为经学衰落的主要原因。

在追溯先秦诸子学说后，张尔田感言："王道既微，官失其守，流而为百家，各引一端，各推所长，其言虽殊，然合其要归，无不欲以所学经世立史统焉。《易》曰：天下同归而殊途，一致而百虑。"⑤而到道咸之际，诸子学与经世相关联，诸儒扬诸子学以求思想会通达经世之目的。诸子百家思想具有争鸣之势力，但殊途同归的是经世思想之主旨，其出于九经七纬、诸子百家，足以继往开来，自成一家。此言盛赞诸子百家思想，更道出士人欲重建周秦诸子思想之主张。曾国藩亦称道诸子之学，肯定其思想价值："诸子各有极至之诣，……若游心能如老庄之虚静，洁身若能如墨翟之勤俭，齐民能如管商之严整，而又持之以不自是之心，偏者裁之，缺者补之，则诸子皆可师，不可弃也。"⑥

---

① 罗检秋：《近代诸子学与文化思潮》，中国社会科学出版社，1998，第4页。
② 罗检秋：《近代诸子学与文化思潮》，第40页。
③ 俞樾：《诸子平议》，中华书局，1954，第1页。
④ 张尔田：《屠守斋日记》，黄曙辉、张京华编《张尔田著作集》卷4，第664页。
⑤ 张尔田：《新学商兑》，黄曙辉、张京华编《张尔田著作集》卷5，第82页。
⑥ 曾国藩：《求阙斋日记类钞》卷上，曾国藩著，李瀚章编撰，李鸿章校刊《曾文正公集》第1册，中国书店，2011，第20页。

由此，张氏倡"调和子儒，通子致用"，晚清儒士的学术思想取向，仍然是以经学为主体，诸子学处于次要地位。圣人之道，具在于经，而周秦西汉诸子之书亦各有所得。子学为经学提供思想活力源泉，当时整体治子学者多考证典章，未阐发"义理"思想。诚如刘师培概论："近世诸儒稍治诸子书，大抵甄明诂故，掇拾丛残，乃诸子之考证学，而非诸子之义理学也。"①诸子学理应考据与义理兼有，且更侧重于张本诸子思想精华，更进一步阐发思想内涵，丰富思想学说，于经学思想有所裨益。

（三）中华传统孔教为思想文化之源

张尔田在反思有清一代学术后，表达了对传统文化的深切的担忧："凡一国文化，入其中者如饮食然，日用而不知方能凝固而持久。以其为古也而考之，则已离乎文化围范，其考之也愈精，则其离之也愈远，久之信任古人之心亦愈薄。"②文化认同危机中，学术思想的正本清源为复兴文化之首要根基。"至于朱陆异同之争，今古文水火之辨，皆属枝叶边事。本根既立，讲程朱之学可，讲象山、阳明之学亦未尝不可，讲许郑之学可，讲公羊非常异义可怪之论，亦未尝不可。本根已拔，万事皆非。"③张氏发出挽救文化思想衰亡的使命性号召，在学术思想争鸣的表象下，重中之重是树立中华文化根源，即孔教思想。

清季民初，思想界对中国传统孔教的讨论，不绝于耳。④张尔田与王国维二人往来书信频繁，从学术实践上看，王国维采取了一条回归更加传统的经、史领域的路径。⑤这与张尔田不谋而合，二人皆深耕于经、史领域，且成就斐然。但在孔教问题上，其将学术归途置于中国古代传统之孔教，强调儒家传统思想的价值，这与高呼"学无新旧也，无中西也，无有用无用也"⑥的

---

① 刘师培：《周末学术史序》，《刘申叔先生遗书》第14册，第1～2页。

② 张尔田：《致王国维》，马奔腾辑注《王国维未刊来往书信集》，清华大学出版社，2010，第258页。

③ 梁颖等整理《中国近现代书信丛刊·张尔田书札》，第229页。

④ 参见邹小站《儒学的危机与民初孔教运动的起落》，《中国文化研究》2018年冬之卷。

⑤ 王豪、林存阳：《清学演进余波中的王国维及其学术思想》，《清史论丛》2015年第2期。

⑥ 王国维：《国学丛刊序》，谢维扬、房鑫亮主编《王国维全集》第14卷，第129页。

王国维截然相反；但张王二人对传统古史之重视——"欲知古人，必先论其世；欲知后代，必先求诸古；欲知一国之文学，非知其国古今之情状学术不可也"①——则达成共识。

"宗教者，一群人心之最高吸力也。……孔教是否宗教问题，当视一群信仰者之多寡为衡。"②宣扬孔子之教与天道不变，皮锡瑞在《经学历史》中声称，"经学开辟时代，断自孔子删定'六经'为始。孔子以前，不得有经"，并逐一论说"皆经孔子手定而后列于经"。③张尔田为民初孔教派的拥护者，主张学术思想归途在于孔教。

应当承认的是，张尔田的思想是趋向于保守的，他强调古代传统思想的价值更与当时趋新的时代思潮迥异，但是张尔田代表民初思想界孔教派的核心观点，即"孔教派将孔视为中华文化的命脉所在，心忧民族文化的存亡，急于保存孔教以保存国性，看重孔教在文化竞争以及构建民族文化认同中的意义。"④

小　结

综上，张尔田立足于清季民初的时空背景之下，以"新义理"观为评判标准，论述清代学术，展现其批驳乾嘉考据学与赞扬道咸今文经学的思想主张，并发出中华文化归途在宣扬重视孔教传统思想。其所阐发一系列思想论断是对现实问题的一种反思与关怀，所发出的历史文化之音，亦是在西方文化冲击之下，期冀保存中华优秀传统文化的爱国之音。

---

①　王国维：《译本琵琶记序》，谢维扬、房鑫亮主编《王国维全集》第14卷，第133页。

②　张尔田：《致甲寅杂志记者》（孔教五首之一），《甲寅杂志》第1卷第3号，1914。

③　皮锡瑞：《经学历史》，中华书局，2004，第1页。

④　邹小站：《民初思想界关于孔教是否宗教的争论》，《中国文化研究》2021年秋之卷。

王先谦《东华录》版本考述

刘泠然

　　《东华录》是清代编年体史料长编，世传有"蒋录""王录""潘录""朱录"和"任录"。清乾隆年间，蒋良骐供职国史馆，据清宫秘藏《实录》、红本和奏疏，编清初六朝史料为蒋氏《东华录》。其书因国史馆设在东华门内，故而得名。及至光绪初年，王先谦仿蒋氏，先后抄录乾隆、嘉庆、道光三朝史料辑为《东华续录》。同时又对蒋氏《东华录》加以增补，与乾隆朝至道光朝《东华续录》合为《九朝东华录》。后潘颐福撰咸丰朝《东华续录》，削稿未竟而卒，王先谦因此书经坊肆刊传疏漏甚多，对其进行重新编校，并自辑同治朝《东华录》，①合前九朝称《十一朝东华录》。清末朱寿朋仿蒋氏《东华录》和王氏《东华录》体例，辑成《光绪朝东华续录》。民国时，任国钧又作《宣统朝东华录》。

　　王先谦《东华录》②上起明万历十一年（1583），下讫清同治十三年（1874），共记载了有清一代十帝、十一朝二百九十二年间的史事，是"东华录"体系中的承上启下之作。因其包含许多记载于《清实录》等官方史书中的当时大多数普通人难以见到的清代本朝历史资料，故撰成之后"传播海内，几于家置一编"③，各书局、书坊竞相刊印，形成了多种版本。

　　随着王先谦《东华录》研究的逐渐开展，许多学者开始关注此书的版本

---

① 参见王先谦《东华续录（咸丰朝）》第1册，光绪十九年会稽籀三仓室校印本，"凡例"，第1叶。陶濬宣为王先谦编《东华续录（咸丰朝）》（光绪十九年会稽籀三仓室校印本）所写的"跋"，第2叶。

② 本文以下之王先谦《东华录》指其编辑、改纂《东华录》《东华续录》总称。

③ 王先谦：《东华续录（咸丰朝）》第1册，光绪十九年会稽籀三仓室校印本，"凡例"，第1叶。

问题。冯尔康《清史史料学》对王先谦《东华录》长沙王氏原刻本、光绪十年（1884）上海广百宋斋校印本和分朝梓行的道光朝本、咸丰朝本、同治朝本等几个版本及其成书时间进行简要概述；^①张国骥、吴建华《王先谦〈东华录〉评述》说明了长沙王氏原刻本、上海广百宋斋校印本、会稽籀三仓室据王氏原本重刻本、京都琉璃厂义善书局重刊本、上海图书集成书局刊本、京都琉璃厂善成堂重刻本、北京钦文书局刻本等版本的王先谦《东华录》的叙事起讫和收藏地；^②赵禾《小议〈东华录〉》罗列了王先谦《东华录》原纂和后续改纂、续作、校印内容，以及卷帙分析合并前后，多朝合订或一朝单印各个版本的卷数和叙事起讫；^③娄明辉《〈东华录〉版本述略》则简要分析王氏自刻《东华录》的特点和各书局（书坊）本出现的原因。^④此外，李国蓉《东华录及其续书的编辑》、毕士达（Knight Biggerstaff，一译"毕乃德"）《略论〈东华录〉与〈实录〉》，分别介绍了王先谦《东华录》在我国台湾地区和日本、美国的收藏与版本流传情况。^⑤然而，目前对于王先谦《东华录》版本尚且缺乏全面、系统的研究。

相关文献和记述对王先谦《东华录》的称名和卷数也有所涉及，如《清史稿·艺文志》"史部·编年类"载："《十朝东华录》四百二十五卷。王先谦撰。"^⑥《清朝续文献通考》云："《十朝东华录》四百二十四卷，王先谦编……《咸丰朝东华续录》一百卷，王先谦编；《同治朝东华续录》一百卷，王先谦编。"^⑦《清儒学案》曰："《东华录》二百卷，《东华续录》四百三十卷。"^⑧而这些著录或记述并未从王先谦《东华录》不同版本的情况出发对这一问题进行探讨。

对版本进行考察是深入了解王先谦《东华录》的重要前提，因此笔者在

---

① 参见冯尔康《清史史料学》上册，故宫出版社，2013，第54页。

② 参见张国骥、吴建华《王先谦〈东华录〉述评》，《津图学刊》1987年第3期。

③ 参见赵禾《小议〈东华录〉》，《烟台师范学院学报》（哲学社会科学版）1988年第3期。

④ 参见娄明辉《〈东华录〉版本述略》，《图书馆界》2011年第1期。

⑤ 参见李国蓉《东华录及其续书的编辑》，《书目季刊》第39卷第2期。Knight Biggerstaff, "Some Note on The Tung-hua Lu and The Shih-lu，" *Harvard Journal of Asiatic Studies*, vol.4, No.2（Jul.，1939），pp.107–119.

⑥ 《清史稿》卷146《艺文二》，中华书局，1976，第4272页。

⑦ 《清朝续文献通考》卷261《经籍五》，浙江古籍出版社，2000，第10067页。

⑧ 徐世昌等编纂，沈芝盈、梁运华点校《清儒学案》卷190《葵园学案》，中华书局，2008，第7330页。

前人相关研究成果的基础上，通过查阅现存各版本王先谦《东华录》，总结其特征，并据此探究王先谦《东华录》的称名和卷数问题。

一 王先谦《东华录》的版本特征

笔者查阅了中国国家图书馆、首都图书馆、湖北省图书馆、湖南图书馆、中国历史研究院图书档案馆、南开大学图书馆等处收藏的王先谦《东华录》，目力所及，共有21种版本，可分为稿本、刻本、铅印本、石印本四大类。

（一）稿本

湖北省图书馆藏有一套王先谦《东华录》写本，其内容相较于王先谦《东华录》刊本而言更为详尽，各卷卷端题书名、卷名和"臣王先谦敬编"，部分卷端还标有该卷的叙事起讫时间，页面上存在大量圈点、增删和修改痕迹，天头有"接""照写""莫删"等字样，注释多书于行间、段末或天头，应为王先谦《东华录》编纂时的稿本。①

然而，该稿本道光朝部分中的一册包含王先谦《东华录》"道光一百七十三""道光一百七十四""道光一百七十五"和《清宣宗实录》之"卷之四百七十二""卷之四百七十三"，书于该册封面的卷名和叙事起讫时间为"百七十三之百七十五，起道光二十九年三月尽是年八月"，其中的"八月"明显有由"十月"改动而成，留有痕迹；该书封面还标有"此下百七十六卷阙，起二十九年九月尽十月，今补"字样。②据此可以推断，该稿本撰成之后部分散佚，后经整理汇编，一些缺失的卷帙以《清实录》中相应内容补入。

---

① 目前王先谦《东华录》稿本已被列入善本，由于古籍保护等原因，阅览原件殊为不易，幸有1996年中华全国图书馆文献缩微中心以之为底本拍摄的缩微胶片65卷，其版本特征大多可据此得知。

② 王先谦《东华录》稿本"道光一百七十五"叙事迄至道光二十九年八月，"道光一百七十七"叙事起自道光二十九年十一月，因此"道光一百七十六"应记述道光二十九年九月至十月的史事；而《清宣宗实录》"卷之四百七十二"记述道光二十九年九月史事，"卷之四百七十三"记述道光二十九年十月史事，故《清宣宗实录》"卷之四百七十二""卷之一百七十三"弥补了王先谦《东华录》稿本"道光一百七十六"散佚导致的叙事缺失。

（二）刻本

王先谦《东华录》刻本有"光绪五年至光绪十年长沙王氏原刻本"（天命朝至道光朝），"光绪十四年会稽籀三仓室据王氏原版重印本"（天命朝至道光朝），"光绪十五年至光绪十六年会稽籀三仓室刻本"（咸丰朝），"朱印本"（咸丰朝），"清刻本"（同治朝），"光绪十三年重刊北京善成堂本"（天命朝至咸丰朝），"光绪十三年重刊北京钦文书局本"（天命朝至咸丰朝），"光绪十三年重刊北京义善书局本"（天命朝至咸丰朝），共计8种，可分为2类。

1. 王氏原刻本 – 籀三仓室刻本

光绪五年（1879）至光绪十年，长沙王氏自刻《东华录》天命朝至道光朝部分陆续刊行，是为除稿本外王先谦《东华录》最早的版本，故称"光绪五年至光绪十年长沙王氏原刻本"①。光绪十四年（1888）十月，王先谦《东华录》原刻本书版归于会稽籀三仓室，陶濬宣据原版重印此书，遂有"光绪十四年会稽籀三仓室据王氏原版重印本"②。

光绪十五年（1889）九月至光绪十六年（1890）十二月，会稽籀三仓室刻印王先谦《东华录》咸丰朝部分，是为"光绪十五年至光绪十六年会稽籀三仓室刻本"③。此外，湖北省图书馆藏有一套王先谦《东华录》，其中咸丰

---

① 上海古籍出版社藏此版本王先谦《东华录》为影印《续修四库全书》第369～375册（王先谦《东华录·东华续录》天命朝至道光朝部分）的底本，《四库全书丛书目录·索引》中标注的影印底本名称为"清光绪十年长沙王氏刻本"，据笔者考证，该书于光绪五年至光绪十年间陆续刻成，故称之为"光绪五年至光绪十年长沙王氏原刻本"。参见复旦大学图书馆古籍部编《四库系列丛书目录·索引》，上海古籍出版社，2007，第210页；王先谦《王先谦自定年谱》卷上，王先谦著，梅季标点《葵园四种》，岳麓书社，1986，第698、723～724页。

② 张国骥、吴建华《王先谦〈东华录〉述评》称之为"光绪十四年会稽籀三仓室据王氏原本的重刻本"，而笔者通过查阅该版本原书，发现其主体部分版框尺寸、版式、字体等与"光绪五年至光绪十年长沙王氏原刻本"完全一致，应是据王氏原刻本底版重印，故将其称为"光绪十四年会稽籀三仓室据王氏原版重印本"。参见张国骥、吴建华《王先谦〈东华录〉述评》，《津图学刊》1987年第3期。

③ 上海古籍出版社藏此版本王先谦《东华录》为影印《续修四库全书》第376～378册（王先谦《东华录·东华续录》咸丰朝部分）的底本，《四库全书丛书目录·索引》中标注的影印底本名称为"清光绪十六年陶氏籀三仓室刻本"，笔者据该版本第一册牌记版本信息，称其为"光绪十五年至光绪十六年会稽籀三仓室刻本"。参见复旦大学图书馆古籍部编《四库系列丛书目录·索引》，第210页。

朝部分字迹为红色，内容、字体、版式与"光绪十五年至光绪十六年会稽籀三仓室刻本"完全一致，而书首无扉页。据笔者推测，该版本可能是"光绪十五年至光绪十六年会稽籀三仓室刻本"正式刊行前的试印本①。

另有王先谦《东华录》同治朝部分刻本一种，版式与王氏原刻本和籀三仓室刻本相同，由于没有版本说明记载其刊印时间和刊印者，故暂称之为"清刻本"②。

2. 善成堂刊本－钦文书局刊本－义善书局刊本

王先谦《东华录》天命朝至道光朝部分"光绪五年至光绪十年长沙王氏原刻本"刊行后，位于京都琉璃厂火神庙对面的善成堂和位于京都琉璃厂火神庙内的钦文书局、义善书局，分别以"东华全录"为书名，重印王先谦《东华录》天命朝至道光朝部分，配以潘颐福《东华续录》（咸丰朝），是为"光绪十三年重刊北京善成堂本"、"光绪十三年重刊北京钦文书局本"和"光绪十三年重刊北京义善书局本"。这三个版本除书首扉页标注的书版存放地点略有差异外，主体部分的内容、字体、版式都大致相同，善成堂和钦文书局、义善书局三家书局或书坊的地理位置又相距不远，故笔者推测上述三个版本的主体部分应为同一底版印制。

据善成堂重刊本《东华全录》全士锜叙，王先谦《东华录》"印自湘南，贩来冀北，购从坊肆，价昂则贪贾居奇，携上舟车，册巨则压装嫌重，本堂爰匀股分，重付手民"③，傅云龙《〈东华续录〉叙》亦曰"京都善成堂书铺合刻王、潘《东华续录》"④，可知王先谦《东华录》天命朝至道光朝部分因长沙王氏原刻本在湖南刊印后，如需运送至京师出售，由于路途遥远、书册沉重，加之书商贪图利润，导致购买不易且书价较高，故善成堂集资在京重刻该书。

---

① 即下表中所述之"朱印本"。

② 上海图书馆藏此版本王先谦《东华录》为影印《续修四库全书》第379～382册（王先谦《东华录·东华续录》同治朝部分）的底本，"清刻本"之名即《四库全书丛书目录·索引》中标注的影印底本名称。参见复旦大学图书馆古籍部编《四库系列丛书目录·索引》，第210页。

③ 全士锜为王先谦、潘颐福编《东华全录》（光绪十三年重刊北京善成堂本）所写的"叙"，第1册，"叙"，第7叶。

④ 傅云龙：《〈东华续录〉叙》，王先谦、潘颐福编《东华全录》，光绪十三年重刊北京善成堂本第1册，"叙"，第8叶。

善成堂重刊本和钦文书局重刊本、义善书局重刊本书首扉页均标注"光绪丁亥年重刊",而善成堂重刊本《东华全录》所载傅云龙《〈东华续录〉叙》文末标注的写作时间则为"光绪十六年春"①,由此推断印制上述三个版本的书版主体部分刻成于光绪十三年(1887),而善成堂重刊本迟至光绪十六年傅云龙《〈东华续录〉叙》撰成之后才印行。

(三)铅印本

王先谦《东华录》铅印本有"光绪十三年上海广百宋斋校印本"(天命朝至道光朝)、"光绪十七年上海广百宋斋校印本"(天命朝至道光朝)、"光绪十三年上海图书集成印书局刊本"(天命朝至道光朝)、"光绪十八年上海图书集成印书局刊本"(咸丰朝)、"光绪十九年会稽籀三仓室校印本"(咸丰朝)、"宣统三年存古斋印本"(天命朝至同治朝)、"清末铅印本"(天命朝至道光朝),共计7种,可分为5类。

1.广百宋斋校印本

光绪十三年和光绪十七年(1891),上海广百宋斋先后两次用铅活字印行王先谦《东华录》天命朝至道光朝部分,分别为"光绪十三年上海广百宋斋校印本"和"光绪十七年上海广百宋斋校印本"。这两个版本除书首牌记注明的印刷时间不同外,主体部分的内容、字体和版式并无差异,书中倒置的文字亦未更正,②故可以推断"光绪十七年上海广百宋斋校印本"由光绪十三年排印的书版直接印制而成。

2.图书集成印书局刊本

光绪十三年九月,上海图书集成印书局刊行王先谦《东华录》天命朝至道光朝部分,是为"光绪十三年上海图书集成印书局刊本"。光绪十八年(1892),上海图书集成印书局又刊行了王先谦《东华录》咸丰朝部分,是为"光绪十八年上海图书集成印书局刊本"。这两个版本扉页上的书名,均由沈锦垣题写,内容前后接续,版式也相互一致。

---

① 参见傅云龙《〈东华续录〉叙》,王先谦、潘颐福编《东华全录》,光绪十三年重刊北京善成堂本第1册,"叙",第8叶。
② 王先谦《东华录》广百宋斋校印本"乾隆一"第15叶第6行第7字"自"倒置。

3. 籀三仓室校印本

光绪十九年（1893）五月，会稽籀三仓室校印王先谦《东华续录（咸丰朝）》部分，是为"光绪十九年会稽籀三仓室校印本"。虽然刊印者、叙事起讫时间与"光绪十五年至光绪十六年会稽籀三仓室刻本"一致，但是该版本的开本、版式，甚至印刷方法等皆与"光绪十五年至光绪十六年会稽籀三仓室刻本"不同，另外该版本的正文部分前后还将"光绪十五年至光绪十六年会稽籀三仓室刻本"中没有的"凡例"和陶濬宣所作的"后跋"补入，因此两版本间差异较大，不可混而为一。

4. 存古斋印本

宣统三年（1911），存古斋重印王先谦《东华录》天命朝至道光朝部分，配之以潘颐福《咸丰朝东华续录》和王先谦《东华录》同治朝部分，合称《十一朝东华录》，是为"宣统三年存古斋印本"。经比对，该版本天命朝至道光朝部分与咸丰朝、同治朝部分版式不同，而其中天命朝至道光朝主体部分的字体、版式与"光绪十三年上海广百宋斋校印本"和"光绪十七年上海广百宋斋校印本"一致，应是广百宋斋校印本原版重印而成的。

5. 清末铅印本

除上述版本外，还有书局或书坊将王先谦《东华录》天命朝至道光朝部分卷帙进行合并，编为120卷本刊行。该版本与王先谦《东华录》其余各版本的卷数和版式均不相同，因为没有版本说明、记载其刊印时间和刊印者，所以暂称之"清末铅印本"。

（四）石印本

王先谦《东华录》石印本有"光绪二十年上海积山书局石印本"（天命朝至咸丰朝）、"光绪二十五年仿泰西法石印本"（天命朝至咸丰朝）、"光绪二十四年文澜书局石印本"（同治朝）、"光绪二十五年公记书庄石印本"（同治朝）、"光绪二十七年焕文书局石印本"（同治朝），共计5种，可分为3类。

1. 积山书局石印本–仿泰西法石印本

光绪二十年（1894），上海积山书局石印王先谦《东华录》天命朝至咸丰朝部分，是为"光绪二十年上海积山书局石印本"。该版本扉页书名《十朝东华录》，是较早出现的将王先谦《东华录》天命朝至道光朝部分和王先谦《东华录》咸丰朝部分一同付印的版本。

光绪二十五年（1899），王先谦《东华录》天命朝至咸丰朝部分又有另一版本"仿泰西法石印"而成，因该版本牌记只标有印刷时间和印刷方式，而未说明刊印者，故称"光绪二十五年仿泰西法石印本"。经比对，该版本主体部分应是"光绪二十年上海积山书局石印本"原版重印。

2.文澜书局石印本

光绪二十四年（1898）十月，文澜书局石印王先谦《东华录》同治朝部分，是为"光绪二十四年文澜书局石印本"。

3.公记书庄石印本–焕文书局石印本

光绪二十五年五月，公记书庄石印王先谦《东华录》同治朝部分，是为"光绪二十五年公记书庄石印本"。

光绪二十七年（1901）五月，焕文书局亦石印王先谦《东华录》同治朝部分，是为"光绪二十七年焕文书局石印本"。经比对，该版本主体部分应是"光绪二十五年公记书庄石印本"原版重印。

现将上述王先谦《东华录》各版本特征罗列如表1。

表1 王先谦《东华录》各版本特征

版本名称	叙事起讫时间	卷册数	序跋、凡例	扉页/牌记版本说明	版式
稿本	天命朝至同治朝	现存1092卷，356册①	无	无	半页12行，行24字；左右双边；白口；单鱼尾；版心有书名、卷名、页码；卷名、页码处有框线

---

① 王先谦《东华录》稿本现存天命1～4卷，天聪、崇德1～9、13～24卷，顺治1～48卷，康熙1～100卷，雍正1～60卷，乾隆1～359卷、嘉庆1～99卷，道光1～78、92～100、122～175、177～178卷，咸丰1～119、122～124卷，同治1～45、75～165卷，共计1092卷，装订为356册。

续表

版本名称	叙事起讫时间	卷册数	序跋、凡例	扉页/牌记版本说明	版式
光绪五年至光绪十年长沙王氏原刻本	天命朝至道光朝	424卷，160册	王先谦序，王先谦跋	无	半页12行，行25字；左右双边；白口；单鱼尾；版心有书名、卷名、页码；页码上下无横线
光绪十四年会稽籀三仓室据王氏原版重印本		424卷，140册		长沙王氏原本光绪戊子十月板归会稽籀三仓室陶濬宣记	
光绪十五年至光绪十六年会稽籀三仓室刻本	咸丰朝	100卷，57册或60册①	无	光绪十五年秋九月会稽籀三仓室开雕十六年十二月刻竟	
朱印本		100卷，50册	无	无	
清刻本	同治朝	100卷，64册	无	无	
光绪十三年重刊北京善成堂本	天命朝至咸丰朝	493卷，140册（其中天命朝至道光朝424卷，122册）	王先谦序，全士锜叙，傅云龙叙，王先谦跋	光绪丁亥年重刊；板存京都琉璃厂火神庙内过善成堂书铺局	半页13行，行25字；正文、王先谦序、王先谦跋左右双边；全士锜叙、傅云龙叙四周双边；白口；单鱼尾；版心有书名、卷名、页码；页码上下无横线
光绪十三年重刊北京钦文书局本		493卷188册（其中天命朝至道光朝424卷，164册）	王先谦序，王先谦跋	光绪丁亥年重刊；板存京都琉璃厂火神庙内钦文书局	
光绪十三年重刊北京义善书局本		现存443卷173册②（其中天命朝至道光朝存374卷，149册）	王先谦序，王先谦跋	光绪丁亥年重刊；板存京都琉璃厂火神庙内义善□□③	

① 笔者在国家图书馆查阅到王先谦《东华录》"光绪十五年至光绪十六年会稽籀三仓室刻本"两种，二者仅册数不同，其中一种共57册，另一种共60册，其余内容、字体、版式等均无差异。

② 目前笔者仅在湖南图书馆查阅到王先谦《东华录》"光绪十三年重刊北京义善书局本"一套，其中缺15册（道光朝部分第1册至第15册），即50卷（"道光一"至"道光五十"）。

③ 目前笔者仅在湖南图书馆查阅到王先谦《东华录》"光绪十三年重刊北京义善书局本"一套，其扉页左下角现已缺损，笔者推测"板存京都琉璃厂火神庙内义善"后为"书局"二字。参见湖南图书馆编《湖南图书馆古籍线装书目录·史部》，线装书局，2007，第546页。

续表

版本名称	叙事起讫时间	卷册数	序跋、凡例	扉页/牌记版本说明	版式
光绪十三年上海广百宋斋校印本	天命朝至道光朝	424卷，76册	王先谦序，王先谦跋①	光绪丁亥仲春广百宋斋校印	序文半页11行，行34字；各部分目录、正文、后跋半页14行，行40字；四周双边；白口；单鱼尾；版心有书名、卷名、页码；页码上方单横线
光绪十七年上海广百宋斋校印本				光绪辛卯上海广百宋斋校印	
光绪十三年上海图书集成印书局刊本	天命朝至道光朝	424卷，52册	王先谦序，王先谦跋	光绪十有三年秋九月，上海图书集成印书局印	半页13行，行40字；四周单边；白口；双鱼尾；版心有书名、卷名、页码；页码上下无横线
光绪十八年上海图书集成印书局刊本	咸丰朝	100卷，32册	凡例，陶濬宣跋	光绪十有八年上海图书集成印书局印	
光绪十九年会稽籀三仓室校印本	咸丰朝	100卷，24册	凡例，陶濬宣跋	光绪十九年夏五月会稽籀三仓室校印	凡例、后跋半页12行，行25字；目录、正文半页17行，行38字；四周单边；白口；单鱼尾；版心有书名、卷名、页码；凡例、后跋页码上下无横线；正文页码下方单横线
光绪二十年上海积山书局石印本	天命朝至咸丰朝	524卷，64册	王先谦序，王先谦跋，陶濬宣跋	光绪甲午仲春上海积山书局石印（王先谦自序前）；光绪甲午仲夏上海积山书局石印（各朝《东华录》正文前）	半页24行，行50字；四周双边；白口；单鱼尾；版心有书名、卷名、页码；页码下方单横线
光绪二十五年仿泰西法石印本				光绪二十五年仿泰西法石印	

---

① 光绪十七年上海广百宋斋校印本第33册（《东华续录（乾隆朝）》第1册）"东华续录目录"中有"后跋"，而第60册（《东华续录（乾隆朝）》第28册，即该部分最后一册）"乾隆一百二十"之后实际并无"后跋"，"后跋"见于第76册（《东华续录（道光朝）》最后一册）"道光六十"之后。参见王先谦《东华续录（乾隆朝）》第33册，光绪十七年上海广百宋斋校印本，"目录"，第5叶。

续表

版本名称	叙事起讫时间	卷册数	序跋、凡例	扉页/牌记版本说明	版式
光绪二十四年文澜书局石印本	同治朝	100卷，24册	无	光绪戊戌孟冬文澜书局石印	半页22行，行47或48字；四周双边；白口；单鱼尾；版心有书名、卷名、叙事年月、页码；页码下方单横线
光绪二十五年公记书庄石印本	同治朝	100卷，24册	无	光绪己亥孟夏公记书庄石印	半页24行，行50字；四周双边；白口；单鱼尾；版心有书名、卷数、叙事年月、页码；页码下方单横线
光绪二十七年焕文书局石印本				光绪辛丑孟夏焕文书局石印	
宣统三年存古斋印本	天命朝至道光朝	593卷，124册（其中天命朝至道光朝424卷，84册；同治朝100卷，30册）	王先谦序，王先谦跋	宣统辛亥存古斋印	序文半页11行，行34字；各部分目录、正文、后跋半页14行，行40字；四周双边；白口；单鱼尾；版心有书名、卷名、页码；页码上方单横线
	咸丰朝至同治朝				半页18行，行44字；四周双边；黑口；单鱼尾；版心有书名、卷名、页码；页码下方双横线
清末铅印本[①]	天命朝至道光朝	60册，120卷	王先谦序，王先谦跋	无	序跋、正文半页17行，行38字；"总目"半页16行；四周单边；白口；单鱼尾；版心有书名、卷名、叙事年份、页码；页码下方单横线

---

① 经比对，该版本即文海出版社1963年影印《十二朝东华录》天命朝至道光朝部分的底本。《十二朝东华录简介》称之为"光绪晚年上海活字本"，而笔者通过查阅该版本原书，发现其书首、书末并无刊刻时间、刊刻地点等信息，故暂依《湖南图书馆古籍线装书目录·史部》，称之为"清末铅印本"。参见《十二朝东华录简介》，《十二朝东华录》第1册，台北：文海出版社，1963，第1页；湖南图书馆编《湖南图书馆古籍线装书目录·史部》，线装书局，2007，第547页。

王先谦《东华录》版本众多，除传统的抄本和刻本外，还有了铅印本和石印本，显现出晚清时期的印刷技术承旧启新的特点，这也是晚清时期印刷技术变革影响史学著作刊印方式的实例之一。

除稿本外，王先谦《东华录》其余各版本虽然开本和版框尺寸各不相同，但是版式仍有近似之处，如均为卷端题书名、卷名和编校者姓名①，注释小字双行，有界行，版心标有书名、卷名、页码等信息，有鱼尾，大约是受"光绪五年至光绪十年长沙王氏原刻本"影响所致。

20世纪60年代以来，海峡两岸多家出版社将王先谦《东华录》影印出版，到目前为止已有《十二朝东华录》《十一朝东华录》《清东华录全编》《东华录·东华续录》等数种，特列表2如下。

表2　王先谦《东华录》影印本

书名	册数	出版社	出版时间	选用底本
《十二朝东华录》	30册②	文海出版社	1963	天命朝至道光朝："清末铅印本" 同治朝："光绪二十五年公记书庄石印本"或"光绪二十七年焕文书局石印本"③
《十一朝东华录》	15册	中国言实出版社	1999	天命朝至咸丰朝："光绪二十五年仿泰西法石印本" 同治朝："光绪二十五年公记书庄石印本"
《清东华录全编》	25册④	学苑出版社	2000	天命朝至咸丰朝："光绪十三年重刊北京善成堂本"或"光绪十三年重刊北京钦文书局本"或"光绪十三年重刊北京义善书局本"（《东华全录》）⑤ 同治朝："清刻本"

① 部分版本除每册首卷外，其余各卷卷端省略编校者姓名。

② 《十二朝东华录》第1～15册为王先谦《东华录》天命朝至道光朝部分，第18～20册为王先谦《东华录》同治朝部分。

③ 《十二朝东华录》并无影印底本扉页或牌记包含的版本信息，版本名称由笔者将此书与刊本比对得出，因"光绪二十五年公记书庄石印本"与"光绪二十七年焕文书局石印本"为同一底版印制而成，故难以判断《十二朝东华录》底本具体为二者中的何种版本。

④ 《清东华录全编》第2～11册为王先谦《东华录》天命朝至道光朝部分，第14～19册为王先谦《东华录》同治朝部分。

⑤ 《清东华录全编》并未影印底本扉页或牌记包含的版本信息，版本名称由笔者将此书与刊本比对得出，因"光绪十三年重刊北京善成堂本"、"光绪十三年重刊北京钦文书局本"和"光绪十三年重刊北京义善书局本"为同一底版印制而成，故难以判断《清东华录全编》底本具体为三者中的何种版本。

续表

书名	册数	出版社	出版时间	选用底本
《东华录·东华续录》	14册①	上海古籍出版社	2002	天命朝至道光朝："光绪五年至光绪十年长沙王氏原刻本"②（上海古籍出版社藏）；咸丰朝："光绪十五年至光绪十六年会稽籀三仓室刻本"（复旦大学图书馆藏）；同治朝："清刻本"（上海图书馆藏）
	17册③		2008	

目前，王先谦《东华录》尚无全书点校本问世。

二　王先谦《东华录》称名考析

由于版本众多，各版本的刊刻者和叙事起讫时间也不尽相同，王先谦《东华录》在封面、扉页、卷端、版心等处出现了"东华录""东华全录""东华续录""九朝东华录""十朝东华录""十一朝东华录"等不同的名称。而同一名称所对应的内容极有可能并不一致。特列表3如下。

表3　王先谦《东华录》各版本名称

版本名称	封面名称	扉页名称	卷端名称	版心名称
稿本（天命朝至同治朝）	无书名或东华续录	无扉页	东华续录	东华续录
光绪五年至光绪十年长沙王氏原刻本（天命朝至道光朝）	无	天命朝至雍正朝：东华录；乾隆朝至道光朝：东华续录	天命朝至雍正朝：东华录；乾隆朝至道光朝：东华续录	天命朝至雍正朝：东华录；乾隆朝至道光朝：东华续录
"光绪十四年会稽籀三仓室据王氏原本重印本"（天命朝至道光朝）				

---

① 即《续修四库全书》第369~382册。
② 《四库全书丛书目录·索引》中标注的影印底本名称为"清光绪十年长沙王氏刻本"；据笔者考证，该书于光绪五年至光绪十年间陆续刊行，故称之为"光绪五年至光绪十年长沙王氏原刻本"。参见复旦大学图书馆古籍部编《四库系列丛书目录·索引》，第210页；王先谦《王先谦自定年谱》卷上，王先谦著，梅季标点《葵园四种》，第698、723~724页。
③ 《东华录·东华续录》第1~14册为王先谦《东华录》天命朝至同治朝部分。

续表

版本名称	封面名称	扉页名称	卷端名称	版心名称
光绪十三年上海广百宋斋校印本（天命朝至道光朝）	天命朝至乾隆朝：东华录；嘉庆朝至道光朝：东华续录①	天命朝至雍正朝：东华录；乾隆朝至道光朝：东华续录	天命朝至雍正朝：东华录；乾隆朝至道光朝：东华续录	天命朝至雍正朝：东华录；乾隆朝至道光朝：东华续录
光绪十七年上海广百宋斋校印本（天命朝至道光朝）				
光绪十三年上海图书集成印书局刊本（天命朝至道光朝）	无	天命朝至雍正朝：东华录；乾隆朝至道光朝：东华续录	天命朝至雍正朝：东华录；乾隆朝至道光朝：东华续录	天命朝至雍正朝：东华录；乾隆朝至道光朝：东华续录
清末铅印本（天命朝至道光朝）	九朝东华录	天命朝至雍正朝：东华录；乾隆朝至道光朝：东华续录	天命朝至雍正朝：东华录；乾隆朝至道光朝：东华续录	天命朝至雍正朝：东华录；乾隆朝至道光朝：东华续录
光绪十三年重刊北京善成堂本（天命朝至咸丰朝）	东华全录	东华录	天命朝至道光朝：东华全录②；咸丰朝：东华续录	天命朝至道光朝：东华全录；咸丰朝：东华续录
光绪十三年重刊北京钦文书局本（天命朝至咸丰朝）	东华续录	天命朝至雍正朝：东华录③；乾隆朝至道光朝：东华续录		
光绪十三年重刊北京义善书局本（天命朝至咸丰朝）		东华录		

① 部分书册封面写有"东华录"或"东华续录"字样的书签缺失，故其上无书名。

② 王先谦《东华录》"光绪十三年重刊北京善成堂本""光绪十三年重刊北京钦文书局本""光绪十三年重刊北京义善书局本"之"乾隆三十二"卷端书名为"东华续录"，与这三个版本天命朝至道光朝其余各卷卷端书名"东华全录"不同，应是刊刻时产生的错误。

③ 中国国家图书馆（古籍馆）藏王先谦《东华录》"光绪十三年重刊北京钦文书局本"康熙朝部分第1册扉页书名确为"东华录"，而中国历史研究院图书档案馆藏同版本王先谦《东华录》康熙朝部分第1册扉页书名则是"东华续录"，或为装订错误所致。

续表

版本名称	封面名称	扉页名称	卷端名称	版心名称
光绪二十年上海积山书局石印本（天命朝至咸丰朝）	无	十朝东华录	天命朝至雍正朝：东华录；乾隆朝至咸丰朝：东华录或东华续录①	十朝东华录
光绪二十五年仿泰西法石印本（天命朝至咸丰朝）				
光绪十五年至光绪十六年会稽籀三仓室刻本（咸丰朝）	无	东华续录（咸丰朝）	东华续录	东华续录
朱印本（咸丰朝）	无	无扉页		
光绪十八年上海图书集成印书局刊本（咸丰朝）	无	东华续录	东华续录	东华续录
光绪十九年会稽籀三仓室校印本（咸丰朝）	东华续录	东华续录（咸丰朝）	东华续录	东华续录
清刻本（同治朝）	无	无扉页	东华续录	东华续录
光绪二十四年文澜书局石印本（同治朝）	东华续录（同治朝）	同治朝东华续录	同治东华续录	东华续录
光绪二十五年公记书庄石印本（同治朝）	东华续录或无②	同治朝东华续录	东华续录	东华续录
光绪二十七年焕文书局石印本（同治朝）				
宣统三年存古斋印本（天命朝至同治朝）	十一朝东华录	天命朝至雍正朝：东华录；乾隆朝至同治朝：东华续录	天命朝至雍正朝：东华录；乾隆朝至同治朝：东华续录	天命朝至雍正朝：东华录；乾隆朝至同治朝：东华续录

---

① 王先谦《东华录》"光绪二十年上海积山书局石印本""光绪二十五年仿泰西法石印本"之乾隆朝至同治朝部分各卷卷端处书名"东华录"与"东华续录"混用，排列亦无一定之规。

② 部分书册封面写有"东华续录"字样的书签缺失，故其上无书名。

根据表3所示，王先谦《东华录》所用的名称主要有以下6种。

其一，"东华录"。清乾隆三十年（1765）重开国史馆，蒋良骐任纂修，从《清实录》、红本及其他官修史书中摘抄天命、天聪、崇德、顺治、康熙、雍正五帝六朝之史事，以其年月先后排列，成书32卷。因国史馆设于东华门内稍北，故其书得名"东华录"。及至同治年间，王先谦进入国史馆供职，"病蒋氏简略，自天命迄雍正，录之加详"①，又因蒋良骐《东华录》"乾隆以后，未闻续撰"②，故"敬绎乾隆以次各朝为续编"③，并沿用"东华录"的书名。"光绪五年至光绪十年长沙王氏原刻本"中，将王先谦增补蒋录而成的天命朝至雍正朝部分称为"东华录"；另有一些书局或书坊刊刻时，根据选取叙事起讫时间的不同，将王先谦《东华录》中的一部分或全部称为"某朝东华录"（如"顺治朝东华录""康熙朝东华录""雍正朝东华录"等）或"数朝东华录"（如"九朝东华录""十朝东华录""十一朝东华录"等）。

其二，"东华全录"。王先谦《东华录》"光绪十三年重刊北京善成堂本"各册封面，以及"光绪十三年重刊北京善成堂本"、"光绪十三年重刊北京钦文书局本"、"光绪十三年重刊北京义善书局本"之天命朝至道光朝部分各卷卷端和版心，标注书名"东华全录"，其原因大约是使之与此前各书局或书坊刊刻的各朝《东华录》相区别。

其三，"东华续录"。王先谦《东华录》接续蒋良骐《东华录》而作，故又称"东华续录"。王先谦《东华录》稿本天命朝至同治各朝卷端及"光绪十三年重刊北京钦文书局本"、"光绪十三年重刊北京义善书局本"天命朝至咸丰朝各册封面，皆标书名"东华续录"；以"光绪五年至光绪十年长沙王氏原刻本"为代表的数个版本，将乾隆朝以下各朝称为"东华续录"，与天命朝至雍正朝称"东华录"相对应；"光绪十三年重刊北京善成堂本"、"光绪十三年重刊北京钦文书局本"、"光绪十三年重刊北京义善书局本"咸丰朝部分（潘颐福撰）卷端和版心标"东华续录"，对应之前出版的天命朝至道

---

① 王先谦：《虚受堂文集》卷2《〈东华录〉序》，王先谦著，梅季标点《葵园四种》，第26页。

② 王先谦：《虚受堂文集》卷2《〈东华续录〉跋》，王先谦著，梅季标点《葵园四种》，第26页。

③ 王先谦：《虚受堂文集》卷2《〈东华录〉序》，王先谦著，梅季标点《葵园四种》，第25～26页。

光部分版心所标的"东华全录"。亦有分朝付梓的王先谦《东华录》书名称"某朝东华续录"（如"咸丰朝东华续录""同治朝东华续录"等）。

其四，"九朝东华录"。"光绪十九年会稽籀三仓室校印本"《东华续录（咸丰朝）》"凡例"曰："王祭酒编刻列朝《东华录》泊《东华续录》传播海内，几于家置一编，唯原书自天命以迄道光，凡八朝，而坊肆缩印皆题'九朝东华录'，盖误天聪、崇德为两朝也，疏陋殊甚，贻误方来，不可不亟为辨证。"① 即"九朝东华录"中包含天命、天聪、崇德、顺治、康熙、雍正、乾隆、嘉庆、道光九朝，其中天聪、崇德皆为清太宗年号。若以一帝为一朝，则天命朝至道光共有太祖、太宗、世祖、圣祖、世宗、高宗、仁宗、宣宗八朝；若以建元或改元一次为一朝，则天命朝至道光确为九朝；显然，"九朝东华录"的书名采用了后一种说法。

其五，"十朝东华录"。光绪二十年上海积山书局石印《十朝东华录》亦以天聪、崇德为两朝，包括天命、天聪、崇德、顺治、康熙、雍正、乾隆、嘉庆、道光、咸丰十朝，即上述"九朝东华录"外加"咸丰朝东华续录"，其中《咸丰朝东华续录》"光绪二十年上海积山书局石印本"采用王先谦撰100卷本，亦有采用潘颐福撰69卷本者。②

其六，"十一朝东华录"。宣统三年存古斋据广百宋斋校印本重印王先谦《东华录》天命朝至道光朝部分，配之以潘颐福《咸丰朝东华续录》和王先谦《东华录》同治朝部分，合称"十一朝东华录"。故"十一朝东华录"同样以天聪、崇德为两朝，共包含天命、天聪、崇德、顺治、康熙、雍正、乾隆、嘉庆、道光、咸丰、同治十一朝史事。

三 王先谦《东华录》卷数考辨

《王先谦自定年谱》中对王先谦《东华录》卷数的记载有误。经查阅，该书稿本至少共有1161卷，现存1092卷，其余各版本主要为十一朝"624卷本"和九朝"120卷本"两种。

---

① 王先谦：《东华续录（咸丰朝）》第1册，光绪十九年会稽籀三仓室校印本，"凡例"，第1叶。
② "光绪二十五年仿泰西法石印本"因据"光绪二十年上海积山书局石印本"原版重印，故封面、扉页、卷端、版心等处称名与"光绪二十年上海积山书局石印本"一致。

（一）王先谦自述（陈毅修正）与各版本实有卷数简况

关于王先谦《东华录》的卷数，《王先谦自定年谱》中有明确记载，即"（光绪五年）八月，刻乾隆朝《东华续录》一百二十卷成"[①]；"（光绪十年）闰五月，成天命朝一十卷，天聪朝十九卷，顺治朝三十五卷，康熙朝一百一十卷，雍正朝二十六卷，合前刻续录嘉庆朝五十卷，道光朝六十卷，咸丰朝一百卷，同治朝一百卷，共四百一十九卷。"[②]而王先谦弟子陈毅《先师长沙祭酒王先生墓表》根据《王先谦自定年谱》所述各朝《东华录》卷数重新计算了王先谦《东华录》的总卷数，由此对《王先谦自定年谱》中的错误进行了修正："《十朝东华录》[③]六百三十卷……毅按：合上分卷数，应得五百一十卷，此误计耳。并乾隆百二十卷，为六百三十卷"[④]。

现藏于湖北省图书馆的王先谦《东华录》稿本有至少1161卷，刊刻过程中其卷数经过合并增删，目前主要有天命朝至同治十一朝"624卷本"和天命朝至道光九朝"120卷本"两种。

王先谦自述（陈毅修正）与王先谦《东华录》稿本、"624卷本"和"120卷本"各部分卷数对比见表4。

表4　王先谦自述（陈毅修正）与《东华录》各部分实有卷数

		王先谦自述（陈毅修正）	稿本	"624卷本"	"120卷本"
太祖	天命	10卷	4卷	4卷	1卷
太宗	天聪	19卷	24卷或24卷以上	11卷 } 18卷	3卷
	崇德			8卷	
世祖	顺治	35卷	48卷	36卷	7卷
圣祖	康熙	110卷	100卷	110卷	21卷
世宗	雍正	26卷	60卷	26卷	13卷

① 王先谦：《王先谦自定年谱》卷上，王先谦著，梅季标点《葵园四种》，第698页。

② 王先谦：《王先谦自定年谱》卷上，王先谦著，梅季标点《葵园四种》，第723~724页。

③ 此处应以一帝为一朝，故称天命朝至同治朝《东华录》为"十朝东华录"——引者注。

④ 陈毅：《先师长沙祭酒王先生墓表》，卞孝萱、唐文权编《民国人物碑传集》，团结出版社，1995，第404~405页。

续表

		王先谦自述 （陈毅修正）	稿本	"624卷本"	"120卷本"
高宗	乾隆	120卷	359卷	120卷	48卷
仁宗	嘉庆	50卷	99卷	50卷	14卷
宣宗	道光	60卷	178卷	60卷	13卷
文宗	咸丰	100卷	124卷	100卷	—
穆宗	同治	100卷	165卷	100卷	—
合计		630卷	1161卷或1161卷以上	624卷	120卷

陈毅修正的王先谦自述与天命朝至道光朝部分以"光绪五年至光绪十年长沙王氏原刻本"为代表的"624卷本"各部分卷数最为相近，《王先谦自定年谱》原文中亦云所述卷数为其"刻书"而成，故可以推知《王先谦自定年谱》中的自述，即光绪十年长沙王氏原刻本卷数。然而，二者尚有3个不相符之处：

第一，"天命朝一十卷"应为"天命朝四卷"之误；

第二，"天聪朝十九卷"系"天聪、崇德朝十八卷"之误，"天聪""崇德"均为清太宗皇太极年号，天聪十年（1636）四月乙酉"上率诸贝勒大臣祭告天地，乃受宽温仁圣皇帝尊号，建国号为大清，改元为崇德元年"[①]，是为清太宗称帝、定国号、改元之始，虽然王先谦《东华录》天聪朝部分有"天聪一"至"天聪十一"，崇德朝部分有"崇德一"至"崇德八"，但是数个王先谦《东华录》"624卷本"目录[②]和卷端[③]，都将天聪朝末卷"天聪十一"和崇德朝首卷"崇德一"并列，为"天聪十一
崇德一"，该卷叙事起于天聪十年正月，迄至崇德元年十二月，记录丙子年全年的历史，卷中记事并未因改年号而中断，页码亦连续编排，仅有版心卷名标注由此卷第一页至第七页的

---

① 王先谦：《东华录》，《续修四库全书》编委会编《续修四库全书》第369册，上海古籍出版社，2002，第129页。

② 参见王先谦《东华录》，《续修四库全书》编委会编《续修四库全书》第369册，第5页。

③ 参见王先谦《东华录》，《续修四库全书》编委会编《续修四库全书》第369册，第127页。

"天聪十一"变更为第八页至第二十二页的"崇德一"①，故"天聪十一"与"崇德一"应为一卷，王先谦《东华录》天聪、崇德朝共计十八卷；

第三，"顺治朝三十五卷"应为"顺治朝三十六卷"之误。

陈毅《先师长沙祭酒王先生墓表》只是修正了《王先谦自定年谱》中关于《东华录》卷数合计的错误，而并未将王先谦自述中《东华录》各部分卷数对照该书王氏自刻本进行勘核，因此出现了记述与实际不一致的情况。

（二）湖北省图书馆藏《东华录》稿本卷数

今藏于湖北省图书馆的王先谦《东华录》稿本，由于古籍保护需要，原件普通读者很难见到，幸有中华全国图书馆缩微文献复制中心1996年以之为底本摄制的缩微胶片65卷，可以从中得知其基本情况。此外，《中国古籍善本书目·史部》《中国古籍善本总目》《中国古籍总目·史部》和"湖北省图书馆官方网站图书检索系统"中也著录了王先谦《东华录》稿本的相关信息，列表5如下。

表5　王先谦《东华录》稿本各部分现存、缺失与总计卷数

	王先谦《东华录》稿本缩微胶片	《中国古籍善本书目·史部》②	《中国古籍善本总目》③	《中国古籍总目·史部》④	湖北省图书馆官方网站图书检索系统⑤
天命	——	存卷1~4	存卷1~4	存卷1~4	4卷

①　参见王先谦《东华录》，《续修四库全书》编委会编《续修四库全书》第369册，第127~138页。

②　参见《中国古籍善本书目·史部》上册，上海古籍出版社，1991，第167页。

③　参见翁连溪编校《中国古籍善本总目》第2册，线装书局，2005，第280页。

④　参见中国古籍总目编纂委员会编《中国古籍总目·史部》第1册，上海古籍出版社，2009，，第157页。

⑤　http://opac.library.hb.cn: 8080/opac/book/2002386662 ? index=12&globalSearchWay=&base=q%3D%25E4%25B8%259C%25E5%258D%258E%25E5%25BD%2595%26searchType%3Dstandard%26isFacet%3Dfalse%26view%3Dstandard%26booktype%3D1%26booktype%3D2%26booktype%3D3%26booktype%3D6%26booktype%3D7%26booktype%3D8%26booktype%3D9%26booktype%3D10%26booktype%3D11%26booktype%3D13%26booktype%3D14%26ro%3D10%26sortWay%3Dscore%26sortOrder%3Ddesc%26searchWay0%3Dmarc%26logical0%3DAND%26rows%3D1&searchKeyword=东华录，最后访问日期：2022年11月10日。

续表

	王先谦《东华录》稿本缩微胶片	《中国古籍善本书目·史部》①	《中国古籍善本总目》②	《中国古籍总目·史部》③	湖北省图书馆官方网站图书检索系统④
天聪崇德	缺卷10～12	存卷1～9、13～24	存卷1～9、13～24	存卷1～9、13～24	24卷，缺卷10～12
顺治	—	存卷1～48	存卷1～48	存卷1～48	48卷
康熙	—	存卷1～100	存卷1～100	存卷1～100	110卷
雍正	—	存卷1～60	存卷1～60	存卷1～60	60卷
乾隆	—	存卷1～359	存卷1～359	存卷1～359	359卷
嘉庆	—	存卷1～99	存卷1～99	存卷1～99	99卷
道光	缺卷79～91、101～121、176	存卷1～78、92～100、122～178	存卷1～78、92～100、122～178	存卷1～78、92～100、122～178	178卷，缺卷79～91、101～121
咸丰	缺卷120～121	存卷1～119、122～124	存卷1～119、122～124	存卷1～119、122～124	124卷，缺卷120、121
同治	缺卷46～74	存卷1～45、75～165	存卷1～45、75～165	存卷1～45、75～165	165卷，缺卷46～74
现存	—	1098卷	1098卷	—	1093卷
总计	1161卷	1165卷	1165卷	1165卷	1161卷

王先谦《东华录》稿本缩微胶片、《中国古籍善本书目·史部》、《中国古籍善本总目》、《中国古籍总目·史部》和"湖北省图书馆官方网站图书检

---

① 参见《中国古籍善本书目·史部》上册，上海古籍出版社，1991，第167页。

② 参见翁连溪编校《中国古籍善本总目》第2册，线装书局，2005，第280页。

③ 参见中国古籍总目编纂委员会编《中国古籍总目·史部》第1册，上海古籍出版社，2009，，第157页。

④ http://opac.library.hb.cn：8080/opac/book/2002386662？index=12&globalSearchWay=&base=q%3D%25E4%25B8%259C%25E5%258D%258E%25E5%25BD%2595%26searchType%3Dstandard%26isFacet%3Dfalse%26view%3Dstandard%26booktype%3D1%26booktype%3D2%26booktype%3D3%26booktype%3D6%26booktype%3D7%26booktype%3D8%26booktype%3D9%26booktype%3D10%26booktype%3D11%26booktype%3D13%26booktype%3D14%26ro%3D10%26sortWay%3Dscore%26sortOrder%3Ddesc%26searchWay0%3Dmarc%26logical0%3DAND%26rows%3D1&searchKeyword=东华录，最后访问日期：2022年11月10日。

索系统"对王先谦《东华录》稿本卷数的著录相互出入之处有三。

其一是王先谦《东华录》康熙朝部分卷数。《中国古籍善本书目·史部》、《中国古籍善本总目》和《中国古籍总目·史部》均曰"存卷1~100"，中华全国图书馆缩微文献复制中心摄制的缩微胶片亦不言其有缺，"湖北省图书馆官方网站图书检索系统"在未记录缺失卷数的情况下，将该部分总卷数错记为110卷，似将王先谦《东华录》"624卷本"中康熙朝部分的卷数误为稿本该部分卷数。

其二是道光朝卷176是否缺失。《中国古籍善本书目·史部》《中国古籍善本总目》《中国古籍总目·史部》和"湖北省图书馆官方网站图书检索系统"，均记此卷尚存或未载其缺失，然而，中华全国图书馆缩微文献复制中心摄制的缩微胶片显示，虽然道光卷175和道光卷177之间补入了《清实录》中与该卷叙事起讫时间相同的部分，但是该册封面的"此下百七十六卷阙，起二十九年九月尽十月，今补"字样，恰好说明王先谦《东华录》稿本道光卷176早在此书编定时就已经佚失。

其三是现存卷数和总卷数。现存卷数方面，经笔者计算，王先谦《东华录》稿本现存1092卷，《中国古籍善本书目·史部》、《中国古籍善本总目》和《中国古籍总目·史部》中所记王先谦《东华录》稿本现存1098卷，应系计算错误。总卷数方面，虽然王先谦《东华录》稿本缩微胶片和"湖北省图书馆官方网站图书检索系统"均将各部分现存最后一卷为该部分末卷计算卷数，从而得出了王先谦《东华录》稿本共1161卷的结论，但是笔者查阅王先谦《东华录》稿本缩微胶片发现，其中天聪、崇德朝部分现存的最后一卷为第24卷，而此卷记事止于崇德六年八月，无崇德六年九月至崇德八年七月间史事和天聪、崇德朝论赞，故笔者推测该稿本天聪、崇德朝部分第24卷后，极有可能尚缺若干卷，王先谦《东华录》稿本的总卷数应为1161卷或1161卷以上。

（三）王先谦《东华录》"624卷本"与"120卷本"

除稿本外，王先谦《东华录》的其他版本按卷数可以分为天命朝至同治十一朝"624卷本"和天命朝至道光九朝"120卷本"两种。"624卷本"中天命朝至道光朝部分（424卷）以"光绪五年至光绪十年长沙王氏原刻本"

为代表，刊行时间相对较早，其后部分书局、书坊排印时，大多将原书数卷合为一卷，形成了九朝"120卷本"。现将这种卷本列表6如下。

表6 "624卷本"与"120卷本"对应关系

"120卷本"	"624卷本"		叙事起讫时间
卷名	卷名	卷数	
天命朝卷一	天命一至天命四	4卷	万历十一年至天命十一年①
天聪、崇德朝卷一	天聪一至天聪七	7卷	天命十一年②至天聪六年
天聪、崇德朝卷二	天聪八至崇德二	5卷	天聪七年至崇德二年
天聪、崇德朝卷三	崇德二至崇德八	7卷	崇德三年至崇德八年③
顺治朝卷一	顺治一至顺治三	3卷	崇德八年④至顺治元年
顺治朝卷二	顺治四至顺治九	6卷	顺治二年至顺治四年
顺治朝卷三	顺治十至顺治十七	8卷	顺治五年至顺治八年
顺治朝卷四	顺治十八至顺治二十一	4卷	顺治九年至顺治十年
顺治朝卷五	顺治二十二至顺治二十五	4卷	顺治十一年至顺治十二年
顺治朝卷六	顺治二十六至顺治三十一	6卷	顺治十三年至顺治十五年
顺治朝卷七	顺治三十二至顺治三十六	5卷	顺治十六年至顺治十八年⑤
康熙朝卷一	康熙一至康熙五	5卷	顺治十八年⑥至康熙四年
康熙朝卷二	康熙六至康熙十	5卷	康熙五年至康熙九年
康熙朝卷三	康熙十一至康熙十四	4卷	康熙十年至康熙十三年
康熙朝卷四	康熙十五至康熙十八	4卷	康熙十四年至康熙十五年
康熙朝卷五	康熙十九至康熙二十二	4卷	康熙十六年至康熙十七年

---

① 王先谦《东华录》"光绪五年至光绪十年长沙王氏原刻本"之"天命四"和"清末铅印本"之"天命朝卷一"叙事均讫至"天命十一年八月庚戌"。

② 王先谦《东华录》"光绪五年至光绪十年长沙王氏原刻本"之"天聪一"和"清末铅印本"之"天聪、崇德朝卷一"叙事均起自"天命十一年八月庚戌"。

③ 王先谦《东华录》"光绪五年至光绪十年长沙王氏原刻本"之"崇德八"和"清末铅印本"之"天聪、崇德朝卷三"叙事均讫至"崇德八年八月庚午"。

④ 王先谦《东华录》"光绪五年至光绪十年长沙王氏原刻本"之"顺治一"和"清末铅印本"之"顺治朝卷一"叙事均起自"崇德八年八月庚午"。

⑤ 王先谦《东华录》"光绪五年至光绪十年长沙王氏原刻本"之"顺治三十六"和"清末铅印本"之"顺治朝卷七"叙事均讫至"顺治十八年正月丁巳"。

⑥ 王先谦《东华录》"光绪五年至光绪十年长沙王氏原刻本"之"康熙一"和"清末铅印本"之"康熙朝卷一"叙事均起自"顺治十八年正月丁巳"。

续表

"120卷本"	"624卷本"		叙事起讫时间
卷名	卷名	卷数	
康熙朝卷六	康熙二十三至康熙二十六	4卷	康熙十八年至康熙十九年
康熙朝卷七	康熙二十七至康熙三十	4卷	康熙二十年至康熙二十一年
康熙朝卷八	康熙三十一至康熙三十四	4卷	康熙二十二年至康熙二十三年
康熙朝卷九	康熙三十五至康熙四十	6卷	康熙二十四年至康熙二十六年
康熙朝卷十	康熙四十一至康熙四十四	4卷	康熙二十七年至康熙二十八年
康熙朝卷十一	康熙四十五至康熙五十	6卷	康熙二十九年至康熙三十一年
康熙朝卷十二	康熙五十一至康熙五十六	6卷	康熙三十二年至康熙三十四年
康熙朝卷十三	康熙五十七至康熙六十	4卷	康熙三十五年至康熙三十六年
康熙朝卷十四	康熙六十一至康熙六十六	6卷	康熙三十七年至康熙三十九年
康熙朝卷十五	康熙六十七至康熙七十四	8卷	康熙四十年至康熙四十三年
康熙朝卷十六	康熙七十五至康熙八十	6卷	康熙四十四年至康熙四十六年
康熙朝卷十七	康熙八十一至康熙八十七[①]	7卷	康熙四十七年至康熙四十九年
康熙朝卷十八	康熙八十八至康熙九十二	5卷	康熙五十年至康熙五十二年
康熙朝卷十九	康熙九十三至康熙九十八	6卷	康熙五十三年至康熙五十五年
康熙朝卷二十	康熙九十九至康熙一百二[②]	5卷	康熙五十六年至康熙五十七年
康熙朝卷二十一	康熙一百三至康熙一百十	8卷	康熙五十八年至康熙六十一年[③]
雍正朝卷一	雍正一至雍正三	3卷	康熙六十一年[④]至雍正元年
雍正朝卷二	雍正四至雍正五	2卷	雍正二年
雍正朝卷三	雍正六至雍正七	2卷	雍正三年
雍正朝卷四	雍正八至雍正九	2卷	雍正四年

---

① 王先谦《东华录》"清末铅印本"之"康熙朝卷十七"卷端标有"原康熙八十一至康熙八十六",经笔者查阅,此卷亦包含"康熙五十年七月至康熙五十年十二月"史事,即"624卷本"之"康熙八十七"。

② 王先谦《东华录》"清末铅印本"之"康熙朝卷二十"卷端标有"原康熙九十九至康熙一百三",经笔者查阅,此卷不包含"康熙五十八年正月至康熙五十八年六月"史事,即"624卷本"之"康熙一百三"。

③ 王先谦《东华录》"光绪五年至光绪十年长沙王氏原刻本"之"康熙一百十"和"清末铅印本"之"康熙朝卷二十一"叙事均讫至"康熙六十一年十一月癸巳"。

④ 王先谦《东华录》"光绪五年至光绪十年长沙王氏原刻本"之"雍正一"和"清末铅印本"之"雍正朝卷一"叙事均起自"康熙六十一年十一月甲午"。

续表

"120卷本"	"624卷本"		叙事起讫时间
卷名	卷名	卷数	
雍正朝卷五	雍正十至雍正十一	2卷	雍正五年
雍正朝卷六	雍正十二至雍正十三	2卷	雍正六年
雍正朝卷七	雍正十四至雍正十五	2卷	雍正七年
雍正朝卷八	雍正十六至雍正十七	2卷	雍正八年
雍正朝卷九	雍正十八至雍正十九	2卷	雍正九年
雍正朝卷十	雍正二十至雍正二十一	2卷	雍正十年
雍正朝卷十一	雍正二十二至雍正二十三	2卷	雍正十一年
雍正朝卷十二	雍正二十四至雍正二十五	2卷	雍正十二年
雍正朝卷十三	雍正二十六	1卷	雍正十三年①
乾隆朝卷一	乾隆一至乾隆四	4卷	雍正十三年②至乾隆元年
乾隆朝卷二	乾隆五至乾隆八	4卷	乾隆二年至乾隆三年
乾隆朝卷三	乾隆九至乾隆十二	4卷	乾隆四年至乾隆五年
乾隆朝卷四	乾隆十三至乾隆十四	2卷	乾隆六年
乾隆朝卷五	乾隆十五至乾隆十六	2卷	乾隆七年
乾隆朝卷六	乾隆十七至乾隆二十	4卷	乾隆八年至乾隆九年
乾隆朝卷七	乾隆二十一至乾隆二十四	4卷	乾隆十年至乾隆十一年
乾隆朝卷八	乾隆二十五至乾隆二十六	2卷	乾隆十二年
乾隆朝卷九	乾隆二十七至乾隆二十八	2卷	乾隆十三年
乾隆朝卷十	乾隆二十九至乾隆三十	2卷	乾隆十四年
乾隆朝卷十一	乾隆三十一至乾隆三十二	2卷	乾隆十五年
乾隆朝卷十二	乾隆三十三至乾隆三十六	4卷	乾隆十六年至乾隆十七年
乾隆朝卷十三	乾隆三十七至乾隆四十	4卷	乾隆十八年至乾隆十九年
乾隆朝卷十四	乾隆四十一至乾隆四十二	2卷	乾隆二十年
乾隆朝卷十五	乾隆四十三至乾隆四十四	2卷	乾隆二十一年
乾隆朝卷十六	乾隆四十五至乾隆四十六	2卷	乾隆二十二年

---

① 王先谦《东华录》"光绪五年至光绪十年长沙王氏原刻本"之"雍正二十六"和"清末铅印本"之"雍正朝卷十三"叙事均讫至"雍正十三年八月己丑"。

② 王先谦《东华录》"光绪五年至光绪十年长沙王氏原刻本"之"乾隆一"和"清末铅印本"之"乾隆朝卷一"叙事均起自"雍正十三年八月己丑"。

"120卷本"	"624卷本"		叙事起讫时间
卷名	卷名	卷数	
乾隆朝卷十七	乾隆四十七至乾隆四十八	2卷	乾隆二十三年
乾隆朝卷十八	乾隆四十九至乾隆五十	2卷	乾隆二十四年
乾隆朝卷十九	乾隆五十一至乾隆五十四	4卷	乾隆二十五年至乾隆二十六年
乾隆朝卷二十	乾隆五十五至乾隆五十八	4卷	乾隆二十七年至乾隆二十八年
乾隆朝卷二十一	乾隆五十九至乾隆六十二	4卷	乾隆二十九年至乾隆三十年
乾隆朝卷二十二	乾隆六十三至乾隆六十四	2卷	乾隆三十一年
乾隆朝卷二十三	乾隆六十五至乾隆六十六	2卷	乾隆三十二年
乾隆朝卷二十四	乾隆六十七至乾隆六十八	2卷	乾隆三十三年
乾隆朝卷二十五	乾隆六十九至乾隆七十	2卷	乾隆三十四年
乾隆朝卷二十六	乾隆七十一至乾隆七十二	2卷	乾隆三十五年
乾隆朝卷二十七	乾隆七十三至乾隆七十四	2卷	乾隆三十六年
乾隆朝卷二十八	乾隆七十五至乾隆七十六	2卷	乾隆三十七年
乾隆朝卷二十九	乾隆七十七至乾隆七十八	2卷	乾隆三十八年
乾隆朝卷三十	乾隆七十九至乾隆八十	2卷	乾隆三十九年
乾隆朝卷三十一	乾隆八十一至乾隆八十二	2卷	乾隆四十年
乾隆朝卷三十二	乾隆八十三至乾隆八十四	2卷	乾隆四十一年
乾隆朝卷三十三	乾隆八十五至乾隆八十六	2卷	乾隆四十二年
乾隆朝卷三十四	乾隆八十七至乾隆八十八	2卷	乾隆四十三年
乾隆朝卷三十五	乾隆八十九至乾隆九十二	4卷	乾隆四十四年至乾隆四十五年
乾隆朝卷三十六	乾隆九十三至乾隆九十四	2卷	乾隆四十六年
乾隆朝卷三十七	乾隆九十五至乾隆九十八	4卷	乾隆四十七年至乾隆四十八年
乾隆朝卷三十八	乾隆九十九至乾隆一百	2卷	乾隆四十九年
乾隆朝卷三十九	乾隆一百一至乾隆一百二	2卷	乾隆五十年
乾隆朝卷四十	乾隆一百三至乾隆一百四	2卷	乾隆五十一年
乾隆朝卷四十一	乾隆一百五至乾隆一百六	2卷	乾隆五十二年
乾隆朝卷四十二	乾隆一百七至乾隆一百八	2卷	乾隆五十三年
乾隆朝卷四十三	乾隆一百九至乾隆一百十	2卷	乾隆五十四年
乾隆朝卷四十四	乾隆一百十一至乾隆一百十二	2卷	乾隆五十五年
乾隆朝卷四十五	乾隆一百十三至乾隆一百十四	2卷	乾隆五十六年
乾隆朝卷四十六	乾隆一百十五至乾隆一百十六	2卷	乾隆五十七年

续表

"120卷本"	"624卷本"		叙事起讫时间
卷名	卷名	卷数	
乾隆朝卷四十七	乾隆一百十七至乾隆一百十九	2卷	乾隆五十八年至乾隆五十九年
乾隆朝卷四十八	乾隆一百二十	1卷	乾隆六十年
嘉庆朝卷一	嘉庆一至嘉庆六	6卷	嘉庆元年至嘉庆三年
嘉庆朝卷二	嘉庆七至嘉庆八	2卷	嘉庆四年
嘉庆朝卷三	嘉庆九至嘉庆十	2卷	嘉庆五年
嘉庆朝卷四	嘉庆十一至嘉庆十二	2卷	嘉庆六年
嘉庆朝卷五	嘉庆十三至嘉庆十四	2卷	嘉庆七年
嘉庆朝卷六	嘉庆十五至嘉庆十八	4卷	嘉庆八年至嘉庆九年
嘉庆朝卷七	嘉庆十九至嘉庆二十二	4卷	嘉庆十年至嘉庆十一年
嘉庆朝卷八	嘉庆二十三至嘉庆二十六	4卷	嘉庆十二年至嘉庆十三年
嘉庆朝卷九	嘉庆二十七至嘉庆二十八	2卷	嘉庆十四年
嘉庆朝卷十	嘉庆二十九至嘉庆三十二	4卷	嘉庆十五年至嘉庆十六年
嘉庆朝卷十一	嘉庆三十三至嘉庆三十六	4卷	嘉庆十七年至嘉庆十八年
嘉庆朝卷十二	嘉庆三十七至嘉庆三十八	2卷	嘉庆十九年
嘉庆朝卷十三	嘉庆三十九至嘉庆四十四	6卷	嘉庆二十年至嘉庆二十二年
嘉庆卷朝十四	嘉庆四十五至嘉庆五十	6卷	嘉庆二十三年至嘉庆二十五年①
道光朝卷一	道光一至道光四	4卷	嘉庆二十五年②至道光元年
道光朝卷二	道光五至道光八	4卷	道光二年至道光三年
道光朝卷三	道光九至道光十二	4卷	道光四年至道光五年
道光朝卷四	道光十三至道光十六	4卷	道光六年至道光七年
道光朝卷五	道光十七至道光二十	4卷	道光八年至道光九年
道光朝卷六	道光二十一至道光二十四	4卷	道光十年至道光十一年
道光朝卷七	道光二十五至道光二十八	4卷	道光十二年至道光十三年
道光朝卷八	道光二十九至道光三十四	6卷	道光十四年至道光十六年
道光朝卷九	道光三十五至道光四十	6卷	道光十七年至道光十九年

① 王先谦《东华录》"光绪五年至光绪十年长沙王氏原刻本"之"嘉庆五十"和"清末铅印本"之"嘉庆朝卷十四"叙事均讫至"嘉庆二十五年七月己卯"。

② 王先谦《东华录》"光绪五年至光绪十年长沙王氏原刻本"之"道光一"和"清末铅印本"之"道光朝卷一"叙事均起自"嘉庆二十五年七月己卯"。

续表

"120卷本"	"624卷本"		叙事起讫时间
卷名	卷名	卷数	
道光朝卷十	道光四十一至道光四十四	4卷	道光二十年至道光二十一年
道光朝卷十一	道光四十五至道光五十	6卷	道光二十二年至道光二十四年
道光朝卷十二	道光五十一至道光五十六	6卷	道光二十五年至道光二十六年
道光朝卷十三	道光五十七至道光六十	4卷	道光二十七年至道光三十年①

　　由表6可知，"120卷本"一卷所对应"624卷本"前九朝部分的卷数，多则8卷，少则1卷，叙事时段长短亦无一定之规。"光绪十九年会稽籀三仓室校印本"《东华续录（咸丰朝）》"凡例"对"120卷本"提出了批评："王氏原编分四百十八卷，而缩印改编一百二十卷，致原书次第纷糅，艰于考稽，读者病之。"②大约王先谦《东华录》"624卷本"较之"120卷本"的卷数编排相对合理，也更能反映作者的本意。

　　以上仅述及笔者目前所见各版本王先谦《东华录》的情况，并据此对王先谦《东华录》的称名和卷数问题进行初步探讨，而更为深入的整理和研究，尚待学界更多与此书相关的查考和发现。

---

① 王先谦《东华录》"光绪五年至光绪十年长沙王氏原刻本"之"道光六十"和"清末铅印本"之"道光朝卷十三"叙事均讫至"道光三十年正月丁未"。

② 王先谦：《东华续录（咸丰朝）》第1册，光绪十九年会稽籀三仓室校印本，"凡例"，第1叶。

清史馆与清学史研究之风的形成

朱曦林

清季民初的清学史研究，自章太炎先生《清儒》篇开其端，刘师培、梁启超、钱穆等先生后先继起，各因其学术渊源和撰述宗旨之差异，从不同的视角致力于清代学术史的研究，由此形成了日后影响深远的"文字狱"说、"理学反动"说、"每转益进"说等研究范式。其间，辛亥鼎革，民国政府设立清史馆，纂修《清史》，学林中人多被延聘。开馆之初，首商议例，政、学两界颇为瞩目，皆多所建言。其中《儒林传》《文苑传》关系一代学术之定评，又以前清耆宿缪荃孙膺重其事，"志在明一代学术之源流，而无所偏倚于其间"①。因而自编纂伊始，与之商议者不乏其人，书信往来络绎。而对于《儒林传》《文苑传》的这种关注，无形中也促进并影响了此后的清学史研究。迄今为止，学界对《清史稿》的研究已取得了丰硕的成果，然而具体于《儒林传》《文苑传》的研究则略显单薄，②对两传的具体编纂过程及其与清学史研究之风的关系，亦尚乏关注。有鉴于此，本文拟通过梳理《清史

---

① 缪荃孙：《艺风堂文漫存（乙丁稿）》卷3《国史儒林文苑两传始末》，缪荃孙著，张廷银、朱玉麟主编《缪荃孙全集·诗文》2册，凤凰出版社，2014，第661页。

② 近年来代表性的研究有：张承宗的《缪荃孙的史学成就》（《近代史研究》1983年第2期）梳理了缪荃孙的清史研究及《清史稿》编纂的经历；杨洪升的《缪荃孙研究》（上海古籍出版社，2008）亦对缪氏生平、交游及两传的管见版本做了梳理；张舜徽在《清史稿·儒林文苑传》（《爱晚庐随笔》，华中师范大学出版社，2005）一文中曾就两传的不足进行指毁；陈鸿森的《〈清史稿·儒林传〉举正》（《国学研究》第25卷，北京大学出版社，2010）就《儒林传》中纪事、年月违误之处，以及条录二十六事，考正其是非；戚学民的《汉学主流中的庄氏学术：试析〈清史稿·儒林传〉对常州学术的记载》（《中华文史论丛》2011年第4期）通过梳理缪荃孙不同时期所撰《儒林传》对常州庄氏学术的书写，呈现了作为汉学主流的常州学术，而非章太炎、

稿》之儒学、文学两传的编纂过程，透视《儒林传》《文苑传》的编纂与清学史研究之风的关系。

欣逢业师陈祖武先生八秩寿辰，本文的撰写深受先生《清代学者象传校补》《〈清史稿·儒林传〉校读记》两书的教益和启发，谨以本文庆贺业师八秩华诞，并向先生致以诚挚的敬意！

一　清史开馆及义例的相关讨论

1914年初，"内战甫止"，袁世凯"欲以文事饰治"，仿"清初修《明史》故智"，设立清史馆，借以"延揽胜朝遗老、山林隐逸"。[①]是年1月，袁世凯授意时任国务总理的熊希龄设立清史馆，并于2月3日由国务院呈文总统批示。[②]同年3月9日，民国政府颁布大总统令，正式设立清史馆，[③]延聘前清旧臣赵尔巽为馆长，主持馆员聘任，筹备开馆事宜。迭经数月的筹备，至8月底，赵尔巽呈文确定开馆日期，于9月1日正式开馆，[④]并向各省颁布征书章程，征集各省通儒硕彦著作、私家传记、碑铭、墓志等，"以备清史资料"[⑤]。

由于设立清史馆所赋予的特殊意义，从国务院呈文，到清史馆的设立，

梁启超等学人笔下的以西汉今文经学反对古文经学的对立派别；业师陈祖武先生在《清代学术流变》（北京师范大学出版社，2012）中指出，应注重清理《清史稿·儒林传》之讹误，随后在《〈清史稿·儒林传〉校读记举要》（《光明日报》2018年4月9日，第14版）中，又对《儒林传》的疏漏之处进行归纳举隅，2021年出版的《〈清史稿·儒林传〉校读记》（商务印书馆，2021）更是对该传做了全面的校勘整理；许曾会的《桐城派与〈清史稿〉的编修》（《史学史研究》2016年第2期）对马其昶修正儒林、文苑二传的情况略做了梳理；另外，戚学民近年来通过对台北故宫博物院所藏《儒林传》《文苑传》的发掘研究，推动了两传研究的发展，主要的成果收入《清史档案中的清代文史书写》（清华大学出版社，2022）。

① 一士：《〈清史稿〉与赵尔巽》，《逸经》1936年第2期。
② 《政府公报》第628号，1914年2月5日。
③ 《政府公报》第660号，1914年3月10日。
④ 《政府公报》第837号，1914年9月3日。关于馆长的选任风波及馆员聘任、开馆筹备的具体情形，可参见伏传伟《进入民国——清史馆的机构与人事》（博士学位论文，中山大学历史系，2006），第21～96页。
⑤ 《政府公报》第863、886、888、893号，1914年9月29日、10月23日、10月25日、10月30日。

再到馆长的人选议定、延聘人员的选择，一时南北报刊多所瞩目。其中，对于清史体例、史目的拟定，尤为当时政、学中人所关注，参与其事的朱师辙称："史之撰述，先重体裁，体裁不立，末由著笔。"①因此，开馆之初首重史例，并向各界征求意见。②是时，"体例未定，建议蜂起"③，史馆内外，纷纷参与讨论，史馆中人则有吴廷燮的《清史商例》、金兆蕃的《拟修清史略例》、吴士鉴的《陈纂修体例》、姚永朴的《与清史馆论修史书》等；馆外的建议则有于式枚、缪荃孙等的《谨拟开馆办法九条》、梁启超的《清史商例第一书》《清史商例第二书》、张宗祥的《纂修清史办法》、朱希祖的《拟清史宜先修志而后纪传议》等。各家所上史例"多数偏于旧史体裁"，唯梁启超"建议颇偏重创新史体裁"。此后，历经了多次讨论，由于参与其事者多数认为，"清史为结束旧史之时，不妨依据旧史稍广其类目"，主张沿用"旧史体裁"，于式枚更是致书时任国务卿的徐世昌，就梁启超《清史商例第一书》《清史商例第二书》中的"创新"建议逐条驳斥而轰动一时。④最终，清史馆在综合各方意见后，采"于氏九条为主，而参取各家所长以补之"，即据《明史》的体例而稍做变通。⑤

具体于儒林、文苑两传，在体例讨论阶段，馆内外的意见也多有涉及。馆中意见，如姚永朴认为"《汉书·艺文志》谓儒家者流，游文于六经之中，留意于仁义之际，宗师仲尼，于道最为高，是则师也，亦儒也"，反对设立《道学传》，提出《儒林传》"于汉学、宋学外，宜增调停两派之人"，而不应遵循阮元、曾国藩"本《周官》师儒之分"的旧旨。对于明遗民，姚氏认为"自苦节外，苟有表见，仍宜各就所长分而录之"，并以孙奇逢、张履祥、顾炎武为例，认为："彼道德文章，皆足以承先启后，傥舍儒林、文苑，而惟取一行为之名，岂能括其全体？"主张将足以"承先启后"的明遗

---

① 朱师辙：《历代笔记丛刊·清史述闻》卷1，上海书店出版社，2009，第1页。

② 《清史馆修史之第一次会议》，《时报》1914年9月25日。

③ 王锺翰：《张尔田师谈清史稿编修之经过》，《清史补考》，辽宁大学出版社，2004，第172页。

④ 《清史馆近闻》，《时报》1915年6月15日。报道称，于式枚"对于梁任公所著清史体例值评论，援古证今，清辨滔滔。其独抒意见之处，尚能上蹑恒蹊，发人之所未发"。此文后收入朱师辙所著《清史述闻》，题为"于式枚《修史商例按语》"。

⑤ 朱师辙：《历代笔记丛刊·清史述闻》卷1，第3页。

民收入于儒林、文苑两传中，而不另立专传。同时，姚氏还反对设立《畴人传》，认为"古人书数，本括诸六艺之中"，清代虽"多研究算学之儒"，而"精于六书者，既入之儒林，天算同例，正无庸别标篇目"。[①]金兆蕃同样反对立《道学传》，提出《儒林传》应将"治宋五子书及专事汉学者，同其篇目而异其卷第"，即将治宋学与汉学者共同纳入"儒林"而异其卷帙，并将治训诂、金石、子史杂家、算学的学者一并纳入。而衍圣公及诸家博士则可循《明史》之例，附入《儒林传》。[②]袁嘉谷的意见与姚、金大体相似，反对于《儒林传》外别立《道学传》，认为若"以经学别于儒林"，则"其失与《宋史》等"；但他主张设立《明遗民传》，以附顾炎武、王夫之、徐枋等人。[③]吴士鉴在所上的《陈纂修体例》中则认为，阮元所撰《儒林传》"谨严翔实，深得史法"，可为"修传之法"；并提出"今修史传，宜通体详加讨论，其未备者补之，其学问、名誉稍次者或改附传，或不立传而但著录于《艺文志》中"，即借鉴阮元《儒林传》之法，而稍为之补阙修订。同时，吴氏也主张"不论宋学、汉学均当列入'儒林'，以泯门户之见"。而对于《文苑传》，吴氏则主张以阮元所修"国史馆'文苑传'为依据"，"除国初诸大家外，其余以有著述卓然可传者为限，或诗，或古文家，或骈文家，或金石学家，或校勘之学家，或文选学家，必须学有专长，方可列入此传"，在撰传时亦应"以时、地为类，专传、附传轩轾尤应注意"。此外，吴氏还认为"清代算术融会中西，超轶前古"，主张别立《畴人传》，以为之表彰。[④]

馆外的意见，如于式枚、缪荃孙等人在《谨拟开馆办法九条》中提出儒林、文学、畴人应独立成传，《儒学传》"上卷宋学，下卷汉学，宋学分派，汉学分经"，《畴人传》"阮文达公以算学归入儒林，而本朝专家甚多，当用阮、罗诸人所撰《畴人传》，另立专门"。[⑤]梁启超则将儒林、文苑列为"丛

① 姚永朴：《蜕私轩集》卷2《与清史馆论修史书》，《桐城派名家文集》第11册，安徽教育出版社，2014，第50～51页。
② 金兆蕃：《拟修清史略例》，朱师辙著《历代笔记丛刊·清史述闻》卷9，第132～133页。
③ 袁嘉谷：《卧雪堂文集》卷13《与清史馆馆长第一书》，《袁嘉谷文集》第1册，云南人民出版社，2001，第451页。
④ 吴士鉴：《陈纂修体例》，朱师辙著《历代笔记丛刊·清史述闻》卷11，第156～157页。
⑤ 于式枚、缪荃孙等：《谨拟开馆办法九条》，朱师辙著《历代笔记丛刊·清史述闻》卷6，第91页。

传"，主张"道学、儒林不分传"，《儒林传》应分"汉宋两派，区析为卷"，并提出另立《明遗民传》，凡《明史》无传者，如王夫之、顾炎武、黄宗羲等皆入此传。[1]但于式枚在《修史商例按语》中反对梁启超立《明遗民传》的建议，认为"王、顾、黄三人应入'儒林传'，不必强分"，认为应从"国史'儒林传'"例，将明遗民列于清代诸儒之前。[2]

通过上述的梳理，可见在体例讨论阶段，史馆内外对于儒林、文苑两传的讨论，主要集中在《儒林传》上，表现为三个主题：其一，是否另立《道学传》以别于《儒林传》；其二，明遗民是否纳入《儒林传》；其三，是否从《儒林传》中提出《畴人传》，以作表彰。是时，对于第一个主题基本持否定意见，而对于第二、三个主题，史馆内外持论不一，莫衷一是。如《明遗臣传》，同上《谨拟开馆办法九条》的于式枚、缪荃孙就曾持论不一，缪氏主张将顾、黄、王等人归入《明遗臣传》，而于氏则主张归入《儒林传》。在编纂过程中，缪、于二人经反复辩论后，缪氏才同意于氏之说，将顾、黄、王等人改入《儒林传》。而对创立《畴人传》，于、缪意见基本一致，在致吴士鉴的书札中，缪氏言"至欲以算学家仍归《儒林》，弟反复辩论，晦若亦首肯立《畴人传》"[3]。据朱师辙先生的比对，《清史稿》刊本中，儒林、文苑、畴人等传目，大体上即本之于、缪等人的拟目，唯《儒林传》"虽采汉、宋分卷之说，然亦未能尽分"[4]而已。

二 缪荃孙与《儒学传》《文学传》的编纂

缪荃孙（1844～1919），初字小珊，号楚苎，后改字炎之，号筱珊，晚号艺风，江苏江阴人。幼承家学，肄业丽正书院，从丁俭卿受经学、小学。同治三年（1864）侍父入川，寄籍华阳，六年（1867）应试获举，改归原籍。时张之洞视学蜀中，奖掖后进，荃孙执贽称弟子。光绪二年（1876）中式进士，改翰林院庶吉士，散馆授编修，充国史馆纂修，辑《儒林》《文苑》

① 梁启超：《清史商例第一书》，朱师辙著《历代笔记丛刊·清史述闻》卷7，第104页。

② 于式枚：《修史商例按语》，朱师辙著《历代笔记丛刊·清史述闻》卷7，第106页。

③ 陈东辉、程惠新：《缪荃孙致吴士鉴信札考释》"二十九"，《文献》2017年第1期。

④ 朱师辙：《历代笔记丛刊·清史述闻》卷2，第20页。

《循吏》《孝友》《隐逸》五传。十一年（1885）升任国史馆总纂，因修《儒林传》与掌院徐桐龃龉，适丁继母忧，告归。历主江阴南菁、山东泺源、湖北经心、江宁钟山、常州龙城等书院讲席。光绪三十三年（1907），两江总督端方倡立江南图书馆，以荃孙为总办。宣统元年（1909）奉调入京，任京师图书馆正监督。辛亥后，荃孙避居上海。1914年，清史开馆，荃孙受聘总纂，分任《儒林》《文苑》《循吏》《孝友》《隐逸》等传，又负责撰康熙朝列传。1919年卒于上海，享年七十有六。荃孙治学以乾、嘉诸儒为圭臬，治经以汉学为归，兼精史学，拾遗订误，悉循钱大昕、王鸣盛之轨，于目录、版本、金石之学多有撰著，允称名家。荃孙毕生著作颇丰，总数近百余种。①

至1914年底，史例商议既定，馆中诸人随即分工纂修；②大体而言，从1914年开馆，到1928年史稿付印，《清史稿》的编纂可分三期。据夏孙桐的回忆，第一期"全无条例，人自为战，如一盘散沙。后乃议整理，先从列传着手"。第二期"选人任之，始分朝拟定传目归卷。……既而时局益乱，经费不给，遂全局停顿。久之，馆长别向军阀筹款。稍有端，于是重加整顿，以求结束"。第三期"馆中同事已多他去，留者重行分配"，本预定三年告成，甫逾半年，馆长赵尔巽即将全稿付印。③具体于编纂三期中，因时局的影响，各期人员变化频繁，始终与其事者，仅关内本《清史稿》书前所列十四人而已。④而《儒林》《文苑》二传，"非明于一代学术之变迁不足以撰述"⑤，据朱师辙《清史述闻》和张尔田《清史馆馆员名录》的记载，二传首创自缪荃孙，而后迭经马其昶、柯劭忞整理而成。夏孙桐曾作附记于缪荃孙《儒学

---

① 以上分别参考自《艺风老人自撰年谱》（缪荃孙著，张廷银、朱玉麟主编《缪荃孙全集·杂著》第1册，第159~200页）、《缪荃孙学案》（徐世昌著，陈祖武点校《清儒学案》卷188《南皮学案下》，河北人民出版社，2008，第6562~6563页）、柳诒徵《缪荃孙传》（卞孝萱、唐文全编《民国人物碑传集》卷7，凤凰出版社，2011，第462~463页）。

② 《清史史目之概略》，《盛京时报》1915年1月23日。该文称"现在该馆已将史目暂行拟定"，而据缪荃孙《日记》所载"开笔修《清史》"则在甲寅年十一月丁丑（1914年12月17日）（缪荃孙著，张廷银、朱玉麟主编《缪荃孙全集·日记》第3册，第349页），可见史例的讨论在1914年底已经大体毕事。

③ 夏孙桐：《观所尚斋文存》卷6《与张孟劬书》，国家图书馆藏民国年间铅印本。

④ 朱师辙：《历代笔记丛刊·清史述闻》卷3，第41页。

⑤ 朱师辙：《历代笔记丛刊·清史述闻》卷2，第29页。

传》稿本卷首，详述历次《儒林传》《文苑传》纂修情形，兹录之如下，以见梗概：

> 艺风所记《儒林》《文苑》两传，第一次阮文达之稿，有《儒林》而无《文苑》，第二次戴文端所进呈，两传始备。第三次道光甲辰另行删并，即坊间所刻之本；第四次光绪中艺风所撰，未及进呈；第五次光绪癸卯国史馆据艺风稿重添，欲进呈而未果。及清史馆开，两传仍归艺风经手，即所自撰旧稿增删，改名《儒学》《文学》，此第六次也。又经马通伯复辑，大致与缪稿无大异，略有增入之人，仍名《儒林》《文苑》，此第七次也。马稿又经柯凤孙复阅，仅改作序文，其中无甚变动，而其稿失去儒林一册，至付印时仓猝又取缪稿，但改用阮文达原序，传中亦稍更动，此第八次也。

据夏孙桐的记载，《儒林传》《文苑传》两传，自缪荃孙纂成后，虽经马其昶、柯劭忞修订，但最终付印时，由于《儒林传》遗失一册，而改用缪氏原稿，《文苑传》则沿用马其昶、柯劭忞的修订稿。[①]笔者曾就缪氏所撰《儒学传》《文学传》与现通行之《清史稿》同传对比，发现《儒林传》基本沿袭缪氏《儒学传》之排序，仅个别学者的顺序略有不同，或未收入，或有所增加。如《儒学传》卷一中，以李颙居前，而王夫之居其后，卷末则无邵懿辰及其附传高均儒、伊乐尧。卷二中，以卢文弨、钱大昕、段玉裁、孙志祖、刘台拱、孔广森、邵晋涵、戴震为序，而《儒林传》中则以卢文弨、钱大昕、王鸣盛、戴震、段玉裁、孙志祖、刘台拱、孔广森、邵晋涵为序。另外，同卷顾炎武之附传张弨、全祖望之附传卢镐则为《儒林传》所无，而《儒林传》戚学标之附传江有诰则为《儒学传》所无，当为此后增补。卷三，则缺《儒林传》中俞樾与孙诒让之间的王闿运、王先谦，以及卷末之郑杲、宋书升、法伟堂，而《儒学传》胡培翚之附传汪士铎、曾钊之附传仪克中、

---

① 朱师辙：《历代笔记丛刊·清史述闻》卷3，第40页。师从马其昶的李诚先生认为，《清史稿·文苑传序》"最为拙劣"，断非出自马氏之手，很可能是经金梁所修改之稿。李诚：《桐城派文人在清史馆》，《江淮论丛》2008年第6期。

陈澧之附传廖廷相、郑珍之附传吴树声、陈奂之附传马钊,《儒林传》同卷或缺,或移置他处。而《文苑传》由于曾迭经柯劭忞、马其昶的修订,以故与缪氏《文学传》多有不同,足证夏孙桐附记所言非虚。而据此亦可见缪荃孙之于《儒林传》《文苑传》的最终成稿,实有着不可泯灭的贡献。以下谨就缪氏编纂《儒学传》《文学传》之经过,做一梳理,以见其中之情形。

1914年史馆初开,夏孙桐先期北上,凡有消息即送达缪处;迄于8月,清史馆诸事拟定,预备开馆,夏氏再次寄信缪氏,告知"史馆事已定"[1];不久缪氏即收到由吴士鉴"代致史馆聘书"[2]。9月,正式开馆,缪氏先期撰成《清史义例》及《开馆办法》,后又受馆长赵尔巽之托,延聘叶景葵、于式枚、王乃征等人。虽然于、王二人最终辞聘,但于式枚仍与缪氏一同撰成《谨拟开馆办法九条》寄呈史馆,《清史稿》的编纂体例大体即出于此议。[3]是时,缪氏寓沪,尚未北上,而馆中之人已"极盼老前辈早日到馆,俾有准绳"[4],章钰更以当代"江阴季野"[5]称之,吴士鉴在信中即言:

> ……十二日审查体例,仅十三人,将各家拟例汇集,共十余份。逐条斟酌。尊撰史例,早归入其中。十日结果,大致以侄与式之、籛孙主持为稍多,梁任公所拟未尽从之,其他离奇光怪之表志名目,取消殆尽。将来长者到馆,再加坚持,绝无异议。至明遗臣一门,梁任公拟目亦有之。现定体例确已幼稚,其中分卷及定列何人,请长者认定,自行详订子目可也。[6]

① 缪荃孙:《艺风老人日记》,"甲寅年六月十五日(1914年8月6日)"条,缪荃孙著,张廷银、朱玉麟主编《缪荃孙全集·日记》第3册,第330页。

② 缪荃孙:《艺风老人日记》,"甲寅年六月廿五日(1914年8月16日)"条,缪荃孙著,张廷银、朱玉麟主编《缪荃孙全集·日记》第3册,第331页。

③ 缪荃孙:《艺风老人日记》,"甲寅年八月二日(1914年9月21日)、八月三日(1914年9月22日)、九月朔日(1914年10月19日)"条,缪荃孙著,张廷银、朱玉麟主编《缪荃孙全集·日记》第3册,第336~337、341页。

④ 顾廷龙校阅《〈中华文史论丛〉增刊·艺风堂友朋书札》上册,上海古籍出版社,1983,第228页。

⑤ 顾廷龙校阅《〈中华文史论丛〉增刊·艺风堂友朋书札》下册,第592页。

⑥ 顾廷龙校阅《〈中华文史论丛〉增刊·艺风堂友朋书札》上册,第451页。

由此可见，当时体例讨论虽云集一时之名士，但缪荃孙对于体例的取舍定夺，有相当大的影响力，无怪乎张尔田回忆时称："缪荃孙为国史馆总纂前辈，以史事自任，巍然为之魁率。"[①]并且，缪氏之于史馆的地位，还体现在荐举馆员方面，如吴昌绶曾恳请为其在史馆谋职，"鄙意颇愿分史馆微糈，兼可为吾师作驿递。姑听诸公办去，倘果有头绪，尚赖吾师一言方妥"[②]。虽未见缪氏的复函，但不久吴氏就收到聘书，"史馆于十九日以协修见聘，悉出吾师裁植，感泐无似"[③]。与之相似，夏孙桐一开始也未被史馆延聘，"侄（吴士鉴——引者注）两荐闰枝，而不见诸。徐东海以闰枝、伯崇并举，亦未延聘"[④]，但最终夏氏还是以"后来添聘者"的身份就职史馆，除其学识之外，夏氏与缪氏的至戚关系[⑤]，当是重要因素。

是年11月，缪荃孙北上入京，"至馆与同人集议"，商订编纂办法，并"书定儒林、文苑、孝友、隐逸诸传"由其编纂。[⑥]缪氏自1914年开馆，迄于1919年辞聘，由于"不能久居京师"[⑦]，至京者仅三次，最后一次则在1917年。[⑧]兹时，由于受时局影响，史馆经费支绌，人员变动较大，因此，"赵次山专函"请缪氏赴京重商编纂办法。[⑨]缪氏"力主先拟定传目，以时代为段落，择人分任"[⑩]，经其主持"始克定议"[⑪]，史馆第二期的编纂即大致从缪氏之议。

---

① 王锺翰：《张尔田师谈清史稿编修之经过》，《清史补考》，第172页。
② 顾廷龙校阅《〈中华文史论丛〉增刊·艺风堂友朋书札》下册，第883页。
③ 顾廷龙校阅《〈中华文史论丛〉增刊·艺风堂友朋书札》下册，第890页。
④ 顾廷龙校阅《〈中华文史论丛〉增刊·艺风堂友朋书札》上册，第453页。
⑤ 夏孙桐与缪荃孙的至戚关系，据夏孙桐《两妹事略》云："甲申（1884）冬，余送三妹嫁至京师，会同邑缪艺风前辈荃孙丧偶，闻妹贤孝，请缔婚。余禀慈命受聘，次年乙酉（1885），太夫人见背，后始成礼焉。"可知缪荃孙为夏孙桐妹夫。夏孙桐：《观所尚斋文存》卷4《两妹事略》。
⑥ 缪荃孙：《艺风老人日记》，"甲寅年九月二十日（1914年11月7日）"条，缪荃孙著，张廷银、朱玉麟主编《缪荃孙全集·日记》第3册，第343页。
⑦ 夏孙桐：《观所尚斋文存》卷4《缪艺风先生行状》。
⑧ 按：不管是夏孙桐的《缪艺风先生行状》，还是朱师辙的《清史述闻》中，都称缪荃孙在"戊午（1918）"曾北上入京，但笔者翻阅《艺风老人日记》，这一年缪氏未曾入京，或是夏氏误记，而朱氏沿袭之故。
⑨ 缪荃孙：《艺风老人日记》，"丁巳年七月十六日（1917年9月2日）"条，缪荃孙著，张廷银、朱玉麟主编《缪荃孙全集·日记》第4册，第34页。
⑩ 夏孙桐：《观所尚斋文存》卷4《缪艺风先生行状》。
⑪ 顾廷龙校阅《〈中华文史论丛〉增刊·艺风堂友朋书札》上册，第449页。

《儒林传》的编纂，始于1914年冬。是时，清史编纂办法既定，缪荃孙遂从清史馆借阅《儒林传》《文苑传》旧稿，稍作勘定，即行返沪。随后，缪氏又与寓居沪上的前清耆宿瞿鸿禨、沈曾植、于式枚、樊增祥等人商谈，不久即撰就《国史儒林文苑传始末》，略述历次纂修始末；[①] 并于旧历十一月朔日，开笔修《清史》。[②] 首改《宋学儒林传》（《儒林传》卷1），将孙奇逢、李颙、沈国模、谢文洊、王夫之等理学中人之传文次第改定，而后续撰经学诸儒传文，自清初顾炎武、黄宗羲，以迄清中叶东吴惠氏、戴震、钱大昕、刘逢禄等，先后撰就。自1914年12月至1915年6月撰写《儒学传序》[③]，大约历时半载，共成《儒学传》5卷。[④] 儒林写定，缪氏又续纂《文学传》，自1915年6月撰写《文学传序》始，迄于是年12月末校毕《文学传》，大约亦半载而成。[⑤] 后又历经修改，至1916年5月始蒇事交稿。[⑥]

在《儒学传》《文学传》编纂之时，缪荃孙凡写定一卷或数卷，即与寓沪耆宿及史馆中人互为商订，如当时在馆修史的吴士鉴，即是缪荃孙的主要商讨对象。顾廷龙先生整理的《艺风堂友朋书札》及陈东辉、程惠新先生整理的《缪荃孙致吴士鉴信札考释》（《文献》2017年第1期）中，就保存了大量缪、吴二人关于《儒学传》《文学传》编纂的商讨意见，如1915年7月，吴士鉴在阅过缪氏寄来的《儒学传》稿后，即提出建议：

前日敬奉赐书，并递到大著《儒学传》二卷。又补《梨洲传》及《叙言》。……

---

① 缪荃孙：《艺风老人日记》，"甲寅年十月廿四日（1914年12月10日）"条，缪荃孙著，张廷银、朱玉麒主编《缪荃孙全集·日记》第3册，第348页。

② 缪荃孙：《艺风老人日记》，"甲寅年十一月朔日（1914年12月17日）"条，缪荃孙著，张廷银、朱玉麒主编《缪荃孙全集·日记》第3册，第349页。

③ 缪荃孙：《艺风老人日记》，"乙卯年五月十二日（1915年6月24日）"条，缪荃孙著，张廷银、朱玉麒主编《缪荃孙全集·日记》第3册，第385页。按：日记中，缪荃孙并未区分《儒林传》与《儒学传》、《文苑传》与《文学传》之名，经常混用。

④ 缪荃孙：《艺风老人日记》，"乙卯年五月三日（1915年6月15日）"条，缪荃孙著，张廷银、朱玉麒主编《缪荃孙全集·日记》第3册，第384页。

⑤ 缪荃孙：《艺风老人日记》，"乙卯年十一月十一日（1915年12月17日）"条，缪荃孙著，张廷银、朱玉麒主编《缪荃孙全集·日记》第3册，第412页。

⑥ 缪荃孙：《艺风老人日记》，"丙辰年四月二十八日（1916年5月29日）"条，缪荃孙著，张廷银、朱玉麒主编《缪荃孙全集·日记》第3册，第443页。

大稿精实细密，抉择谨严，学派分明，无可攻摘，此班、范二史后第一之巨制也。门外浅尝之人骤阅之，那能解此。倀猥承不弃，命以覆勘一过，谨当守拾遗补阙之职，懔当仁不让之训，于纪年干支未尽改正者，则冒昧改注于旁，其余有可校订者，签于上方。大氐皆细微节目，而于尊著之大体，百无一二增损。已函约式之来京，与之互阅，阅毕即代呈馆长也。惟有一二人，拟商之长者，未知尚可附入否？一为崔东壁，其所著述，虽无家法，而北学除通州雷、肃宁苗、昌平王三人外，尚觉寥寥。东壁久已悬人心目之中，能否增附于雷传之下，以餍北人之望，而免他日北人攻南之弊，此中消息极微眇，倀非助北学，乃所以护南学耳。一为邹叔绩，咸同以后，湘中颇习汉学，固由风气渐染，抑亦湘皋、默深及书绩诸公所以启之也。湘皋当另立列传，默深必入文苑，未知叔绩亦列文苑否？如可移儒学，或附郑子尹。以叔绩虽湘人，而其学实成于黔中也。暂论祈采择之。①

吴氏的建议，大要有二：其一，添崔述附于雷学淇传，"以餍北人之望"，以免日后南北攻讦；其二，增邹汉勋附于郑珍传，以其开湘中之汉学。对于吴氏的建议，缪氏回函即称：

东壁附入雷传，亦甚相宜。收其人，著其弊，次王萱龄之上。时学如苗，可訿处亦多。魏与龚合传，其说经是经论，不得谓之经学。壬秋即学之，取其容易。邹氏好学深思，本拟次江忠烈传，表其学，表其节，今移入郑子尹传后亦无不可。柯君新传有望钞入陈左海传后，凤生之尊人，弟处无其书，目著其名，中无其文，如已交，弟来再补。文学侯方域原是专传，今改附汪钝翁，又怕河南人来争，仍为专传。河南人当道，世故亦不能无，彼此心照。因搜明遗臣，翻王船山《永历实录》，

---

① 顾廷龙校阅《〈中华文史论丛〉增刊·艺风堂友朋书札》上册，第453～454页。按：吴士鉴此札落款为"五月二十一日"，而缪荃孙在"乙卯五月十六日（1915年6月28日）"的日记中，则记有"发吴炯斋，寄《儒学传》稿"（缪荃孙著，张廷银、朱玉麟主编《缪荃孙全集·日记》第3册，第386页），故吴氏此札当是对缪氏来函的回复，该札即在阳历1915年7月3日。

党同伐异，直是王壬秋口吻，不足凭也。湘皋入文学。[1]

从缪荃孙的复函可见，吴士鉴的建议基本得到了采纳，而审阅此传的章钰亦表示赞同，吴氏遂将崔述、邹汉勋两传分别添入雷学淇、郑珍传中；吴氏在复函中即云："崔、邹二君，既承尊旨赞同，式之亦以为然，即为检各种资料，补辑附入国史。旧稿繁冗，不能照抄。柯君传料，一时尚未搜齐，俟长者来京再补。侯壮悔专传，亦同此意。彼此苦心孤诣，亦无法尽如人意，惟此数人尚可略迁就耳。"[2]不久，《儒学传》撰成，缪氏再次寄京请吴士鉴参订，并附函略作补充，谨移录如下：

> 炯斋仁兄大人阁下：昨寄寸械，有《儒学》三、四、五卷之目，内写脱俞荫甫年伯，是写官误落，乞代添入，以张文虎本有传附之。弟恐阶青（俞陛云，俞樾孙——引者注）见之发怒责言。弟当自任粗疏，若再约人呈请总统发命令则太肉麻矣。乱书补写，便无痕迹。想兄亦不与人见也。又李越缦列之《文苑》，而陶仲彝（陶在铭——引者注）力争《儒林》，不知两传有何轩轾？越缦经学过于湘绮，而只有《经说》数篇，殊不相合。从前谈过，条理通贯，别无专书，放下再说。[3]

吴氏阅后即提出建议：

> ……端节发下《儒学传目》，敬阅一过。顾、王冠首仍遵阮例，究为允当。此外分併（并），甚见精心甄综。高邮文简，有学问而无政

---

[1] 陈东辉、程惠新：《缪荃孙致吴士鉴信札考释》"二十一"，《文献》2017年第1期。按：文中云"河南人当道，世故亦不能无，彼此心照"，"河南人当道"指袁世凯及徐世昌，是时袁世凯为民国总统，徐世昌为国务卿，皆河南人（徐世昌虽为直隶天津人，实生于河南卫辉，至登第之前，皆久居于河南）。参见贺培新辑《徐世昌年谱》，中国社会科学院近代史研究所近代史资料编辑室编《近代史资料》第69号，中国社会科学出版社，1988，第1～42页。

[2] 顾廷龙校阅《〈中华文史论丛〉增刊·艺风堂友朋书札》上册，第455页。

[3] 陈东辉、程惠新：《缪荃孙致吴士鉴信札考释》"十九"，《文献》2017年第1期。

绩，附于石臞先生甚妥。曲园偶尔漏写，当代补在孙仲容之上。越缦于经学、小学未有著述，似难列于儒林。曾忆癸巳秋闱，此老监试，侄与闲谈，叩以生平著作，自言于经、小学毫无心得，即有一二说经之文，亦蹈袭前人，不足自立。故葵园刻《续经解》时来征所著，婉言谢之。此老自言如是，可见得失甘苦，非亲历者不知之。今陶仲彝欲争入儒林，直是不知越缦也。若列入文苑，尚可为同光后劲；厕之儒林，黯然无色矣。[1]

通观缪、吴两通往来书札，大要有三：其一，吴士鉴认为缪荃孙《儒学传》遵阮元旧例，以"顾、王冠首"，甚为允当，在各传分合上，更是"甚见精心甄综"，并盛赞缪氏以王引之作为王念孙附传的处理方式；其二，缪、吴二人对于陶在铭争将李慈铭归入《儒学传》的做法，皆表示异议，认为李氏"只有《经说》数篇，殊不相合"，"列入文苑，尚可为同光后劲；厕之儒林，黯然无色矣"；其三，则是吴氏遵照缪氏嘱咐，代其将漏写的俞樾添入，位列孙诒让之上，以免其孙俞陛云之责难。其中值得注意的则是吴氏所言缪氏将"顾、王冠首仍遵阮例，究为允当"之说，在体例讨论阶段，缪荃孙曾主张立《明遗臣传》，"一台湾郑氏亦弟任之，一黄、顾、王、钱田间、金道隐、查职方，作两卷"[2]。然而在编纂过程中，缪荃孙发现"本以黄、顾、王、李清、钱秉澄为明遗臣，奈《明史》已收李清"[3]，并且黄、顾、王入《明遗臣传》，而"汉学冠首者总不妥帖"。在经与于式枚反复商议后，缪氏认可于氏之说，认为"晦若精于史学……顾、黄、王、钱宜入儒学，细思殊属不错"，以故缪氏最终"改而从之"，将顾、黄、王"仍从阮传，统归《儒学》"[4]，并区分为上下卷，"《黄梨洲传》次第一卷，孙钟元之次"[5]，"王夫之

① 顾廷龙校阅《〈中华文史论丛〉增刊·艺风堂友朋书札》上册，第452~453页。按：此札中提及"端节发下《儒学传目》"；据查，1915年端午节在阳历6月17日，而据缪荃孙日记记载，其撰就《儒林目录》，并寄予吴士鉴当在是年"四月十七日"即阳历5月30日，紧接着缪氏即续撰修改。因此，吴士鉴端午节所收到的目录当是最初撰就之稿。

② 陈东辉、程惠新：《缪荃孙致吴士鉴信札考释》"九"，《文献》2017年第1期。

③ 陈东辉、程惠新：《缪荃孙致吴士鉴信札考释》"二十五"，《文献》2017年第1期。

④ 陈东辉、程惠新：《缪荃孙致吴士鉴信札考释》"二十五"，《文献》2017年第1期。

⑤ 陈东辉、程惠新：《缪荃孙致吴士鉴信札考释》"二十七"，《文献》2017年第1期。

改入前卷（《儒学传》上卷——引者注），史论痛诋郑康成，黄因其讲学，下卷只顾为首"。①

另外，在缪荃孙编纂《儒学传》《文学传》时，史馆中人像章钰亦曾提出建议，如其审阅《儒学传》时，即曾询及万斯同、汪喜孙的归属："儒学二、三卷，式之阅毕交来，已代呈馆长，渠所签二十余条，亦关于文字推敲，至大体无间然也。……惟式之谓万季野见于何处？汪孟慈自有传，系附于何人？均乞便中示及。"②姚永概则对缪氏的编纂体例和资料来源不以为然："缪小山编儒林、文苑，搜罗尚非不广，但皆极短简，不成体例。且用阮氏《文苑传》体，句句必注所引书，而所引书往往引及袁子才，而不知袁子才所为碑传，皆任意为之，殊不足征信。余尝以袁氏所为较之他书，辄不相合。"③馆外学者，如叶德辉则认为张履祥、陆世仪应入《隐逸传》，顾炎武、李颙不能同列《儒林传》："张杨园、陆桴亭尚入隐逸，顾亭林、李二曲同为前明逸民，而亦不能混入一传。李二曲受圣祖褒嘉，于隐逸则相宜，于逸民则有愧。亭林开有清二百余年之经学，然不以为逸民，而以为儒林，不足以遂其初志也。"④又如于式枚、沈曾植，因与缪氏同寓沪上，其所作列传更是"大半亦与商榷"⑤。

而在编纂《文学传》时，缪荃孙原拟将"江左三大家"汇为一传，于式枚即提出应以钱谦益冠于《文学传》之首，吴士鉴则赞同缪氏之说，认为："钱如冠文学之首，似不能弁冕一朝，无已则合三家为一传（原注：昨亦不甚赞同），较为惬心。将来类此者正多，侭总盼长者主持一切，折衷允当，鄙人所最倾心折服者也。"⑥由于缪氏对桐城派颇有成见，亦曾打算将方东树、吴敏树摒于《文学传》之外，则有谏其："方、吴之类不列文苑，无以折彼崇拜者。"⑦对于张裕钊、吴汝纶，缪氏虽恶其有"诋斥汉学之语"，本

① 陈东辉、程惠新：《缪荃孙致吴士鉴信札考释》"三十一"，《文献》2017年第1期。
② 顾廷龙校阅《〈中华文史论丛〉增刊·艺风堂友朋书札》上册，第455页。
③ 贺葆真著，徐雁平整理《贺葆真日记》卷28，"1917年1月18日"条，凤凰出版社，2014，第389页。
④ 顾廷龙校阅《〈中华文史论丛〉增刊·艺风堂友朋书札》下册，第558～559页。
⑤ 陈东辉、程惠新：《缪荃孙致吴士鉴信札考释》"二十五"，《文献》2017年第1期。
⑥ 顾廷龙校阅《〈中华文史论丛〉增刊·艺风堂友朋书札》上册，第450页。
⑦ 顾廷龙校阅《〈中华文史论丛〉增刊·艺风堂友朋书札》上册，第461页。

欲将二人摒之，但由于为时所推重，只好"徇时论而列之"。^①此外，像吴汝纶之子吴闿生还曾向馆长赵尔巽提出，为其父列专传，桐城马其昶、姚永朴等人亦助其言，但由于赵氏的反对而最终不果，以致在史馆中"掀起一场轩然大波"^②。

通过上述的梳理，可见当时史馆内外，对于《儒林传》《文苑传》应收入何人，传目应如分合，何人应入儒林，何人应入文苑，皆颇为重视。因而缪氏在撰成《儒学传》《文学传》时，即嘱咐吴士鉴："误处求随笔改定，恳馆长专守秘密。主意如一宣露，争者争，批评者批评，报馆再抑扬之，以后不能办，亦无人敢交卷矣。清朝专制延至二百五十年，民国共和日日如累卵，大小事均如此。从前我门所商各例，有许多办不动处，再行细商，如一发动，又要征集意见，风潮日起矣。"^③由此可见，当时时论对《清史稿》编纂的关注度相当高，以至已为学林耆宿的缪荃孙在执笔儒林、文苑两传时，也因惮虑时论的评骘，对其纂成之稿谨慎处理，深恐被私下流传。

三　对于《儒林传》《文苑传》的评论与清学史研究之风的形成

1928年7月，《清史稿》刊印藏事，^④其中《儒林传》《文苑传》两传，据夏孙桐所述，自缪荃孙撰成《儒学传》《文学传》草稿后，又曾经马其昶复辑、柯劭忞修订；但最终付印时，由于《儒林传》丢失一册，故刊印时该传仍沿用缪氏之稿，仅是对传文稍事更订，而序文则改用阮元旧稿；《文苑传》则采用马、柯修订之稿，但刊本序文则并非马其昶之稿，或为柯劭忞"改作"之稿。^⑤

---

① 顾廷龙校阅《〈中华文史论丛〉增刊·艺风堂友朋书札》上册，第462页。

② 李诚：《桐城派文人在清史馆》，《江淮论丛》2008年第6期。

③ 陈东辉、程惠新：《缪荃孙致吴士鉴信札考释》"十五"，《文献》2017年第1期。

④ 袁金铠：《佣庐日记语存》卷5，李德龙、俞冰主编《历代日记丛抄》第137册，学苑出版社，2006，第261页。

⑤ 按：马其昶所作《清史儒林传序_{辛酉}》《清史文苑传序_{辛酉}》皆见《抱润轩文集》（《桐城派名家文集》第8册，安徽教育出版社，2014，第91～92页），可证《清史稿·文苑传》并非其所作。据前引夏孙桐附记，或为柯劭忞之稿，李诚先生则认为是金梁所作。李诚：《桐城派文人在清史馆》，《江淮论丛》2008年第6期。

1929年12月，在《清史稿》刊行的翌年，南京国民政府以其"有回护清朝、微辞民国之处"[①]，颁令将之禁售。然而自《清史稿》问世以后，其中舛误阙漏之处已多为时论所指瑕，而对于儒林、文苑两传的评价亦频出异调之声。朱师辙对其祖朱骏声被列入附传颇为不满，认为："清代小学桂、段、朱、王四大家，先祖《说文通训定声》为尤著，张文襄《书目答问》加以按语谓'此书甚便学者'，清'儒林'桂馥、段玉裁、王筠皆有正传，岂有反以最著之一人为钱大昭之附传？且先祖出钱竹汀先生门，以附竹汀尚不谓当，况与钱大昭素无往来，学术不相涉，而为附传可乎？"[②]并认为："《儒林传》为缪筱珊先生稿，必不致误，或抄稿者误连为一。"[③]张尔田则批评儒林、文苑两传存在有应立传而缺漏者，有不应立传而冒滥收入者。[④]傅振伦则认为两传的人物分合，颇有不妥之处："本稿儒林文苑诸传，专传附出，分铨不当。如马骕附于《儒林二·张尔岐传》，崔述附见《儒林三·雷学淇传》，杨守敬附于《文苑三·张裕钊传》，其显例也。他若王国维之入《忠义传》，章学诚之入《文苑传》，分隶亦属失当。"[⑤]孟森则提出另立《畴人传》"似亦多事"，"清代经师能治历者甚多"，宜并入《儒林传》中。[⑥]李权虽赞许二传"出入异同，实有别具卓识者"，但指出《清史稿》二传较《清国史》"儒林自芮长恤以下二百余人，文苑自周茂兰以下三百余人，并姓名而轶之"，批评"修《清史》者乃听其湮没而不之恤，秉《春秋》责备贤者之义，其能为之讳哉"，希望"后之续修者，愿有所观览焉"。[⑦]此外，王伯祥还指出两传人物的遗漏问题，称："《儒林》著录卢文弨和顾广圻，而黄丕烈、陆心源、丁丙诸人竟不一顾；《文苑》附见孙原湘和周济，而独遗诗人舒位、王昙和词人戈载。"[⑧]而

---

① 〔日〕吉川幸次郎：《我的留学记》，钱婉约译，中华书局，2008，第123页。

② 朱师辙：《历代笔记丛刊·清史述闻》卷5，第72页。

③ 朱师辙：《历代笔记丛刊·清史述闻》卷5，第73页。

④ 杨树达：《积微翁回忆录》（增订本），北京大学出版社，2007，第84页。

⑤ 傅振伦：《〈清史稿〉评论上》，许师慎辑《有关清史稿编印经过及各方意见汇编》下册，台北："中华民国"史料研究中心，1979，第569页。

⑥ 孟森：《清史在史学上之位置》，许师慎辑《有关清史稿编印经过及各方意见汇编》下册，第621页。

⑦ 李权：《阅〈清史稿〉儒林文苑诸传书后》，《东方杂志》第41卷第5期，1945年3月。

⑧ 王伯祥：《读〈清史稿〉述臆》，《民铎杂志》第10卷第1期，1929年1月。

时论亦有批评《文苑传》存在学者缺漏的情况，如朱筠、翁方纲在原刊本中即为漏传。①

虽然《清史稿》自问世即为时人所诟病，但从另一方面来说，此也反映了是时史馆内外对于《清史稿》编纂的关注。尤其是儒林、文苑两传，关系一代学术之定评，在其编纂期间更是为学林中人所瞩目，这种关注无形中也促进了清史及清学史研究的发展。如1914年底，在清史馆开馆不久，徐世昌就聘请时任清史馆总纂的王树枏主持《大清畿辅先哲传》的编纂，并称"清初纂修明史，编辑诸公多系南人，北方名彦遗漏颇多，万季野曾痛切言之。今值创修清史之时，窃恐二百数十年文献，仅凭官家采访，不无遗漏"②，因"特设此局，请王晋卿同年纂辑应入儒林、文苑各传底稿，以为史馆之助"③。可见徐世昌倡修《大清畿辅先哲传》的直接动因，在于担忧清史馆对于应入儒林、文苑的畿辅先贤"恐有遗漏"。而以此为起点，徐世昌在随后的二十余年间，又陆续主持编纂了《大清畿辅书征》《晚晴簃诗汇》《清儒学案》等清学史著作。④

1922年，当《清史》的编纂历久无功，清史馆更是"消息阒寂，无人闻问"之时，陈训慈先生撰文呼吁："吾人于清史不禁有二大希望：一曰修清史之进行，一曰关于清史著述之倡导。"⑤其中，陈先生认为，清代学术文化"朴学发前儒之潜光，实学开现今之新机"，对当时清学史著作仅有梁启超的《清代学术概论》，且又"简略多缺"的情况颇感遗憾，因而提出个人之编述《清史》"尤为当务之急"。

时至1928年，在《清史稿》刊印藏事之际，由于"不满人意"，叶恭绰先生也以《清史应如何纂修》为题发表演讲，呼吁重修清史。而对于清代的学术文化，叶先生认为："（清代）各种学术的发达，在中国学术史上，实在要占很重要的位置"，"比较前代虽不能压倒一切，却有若干的特

① 朱师辙：《历代笔记丛刊·清史述闻》卷5，第73页。
② 徐世昌：《大清畿辅先哲传》卷首"例言"，北京古籍出版社，1993，第4页。
③ 徐世昌：《韬养斋日记》第38册，乙卯三月十二日（1915年4月25日）"。
④ 参见朱曦林《〈清儒学案·夏峰学案〉纂修述略》，《清史论丛》2016年第1期。
⑤ 陈训慈：《清史感言》，《史地学报》第1卷第3期，1922年5月。

长表征"，进而提出"极应综合为有系统的纪载，藉垂不朽"。^①这一年，叶先生刊行《清代学者象传》，在序文中称："有清二百余年，学术繁兴，文儒辈出，其言行著作，散见公私纪载者，不知凡几。其汇为专书者，则有若国史馆各列传暨《耆献类征》《国朝先正事略》《碑传集》《汉学师承记》等。第其间，体制不一，或限于年代，或囿于部居，或尚缺剪裁，或未遑综贯，卒未有折衷汇萃，勒为一编者。易代以还，清史待修，其有须乎此尤亟，顾迟之又久阒无闻焉。"而《清代学者象传》的出版，即是备清史学研究之参考："又比岁治国学者，于清代学术极致研求，此书尤为一最良之参考品。"^②

其间，像刘咸炘、梁启超、欧阳之钧、罗振玉等学人，也相继投身清学史的研究中，如刘咸炘即鉴于此前的清学史著作"互有详略"，皆"未餍心"，而发愿编著《清儒学案》，最终因"无暇成此书"，仅写成《清学者谱叙录》；^③梁启超在1923年4月致书张元济时则提及撰辑《清儒学案》的愿望；^④翌年在授课时又讲道："吾发心著《清儒学案》有年，常自以时地所处窃比梨洲之故明，深觉责无旁贷。"^⑤此书虽未能卒业，仅成手稿数篇，^⑥但他

---

① 叶恭绰：《清史应如何纂修》，许师慎辑《有关清史稿编印经过及各方意见汇编》下册，第537、539页。

② 叶恭绰：《清代学者象传·序》，陈祖武校补《清代学者象传校补》卷首，商务印书馆，2017，第29页。这一年，在《清代学者象传》出版之际，叶恭绰还曾致函胡适，请其搜寻学者遗像，可见当时叶氏为搜补学者像，致力之辛勤。（曹伯言整理《胡适日记全编》第5册，"1928年11月28日"，安徽教育出版社，2001，第306～311页）《清代学者象传》刊行后的影响，陈祖武先生曾指出："20世纪20年代中，清史馆所修《史稿》争议正炽，董理一代学术史风气方兴。《象传》第一集的问世，顺乎潮流，引领风气，颇为四方瞩目。一时学坛及社会名流，若康有为、王秉恩、樊增祥、沈尹默、冒广生、蔡元培、于右任、罗振玉、谭延闿等，皆有序跋或题签。"陈祖武：《〈清代学者象传〉校补举要》，《文史哲》2016年第5期。

③ 刘咸炘：《系年录》，李克齐、罗体基编《推十书》（增补全本）壬癸合集，上海科学技术文献出版社，2009，第1130页。

④ 丁文杰、赵丰田编《梁启超年谱长编》，上海人民出版社，2009，第638页。

⑤ 梁启超：《清代学者整理旧学之总成绩》，《东方杂志》第21卷第17期，1924年9月。

⑥ 据《饮冰室合集·残稿存目》所记，《清儒学案初稿》共存《黄梨洲学案稿》7页、《梨洲学侣学案稿》5页、《顾亭林学案稿》1页、《亭林学侣学案稿》6页、《戴东原学案稿》48页、《东原学侣学案稿》13页以及《清儒学案年表初稿》65页。梁启超：《残稿存目》，《饮冰室合集》专集之一，中华书局，2015，第90～91页。

晚年讲授清学史的讲义，则最终形成了另一本重要的著作《中国近三百年学术史》。而欧阳之钧为表彰清代学术，以一人之力纂成80卷的《清儒学案》，"自夏峰，迄于南皮，列为专案者，得三十有七人"，"附见各案者，都一千数百余人"，堪称巨著。① 而在《清史稿》刊刻藏事的1928年，罗振玉借寓居旅顺之暇，鉴于"有清一代学术昌明，义理、训诂兼汉、宋之长"，另辟蹊径，以四部分类的方法撰成了《本朝学术源流概略》，一抒十余年之夙愿。②

此外，值得注意的是徐世昌的《清儒学案》。与《清史稿》刊行同年，在清学史研究之风的影响下，为"阐扬儒术，津逮后学"，徐世昌将《清儒学案》的编纂提上日程。③ 其中参与《清史稿》编纂者，如王式通、夏孙桐、金兆蕃、张尔田、柯劭忞、王树枏等人，或先后参与《清儒学案》的编纂，或给予帮助，而缪荃孙的至戚夏孙桐更是以总纂身份主持《清儒学案》的编纂，徐世昌称其"《学案》得公（夏孙桐）主持，已成十之九"④。在具体的编纂过程中，《清儒学案》直接标注取材于缪荃孙所撰《儒学传》《文学传》者，亦复不少，如宋世荦、卢文弨、姚振宗、王念孙、王引之、汪中、许桂林、马宗梿、陆继辂、黄丕烈、朱骏声、刘文淇、黄以周、丁晏等。在

---

① 欧阳之钧：《清儒学案序》，《全民日报》1932年8月13、14、16日，第8版。

② 罗振玉：《本朝学术源流概略》，罗继祖编《罗振玉学术论著集》第11集，上海古籍出版社，2010，第189页。按：据1918年罗振玉致王国维的书札，是书原拟交王氏编纂，但王氏最终未能承此托付，仅成一《沈乙庵先生七十寿序》，而最终仍由罗氏撰成。王庆祥、萧立文校注，罗继祖审订《罗振玉王国维往来书信》，东方出版社，2000，第335页。

③ 朱曦林：《金兆蕃参编〈清儒学案〉史事考实——以国图藏金兆蕃致曹秉章书札为中心》，《文献》2017年第3期。按：这里需要指出，徐世昌编辑《大清畿辅先哲传》的直接动因，是担忧《清史稿》遗漏畿辅先贤，随后在其幕僚的建议下又接连编纂《大清畿辅书征》《晚晴簃诗汇》，并以《晚晴簃诗汇》的编纂成员为基础（主要是清史馆中的夏孙桐、金兆蕃、王式通），组织编纂《清儒学案》。因此，从《大清畿辅先哲传》到《清儒学案》，徐世昌的清学史著作编纂经历是"一个循序渐进、相互关联、不可分割的整体"。参见朱曦林《从〈大清畿辅先哲传〉到〈清儒学案〉——徐世昌清学史著作编纂之演进》，《理论与史学》2017第3辑。

④ 过溪：《〈清儒学案〉纂辑记略》，《艺林丛录》第7编，香港商务印书馆，1961，第118页。按：在《清儒学案》编纂过程中，徐世昌虽一再强调各编纂者之间是"同事"，总纂"非导师仍是同事"，并以清代同馆修书之例言："从前同馆编书，总纂、纂修、协修皆是一体也，无所高下。"但夏氏作为总纂，又与徐世昌交谊深厚，因而相对于其他编纂者，地位仍较高。

《清儒学案·凡例》中更是标明："《儒学传稿》，虽未梓行，而足备一代纲要。"①夏氏在校勘时，也一再要求凡"从中华书局所印之《清史列传》中考查应入《学案》之人姓名"，"必须得缪小珊所编《（儒学、文学）目录》方可证明"。②可见缪荃孙所撰《儒学传》《文学传》之于《清儒学案》，实有不可割裂的关系；并且由于夏孙桐以缪氏至戚担任总纂，金兆蕃、沈兆奎、张尔田等主要编纂者又与缪氏交厚，故其所撰《儒学传》《文学传》二传之影响实又不言而喻。

在政、学两界这种呼吁编纂清史和清学史之风的推动下，③受《清史稿》编纂的影响，清史著作推陈出新，从清代的通史撰著到各专题的研究，从回忆录的撰写到野史掌故的汇编，从史料的整理到史学理论的探讨，各领域的研究层出不穷，代有人出。④而清学史的研究，在章太炎、梁启超、胡适、叶恭绰、罗振玉、钱穆、支伟成等先生后先继起的推动之下，成为一时显学，提出了诸多具有"典范"意义的研究范式，如"文字狱"说、"理学反动"说、"每转益进"说等，⑤为此后的清学史研究奠定了坚实的基础。

---

① 徐世昌著，陈祖武点校《清儒学案》卷首"凡例"，第1页。

② 曹秉章整理，徐世昌批示《清儒学案曹氏书札》，俞冰主编《名家书札墨迹》第11册，线装书局，2007，第116页。

③ 这里还需要补充说明，清史研究的兴起，除了《清史稿》编纂的推动外，主要还有以下几个因素。其一，出于对"排满革命"的倡导，通过凸显清廷的压迫，唤起反清运动，以章太炎早期的清史研究为代表。其二，希望通过对既往历史的总结，了解有清一代之变局，以此励后学之修习，发学术之光辉，供世人之访求，如吴曾祺、陈训慈、叶恭绰等人即以此为志；当然，这其中因教学需要而编纂关于清史的讲义者亦复不少，如汪荣宝、陈怀、孟森等。其三，发掘为清廷所隐匿的历史，特别是其在明朝受封及开国初期的历史，主要以章太炎、孟森为代表。随后由于日本侵占东北，宣传"满洲独立"，又直接刺激了当时学人对清史的研究，如傅斯年、郑天挺、吴晗等。另外，当时中央研究院和故宫博物院对清宫档案的整理和刊行，客观上也推动了清史研究。

④ 当时的各项成果，可参见中国社会科学院历史研究所资料室编《七十六年史学书目（1900—1975）》（中国社会科学出版社，1981）及李思清《清史馆文人群体研究》第二章（博士学位论文，中国社会科学院研究生院，2011，第39～44页）。

⑤ 按："文字狱"说最早是在章太炎重订的《訄书·清儒》篇中提出的，他认为由于清廷的政治高压，学者为避免触犯政治上的禁忌而遭受"文字狱"的迫害，不得已转向经典考证一途，从而形成了以经史考证为特色的清代考据学。他的这一"范式"虽出于"排满革命"而提出，偏向于外缘性，但民国肇始后，他对清学史的论述

结　语

　　1914年初，在镇压"二次革命"后，时局略定，为"延揽胜朝山林隐逸"，在袁世凯支持下，民国政府设立清史馆，"援纂例以絷逸贤"，博求通儒、延揽隐逸以助修史，一时南北报刊争相报道，"硕学鸿儒"多被延聘。史馆内外对于修史体例亦多所关注，纷纷上书畅言。最终史馆在综合各方意见后，采于式枚、缪荃孙所上《谨拟开馆办法九条》，而参以各家建议之所长，大体近法《明史》而稍作变通。其中儒林、文苑两传，因缪荃孙在清光绪年间曾两次经手纂修，故仍由其重膺其事。在编纂过程中，由于两传涉及一代学术之定评，史馆内外颇为瞩目，与之商议者所在多有。在历经多次修改后，迄于1916年5月方蒇事交稿。然而，由于缪荃孙在1919年病逝，未能始终其事，两传的修改则迭经马其昶、柯劭忞之手。至1927年《清史稿》付印时，因《儒林传》丢失一册，仓促间仍沿用缪氏《儒学传》稿，仅就传文略事修订，序文则改用阮元旧序，而《文苑传》则仍采马、柯修订之稿。

　　而在《清史稿》及《儒林传》《文苑传》编纂期间，由于学林中人及一时报刊的关注，对其进展与不足多所评骘，受此影响，政、学两界中人或组织编纂，或执笔纂述，而史馆中人亦在《清史稿》之外，或用馆中资源，或另辟蹊径，多所撰述，形成了清史及清学史研究之风。至1928年《清史稿》

大体仍沿用此说，而曾同倡"排满革命"的刘师培，在其相关的清学史论著中对章氏亦多有秉承。梁启超的"理学反动"说，则认为清代学术"厌倦主观的冥想而倾向于客观的考察"，是对"宋明理学之一大反动"，他的理论虽对章太炎的"文字狱"说有所继承，但更偏向于对学术发展的内在探讨。随后，胡适在接受梁启超"理学反动"说的基础上，将近代西方的科学精神纳入其中，强调清代"朴学"的实证主义精神，并将之引入他的清学史研究中。钱穆的"每转益进"说，则针对梁启超的"理学反动"说，强调清代学术对宋明理学的继承和发展，并直接启发了此后余英时的"内在理路"说。而以上这些理论的影响则时至今日尚不乏参考、引用者。［参见黄克武《清代考证学的渊源——民初以来研究成果之评介》，《近代中国史研究通讯》2015年第11期；丘为君《清代思想史"研究典范"的形成、特质与内涵》，《戴震学的形成》，新星出版社，2006，第212～264页；李帆《章太炎、刘师培、梁启超清学史著述之研究》，商务印书馆，2006；罗志田《道咸"新学"与清代学术史研究——〈论中国近三百年学术史〉导读》，《四川大学学报》（哲学社会科学版）2006年第5期；陈居渊《20世纪清代学术史研究范式的历史考察》，《史学理论研究》2007年第1期］另外，章太炎以"吴皖分派"研究乾嘉学术的方法，此后也为梁启超所沿用，迄今仍不乏支持者。

问世，其中的舛讹缺漏，更是为时人所指斥。虽然《清史稿》不久即遭南京国民政府查禁，但在清史及清学史研究之风的推动下，清史著作推陈出新，清代学术史的研究更是成为一时显学。

另外，需要指出的是，从缪荃孙在清光绪年间续修的国史《儒林传》《文苑传》，到清史馆的《儒学传》《文学传》，再到刊本《清史稿》之《儒林传》《文苑传》，虽然缪荃孙的自述及夏孙桐的附记，已略述其演变之脉络，晚近的学者也曾做了颇具价值的探索，但其中具体的差异、变化的原因，则仍有待进一步的深入研究。

徽商与清代学术之演变

梁仁志

陈祖武先生在《清代学术源流》一书中指出："探讨雍正、乾隆年间的古学复兴，徽州是一个当予以重点关注的地域。"[①]纵观有清一代学术之演变，徽州无疑扮演了一个较为独特的角色。不仅汪佑、吴曰慎、施璜等徽州理学家对清初理学正统地位之回归贡献卓著，而且以江永、戴震等为首的皖派朴学家也对清代学术之嬗变有引领之功。徽州何以对清代学术发展演变产生了重要影响，其中缘由学界尚无定论或系统论述。有鉴于此，本文拟对徽商在清代学术之演变中所扮演的角色做一初步讨论，以期管中窥豹，深化对相关问题的认识。不当之处，尚祈方家批评指正。

一　徽商参与清代学术的资本

徽州相对封闭而又山清水秀的地理条件，为当地学风之淳奠定了较为适宜的自然环境基础。与此同时，徽州又是"程朱阙里"，二程及朱熹的学术思想在这里影响很大，"自宋元以来，理学阐明，道系相传，如世次可缀"[②]，使其地风俗"益尚文雅"，"自朱子而后，为士者多明义理，称为'东南邹鲁'"。[③]在朱熹及其后学思想一代一代浸润下，徽州成为"人文辈出，鼎盛

---

①　陈祖武：《江南中心城市与乾隆初叶的古学复兴》，《清代学术源流》，北京师范大学出版社，2012，第181页。

②　康熙《祁门县志》卷1《风俗》。

③　弘治《徽州府志》卷1《风俗》。

辐臻，理学经儒，在野不乏"的"儒风独茂"①之区，进而为当地学风之盛奠定了颇为适宜的人文环境基础。

在浓浓学风熏陶之下，"贾而好儒"遂成为徽商的显著特色。如清休宁人金鼎和"躬虽服贾，精洽经史，有儒者风"②的汪志德，"虽寄迹于商，尤潜心于学问无虚日。……尤熟于史鉴"③；歙县人潘汀州"虽托于贾人，而儒术益治"④；绩溪商人章策"虽不为贴括之学，然积书至万卷，暇辄手一编，尤喜先儒语录"⑤。在徽州人的谱牒、方志、文集等各种文献中，清代徽商"贾而好儒"的例子俯拾皆是。难能可贵的是，清代徽商不仅将儒学作为自己的信仰，而且自觉践行，做到"贾名而儒行"。徽商郑朝霁"事贸迁，驰心猗顿，托迹计然……审势趋会，顺时卑昂，务完母息，操赢过当。弗侈于盈靡，淫于荒蓬，矢斯酬厥业……虽商而儒"⑥；汪尚俸"赋性谦和，与物无竞，尤闲礼度，揖逊雍容，盖迹贾而心儒者也"⑦；鲍雯"恂恂如书生，一切治生家、设智巧、用机械者，君顾屏弃不屑，但推至诚待人"⑧；程善敏"弃儒就贾，承祖父之遗业，客廛于春谷之清江，行白圭治生之术。忍嗜欲，节衣服，与用事同甘苦，克俭克勤，弃取异尚"⑨。正是由于清代徽商的这种浓厚的儒商气质，清代著名学者戴震赞之曰："虽为贾者，咸近士风。"⑩"贾而好儒"的群体特征为徽商深度参与清代学术提供了资本。

二 徽商对清代儒学的改造

商人在清代社会处于一个十分的尴尬地位。美国学者艾尔曼认为："在

① 道光《重修徽州府志·序》。
② 康熙《休宁县志》卷6《人物·笃行》。
③ 《汪氏统宗谱》卷42《行状》。
④ （明）汪道昆：《大函集》卷34《潘汀州传》。
⑤ 绩溪《西关章氏族谱》卷26《例授儒林郎候选布政司理问绩溪章君策墓志铭》。
⑥ 歙县《郑氏宗谱·明故晴轩郑君墓志铭》。
⑦ 《汪氏统宗谱》卷31。
⑧ 《歙县新馆鲍氏著存堂宗谱》卷2《解占弟行状》。
⑨ 歙县《褒嘉里程氏世谱·歙西功叔程君传》。
⑩ （清）戴震：《戴震集》上编文集卷12《戴节妇家传》。

中国，尽管儒生存在着轻视商人的偏见，但是，并没有类似近代欧洲早期的，以及德川幕府时代的日本在商人与士绅之间划定明确的界线。儒家倡导士农工商这样的社会秩序，但这是一个与社会现实脱节的理想秩序，清代社会精英是由士商一体组成的。"①这种看法有其合理的一面，但更多的是看到了表象。事实上当时社会对商人的歧视依然较为严重，清人徐珂在《清稗类钞》中的一段文字，就颇能说明清人对商人的真实态度：

> 咸、同以前，搢绅之家蔑视商贾，至光绪朝，士大夫习闻泰西之重商，官、商始有往来，与为戚友，若在彼时，即遭物议。乾隆初，大学士赵国麟与商人刘藩长联姻，为高宗所责。盖乾隆辛酉六月，因仲永檀劾赵往奠俞姓之事而及之，谕云："赵国麟素讲理学，且身为大学士，与市井庸人刘藩长缔结姻亲，且在朕前保荐。朕已明降谕旨，较之仲永檀参奏之事，其过孰为重大？"斥刘为市井庸人，商之为世所轻乃如此。②

即使在"以商贾为第一等生业"③的徽州也是如此，如清代婺源徽商洪庭梅，即使在经商成功后仍旧说"今庶几惟所欲为，奚仆仆风尘以商贾自秽"，并"常以弃儒服商，不克显亲扬名为恨"④；道光时的黟县徽商舒遵刚，"恨不能专习儒业"⑤；清代歙县徽商凌珊，"早失父，弃儒就贾。……恒自恨不卒为儒，以振家声"⑥。在这样的社会氛围之下，徽商的"好儒"行为显然并非尽如一些学者所言，仅仅是附庸风雅之举，多数徽商对儒学当是"心向往之"的。

正是徽商的自卑和无奈感，迫使他们不得不利用自身的儒学修为对传统的儒家伦理进行调适，为自己的经商行为进行辩解。但"从文化形态来讲，

---

① 〔美〕艾尔曼：《经学、政治和宗族——中华帝国晚期常州今文学派研究》，赵刚译，江苏人民出版社，1998，第14页。

② （清）徐珂：《清稗类钞》第5册《婚姻类·赵国麟与刘藩长联姻》，中华书局，1986，第2051页。

③ （明）凌濛初：《二刻拍案惊奇》卷37《叠居奇程客得助 三救厄海神显灵》，民主与建设出版社，2017，第359页。

④ 婺源《敦煌洪氏通宗谱》卷58《清华雪斋公传》。

⑤ 同治《黟县三志》卷15《文艺志·舒君遵刚传》。

⑥ （清）凌应秋：《沙溪集略》卷4《文行》，安徽师范大学出版社，2018，第118页。

商人文化并不是对传统文化的扬弃,而是对传统文化的熔铸和改造"①,徽商"固然敢于大胆反抗传统对于工商的轻视,却又往往从传统的伦理道德中去寻找反抗的依据,而缺乏决裂的勇气"②。因此,徽商对传统儒家伦理的调整并非对儒学的反动,而是在儒学内部对其本身进行的一种改造,这种改造主要体现在以下两个方面。

一是不断调和义利的关系,使其从对立逐渐走向统一。自从孔子提出"君子喻于义,小人喻于利"之后,义、利就成了区分君子和小人这两种对立人格的标准,义利关系也成为儒家长期高度关注的一个问题。程颢说"天下之事,惟义利而已"③,朱熹曰"义利之说乃儒者第一义"④。宋明理学家在重视义利关系的同时,也严于辨析义利,"抑制功利意识构成了理学一以贯之的主导原则"⑤。王阳明就说:"仁人者,正其谊不谋其利,明其道不计其功。一有谋计之心,则虽正谊明道亦功利耳。"⑥这就使得义利之间的对立关系更加紧张,也进一步加深了社会对以谋利为目的的商人阶层的歧视。在义利关系问题上,徽商提出了自己的看法,他们认为既可"以义为利",也可"以义获利",即"义""利"不仅可以相互利用,而且还可以相互转化。如清绩溪商人江通因"以义获利,为乡里所重"⑦。同时,清代徽商在经商实践中还尽力做到重义轻利、非义之财不取。如休宁人程琼"虽居市井,而轻财重义"⑧;汪坦"虽托游于货利之场,然非义弗取"⑨;汪起凤"以儒服贾……绝口不道奇赢……不言利而利自饶"⑩。歙县人凌晋"与市人贸易,黠贩或蒙混其数,以多

① 郑子雅编译《儒教与现代教育思潮》,商务印书馆,1924,第28页。
② 傅衣凌:《明清社会经济变迁论》,人民出版社,1989,第197~198页。
③ (宋)程颢、程颐:《河南程氏遗书》卷11,(宋)程颢、程颐著,王孝鱼点校《二程集》,中华书局,2004,第124页。
④ (宋)朱熹:《朱文公文集》卷20《与延平李先生书》。
⑤ 杨国荣:《从义利之辩到理欲之辩》,《河北学刊》1994年第3期。
⑥ (明)王阳明:《王文成公全书》卷12《与黄诚甫》。
⑦ 绩溪《西关章氏族谱》卷24《家传》。
⑧ 《见闻纪训》,转引自张海鹏、王廷元主编《明清徽商资料选编》,黄山书社,1985,第284页。
⑨ 《汪氏统宗谱》卷168。
⑩ 《休宁西门汪氏宗谱》卷6《处士起凤公传》。

取之，不屑屑较也；或讹于少与，觉则必如其数以偿焉"①。黟县商人舒遵刚更直接从商人角度重新诠释了义利关系，他说："生财有大道，以义为利，不以利为利。"并设喻说："钱，泉也，如流泉然。有源斯有流，今之以狡诈求生财者，自塞其源也；今之吝惜而不肯用财者，与夫奢侈而滥于用财者，皆自竭其流也。人但知奢侈者之过，而不知吝惜者之为过，皆不明于源流之说也。圣人言，以义为利，又言见义不为无勇。则因义而用财，岂徒不竭其流而已，抑且有以裕其源，即所谓大道也。"②经过徽商的竭力宣扬与践行，义利之间的紧张关系得以改善，为清代义利关系继续从对立趋向统一起了推动作用。

二是不断调整贾儒的关系，为所谓新四民观的形成起到了重要的推动作用。传统儒家文化中，士居四民之首，商则处于社会的最底层，这对于经济上富庶的徽商来说，内心显然是无法平衡的，他们遂竭力调适贾儒关系。清歙县人凌应秋在《沙溪集略》中说："余乡上下两千田畴平野。昔时人大半安于农业，习儒习贾，各有正务，而游手者寡。"③将"习贾"与"习儒"放在同等重要的地位，同样视为"正务"，这显然是在力图摆脱旧四民观的束缚。徽商不仅竭力宣扬"贾""儒"都是正务，仅仅分工不同而已，还直接宣称贾儒地位之平等，甚至认为"业贾"比"业儒"获得成功的机会更大。清歙县商人吴柯就说："士而成功也十之一，贾而成功也十之九。"④正是由于徽商的宣扬，徽州社会中传统的"士、农、工、商"的旧四民观才在一定程度上得以解构，故清末徽州人许承尧即言："商居四民之末，徽俗殊不然。"⑤

三　徽商积极参与《四库全书》的纂修

清代徽商对《四库全书》纂修工程，既有直接参与也有间接参与，几乎覆盖了《四库全书》纂修工作的全过程，具体主要体现在以下两个方面。

---

① （清）凌应秋：《沙溪集略》卷4《文行》。
② 同治《黟县三志》卷15《艺文志·舒君遵刚传》。
③ （清）凌应秋：《沙溪集略》卷2《风俗》。
④ （清）吴吉祜纂《丰南志》第5册《百岁翁状》。
⑤ 许承尧：《歙风俗礼教考》，许承尧撰，李明回等校点《歙事闲谭》卷18，黄山书社，2001，第603页。

一是徽商及其子弟中的藏书家积极为纂修《四书全书》献书。深受"儒风"浸润、具有"贾而好儒"特色的徽商及其子弟，往往颇爱藏书，他们中就涌现出了一大批藏书家，仅以祖籍徽州的清代扬州藏书家为例，就可见一斑（参见表1）。在纂修《四库全书》时，各地私家献书达500种以上者仅4人，而徽籍藏书家就占了3位：其中祁门人马裕献书776种，位列第一；歙县人鲍士恭献书626种，位列第二；歙县人汪启淑献书524种，位列第四。马裕为清代扬州著名徽州盐商马曰琯之子，其本人承其父业，也成为扬州著名的徽州盐商。马曰琯（1687～1755），字秋玉，号嶰谷，"祁门籍，居江都"①，与其弟马曰璐（1711～1799）均是当时富甲一方的大盐商，人称"扬州二马"②。马氏兄弟"好学博古，考校艺文，评骘史诗，旁逮金石文字"③，与当时许多著名文人学者，如全祖望、陈章、厉鹗、杭世骏等，均交往甚厚。不仅如此，他们还酷嗜典籍，建有小玲珑山馆，有丛书楼贮书，藏书十余万卷，凡遇有未见之书，必以重价购之，当时江南一些著名藏书家散出之书，后多归其所有。鲍士恭为清代杭州著名徽州盐商鲍廷博之子。鲍廷博（1728～1814），"字以文，号渌饮，歙县人。诸生，家钱塘。藏书甲于浙右，校刊书籍亚于汲古阁，刻知不足斋丛书二十八集。嘉庆十八年钦赐举人，年已八十六，逾年卒"④。鲍廷博随父鲍思诩侨居杭州。家世经商，殷富好文，父鲍思诩不惜巨金求购宋元书籍，筑室收藏，取"学然后知不足"义，名其室为"知不足斋"。近人洪焕春曾说，乾隆四库征书，鲍廷博"命子士恭进其家藏书626种，为当时海内私家献书最多者"⑤，当忽视了马裕献书数量更多。汪启淑（1728～1799），字秀峰，号讱庵，一字慎仪，自称"印癖先

---

① （清）阮元：《广陵诗事》卷10。

② 据清人阮元所撰《广陵诗事》卷1载："乾隆丙辰，扬州举词科者，江都……马佩兮曰璐。"可见此时的马曰璐已入籍江都，且已取得了在扬州应试的资格。关于这点在《清史列传》及同治《祁门县志》中均得到了证实，《清史列传》卷71载："乾隆元年，（马曰璐）举博学鸿词，不赴应试。"同治《祁门县志》卷30《人物志·义行》也载："乾隆元年，举博学鸿词，（马曰璐）以亲老不赴。"

③ （清）李斗：《清代史料笔记丛刊·扬州画舫录》卷4，中华书局，2007，第54页。

④ （清）黄燮清辑《国朝词综续编》卷7。

⑤ 洪焕椿：《乾隆四库征书浙江进呈秘籍之七大藏书家》，《浙江省通志馆刊》第1卷第4期，1946。

生"。原籍歙县，侨居杭州。家以经商致富，后捐官为工部都水司郎中，迁至兵部郎中。与厉鹗、杭世骏、朱樟结"南屏诗社"。

表1　祖籍徽州的清代扬州藏书家

姓名	原籍	先世或本人职业	备注
郑侠如	歙县	祖景濂、父之彦为盐商，崇祯十二年（1639）副榜	有丛桂堂，藏书极富
程谦	歙县		有园一区，藏书万余卷
张绎	歙县		尤喜藏书
程邃	歙县		家藏颇丰
吴绍浣	歙县	乾隆四十三年（1778）进士，尝入四库馆任编校	嗜书画，精鉴别，四方名迹多归之
吴杜邨	歙县	盐商，乾隆四十年（1775）进士，入翰林院	精于赏鉴，所藏法书名画甚多
马曰琯	祁门	盐商	家有丛书楼，藏书十余万卷
马曰璐	祁门	盐商	家有小玲珑山馆，藏书冠于东南
程晋芳	歙县	盐商，乾隆三十六年（1771）进士，授吏部主事，历四库馆纂修、翰林院编修	独喜书，购书五万卷，招致方闻辍学之士与之讨论
程梦星	歙县	康熙五十一年（1712）进士，授编修	收集图籍书画甚多
江春	歙县	盐商，两淮商总	好藏书
江昉	歙县	盐商	江春弟，有紫玲珑山馆，蓄文物图籍
江恂	歙县	乾隆十八年（1753）拔贡，清泉知县、亳州知州	收藏图书及金石书画甚富
江德量	歙县	乾隆四十五年（1780）进士，授编修，官至江西道御史	江恂子，秦汉碑唐拓、宋版书甚多
江立	歙县		喜藏书
江士相	歙县	盐商	喜书画
江观涛	歙县	盐商，浙江商籍诸生、两淮盐经历	所储清人诗集达千二百余种
鲍志道	歙县	盐商、两淮商总	喜收藏图籍文物
鲍方陶	歙县	盐商	志道弟，以家藏校《论语》《孟子》
鲍漱芳	歙县	两淮商总、盐运使	家藏书籍，第其甲乙
鲍勋茂	歙县	举人，召内阁中书，官至通政使	志道长子，藏古今书画名迹甚富
鲍桂星	歙县	嘉庆四年（1799）进士，选庶吉士，官内阁学士兼礼部侍郎、侍讲学士、工部右侍郎、通政副使	志道次子，藏书颇丰

续表

姓名	原籍	先世或本人职业	备注
黄德煦	歙县		所蓄宋元人书画最多
黄履晟	歙县	盐商	起园林，蓄典藏，从事刻书
巴慰祖	歙县		搜藏钟鼎款识、汉唐石刻
洪莹	歙县	乾隆十四年（1749）状元，授编修	喜收藏典籍，特别是宋元旧刻

资料来源：刘尚恒《徽州刻书与藏书》，广陵书社，2003，第273～277页；（清）李斗《新城北录中》《虹桥录上》，《清代史料笔记丛刊·扬州画舫录》卷4、10，中华书局，1960；（清）钱泳：《耆旧·杜邨观察》，《清代史料笔记丛刊·履园丛话》，中华书局，1979。

　　除马裕、鲍士恭、汪启淑三家外，积极向《四库全书》纂修献书的徽商及其子弟还大有人在。如徽商子弟汪如藻，字念孙，休宁人，乾隆乙未（1775）科进士。其曾祖汪森及汪文桂、汪文柏三兄弟在当时均以藏书闻名，人称"汪氏三子"。如藻献书271种，被采用90种，收入存目56种。

　　二是徽商子弟直接从事《四库全书》的纂修工作。乾隆三十八年（1773）二月，四库全书馆开局办书，遵照历朝纂修大型官书成例，乾隆派遣部院大臣为总裁，领衔督修《四库全书》。四库全书馆的主要负责人总裁、副总裁，大都由皇帝亲自指派，其原则是以皇亲或宠臣任领导及监督责任，并以学有专长的儒臣担负实际的纂修工作，在总裁的领导之下组成了一个庞大的组织机构。与此同时，详细的编辑规则、明确的分类体例、严密的格式规定、严格的诏求古籍原则、合理的人员分工、系统的工作流程等，形成了一套严密的组织管理制度。在四库全书馆中，徽商子弟就充任了正总裁至纂修、分校官等许多要职。

　　时为文渊阁大学士兼吏部尚书的徽商子弟程景伊，担任了《四库全书》正总裁官。景伊原籍歙县，其曾祖程之俊"以贸行侨居常州"，在运河边的文亨桥下"置栈屋百余间"，由此家业渐饶。①副总裁官曹文埴，乾隆四十五年（1780）六月升任总裁。文埴，歙县人，乾隆二十五年（1760）进士，官终户部尚书，出身徽商世家。值得一提的是，文埴虽为显宦，但其子曹锟并

---

① （清）黄冕修，李兆洛等纂（道光）《武阳合志》卷36《摭遗志》，清光绪十二年刻本，第54叶上。

未子承父业，而是继承了其家族的盐业经营，"业盐，居扬州，淮北人多赖之"①。总阅官有汪廷、汪永锡。汪廷，原籍歙县，迁居江苏镇洋，乾隆十三年（1748）进士，时署工部侍郎。汪永锡，歙县人，乾隆十九年（1754）进士，时为内阁学士兼礼部侍郎。

除了担任负责四库全书馆内一切事务、总揽全局的正副总裁，以及负责审阅所有进馆书籍并提出处理意见的总阅官等重要职务的外，还有不少徽商子弟在四库全书馆内从事具体纂修工作。如曹城、戴衢亨担任提取翰林院书籍的提调官。曹城，歙县人，乾隆三十六年辛卯恩科进士，时为翰林院编修，官终吏部侍郎。戴衢亨，原籍休宁，迁居江西大庾，乾隆四十三年状元，时为军机处行走、翰林院修撰，官终体仁阁大学士。其祖父戴佩生于康熙二十七年（1688），"幼年随侍奔走粤中，流漓颠沛辛苦备尝，然贫困不改其常度，犹斤斤自守，暇则读四书五经，处己谦和，待人诚实，言行忠信"②，后经商江西大庾并侨寓于此。汪如藻、程晋芳等则担任协助总纂官编定全书总目的总目协勘官。汪如藻时为文渊阁校理、翰林院编修，其原籍休宁，祖上"汪淇行就在桐乡经营盐业多年，家资富饶且又瓜瓞绵绵，斥巨资聘请塾师培育子孙，逐步繁衍成一族在经济和文化上都有突出贡献的旅外徽商典范"③。程晋芳（1718~1784），初名廷瑝，字鱼门，号蕺园，歙县人，乾隆三十六年进士，授吏部主事。"治盐于淮。时两淮殷富，程尤豪侈，多畜声伎狗马。鱼门独惜惜好学，服行儒业，罄其资以购书，庋阁之富，至五六万卷，论一时藏书者莫不首屈一指"④。晋芳入馆前为吏部主事，非翰林官，为总裁等人推荐入馆，特旨改授翰林院编修、文渊阁校理。校勘《永乐大典》兼分校官的有戴震、黄轩、汪如洋。戴震，休宁人，入馆前为举人，受乾隆特召入馆，赐同进士出身，授翰林院庶吉士。黄轩，休宁人，乾隆三十六年进士，时为翰林院修撰、上书房行走。汪如洋，休宁人，迁居浙江

---

① （清）李斗：《清代史料笔记丛刊·扬州画舫录》卷10，中华书局，2007，第108页。

② （清）汤金钊等纂《戴可亭相国夫子年谱》，周和平主编《北京图书馆藏珍本年谱丛刊》第116册，北京图书馆出版社，1999，第518~519页。

③ 徐道彬：《清代旅外徽商家族的人文情怀与文化贡献》，《安徽大学学报》（哲学社会科学版）2018年第2期。

④ （清）徐珂：《清稗类钞》第20册《义侠类》，第2698页。

秀水，乾隆四十五年进士，时为翰林院修撰，官终云南学政。三人均为徽商子弟。此外，还有徽商子弟金榜、汪学金、戴心亨、戴均元、程昌期、吴蔚光、吴绍浣、金光悌、鲍之钟、洪梧、汪锡魁11人担任四库全书馆缮书处分校官兼纂修，负责对各种书籍进行校勘、考订。祁门人谢登隽任篆隶分校官，精书画、篆刻，名著一时，因学有专门，得以以举人身份破格任用。汤华泉指出："列于《四库全书总目》卷首《进书表》纂修人员分校官以上的徽籍人士，共23人，占以上人员总数的1/13，以一个府的人材与全国比，这个比例是很高的了。"①

四 徽商与清代儒学的世俗化

明清之际，儒学呈现明显的世俗化发展倾向。徽商对清代儒学的世俗化发展发挥了重要的推动作用，主要表现在以下两个方面。

一是把看似十分空洞的儒家学术自觉不自觉地落实到具体的经商实践中去。元代许衡的"治生"论一出，旋即成为儒学发展史上的一个重要命题，明代王阳明的弟子就先后两次向老师问到许衡关于"治生"的意见，清人沈垚也提及治生论。此说遂成了"明、清儒学中一重要公案"②。学者们忙于讨论辩难，敏感而好儒学的徽商却引之为自己经商的"理论依据"。早在明时，歙县商人许文广就说："吾为人子不能养母，顾使母养耶！我生之谓何？"③此叹道出了徽商"治生"的急迫性。清歙县商人方尚瑛"因念古人有言，儒者亦须急于治生。戊戌己亥间，游毗陵，小试计然术。数年，徙业姑苏，俶居阊门吴越"④。清代徽商还非常注重"以儒饰贾"，将儒术作为自己的"贾道"。歙县商人黄长寿"少业儒，以独子当户，父老，去之贾。以儒术饬贾事，远近慕悦，不数年赀大起"⑤。"以儒饰贾"不仅成功地实现了儒学从形而上到形而下的转变，而且对徽商的成功也发生

---

① 汤华泉：《徽州人与〈四库全书〉》，《安徽史学》2001年第3期。
② 参见余英时《中国近世宗教伦理与商人精神》，安徽教育出版社，2001，第191～198页。
③ 《新安歙北许氏东支世谱》卷8《柏源许公行状》。
④ 《方氏会宗统谱》卷19《方君中茂行状》。
⑤ 歙县《潭渡黄氏族谱》卷9《望云翁传》。

了切实的效用。清徽州人吴吉祜就说："余每笑儒者龌龊，不善治生，一旦握符，莫如纵横。习儒而旁通于贾，异日为政，计然桑孔之筹，岂顾问哉？"①

二是建构了贾儒之间的联系，从而实现了儒学"由儒及贾"的下移。余英时认为："15、16世纪儒学的移形转步是一个十分复杂的历史现象。大体言之，这是儒学的内在动力和社会、政治的变动交互影响的结果。以外缘的影响而论，特别值得注意的是'弃儒就贾'的社会运动和专制皇权恶化所造成的政治僵局。这二者又是互相联系的：前者以财富开拓了民间社会，因而为儒家的社会活动创造了新的条件；后者则堵塞了儒家欲凭借朝廷以改革政治的旧途径。这两种力量，一迎一拒，儒学的转向遂成定局。"②到了清代，徽州人"弃儒就贾"的情况仍较为普遍，如歙县人鲍雯"少敦敏，喜读书，手录六经子史大义，积数十箧。……不得已往理其业。虽混迹廛市，一以书生之道行之，一切治生家智巧机利悉屏不用，惟以至诚待人，人亦不君欺，久之渐致盈余。……家既饶，特亟施予，遇人之急，推解无倦色。尤厚于宗族，莛恤无算，常欲置义田以禀贫者，自书《钱公辅义田记》于屏，用志不忘"③。黄文茂"雅好儒术……善于治生……治生虽纤以勤，至于周穷赈匮，挥金不靳，如弃吐涕，无分毫爱惜心"④。婺源人金玉成，"弃儒就商……性好施，尝捐千金倡修紫阳书院。壬戌（嘉庆七年）邑大饥，倾困平粜，且买金陵地数亩，掩骼埋胔。其他建桥梁十余处，修道路数十里"⑤。这不仅使儒学在形式上继续"由儒及贾"的下移，而且更为重要的是很多"弃儒就贾"的商人还自觉以经商所得的物质财富践行儒家"达则兼济天下"的历史使命，他们的举动甚至超越了士人。清人沈垚所谓"为士者转益纤啬，为商者转敦古谊"⑥即言此情。

---

① （清）吴吉祜纂《丰南志》第4册《从父黄谷公六十序》。
② 余英时：《士商互动与儒学转向——明清社会史与思想史之一面相》，《余英时文集》第3卷，广西师范大学出版社，2004，第163页。
③ 《歙新馆鲍氏著存堂宗谱》卷2《鲍觯占先生墓志铭》。
④ 歙县《竦塘黄氏宗谱》卷5《黄公文茂传》。
⑤ 光绪《婺源县志》卷29《人物·孝友》。
⑥ （清）沈垚：《费席山先生七十双寿序》，《落帆楼文集》卷24。

五 徽商与清代徽州学者群体的诞生

就徽州对清代学术之贡献而言，它不惟表现在徽商对传统义利关系之调适和传统四民观念之解构，影响到清代学术之发展脉络，而且更为重要的是，徽州还涌现出了一个庞大的学者群体，并在此基础上"先后结成了'新安理学'和'徽派朴学'等学术流派，深刻影响了12世纪以后中国学术文化发展的大势"①。清季，以徽州人江永、戴震等为代表的皖派朴学，对当时学术之嬗变产生了重要的引领作用。章太炎在论清代学术时就说："其成学箸系统者，自乾隆朝始。一自吴，一自皖南……吴始惠栋，其学好博而尊闻。皖南始江永、戴震，综形名，任裁断。"②

江永（1681～1762），字慎修，又字慎斋，徽州婺源（今属江西）人，皖派朴学的创始人。他生于寒儒世家，通"三礼"，所著《礼书纲目》《周礼疑义举要》《律吕阐微》等，均为阐释经学之作，其学以考据见长，故开皖派经学研究之风气。"永学得弟子戴震、金榜、程瑶田等发扬光大，不惟开一代乡邦学术风气，而且声应气求，沟通四方，汇为古学复兴之学术潮流。"③

戴震（1724～1777），字东原，号杲溪，徽州休宁人，皖派朴学的领军人物。他是乾隆二十七年（1762）举人，乾隆三十八年被召为《四库全书》纂修官。他治学广博，对音韵、文字、历算、地理等无不精通，对清代学术影响深远。故梁启超先生称之为"前清学者第一人"。

除江永、戴震外，著名的皖派朴学家尚有金榜、程瑶田、洪榜、汪龙、凌廷堪、胡匡衷、胡培翚、俞正燮，等等。皖派朴学对中国学术思想的影响可谓至深至远，"自戴震崛起安徽，皖派经师，头角崭露。顾其同学及弟子，率长于礼，独程瑶田兼通水地声律工艺谷食之学。及戴氏施教京师，而传者愈众。声音诂训传于王念孙、段玉裁，典章制度传于任大椿。既凌廷堪以歙人居扬州，与焦循友善；阮元问教于焦、凌，遂别创扬州学派。故浙、粤诂

① 周晓光、唐丽丽：《徽州：12—18世纪中国传统学术文化典范之区——徽州传统学术文化地理研究刍议》，《黄山学院学报》2006年第1期。

② 章太炎：《检论》卷4《清儒》，刘梦溪主编《中国现代学术经典·章太炎卷》，河北教育出版社，1996，第255页。

③ 陈祖武：《清代学术源流》，第178页。

经、学海之士，大都不惑于陈言，以知新为主，虽宗阮而实祧戴焉。若大兴二朱、河间纪昀，又均服膺戴说；后跻高位，莫不汲引朴学，皖派因益光大。曲阜诸孔，复传其学于山左。武进张惠言久游徽、歙，主金榜家，乃取所得，流衍南方。晚近尚有俞樾、孙诒让、章炳麟丕振坠绪。人才之盛，诚远迈他派矣！"①

但无论是江永、戴震，还是徽州的其他皖派朴学家，其成长都与徽商密不可分，甚或可以说是徽商造就了他们。从外在因素言之：一方面，徽商为徽州教育的发展提供了坚实的物质基础，徽州教育之发达又是徽州学者崛起的必要条件；另一方面，"贾而好儒"的徽商所营造出的对学术的尊重氛围，也为徽州学者的成长储备了肥沃的土壤。②与此同时，上述众学者中，多数还是徽商子弟甚至徽商出身，这种经历无疑对皖派朴学注重经世致用产生了深刻影响。以戴震为例，他"不屑屑于考证之学，与正统派异"③，显然与其家庭出身有关。戴震出身小商人家庭，乾隆六年（1741），其父按照徽州的传统做法，将戴震带到江西做学徒，学习经商。由于家境贫寒，生活困顿，加之这种自幼为贾贩的经历，戴震深知民生悲苦，故他认为："国之本莫重于民，利民病民之本莫重于吏。"④这种认识也深深影响了戴震对清代学术之理解。

此外，"学术的发展还有赖于学者的对外交流和通过这种交流对新思想的吸收"⑤。在这方面，徽商显然也为徽州学者提供了莫大的便利。戴震之学术思想主要是在北上京师及南下扬州的过程中不断发展的，其间多赖徽商之助。他在京师就住在歙县会馆和新安会馆之中，在扬州更是徽商的座上宾。所以日本学者大谷敏夫在初步分析了清代扬州与常州的学术生活后，指出："来自皖东南的徽商对江南社会与学术活动产生过至关重要的影响。商业联系是徽学向扬州（通过戴震）、常州（通过戴震的弟子）传播的社会背

---

① 支伟成：《清代朴学大师列传》，岳麓书社，1998，第76页。
② 对上述两点，李琳琦先生已有较为深入的研究。参见李琳琦《徽商与徽州的学术思想》，《历史档案》2005年第2期。
③ 梁启超：《清代学术概论》，上海古籍出版社，1998，第65页。
④ （清）戴震：《送巡抚毕公归西安序》，《戴震全书》，黄山书社，1994。
⑤ 参见李琳琦《徽商与徽州的学术思想》，《历史档案》2005年第2期。

景。"①艾尔曼认为:"对扬州最直接的影响来自大学者戴震及其学术主张。戴震本人是以徽州为中心的徽州学派的成员,1756—1762年期间一直住在扬州。他最初做王安国的家庭教师。王安国颇有先见之明,让其子王念孙受教于这样一位汉学巨子。王念孙得到戴震的教导,受到训诂、音韵学训练,又将其传授其子——著名学者王引之。王念孙和王引之都是清代最著名的学者,为扬州王氏增光添彩。"②朱昌荣也认为:"皖派朴学的产生不是偶然的,而是与其存在的'社会的物质生活条件'密切相关的,这一'条件'的重要组成部分就是徽商。"③由上观之,这种见解无疑是正确的。

结　语

综上,徽商具有"贾而好儒"的特色,这为徽商参与清代学术提供了资本。徽商对清代学术发展之演变的影响是多方面的:首先,由于徽商的竭力宣扬和践行,不断调和义利关系和贾儒关系,有清一代儒学中义利之间的紧张关系得以改善,推动了新四民观的建立;其次,徽商通过直接和间接方式全面参与了清朝的国家重大文化工程《四库全书》的纂修工作;再次,徽商将儒家学术自觉落实到具体的经商和社会实践中去,建构贾儒之间的联系,实现了儒学"由儒及贾"的下移,从而进一步推动了清代儒学的世俗化发展;最后,徽商还为以戴震等为代表的皖派朴学中的徽州学者的成长奠定了基础,甚至可以说是徽商造就了他们以及他们的思想。因此,对徽商在清代学术演变中之角色应当予以高度重视。透过徽商在清代学术演变中的作用,我们也得以窥见徽州在清代学术发展中之重要角色。

---

① 转引自〔美〕艾尔曼《经学、政治和宗族——中华帝国晚期常州今文学派研究》,赵刚译,第3页。
② 〔美〕艾尔曼:《经学、政治和宗族——中华帝国晚期常州今文学派研究》,赵刚译,第7页。
③ 朱昌荣:《皖派朴学述论》,中国社会科学院历史研究所清史研究室编《清史论丛》2005年号,中国广播电视出版社,2005,第237页。

历史语境与主体调适：清代遗民书写的流变

王新杰

引　论

"遗民"之义，起于春秋。《左传》有云："卫之遗民男女有七百三十人"，"思深哉！其有陶唐氏之遗民乎？"① 《孟子》曰："《云汉》之诗曰：'周余黎民，靡有孑遗。'信斯言也，是周无遗民也。"② 可见"遗民"一词在最初语境中指代经历"亡国""易代"等政治变动后遗留于新朝之民，以"遗"强调"民"之政治归属。孔子即以周遗民之身份自居，列殷遗伯夷、叔齐为遗民之首，赞其"不降其志，不辱其身"，并立为遗民恪守之道德准则。而最早对"遗民"进行史学形塑的应数司马迁，《史记·伯夷列传》记二人行状，曰："武王已平殷乱，天下宗周。而伯夷、叔齐耻之，义不食周粟，隐于首阳山，采薇而食之。及饿且死，作歌。……遂饿死于首阳山。"③ 史迁之后，人多以伯夷、叔齐代指遗民；"不食周粟""首阳采薇"等意象则在清初社会成了遗民气节具象化的经典表达。

正史中将遗民群聚而作传者，自范晔《后汉书》立"逸民列传"一目始。《逸民传论》文曰："汉室中微，王莽篡位，士之蕴藉义愤甚矣。是时裂

---

① （晋）杜预集解《春秋经传集解》卷4《闵公二年》，上海古籍出版社，1978，第223页。

② （宋）朱熹注解《孟子·万章上》，上海古籍出版社，1987，第71页。

③ （汉）司马迁：《史记》卷61《伯夷列传》，中华书局，1959，第2123页。

冠毁冕，相携持而去之者，盖不可胜数。"①若以现今定义审视，此类因"国亡"而隐居不仕的遗民归入承平之时因个人旨趣选择归隐的"逸民传"中似有不妥。盖因"遗""逸"二字古汉语中互为通假，时相混用；宋元之前，士人亦无严判"遗民""逸民"之文化自觉，故各类正史大多将遗民及逸民等同视之。如《宋史·隐逸传》，既录陈抟、种放等无意官场之逸民，亦采王樵、谯定等于"靖康之难"后义不仕金之遗民。

迄至元明，"遗民"之语义逐渐明晰，始有史家所撰专记遗民之书问世。现今可考者，元人吴莱《桑海余录》似最先专载宋遗民之事，钱谦益尝论及此书云："元人吴立夫，读龚圣予撰文履善、陆君实二传，辑祥兴以后忠臣志士遗事，作《桑海余录》，有序而无其书。"②明成化年间，程敏政自叙"尝读宋王鼎翁、谢皋羽、唐玉潜三子者之事而悲之"，有感其"名不载于史"，乃"取立夫之意"，撰成《宋遗民录》15卷。主传王炎午、谢翱、唐珏三人，既载其行状，亦录其诗文，其后类附张宏毅、方凤、吴思齐等8人。程氏之书，刊刻于嘉靖四年（1525），至明亡垂百余年间，见而论者寥寥。及至清初满洲入主中原，汉族士子遗民意识随之勃发，程之《宋遗民录》方才广为流布。

一 "于历史求人格之认同"：明遗民生存意义之自证

有异于以往的汉族王朝更迭，明清鼎革之际，清军以异族征服者之姿态入主中原。在故国与新朝之间，或出于"君臣大义"，或基于"夷夏之防"，明遗民无疑选择了前者；然而在充斥着"殉国""死节""降贼""从逆"等政治标签的易代叙事背景下，"生"与"死"是更为艰难的抉择。明季士人殉国之风较宋末尤盛，人数亦远超历代。乾隆年间撰成《钦定胜朝殉节诸臣录》共收录明季殉国者3500余人，实际殉国人数则应更多，以至乾隆感慨曰："以明季死事诸臣多如许，迥非汉、唐、宋可及。"③其时语境下，士人

---

① （南朝宋）范蔚宗：《逸民传论》，（南朝宋）萧统编《文选》，上海古籍出版社，1998，第421页。

② （清）钱谦益：《牧斋初学集》卷28《重辑桑海遗录序》，上海古籍出版社，1985，第846页。

③ 《钦定胜朝殉节诸臣录》卷首《上谕》，《钦定四库全书》嘉庆刻本，第1叶。

殉国之理由、方式之主动或被动暂且不论，选择"死"者，往往自觉理所应当。如刘理顺决意殉国前，"僚友门人辈金商进止"，其拒之曰："国存与存，国亡与亡，古之制也。"① 凌义渠听闻甲申国变、崇祯自缢后欲自尽，友人援古曲喻劝其"留身有待"，凌氏厉声道："与若道义交，当共相勉励，何儿女泣为？"② 又如祝渊死前赋绝命诗，坦然谓："莫向编年问知否，心安理得更何求？"③

选择了"生"的明遗民，尽管可列举出诸多"移孝作忠""不合道义"等"不必死"之理由，甚至指斥部分殉国者为"罔死"，但在以"死"为尚、以"生"为耻之群体语境中，依然无法掩饰其内心浓郁的"生存焦虑"。屈大均因未追随其师陈邦彦殉国而自责曰："予十六从公受《周易》《毛诗》，公数赏予文，谓为可教。今不肖隐忍偷生于此，不但无以见公，且无以见马、杨、霍四子（指随陈邦彦殉国弟子），又四子之罪人也已。"④ 归庄自述其逃禅心迹云："虽貌为头陀，尤难忘世，今则已矣，才既不展，身又不死，如在阱之虎；既耻同流俗，又不能长往，如触藩之羊。"⑤ 傅山则毫不讳言其对"生"之消极感："六月仓皇一登北岳，时实觉死在旦暮，唯恐今世之不得了一岳之缘。非汗漫，非消遣，实寻一死，所冀即横尸大林邱山间。"⑥ 此种"生存焦虑"，即便主观意欲殉国，而客观未能如愿者亦不能免除。何宏仁于顺治三年（1646）有感南明朝廷大势已去，遂投崖自尽，幸得旁人救起存活。此后何宏仁削发为僧，隐居山林，临终前交付友人一信笺，中言："吾有志不就，忝厥所生，于君为不忠，于亲为不孝，我死后，切不得棺殓，当野暴三日，以彰不忠之罪，然后举火焚之；不得归葬先陇，以彰不孝之罪。"⑦

---

① （清）孙奇逢：《夏峰先生集》卷4《刘文烈遗集序》，中华书局，2006，第28页。
② （清）计六奇：《明季北略》卷21《殉难文臣·凌义渠》，中华书局，1984，第513页。
③ （清）陈确：《陈确集·诗集》卷7《哭祝子开美》，中华书局，1979，第745页。
④ （清）屈大均：《翁山文钞》卷上《翁山佚文集》，《顺德给事严野陈公传》，商务印书馆，1946，第14页。
⑤ （清）归庄：《归庄集》卷5《书·与红云》，上海古籍出版社，2010，第341页。
⑥ （清）傅山：《霜红龛集》卷23《与居实书》，尹协理主编《傅山全集》第2册，山西人民出版社，2016，第221页。
⑦ （清）魏禧：《魏叔子文集》卷17《明御史何共家传》，中华书局，2003，第113页。

存活于现实世界所背负的压力，令明遗民转向历史世界寻求其"生"之意义。伯夷叔齐、商山四皓等历代遗民义士事迹，为明遗民提供了丰厚的历史资源，对遗民凭吊、模仿、自喻等行为，余英时谓此为"明遗民于历史上求人格认同之表现"①。宋、明遗民处境最为类似，又相去不远，因此明遗民"生"之意义往往借由对宋遗民之阐幽发微得以论证。故程敏政《宋遗民录》隐没不彰百年后，于此时流播甚广，遗民处士竞相刊刻传诵，以抒其志。彭行先题跋《宋遗民录》"知不足斋"丛书本，述其得见此书之经历，曰："壬辰之秋，余从书肆见此书首卷出一奚奴袖中，乃椠本也。问坊人，云是高阳氏藏书。把玩片晌，竟欲买而不得。然心怀之不置。已而讯史先生辰伯。先生故以好书称者，言吾向从虞山处借得以授平原氏钞存，可得而观也。旋为予取来。"②方文曾从黄虞稷处借阅《宋遗民录》，并赋《从黄俞邰借宋遗民录感旧两首（一）》云："有宋遗民录，求之二十年。世人不多见，此事竟谁传。唯尔书能秘，繇余借可怜。乾坤正潺洆，梨枣合重镌。"③《宋遗民录》之流行令明遗民循程氏书之体例、宗旨，仿写或增广《宋遗民录》，成为清初数十年间"遗民录"的主要编撰形式。顾炎武序朱明德《广宋遗民录》曰："朱君乃采辑旧闻，得程克勤所为《宋遗民录》而广之，至四百余人"。④李长科同名之书亦如此云："程篁墩辑谢皋羽郑所南十一人诗文传世，题曰《宋遗民录》，李子读而广之。"⑤

据谢正光《明遗民传记索引》自序统计，清初所成"遗民录"专书者共3种，皆属明遗民借为宋遗民（或含宋之前遗民）作传以明其志。《历代遗民录》作者朱子素，康熙《嘉定县志》小传曰："时承唐娄诸先辈后，隐然以著述自命。岁甲申，需次宜贡，竟不赴试。辑为历代遗民录以见志焉。"光绪《嘉定县志》则载："明亡，应贡不赴。承故老凋残之后，慨然以斯文

① 余英时：《方以智晚节考》，生活·读书·新知三联书店，2012，第150页。
② （清）彭行先：《宋遗民录序》，引自谢正光《明遗民传记索引》"自序"，台北：新文丰出版公司，1990，第21页。
③ （清）方文：《嵞山集》上册，卷5，上海古籍出版社，1979，第24页。
④ （清）顾炎武：《亭林文集》卷2《广宋遗民录序》，中华书局，1959，第33页。
⑤ （清）王猷定：《四照堂文集》卷2《宋遗民广录序》，康熙二年汲古阁刻本。

为己任。"①其自述"盖以此书乃天地之心，国家之元气也。……此七录者，可以励学守，可以维世教，呼天下以礼义廉耻而使之各有所归者，将在是也"②。另有《广宋遗民录》两种。其一为李长科所著。李氏一门为明大学士李春芳之后，子弟入清后皆不出仕，以遗民终。王猷定序李长科书，述其著述动机，曰："因思少而读书，有志纂辑宋史，以继先文定之志。徒以区区之心，附诸君子以不朽，后世岂无明其故者。"③其二为朱明德所撰，黄容《明遗民录》称其"隐居澜溪之滨，作广宋遗民录以见志"④。惜此3种"遗民录"皆已散佚，仅存其他遗民所作之序。清初专记遗民事迹之书者，还有高宇泰撰《有道遗民集》、林时跃撰《明山遗民记述》、戴笠撰《耆旧集》、许楚撰《遗民集》、沈起撰《明遗民录》等。在清初氛围中，明遗民热衷于各类"遗民录"之撰述，体现出对自我遗民身份的珍视和认同。

明遗民对身份认同的史学建构，首在以"遗民录"之形式严判"遗""逸"之途。程敏政著《宋遗民录》之前，官方正史抑或私家著述均以"逸"括"遗"，南宋遗民亦少有以"遗民"一词自称或他指。以至遗民意识勃发之清初，时人竟于此义仍不甚了了，甚至遗民之中亦有混为一谈者。如屈大均将王猷定《宋遗民广录序》中"存宋者，遗民也"一语，引作"存宋者，逸民也"⑤；吴孟坚《逸民心略》将黄宗羲、阎尔梅等遗民收入其中；陈均宁撰《吴逸民传》，所录者皆为吴地历代遗民。有鉴于此，李楷《宋遗民广录序》开宗明义道："遗民非逸民也。"⑥归庄借序朱子素《历代遗民录》发议论曰："凡怀道抱德不用于世者，皆谓之逸民；而遗民则惟在废兴之际，以为此前朝所遗也。"⑦以"废兴之际"及"前朝所遗"两条从时间性与归属感上严格界定"逸"与"遗"。以此为准，归庄将两汉之际遗民又细分为二：其或"终身不仕"，或入新朝"不复仕"，皆属"不仕莽朝"，可

① 谢正光：《明遗民传记索引》，"自序"，第4页。
② （清）朱子素：《与友人论文书》，（清）归庄《归庄集》卷3《历代遗民录序》，第170页。
③ （清）王猷定：《四照堂文集》卷2《宋遗民广录序》，康熙二年汲古阁刻本。
④ （清）黄容：《明遗民录》卷5《朱明德》，谢正光、范金民编《明遗民录汇辑》上册，南京大学出版社，1995，第141页。
⑤ （清）屈大均：《翁山文钞》卷8《书逸民传后》，《顺德给事严野陈公传》，第394页。
⑥ （清）王猷定：《四照堂文集》卷2《宋遗民广录序》，康熙二年汲古阁刻本。
⑦ （清）归庄：《归庄集》卷3《历代遗民录序》，第170页。

俱称"汉之遗民也"。朱子素《历代遗民录》列伯夷叔齐为遗民之首,孔子也表遗民亦始于此两人,归庄却点出其"用意则异"。孔子赞赏身处动乱之世隐而不出者,主张隐居不仕乃士人身处乱世中之最优选,其言:"贤者辟世,其次辟地,其次辟色,其次辟言。"[1]孟子赞夷、齐,重在表彰其"无道则隐"的避世之举:"不同道。非其君不事,非其民不使;治则进,乱则退,伯夷也。"[2]而朱、归等明遗民在"士风澜倒,变革之际,弃旧君如敝履者何限"之政治氛围中,更为心仪的是此二人"不食周粟"之慷慨义举与故国之思,故归庄序云:"遗民之称,视其一时之去就,而不系乎终身之显晦,所以与孔子表遗民,皇甫谧之传高士,微有不同者也。"[3]

遗民不仅是一种身份符号,亦为一种生活状态。而随三藩事息、海氛平靖,日久承平中明遗民"恢复故国"之期待已近乎渺茫,其"留身有待"之生存意义日渐消弭。不仅如此,遗民群体亦无可避免地随时间流逝而剥蚀、分化,康熙十七年(1678)博学鸿儒科之诏举,则加速了遗民社会的蜕变,借此之机立场转向清廷者不在少数。故"遗民录"的编撰,便含有了"失节忧惧"之下强化遗民群体认同之意味。举博学鸿儒科之次年,朱明德撰成《广宋遗民录》,索序于顾炎武。顾序开篇即云:"古之人学焉而有所得,未尝不求同志之人,而况当沧海横流,风雨如晦之日乎?于此之时,其随世以就功名者固不足道,而亦岂无一二少知自好之士?然且改行于中道,而失身于暮年,于是士之求其友也益难。"遗民身处宗国沦丧,"沧海横流,风雨如晦"之日,其觅志同道合之友的心情不可谓不切。甲申后方才成年或未于明出仕者,其仕于清廷以就功名尚且无可指摘;然而,曾受"国禄皇恩",国变后甘为前朝遗民,坚守民族气节之"少知自好之士",竟于此时纷纷"改行于中道,而失身于暮年",顾炎武只得无奈嗟叹"于是士之求其友也益难",其与作者之处境相类,"一在寒江荒草之滨,一在绝障重关之外,而皆患乎无朋"。现实世界之无朋,令明遗民于历史世界寻求精神共鸣,此则朱明德撰述之动机也:"今人不可得,则慨想于千载以上之人。苟有一言一行

---

① 杨伯峻、杨逢彬注译《论语·宪问》,岳麓书社,2000,第140页。

② (宋)朱熹注《孟子·公孙丑上》,第22页。

③ (清)归庄:《归庄集》卷3《历代遗民录序》,第170页。

之有合于吾者，从而追慕之，思为之传其姓氏而笔之书。"文末，顾炎武再次感叹遗民失节现象之普遍："及问之大江以南，昔时所称魁梧丈夫者，亦且改形换骨，学为不似之人。"并希冀《广宋遗民录》等书"存人类于天下，将以训后之人，冀人道之犹未绝也"①。

遗民基于学术层面的"明亡之思"，促成清初学风呈现由虚返实之势，非惟经学，史学亦然。清初史学摒弃自《通鉴纲目》以后注重对人物史实进行理学式的褒贬评判，变为讲求考实与证据。钱谦益读李长科之书后，于《书广宋遗民录》一文中直指其考核史料之舛误，兼及批判时人著史之阙："其间录者，殊多谬误。以王原吉为宋人，张孟谦与谢唐同时，令人掩口失笑。近世著书，多目学耳食之流。骈驳杂出，是其通病。惜乎小有辍简时，不获与余面订其阙失也。"②顾炎武序朱明德《广宋遗民录》，亦重辨乎史料真伪："余既尟（鲜）闻，且耄矣，不能为之订正，然而窃有疑焉。"顾氏举孔子之例，认为倘若传主与作者相交不深，或仅凭一二史料之记载，无从断言其遗民身份："今诸系姓氏于一二名人之集者，岂无一日之交而不终其节者乎？或邂逅相遇而道不同者乎？固未必其人之皆可述也。"③

二 "士之报国，各有分限"：忠义观下易代史之书写

康熙中叶以降，清廷统治日趋稳固，故老遗民相继谢世，清廷遂掌握了诠释易代史的主导权。以官修《明史》为代表，清廷试图引导民间将南明抗清这段历史的认知重点，逐渐从遗民史观下带有种族色彩的"夷夏之防"，折向伦理道德层面的"君臣大义"，意在通过回避易代之际激烈的民族冲突，以强化其统治之合法性。而此类"去政治化"的历史书写手法，则令私家史著述得以涉足清初史学之禁区。如成书于康熙三十三年（1694）之《明末忠烈纪实》，其著者徐秉义于康熙十二年（1673）科举中探花，官至内阁学士、吏部侍郎，曾任《明史》总裁，可谓清初显宦。而徐秉义之父徐开法为明遗

---

① （清）顾炎武：《亭林文集》卷2《广宋遗民录序》，第33～34页。
② （清）钱谦益：《牧斋有学集》卷49《书广宋遗民录》，上海古籍出版社，1996，第1607页。
③ （清）顾炎武：《亭林文集》卷2《广宋遗民录序》，第33～34页。

民，其本人则与黄宗羲、万斯同等人交游问学素为密切，徐氏有感于官方修史听任明季人物零落，恐其事迹不传，故结撰《明末忠烈纪实》专记明季殉国者。其中南明人物占6卷，约为全书收录人数之半壁。《明末忠烈纪实》一书虽收录抗清殉明人士，乃基于徐秉义对其坚守儒家伦理道德的肯定，但徐并非认同其政治立场。徐氏于"凡例"自述曰："吠尧桀犬，安知天命新君？梗化顽民，亦是西周义士。……真尧舜公溥之心，其视前朝之忠烈，兴当代一例。倘听其零落，非所以仰圣意也。方今奉旨纂修《明史》，前朝人物幽光，不患其不显矣。"①其时私家借表彰忠义、扶植纲常之名著南明史者多有，如延陵西泠氏自叙云："尝观《崇祯纪略》《崇祯遗录》《表忠录》诸书，深叹明末执政诸臣，皆计图苟安，萎靡不振，致令忠臣义士徒尽节于疆场，仅留名于青史，致足慨也。昨于旧箧中检得数纸，悉记当日殉难诸人，断简残编，不分卷帙，查诸史大半未收。……余故惜其人之忠于国，而名不彰也。"②故特撰《残明忠烈传》存之。王斌《前明忠义别传序》亦云："有明一代忠义士多于前古，正史所载綦详，然其间子衿处士，乡设布衣，以及深山之野人，幽闺之硕女，从容而就义者，不可胜数，史多阙焉。"③

　　是时致意于表彰明末忠义之史家，虽不在少数，但大多以"生死"为取舍尺度，将遗民排除在外。卢宜《续表忠记》仅采"于胜国之际，一时士君子以身殉国者"。盛敬《成仁谱》将忠节人士划为三等，只取死节，其曰："成仁者，成其是也。古今人之死节，然而能如是可矣；即未出于事，苟能死，亦可矣。……凡皆死得其所也，亦《谱》中必当列入。"④杨陆荣撰《殷顽录》之"凡例"云："是《录》所收，以死为断，虽大节无亏而不死者不录。"⑤私史尚且如此，官修正史则更遑论。以《明史》为例，明遗民不仅为《忠义列传》所遗，亦为《隐逸列传》不录。有鉴于是，钦慕遗民气节者往

① （清）徐秉义：《明末忠烈纪实》，"凡例"，浙江古籍出版社，1987，第1页。

② （清）延陵西泠氏：《残明忠烈传·自序》，谢国桢《增订晚明史籍考》卷17，上海古籍出版社，1981，第734页

③ （清）汪有典：《前明忠义别传》卷首《前明忠义别传序》，《四库未收书辑刊》第1辑，第19册，北京出版社，2000，第7页。

④ （清）盛敬：《成仁谱》卷首《纪略》，《四库未收书辑刊》第1辑，第18册，第7页。

⑤ （清）杨陆荣：《殷顽录》卷首"凡例"，于浩编《明清史料丛书续编》第2册《明季野史汇钞》，国家图书馆出版社，2009，第445页。

往力辩遗民之"忠"。如计六奇曰："古今忠义，原有二种。死者为经，亦有采薇行歌，遁迹方外，以终其身；或放浪形骸，不书年号，但书甲子；或以铁如意恸哭招魂，君子未尝不哀之。"①林时对将明末忠节人物分为6种，将遗民归入"死遯（遁）"及"死志"类："乃螳臂怯于当车，虹力揣难撼岳，洁身霞举，溷迹渔樵，髡染云游，狎盟凫鹤，海角天涯，资补锅以糊口，山限海刹，惟绣佛以长斋，所云死遯（遁）"，"邱陇虑切，骨肉情深，义无所逃，死惟祈速，筑土剉以潜形，卧小楼而屏迹，吞毡啮雪，甲子不载义熙，茹檗饮冰，享祀惟遵汉腊，自号顽民，人悲鳌妇，庶几哉，死志非欤！"②私家表彰遗民节行，则多以"遗民录"或人物传记之形式展开。

黄容于《明遗民录自序》赞遗民曰："大抵古今以来，一姓之兴，必有名世之才佐树伟绩于当时，一代之末，必有捐躯赴义之人扬忠烈于后世，而其守贞特立，励苦节以终其身，或深潜岩穴，餐菊饮兰；或荷衣箨冠，长铲短镰，甘作瓜叟；亦有韦布介士，负薪拾穗，行吟野处。"然而后世著史"彼拘迂之见，惟取死忠，不录苦节"。黄容有感于此，辑《明遗民录》4卷，纪而传之500余人，希冀"金销石泐，志节之名，长留天壤间。后之览者，其亦兴感于是编也夫"③。邵廷采著《思复堂文集》有《明遗民所知传》一卷，收录明遗50余人，其自序云："于乎明之季年，犹宋之季年也。明之遗民，非犹宋之遗民乎？曰节故一致，时有不同。"宋、明遗民虽气节相仿，然境遇迥异。宋之季年，遗民"悠游严谷，竟十余年，无强之出者"；而明之季年，清廷之明征暗访则令"故臣壮士往往避于浮屠，以贞厥志，非是则有出而仕矣"。故明遗得以守全节者，较宋遗尤难；其数亦远超宋遗，则势不能尽取。故文末邵廷采叹曰："天下大矣，孰非人子，孰非人臣，天命诚移，人性皆善。忠志之士，未可以吾之所知尽也。"④

值得一提的是，除上述两种"遗民录"外，朝鲜李朝英、正宗时期，儒士成海应亦有感于明遗民之忠义苦节，各类正史却置若罔闻，故耗时多年，

① （清）计六奇：《明季北略》卷21《西蜀吴子论》，第549页。
② （清）林时对：《表忠录自序》，谢国桢《增订晚明史籍考》卷18，第813～814页。
③ （清）黄容：《明遗民录自序》，谢正光、范金民编《明遗民录汇辑》下册，第1361页。
④ （清）邵廷采：《明遗民所知传自序》，谢正光、范金民编《明遗民录汇辑》下册，第1361页。

搜集多方资料汇编成《皇明遗民传》一书，著录清朝、朝鲜、日本等地明遗民，计7卷600余人，以表露其尊周思明、颂扬忠义之情。在编著《皇明遗民传》之前，其尝就李德懋之《宋遗民传》发论曰："遗民之多自宋始。盖毡裘而统合天下，天地之大变。苟能自爱其躯者，宁欲事犬羊而为之臣哉！故宋之多遗民，不惟列朝之泽，入于民者深也。"在其看来，明代遗民气节非但不逊于殉节之士，而且更为难能可贵："彼以死报国者，多慷慨决烈，取办于俄乎之间。若守志不事二姓者，能始终不以福祸死生为顾虑，而愈益励操不移，比之暂时捐生以取义者为尤难。"因而更值得称颂。然其阅正式刊行本《明史》后，深觉"张廷玉所著《皇明史》，廷玉臣事清，有所忌讳，为皇朝忠义之士多掩晦不章"，倘若"不有一部书以列其人，则忠义之迹无所附焉"。① 遂在李德懋《明遗民传》基础之上完备义例，广为搜罗，"汰其滥而补其阙"，撰成《皇明遗民传》。

康雍以后对遗民高士事迹之寻访表彰，用力最深者非全祖望莫属。全氏虽未著"遗民录"形式之专书，却撰写了大量碑铭传状，记载明遗民忠节行迹。卢若腾于抗清失败后，远遁台湾以遗民终，全祖望赞曰："呜呼！公膺六蘥之任，盖在国事既去之后，虽丹心耿耿，九死不移，更无可为，前此一试于吾乡者，不足展其底蕴也，而已足垂百世之去思。故曰亡国之际，不可谓无人也。"② 又称李邺嗣："能侧身忧患之中，九死不死，其所以不死者，盖欲留身有待，而卒不克。故其诗曰：'采薇砠砠，是为末节。臣靡犹在，复兴夏室。'是则先生之志也。然则此九死不死者，已足扶九鼎之一丝矣。"③ 戴名世《南山集》案发后，毛奇龄为避祸矢口否认尝为卢宜《续表忠记》作序之事，并以《辨忠臣不死节文》发"夷、齐亦不得为忠臣，但可为义士"之论。全祖望特撰《书毛检讨忠臣不死节辩后》，驳斥其言行曰："检

---

① 〔朝〕成海应：《研经斋本集》第3册《宋遗民传》，第270~288页；转引自孙卫国《朝鲜〈皇明遗民传〉的作者及其成书》，《汉学研究》第20卷第1期。

② （清）全祖望：《鲒埼亭集·外编》卷14《尚书前浙东兵道同安卢公祠堂碑文》，（清）全祖望撰，朱铸禹汇校集注《全祖望集汇校集注》，上海古籍出版社，2000，第1014页。

③ （清）全祖望：《鲒埼亭集·外编》卷11《李杲堂先生轶事状》，（清）全祖望撰，朱铸禹汇校集注《全祖望集汇校集注》，第946页。

讨不过为避祸，遂尽忘平日感恩知己之旧，斯苟稍有人心，必不肯为，而由此昌言古今忠臣原不死节。夫负君弃国，与夫背师卖友，本出一致。检讨之心术尽于斯文，检讨之生平尽于斯文。"①

除以碑铭、传状表彰遗民节行外，全祖望数次移书《明史》馆，从体例角度就《明史》如何安置遗民提出建议。其先指出历代正史《隐逸列传》混"遗民""逸民"为一谈之阙："惟是隐逸一传，历代未有能言其失者。少读《世说》所载向长、禽庆之语，爱其高洁，以为是冥飞之孤凤也。及考其轶事，则皆不仕新室而逃者，然后知其所谓'富不如贫，贵不如贱'，盖皆有所托以长往，而非遗世者流也。范史不知其旨，遂与逢萌俱归《逸民》，于是后之作史者，凡遇陶潜、周续之、宗炳之徒，皆依其例，不知其判然两途也。"在其看来，遗民入《隐逸列传》自然不妥。又，自《新唐书》以后，正史《忠义列传》大多遗落生者，欧阳修《新五代史》将"忠义"仅以"死节""死事"二分之，全祖望谓："夫惟欧公以死节、死事立传，则不能及生者。若概以《忠义》之例言之，则凡不仕二姓者，皆其人也"，"且士之报国，原自各有分限，未尝概以一死期之。……倘谓非杀身不可以言忠，则是伯夷、商容亦尚有惭德也。"总览历代正史，"惟《宋史·忠义传序》有云：'世变沧胥，晦迹冥遁，能以贞厉保厥初心，抑又其次，以类附从。'斯真发前人未发之蒙"。然而落实到修史实践中，"列传十卷，仅只及死绥仗节诸君，未尝载谢翱、郑思肖只字，如靖康之时褚承亮誓不仕金，而只列之《隐逸》，则又何也？"全祖望以为，遗民持节而独立，其节行若不以《忠义列传》传，则是史臣之过也："因念兴朝应运，亳社为墟，而一二吞声丧职之徒，纪甲子，哭庚申，表独行，吟老妇，如汪沨、徐枋辈，不可谓阳春之松柏，无预于岁寒也。幸生不讳之时，阐潜表微，于今为盛，而使苦心亮节，不得表见于班管，甚者如刘遗民、孙郃竟为史臣之所遗，是后死者之愧也。"故建言《明史》馆"忠义列传宜列抗节不仕者于后"。②

此时撰成各种"遗民录"之体例编排，与程敏政《宋遗民录》及清初诸

① （清）全祖望：《鲒埼亭集·外编》卷33《书毛检讨忠臣不死节辩后》，（清）全祖望撰，朱铸禹汇校集注《全祖望集汇校集注》，第1431页。
② （清）全祖望：《鲒埼亭集·外编》卷42《移明史馆帖子五》，（清）全祖望撰，朱铸禹汇校集注《全祖望集汇校集注》，第1650～1652页。

录不尽相同。程氏之书将他人为传主所作简传、行状、墓志、序跋、诗文等，与传主本人遗文，尽数囊括，罗集一编。如卷2《谢皋羽》，除集《谢皋羽传》3种、《谢皋羽行状》1种、《吊谢皋羽文》3种外，另有他人与传主吟咏、酬赠、凭吊之诗文，亦收录其本人《登西台恸哭记》。今时看来，其形式以"资料汇集"称更为妥帖。朱子素、李长科等书虽已散佚，而据自序或他序所云，其体例应与程录相仿。如此编排虽资料丰富，无所遗漏，倘以史学标准视之，则略显枝辞蔓语，主旨不明。如程录卷1《王鼎翁》，则无传记或行状，传主之生平只得从《梅边先生吾文稿》《书王鼎翁文集后》等文间觅得一二。黄容、邵廷采等书旨在传其人，篇幅或有详略，皆以行事为主，不再附及他人诗文著述，更符史学传记之准范。

三 "辟文章之新体，开光复之先河"："民史"与"国粹"之建构

清末民初，时风激荡。西力东侵之日益严峻与清廷统治之腐朽不堪，再度引发汉族士人对"亡国亡种"之忧虞。其自晚明以来所累积的历史记忆和情感暗示则延续至近代，在特定社会历史背景下被再次激活，本已成为历史记忆的晚明事件及人物被反复提及并书写，20世纪最初十年因此成为明遗民之再发现期。其间，孙静庵所撰《明遗民录》以专录形式单独成书，陈去病之所撰则连载于《国粹学报》。此外，黄节之《宋遗儒略论》专收宋明节义之士50余人，宋明遗民则占多数；其连刊于《国粹学报》之《黄史列传》中，郑思肖、顾炎武、屈大均等遗民亦昭列其中。除连载《明遗民录》与《黄史列传》外，《国粹学报》于每期卷首及附录中，还刊载了大量明遗民之图像、笔迹、诗文、著述，并配以论赞。另，陈去病《五石脂》、马叙伦《啸天庐搜幽访奇录》、庞树柏《龙禅室摭说》、刘师培《刊故拾遗》等笔记杂志中，对明遗民事迹亦多有记录。

清末士子，尤其以陈去病、黄节为首之"国粹派"诸学人，于其时倾情于明遗民传记之书写，首在希冀彰表遗民之"节义正气"，弘扬作为"立国之精神"的"国粹"。邓实于《国粹学报》附录《正气集》中界定"国粹"

之概念，曰："《正气集》何为而作也？所以表章神州之国粹而存正气于天壤也。夫神州旧学，其至粹者曰道德。道德之粹其至适宜于今日者曰正气。正气者，天地之精、日星之灵，而神州五千年所以立国之魂也。"①因而"夫一国之立，必有其所以自立之精神焉，为一国之粹，精神不灭，则国亦不灭"②。黄节认为："发现于国体，输入于国界，蕴藏于国民之原质，具一种独立之思想者，国粹也；有优美而无粗鄙，有壮旺而无稚弱，有开通而无锢蔽，为人群进化之脑髓者，国粹也。"③许守微则于《论国粹无阻于欧化》一文中，同样强调"国粹"之精神特质："国粹者，一种精神之所寄也。其为学，本之历史、因乎政俗、齐乎人心之所同，而实为立国之根本源泉也。是故国粹存则其国存，国粹亡则其国亡。"④

将作为"精神之学"的"国粹"，以史学形式具体落实在形下层面，以此重塑国民精神、挽救民族危亡，成为"国粹派"诸君之共识。章太炎直言"国粹以历史为主"，并将"历史"阐释为："这个历史就是广义说的，其中可以分为三项：一是语言文字，二是典章制度，三是人物事迹。"⑤清末明遗民传记撰写之备受时人青睐，有如下原因。首先，人物传记在以历史为"国粹"的语境中，肩负重建国魂、重塑国民之重任。《大陆》报第6号之"传记"栏述其主旨曰："史家之要，在发潜露隐，扬德标气，描写人物之精神，披露事情之真相，令语者歌之泣之、鼓舞之而闻风兴起，以造就今天无量之奇杰。"钱基博《明遗民录序》则将传明遗提升至"存民性，立民极"之高度："阅世久远，往往湮没无彰者，何可胜道？殆张骏所谓'故老凋零，后生不识慕恋之心'，不其然欤！是国亡，明彝之性亦亡也。明彝之性亡，而国非其国，民非其民也。静庵孙子，慭焉伤之，爰援《宋遗民录》之例，咨于故训，旁稽稗乘，编次明季遗佚，得八百余人而为之录，所以存民性，立民极也。"⑥顾宝《明遗民录后序》则曰："遗闻轶事传播后世大足激发人心，

---

① 邓实：《国粹学报·附录·正气集》，《国粹学报》1906年第1号。
② 邓实：《鸡鸣风雨楼独立书·语言文字独立》，《政艺通报》1903年第24号。
③ 黄节：《国粹保存主义》，《政艺通报》1902年第22号。
④ 许守微：《论国粹无阻于欧化》，《国粹学报》1905年第1号。
⑤ 汤志钧编《章太炎政论选集》上册，中华书局，1977，第276页。
⑥ 钱基博：《明遗民录序》，谢正光、范金民编《明遗民录汇辑》下册，第1369~1370页。

今后且足为国民大好之模范。"①其次，清末时政内忧外患，民族矛盾日益激化，致使表彰明末清初汉族忠义节烈之士，成为激进革命派宣传反清思想、鼓吹种族革命的重要手段。身份本就暗含政治意味的明遗民，无疑可以发掘其忠于"胜朝故国"、严守"夷夏之防"与近代"爱国主义""民族精神"等概念的相耦合之处，为时下酝酿"排满革命"提供合法之历史依据与可供效法的对象。诚如刘师培所述："明季遗民若黄宗羲，王锡阐，刘献廷，张尔岐，咸洞明太西学术，然各以高节著闻，抗志不屈。颜元、李塨亦以实学为世倡，工学、数学皆导源大秦，而睠（眷）怀旧都，形于言表，盖学术之界可以泯，种族之界不可以忘也。"②如此"尚气节而又富于著述"，使得明遗民成为清末"国粹派"等民族本位士人纵情模仿与书写的关注核心。

清末"遗民录"等文体的再度盛行，除受种族之辨、革命风潮等政治因素影响外，还循以学术的路径展开，正如王无生于《明季烈士传·叙》中所言："著贤奸之分，昭恣厉之状，辟文章之新体，开光复之先河。"③而所谓"辟文章之新体"，具体言之，即在20世纪初史学界所兴起的"新史学"思潮下，通过学术实践，将传统史学之"遗民录"改造成"新史学"体系下之"民史"。

1902年，梁启超以"新史氏"之笔名在《新民丛报》发表《新史学》一文，由此开启近代"史界革命"之端绪。梁氏在该文中直指传统史学之"四弊二病"，而其对于传统史学中"民史"缺位的批判尤甚。"知有朝廷而不知有国家"条，将"二十四史"一概以"帝王家谱""相斫书"斥之，曰："虽以司马温公之贤，其作《通鉴》，亦不过以备君王之浏览。盖从来作史者，皆为朝廷之上君若臣而作，曾无有一书为国民而作也。"④承梁启超之说，邓实认为，所谓"民史"应当颂扬"人群之英雄、社会之豪杰、政治之大家、哲学之巨子"诸事迹，记述人群之进化、种族之变迁、社会之学术以及宗教、经济、种族、教育等，而此等内容尽遭传统史家刊落，其"脑坏中所有仅一帝王耳，舍帝王以外无日月，舍帝王以外无风云"⑤。横阳翼天氏（曾鲲

---

① 顾宝：《明遗民录后序》，《民立报》1912年10月20日。
② 刘师培：《孙兰传》，《国粹学报》1905年第9号。
③ 王无生：《明季烈士传·叙》，《南社丛刊》第1册，第3集，广陵书社，2018，第289页。
④ 梁启超：《中国之旧史学》，《新史学》，商务印书馆，2014，第87页。
⑤ 邓实：《史学通论（三）》，《政艺通报》1902年第12号。

化）撰《中国历史》教科书，抨击"二十四史"为"数千年王家年谱、军人战记，非我国民全部历代竞争进化之国史也"。"民史"进而演变成中国古代有无历史的衡量标准，邹容说："中国人无历史。中国之所谓二十四朝之史，实一部大奴隶史也。"①邓实叹道："若所谓学术史、种族史、风俗史、技艺史、财业史、外交史，则遍寻乙库数十万卷充栋之著作，而无一焉。史岂若是邪？呜呼，中国无史矣！"②

成书于清末、出版于民元的《明遗民录》，孙静庵便于其"叙言"中自称"民史氏"，可见作者确将《明遗民录》作为其编撰"民史"之实践。而"遗民录"之所以能成为"民史"的理想载体，不仅在于作为"国民"之代表的明遗民，对古代"民义"的抉发，阐释"黄言民权，顾言自治，王言民族，颜言艺学"③，还在于契合"新史学"之内质。林獬认为，历史应突出"民族的战争""政体的异同""学术的变迁"；章太炎谈及修史体例时强调"政法、学术、种族、风教"四端；刘师培则论述"新史学"需着力于"历代政体之异同""制度改革之大纲""种族分合之始末""社会进化之阶级""学术进退之大势"。以上诸人虽论述略有差异，但均强调"新史学"当着重研究社会、政治、民族、学术、经济之变迁。正基于此，不难从其时所成《明遗民录》及遗民传记中，发见"种族史"及"学术史"之特征。著述动机，诚如病骥老人（侯鸿鉴）序孙静庵《明遗民录》开篇所云："帝毒足以歼种，歼种必先亡史。二百六十余年，吾族之所以虏者，其殆斯欤！"他寄寓孙氏之书能"醒国魂，植种性，药帝毒""维夷夏大防，复汉族衣冠"④之厚望。陈去病《明遗民录自序》则感叹："窃谓世变至此，无复相加，若循是不返，将人道不可复睹，而乾坤几乎或息。"故其发奋纂成《明遗民录》若干卷，以期"薪类族辨物之圣，知所敬爱以自譬况"⑤。学术史的特征则体现在部分人物书写中，如刘师培所撰《孙兰传》，传主生平以"因清兵陷扬

---

① 邹容：《革命军》，中华书局，1971，第31页。
② 邓实：《史学通论（一）》，《政艺通报》1902年第12号。
③ 邓实：《民史总叙》，《政艺通报》1904年第17号。
④ 侯鸿鉴：《明遗民录序》，谢正光、范金民编《明遗民录汇辑》下册，第1371页。
⑤ 陈去病：《明遗民录自序》，谢正光、范金民编《明遗民录汇辑》下册，第1367～1368页。

州，耻事仇国，遂弃诸生籍，以布衣终"[1]；简要述之，绝大多数篇幅用以详述其学术源流及主张，天文历法、历史地理、水文气象、社会形态、语言文字等皆备载；《颜李二先生传》则着重探讨其对王学之批驳、所倡"实学"之意涵及二人学术之师承异同，足见明末清初学术变迁之大势。

尽管清末学人有意以"民史"取代传统之"君史"，但囿于时代、史观之局限，并未真正书及庶民。梁启超言："历史者，英雄之舞台也，舍英雄几无历史。"[2]其连载于《新民丛报》的《袁崇焕传》，亦称："有人焉，一言一动一进一退一生一死，而其影响直及于全国者，斯可谓一国之人物也已矣。……其在有唐，六祖慧能创立禅宗作佛教之结束，其在有明，白沙陈子昌明心学，导阳明之先河。若此者，于一国之思想界，盖占一位置焉矣。若夫以一身之言动进退生死，关系国家之安危，民族之隆替者，于古未始有之，有之则袁督师其人也。"[3]体现的仍是英雄史观。清末士人对《明遗民录》及各类遗民传记的偏爱，则出于类似境遇下对同为"士"的明遗民一种移情及自喻。邓实以为，明末清初，神州陆沉，唯有顾黄王李诸先生"学经世救时实用之学，以维世变，以明大义，传千秋之正谊，待一治于后王"，其学可"用以救万世之变"[4]；陈去病于《越社启》云，国难之际"惟夫君子禀百折不回之志，婴至艰极巨之任"，其身而为士，"上不系于皇之朝，下不托乎民之野"，"天子不得而臣，诸侯不得而友"。[5]职是之故，"民史"的设想落实到具体写作中，仍无可避免地成了"四民之首"的"士史"。

余　论

尽管"新史学"以全面否定传统史学之姿态发端，但事实证明，以"遗民录"为代表的传统史学，作为不可舍弃的历史资源，在历经重新诠释与选择、改造后，仍可为近代史学体系所容纳。除重写"遗民录"外，盛俊将郑

---

① 刘师培：《孙兰传》，《国粹学报》1905年第9号。
② 梁启超：《中国之旧史学》，《新史学》，第87页。
③ 梁启超：《袁崇焕传》，《新民丛报》1904年第46号。
④ 邓实：《明末四先生学说序》，《国粹学报》1906年第3号。
⑤ 陈去病：《越社启》，《南社丛刊》第1册，第4集，第535～536页。

樵的《通志》之《氏族略》比作种族史，盛赞郑樵为"有民族主义之史学家"："郑樵者，知有人种范围之史学家也，故撰氏族略；郑樵者，又知有人种直叙之史学家也，故二十略冠以氏族略；郑樵者，又知有民族主义之史学家也，故于氏族略备载蛮夷之姓氏源流。"并认为"黄种之乏爱国心，识者谓历史上无人种学之害是也"。时人针砭《氏族略》未将汉族"大书特书"，盛俊则为之辩曰："吾侪固共同一家族也，爱国合群之心，有不油然潮涌者乎？曰种族史，谁曰不宜？"①又如，《新民丛报》在第73号新刊书籍目录中推介了黄宗羲的《明儒学案》，梁启超盛赞此创中国学术史之先："黄梨洲著《明儒学案》，史家未曾有之盛业也。中国数千年唯有政治史，而其他一无所闻。梨洲乃创为学史之格，使后人能师其意，则中国文学史可作也，中国种族史可作也，中国财富史可作也，中国宗教史可作也，诸类此者，其数何限！"②清末"遗民录"的编撰风潮，正是以"国粹派"诸君为代表的近代学人，以朴素的民族本位史学意识，通过学术实践，试图在清末西学东渐的大潮中坚守民族传统，赋予传统史学以时代价值。

---

① 盛俊：《郑樵传》，《新民丛报》1903年第43号。
② 梁启超：《中国之旧史学》，《新史学》，第90页。

现代分科学术史的书写

李春伶

近代以来，中国全面接受西方先进的科学文化知识体系，发展现代分科教育。在百余年的历史过程中，中国废除了以儒学内容为主的科举制，建立了涵盖自然科学、社会科学和人文艺术在内的完整的现代学科体系。而中国史学书写传统悠久，学术史作为中国古代史学史的分支，更是源远流长，现代分科后学术史该如何书写？史学传统与现代学科发展能否结合？2015年由著名科学家钱伟长院士倡议并任总主编，由科学出版社组织的《20世纪中国知名科学家学术成就概览》（以下简称《概览》）顺利结项、出版，标志着中国近代以来首部以现代学科分卷形式撰写的大型学术史丛书的正式诞生。该书为3046位学者立传，按学科分别结集卷册，计有19卷62分册，约4500万字，包括地学、数学、农学、化学、生物学、医学、天文学、物理学、力学、能源与矿业工程、土木水利与建筑工程、化工冶金与材料工程、环境与轻纺工程、信息科学与技术、管理学，以及经济学、哲学、法学、考古学等卷，荟萃20世纪中国学术发展的精华，展现中国过去百余年的学术脉络与知识谱系。本文以《概览》一书为例，从学术史编纂体例发展的角度试做分析，向同行求教。

一　中国古代学术史编纂体例发展脉络的梳理

学术史是人的思想史。人物是核心，中国古代对人物的记载恰恰是最充分的。中华文明传承几千年而弦歌不辍，与其悠久的史学传统不无关系。中国古人留下的史籍可谓浩如烟海，史部典籍不仅有纪传类、编年类、纪事本末类，而且还有杂史类、史表类、史抄类、史评类、传记类、谱牒类、政书类、方志类、地理类等。虽然梁启超（1873～1929）认为，清代"史学之祖当推宗羲，所著《明儒学案》，中国之有'学术史'，自此始也"。①但学术史作为中国史学史的分支，其源头在史学早期作品中就可见端倪。

1.《史记》《汉书》的创辟之功

《易大传》曰"天下一致而百虑，同归而殊途"②，春秋战国时期，中国学术发展空前繁荣，出现了包括阴阳、儒、墨、法、道德等派在内的百家争鸣，这为学术史的书写奠定了基础。"在中国史学史上，如果说先秦诸子之论学已初开学术史端倪，那么发凡起例的创辟之功则是由《史记》《汉书》来成就的。"③

《史记》作为中国第一部通史，以究天人之际为己任，开创了纪传体先河。在《史记》不同篇目中，可以散见有关学术史的内容。司马迁（前145或前135至约前86）分别于《太史公自序》绍述各派源流，并于卷47《孔子世家》、卷63《老子韩非列传》、卷67《仲尼弟子列传》、卷74《孟子荀卿列传》、卷105《扁鹊仓公列传》、卷121《儒林传》等，以人物纪传体方法对孔子、老子、庄子、申不害、韩非子、孟子、荀子、墨子、扁鹊、淳于意，以及申公、韩生、伏生、董仲舒等一众进行了学行载述。

《史记》并非学术史专书，篇章结构体现了司马迁的价值判断与总体安排，也反映了儒学由晦而显的发展状态。司马迁将孔子列入"世家"，他借用《诗经》"高山仰止，景行行止"的诗句，表达其对孔子"虽不能至，然心向往之"的仰慕之情。他写道："余读孔氏书，想见其为人。适鲁，观仲尼庙堂车服礼器，诸生以时习礼其家，余祇回留之不能去云。天下君王至于贤人众矣，当时则荣，没则已焉。孔子布衣，传十余世，学者宗之。自天子王侯，中国言六艺者折中于夫子，可谓至圣矣。"④不仅如此，司马迁还依据《论语》的记载，将孔子门人"受业身通者"颜渊、闵子骞、冉伯牛、仲弓、

---

① 梁启超：《清代学术概论》，东方出版社，1996，第16页。
② （汉）司马迁撰，裴骃集解《史记》卷130《太史公自序第七十》，中华书局，1982，第3288页。
③ 陈祖武：《中国学案史》，商务印书馆，2022，第6页。
④ （汉）司马迁撰，裴骃集解《史记》卷47《孔子世家第十七》，第1947页。

冉有、季路、宰我、子贡、子游、子夏等编入《仲尼弟子列传》[①]，与《老子韩非列传》等与先秦诸子并列，儒学的特殊地位可见一斑。儒学之外的其他学派，司马迁采取了分组的叙述方法，如老子、庄子、申不害、韩非合为一篇，孟子、荀子、墨子等合为一篇。叙述方法融考订、绍述学行与评价于一体。

下面介绍一下《儒林传》。《史记》设立《儒林传》记述儒学六艺的传承，从而开启了后世史家记述儒学发展演变的传统。司马迁在《儒林传》中创设的儒学学术发展概述与重点学者分述相结合的书写方法，为后世奉为模范。在《儒林传》中，司马迁先用了五分之一的篇幅介绍孔子"闵王路废而邪道兴，修起礼乐"，"作《春秋》以当王法"等的创制之功，以及孔子之后战国末年孟子、荀子"以学显于当世"，秦始皇焚书坑儒，汉初尊崇黄老之术的演化过程。他接着写道："及今上即位，赵绾、王臧之属明儒学，而上亦向之，于是招方正贤良文学之士。自是之后，言《诗》于鲁则申培公，于齐则辕固生，于燕则韩太傅。言《尚书》自济南伏生。言《礼》自鲁高堂生。言《易》自菑川田生。言《春秋》于齐鲁自胡毋生，于赵自董仲舒。及窦太后崩，武安侯田蚡为丞相，绌黄老、刑名百家之言，延文学儒者数百人，而公孙弘以春秋白衣为天子三公，封以平津侯。天下之学士靡然向风矣。"[②]至此，儒学取得了显学地位。接下来，司马迁按照《诗》《尚书》《礼》《易》《春秋》的顺序介绍了从汉初到武帝年间的名学硕儒。治《诗》者如申公、辕固生、韩生，治《尚书》者如伏生，治《礼》者如徐生，治《易》者如商瞿，治《春秋》者如董仲舒、胡毋生，等等。

作为中国第一部纪传体断代史，《汉书》沿《史记·儒林传》"开启的路径而行，记录一代儒学更替"[③]。由于时代的变迁，班固（32～92）《汉书·儒林传》选取人物与《史记·儒林传》不尽相同，如班固将董仲舒单独立传，以反映儒学独尊的社会现象，但撰写体例则基本保持不变。除此之外，班固还针对文献典籍，在刘氏父子整理《七略》的基础上，辨章学术，创立《艺

---

① （汉）司马迁撰，裴骃集解《史记》卷67《仲尼弟子列传第七》，第2226页。
② （汉）司马迁撰，裴骃集解《史记》卷121《儒林传第六十一》第3115～3129页。
③ 陈祖武：《中国学案史》，第12页。

文志》。班固在《艺文志》篇首写道："昔仲尼没而微言绝，七十子丧而大义乖。故《春秋》分为五，《诗》分为四，《易》有数家之传。战国从衡，真伪分争，诸子之言纷然淆乱。至秦患之，乃燔灭文章，以愚黔首。汉兴，改秦之败，大收篇籍，广开献书之路。……至成帝时，以书颇散亡，使谒者陈农求遗书于天下。诏光禄大夫刘向校经传诸子诗赋，步兵校尉任宏校兵书，太史令尹咸校数术，侍医李柱国校方技。每一书已，向辄条其篇目，撮其指意，录而奏之。会向卒，哀帝复使向子侍中奉车都尉歆卒父业。歆于是总群书而奏其《七略》，故有辑略，有《六艺略》，有《诸子略》，有《诗赋略》，有《兵书略》，有《术数略》，有《方技略》。今删其要，以备篇籍。"[①]然后分类著录书名、卷帙、著者，并于每类末尾加以评述。《汉书·艺文志》共著录图书"六略三十八种，五百九十六家，一万三千二百六十九卷"[②]，呈现中国先秦到西汉中国学术发展的概貌。《汉书·艺文志》著录图书分类统计如图1、图2和表1所示，这个时代诸子主要的著述集中在《六艺略》《诸子略》两类，所占比例高达58%；《方技略》《术数略》《兵书略》加在一起占32%。《诸子略》著录的学问家最多，有190家，占《艺文志》的32%；《术数略》有109家，《诗赋略》有106家，《六艺略》有103家，《兵书略》有53

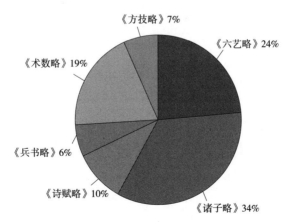

图1 《汉书·艺文志》"六略"篇目所占比例

注：统计数据依据表1。

---

① （汉）班固撰，颜师古注《汉书》卷30《艺文志》，中华书局，1962，第1701页。

② （汉）班固撰，颜师古注《汉书》卷30《艺文志》，第1781页。

家,《方技略》有36家。自此以后,"《儒林传》(或《儒学传》)、《艺文志》(或《经籍志》)皆不胫而走,成为历代官修'正史'的编纂矩矱,从而使各个时代的学术变迁得以保存下来"①。

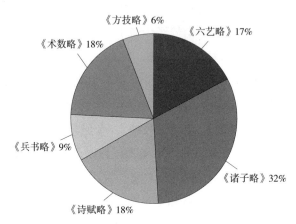

图2 《汉书·艺文志》"六略"各家所占比例

注:统计数据依据表1。

表1 《汉书·艺文志》篇目统计

	名称	种	家	篇／卷	备注(此为抄录《艺文志》原文,小字为原文注)
《六艺略》		9	103	3123	"凡六艺一百三家,三千一百二十三篇。入三家,一百五十九篇;出重十一篇"
	《易经》		13	294	
	《尚书》		9	412	
	《诗经》		6	416	
	《礼经》		13	555	
	《乐经》		6	165	
	《春秋》		23	948	
	《论语》		12	229	
	《孝经》		11	59	
	《小学》		10	45	
《诸子略》		10	190	4541	"凡诸子百八十九家,四千三百二十四篇。出蹴鞠一家,二十五篇"

① 陈祖武:《中国学案史》,第16页。

续表

名称	种	家	篇／卷	备注（此为抄录《艺文志》原文，小字为原文注）
儒家		53	836	
道家		37	993	
阴阳家		21	369	
法家		10	217	
名家		7	36	
墨家		6	86	
从横家		12	107	
杂家		20	403	
农家		9	114	
小说家		15	1380	
《诗赋略》	5	106	1318	"凡诗赋百六家，千三百一十八篇。入杨雄八篇"
屈赋		20	361	
陆赋		21	274	
荀赋		25	136	
杂赋		12	233	
歌诗		28	314	
《兵书略》	4	53	799	"凡兵书五十三家，七百九十篇，图四十三卷。省十家二百七十一篇重，入蹴鞠一家二十五篇，出司马法百五十五篇入礼也"
兵权谋		13	259	
兵形势		11	92	
阴阳		16	249	
兵技巧		13	199	
《术数略》	6	109	2539	"凡数术百九十家，二千五百二十八卷"
天文		21	445	
历谱		18	606	
五行		31	652	
蓍龟		15	401	
杂占		18	313	
形法		6	122	
《方技略》	4	36	881	"凡方技三十六家，八百六十八卷"

续表

名称	种	家	篇/卷	备注（此为抄录《艺文志》原文，小字为原文注）
医经		7	216	
经方		11	274	
房中		8	186	
神仙		10	205	
合计	38	597	13201	"大凡书，六略三十八种，五百九十六家，万三千二百六十九卷。入三家，五十篇，省兵十家"

注：表中数据是依据（汉）班固撰，颜师古注《汉书·艺文志》（《汉书》卷30，第1701~1784页，中华书局，1962）所做的统计；加灰底的原文合计数字，与笔者计算结果存在误差，原文即如此，局部误差不影响总体结论。

2.《明儒学案》的编纂特点

学术史作为一种专门史书，萌芽于先秦诸子，经《史记》《汉书》发凡，《儒林传》《艺文志》形成了比较集中的辨章学术源流的编纂体例，但这种体例始终没有独立形成专史，一直作为纪传体史书之附属，这种情况一直延续到南宋时期。南宋时期理学盛极一时，"朱熹撰《伊洛渊源录》以明洛学源流，将先前史籍中的《儒林传》加以变通，合本传及相关资料为一体，始形成专门的学术史编纂体裁"①。明中叶以后，批判总结理学思想的学案体史书开始出现，如周汝登《圣学宗传》、孙奇逢《理学宗传》等。入清，黄宗羲在总结、借鉴前人基础上结撰《明儒学案》，终于完成创建学术史体例的集大成之功。

黄宗羲在《明儒学案·发凡》中写道："大凡学有宗旨，是其人之得力处，亦是学者之入门处。天下之义理无穷，苟非定以一二字，如何约之，使其在我。故讲学而无宗旨，即有嘉言，是无头绪之乱丝也。学者而不能得其人之宗旨，即读其书，亦犹张骞初至大夏，不能得月氏要领也。"所以，《明儒学案》卷首以《师说》开篇，分列刘宗周关于明代理学的论述，作为全书的立论宗旨。《师说》之后，"以有所授受者，分为各案；其特起者，后之学

---

① 陈祖武：《清初学术思辨录》，中国社会科学出版社，1992，第114页。

者，不甚著者，总列诸儒之案"。①

黄宗羲阐述各家学术观点比较客观，分类系统性比较强。《明儒学案》共62卷，收录有明一代理学家200余人，在体例上以"有所授受者"分为各案，即他将有明一代的理学分17个学案加以介绍。这17个学案分别是"崇仁学案""白沙学案""河东学案""三原学案""姚江学案""浙中王门学案""江右王门学案""南中王门学案""楚中王门学案""北方王门学案""粤闽王门学案""止修学案""泰州学案""甘泉学案""诸儒学案""东林学案""蕺山学案"。王阳明及其门人共占6个学案的篇幅，超过全书三分之一，阳明学在明朝的兴盛可见一斑。

《明儒学案》的编纂方法有其独到之处，即使是晚出的同类学案，也难以与之媲美。《明儒学案》各学案开篇冠以叙论，介绍案主学术宗旨，之后学者的传略则除了介绍生平外，还选辑案主的文集、语录等资料并加以评析，同时节录其重要著作。例如，"崇仁学案"卷首，黄宗羲先概述"康斋倡道小陂，一禀宋人成说。言心，则以知觉而与理为二，言工夫，则静时存养，动时省察。故必敬义夹持，明诚两进，而后为学问之全功。其相传一派，虽一斋、庄渠稍为转手，终不敢离此矩矱也。白沙出其门，然自叙所得，不关聘君，当为别派。于戏！椎轮为大辂之始，增冰为积水所成，微康斋，焉得有后时之盛哉！"②而后绍述吴与弼生平学行，然后再辑录吴与弼的语录，而后记录同门胡居仁、娄谅、谢复、郑伉、胡九韶、魏校、余祐、夏尚朴、潘润等诸学者学行。

通览《明儒学案》可知，该书作为中国古代第一部系统的断代学术史专书，体例严整，所辑录的史料丰富，成作者一家之言，难怪梁启超推崇其"为学作史"。梁启超之后，钱穆撰《中国近三百年学术史》，使学术史编纂体例更加完备。"是书述有清一代学术，远追溯于两宋，近讨源于晚明东林，分十四章，以人为纲，自黄梨洲以迄康长素，迹其师承，踵其演变，然后三百年间学术发展递嬗之详，如网在纲，粲然毕具。书末复有附表一通，于

① （清）黄宗羲：《发凡》，（清）黄宗羲著，沈芝盈点校《明儒学案》，中华书局，2008，第15页。
② （清）黄宗羲：《崇仁学案一》，（清）黄宗羲著，沈芝盈点校《明儒学案》卷1，第14页。

诸学者生卒年月、仕宦出处、师友交游、著作先后，爬罗抉剔，一一备载。观此一表，必可得知人论世之助，对书中叙述，亦有更多启发。"①钱穆《中国近三百年学术史》传文安排与《明儒学案》一脉相承。以第二章黄梨洲为例，作者先介绍黄宗羲的传略，然后绍述其学术思想之大要（梨洲论刘蕺山、梨洲论王阳明、梨洲晚年思想、梨洲经史之学、梨洲之政治思想，共五个方面），边叙边议，条分缕析，提纲挈领。后附陈乾初、潘用微、吕晚村三人小传及其与梨洲之交游，使读者对于梨洲这一门的学术传承有了整体的印象。②

综上所述，中国古代学术史经过先秦诸子萌芽，《史记》《汉书》发凡，形成《儒林传》《艺文志》比较集中之编纂体例并代有传承，至清初终由黄宗羲完成学术史编纂体例的创建，而梁启超、钱穆在黄宗羲的基础上更进一步，使学术史的书写形成了稳定的体例结构。中国学术的发展也告别古代，向近现代转型。

二 《概览》主要内容结构及编纂体例的传承

自汉代罢黜百家独尊儒术一直到近代以前的中国，儒学一直都是中国学术的核心。而1840年以来的中国，科学经历了一个由晦而显的过程。进入20世纪，特别是1949年以后，科学昌明、经济高速发展，中国从一个半封建半殖民地的落后国家，一跃成世界第二大经济体。中国取得巨大经济成就的原因，首先在于中国共产党的坚强领导，在于社会主义现代化建设路线的确立。除此之外，中国对科教兴国战略的实施也是重要的因素，"科学技术是第一生产力"在中国得到了充分的贯彻，中国科学家在中华民族伟大复兴的过程中贡献了集体智慧。

在20世纪的一百年里，现代科学在中国从无到有，并以突飞猛进的方式一路高歌。《概览》就是对于20世纪中国学术发展成就的系统性总结。该书为3046位学者立传，按学科分别结集卷册，计19卷62分册，约4500万

---

① 钱穆：《中国近三百年学术史》，"出版说明"，九州出版社，2011。

② 钱穆：《中国近三百年学术史》，第23～91页。

字，包括地学、数学、农学、化学、生物学、医学、天文学、物理学、力学、能源与矿业工程、土木水利与建筑工程、化工冶金与材料工程、环境与轻纺工程、信息科学与技术、管理学，以及经济学、哲学、法学、考古学等卷，展现了中国过去百余年的学术脉络与知识谱系。① 以下将从《概览》编纂的缘起、收录知名学者标准及学科分布、编纂体例、出版意义等几方面进行梳理。

1.《概览》编纂的缘起与收录知名学者的学科分布

《概览》编纂的缘起。我们不能不说中华民族是有史学传统的民族，每代学人都有整理史料的自觉。《概览》总主编钱伟长院士说："早在21世纪的新世纪之初，中国科学院、中国工程院和中国社会科学院的一些老同志给我写信，邀我牵头来一起编一套书……主要目的就是想以此来记录近代中国科技历史、铭记新中国科技成就，同时也使之成为科技创新的基础人文平台，将老一辈科技工作者爱国奉献、不断创新、追求卓越的精神传承并激励后人。"② 该提议得到了国家的重视，《概览》作为国家一项重大出版工程纳入了"十一五"时期（2006～2010年）国家重点图书出版规划和"十二五"时期（2011～2015年）国家重点图书、音像、电子出版物出版规划，并得到了国家出版基金的资助。总主编钱伟长撰写的总序还提到编纂《概览》方法与目标："《概览》纸书预计收录数千名海内外知名华人科学技术和人文社会科学专家学者，展示他们的求学经历、学术成就、治学方略、价值观念，彰显他们为促进中国和世界科技发展、经济和社会进步所做出的贡献，秉承他们在百年内忧外患中坚韧不拔、追求真理的科学精神和执著、赤诚的爱国传统，激励后人见贤思齐、知耻后勇，在新世纪的大繁荣大发展时期，为中华民族的伟大复兴和全人类的知识创新而奋发有为。"

据早期出版的《概览》总序介绍，"《概览》总体工程包括纸书出版、资料数据库与光盘、网络传播三大部分。全套纸书计划由数学、力学、天文学、物理学、化学、地学、生物学、农学、医学、机械与运载工程学、信息

---

① 参见盖宇《〈20世纪中国知名科学家学术成就概览〉简介》，《科学通报》第59卷第27期，2014。统计数据笔者有所修正。

② 孙鸿烈主编《20世纪中国知名科学家学术成就概览·地学卷》第1分册，"总序"，科学出版社，2010。

与电子工程学、化工冶金与材料工程学、能源与矿业工程学、环境与轻纺工程学、土木水利与建筑工程学，以及哲学、法学、考古学、历史学、经济学、教育学、军事学、管理学和索引等卷组成。"但由于种种原因（组稿过程的艰难，国家出版规划按期结项的要求等），《概览》结项时历史学卷、教育学卷、军事学卷和索引卷4卷未能出版，实属遗憾。[①]

《概览》结项时各学科传主人员分布情况如图3、表2所示。从图3可以看到，近代以来学科越来越细化，科学技术占据了显要地位，自然科学、技术工程入选学者占据了较大比例（约为77.6%）。单一学科占比最高的是地学卷，入选303位知名学者，占全部入选学者总数的10%；接着是能源与矿业工程，占比约为7.1%；接下来是化学和农学，占比均约为6.5%；包括管理学、经济学、法学、哲学、考古学在内的社会科学占比约为22.3%，其中比较大的学科如法学、经济学、哲学，占比均不超过5.5%。与入选人员相对应，笔者还在表2中统计了各学科卷册，其中地学卷蔚为大观，一共成书6册，占比同样也约是10%；接着是能源与矿业工程5册；然后是数学、农学、化学、医学、化工冶金与材料工程，都成书4册；小学科如天文学、土木水利与建筑工程、环境与轻纺工程、管理学、考古学，各成书2册；生物学、物理学、力学、信息科学与技术、经济学、哲学、法学，各成书3册。

《概览》的分册情况需要说明一下，《概览》多数卷按传主出生年代先后排序，编入第1、第2等分册，如数学卷、农学卷、化学卷、生物学卷、天文学卷、物理学卷、力学卷、土木水利与建筑工程卷、环境与轻纺工程卷、信息科学与技术卷、管理学卷、经济学卷、哲学卷、法学卷和考古学卷。但也有一些卷下另设专题分册，例如，地学卷下包括地质学分册、地理学分册、地球物流学分册、大气科学与海洋科学分册、古生物学分册；医学卷下设中医与中西医结合分册、药学分册、基础医学与预防医学分册、临床医学与护理学分册；能源与矿业工程卷下设动力和电气科学技术与工程分册、矿业科学技术与工程分册、核科学技术与工程分册、地质资源科学技术与工程

[①]　笔者翻阅过《概览》前期出版的总序（如数学卷、农学卷）与后期出版的总序（如力学卷、考古学卷），发现有些许不同，后期出版的卷册大概因为考虑到项目实施的不可能性，不再有教育学卷、军事学卷、历史学卷和索引卷等内容。

分册；化工冶金与材料工程卷下设冶金工程与技术分册、化学工程与技术分册、材料科学与技术分册。这种专题分册的产生是现代学科细分的反映。

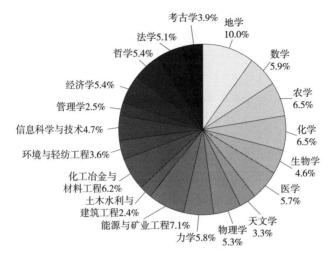

图3 《20世纪中国知名科学家学术成就概览》各学科收录传主所占比例

注：统计数据依据表2。

表2 《概览》各卷构成及收录传主统计

分卷名称	册数	分卷主编/副主编	传主人数	占比（%）
地学	6	刘鸿烈/李廷栋、周秀骥、郑度	303	10
数学	4	王元/石钟慈、李大潜、文兰、陈木法	181	5.9
农学	4	王元春/方智远、戴景瑞、范云六	198	6.5
化学	4	白春礼/王佛松、程津培、汪尔康、朱道本	199	6.5
生物学	3	梁栋材/陈宜瑜、匡廷云、刘以训	141	4.6
医学	4	刘德培/吴孟超、曾毅	174	5.7
天文学	2	叶叔华/艾国祥、苏定强	99	3.3
物理学	3	陈佳洱/王乃彦、于渌、聂玉昕	162	5.3
力学	3	郑哲敏/崔尔杰、白以龙、黄克智	177	5.8
能源与矿业工程	5	杜祥琬/黄其励、胡思得、何继善、苏义脑	217	7.1
土木水利与建筑工程	2	周干峙/陈厚群、陈肇元、杨秀敏	74	2.4
化工冶金与材料工程	4	干勇/叶恒强、汪燮卿、陈立泉、邱定藩	189	6.2

续表

分卷名称	册数	分卷主编/副主编	传主人数	占比（%）
环境与轻纺工程	2	魏复盛/金鉴明、李泽椿、侯保荣、陈克复、孙晋良	111	3.6
信息科学与技术	3	金国藩/李国杰、吴佑寿、陈俊亮、周立伟	142	4.7
管理学	2	王礼恒/刘人怀、郭重庆、王基铭	77	2.5
经济学	3	张卓元、厉以宁、吴敬琏/汪海波、逄锦聚、刘伟	164	5.4
哲学	3	汝信/杨春贵、方克立、谢地坤	164	5.4
法学	3	江平/何勤华、程燎原、王文杰	156	5.1
考古学	2	王巍/赵辉、白云翔、陈星灿	118	3.9
合计	62		3046	

注：依据《20世纪中国知名科学家学术成就概览》（第1～62册，科学出版社，2009～2015）整理；占比保留一位小数，进行了四舍五入。

2.《概览》收录学者的标准

《概览》的编辑出版是一项参与人员众多、卷帙浩繁的文化工程，由19个编委会、300余名编委和2000多名作者，经过"十一五""十二五"两个"五年规划"才最终完成。《概览》虽然由钱伟长院士倡议并担任总主编，但各卷均由相关学科知名学者担任主编、副主编（见表2），由他们组建编委会共同完成编纂任务。编委会规模大小不一，视学科具体情况而定。

《概览》总序"预计收录数千名海内外知名华人科学技术和人文社会科学专家学者"，这句话总括了《概览》的入选标准。其一，地域范围，入传学者不仅包括中国海峡两岸暨香港、澳门地区的学者，而且包括海外华人学者。例如，地学卷入选学者分布"大陆、香港特别行政区、台湾省和美国、瑞士的116家科研院所和高校"；又如法学卷，包括"1949年前清末民国学者，1949年后的大陆学者，1949年后迁居台湾的学者"。其二，时间范围，要突出20世纪学术成就的概念，笔者将各卷入选最年长与最年轻的学者出生年代统计于下表3中，可以发现大部分入选学者出生于19世纪末到20世纪40年代之间。个别超出这个时间范围的入选学者，是因为他们对于该学科有着桥梁似的不可或缺的开拓或奠基作用。例如，地学卷的张相文（1866年）、环境与轻纺工程卷的张謇（1853年）、生物学卷的钟观光（1868年）、土木水利与建筑工程卷的詹天佑（1861年）、哲学卷的杨文会（1837年）、法学卷的沈家本（1840年）等。其三，学术上"知名"。"知名"意味着"门槛要高，条件要严"，与《20世纪知名科学家学术成就概览》名称和宗旨相符。关于入选学者标准各卷有所细化（详如表3所示），但总的来讲，主要集中于在学术的开拓、奠基上以及在理论与实践中做出突出贡献。由于学术贡献突出，年龄标准可以适当放宽要求。其四，同一传主可能在多个学科均有创建，对于这种情况，传主、撰写者、不同卷册编委会经过沟通确定其进入某一卷册后其他卷册不再收入，这避免了卷册间不必要的重复。例如，化学卷"一些交叉专业（如药物化学、化学工程）领域的学者，视其研究方向的侧重或征求传主（家属）意愿，分别入选化学卷、医学卷、化工冶金与材料工程卷等"。最后值得一提的是，各卷入选名单都是经过提名、讨论、投票的专业流程而最终确定的，这在一定程度上保证了结果的公正性。

表3 《概览》各卷入选传主出生年代与入选标准统计

分卷名称	最年长（年轻）传主	最年长（年轻）传主出生年代	入选标准
地学	地质学章鸿钊/贾承造； 古生物孙云铸/戎嘉余； 地球物理陈宗器/杨元喜； 地理学张相文/姚檀栋； 大气科学蒋丙然/穆穆； 海洋科学赫崇本/冯士筰	1877/1948； 1895/1941； 1898/1956； 1866/1954； 1883/1954； 1908/1937	1.中国科学院、中国工程院地学领域的院士，含已故院士和2007年当选院士；2.对地学某一学科领域有开创性突出贡献的老一辈科学家
数学	姜立夫/孟晓犁	1890/1963	入传数学家由编委会讨论后，通过投票决定
农学	郑辟疆/李宁	1880/1962	入选学者是本卷编委会经过充分讨论、严格把关、最终投票优选出来的
化学	俞同奎/麻生明	1876/1965	为中国化学科研事业做出开创性、奠基性或突出贡献的学者；经过征求化学界有关单位、学会、专家学者的意见，并参考已出版的传记类和化学史类文献资料和任务成果，再经编委会成员的充分讨论、慎重遴选和复议，确定化学卷首批入选学者

续表

分卷名称	最年长（年轻）传主	最年长（年轻）传主出生年代	入选标准
生物学	钟观光/贺福初	1868/1962	2005年以前入选的中国科学院、中国工程院生物学领域的院士，或为中国生物学的开拓者、奠基人和对生物学某一学科领域有开创性贡献的老一辈科学家
医学	药学陈克恢/刘昌孝；基础医学与预防医学徐诵明/曹雪涛；临床医学与护理学毕华德/谢立信；中医学与中西医结合张锡纯/王永炎	1898/1942；1890/1964；1891/1942；1860/1938	2007年前当选的医药学界的两院院士及学部委员，学科创始人、学科开拓者和奠基人，以及为中国医药学领域的发展和壮大做出了突出贡献的人；入选学者名单由各学科专家提名，本卷编委会经过充分讨论、严格把关，最终投票决定
天文学	高鲁/韩金林	1877/1965	入传的天文学者名单经编委会讨论后通过投票决定
物理学	王季烈/欧阳钟灿	1873/1946	入传的原则和名单由编委会讨论通过
力学	金悫/胡海岩	1899/1956	1.中国科学院和中国工程院院士（截至2007年入选）；2.具有开创性、突出贡献的老一辈力学家，包括新中国成立前各高校教授，新中国成立到"文化大革命"前相当于副教授（包括留学归国博士）以上人员，1981年前（含1981年）被聘为教授或博士生导师者；1981年、1984年、1985年国务院学位委员会批准第一、二批和特批的博士生导师；1986年、1990年、1993年国务院学位委员会批准的第三、四、五批博士生导师，同时为2000年前国家级一、二等奖中第一或第二获奖人，或国家三等奖，中国科学院、中国工程院、部委一等奖第一获奖人
能源与矿业工程	动力和电气鲍国宝/沈国荣；矿业科学技术与工程孙越崎/袁亮；地质资源科学技术与工程柴登榜/马永生；核科学技术与工程丁厚昌/丁伯南	1899/1949；1893/1960；1912/1961；1916/1945	两院院士（截至2009年当选）；在本学科领域做出开拓性贡献的，或者有重大的、创造性的成就和贡献的工程科学技术专家（1927年12月31日以前出生）

续表

分卷名称	最年长（年轻）传主	最年长（年轻）传主出生年代	入选标准
土木水利与建筑工程	詹天佑/吴硕贤	1861/1947	1.2007年以前（含）当选的（含已故）两院院士或学部委员；2.1927年12月31日以前出生的，对中国土木、水利、建筑学科的创立发展做出重要贡献的学者，对土木、水利、建筑学科早期建设及培养人才具有基础性贡献的开拓者、奠基人
化工冶金与材料工程	材料科学与工程王涛/周玉；冶金工程与技术靳树梁/干勇；化学工程与技术徐名才/徐南平；	1905/1955；1899/1947；1889/1961；	1.两院院士（包括已故院士、外籍华裔院士）；2.在该学科领域做出开创性贡献的老一辈工程技术专家；在此原则基础上，征求各单位、学会和专家意见，并经过编委会的严格把关和投票
环境与轻纺工程	张睿/孙宝国	1853/1961	2009年及以前当选的两院院士；院士以外原则上收入20世纪某一科技工程领域做出开拓性或奠基性贡献的70岁以上的工程技术专家；对70岁以下，其成就和贡献确实非常突出的，也可以考虑
信息科学与技术	王守觉/于全	1925/1965	中国科学院和中国工程院信息科学与技术领域的院士（2011年及以前当选的院士，含已故院士）；在信息科学与技术某一学科领域做出开拓性贡献的老一代科学家，且出生于1931年12月31日之前，以及与以上水平相当的专家
管理学	姜君辰/王陇德	1904/1947	1.中国科学院院士、中国工程院院士；2.中国社会科学院学部委员；3.学科的创始人、开拓者和奠基人，以及在中国管理领域做出突出贡献的专家；4.除院士和学部委员之外的入选学者，年龄在70周岁以上及1939年之前出生；在征求管理学界有关单位和专家学者意见以及编委广泛提名的基础上，编委会投票确定了入选学者
经济学	李剑农/韩俊	1880/1963	本书编委会由19名经济学家组成，确定入选传主名单，通过协商讨论和投票选出
哲学	杨文会/俞吾金	1837/1948	入选的学者名单是经编委会集体讨论后投票决定，编委们来自各研究单位和高等院校、出版部门

续表

分卷名称	最年长（年轻）传主	最年长（年轻）传主出生年代	入选标准
法学	沈家本/法治斌	1840/1951	学术领域的开创者和有卓越贡献的学者；有重要影响的科学理论、学说、学派的创始人，有一定的社会知名度；1949年前清末民国学者，1949年后的大陆学者，1949年后迁居台湾的学者（台湾学者入选后有一部分表示不愿意入选的均从其本人意愿）；原则为出生于1940年1月1日前，个别入选者出生于1940年之后，是考虑其对该门学科有特殊贡献
考古学	马衡/刘庆柱	1881/1943	1965年之前参加考古工作，具备研究员或教授职称；1950年代参加考古工作的学者，应在某一考古领域做出重要贡献，本人发表了学术专著（独著）或主持过重要的考古发掘并编撰出版了考古发掘报告；1960年代参加考古工作的学者，须在某一学术领域具有突出贡献，发表了两部以上学术专著（独著）或主持重要的考古发掘并编撰出版了两部以上的考古发掘报告

注：依据《20世纪中国知名科学家学术成就概览》（第1~62册，科学出版社，2009~2015）整理。

3.《概览》的编纂体例传承

（1）全书结构

《概览》作为现代学者集体撰写的学科史丛书，对中国古代学术史编纂体例，特别是纪传体史书有很好的传承。该书"按学科分别结集卷册，并于卷首简要回顾学科发展简史，卷末另附学科发展大事记。这与传文两相映照，从而反映出中国各学术专业领域的百年发展脉络"。传文按传主出生年代先后为序，"着力勾画出这些知名专家学者的研究路径和学术生涯，力求对学界同行的学术探索有所镜鉴，对青年学生的学术成长有所启迪"。按学科分别结集、卷首卷尾加入学科史和大事记的设计等明显地继承了《史记》《汉书》的编纂体例。而传主生平、主要学术成就、主要著作这些体例的设计，与钱穆《中国近三百年学术史》中的传略、学术思想之大要、作品附录等体例一脉相承。可以说，现代分科学术史的书写，虽然内容全新但编纂体例一直沿用中国传统的以人物为中心的纪传体例。

此外，由于现代科学日益细分，有些卷的分册还有细分的学科史和大事记。例如，地学卷"为了便于读者阅读使用，《概览·地学卷》分为地质学、地理学、古生物学、地球物理学、大气科学与海洋科学等分册。每一分册由本学科发展史、大事记和传文等部分组成，形成传中有史，史中有传，相互呼应，相得益彰"。又如能源与矿业工程卷"《概览·能源与矿业工程卷》每一分册于卷首置20世纪相应学科发展简史，卷中为传文，卷末置大事记，为方便读者阅读，传文按传主生年先后排列。……在黄其励、胡思得、何继善、苏义脑四位副主编的组织和其他编委的积极配合下，分别成立了动力和电气科学技术与工程、核科学技术与工程、地质资源科学技术与工程、矿业科学技术与工程四个学科发展简史及大事记撰写组"。不仅如此，"20世纪的中国矿业科学技术与工程又包括20世纪的中国煤矿业科学技术与工程、20世纪的中国石油和天然气科学技术与工程、20世纪的中国非煤采矿科学技术与工程三个学科发展简史"。

全书也存在个别卷册没有撰写学科史和大事记的情况，如土木水利与建筑工程卷、化工冶金与材料工程卷、环境与轻纺工程卷、信息科学与技术卷。经济学卷有大事记，无学科发展简史，但张卓元主编撰写的前言回顾中国经济学发展状况，部分起到了学科发展史的作用。

（2）传文结构与组稿

按照丛书的体例规范，各篇传文的主要内容包括摘要、简历（或成长历程、成才之路）、学术成就和学术思想、传主主要论著、撰写参考文献、撰写者6个部分。每篇0.8万~1.2万字，其中学术成就和学术思想约6000字，约占篇幅的1/2，可以较为详尽地介绍该科学家的成才历程，取得的主要成就及其研究的理论、方法和途径。例如，信息科学与技术卷"各篇传文的主要内容包括简历、成长历程、主要研究领域和学术成就与贡献、传主主要论著、撰写参考文献、撰写者六个部分。每篇数千字至万字不等，各篇传文以突出学术成就为核心，透过传主的研究工作和成功经验，试图总结他们取得这些成就的路径和方法，分析他们成才成家的原因"。

《概览》作为现代综合性大型学科史料编纂工程，真实性、准确性和权威性是其关键，所以组稿难度极高。《概览》的编纂由19个编委会、300余名编委和2000多名作者共同完成，其中不乏各学科德高望重的知名学者和年富力强的中青年才俊，协调组织工作繁重。为此，科学出版社设立《概览》编辑部，由具有不同专业知识结构的编辑组成，协助各个编委会进行组稿工作。各卷贯彻的组稿方法主要采用将单位推荐撰稿人和传主本人（或家属）推荐撰稿人两种方式结合起来的方式：函致全国70多所高校、科研院所及相关单位沟通撰稿，同时，尽力联络各传主（家属），尊重传主本人或家属意见。落实组稿的各篇传文，由传主本人或熟悉传主科研工作并对传主有较深入了解的同人、学生，或亲属执笔撰写。例如，物理学卷"鼓励入传人亲自撰写，或由传主推荐撰写人，对已故传主由其家属，或生前挚友，或单位推荐撰写人。尽量忠实于当事人的第一手材料是我们的宗旨"。又如能源与矿业工程卷，"传文组稿通过传主本人（或家属）、编委会、传主单位推荐方式进行，函致全国近80家科研院所、高等院校及相关单位沟通撰稿。编委会力求结合多方面的力量举荐合适的撰稿人，以确保传文的高质量和高水平"。再如土木水利与建筑工程卷"每篇撰文尽量由传主本人或熟悉传主科研工作的同事、助手、学生、亲属或相关单位执笔撰写。同时，对入传专家的科技成就、学术评价等方面内容征求多方面的意见，反复补充修改，力求史实准确、评价公允"。

除了组稿之外，编委会对每一篇传文委任了责任编委和审稿人，编委会办公室组织了专家审稿工作；有不同意见之处，由责任编委汇总后提交编委会内相关专业的编委集体讨论酌定；传文片头摘要经编委会集体讨论通过。上述流程与相关措施保证了《概览》成书内容具有较高的质量。

（3）美中不足

笔者以为《概览》的缺憾主要包括以下三点。

其一，教育学卷、历史学卷、军事学卷和索引卷的缺失是比较大的遗憾，遗憾原因笔者前文已经述及，不再赘述。其实，就现代学科分类而言，还有不少学科没有纳入总序的规划中，也是遗憾之一。希望后来的学者能够补充。

其二，各卷都存在入传学者传文暂付阙如的情况。造成这一情况的原因是多方面的，例如数学卷和天文学卷，"有部分入传人在目前还找不到撰稿人，或者入传人目前不愿意发表其传记，只好暂付阙如，留待以后补充"。又如土木水利与建筑工程卷"由于多种原因（传主过世早，资料少；传主生前所在单位变动大，无法联络传主家人，单位也不能推荐合适的撰稿人；传主本人或家人不愿意入传；涉及保密等），组稿工作难度较大，致使部分传主的传文无法落实撰稿人"。再如法学卷，1949年后迁居台湾的学者入选后，有一部分表示不愿意入选，均从其本人意愿。

其三，传文学术成就概括不尽得当。由于撰写者写作水平、掌握材料、学术评价能力、结项时间有限等各方面因素，有些传文还有提升改进空间。例如有些学术巨匠，其学术贡献涉及几个学科，撰写者学养不够只能就其一点进行评述。

4.《概览》出版的意义

有些书刚刚出版时，市场趋之若鹜，一两年也就淡忘了；有些书刚刚出版时，市场上并不见得有多大动静，但时间越长，读者越能发现其不可替代的价值。《概览》显然属于后者。其意义主要有三个方面。

其一，勾勒20世纪中国各学术领域的百年发展脉络。《概览》通过学科发展简史、大事记和传文互为表里的体例、结构，向读者展示了各相关学科百年发展脉络与学术谱系，是中国近代以来学术发展的忠实记录。《概览》的编纂得到了中国科学院、中国工程院、中国社会科学院、国家自然科学基金委员会等顶尖级学术机构和重要管理部门众多知名院士和专家的学术支持和积极参与，材料具有真实性、准确性和权威性。《概览》不仅是20世纪中国科学家词典的精华篇，如果读者要了解近代以来中国学术、学人的情况，《概览》一定是首选之书，而且每篇传文之后都附有按时间排序的传主主要论著，这是20世纪中国科学知识的脉络与谱系，精华版的当代艺文志。据悉，科学出版社已将《概览》全部数字化，在科学文库可以阅读全文，这为读者应用数据库技术进行研究与学习提供了便利，相信随着读者的不断使用，其学术价值将会得到进一步的显现。

其二，具有里程碑意义的学术巨著。《概览》是中国科学技术各领域知识分子在20世纪走过历程的集体缩影。这套书可谓群星璀璨，每一位入选者都是相关研究领域杰出代表。从19世纪中叶起，中国社会开始发生巨变，延续两千多年的封建专制统治已走向末路，在帝国主义列强的侵略下，中华民族到了生死存亡的危急关头。为了救亡图存，当时一些先进的中国人开始向西方国家寻找改变民族命运的思想与学说。到了 20 世纪，无论中国还是整个世界，都发生了翻天覆地的变化，中国科学家群体集体智慧是中华民族实现复兴的关键条件之一。该书以纪传体形式记述中国 20 世纪在各学术专业领域取得突出成就的数千位华人专家学者，在现代分科学术史的书写上具有开创之功。诚如地学卷总序所言，《概览》是"我国有史以来，一部具有广泛代表性、时代性和权威性的传记类图书，具有划时代、里程碑意义"，"老一辈生物学家和新中国培养的生物学家，他们都做出了骄人的成绩。篇篇华章是智慧的结晶，颗颗繁星构筑了中国生物学发展斑斓的轨迹，他们是中华民族迈向科学辉煌的阶石"，"农学卷将展示这一百年间中国现代农业科技从启蒙到逐渐跟上世界先进水平历程中成长和做出较大贡献的 200 多为代表人物。这是一幅历史长河中的百年画卷，这些代表人物是滚滚长江激流中的点点浪花"。

其三，具有重大政治意义和时代意义。编写出版《概览》图书，荟萃知名专家学者宝贵的治学思想、学术轨迹和具有整体性的科技史料，为科研、教学、生产建设、科研管理和人才培养等提供了一个精要的蓝本。《概览》的编纂，总结了中国过去百年的科学技术成就与贡献，团结了海内外华人学者，凝聚了爱国精神，《概览》的传播，教育并激发了年轻一代为振兴中华而奋发有为。正如经济学卷主编张卓元所言，20 世纪中国经济学家"以经世济民为使命，为祖国和人民从积贫积弱走向国强民富、为实现中华民族的伟大复兴殚精竭虑，用自己的科研成果为国家工业化、现代化提供理论与智力支持。本卷收稿的一百多位传主，就是其中的代表。我们从中可以看到百年来中国经济学家的学术足迹和风采，看到中国经济学逐步形成为一门科学和繁荣发展的历程"。

结　论

综上所述，笔者以《20 世纪中国知名科学家学术成就概览》为例，通过对先秦以来中国学术史编纂体例发展演变的梳理，得到如下三条结论。其一，人是时代的人，思想是时代的思想，学术是时代的学术。从《史记·儒林传》《汉书·艺文志》到《明儒学案》《中国近三百年学术史》，再到《20世纪中国知名科学家学术成就概览》，中国学术内容从先秦诸子百家争鸣到儒学独尊、宋明理学和清代朴学，再到近代以来科学的昌明，可谓翻天覆地，一路向前，每个阶段都留有深刻的时代特征。其二，中国传统的以人物为中心的纪传体编纂体例，经过历代史家的编纂实践，代有传承，不断发展完善，人物传略、学术要旨、主要论著、学科发展史、学术年表、大事记等不一而足，共同构成了现代分科学术史书写可资借鉴的体例规范。其三，《20世纪中国知名科学家学术成就概览》不再像《明儒学案》和《中国近三百年学术史》一样，将师门流派归为一传。由于在现代分科教育中，多数学者成长中需要有多个学校、多个阶段、多位老师的培养，"有所授受者"多人，很难在一位导师指导下完成历程。其四，《20世纪中国知名科学家学术成就概览》作为荟萃20世纪中国学术发展的知识宝库，其学术价值必将随着研究者的大量使用而不断被发现。

知遇之恩

——陈先生对我的帮助和影响

王逸明

我是"60后"，出生于普通工人家庭，上学学的是美术。参加工作后，先在中国大百科全书出版社做了三年美术编辑，后来调到现在的出版社做文字编辑，一直干到现在。最早看到陈先生的名字，是在1992年出版的《中国大百科全书·中国历史卷》中。那时我虽已调到现在的出版社，但还能回大百科全书出版社按内部折扣价买到新出的各卷。大百科全书的条目都有署名，可以统计出来，陈先生给《中国大百科全书·中国历史卷》写了30个条目。在《中国大百科全书·中国历史卷》里写了30条以上的学者有10位，陈先生是最年轻的。①

认识陈先生，是从1996年底参与编辑《清代经学图鉴》开始的。《清代经学图鉴》由首都图书馆的陈坚、马文大先生根据馆藏古籍编撰，我是责任编辑。我们都不是专门研究经学的，心里没底。编到差不多的时候，就商量请专家审一下。我通过商务印书馆的吴隽深先生联系到陈先生。陈先生了解情况后，应允我去面谈。1997年1月31日，我带着书稿去先生家，是我第一次见先生。

有关《清代经学图鉴》的出版经过和先生的意见，都记录在这个书的前边。现在看，这个书留有不少遗憾，比如，庄存与条有几处硬伤，叶德辉条应该撤下。当时我们三个人确实所知不多，无知无畏，而且还要赶时间，因为拖时间长了，能不能出版就很难说。先生的很多意见没得到贯彻，比如表

---

① 见本文附录1和附录2。

彰陈寿祺、陈乔枞父子，就没出单条，也没上书影。

从那次见面后，我时不时去先生家请教。先生给我的最初印象是，小声说话，礼貌待人，不抢话，不争论。遇到我说错的知识点，先生就微笑着摇头吁一声，然后纠正。遇到我说敏感话题，他就简明地岔开。先生说话有口音，刚开始听，大概有三分之一的内容听不懂。遇到历史人名、书名，我只能记个大概音，以备回去查。先生发现后，再提到人名、书名，只要我一犹豫，就在我的笔记上写下来。这些笔记，我至今都留着。有时翻腾旧笔记时会偶然翻到，一看见，我就会停下来，看一会儿，感到无比温馨。这些笔记内容很杂，有些连我自己写的字都认不得了，而先生写的字都是清清楚楚、工工整整的。2007年《叶德辉集》出版后，我给先生送去样书，先生非常高兴，连连说好，嘱咐我别太劳累。后来先生到文史馆工作，我就很少打扰了。

在先生的指导和帮助下，我写了《昆山徐乾学年谱稿》《武进庄存与庄述祖年谱稿》《定海黄式三黄以周年谱稿》《崔适年谱》《叶德辉年谱》，主编了《叶德辉集》。除了《崔适年谱》外，其他都出版了。前三种年谱第一次出版是在2000年，书名是《新编清人年谱稿三种》。这个书的体例有点问题，先在每年概述谱主事迹，然后把相关史料一股脑堆在概述后边，显得很凌乱。先生曾建议把各条史料摘开，按时间排序。这样改，等于重新排版，重新校对，工作量太大，我就没改。行文中的错误也很多，比如竟然有"乾隆九十一年"这种很不应该出现的错误。最不应该的，是把先生的序都排错了。后来还有一次，陈鸿森先生托我带给先生一盒茶叶，我打电话到先生家，是师母接的，说先生在外边开会。后来我就把这个事给忘了。想到这些，羞愧难当。2010年，学苑出版社提出再版《新编清人年谱稿三种》。我花了一年的时间，把该改的尽量改好，并且加进了一些新搜集到的材料。2011年修订版出版，书名是《新编清人年谱三种重订稿》。

先生给我的最初印象是，小声说话，礼貌待人，不抢话，不争论。这个印象没有变过。开始时，我不懂的太多，请教的都是知识点。慢慢地，到后来，先生会说到一些社会现状，史学纠纷。先生还是那样，小声说话，礼貌待人，不抢话，不争论。用今天的话说，就是"淡定"。以前有个电视剧插曲里边有一句："我已经变得不再是我，可是你却依然是你。"认识先生后，就发生了类似的情况。20多年过去了，我发生了很大变化，但陈先生依然是陈先生。原来的我，爱炫耀，现买现卖，希望引人注意，抢话，懂不懂的都敢发表意见；夸大自己的长处和成绩，夸大别人的缺点和错误；出了书就到处送。这都是防御心理作祟，是不成熟的表现。明白了这一点，就会有所收敛。当然，我还需要继续加大自我约束的力度，还有很大的改进空间。

认识陈先生前，一个史学工作者我都不认识。相关的基础知识和研究方法，都是跟先生学的，但我没交过束脩和赞敬，也没帮过先生什么忙。先生给我的书写序，连稿费都不要。总之，我从先生那里得到的很多，却没给先生带来任何好处，还净做些个对不起先生的事。借着这个其乐融融、欢聚一堂的机会，我向先生道个歉。也借这个机会，向先生的几位学生一直以来对我的帮助表示感谢。早先梁勇兄在中国社会科学院历史研究所图书馆时，让我去翻阅和抄写《庄氏族谱》。后来袁立泽兄到历史研究所图书馆工作，又让我去翻阅和抄写《叶氏族谱》。林存阳兄对我的帮助就更多了，复印资料，审读书稿，在宁波开浙东学术会议期间，帮我恶补"礼"的基础知识，等等。对于业余研究历史的爱好者来说，能得到专家的帮助，得到有助于研究的材料，在现在这个社交网络发达、电子资源普及的时代，依然是难能可贵的。我对我得到的这些，心存感激。

附录1：陈先生为《中国大百科全书·中国历史卷》所撰条目，按条目字头拼音排序

《毕沅》《博学鸿儒》《戴震》《段玉裁》《龚自珍》《顾炎武》《何秋涛》《华蘅芳》《黄宗羲》《惠栋》《纪昀》《李善兰》《梅文鼎》《明安图》《祁韵士》《钱大昕》《乾嘉学派》《清今文经学》《阮元》《王夫之》《王念孙》《王锡阐》《王引之》《魏源》《文字狱》《徐寿》《徐松》《阎若璩》《颜元》《章学诚》

附录2：为《中国大百科全书·中国历史卷》撰写了30条目以上的学者及研究方向，按年齿排序

周一良（1913年生），魏晋南北朝史和日本史，54条。

杨廷福（1920年生），唐史，41条。

吴荣曾（1928年生），先秦和秦汉史，64条。

宁可（1928年生），敦煌学，34条（含与人合撰5条）。

陈得芝（1933年生），元史，32条（含与人合撰1条）。

郑则民（1936年生），近现代史，43条。

齐福霖（1938年生），民国经济和抗战史，43条。

曾业英（1940年生），民国史，52条。

田人隆（1941年生），秦汉史，30条。

关于清代学术的三个问题

陈祖武先生　演讲

这次要谢谢存阳、艳秋、立泽他们几位费心，让我们大家有机会在这里欢聚一堂，很高兴！存阳早就跟我说，是不是要做这么一个活动，我几次推辞，但是他们几位的盛情难却，坚持要安排这么一个学术讨论，我虽然接受了，但心里很不安。不管怎么说，还是要谢谢他们几位，谢谢大家！感谢大家远道而来，尤其是梁勇同志从新加坡不远万里而来，很让我感动。

存阳给了我一个小时的时间，我讲些什么呢？我想向各位汇报一下，我这两年来给研究生考试出的三道题目，谈谈我对这三道题的领会。

一

我出的第一道题目，是把章太炎先生在《訄书》当中论清儒的一段话摘抄出来，让这些年轻人断句、翻译。原文为："清世理学之言，竭而无余华；多忌，故歌诗文史梏；愚民，故经世先王之志衰。家有智慧，大凑于说经，亦以纾死，而其术近工眇踔善矣。"

章太炎先生这段话是什么意思呢？我的理解是：清代理学作为一种学术体系，它已经枯竭了，再没有发展的余地。故而章太炎先生称之为"竭而无余华"。也就是说，太炎先生从学理上看清代学术，认为它不可能再沿着理学的路走了。接着太炎先生讲"多忌，故歌诗文史梏"，就是说，由于政治上的忌讳太多，所以无论是文人写的诗歌，还是学人做的文史研究，都很枯燥，没有生命力，没有生气。"愚民，故经世先王之志衰"，"愚民"指朝廷的高压政策，是一种愚民政策。朝廷的高压政策，造成中国学术两千多年的那个经世致用的传统中断了，衰微了。那么，在这种情况下，太炎先生接着讲："家有智慧，大凑于说经。"即学术界有些学人，把他们有限的智慧集中到治经学上去了，这就是所谓的"大凑于说经"。"亦以纾死"是说当时的学人用治经的办法逃避死亡、祸害，这就是对清代现实政治的抨击。最后一句话"其术近工眇踔善矣"，是说由于大家都能潜下心来做经学研究，所以其研究成果、研究之所得，很工整，很精妙，称得上至善尽美。这是太炎先生对整个清代学术的评价。我觉得，如果我们要把清代学术史作为终身治学事业的话，太炎先生这几句话一定要背下来，一辈子都不能忘记。

太炎先生这几句话对于以后继起治清代学术史的前辈影响很大，比如，后来梁任公先生写《清代学术概论》和《中国近三百年学术史》，就是在沿着太炎先生的路往前走的。无论是梁任公先生也好，还是胡适之先生也好，他们在谈从宋明学术到清代学术的转变时，都提出了一个反理学的问题，而这个问题就是从太炎先生那里来的；另提出了清代是经学的时代，这也源自太炎先生。一直到后来，我的老师杨向奎先生，从根本上讲，他也是沿着章太炎先生的说法往前走的。但是，有一位很了不起的学问大家——钱宾四先生，他则没沿章先生、梁先生他们的路走，而提出了一个很新颖的看法。大家都知道，钱宾四先生对理学情有独钟，理学素养极高。所以，钱先生就讲，要观察清代的学术，就必须从宋明学术起步。钱先生把清学和宋学当作一个整体来看待，在他的笔下，从宋到明，一直到晚清，都可以称为理学时代。因此，钱先生不赞成章先生那个说法，认为整个宋到清的这八九百年，都是理学的时代；而清儒学术的高下，根本就在于他们所得理学之深浅。这是钱宾四先生对于清代学术的看法。钱先生的这些看法，我们做清代学术的学者都应该知道。很可惜的是，这两年报考研究生的同学都答得不够完整。

二

我出的第二道题目，也是一段话。这一段话是什么呢？就是："国初之学大，乾嘉之学精，道咸以降之学新。"我把这一段话摆出来之后，就问：这段话出自何处？是谁说的？请做一个简要的解释。

我想我们年龄大一点的同志大概都知道，年轻一点的未必知道。这段话是王国维先生说的。1919年，有一位叫沈曾植的前辈学者，恰逢七十岁。就像大家今天来做这个事，为祝贺沈先生七十大寿，王国维先生给他写了个寿序，即《沈乙庵先生七十寿序》。在这篇寿文中，就有这么一段话："国初之学大，乾嘉之学精，道咸以降之学新。"王先生用了一个"大"、一个"精"、一个"新"来概括清代近三百年的学术，是很经典的话！如果我没记错，王先生这个主张是齐思和先生最先表彰出来的。齐先生在谈晚清学术时，就专门引到了《沈乙庵先生七十寿序》中的这句话，而后这句话就成了谈论清代学术的一个经典意见。①

王先生为什么恭维沈先生？因为沈先生是他的前辈，在晚清的政坛和学坛影响都很大。今天我们讲康、梁的影响大，实际上在当时那个时代，沈乙庵先生的影响更大。沈先生曾官至学部尚书，影响是很大的；又博学多通，学贯中西，因做元史、西北边疆史、辽金史而成名，故学问也很大，诗文做得也很好。所以，王国维先生登上学术舞台的时候，在他的心目中，沈乙庵先生就是大家，就是大师。因此，在寿序中，王先生给予了沈先生很高的评价。

王国维先生讲的"大""精""新"这三个字中，"大"，如果各位看我过去做的《清初学术思辨录》，大概"大"的问题能解决；"精"，我们做乾嘉

---

① 按：陈先生论及的齐思和先生谈晚清学术的文章，见《魏源与晚清学风》一文，原载《燕京学报》第39期（1950年12月），后收入《中国史探研》（河北教育出版社，2000）一书。在该篇文中，齐先生强调："有清三百年间，学术风气凡三变。清初诸大儒，多明代遗老，痛空谈之亡国，恨书生之乏术，黜虚崇质，提倡实学。说经者则讲求典章名物，声音训诂，而厌薄玩弄性灵。讲学者亦以笃行实践为依归，不喜离事而理理。皆志在讲求天下之利病，隐求民族之复兴，此学风之一变也。其代表人物为顾炎武先生。至乾、嘉之世，清室君有天下，已逾百年，威立而政举，汉人已安于其治；且文网严密，士大夫讳言本朝事。于是学者群趋于考据一途，为纯学术的研究；而声音训诂之学，遂突过前代，此学风之再变也。其代表人物为戴东原先生。至道、咸以来，变乱叠起，国渐贫弱。学者又好言经世，以图富强，厌弃考证，以为无用，此学风之三变也。其代表人物为魏默深先生……凡此数学，魏氏或倡导之，或光大之，汇众流于江河，为群望之所归。岂非一代大儒，新学之蚕丛哉？顾世尚未有论列之者，惟王静安先生，怀淹贯之才，抱独往之识，谓晚清学术，实启于龚、魏。惜语焉不详，初学犹无以究其微恉（旨）。"

学派与乾嘉学术研究，做《乾嘉学术编年》研究，对于"精"的问题大概也能解决；"新"，这个"道、咸以降之学新"，"新"在哪里，很值得讨论，但由于各种原因，学术界至今对这个问题回答得尚不能令人满意。大约是1997年在台湾中山大学的学术研讨会上，我斗胆对王先生的这个"新"字，提出了自己的新看法，希望我们有同好的学人，往后能对王静安先生这个"新"字有更深刻的领悟。

王先生所讲的这个"新"，不仅有鸦片战争以后西学东渐传来的西方的新学问，也不仅有早期晚明时候传来的天文、历法、数学等学问，还有鸦片战争之后传来的物理学、化学、电学，乃至后来的政治学、法理学，这些学问相对于中国传统学术，都是"新"的。但是，我想王静安先生讲的"新"，绝不仅仅是西方的学问，恐怕还应从另外的两个方面拓宽思路：一个"新"，就是从乾嘉时代就发端的《春秋》公羊学，至晚清而发扬光大，这是清代学者在治经学方面开辟的一条新路径，要从这个角度去看它"新"在哪里；另一个"新"，我当时在会上提出来后也得到回响，就是"会通汉宋以求新"。我认为，最后这个"新"或许是当时许多中国学人在谋求学术出路的时候，不约而同选择的一条路。

在我看来，20世纪中国的学问无非是沿着晚清讲的这几个"新"在往前走。所以，《春秋》公羊学还在讲，今文经学也在讲。杨向奎先生曾说，顾颉刚先生那个"古史辨派"是从公羊学派演变而来的。虽然顾先生不同意这个说法，顾先生的后学也不同意。但在我看来，杨先生做这个判断是有一定道理的。另外，会通汉宋、把域外的先进学术文化成功地化为我有，以寻求中国学术新的出路，20世纪我们的学问不就是这么走过来的吗？

全盘西化，那不是中国学术的出路；保守、泥古不化，更是死胡同。假如我的领会不错，我想我们当代学人沿着王先生所讲的几个"新"的思路往前走，21世纪的中国学术一定能更好地发展。

三

我出的第三个题目，是试述梁任公、徐东海、钱宾四三位先生与《清儒学案》的因缘。对了解情况的人而言，这个题目是很容易回答的；如果说只是背书，那么这个问题可能就无从回答了。但这个题目并不是一个不能解决的问题，我们年轻一辈的学人可以继续解决这个问题。

晚清到民国初年，最先提出来修《清儒学案》的是谁呢？是梁启超先生。我记得梁先生大概在1923年，给当时商务印书馆董事会主席张元济先生写信，说准备做《清儒学案》，现在已经做了几个人了，比如黄梨洲、顾亭林、戴东原，并将继续做下去。因为梁任公先生的很多学术史主张都是通过张元济先生先发到《东方杂志》上的，所以他告诉张先生这个信息，是希望张先生不断把他的成果在《东方杂志》上刊登出来。但是很可惜，梁先生没有完成他的这个愿望就过世了。今天我们在《饮冰室合集》中能够看到的，只有梁先生留下来的几个没有完成的学案，以及一些有关的札记、笔记。

梁任公先生过世以后，学术界又出现一位先生来领衔做《清儒学案》。这是哪一位呢？就是徐世昌先生。徐先生在民国大总统卸任以后，在天津租界里开始编书。因为那时候民国政府给他很高的薪水，而且他自己也有很多积蓄，所以在徐先生周围聚集了一大批学人，这些学人大多参与过《清史稿》的纂修。徐先生就利用这些学术资源和力量来编撰《清儒学案》。而《清儒学案》正是1928年梁任公先生过世以后开始议修的。一直到1938年，这项工作完成，历时十年的时间。

过去我们一些老前辈误认为徐世昌是一个政客，只会搞权术，不会做学问，不相信徐先生能主持做这么大的事情，只是挂虚名而已，真正做事情的是其他人。但是，如果大家看看记载徐东海先生生平的《水竹邨人年谱》，就不难发现，徐先生从1928年开始，一直到1938年，应该说他每一年的主要精力都集中在《清儒学案》上。虽然他不具体修，但是《清儒学案》的稿子他要一篇一篇地审，审完以后要签署意见，然后将稿子发回北平（因为当时写作班子在北平）。所以，关于《清儒学案》的成书过程，值得进一步深究。

当年徐世昌先生他们修《清儒学案》时，有很多来往书札。过去史树青先生在世的时候，我曾在他家里看到过这批书札。当时，史先生专门打电话给我，让我到他家去，他说："我这里有徐世昌先生他们当年修《清儒学案》的来往书札，你可以看一看，今后有兴趣可以常来。"殊不知，我就去看过那一次。我当时还向史先生建议，如果有可能，可以拿给出版社把它整理出版，但一直没有下文。

时隔多年，我听说这批书札出版了。这还要感谢仁志提供信息，而且他还辛苦地把出版的档案三大册印了送给我。我一篇一篇地读，已经读完了。但是，发现这三册档案在编排次序上有错误。假如我们年轻人将来有谁还想做《清儒学案》纂修考，就要把那三本档案重新排一下年次，否则就无法深入研究。由这批手札可见，徐世昌先生之于《清儒学案》，确实花了功夫，而不仅仅是出钱的事情。

钱宾四先生和《清儒学案》又是什么关系呢？这里我要跟各位讲，因为徐世昌先生主持编成的《清儒学案》多达208卷，部头很大，所以妨碍了它的流传。加上该书问世时，正值抗战爆发，国家正处于民族危亡时刻，因此流传就更成问题，以至于很多人不知道它。在1940年代，有一部书叫《四朝学案》，其中清代学案用的是唐鉴的《国朝学案小识》，那是道光年间的书，编得很差，门户之见太深。此后国民政府退到重庆以后，为了鼓舞民族自信心，凝聚民族力量，提出要重新编一部《清儒学案简编》。这个任务就交给了钱宾四先生。

钱宾四先生鉴于唐鉴《国朝学案小识》"陋狭，缺于闳通"，而徐世昌的《清儒学案》又"泛滥，短于裁别"，所以另辟蹊径，通过大量阅读清儒著述，爬梳整理，纂要钩玄，采用"人各一案"的方法，编就一部别具一格的《清儒学案》。

依钱先生之见，观察清代学术，尤其是一代理学，有两个特点最宜注意：一是"理学本包孕经学为再生"，清代并非"理学之衰世"；二是清代理学"无主峰可指……亦无大脉络、大条理可寻"，但也并非如散沙乱草那样各不相系、无可统宗。因此，钱先生从清代学术发展实际出发，"因其聚则聚之，因其散则散之"，借由64个学案来"肖其真象"，并希望能赓续黄宗羲、全祖望二先生之志，以"备晚近一千年理学升降之全"。

但令人痛惜的是，钱先生这部书稿不幸在编译馆所雇船载返南京途中，沉没于长江。所幸在此之前几年，钱先生曾撰有一篇《清儒学案序目》，刊载于《四川省立图书馆图书集刊》第3期（1942年11月）上，后学才得以略窥是书大要。原稿虽失，精义尚存，实是不幸中之万幸。

学无止境，尤贵创新，唯有谦虚谨慎、踏踏实实，才能做成大学问、精进不已！这或许就是许多前辈学者研究清代学术给我们的启示吧。他们的学术风范，值得我们好好学习！

【本文为 2013 年 8 月 8 日陈门小聚时陈先生所做的演讲，由林存阳、李文昌、王豪根据录音整理】

陈祖武先生著述年表

朱曦林

年份	论著类型	论著名称	出版年份 / 刊物刊期	备注
1981年	论文	《顾炎武研究中的几个问题》	《学习与思考（中国社会科学院研究生院学报）》1981年第6期	
		《〈日知录〉八卷本未佚》	《读书》1982年第1期	陈先生为《中国大百科全书·中国历史卷》所撰条目，按条目字头拼音排序有：《毕沅》《博学鸿儒》《戴震》《段玉裁》《龚自珍》《顾炎武》《何秋涛》《华蘅芳》《黄宗羲》《惠栋》《纪昀》《李善兰》《梅文鼎》《明安图》《祁韵士》《钱大昕》《乾嘉学派》《清今文经学》《阮元》《王夫之》《王锡阐》《王念孙》《王引之》《魏源》《文字狱》《徐松》《简学塽》《颜元》《章学诚》①
1982年	论文	《尚书引义》《霜红龛集》《明夷待访录》《读四书大全说》以及《顾炎武》《费密》	《中国历史大辞典通讯》1982年第3期	

---

① 此据本论文集中王逸明先生所撰《知遇之恩——陈先生对我的帮助和影响》一文附录补充。

续表

年份	论著类型	论著名称	出版年份/刊物刊期	备注
1982年	论文	《顾炎武与清代学风》	《清史论丛》第4辑（中华书局，1982）	
1983年	论文	《清代〈四库全书〉的编纂》（陈祖武记录）	《清史研究通讯》1983年第1期	后收入《张政烺文史论集》（中华书局 2004年4月版）
		《史源学不可不讲》	《光明日报》1983年4月6日，第3版	
		《顾炎武哲学思想剖析》	《社会科学战线》1983年第2期	
		《孙夏峰与黄梨洲》	《清史研究通讯》1983年第2期	
	专著	《顾炎武》	中华书局，1984年	列入中华书局"中国历史小丛书"
1984年	论文	《黄宗羲、顾炎武合论》	《贵州社会科学》1984年第5期	
		《清高宗与海成》	《清史研究通讯》1984年第2期	
		《钱澄之著述考略》	《文献》1984年第3期	
		《〈李恕谷年谱〉书后》	《清史研究通讯》1985年第1期	
1985年	论文	《王船山〈双鹤瑞舞赋〉为尚善而作说辨》	《清史论丛》第6辑（中华书局，1985）	
		《从清初的反理学思潮看乾嘉学派的形成》	《清史论丛》第6辑（中华书局，1985）	
		《吕留良散论》	《清史论丛》第7辑（中华书局，1986）	
1986年	论文	《〈颜习斋先生年谱〉评议》	《文献》1986年第4期	
		《〈明儒学案〉成书时间的思考》	《书品》1986年第4期	
1987年	论文	《从〈避地赋〉看黄宗羲的东渡日本》	《中国史研究》1987年第1期	
		《关于李颙研究中的几个问题》	《中国社会科学院研究生院学报》1987年第2期	
		《评〈戴名世集〉研究》	《清史研究通讯》1987年第4期	

续表

年份	论著类型	论著名称	出版年份/刊物刊期	备注
1988年	古籍整理	点校《李塨年谱》	中华书局，1988	
	论文	《杜袞必因图雪耻 横戈原不为封侯——记明末爱国将领袁崇焕》	《文史知识》1988年第1期	
		《黄宗羲东渡日本史事考》	《浙江学刊》1988年第1期	
		《论清初知识界的社会责任感》	《光明日报》1988年7月27日，第3版	
		《论康熙的儒学观》	《孔子研究》1988年第3期	
		《〈蛮窗异草〉成书年代献疑》	《贵州社会科学》1988年第10期	
		《清初假道学》	《古今事故》（三），四川省社会科学院出版社，1988	
		《〈明史纪事本末〉杂识》	《文史》第31辑，1989	
1989年	论文	《清初知识界的社会责任感与知识分子成才》	《高校理论战线》1989年第1期	
		《李光地年谱略论》	《文献》1989年第3期	
1990年	论文	《历史、哲学与时空——杨向奎教授述学》	《孔子研究》1990年第1期	
		《〈榕村语录〉及李光地评价》	《福建论坛》(文史哲版) 1990年第2期	
		《关于清初文化政策的思考》	《文史知识》1990年第6期	
		《从〈日知录〉到〈日知录集释〉》	载（清）顾炎武著，（清）黄汝成集释，栾保群、吕宗力校点《日知录集释》书首，花山文艺出版社，1990	后收入上海古籍出版社2006年12月版、2013年10月版、2014年7月版
		《杨向奎先生传略》	《中国史研究》1990年第3期	

续表

年份	论著类型	论著名称	出版年份/刊物刊期	备注
1990年	论文	《宋代学术史研究的创获：评〈司马光学述〉》	《孔子研究》1990年第3期	
		《钱穆与中国史学》	《中国史研究动态》1990年第11期	
		《十八世纪的中国——为什么法国大革命当时在中国未能激起回响？》	载刘宗绪主编《法国大革命二百周年纪念论文集》，生活·读书·新知三联书店，1990	
		《论清初学术的历史地位》	《清史研究》1991年第1期	
1991年	论文	《缅怀郑老 学海求真——记郑天挺教授对我的一次教诲》	载冯尔康、郑克晟编《郑天挺学记》，生活·读书·新知三联书店，1991	
		《一个特立独行的学者——汪中治学精神述要》	《文史知识》1991年第5期	
		《学如积薪 后来居上——评〈四库全书纂修研究〉》	《人民日报》1991年5月18日，第6版	
		《梁启超对清代学术史研究的贡献》	《清史论丛》第8辑（中华书局，1991，）	
		《关于正确认识中华文明的思考》	《岭南学刊》1991年第4期	
		《论清初的朱子学》	《中国史研究》1991年第3期	
			武夷山朱熹研究中心编《朱子学新论——纪念朱熹诞辰860周年国际学术会议论文集（1130—1990）》，上海三联书店，1991	
1992年	专著	《清初学术思辨录》	中国社会科学出版社，1992	收入"陈祖武学术文集"，商务印书馆，2023
	古籍整理	点校《颜元年谱》	中华书局，1992	

续表

年份	论著类型	论著名称	出版年份/刊物刊期	备注
1992年	论文	《评〈明清易代史史独见〉》	《光明日报》1992年1月15日，第3版	
		《"学案"试释》	《书品》1992年第2期	
		《清初学术探析》	《中国历史博物馆刊》1992年第7期	
		《乾嘉学派吴派分野说商榷》	《贵州社会科学》1992年第7期	
		《论李光地的历史地位》	《福建论坛》（文史哲版）1992年第5期	
		《费密的〈弘道书〉》	《文史知识》1993年第1期	
		《论李光地的历史地位》	《清史研究》1993年第1期	
		《徐世昌与〈清儒学案〉》	《清史论丛》（1992）（辽宁人民出版社，1993）	
		《关于清初学术的几点认识》	《文史知识》1993年第10期	
1993年	论文	《就〈清初学术思辨录〉答问》	《光明日报》1993年11月8日，第3版	
		《阮元与〈皇清经解〉》	《第一届国际暨第三届全国清代学术研讨会》，台湾中山大学中国文学系、中国文学研究所编印，1993	
		《〈皇清经解〉与古籍整理》	《传统文化与现代化》1993年第6期	
		《孔子仁学与阮元的〈论语论仁论〉》	《清史论丛》（1993）（辽宁古籍出版社，1993）	
1994年	专著	《中国学案史》	台北：文津出版社，1994	
	论文	《朱熹与〈伊洛渊源录〉》	《文史》第39辑，1994	收入《永远的思念——李埏教授逝世周年纪念文集》，云南大学出版社，2011

续表

年份	论著类型	论著名称	出版年份/刊物刊期	备注
1994年	论文	《清代经学大师惠栋》	《经学研究论丛》第1辑（台北：圣环图书股份有限公司，1994）	
		《宋明道统与〈圣学宗传〉》	《炎黄文化研究》1994年第1期（《炎黄春秋》增刊）	
		《关于乾嘉学派的几点思考》	《清代经学国际研讨会论文集》，台北："中央研究院"中国文哲研究所筹备处，1994	
		《朱彝尊与〈经义考〉》	《文史》第40辑，1994	
		《乾嘉学术与乾嘉学派》	《文史知识》1994年第9期	
		《明清更造与天地会的酝酿》	《中国社会科学院研究生院学报》1994年第6期	
		《朱元学案》纂修拾遗	《中国史研究》1994年第4期	
		《孔子仁学与阮元的〈论语论仁〉》	（台北）《汉学研究》1994年第2期	
		《孙奇逢与〈理学宗传〉》	《清史论丛》（1994）（辽宁古籍出版社，1994）	
1995年	古籍整理	点校《榕村语录 续语录》上下册	中华书局，1995年	列入"八闽文库·要籍选刊"（再版），福建人民出版社，2021
	论文	《论清初学术》	《第四届清代学术研讨会》，台湾中山大学中国文学系编印，1995	收入《清代学术论丛》第1辑（台北：文津出版社，2001）
1996年	论文	《关于中国学案史研究》	《传统文化与现代化》1996年第1期	
		《〈榕村语录〉与清初学术》	《书品》1996年第1期	
		《我与中国学案史》	《文史知识》1996年第5期	
		《扬州诸儒与乾嘉学派》	《扬州研究——江都陈扬耒群先生百龄冥诞纪念论文集》，台北：联经出版社，1996	

续表

年份	论著类型	论著名称	出版年份／刊物刊期	备注
1996年	论文	《传统学术的经世精神》	《光明日报》1996年11月30日，第5版	
		《钱宾四先生对清代学术史研究的贡献——读〈中国近三百年学术史〉札记》	《清史论丛》（1995）（辽宁古籍出版社，1996）	收入《钱宾四先生百龄纪念学术论文集》，香港中文大学出版社，2003
1997年	论文	《姚际恒〈仪礼通论〉未佚》	《经学研究论丛》第4辑（台北：圣环图书股份有限公司，1997）	
		《谈乾嘉时期的思想界》	《第五届清代学术研讨会》，台湾中山大学中国文学系编印，1997	收入《清代学术论丛》第2辑，台北：文津出版社，2002
		《蕺山南学与夏峰北学》	《中国社会科学院研究生院学报》1998年第5期	收入《庆祝杨向奎先生教研六十年论文集》，河北教育出版社，1998
1998年	论文	《儒学的经世精神与世纪之交的中国文明》	《中华文化论坛》1998年第3期	
		《论十七世纪的中国实学》	中国实学研究会编《中韩实学史研究》，中国人民大学出版社，1998	
		《〈清代经学图鉴〉序》	《清代经学图鉴》书首，国际文化出版公司，1998	
	访谈	《陈祖武先生谈话录》（马文大、王逸明提问、整理）	《清代经学图鉴》书首，国际文化出版公司，1998	
1999年	专著	《清儒学术拾零》	湖南人民出版社，1999	第二版由湖南人民出版社于2002年6月出版
	论文	《明清更迭与满汉文化的合流》	《炎黄文化研究》第6期（1999年6月）	
		《史学工作者的历史责任》	《史学史研究》1999年第4期	

续表

年份	论著类型	论著名称	出版年份 / 刊物刊期	备注
1999年	论文	《谈两部〈中国近三百年学术史〉》	《书品》1999年第6期	
		《晚清七十年之思想与学术》	《第二届国际暨第六届全国清代学术研讨会论文集》，台湾中山大学，1999	收入《清代学术论丛》第3辑，台北：文津出版社，2002
2000年	专著	《顾炎武评传》	河北人民出版社，2000	
		《袁世凯雷——龚自珍与魏源》	台北：万卷楼图书股份有限公司，2000	
		《杨向奎先生与〈清儒学案新编〉》	《清史论丛》2000年号（中国广播电视出版社，2001）	
	论文	《〈新编清人年谱稿三种〉序》	载《新编清人年谱稿三种》书首，学苑出版社，2000	
		《〈韩非子的政治思想〉审查报告》	载蒋重跃《韩非子的政治思想》，北京师范大学出版社，2000	
		《〈明清史研究丛书〉序》	"明清史研究丛书"书首，社会科学文献出版社，2000	
2001年		《斯人云逝 大著长存——〈顾亭林诗笺释〉书后》	《书品》2001年第1期	
	论文	《近20年社会史研究的成功总结》	《湖北大学学报》（哲学社会科学版）2001年第1期	
		《读章实斋家书札记》	《清史论丛》2001年号（中国广播电视出版社，2001）	
		《奇勋伟伐 功在千秋——纪念施琅辰380周年》	《泉州学刊》2001年第4期	又载《中共福建省委党校学报》2003年第10期

续表

年份	论著类型	论著名称	出版年份/刊物刊期	备注
2001年	论文	《晚清学术三题》	《中国社会科学院历史研究所学刊》（第1集）（社会科学文献出版社，2001）	
	古籍整理	点校《杨园先生全集》上中下册	中华书局，2002	
2002年	论文	《乾嘉学派研究与乾嘉学术文献整理》	《第七届清代学术研讨会论文集》，台湾中山大学，2002	
		《亦师亦友 学海同舟——祝贺中华书局成立九十周年》	《我与中华书局——中华书局成立九十周年纪念文集》，中华书局，2002	
		《从经筵讲论看乾隆时期的朱子学》	《国学研究》第9卷（2002年6月）	收入《朱子学的开展——东亚篇（朱子学与东亚文明研讨会——纪念朱子逝世八百周年朱子学会议论文集）》，台北：汉学研究中心，2002
		《〈中国传统学术与社会丛书〉书后》	《书品》2002年第4期	又载《中华读书报》2002年10月16日，第7版
		《关于常州庄氏学渊源之探讨》	《张政烺先生九十华诞纪念文集》（揖芬集——张政烺先生九十华诞纪念文集》，社会科学文献出版社，2002	收入中国实学研究会主编《实学文化与当代思潮》（第十七章），首都师范大学出版社2002年10月版
2003年	论文	《谈乾嘉学术文献整理》	《中国社会科学院院报》2003年1月23日，第3版	
		《〈论江泽民的历史观〉笔谈》	《东南学术》2003年第1期	
		《做好〈清史〉纂修工作的几点建议》	《中国社会科学院院报》2003年2月27日，第2版	

续表

年份	论著类型	论著名称	出版年份/刊物刊期	备注
2003年	论文	《乾嘉学派研究与乾嘉学术文献整理》	《光明日报》2003年4月22日，第B3版	
		《思想史与社会史相结合的典范》	《中国史研究》2003年第2期	
		《共同建设中华民族的新文化——海峡两岸乾嘉学派研究之回顾》	朱诚如主编《清史论集——庆贺王锺翰教授九十华诞》，紫禁城出版社，2003	
		《〈伟哉中华〉书后》	《中国文化研究》2003年第3期	
2004年	论文	《施琅：郑成功事业的继承者》	《两岸关系》2004年第1期	
		《读史可以知兴替——谈施琅与清廷统一台湾》	《光明日报》2004年1月2日，第C4版	
		《钱宾四先生与〈清儒学案〉》	《北京师范大学学报》（社会科学版）2004年第1期	
		《明清之际浙东的学术崛起》	《社会科学报》2004年2月19日，第5版	
		《明清时期浙东学术的历史地位》	《光明日报》2004年3月2日，第B3版	
		《〈乾嘉学术编年〉之编纂缘起及凡例》	《书品》2004年第3期	
		《清代学术研究中的三个问题》	《人民日报》2004年8月27日，第14版	
		《章实斋集外佚札二通考证》	《中国社会科学院历史研究所研究生学刊》（第3集）（商务印书馆，2004）	
		《〈求真务实五十载〉序》	《求真务实五十载——历史研究所同仁述往（1954—2004）》书首，中国社会科学出版社，2004	
		《关于纪念顾先生的一点感想》	载《纪念顾颉刚先生诞辰一百一十周年论文集》，中华书局，2004	

续表

年份	论著类型	论著名称	出版年份/刊物刊期	备注
2004年	论文	《〈古史文存〉前言》	载《古史文存》书首，社会科学文献出版社，2004	
2005年	专著	《乾嘉学术编年》	河北人民出版社，2005	
		《乾嘉学派研究》	河北人民出版社，2005	后列入"中国文库"为第2版，由河北人民出版社2007年9月出版；第3版由2011年8月由河北人民出版社、人民出版社出版
	论文	《漫谈清代学术》	《光明日报》2005年2月22日，第7版	
		《致力跨学科研究的新成果——评林金水主编的〈台湾基督教史〉》	《福建日报》2005年3月7日	
		《为人为学 浑然若一》	《中国社会科学院报》2005年4月28日，第2版	
		《梁任公先生与清华研究院》	《清华大学学报》（哲学社会科学版）2005年第2期	
		《〈李朝实录〉所见乾嘉年间中朝两国之文献学与学术》	郑吉雄编《东亚视域中的近世儒学文献与思想》，台湾大学出版中心，2005	
		《〈姚江书院派研究〉序》	载钱茂伟《姚江书院派研究》书首，中国社会科学出版社、文化艺术出版社，2005	
2006年	古籍选编	选编《清初名儒年谱》	北京图书馆出版社，2006	
		选编《乾嘉名儒年谱》	北京图书馆出版社，2006	
		选编《晚清名儒年谱》	北京图书馆出版社，2006	

续表

年份	论著类型	论著名称	出版年份／刊物刊期	备注
2006年	论文	《谈〈四库全书〉》	《炎黄文化研究》第2辑（2006年2月）	
		《构建社会主义和谐社会的根本大计——从"五爱"到社会正义荣辱观教育》	《中国社会科学院院报》2006年4月6日，第3版	
		《谈谈史学工作者的责任和素养》	《当代中国史研究》2006年第3期	
		《〈杨向奎集〉编者的话》	载《杨向奎集》书首，中国社会科学出版社，2006。	
		《伸张时代正气 弘扬民族精神》	《中国社会科学院院报》2006年9月7日，第3版	
		《范鄗鼎与〈理学备考〉》	《清史论丛》（2007年号）（中国广播电视出版社，2006）	
		《戴东原学述》	袁行霈主编《国学研究》第18卷（北京大学出版社，2006）	
2007年	论文	《〈清代理学史〉书后》	《清代理学史》书末，广东教育出版社，2007	
		《董理乾嘉名儒年谱的意义》	《光明日报》2007年2月16日，第9版	
		《关于乾嘉学派研究的几个问题》	《文史哲》2007年第2期	
		《精益求精 一丝不苟》（《"马克思主义理论研究和建设工程"重点教材建设工作启动三周年笔谈》）	《思想理论教育导刊》2007年第5期	
		《〈叶德辉集〉序》	载《叶德辉集》书首，学苑出版社，2007	
	访谈	《陈祖武：为人为学 浑然一体》（林存阳、杨艳秋访谈录）	《学问有道——学部委员访谈录》，方志出版社，2007	

续表

年份	论著类型	论著名称	出版年份/刊物刊期	备注
2008年	专著	《中国学案史》(修订本)	东方出版中心，2008	
	古籍整理	点校《清儒学案》四册	河北人民出版社，2008	
	论文	《范鄗鼎与〈理学备考〉》	《北京联合大学学报》(人文社会科学版) 2008年第1期	
		《〈三礼馆：清代学术与政治互动的链环〉序》	载林存阳《三礼馆：清代学术与政治互动的链环》书首，社会科学文献出版社，2008	
		《新时期与时俱进的中国历史学》	《人民日报》2008年9月9日，第9版	
		《〈深宁学案〉校读札记》	《中华国学研究》创刊号(2008年10月)	
		《认真总结改革开放三十年的中国史学》	《高校理论战线》2008年第10期	
		《〈困学纪闻〉与〈深宁学案〉》	载王应麟著，翁元圻等注，栾保群、田松青、吕宗力点校《困学纪闻》(全校本)书首，上海古籍出版社，2008	
2009年	论文	《历史学研究的理论财富》	《中国社会科学院报》2009年1月6日，第6版	
		《弘扬中华文化与当代中国历史学的责任》	《中国社会科学》2009年第2期	
		《学案再释》	《北京师范大学学报》(社会科学版) 2009年第2期	
		《可贵的学术创新——读〈南来史研究丛书〉有感》	《中国社会科学报》2009年7月1日，第C16版	
		《〈清初遗民社会〉序》	载孔定芳《清初遗民社会：满汉异质文化整合视野下的历史考察》书首，湖北人民出版社，2009	

续表

年份	论著类型	论著名称	出版年份 / 刊物 / 刊期	备注
2009 年	论文	《一部可以传之久远的新中国编年史》（《中华人民共和国史编年》）	《光明日报》2009 年 9 月 1 日，第 12 版	
		基础工程——《中华人民共和国史编年》1949 年卷—1955 年卷出版座谈会发言摘要》		
		《〈明儒学案〉发微》	《中国史研究》2009 年第 4 期	
		《记拱辰先师的一桩未竟遗愿》	《清史论丛》2010 年号（中国国际广播出版社，2009）	
	采访	《陈祖武：希望去中小学教历史》（赵达采访）	《光明日报》2009 年 11 月 23 日，第 2 版	
2010 年	专著	《顾炎武评传》（修订本）	中国社会出版社，2010	
		《史家的修养与责任》	《人民日报》2010 年 5 月 14 日，第 7 版	
		《江南中心城市与乾隆初叶的古学复兴》	《中国史研究》2010 年第 2 期	
	论文	《〈帝国之零——18 世纪中国的干旱与祈雨〉序》	载吴十洲《帝国之零——18 世纪中国的干旱与祈雨》书首，紫禁城出版社，2010	
		《〈国家图书馆钞藏稿本乾嘉名人别集丛刊〉序》	载《国家图书馆钞藏稿本乾嘉名人别集丛刊》书首，国家图书馆出版社，2010	
		《圣裔孔东塘》	杨朝明主编《孔子学刊》第 1 辑（上海估计出版社，2010）	
	访谈	《我的清代学术史研究——访陈祖武研究员》（邹兆辰采访）	《历史教学问题》2010 年第 4 期	

续表

年份	论著类型	论著名称	出版年份/刊物刊期	备注
2011年	论文	《〈张履祥与清初学术〉序》	载张天杰《张履祥与清初学术》书首，浙江古籍出版社，2011	
		《关于新中国历史学六十年的几点思考——纪念郑天挺先生一百一十周年》	《纪念郑天挺先生一百一十周年中国古代社会高层论坛文集》，中华书局，2011	
		《焦循的经学与易学思想》	《周易文化研究》第3辑，2011	
	专著	《清代学术源流》	北京师范大学出版社，2012	"国家哲学社会科学成果文库"（2011年）；台北：昌明文化出版股份有限公司，2016；收入《陈祖武学术文集》，商务印书馆，2023
		《清儒学术拾零》	故宫出版社，2012	故宫出版社再版
2012年	论文	《陈恭甫先生之人格与学术精神》	《闽江学院学报》2012年第1期	
		《〈皖派学术与传承〉序》	载徐道彬《皖派学术与传承》书首，黄山书社，2012	
		《全面揭示清代学术发展的源流嬗变——〈清代学术源流〉前言》	（北京）《学术动态》第28期，2012	
	古籍整理	点校《榕村全书》全十册	福建人民出版社，2013	
2013年	论文	《〈清代学术史讲义〉序》	《清代学术史讲义》书首，商务印书馆，2013	
		《深化闽都文化研究的几点建议》	《闽江学院学报》2013年第4期	
		《高尚之人格 不朽之学术——纪念顾亭林先生诞辰四百周年》	《光明日报》2013年9月5日，第11版	

续表

年份	论著类型	论著名称	出版年份/刊物刊期	备注
2014年	论文	《〈榕村全书〉前言》	《闽江学院学报》2014年第1期	
		《陈祖武传略》	《中央文史研究馆馆员传略》（增订本），中华书局，2014	
		《高尚之人格 不朽之学术——纪念顾炎武亭林先生四百年冥诞》	《文史哲》2014年第2期	
		《拾秉泵于芳草 著潜德之幽光——〈答肇祖全集〉书后》	《光明日报》2014年4月30日，第14版	又刊于《答肇祖全集》书首，齐鲁书社，2013
		《循序渐进 为而不争》	《光明日报》2014年7月7日，第2版	又载《北大荒日报》2014年7月9日，第6版；（武汉）《学习月刊》2014年第17期
		《谈谈"循序渐进"与"为而不争"》	《人民日报》2014年8月8日，第8版	
		《在中国社会科学院历史研究所建所60周年大会上的讲话》	《中国史研究动态》2014年第5期	
	传论	《孜孜矻矻 精进不已——陈祖武先生的治学进路与成就管窥》（林存阳、杨艳秋访谈）	《求真务实六十载——历史研究所同仁述往》，中国社会科学出版社，2014	
		《对待传统文化得有三种精神》	《人民日报》2015年1月13日，第7版	
2015年	论文	《永远的楷模——在〈任继愈文集〉出版座谈会上的发言》	《科学与无神论》2015年第4期	
		《〈史籍举要〉序》	载《史籍举要》（修订本）书首，商务印书馆，2015	

续表

年份	论著类型	论著名称	出版年份/刊物刊期	备注
2015年	论文	《前事不忘 后事师》	《光明日报》2015年11月11日，第14版	
	访谈	《我与顾炎武研究的学术因缘——访清代学术史研究学者陈祖武研究员》（钟永新采访）	《顾炎武研究》总第21期，2015	
2016年	论文	《谈〈清代学者象传校补〉》	《光明日报》2016年5月4日，第14版	又载《博览群书》2017年第4期
		《弘扬"关学精神"的里程碑》	《陕西师范大学学报》（哲学社会科学版）2016年第3期	
		《〈乾嘉四大幕府研究〉序》	载林存阳《乾嘉四大幕府研究》书首，中国社会科学出版社，2016	
		《〈清代学者象传校补〉举要》	《文史哲》2016年第5期	收入《史学思想研究与中国史学的风格：吴怀祺教授八十华诞贺寿文集》，福建人民出版社，2017
		《文献整理出版的一面旗帜》	《历史文献研究》第37辑，2016	
		《〈《清儒学案》曹氏书札整理〉序》	载李立民《〈清儒学案〉曹氏书札整理》书首，中国社会科学文献出版社，2016	
2017年	专著	《清代学者象传校补》（上中下册）	商务印书馆，2017	
	论文	《〈《清朝续文献通考·经籍考》研究〉序》	载李立民《〈清朝续文献通考·经籍考〉研究》书首，中国社会科学出版社，2017	"国家哲学社会科学成果文库"（2016年）
		《我的清代学术史研究》	《中国社会科学院学部委员学术自传》，中国社会科学出版社，2017	又载《传统中国研究集刊》第18辑（上海社会科学院出版社，2018）

续表

年份	论著类型	论著名称	出版年份/刊物刊期	备注
2017年	论文	《商务印书馆和学者交朋友》	《中国社会科学报》2017年9月26日，第5版	文载《中国出版传媒商报》2017年12月8日，第8版
	专著	《清代学林举隅》	贵州人民出版社，2018	
2018年	论文	《文化自信植根于文化传承》	《世纪》2018年第2期	
		《〈清史稿·儒林传校读记〉举要》	《光明日报》2018年4月9日，第14版	收入《青峰学志——柴德赓先生110周年诞辰纪念文集》，商务印书馆，2019
		《楷模：永远的泉同志》	《中国史研究动态》2018年第3期	
		《〈清代陆王心学发展史〉序》	载杨朝亮《清代陆王心学发展史》书首，商务印书馆，2018	
		《昆山历史文化的丰碑——纪念顾炎武405周年诞辰》	《昆山日报》2018年7月15日，第A3版	
		《关于中华文化的几点思考》	《中华书画家》2018年第11期	
	访谈	《尊重历史 实事求是——陈祖武研究员访谈录》（刘晓满采访）	《文艺研究》2018年第9期	
2019年	论文	《中华文化追求人己和谐》	《人民日报》2019年2月18日，第3版	
		《夯实文化建设根基 实现国家长治久安》	《光明日报》2019年5月31日，第5版	
		《〈清代石门吴文照家藏尺牍〉序》	载张立敏主编《清代石门吴文照家藏尺牍》书首，社会科学文献出版社，2019	
		《一个极其宝贵的遗产——在〈柴德赓点校新五代史〉新书发布暨〈柴德赓全集〉启动仪式上的发言》	载《青峰学志——柴德赓先生110周年诞辰纪念文集》，商务印书馆，2019	

续表

年份	论著类型	论著名称	出版年份/刊物刊期	备注
2019年	论文	《〈清史稿·儒林传〉校读札记》	《中国社会科学院历史研究所学刊》第11集，中国社会科学出版社，2019	
		《〈顾炎武研究文献集成〉总序》	《顾炎武研究文献集成·民国卷》书首，古吴轩出版社，2019	
	访谈	《在传承中寻求创新——陈祖武先生谈〈中国学案史〉》（李立民采访）	《史学史研究》2019年第2期	
		《我在中央文史馆履职的第一个十年》（庄建整理）		
2020年	论文	《顾炎武时代之问的历史启示》	《贵州文史丛刊》2020年第2期	
		《关于中华优秀传统文化精神标志的若干思考》	收入《部级领导干部历史文化讲座·2019》，国家图书馆出版社，2020	
		《〈纂修《清儒学案》往来书札辑考〉序》	载朱曦林《纂修〈清儒学案〉往来书札辑考》书首；首刊于《感恩师友录》，商务印书馆，2022	
	采访	《经世致用 以文化人》（赵川采访）	《光明日报》2020年5月15日，第1版	
	专著	《〈清史稿·儒林传〉校读记》	商务印书馆，2021	"国家哲学社会科学成果文库"（2019年）
2021年		《学步录》	中华书局，2021	
	论文	《关于中华文化的两点思考》	《清言集——文史馆馆员随笔集》，国家图书馆出版社，2021	
		《〈泉州学概论〉序言》	载陈华东、林丽珍、苏黎明著《泉州学概论》卷首，厦门大学出版社，2021	

续表

年份	论著类型	论著名称	出版年份／刊物刊期	备注
2022年	专著	《中国学案史》	商务印书馆，2022	列入商务印书馆"中华当代学术著作辑要"；收入《陈祖武学术文集》，商务印书馆，2023
		《感恩师友录》	商务印书馆，2022	
		《〈中国方志学概论（修订本）〉序》	载杨军昌《中国方志学概论（修订本）》，中国社会科学出版社，2022	
		《〈明清黄河文献丛编〉序言》	载吴漫主编《明清黄河文献丛编》书首，国家图书馆出版社，2022	
	论文	《关于中华优秀传统文化精神标识的一点思考》	《文史天地》2022年第4期	收入陈祖武口述、王进访谈，整理《恩重如山——陈祖武先生口述史》，贵州人民出版社，2023
		《拜读〈朱熹文集编年评注〉偶记》	《朱子学研究》第38辑，2022	
		《对地域学术研究的一点看法》	《文史天地》2022年第6期	收入陈祖武口述、王进访谈，整理《恩重如山——陈祖武先生口述史》
		《回忆郑天挺先生》	《文史天地》2022年第7期	收入陈祖武口述、王进访谈，整理《恩重如山——陈祖武先生口述史》
		《怀念任继愈先生》	《文史天地》2022年第8期	收入陈祖武口述、王进访谈，整理《恩重如山——陈祖武先生口述史》
2023年	口述史	《恩重如山——陈祖武先生口述史》（陈祖武口述、王进访谈、整理）	贵州人民出版社，2023	
	文集	《陈祖武学术文集》	商务印书馆，2023	第一批出版《清初学术思辨录》《中国学案史》《清代学术源流》

孜孜笃实　精进不已

——陈祖武先生的治学进路与成就管窥

林存阳　杨艳秋

1978年，对于新中国的发展来说，是一个意义重大的年份，也是一个具有社会转型意义的关键时刻。其中，恢复研究生招生政策的出台，为高层次人才的培养、学术的复兴提供了重要契机。正是得益于这一时代的新转机，陈祖武先生幸运地考入了中国社会科学院研究生院，成为研究生恢复招生后的第一批硕士生。在导师著名史学家杨向奎先生的指导和引领下，开启了研治中国古代学术史尤其是研治清代学术史之旅。自1981年硕士毕业供职于中国社会科学院历史研究所以来，30余年间，陈先生不惟孜孜于学术的探究、深化和开拓，推出许多厚重而富有新意的科研成果，而且还相继担任了历史研究所清史研究室副主任，历史研究所副所长、所长等行政工作，以及中国社会科学院学部委员、中央文史研究馆馆员、中国史学会副会长、"马克思主义理论研究与建设工程"史学教材编写课题组首席专家等职务，并参加了众多国内外重要学术会议，多次出国访问、演讲、讲学等，从而为历史研究所的发展、学科建设和历史学的繁荣、中外学术间的交流，做出了显著的卓有成效的贡献。

一

陈祖武先生与史学研究结下不解之缘，开始于1961～1965年在贵州大学历史系的学习，而自攻读硕士学位始，更致力于清代学术的探研。从此，陈先生便几十年如一日地研读文献、思索问题、笔耕不辍。

正是基于注重文献、实事求是的严谨治学态度和方法，陈先生从而结撰出丰硕的学术研究成果。自20世纪80年代起，不仅相继推出了《顾炎武》（"中国历史小丛书"，中华书局，1984）、《清初学术思辨录》（中国社会科学出版社，1992）、《中国学案史》（台北：文津出版社，1994；修订本，东方出版中心，2008）、《清儒学术拾零》（湖南人民出版社，1999；"明清史学术文库"，故宫出版社，2012）、《衰世风雷——龚自珍与魏源》（台北：万卷楼图书股份有限公司，2000）、《清代学术源流》（北京师范大学出版社，2012）等专著，以及《旷世大儒——顾炎武》（河北人民出版社，2000）《乾嘉学术编年》（河北人民出版社，2005）等多部合著，参与撰写了《清代人物传稿》《清代全史》，点校、整理了《李塨年谱》《杨园先生全集》《清儒学案》《榕村全书》等古籍文献，而且还发表了《乾嘉学派吴皖分野说商榷》《关于乾嘉学派研究的几个问题》《学案再释》等百余篇论文。这些学术成果，既是陈先生治学勤奋的体现，也是其精益求精为学精神的体现。

自章太炎、梁启超诸先生开启清代学术研治门径以来，经过几代学人的不懈努力和追求，成果已然硕果累累，研究也愈益深入，清代学术研究至今方兴未艾。其间，陈祖武先生在这一园地的辛勤耕耘和不断探索，可谓有力地促进了清代学术史研究的深化、细化和开拓性发展，具有承上启下之功。而陈先生所揭示的"内在逻辑""以经学济理学之穷""从惠学到戴学是一个历史过程""会通汉宋学术以求新"等重要学术命题，无疑是在承继前贤基础上的新收获，从而为学界同人提供了推进相关研究的新理论、新方法。

工时先生曾说："陈祖武先生治学严谨，一丝不苟，认为学术研究旨在解决前人未曾解决的问题，推动学科建设发展，为提高全民族科学文化素质做贡献，以之为职志。"①此一评价，洵为平情之论。

二

有清一代学术，集中国传统学术之大成，其文献更是浩如烟海。学人欲从事此一时期的研究，切入点的选择可谓至关重要。于此，陈祖武先生选取

---

① 工时：《中国社会科学院研究生院博士生导师谱·陈祖武教授》，《中国社会科学院研究生院学报》2007年第5期。

了清初大儒顾炎武作为研究对象，从此拉开了研治清代学术史的序幕。

　　陈先生关于顾炎武的研究，起步于其硕士学位论文——《顾炎武评传》。毕业后，陈先生连续发表了《顾炎武研究中的几个问题》《〈日知录〉八卷本未佚》《顾炎武哲学思想剖析》《黄宗羲、顾炎武合论》等文章，对顾炎武的生平学行和历史地位，做了较为详细的梳理与评价。陈先生认为，"顾炎武是清代学术史上一位影响深远的大师，并对清初历史的发展作出过贡献。实事求是地评价这样一个历史人物，对于深入研究明清之际的历史以及有清一代的学术文化史，都是很有意义的"。通过研究，陈先生得出如下认识："顾炎武与王夫之、黄宗羲同为清初显学，三家之学全以博大为其特色，一归于经世致用……对三家之学任意轩轾，显然是不妥当的……顾炎武作为一代学术开山大师的地位是确然不拔的……顾炎武终究在历史为其提供的活动领域内，做了许多于国家、于民族、于社会有益的事情。这一点不惟是前人所不及，而且也是其同时代的一些有影响的人物所略逊一筹的。顾炎武对清初的历史和有清一代学术文化的发展作出了贡献，当我们今天实事求是地去回顾这一段历史时，理所当然地应给以肯定的评价。"① 此一评价，奠定了陈先生此后深化顾炎武研究的基调。

　　1984年，陈先生出版了一部研究顾炎武的专书——《顾炎武》。是书由"从'天下兴亡，匹夫有责'谈起""抛弃科举、研讨实学""为抗清而奔走""弃家北游""莱州入狱""三藩之乱前后""以天下为己任，死而后已""开创一代学术的文化巨人"8部分组成，虽然篇幅不大，但对顾炎武的坎坷人生经历和学术贡献，做了整体性的勾勒与彰显。此后，在《清初学术思辨录》一书中，陈先生再辟"务实学风的倡导者顾炎武"专章，对顾炎武的生平学行、社会政治思想、经学思想、文学思想、务实学风等，进行了更为详细、深入的探究。以此为基础，陈先生又与几位学生合作，推出了《旷世大儒——顾炎武》一书。是书计分14章，25万余字。在前言中，陈先生再度对顾炎武做了评价，认为："在中国学术史上，明末清初是一个风起云涌、才人辈出的时代。顾炎武就是生活在这一时代的卓然大儒。他一生读万

---

① 　陈祖武：《顾炎武研究中的几个问题》，《学习与思考（中国社会科学院研究生院学报）》1981年第6期。

卷书，行万里路，行奇学博，志在天下，以其继往开来的杰出业绩，被誉为一代学术的开派宗师……顾炎武崇实致用的治学精神，严谨绵密的考证方法，以及他对广阔学术门径的开拓，影响一时学风甚巨，对整个清代学术文化的发展，亦显示了深远的历史作用……中国封建社会晚期，在学术思潮从宋明理学向清代朴学的转化过程中，作为一个开风气者，顾炎武的历史地位是无可取代的。"陈先生还强调："我们今天缅怀这位三百年前的旷世大儒，就是为了从顾炎武的学行和思想中寻求可贵的历史借鉴，弘扬中华民族的优秀文化传统，批判地继承历史文化遗产，从而推动中华民族新文化的建设，以迎接中华民族的伟大复兴。"也就是说，研究顾炎武，不仅有学术价值，而且对现实具有重要的借鉴意义。时隔十年，是书被纳入"传世大儒系列"，改题《顾炎武评传》，由中国社会出版社于2010年隆重推出。

2013年，适逢顾炎武先生诞辰400周年，陈先生不仅应邀参加了昆山市举办的纪念活动和学术研讨会，而且撰成《高尚之人格　不朽之学术——纪念顾亭林先生诞辰四百周年》一文，以表达对顾炎武先生的敬仰之情。在文中，陈先生从三个方面对顾炎武的贡献进行了高度概括。一是"以'博学于文''行己有耻'为毕生追求"，陈先生指出："在中国学术史上，顾亭林先生之所以超迈前贤，伟然自立，不惟在于先生准确而深刻地阐释了孔子所言二语八字，而且还在于他前无古人地将二者合为一体，提升至'圣人之道'而大声疾呼……以言耻为先，将为人与为学合为一体，不惟成为顾亭林先生的毕生追求，而且也为当时及尔后的中国学人，树立了可以风范千秋的楷模。"二是"读《九经》自考文始，考文自知音始"，这主要体现在顾炎武先生提出的把理学纳入经学范围的"理学经学也"主张、倡导开展经学史研究、示范了训诂治经的方法论等方面。此一努力，对后学产生了重要影响，"不惟使古音学研究由经学附庸而蔚为大观，而且还形成了主盟学坛的乾嘉学派，产生了全面总结、整理中国数千年学术的丰硕成果"。三是"保天下者，匹夫之贱与有责焉"，顾炎武先生这一始终如一的高度社会责任意识，是其留给后世最具永恒价值的精神财富，"经晚清学人归纳，就成了掷地有声的八个字：天下兴亡，匹夫有责"。基于此，陈先生进而总结道："顾亭林先生是明清更迭的社会大动荡造就的时代巨人，是中国学术史上承先启后、继往开来的伟大宗师。先生人格高尚，学术不朽，我们应当世世代代纪念他。"①

陈祖武先生几十年来对顾炎武为人、为学及其意义和影响的体悟与阐扬，可谓一以贯之，且愈益深刻。而顾炎武先生所倡导的"博学于文，行己有耻"八个字，陈先生不仅以之作为自励的座右铭，而且常常用来激励、引导后学。

三

陈祖武先生不惟孜孜于顾炎武研究，而且还不断扩大学术视野，进而对有清一代学术的演进历程、代表人物、主要成就和特征等，做了系统而深入的整体性建构。《清初学术思辨录》《清儒学术拾零》《清代学术源流》等论著，即此一努力的体现。

《清初学术思辨录》乃陈先生十年磨一剑的学术结晶。是书以顺治、康熙二朝学术史上的若干重要问题为研究对象，通过梳理分析清初国情、清廷文化政策，以及顾炎武、王夫之、黄宗羲、吕留良、李颙、孙奇逢、颜李学派、李光地、史学成就、文学艺术经世特征、经学与考据学风的酝酿等问题，对清初80年间的学术演进趋势、主要特征和历史地位等，做了宏观与微观、理论分析与史实考辨、学者与学术思潮和流派相结合的揭示和再认识。陈先生这部著作的问世，将清代学术史的研究推向一个新的高度，故深受学界同人好评。

而更可注意的是，《清初学术思辨录》有两大贡献值得指出。一是实践和发扬了自侯外庐、杨向奎二先生以来所倡导的社会史与学术思想史相结合的研究方法，诚如杨向奎先生为是书撰序所评价的："陈祖武同志能思善学，此《清初学术思辨录》大作，结合清初社会实际而谈学术思想，这是最正确的方法之一。我们不能脱离实际社会而谈社会思潮，'皮之不存，毛将焉附！'先秦诸子、两汉经学、魏晋玄学、宋明理学，都与当时之社会相关。

---

① 陈祖武：《高尚之人格　不朽之学术——纪念顾亭林先生诞辰四百周年》，《光明日报》2013年9月5日，第11版。

继梁任公、钱宾四诸先生之后，祖武此书，将脱颖而出矣。"①二是首次提出"以经学济理学之穷"命题。清代学术之兴起，原因固然是多方面的，但学术内部新动向的萌发，无疑更具主导性。自明朝嘉靖、隆庆间学者归有光以来，对"通经学古"治学取径的倡导，即明清学术更新走势的体现。陈先生指出："从归有光到钱谦益，晚明学者的经学倡导，虽然未能使数百年来为理学所掩的经学重振，但是它却表明，以经学济理学之穷的学术潮流，已经在中国封建儒学的母体内孕育。"此一学术潮流，在清初更得到进一步推进，蔚然成风。陈先生就此揭示道："晚明'通经学古'的经学倡导，同清初知识界批判理学的思潮相融合，汇为以经学济理学之穷的宏大学术潮流。入清以后，以经学济理学之穷的努力由钱谦益肇其端，经顾炎武、李颙、费密张大其说，至毛奇龄、阎若璩、胡渭而蔚成风气。随着时间的推移，这一学术潮流不惟充溢南北学术界，而且借助儒臣而深入宫廷……凡此种种，无一不是对宋明学术的推陈出新……总而言之，客观历史条件的制约，学术演进内在逻辑的作用，两者相辅为用，从而规定了清初学术发展的基本趋势。这就是：以经世思潮为主干，从对明亡的沉痛反思入手，在广阔的学术领域去虚就实，尔后又逐渐向以经学济理学之穷的方向过渡，最终走向经学的复兴和对传统学术的全面总结和整理。"②陈先生这一脚踏实地、务在求真的新探索，可谓运思独到，开辟了一个阐释清代学术演进的新范式。

继《清初学术思辨录》之后，陈先生又推出了另一部力作《清儒学术拾零》。在后记中，陈先生述撰作缘起，曰："时间过得真快，祖武在清代学术史园圃中耕耘，不觉已是整整20个春秋。20年来，以读清代学术文献为每

---

① 杨向奎：《清初学术思辨录·序言》，陈祖武著《清初学术思辨录》，中国社会科学出版社，1992，第3页。陈先生在《〈中国传统学术与社会丛书〉书后》（《书品》2002年第4期）一文中说："先师杨向奎拱辰先生，早年问学于钱宾四先生，毕生致力于中国古代社会与古代思想研究……辞世前未久，拱辰师从学兄李尚英教授回顾数十年之为学追求，再度指出：'我自走上学术研究之路，就把重点放在了中国古代思想史和经学上。但我深知，要研究好古代思想史和经学，就必须重视中国古代社会历史的研究。因为有哪样的社会经济就会有哪样的思想意识，而古代思想和经学正是古代社会上层建筑的一个重要组成部分，与古代社会的经济基础相适应。所以，我的研究就是从中国古代社会历史开始的。''学术流变，与时消息'。治学术史而与社会历史的研究相结合，乃为一可以遵循之之学路径。"

② 陈祖武：《清初学术思辨录》，第22、295~296页。

日功课，朝夕以之，不间寒暑，甘苦皆在其中。此番奉献给诸位的《清儒学术拾零》，便是此20年间读书之一得。"大体而言，是书由三部分内容构成：一是对清初学术的进一步深化和开拓，如"蕺山南学与夏峰北学""从《日知录》到《日知录集释》""明清更迭与华南知识界""姚际恒与《仪礼通论》""清初江南三奇儒""《榕村语录》发微"等；二是对乾嘉学派与乾嘉学术展开详细研究；三是对梁启超、钱穆、徐世昌总结清代学术的贡献加以表彰。其中，第二部分内容乃本书的主体。

关于乾嘉学派与乾嘉学术，陈先生在结撰《清初学术思辨录》时，已开始了思索，对乾嘉学派的成因提出新的看法。陈先生指出："研究清代学术史，不可避免地会碰到这样一个问题，那就是为什么清朝初年，封建统治者一再崇奖宋明理学中的程朱之学，可是理学却始终发展不起来，倒是与义理之学迥异其趣的考据学不胫而走，以致在乾隆、嘉庆之世风靡朝野，而有乾嘉学派之谓。如何去解释这样的历史现象？这是一个很值得探讨的问题。"与学术界将乾嘉学派的成因归之于"清廷统治的趋于稳定""频繁兴起的文字狱""康乾盛世的产物"的主张不同，陈先生认为这些看法"还只是停留于形成乾嘉学派的外在原因的探讨，却忽略了中国古代社会理论思维本身发展内在逻辑的认识"，进而主张"与其局限于外在原因的探究而可否不一，倒不如从中国儒学自身发展的矛盾运动中去把握它的本质，或许更有助于问题的解决"。本此思路，先生从"理学在明清之际的瓦解""批判理学思潮的兴起及其历史特征""封建文化专制与批判理学思潮的蜕变"几个方面，进行了新的解读。陈先生的结论是："明清之际，社会的急剧动荡，及其在理论思维领域所反映出的理学瓦解，形成了清初的批判理学思潮。这是一个具有两重性的思潮，一方面它以经世致用为宗旨……这是一个进步性的思潮。另一方面它又是一个具有复古倾向的思潮……这种复古倾向，导致清初知识界在方法论上逐渐撇弃宋明理学的哲学思辨，走向了朴实考经证史的途径，从而为尔后乾嘉学派的形成，在理论思维上提供了内在的逻辑依据。乾嘉学派的形成，是清初批判理学思潮蜕变的直接结果……经历康熙、雍正两朝，迄于乾隆初叶，清廷给封建知识界安排的，就只是朴实的经学考据这一条狭路。而封建国家经济状况的逐步好转，社会的相对安定，也为知识界的经籍整理提供了良好的物质环境。于是上述诸种历史因素交互作用的结果，到乾隆中叶，考据之学遂风靡朝野，最终形成了中国封建社会晚期继宋明理学之后的又一个主要学术流派——清代汉学，即乾嘉学派。"①这一以学术内在逻辑为主，兼顾政治、社会因素的阐释视角和方法，较之单纯归因某一外在因素的认识，无疑更具说服力，更符合历史实际，而这也彰显出将社会史与学术思想史有机结合起来的必要性。

在《清儒学术拾零》中，陈先生以更大的篇幅，对乾嘉学派与乾嘉学术的诸多面向，做了细致剖析。如探讨了戴震等学人思想的意义、扬州诸儒的学术总结之功、今文经学的复兴与演进、汉宋学之争与乾嘉学派的衰微等。基于这些扎实的研究，陈先生进而对乾嘉学派做了理论性的思考和总结。如关于乾嘉学派的分派问题，学术界一向尊奉章太炎、梁启超二先生之说，以惠栋、戴震两家作为乾嘉学派的标志，"吴、皖分野"说也就俨然成为一种思维定式。于此，钱穆先生提出不同意见，认为"惠、戴论学，求其归极，均之于《六经》，要非异趋"，而观之当时"不徒东原极推惠，而为惠学者亦尊戴"的情形，所以钱先生主张"吴、皖非分帜也"。②其后，杨向奎先生再加反思，认为："历来谈乾嘉学派的，总是说这一个学派有所谓吴派、皖派之分。其实，与其这样按地域来划分，还不如从发展上来看它前后的不同，倒可以看出它的实质。"③正是在钱穆、杨向奎诸先生的启发下，陈祖武先生经过多年的不断思索，从而得出这样一种认识："在中国学术史上，乾嘉学派活跃于十八、十九两个世纪的学术舞台，其影响所及，迄于20世纪中而犹存。作为一个富有生命力，且影响久远的学术流派，它同历史上的众多学派一样，也有其个性鲜明的形成、发展和衰微的历史过程。这个过程错综复杂，跌宕起伏，显然不是用吴皖分野的简单归类所能反映的。"既然"吴皖分野"不能体现乾嘉学派的发展实相，那么如何把握才更符合当时学术发展的轨迹呢？陈先生强调："据为学而言，则惠、戴两家并非对立的学派，由惠学到戴学，实为乾嘉学派从形成到鼎盛的一个缩影。"也就是说，"从

① 陈祖武：《清初学术思辨录》附录一《从清初的批判理学思潮看乾嘉学派的形成》，第303、319页。章、梁二先生之论乾嘉学派，详参《訄书·清儒》、《检论·清儒》和《中国近三百年学术史·清代学者整理旧学之总成绩》。

② 钱穆：《中国近三百年学术史》，商务印书馆，1997，第357页。

③ 杨向奎：《谈乾嘉学派》，《新建设》1964年7月号。

惠学到戴学是一个历史过程"。除了需关注这一历史过程外，陈先生还指出，应"从历史实际出发，对各家学术进行实事求是的具体研究。个中既包括对众多学者深入的各别探讨，也包括对学术世家和地域学术的群体分析，从而把握近百年间学术演进的源流，抑或能够找到将乾嘉学派研究引向深入的途径"①。

陈先生不惟在《清儒学术拾零》中对乾嘉学派与乾嘉学术做了诸多个案研究和理论性思考，而且自 2001 年主持立项的中国社会科学院重大课题"乾嘉学派研究"，更将此一问题的研究推向新的高度。历时 5 年，在 10 余位课题组同人的共同努力下，本课题不仅顺利结项，被院专家评审委员会评为"优秀"，而且还推出了《乾嘉学术编年》《乾嘉学派研究》（河北人民出版社，2005）两部共计 130 余万字的成果。这两部成果的总体思路是：将研究对象置于具体的历史环境中，以坚实的学术文献梳理为基础，通过较为系统的专题研究，进而对乾嘉学派与乾嘉学术加以实事求是的全局性把握，以探索此一学术现象的真实演进脉络。基于此，本成果主要在如下三个方面做了新尝试：一是论证了乾嘉学派与乾嘉学术是一个历史过程的认识，力求突破按地域来区分学派的局限；二是对乾嘉时期的地域学术与学术世家，予以充分关注，探讨了乾嘉时期地域学术之间彼此渗透、相互影响，以及不同发展阶段的历史作用，阐发了既融入当时学术大局又保有家学传统的学术世家的重要性，而地域学术和学术世家间的彼此渗透和交互影响，无疑有裨于从整体上深化对乾嘉学术演进大局的把握；三是较为系统地论证了乾嘉学派以朴实考经证史为基本特征的主流学术特色，并对其得以形成的社会和学术背景做了较深入地阐释。②此后，陈先生又撰成《关于乾嘉学派研究的几个问题》③一文，对乾嘉学派主盟学坛的历史原因、把握乾嘉时期学术主流的方法论和 19 世纪初叶中国学术的困境等问题，做了更加深入地阐释。当然，由于乾嘉学派与乾嘉学术涉及面很广，且文献繁富，所以，欲将此一问题推向

---

① 陈祖武：《清儒学术拾零》，湖南人民出版社，1999，第 163～164、169 页。
② 关于这两部成果的评价，详参邱实《用扎实之功　收丰硕之果——〈乾嘉学派研究〉评价》（《中国图书评论》2006 年第 5 期）、孙锡芳《乾嘉学术的恢弘长卷》（《中华读书报》2006 年 11 月 15 日，第 19 版）等。
③ 陈祖武：《关于乾嘉学派研究的几个问题》，《文史哲》2007 年第 2 期。

更为深入、系统化的境地，仍然需要更多学界同人长期的共同的努力，才会有跨越性的创获。

致力于清初学术和乾嘉学派与乾嘉学术研究的同时，陈先生也对晚清学术做了一定的研究。在所著《衰世风雷——龚自珍与魏源》一书中，陈先生以龚自珍、魏源为个案，探讨了清代学术之所以在晚清衰变的个中消息。陈先生指出："清代历史上，自乾隆末叶起，中经嘉庆、道光二朝，迄于咸丰当政，满洲贵族所建立的这个王朝，始而衰象毕露，继之动荡四起，终至趋于大乱，成为中国数千年历史中又一个急剧动荡的时代。外有西方殖民者的欺凌，内有诸多社会弊病的困扰，中国社会已经走到非变革不可的时候了。"而在此危机四伏的重要历史转折关头，龚自珍、魏源二人起而"抨击时弊，呼唤变革，给沉闷的中国知识界和社会带来了新鲜的生机。其影响所及，终清之世而不衰"，所以，"作为杰出的开风气者，龚自珍、魏源既是社会史上的伟人，同时也是学术史上的大师"。尽管限于时势，"他们空怀壮志，积郁难抒"，但"龚自珍的佯狂玩世、辞官还乡，魏源的绝意仕宦、遁迹空门"，其"历史悲剧的演成，个中缘由实是发人深省"。①在《晚清学术三题》一文中，陈先生更是从"经世思潮的崛起""从'中体西用'到'三民主义'""会通汉宋学术以求新"三个方面，对晚清70年的学术演进做了详细考察。陈先生揭示道："七十年间，先是今文经学复兴同经世思潮崛起合流，从而揭开晚清学术史之序幕。继之洋务思潮起，新旧体用之争，一度呈席卷朝野之势。而与之同时，会通汉宋，假《公羊》以议政之风亦愈演愈烈，终成戊戌维新之思想狂飙。晚清的最后一二十年间，'以礼代理'之说蔚成风气，遂有黄以周《礼书通故》、孙诒让《周礼正义》出而集其大成。先秦诸子学之复兴，后海先河，穷原竟委，更成一时思想解放之关键。中山先生三民主义学说挺生其间，以之为旗帜，思想解放与武装抗争相辅相成，遂孕育武昌首义而埋葬清王朝。"不惟如此，陈先生还进而强调："有清一代学术，由清初顾炎武倡'经学即理学'开启先路，至晚清曾国藩、陈澧和黄式三、以周父子会通汉宋，兴复礼学，揭出'礼学即理学'而得一总结。以

---

① 陈祖武：《衰世风雷——龚自珍与魏源》，"自序"，台北：万卷楼图书股份有限公司，2000，第1~2页。

经学济理学之穷的学术潮流，历时三百年，亦随世运变迁而向会通汉宋以求新的方向演进。腐朽的清王朝虽然无可挽回地覆亡了，然而立足当世，总结既往，会通汉宋以求新的学术潮流，与融域外先进学术为我所有的民族气魄相汇合，中国学术依然在沿着自己独特的发展道路而曲折地前进。跟在别人的后面跑，是永远不会有出路的，这不就是晚清七十年的学术给我们所昭示的真理吗！"①

正是基于以上对有清一代学术的不断探索和积累，陈祖武先生遂应北京师范大学出版社之邀，将已有成果和新见加以整合，于2012年推出了《清代学术源流》一书（2011年入选"国家哲学社会科学成果文库"）。是著凡分三编，22章，计52.8万字。论其特色，大要有三：一是将有清一代学术之演进，分为"明清更迭与清初学术""乾嘉学派与乾嘉学术""晚清学术及一代学术之总结"三个阶段，对其做了系统性的宏观把握和整体研究，这是迄今为止国内外研究清代学术史最为系统、全面的一部著作；二是对清代学术诸多层面的研究，既有高屋建瓴的识断，也有细致入微的辨析，从而彰显出清代学术的动态、立体发展风貌；三是运用学术史与社会史相结合的研究方法，既揭示了清代学术发展的嬗变轨迹和内在逻辑，亦对学术演进与世运变迁、政治文化导向等之间的密切关系，给予了充分关注，并做了深刻阐释。总之，这部旨在揭示有清一代学术演进历程、内在逻辑、特色和意义等的论著，不仅功底深厚、视野开阔、内容翔实，而且注重史论结合、富于创新精神，其嘉惠学林、启益后学之功，值得表彰。

四

研治清代学术史固然是陈祖武先生治学的主要用力所在，但先生并未止步于此，他还对其载体——学案，做了详细梳理和溯源。《中国学案史》的问世，即先生致思的结晶。

---

① 陈祖武：《晚清学术三题》，《中国社会科学院历史研究所学刊》第1集，社会科学文献出版社，2001，第431页。

20世纪90年代初，陈先生受陈金生先生对"学案"所下定义的启发，^①以及基于参与杨向奎先生主持的《清儒学案新编》的学术实践和积累，撰为《"学案"试释》一文，重新对"学案"做了考察和界定。陈先生指出："在中国史学史上，学案体史籍的萌芽，虽渊源甚远，但其雏型的问世，则是南宋初理学勃兴以后的事情，这便是朱熹的《伊洛渊源录》。而正式以'学案'题名，就更在其后。据现存典籍而论，以'学案'为书名，当不早于明代中叶。一部是万历初刘元卿的《诸儒学案》，另一部是万历末刘宗周的《论语学案》……然而严格地说来，无论是《诸儒学案》也好，还是《论语学案》也好，都还不具备学术史的意义，无非学术资料汇编而已。事实上，继上述两部学案之后，黄宗羲于清康熙十五年以后所辑《蕺山学案》，依然也不是完整意义上的学术史……直到稍后，他将《蕺山学案》与其师《皇明道统录》合而为一，大加充实，完成《明儒学案》的结撰，以记有明一代学术盛衰，从而在中国传统历史编纂学中别张一军，方才赋予'学案'以类似晚近学术史的意义。"基于此一考察，陈先生对何谓"学案"做了如下解释："所谓学案，其初始意义为学术公案，以辑录学者论学语录为特征。而作为记载古代学术发展历史的一种特定体裁，其雏型肇始于南宋初叶，正式题名则在明朝末年，而完善定型已入清代。它渊源于传统的纪传体史籍，系变通《儒林传》（《儒学传》）、《艺文志》（《经籍志》），兼取佛家《灯录》体史籍之所长，经过长期酝酿演化而成。至黄宗羲《明儒学案》出，以学者论学资料的辑录为主题，合其生平传略及学术总论为一堂，据以反映一个学者、一个学派乃至一个时代的学术风貌，从而具备了类似晚近学术史的意义。"^②

不久，陈先生应友人之邀，撰成《中国学案史》一书，由台北文津出版社于1994年出版。本书分为8章，对自先秦诸子论学术史至梁启超先生撰《中国近三百年学术史》间的演进过程，做了贯通性的研究。陈先生揭示此一演进过程说："在中国史学史上，学案体史籍的兴起是宋、元以后的事情。南宋朱子著《伊洛渊源录》开其端，明、清间周汝登、孙奇逢后先而起，分别

---

① 陈金生在《宋元学案编纂的原则与体例》（《书品》1987年第3期）一文中认为："什么叫'学案'，未见有人论定。我想大概是介绍各家学术而分别为之立案，且加以按断之意（案、按字通）。按断就是考查论定。因此，学案含有现在所谓学术史的意思。"

② 陈祖武：《"学案"试释》，《书品》1992年第2期。

以《圣学宗传》《理学宗传》畅其流，至黄宗羲《明儒学案》出而徽帜高悬。乾隆初，全祖望承宗羲父子未竟之志成《宋元学案》一百卷，学案体史籍臻于大备。清亡，徐世昌网罗旧日词臣，辑为《清儒学案》二百零八卷。至此，学案体史籍盛极而衰。梁启超并时而起，融会中西史学，以《中国近三百年学术史》而别开新境，学术史编纂最终翻过学案体之一页，迈入现代史学的门槛。"①是书问世后，受到学界同人的好评。如北京师范大学的吴怀祺先生撰文评价道："这是近年史林中又一部有开拓意义的学术著作。"并强调："《中国学案史》的一个鲜明特点，是作者的研究视角独到，富有联系的思想。他从两个方面思考学案体变化，一是从学术史的大背景下，看学案体的发生、发展诸问题；一是从中国历史编纂学的继承发展中探讨中国学案体史书的衍变。由前者而言，是学案体史书发展的内在原因，就后者而言，是编纂形式的继承与发展条件……《中国学案史》一书不仅在讨论中国学术史问题上，有自己的整体的思考，而且在一些相关的学术史问题上，详细占有材料，阐发了自己的独到看法……这本著作反映了陈祖武同志的求实学风。"②

　　是书面世后，一则由于印数有限，内地学者觅览不易，一则陈先生续有新得，故时隔14年后，东方出版中心为满足学界需求，于2008年12月推出了经陈先生修订后的同名作《中国学案史》，而著名哲学史家任继愈先生欣然为是书亲笔题签。本书甫一面世，即时引起学界同人的广泛关注和热议。如乔治忠先生论是书"优胜之处"曰："1.梳理出中国传统学术史的主脉……2.择重析疑、考论结合……3.注重学术背景的意义，增强研讨的系统性。"并指出："广义而言，《中国学案史》是一部学术史著述，而细致分析，则实为'学术史之史'，乃考察前人学术史著述的著述。进行这样的研讨，需要具备深厚的学术史造诣，而对以往学术史著述的总结、评析，也会进一步推动中国学术史的研究。笔者认为，研读《中国学案史》一书，可对学术史研究提供不少启迪。"③朱端强、吴航二先生认为："首先，就全书来看，今本与台北本相比，体例更严整，内容更充实……其二，重点突出，见解精

　　① 陈祖武：《中国学案史》，"前言"，台北：文津出版社，1994，第2页。
　　② 吴怀祺：《一部有开拓意义的史学著作——评〈中国学案史〉》，《中国史研究动态》1996年第8期。
　　③ 乔治忠：《读陈祖武著〈中国学案史〉》，《中国史研究动态》2009年第9期。

辟……其三，阐幽发微，考证精当……我们认为，循作者之路，继续将'学案史'作为一种专门史加以研究，是独立可行的，未必非要将其掩之于大而化之的'学术史'之下；而且，通过'学案史'的深入研究，推陈出新，使'学案'这一史体进一步发挥其应有的史学功能，或许更加兼具学术价值和现实意义。"①周少川、吴漫二先生亦从"独辟蹊径的学案史研究""多维研究视角的有机结合""批判创新的问题意识"三个方面，对本书之价值给予了肯定，并由此引发感想，认为"晚近一些学术史专著常常重于学术思想的剖析，而疏于文献考辨和学派史的研究。其实，充分利用古代学案史所提供的史料和线索，还可以把学术史写得更为丰满和精彩"。②又，王瑞、钱茂伟二先生强调，"全书融贯了一种会通的精神……是一项填补学案史研究空白的开拓性著作，之前的研究平台是相当有限的……而该书在学案史研究中的前瞻性，又决定了其论述上端庄大气的风格"③。徐道彬先生亦强调，"此书的出版，无论是对传统思想的继承与发展，还是对学术研究的开拓与创新，无疑都具有重要的价值和意义"，并从"历史眼光，高屋建瓴""实事求是，公正平实""言而有征，考证翔实"三个方面谈了读后感。④稍后，陈壁生、黄朴民二先生亦撰文对陈先生这部著作给予了高度评价，认为与在"学科化"模式影响下将"学案""当作毫无系统的材料汇编"所导致的"只见材料，不见编者"的研究取向不同，《中国学案史》尤其值得称道的是，"把学案这一体裁作为一个独立的整体进行研究，而不是用现代学科对其中的内容进行分科式的探讨"，这一"回到中国自身学术传统"的"整全性研究"，无疑是一种新尝试，从而为"理解编撰者的苦心孤诣与微言大义，以此探究编撰的内容"提供了新视角。由此，两位先生还进而指出，"不只是学案研究，对其他的中国经典研究，也不止需要一种分科式的主题整理，同时需要整全式的系统研究"；并强调："只有在整体性的'国学'视野之中，才能窥见大至

---

① 朱端强、吴航：《十年求缜密，后益更转精——读〈中国学案史〉》，《书品》2009年第4辑。

② 周少川、吴漫：《陈祖武〈中国学案史〉（修订本）读后》，《史学史研究》2009年第3期。

③ 王瑞、钱茂伟：《一部无法绕过的学术精品》，《中国图书评论》2009年第8期。

④ 徐道彬：《历史大背景下的学案史研究——读陈祖武〈中国学案史〉》，《安徽史学》2009年第5期。

整个文明，小至某部经典的全体大用。陈祖武教授《中国学案史》给我们最大的启示正在于此。"①诸先生所论，彰显了陈祖武先生是著的重要性；而他们由此引发的思考，对于学案史研究来说，无疑具有启示意义。②

尽管陈先生在中国学案史研究方面取得了重要成就，但对"学案"一词究竟如何理解才更为到位，则一直萦绕于怀，探求不已。《学案再释》一文，即体现了陈先生的新思考。在文中，先生从"先从《明儒学案》谈起""追溯文献渊源的启示""关于学案释名的困惑"三个方面，再度对"学案"名义做了辨析。陈先生认为："无论是'学术公案'也好，还是'学术定论'也好，凭以解释'学案'一语，依然都是一种揣测，并没有语源学上的文献佐证……'案'字似不当释为'按断''论定'。如此一来，思路再行调整，可否迳释为'学术考查'，或引伸为'学术资料选编'呢？"虽然陈先生自谦地称，对此认识没有把握，但不难看出其解读是更进了一步的。基于此，陈先生对学案体史籍做了界说："学案体史籍，是我国古代史家记述学术发展历史的一种独特编纂形式。其雏形肇始于南宋初叶朱熹著《伊洛渊源录》，而完善和定型则是数百年后，清朝康熙初叶黄宗羲著《明儒学案》。它源于传统的纪传体史籍，系变通《儒林传》(《儒学传》)、《艺文志》(《经籍志》)，兼取佛家《灯录》体史籍之所长，经过长期酝酿演化而成。这一特殊体裁的史书，以学者论学资料的辑录为主体，合案主生平传略及学术总论为一堂，据以反映一个学者、一个学派，乃至一个时代的学术风貌，从而具备了晚近所谓学术史的意义。"③陈先生治学之精进不已，由此可窥一斑。

五

在陈祖武先生的治学历程中，始终对文献的重要性给予高度重视，并用了很大精力从事文献典籍的整理。可以说，重视文献为陈先生治学奠定了厚

---

① 陈壁生、黄朴民：《回到中国自身的学术传统——读陈祖武教授〈中国学案史〉》，《中华读书报》2011年1月26日，第10版。
② 关于"学案体"研究的现状，刘兴淑先生曾撰文加以述评，详参《"学案体"研究现状述评》，《中国史研究动态》2008年第5期。
③ 陈祖武：《学案再释》，《北京师范大学学报》(社会科学版)2009年第2期。

实的基础，而整理文献的学术实践又进一步深化了相关问题的研究。

关于文献之于学术研究的重要性，陈先生曾多次撰文予以强调。如在《谈乾嘉学术文献整理》一文中，指出："古往今来，学术前辈们的实践一再告诉我们，学术文献乃治学术史之依据，惟有把学术文献的整理和研究工作做好，学术史研究才能建立在可靠的基础之上。"在充分肯定学界同人整理乾嘉学术文献（如著作、诗文集、年谱、书目等）成绩的同时，陈先生亦呼吁："整理和研究乾嘉学术文献，在推进乾嘉学派和乾嘉学术的研究中，其重要意义略可窥见。鉴于一二十年来乾嘉学派研究起步甚速，文献准备似嫌不够充分，因此未来一段时间，在这方面切实下一番功夫，或许是有必要的。"①又在《董理乾嘉名儒年谱的意义》中，对年谱之于乾嘉学派与乾嘉学术研究的意义做了强调："年谱为编年体史籍之别支，乃知人论世的重要文献……董理乾嘉时期学者的年谱，于研究乾嘉学派与乾嘉学术，具有不可忽视的意义……此次所选之九十种年谱，涉及八十二家名儒，或出一时学者自订，或系谱主门生后学追辑，或代经董理，而由晚近贤哲总其成。分而细究，可见一人一家之学，合而并观，则可据以窥见百余年间学术演进之历程，知人论世，弥足珍贵。"尽管乾嘉学派主盟学坛的一页已成过往，"但是此一学派中人整理、总结中国数千年学术的卓著业绩和实事求是的为学风尚，则是中华民族一份极可宝贵的历史文化遗产。认真整理和总结这一份历史文化遗产，对于提高今日及尔后的学术研究水准，促进中华民族新文化的建设，无疑有其重要的借鉴意义"。②

陈先生之所以对学术文献如此重视，乃得益于业师杨向奎先生和郑天挺先生的教诲。当年向老开始结撰《清儒学案新编》时，即采取了清代学术思想史和思想史料选辑兼重的方法，而陈先生参与了学术资料选辑和文字抄写工作。这一学术实践，开启了陈先生日后治学重视文献的基础。在与郑天挺先生的交往请益中，陈先生更对文献的重要性有了深入的认识。据陈先生回忆："20余年来，秉向奎先师勤于读书之教，不间寒暑，朝夕伏案，皆在清儒学术文献之中，以勤补拙，遂成终身恪守之信念。更有幸亲聆一代史学大

---

① 陈祖武：《谈乾嘉学术文献整理》，《中国社会科学院院报》2003年1月23日，第3版。

② 陈祖武：《董理乾嘉名儒年谱的意义》，《光明日报》2007年2月16日，第9版。

师郑天挺先生之教诲，对历史学的基本学术特征和为学方法论，有了更深入的认识。郑先生曾告诫说：治史必须依靠积累，讲究字字有根据，句句有来历；要充分占有资料，入乎其里，出乎其外，学会广泛联系，在纷繁复杂的历史资料中，努力寻求其间的联系，把握本质，揭示规律。郑先生此一教言，遂成为我此后日夕实践的目标，使我终身受益……我还在做学生的时候，南开大学的郑天挺先生曾经跟我说，要牢记历史学的特点，做到字字有根据，句句有来历。郑老还说，历史发展错综复杂，不能简单化，要广泛联系前后左右、上下四方。这些话使我终身受益。"[1]

正是秉承杨向奎、郑天挺二先生之治学方法，陈先生自20世纪80年代起，才在清代学术文献整理方面取得了诸多成就。如《李塨年谱》（中华书局，1988）、《颜元年谱》（中华书局，1992）、《榕村语录　榕村续语录》（上下册，中华书局，1995）、《杨园先生全集》（上中下三册，中华书局，200年）、《清儒学案》（全四册，河北人民出版社，2008）、《榕村全书》（全十册，福建人民出版社，2013）等，皆凝聚了先生无数的心血。2017年由商务印书馆出版的《清代学者象传校补》（上中下册），既是以上取向的延伸，又是其拓展晚清学术史研究的一种新尝试。陈寅恪先生曾强调："一时代之学术，必有其新材料与新问题。取用此材料，以研求问题，则为此时代学术之新潮流……此古今学术史之通义，非彼闭门造车之徒，所能同喻者也。"[2]我们对于清代学术史的研究，亦应作如是观。

六

陈祖武先生不惟将清代学术史研究作为其毕生致力的事业，作为新中国成长起来的知识分子，而且对中国文化的发展、中国文明的演进也倾注了无限的热情，在中国儒学精神、儒学特质、儒学与当代文明的关系等问题上，进行了深入的思考。

---

[1]　林存阳、杨艳秋：《陈祖武：为人为学　浑然一体》，中国社会科学院青年人文社会科学研究中心编《学问有道——学部委员访谈录》，方志出版社，2007，第338、346页。

[2]　陈寅恪：《陈垣敦煌劫余录序》，《金明馆丛稿二编》，生活·读书·新知三联书店，2001，第266页。

作为中国传统文化中坚的儒学，源远流长，博大精深，是中华民族极为宝贵的历史文化遗产。陈先生指出："中国数千年儒学的基本精神，后先一脉，愈阐愈深，宛若有一无形红线通贯其间。这种精神一言以蔽之，就叫做立足现实，经世致用。"①他论述说，中国儒学之所以数千年连绵不绝，就是因为有一种基本精神贯穿其间，这一基本精神表现在《礼记·大学》篇之"诚意，正心，修身，齐家，治国，平天下"的经典表述中，强调从个人修持入手，直到经邦济世，概括了中国儒学自其形成时期所固有的基本精神。这种精神发展到北宋，由著名思想家张载再度归纳成"为天地立心，为生民立命，为往圣继绝学，为万世开太平"的四句名言，与张载同时的范仲淹，则把这种精神表述为"先天下之忧而忧，后天下之乐而乐"，洋溢于其间的，依然是传统儒学人我一体、经世致用的精神。到了明清之际的大动荡时代，终于迸发出"天下兴亡，匹夫有责"的历史强音。儒学的这种经世精神伴随中国近现代历史的演进而升华，成为中华民族精神的象征。在中国学术史上，各种学术形态的盛衰和更迭，环境不同，原因各异，未可一概而论，然而归根结底，无不以儒学经世精神的显晦升沉为转移。

传统儒学具有强大的生命力，它与中国数千年的历史并进，同中华民族的文明共存，确立了我们国家作为文明古国、"礼义之邦"的基本历史形象，赋予我们民族以自强不息和"贫贱不能移，富贵不能淫，威武不能屈"的坚韧不拔的民族性格。古往今来，伴随中华民族先民的迁徙以及同世界各国的交往，儒学早已逾出国界，超越民族，成为人类文明的一个重要组成部分。陈先生认为，中国儒学之所以能够赢得这样一种特殊的历史地位，除了蕴含其间的经世精神之外，也同它自身所具有的历史特质分不开。

那么，什么是中国儒学的历史特质呢？陈先生做了如下阐释。

首先，儒学讲"修己治人"，是以谋求人类社会的和谐发展为论究对象的学问。这种学问追求的境界是孔子所讲的"仁"，把一己同他人合为一体，谋求人类社会的和谐发展，这就是孔子为儒学确立的根本目标。无论是孔子说的"仁"，还是后世儒学大师加以发挥而提出的"修己治人"，都是一个不可分割的整体。只要有人生存，只要人类社会存在，那么儒学就有其存在的

① 陈祖武：《儒学的经世精神与世纪之交的中国文明》，《中华文化论坛》1998年第3期。

历史价值。因此，"实现和平和发展，不仅是当代世界的事情，而且也是人类社会永恒的主题。惟其如此，谋求人类社会和谐发展的中国儒学，也就有了它存在的历史依据"①。其次，儒学是一个历史范畴，伴随着中国历史的演进，也在不断丰富、充实和发展自己。我们今天所讨论的儒学不仅指先秦的儒家及其学说，而且还包括在其后两千多年的历史上接受儒家学说影响而争奇斗妍的众多学说和学术流派。这些学说和学术流派皆与儒学相互渗透，相互补充，从而共同推进了儒学的发展。再次，儒学自成体系，悠久而深厚的历史积累，使之始终如一地保持着鲜明的民族个性。所以，中国儒学是一个完整的体系，它既讲个人修持，又讲社会和谐，还讲治国平天下的道理，乃至天文历法、方舆地志、医药博物、文学艺术，通天人之际，究古今之变，可谓博大精深，无所不包。儒学同国家、社会、民众生活的紧密结合，既使它获得了历久不衰的生命力，又使它的民族个性磨砺日新。因此，古往今来，当外来文明传入中国，儒学不惟没有失去其鲜明的民族性格，而且还兼容并蓄，融为我有，从而丰富了自己的民族个性。

　　基于以上认识，陈先生从学以经世的角度，对促进中国文明的发展进行了理性的思考，明确指出：经济建设与精神文明建设不可偏废。在坚持以经济建设为中心的同时，还应当尊重精神文明建设的客观规律，要用精神文明建设的特殊手段去处理其间的问题。何况发展经济并非只是一个单纯的经济问题，从长远来看，脱离精神文明，甚至以牺牲精神文明为代价而取得的经济发展，也是不可能持久的。他认为，弘扬中华民族的优秀文化传统不是一句空话，贬抑儒学是不妥当的，更不赞成否定儒学。他力主弘扬儒学的经世精神，进而从中国的历史和现实的实际出发，对儒学进行创造性的改造，以使其在促进中国文明发展中发挥积极作用。陈先生强调："发展中国文明要坚持走自己的路。以儒学为中坚的中国文明，是一个具有鲜明民族个性的文明体系。数千年的中国文明之所以历久不衰，至今依然屹立于世界文明之林，就在于中华民族世世代代的创造性劳动，赋予中国儒学以久而弥新的民族个性……惟有弘扬中国儒学的经世精神，推陈出新，精进不已，进而融域

---

　　①　陈祖武：《儒学的经世精神与世纪之交的中国文明》，《中华文化论坛》1998年第3期。

外文明之优秀成果为我所有，才是谋求中国文明发展的正确途径。"①

当前，在构建社会主义和谐社会的伟大实践中，陈祖武先生对中华文化的和谐精神进行了梳理和归纳，将中华文化的和谐精神的表现归纳为五个方面。

第一，"民惟邦本，本固邦宁"。《尚书》的《五子之歌》中有"民惟邦本，本固邦宁"，《泰誓》中有"民之所欲，天必从之"，这些以人民为国家的根本，视民心向背为国家兴衰的决定性力量的主张，是在中国上古时期就已经形成的可贵思想。此后，这样的思想为历代政治家、思想家所认同，不断得到充实和发展，"民本"思想成为我国古代政治思想中的宝贵财富。

第二，"仓廪实则知礼节，衣食足则知荣辱"。《管子》一书开宗明义倡言："仓廪实则知礼节，衣食足则知荣辱。"司马迁以管仲在齐国助桓公富国强兵的历史为依据，把《管子》一书的重要经济思想化为自己的主张，那就是："仓廪实而知礼节，衣食足而知荣辱。"

第三，"夫礼禁未然之前，法施已然之后"。中国素称"礼义之邦"，礼乐文明，世代绵延。在国家形成早期的夏、商、周三代，为了稳定社会秩序，即"缘人情而制礼，依人性而作仪"，逐渐形成以礼为本，礼、乐、政、刑互补的独特治理格局。此后两千年间，以礼为本，礼法并用，德刑相辅，遂若车之两轮、鸟之双翼，承载着中国古代社会迭经盛衰，曲折向前。

第四，"博学于文，行己有耻"。中国古代学人有一个好传统，那就是慎终如始地重视个人的道德修持，并将一己操守的提高同读书求学的实践相结合，在不断增长学问的同时，不断完善自己的人格。

第五，"天下兴亡，匹夫有责"。这一可贵思想发轫于孔子的仁学，孔子以实现仁为毕生的社会责任。孟子光大孔子学说，主张"老吾老，以及人之老；幼吾幼，以及人之幼"，而且呼吁学人"穷则独善其身，达则兼济天下"。北宋著名思想家张载主张"为天地立心，为生民立命，为往圣继绝学，为万世开太平"；范仲淹"先天下之忧而忧，后天下之乐而乐"则使之推向一个新的理论层次。明末清初，由顾炎武倡导，关心国家、民族前途命运的强烈社会责任意识，最终汇为"天下兴亡，匹夫有责"，主张确立社会责任，

---

① 陈祖武：《儒学的经世精神与世纪之交的中国文明》，《中华文化论坛》1998年第3期。

关注民生疾苦，同民众忧乐与共。这是中国古代社会建设中极其宝贵的精神财富。

七

多年学史、治史、用史的实践中，陈祖武先生对中国史学的健康发展十分关注。他强调，必须坚持以马克思主义唯物史观为指导，确保我国史学工作发展的正确方向，中国历史学才能历久弥新、生机勃勃，永葆青春。对于马克思主义唯物史观与历史学的联系，他揭示说："马克思主义唯物史观讲社会存在决定社会意识，讲生产力与生产关系、经济基础与上层建筑的矛盾运动，讲人类的社会形态如何从低级向高级发展，讲阶级社会中的阶级矛盾和阶级斗争，讲人民群众是历史的创造者，如此等等，准确地揭示了人类社会发展的历史本质和规律，是科学的历史观和方法论。20世纪20年代以来，在中国革命和建设的实践中，中国共产党把马克思主义的基本原理同中国历史和现实的实际相结合，不断推进马克思主义中国化的伟大历史进程，形成了毛泽东思想和中国特色社会主义理论体系。所有这些宝贵的理论财富，确保了新中国建国60年来历史学发展的正确方向，是新时期中国历史学发展的指导思想。"[①]

陈先生认为，理论联系实际、实事求是优良学风的继承和发扬，是中国历史学健康发展的生命力。只有坚持这一原则，从本质上所复原的历史真相才是可信的，揭示的历史规律才是科学的。并指出："历史学是一门讲究积累的学问，认识对象的纷繁复杂，揭示规律的学科属性，规定了史学工作者的治史实践是一个艰苦繁难的创造性劳动过程。其间，无论是个人认识历史问题、解决历史问题能力的培养，还是一个群体、一个时代学术研究水准的提高，都需要史学工作者为之付出长期的乃至几代人的艰苦努力。因此，研究历史问题，撰写历史论著，从事历史教学，必须脚踏实地，理论联系实际，实事求是，一丝不苟，不能急功近利，人云亦云，来不得半点的虚假和

---

① 陈祖武：《弘扬中华文化与当代中国历史学的责任》，《中国社会科学》2009年第2期。

浮夸。"①陈先生强调，理论来源于实践又服务于实践，因而主张史学工作者走出书斋，深入生活，深入实际，深入广大人民群众中去，选取关乎社会发展的重大课题。"在实践中，了解国情、研究国情，总结人民群众的实践经验，使之升华为理性认识，从理论与实践的结合上回答广大人民群众提出的重大现实问题，是理论研究包括史学研究取得重要成果的有效途径。"②

陈先生主张从大处着眼，用全局的、发展的、历史的观点来看问题。在评价历史人物时，必须实事求是。比如，对于郑成功、施琅等牵涉国家、民族根本利益的历史人物，我们尤其需要牢牢地握住国家、民族的大义。是否承认台湾是中国的领土，是否维护台湾与祖国的统一，这是一条大原则，是国家、民族的大义所在。在这个重大的原则问题上，施琅与郑成功做出了同样重大的历史贡献，具有同等重要的历史地位，他们都是中华民族的英雄！

八

史家修养，是中国传统史学上的一个重要论题。唐代的史学大师刘知幾进行理论总结时，在史家修养问题上，提出了"才、学、识"三个字。到了清代乾嘉时期，史学大师章学诚《文史通义·史德》篇发展了刘知幾的主张，在"才、学、识"三个字之后，加入"德"字，将"才、学、识"和"德"合并而称。陈祖武先生认为，这四个字是我们史学工作者要尽职尽责做到的。如果把这四个字与我们新的时代任务结合起来解释，就是说作为一个史学工作者，应当有正确的立场、观点和良好的学术素养。基于这样的认识，在史学工作者的素养方面，陈先生强调了如下三个方面的内容。

第一，史学工作者应当有自己的时代责任。他指出，任何一个时代的历史学家都有一个时代责任的问题，任何时代的历史学家都要践行那个时代的社会责任。中国史学自先秦时代发轫，古老的《周易》即主张"君子多识前言往行以蓄其德"，孔子修《春秋》，旨在通过记录信史以寄寓其政治理想。之后，中国历史学伴随中国社会的演进而不断丰富发展。从司马迁著《史

---

① 陈祖武：《历史学研究的理论财富》，《中国社会科学报》2009年1月6日，第6版。
② 陈祖武：《史家的修养与责任》，《人民日报》2010年5月14日，第7版。

记》，提出"究天人之际，通古今之变"的史学思想，中经刘知幾撰《史通》而加以阐发，至章学诚倡导"六经皆史""史学所以经世"，治史经世、资政育人成为贯穿近两千年中国历史学的一根主线。立足于社会实践、立足于时代需要，是史学的生命之源、发展之路。能否把握时代脉搏，研究重大问题，是史学研究能否创新的重要条件。

陈先生认为史学工作者一定要为国家的长治久安去进行研究，这是史学工作者的时代责任，也是我们应有的立场。他指出，中华民族有五千年的文明史，把优良传统继承发扬下去，是史学工作者义不容辞的责任。他说："世界上几个古代文明为什么只有中华文明能不间断地传下来？一个很重要的原因就是因为中华文明具有自成体系的史书，有五千年一以贯之的史学传统。史书就是中华文明得以传承的一个重要载体，因此，史学工作者可以说是中华文明的重要传承者。我们应当把工作做好，用我们编纂的史书把中华文明的优秀传统传承下去。"①

第二，史学工作者应当确立服务于社会的意识。陈先生认为，除了治史经世、求真务实两大传统外，对国家前途、民族命运的强烈关注无疑也是史学的一个具有永恒价值的可贵精神。以天下为己任，"国可灭，史不可灭"，是中国古代史家追求的人生境界。为此，佚名史官为秉笔直书而献出生命，司马迁身遭摧残而不顾个人屈辱，万斯同则以布衣而隐忍史局，顾炎武更是喊出"天下兴亡，匹夫有责"的时代强音。当中国社会迈入近代门槛后，面对反帝反封建的艰巨历史任务，史家的人生追求又被融入爱国主义的时代洪流，从而形成历久弥坚的社会责任意识。时代在前进，社会在发展，今天我国已进入了全面建设小康社会的新时期，面对新的历史任务，史学工作者的社会责任不仅没有丝毫削弱，反而愈加沉重。历史学是建设中国特色社会主义伟大事业的一个有机部分，学术的使命、社会的责任，要求我们必须立足现实，服务社会，坚持马克思主义的立场、观点和方法，用马克思主义唯物史观去指导我们的学术实践，创造出无愧于时代的精神产品。②2006年在当代史所的讲座中，陈先生指出："我们国家改革开放已经20多年了，取得了

---

① 陈祖武：《谈谈史学工作者的责任和素养》，《当代中国史研究》2006年第3期。
② 陈祖武：《为人为学　浑然若一》，《中国社会科学院院报》2005年4月28日，第2版。

大踏步的前进，这在中国历史上是空前的。但是各位如果冷静地看一看，就会发现现在的问题也不少。为什么邓小平同志说要韬光养晦？为什么江泽民、胡锦涛同志说要居安思危，要有忧患意识？道理就在这里。我们要正视存在的问题。我们虽然建国已经56年，取得了很大的成绩，但是有很多目标还没有达到。苏联建国70多年，国家照样变色，这对于我们来说就是一个教训。因此，我们面临着一个如何保证社会主义制度不变、人民民主专政的体制不变，如何保持国家的长治久安的问题。这是最近若干年来党中央关注的一个大问题，也是党中央给我们哲学社会科学工作者提出的一个大课题。今天我们无论研究任何课题，脑子里绝不要忘记这个根本的题目。"①他还曾对青年学子说："事实上，许多具体研究看起来与今天的政治经济文化建设并没有多大关系，但是把这些问题搞清楚了，就能够直接或间接地为其他更有关联的问题的解决提供帮助和线索，最终能够有助于完成我们史学研究的时代任务。因此，只要我们心中有时代观、大局观，有责任感和服务意识，就一定能够做好具体的研究，并且在此基础上把自己的研究与时代发展的主题紧密结合到一起，写出大手笔的好文章，为社会贡献富于时代价值的研究成果。"②"先天下之忧而忧，后天下之乐而乐"，这是中国传统知识分子所追求的修身境界。新中国成立60多年来，为了中国历史学的发展，我国一代又一代的史学工作者刻苦治学、不断进取，做出了突出贡献。陈先生强调，在新的历史时期，史学工作者只有秉持强烈的社会责任意识，坚持严谨笃实、一丝不苟、开拓创新的精神，才能承担起自己的时代责任，为国家和人民做出更多更大的贡献。

第三，提倡求真务实的学风。近年来，学风建设一直是我国学术界关注的重要问题。广大史学工作者不断呼吁，要加强学风建设，杜绝急功近利，坚持实事求是、一丝不苟的严谨学风。陈先生认为，历史学是一门求真务实的学问，讲究字字有根据，句句有来历，言必有本，无征不信。学科的自身特点，规定了历史研究必须从史料出发，依靠坚实的学术积累，脚踏实地，

---

① 陈祖武：《谈谈史学工作者的责任和素养》，《当代中国史研究》2006年第3期。
② 林存阳、杨艳秋：《陈祖武：为人为学 浑然一体》，中国社会科学院青年人文社会科学研究中心编《学问有道——学部委员访谈录》，第346页。

锐意求新，来不得半点的虚假和浮夸。这里所说的积累，不仅是指史学工作者个人几年、几十年乃至毕生的积累，而且还包括史学界一代接一代的群体劳作。因此，在学术实践中，我们应当提倡艰苦的创造性劳动，不赞成人云亦云的低水平重复；必须尊重他人的劳动成果，尊重他人的首创精神。这种成果和精神，既包括前辈大师的业绩，也包括同时代众多史学工作者一点一滴的劳动。这就是今天学术界大声疾呼的学术规范。良好学风的建设要靠严密的学术规范来保证，但在建立严密、科学的学术规范的同时，史学工作者最要讲素养，因为历史学科是讲求积累的学问，如果积累不到一定的程度，是不能取得发言权的。因此，提高史学工作者自身的素养，尤其是道德素养，是一个值得高度重视的问题。

陈先生还对加强学习、加强实践、拓宽眼界、开阔胸襟、提升境界的重要性，给予了高度关注。主张应在史学工作者队伍中大兴学习之风，倡导认真读书、刻苦钻研的精神，坚持学习马克思主义基本原理和中国特色社会主义理论体系，从而焕发出理论创新的强大动力。希望史学工作者既要立足国情现实，又要具有世界眼光，善于在更广阔的时空中认识和解决史学发展中的问题，勇于在国际学术舞台上展示聪明才智，掌握学科前沿问题的发言权和主导权。同时，也要尊重不同意见，听取不同声音，摆事实、讲道理，多协商、多沟通。对于一些一时难以达成共识的学术分歧，可以搁置争议、求同存异。史学工作者应当脚踏实地，认真做好自己的事情，无论办什么事情、讲什么道理，都必须从实际出发，从国家的大局出发，以期有所作为。

九

"博学于文，行己有耻"是陈祖武先生屡次讲到的一个话题，无论是讲座、会议时，还是谈学风、谈素养、谈做人时，都会提到，这也是陈先生的一生追求。2006年，在当代中国研究所演讲时，他说："这十多年来，有感于学术界和社会的风气，我把这种追求公开讲出来。"[①]

"博学于文，行己有耻"最早出自《论语》。关于为学，孔子主张："君

---

① 陈祖武：《谈谈史学工作者的责任和素养》，《当代中国史研究》2006年第3期。

子博学于文，约之以礼。"①其弟子子贡问应当怎么行事才能称之为士，孔子回答道："行己有耻，使于四方，不辱君命，可谓士矣。"②至明清之际，大儒顾炎武更将之提升到"圣人之道"的高度。他说："愚所谓圣人之道者如之何？曰'博学于文'，曰'行己有耻'。自一身以至于天下国家，皆学之事也；自子臣弟友以至出入、往来、辞受、取与之间，皆有耻之事也。"并强调："士而不先言耻，则为无本之人；非好古而多闻，则为空虚之学。以无本之人，而讲空虚之学，吾见其日从事于圣人而去之弥远也。"③

陈先生指出，在孔子的仁学体系中，"博学于文""行己有耻"这八个字十分重要。"博学于文"讲的是为学，"行己有耻"讲的是为人。孔子在这里所说的文，不是文章、文字之文，而是文献，是人文，"博学于文"是与用礼来约束自己、行事不忘廉耻紧紧联系在一起的。也就是说，为人为学，浑然若一，不可分割。对学人而言，"文"是学术素养。在整个中国古代社会，将为人为学合为一体，是学林中人立身治学所追求的一个理想境界。

陈先生多次强调，事实上，做人与做学问，本来就是紧密地联系在一起的。他说："除了要贯彻孔子'博学于文'的教诲，还要做到'行己有耻'，就是说要知道什么是耻辱。什么事情该做，什么事情不该做，自己脑子里要十分清楚才行。现在有些人拿了洋人的钱，就公然地在国外讲坛上骂自己的老祖宗，诋毁中华民族的优良传统……这里面原因很多，但和一些学人不注意自身素养、忘记'行己有耻'的古训不无关系。在一些人眼里，似乎没有钱就不成其为人了，就办不成事了。我们过去没有课题费，不是照样可以做出学问来吗？现在有的课题，钱越多越靠不住。因此，我们不仅要'博学于文'，而且要'行己有耻'。学人要律己，应当树立一个做人的原则，就是什么事情对国家民族有利就要做，对国家民族不利就不要做。"④"博学于文，行己有耻"是中国有益的古训，古往今来，这一思想早已成为历代杰出学人的共同追求，这要求我们应当树立一个做人做学问的起码原则：在求学上要

---

① 《论语·雍也》。
② 《论语·子路》。
③ （清）顾炎武：《亭林文集》卷3《与友人论学书》，（清）顾炎武著，华忱之点校《顾亭林诗文集》，中华书局，1983，第41页。
④ 陈祖武：《谈谈史学工作者的责任和素养》，《当代中国史研究》2006年第3期。

勤奋刻苦、博赡通贯，在为人上要严于律己、有所为有所不为。

　　陈祖武先生虽已年逾七秩，但依然在学术研究的道路上孜孜以求，精进不已，践行着"博学于文，行己有耻"的追求，合为人为学于一体。而尤其值得向大家介绍的是，前些年在接受我们的访谈中，陈先生曾用三句话概括了他对如何做学问的体悟。先生说："治学术史，须从熟读文献入手，在这个问题上，一点儿不能含糊。在迈入学术史门槛的时候，先选一位大师的代表作，通读、熟读、精读，积以时日，往往可以由此及彼，举一反三，触类而旁通。这是第一句。遇到问题，要一个个地去解决它，没有什么捷径，唯有刻苦读书，不可畏难不前，浅尝辄止，而当知难而进，矢志以往，纵然难免会碰到这样那样的困惑，但终究是会成功的。这是第二句话。我要说的第三句话，就是学术研究之能继往开来，就在于不断地解决前人留下的问题。否则，人云亦云，陈陈相因，学术事业也就失去了存在的价值了。希望以此三句话与大家共勉。"①甘苦之谈，很值得后学体味。

2014年6月

---

① 林存阳、杨艳秋：《陈祖武：为人为学　浑然一体》，中国社会科学院青年人文社会科学研究中心编《学问有道——学部委员访谈录》，第344～345页。

图书在版编目（CIP）数据

清学观澜：庆祝陈祖武先生八秩华诞论文集/朱彤
窗编.-- 北京：社会科学文献出版社，2023.8
ISBN 978-7-5228-2434-5

Ⅰ.①清… Ⅱ.①朱… Ⅲ.①学术思想－思想史－中
国－清代－文集 Ⅳ.①B249.05-53

中国国家版本馆CIP数据核字（2023）第162727号

清学观澜
——庆祝陈祖武先生八秩华诞论文集

编　　者／朱彤窗

出 版 人／冀祥德
责任编辑／吴　超
责任印制／王京美

出　　版／社会科学文献出版社·人文分社（010）59367215
　　　　　地址：北京市北三环中路甲29号院华龙大厦　邮编：100029
　　　　　网址：www.ssap.com.cn
发　　行／社会科学文献出版社（010）59367028
印　　装／北京联兴盛业印刷股份有限公司

规　　格／开　本：787mm×1092mm　1/16
　　　　　印　张：30　字　数：476千字
版　　次／2023年8月第1版　2023年8月第1次印刷
书　　号／ISBN 978-7-5228-2434-5
定　　价／198.00元

读者服务电话：4008918866